KB193419

대방광불화엄경 1

대방광불화엄경 1

발행일	2025년 3월 14일

번역	일지 이건표		
펴낸이	손형국		
펴낸곳	(주)북랩		
편집인	선일영	편집	김현아, 배진용, 김다빈, 김부경
디자인	이현수, 김민하, 임진형, 안유경	제작	박기성, 구성우, 이창영, 배상진
마케팅	김회란, 박진관		
출판등록	2004. 12. 1(제2012-000051호)		
주소	서울특별시 금천구 가산디지털 1로 168, 우림라이온스밸리 B동 B111호, B113~115호		
홈페이지	www.book.co.kr		
전화번호	(02)2026-5777 팩스 (02)3159-9637		

ISBN 979-11-7224-524-5 04220 (종이책)   979-11-7224-526-9 05220 (전자책)
        979-11-7224-525-2 04220 (세트)

(주)북랩 성공출판의 파트너

북랩 홈페이지와 패밀리 사이트에서 다양한 출판 솔루션을 만나 보세요!

홈페이지 book.co.kr   •   **블로그** blog.naver.com/essaybook   •   **출판문의** text@book.co.kr

작가 연락처 문의 ▸ ask.book.co.kr

작가 연락처는 개인정보이므로 북랩에서 알려드릴 수 없습니다.

지혜의 정수이자 불교 경전의 꽃, 화엄경 탐구

대방광불화엄경 ①

일지 **이건표** 번역
一智 李健杓

"하늘의 달을 가리키면서 손가락을 보지 말고 달을 보라!"
본질을 꿰뚫어 보고 깨달음의 길을 여는 화엄경의 깊은 지혜.

들어가는 길

안(眼), 이(耳), 비(鼻), 설(舌), 신(身), 의(意) 육근(六根)과 색(色), 성(聲), 향(香), 미(味), 촉(觸), 법(法) 육진(六塵)과 안식(眼識), 이식(耳識), 비식(鼻識), 설식(舌識), 신식(身識), 의식(意識) 육식(六識)을 18계(十八界), 18문(十八門)이라 이르고 육근의 탐(貪), 육진의 진(瞋), 육식의 치(癡)라 이르면서 색계18문(色界十八門)라 이른다. 이를 바탕으로 마주 대하여 드러난 모양이나 상태와 언어나 문자로 받아들임을 수(受)라 이르고 이 수(受)로 받아들인 모든 것을 모양이나 상태와 언어나 문자로 마주 대하여 드러내어 생각하는 것을 상(想)이라 이르고 이 상(想)을 두고 보았다(見)고 말한다. 곧 마주 대한 모든 것을 보았다(見)고 이른다. 이 상(想)을 바탕으로 마주 대하는 모양이나 상태와 언어나 문자에 따라 행(行)을 일으킨다 말하고 이 행(行)을 앞세워 분명하게 아는 것(識)이라 하며, 이 식(識)을 분명하게 알고 보는 것(見)이라고 확실하게 결정한다. 또한 색(色界十八門)을 체(體)라 이르고 수(受), 상(想), 행(行), 식(識)을 성품, 마음, 씀씀이(用)라 이른다.

이 색(色), 수(受), 상(想), 행(行), 식(識)을 오온(五蘊)이라 이르며, 세간(世間)을 이루는 근간이다. 태어나기 이전의 경계를 과거라 하고 죽음 이후의 경계를 미래라 이르면서 태어나 죽음에 이를 때까지 현재라 이르면서 이 오온을 쌓고 쌓으면서 나와 내 것에 대한 큰 집착을 낸다.

오온(五蘊)을 세우지 않은 곧 색(色), 수(受), 상(想), 행(行), 식(識)을 세우지 않은 일로서 나와 내 것을 세우지 않은 것이 출세간(出世間)이다. 이 출세간의 경계란 오온을 세우지 않은, 곧 나와 내 것을 세우지 않은 불립오온(不立五蘊)이 세간과의 경계이며, 이 경계의 특별한 이야기는 나와 내 것이 없으니, 동서남북을 둘러보고 들이쳐 보아도 다 없다고 하니, 부처도 없고 법(法)도 없고 깨우침도 없고 해탈(解脫)도 선정(禪定)도 열반(涅槃)도 진여(眞如)도 여래(如來)도 삼매(三昧)도 적멸(寂滅)도 법계(法界)도 적정(寂靜)도 스승도 조사도 보살 등등도 없다고 부르짖는다. 깨우침을 깨달아 얻은 이들은 이를 두고 반만 알았다고 하니, 이 모든 등등이 없다고 부르짖는 자 그대는 누구이던가. 오온을 세우지 않더라도 곧 나와 내 것을 세우지 않더라도 부르짖고 있는 자는 누구이던가. 그러기에 반만 알았다고 이르는 것이며, 모든 것이 없다고 부르짖은 것을 한 소식을 했다고 말들은 하지만, 태어나기 이전의 경계는 무엇이라 이르고 경계를 짓는 것이며, 죽음 이후의 경계는 무엇이라 이르고 경계를 짓는 것인가. 어찌 현재라 이르는 세간(世間)의 오온(五蘊)에 집착하여 나와 내 것이라는 것에 집착하고 합리화하고 확실하게 깨우쳐 얻은 것이라 하는가. 문을 여닫고 땅에 일원상을 그리고 불자(佛字)를 쓰며, 또 그 일원상에 앉기까지 하면서, 가야 한다는 등 가지 않아도 된다는 등 오온을 확고하게 세워서 집착하는가. 그러므로 과거심불가득(過去心不可得), 미래심불가득(未來心不可得), 현재심불가득(現在心不可得)이라 일렀던 것이 아닌가.

오온을 세우지 않은, 곧 출세간(出世間)으로서 나와 내 것을 세우지 않음을 이해한 후에는 오온을 떠나지 않고 증거로서 불리증득(不離證得)을 해야만 한다. 곧 반야바라밀(般若波羅蜜)을 만나야만 한다. 만나지 못하면 모든 공부가 헛되게 지나간다. 반야바라밀의 경계를 이르자면 불립오온불리증득(不立五蘊不離證得)이며, 이는 세간(世間.五蘊)을 벗어난 출세간(出世間.不立五蘊)으로서의 의미일 뿐이고 반야지(般若智)의 불생불멸(不生不滅) 불구부정(不垢不淨) 부증불감(不增不減)을 이해하면서 분명하게 깨우침을 얻어야만 십신(十信)부터 십주(十住), 십행(十行), 십회향(十迴向), 십지(十地), 등각(等覺), 금강혜(金剛慧), 오온(五蘊)이 청정(淸淨)한 묘각(妙覺)에 이르기까지 원만한 깨우침(究竟覺)으로 들어갈 수 있다.

색(色), 수(受), 상(想), 행(行), 식(識), 이 세간(世間)의 법으로 반야바라밀을 보면, 곧 불생불멸(不生不滅) 불구부정(不垢不淨) 부증불감(不增不減)을 보면 허무맹랑하고 허깨비와 같으며, '공(空)하다.'라고 이르고 오온이 청정하다는 빼어난 깨우침인 묘각을 항복 받는 반야바라밀의 자리, 이 일승(一乘)의 깨우침을 깨달아 얻은 자리에서 보면 오온이 공(空)한 것임을 본다. 또 깨우침이 없을 때는 오온을 색(色)이라 하고 반야바라밀을 공(空)이라 이르며, 깨우침을 얻었을 때는 오온을 공(空)하다고 하고 반야바라밀을 색(色)이라 이른다. 그러므로 색즉시공(色卽是空) 공즉시색(空卽是色)이며, 이와 같게 또한 수상행식(受想行識)도 그러하며, 일체 모든 법이 공(空)한 모양이나 상태로서 불생불멸(不生不滅) 불구부정(不垢不淨) 부증불감(不增不減)이라 하였다.

하늘의 달을 가리키면서 손가락을 보지 말고 달을 보라 일렀으며, 묻고 답함에 문을 여닫고 촛불을 혹 불어 껐다가 환하게 밝히고 허공에 일원상을 그려가면서 온갖 모양이나 상태와 문자나 말로서 불생불멸(不生不滅) 불구부정(不垢不淨) 부증불감(不增不減)의 빼어나게 원만한 일승(一乘)의 깨우침을 표현한다. 곧 중중묘원(中中妙圓)으로서 불생중불멸중(不生中不滅中) 불구중부정중(不垢中不淨中) 부증중불감중(不增中不減中)을 이르는 것이니, 불립오온중불리증득중(不立五蘊中不離證得中)의 선근(善根)을 드러낸다.

　깨우침의 본질로서 불립오온(不立五蘊)을 깨달아 증득한 불리증득(不離證得)의 반야바라밀이란 선근(善根)이며, 이를 바탕으로 십신(十信), 십주(十住), 십행(十行), 십회향(十迴向), 십지(十地), 등각(等覺), 금강혜(金剛慧), 오온(五蘊)이 청정(淸淨)한 묘각(妙覺)에 이르기까지 선근(善根)의 업(善業), 곧 출세간의 업을 쌓아가는 것이고 이를 보살행(菩薩行)이라 이르는 것이며, 선근(善根)이 아닌, 곧 반야바라밀의 행이 아닌 행은 오온(五蘊)의 행(行)으로서 범부(凡夫)의 행이라 이른다. 또 깨우침의 본질로서 불립오온(不立五蘊)을 깨달아 증득한 불리증득(不離證得)의 반야바라밀은 천상천하유아독존(天上天下唯我獨尊)하는 일로서 하나의 털구멍이며, 불립오온(不立五蘊) 불리증득(不離證得)한 백정법(白淨法)으로서 오온(五蘊)이 청정(淸淨)하다는 빼어난 깨우침, 곧 묘각(妙覺)을 항복 받은 분명한 일이며, 일승(一乘)의 반야바라밀로서 적정(寂靜)의 자리이다.

　점수(漸修)란 깨우침의 본질로서 불립오온(不立五蘊)을 깨달아 증득한 불리증득(不離證得)의 반야바라밀 선근(善根)으로 십신(十信), 십주(十住), 십행(十行), 십회향(十迴向), 십지(十地), 등각(等覺), 금강혜(金剛慧), 오온(五蘊)이 청정(淸淨)한 묘각(妙覺)에 이른 후, 이 묘각을 반야지(般若智)로 항복 받고 적정(寂靜)의 자리에 들어 비로자나 법신으로 이승지(二乘地)의 문, 곧 시방불찰미진수세계(無量十方佛刹微塵數世界)의 문에 이르는 것을 말한다. 돈오(頓悟)란 깨우침의 본질로서 불립오온(不立五蘊)을 깨달아 증득한 불리증득(不離證得)의 반야바라밀 선근(善根)으로 십신(十信), 십주(十住), 십행(十行), 십회향(十迴向), 십지(十地), 등각(等覺), 금강혜(金剛慧), 오온(五蘊)이 청정(淸淨)한 묘각(妙覺)을 금강반야바라밀로 뛰어넘어 이승지(二乘地)의 문이 되는 시방불찰미진수세계(無量十方佛刹微塵數世界)에 이른 비로자나 법신을 말한다.

　십신(十信): 1. 신심(信心) 2. 염심(念心) 3. 정진심(精進心) 4. 혜심(慧心) 5. 정심(定心) 6. 불퇴심(不退心) 7. 호법심(護法心) 8. 회향심(迴向心) 9. 계심(戒心) 10. 원심(願心)

　십주(十住): 1. 초발심주(初發心住) 2. 치지주(治地住) 3. 수행주(修行住) 4. 생귀주(生貴住) 5. 방편구족주(方便具足住) 6. 정심주(正心住) 7. 불퇴주(不退住) 8. 동진주(童眞住) 9. 법왕자주(法王子住) 10. 관정주(灌頂住)

　십행(십행): 1. 환희행(歡喜行) 2. 요익행(饒益行) 3. 무진한행(無瞋恨行) 4. 무진행(無盡行) 5. 이치난행(離癡亂行) 6. 선현행(善現行) 7. 무착행(無著行) 8. 존중행(尊重行) 9. 선법행(善法行) 10. 진실행(眞實行)

십회향(十迴向):1. 구호중생이중생상회향(救護衆生離衆生相迴向) 2. 불괴회향(不壞迴向) 3. 등일체불회향(等一切佛迴向) 4. 지일체처회향(至一切處迴向) 5. 무진공덕장회향(無盡功德藏迴向) 6. 수순평등선근회향(隨順平等善根迴向) 7. 수순등관중생회향(隨順等觀衆生迴向) 8. 진여상회향(眞如相迴向) 9. 무박해탈회향(無縛解脫迴向) 10. 법계무량회향(法界無量迴向)

십지(十地): 1. 환희지(歡喜地) 2. 이구지(離垢地) 3. 발광지(發光地) 4. 염혜지(焰慧地) 5. 난승지(難勝地) 6. 현전지(現前地) 7. 원행지(遠行地) 8. 부동지(不動地) 9. 선혜지(善慧地) 10. 법운지(法雲地) 등각(等覺)과 금강혜(金剛慧)와 묘각(妙覺)의 53의 자리가 보살행(菩薩行)이라 이르는 자리이다. 오온이 청정한 묘각으로서 구경각(究竟覺)에 이르는 것이며, 오온을 세우지 않고(五蘊不立) 또 이를 떠나지 않은 일(不離證得)로서 세상의 주인으로 빼어나게 장엄하는 품이 세주묘엄품(世主妙嚴品)이니, 오온(五蘊)이 청정(淸淨)하다는 이 빼어난 깨우침(妙覺)을 항복 받아야만 비로소 바른 깨우침을 얻었다고 이른다. 곧 응무소주이생기심(應無所住而生其心)을 이른다. 이것이 중도(中道)로서 불생중불멸중(不生中不滅中)이며, 부정중불구중(不淨中不垢中)이며, 부증중불감중(不增中不減中)이다. 이 중도(中道), 곧 반야바라밀로서 이승지(二乘地)의 문에 이르러 보살도(菩薩道)에 들어가 여시여시(如是如是), 해탈(解脫), 적멸(寂滅), 적정(寂靜), 선정(禪定), 삼매(三昧), 여래지(如來地), 열반(涅槃), 법계(法界), 반열반(般涅槃), 진여(眞如) 등등의 모든 선근사유(善根思惟.般若波羅蜜)로 확장(擴張.中道 곧 般若波羅蜜 擴張.善根思惟擴張)하여 헤아릴 수 없는 시방 부처 세계의 티끌 수와 같(無量十方佛剎微塵數世界)은 오백나한(五百羅漢), 이 오백나한의 상수(上首)로서 선근사유(善根思惟.如是如是.如來智)의 바른 자리를 얻는다.

오백나한(五百羅漢)은 동서남북(東西南北) 사유(四維) 상하(上下)의 각 방처(方處)에 십신(十信), 십주(十住), 십행(十行), 십회향(十迴向), 십지(十地)의 50위를 두어 각각 상수로 삼으니, 동방에 십신, 십주, 십행, 십회향, 십지의 상수로서 50나한을 상수로 하여 서남북 사유 상하를 쫓아 오백나한이 상수가 됨을 이른다. 곧 중도확장(中道擴張)으로서 반야바라밀 확장(般若波羅蜜 擴張)이면서 선근사유확장(善根思惟擴張)을 말한다. 이 선근사유확장으로 무량(無量), 무수(無數)를 벗어나 불가량(不可量), 불가수(不可數), 불가칭(不可稱), 불가사(不可思), 불가설(不可說), 불가설불가설(不可說不可說), 불가설불가설전(不可說不可說轉)의 선근으로 사유확장(善根思惟擴張)하는 것이니, 이것이 여시여시(如是如是), 해탈(解脫), 적멸(寂滅), 적정(寂靜), 선정(禪定), 삼매(三昧), 여래지(如來地), 열반(涅槃), 법계(法界), 반열반(般涅槃), 진여(眞如) 등등으로서 여래, 응공, 정등각의 경계이면서 아뇩다라삼먁삼보리(阿耨多羅三藐三菩提)의 발현(發現)이다. 그러나 이는 선근의 사유확장일 뿐이면서 반야바라밀 확장(般若波羅蜜 擴張)으로서 곧 처할 바이며, 곧 응할 바 자리일 뿐이니, 이를 조복 받아야만, 곧 아뇩다라삼먁삼보리의 발현(中道.般若波羅蜜.善根思惟)을 조복 받아야만 삼승(三乘)의 자리에 이르렀다 할 것이다. 이와 같음과 그와 같음에 집착하거나 벗어나지 못하면, 곧 세간(世間)일 뿐이고 식견(識見)일 뿐이며, 이와 같음(女是.般若智.一乘地)과 그와 같음(如是如是.眞如.如來智.二乘地)에서 벗어나고 집착함이 없어야 아뇩다라삼먁삼보리의 발현(發現)인 헤아릴 수 없는 시방 부처 세계의 티끌 수와 같은 세계(無量十方佛利微塵數世界)를 보고 듣고 또 머물고 온전한 보살도(菩薩道)를 닦고 행할 수 있다. 이것이 사마타(奢摩他), 삼마발리(三摩鉢提), 선나(禪那)이며, 이렇듯 선오후수(先悟後修)하여야 하며, 53위의 차례를 쫓아 이를 믿고 이해를 해야만, 아뇩다라삼먁삼보리의 발현(發現)인, 여시여시(如是如是), 해탈(解脫), 적멸(寂滅), 적정(寂靜), 선정(禪定), 삼매(三昧), 여래지(如來地), 열반(涅槃), 법계(法界), 반열반(般涅槃), 진여(眞如) 등등을 분각(分覺)하고 헤아릴 수 없는 시방 부처 세계의 티끌 수와 같은 세계(無量十方佛利微塵數世界)에 막힘이나 걸림이 없이 여시여시(如是如是), 해탈(解脫), 적멸(寂滅), 적정(寂靜), 선정(禪定), 삼매(三昧), 여래지(如來地), 열반(涅槃), 법계(法界), 반열반(般涅槃), 진여(眞如) 등등을 온전하게 갖추고 자재(自在) 할 것이다. 이와 같음과 그와 같음에 무슨 모양이나 상태, 언어나 문자가 있겠으며, 또 이와 같음과 그와 같음의 모양이나 상태, 언어나 문자에 막힘이나 걸림이 있겠는가.

다시 한번 이르지만, 선근사유(不立五蘊不離證得), 곧 오온(五蘊)이 청정한 빼어난 깨우침인 묘각(妙覺)을 금강반야바라밀(金剛般若波羅蜜)로서 온전하고 분명하게 또 확실하게 깨우쳐 항복 받고 이 하나의 털구멍(般若波羅蜜)을 바탕으로 헤아릴 수 없는 시방 부처 세계의 티끌 수와 같은 세계(無量十方佛利微塵數世界)를 보고 듣고 머물면서 온전한 보살도(菩薩道)를 닦아서 아뇩다라삼먁삼보리의 발현(發現)인, 모든 경계에 의지하거나 처하지 않은 지혜의 지혜를 얻길 바란다. 또 깨우침을 깨달아 분명하고 확실하게 대방광불(大方廣佛)의 꽃을 피워 장엄하길 바란다.

佛紀 二千五百六十九年 陰曆 一月 十一日 始發山房에서
一智 李健杓 合掌拜禮

선나(禪那)

아뇩다라삼먁삼보리(阿耨多羅三藐三菩提)의 발현(發現)으로서 여래지(如來地), 이승지(二乘地)에 확실하게 자리를 잡고 50위(十信.十住.十行.十迴向.十地)의 차례를 좇아 선근사유(善根思惟)하는 일을 이른다(如來禪). 곧 수행하는 일로서 보살도(二乘地)를 이르며, 헤아릴 수 없는 시방 부처 세계의 티끌 수와 같은 모든 처할 바를 조복(調伏) 받아서 언어나 문자, 모양이나 상태에 막힘이나 걸림 없이 자재한 것을 이른다.

일체 모든 법과 일체 모든 불보살에 처하지 않으면서 법 하나하나 불보살 한 분 한 분을 잊지 않고 기억하여 공손히 섬기어 공양하고 나와 내 것이 없음과 찰나와 영원을 벗어남이 선나(禪那)이다. 오온을 세우지 아니(五蘊不立)한 출세간(出世間)의 밝은 이치(不離證得.般若智)로 과거 9계, 미래 9계, 현재 9계, 곧 전삼삼후삼삼(前三三後三三)으로서 과거심불가득(過去心不可得), 미래심불가득(未來心不可得), 현재심불가득(現在心不可得)의 경계이며, 도(道)를 수행하는 일에 있어서 실상(實相)의 본바탕(阿耨多羅三藐三菩提心)을 드러내어 보이는 것이 선나(禪那)이니, 헤아릴 수 없는 시방 부처 세계의 티끌 수와 같은 세계에 선근사유확장(善根思惟擴張.般若波羅蜜擴張)으로서 막힘이나 걸림이 없음이다.

가르침을 빌려 다시 한번 말한다면, 색즉시공(色卽是空) 공즉시색(空卽是色) 수상행식(受想行識) 역부여시(亦復如是)는 불립오온(不立五蘊)이며, 시제법공상(是諸法空相) 불생불멸(不生不滅) 불구부정(不垢不淨) 부증불감(不增不減)이 불리증득(不離證得)이다. 그러므로 나와 내 것을 세우지 아니한 곧 불립오온(不立五蘊)을 하더라도 불생불멸 불구부정 부증불감의 반야바라밀을 만나지 못하면, 곧 반야지(般若智)에 대한 깨우침을 얻지 못하면 마르지 않은 지혜, 곧 간혜지(乾慧地)로서만 남게 되고 깨달음이 아닌 식견(識見)으로서의 큰 확장성(擴張性)만을 기르고 키우게 된다. 오로지 견고한 철벽만을 세우게 되고 25문에 대한 믿음과 이해, 곧 삿된 믿음과 이해라는 무명(無明)만을 더할 뿐이다. 물론 반야지를 가지고 십신, 십주, 십행, 십회향, 십지, 등각, 금강혜, 묘각에 이르기까지 항복받아야 함을 알 수 있고 반야바라밀의 중도(中道)로 하여, 53위의 차례(菩薩行)를 따라 시방 부처 세계의 티끌 수와 같은 세계에 들어가 보살의 도(菩薩道)를 수행하여 헤아릴 수 없는 시방 부처 세계의 티끌 수와 같은 여래지(如來地), 해탈(解脫), 적멸(寂滅), 선정(禪定), 삼매(三昧), 법계(法界), 열반(涅槃), 진여(眞如), 선근사유(善根思惟)를 이해하고 알아서 언어나 문자로 이를 수는 있다. 그러나 반야바라밀의 경계로서 불립오온불리증득(不立五蘊不離證得)을 믿고 이해하지 못하면, 곧 세간(五蘊)과 출세간(出世間.不立五蘊不離證得.般若波羅蜜)을 분간하지 못하고 선근사유로서(善根思惟)의 반야바라밀(般若波羅蜜)을 깨우쳐 얻지 못하면, 오로지 알아차림이라는 깨우침 아닌 깨우침에 확철대오(廓徹大悟) 하였다는 식견(識見)에 집착하고 의지하게 된다. 또 아뇩다라삼먁삼보리(阿耨多羅三藐三菩提)의 발현(發現)으로서 여래지, 곧 보살도(解脫.寂滅.禪定.三昧.法界.涅槃 등등)를 수행해야 함을 알고 이해할 수는 있으나. 이러한 식견을 두고 깨우침이라 하지 않는다. 오히려 언어나 문자, 모양이나 상태만 더하면서 의지하고 집착하는 무명만을 더하는 것이니, 이는 선근사유(善根思惟.般若智思惟.中道)의 확장성으로 깨우침을 깨달아 분명하게 알아서 마치게 하고 이 지혜의 지혜로 일체 모든 것이 처할 바임을 알게 하여 의지하거나 집착을 벗어나 아뇩다라삼먁삼보리에 들게 한 모든 부처님 여래에 대하여 해야 할 도리가 아니다.

선나(禪那)의 바탕은 실상(實相)의 본바탕으로서 아뇩다라삼먁삼보리의 발현이니, 분명한 것은 선근사유, 곧 나와 내 것을 세우지 않고 이를 떠나지 않은 중중묘원(中中妙圓)의 반야바라밀(般若波羅蜜) 확장(擴張)으로서 헤아릴 수 없는 부처 세계의 티끌 수와 같은 무량(無量), 무수(無數)를 벗어나 불가량(不可量), 불가수(不可數), 불가칭(不可稱), 불가사(不可思), 불가설(不可說), 불가설불가설(不可說不可說), 불가설불가설전(不可說不可說轉)의 세계에 자재하게 노니는 것임을 확실하게 깨우쳐 얻기를 빕니다.

佛紀 二千五百六十九年 陰曆 一月 十二日
波羅蜜 韓周兒 合掌拜禮

나와 내 것이 없음에 대하여

공부라는 것이 무엇인지를 모르고 듣기만 하라고 하기에 들었고 화엄경을 들어가면서 어렴풋하게 마음공부라는 것을 알게 되었습니다. 깨우침의 근본이 세간(世間.五蘊)으로부터 나서는 출세간(出世間.不立五蘊)이 마음공부라는 것을 알았습니다.

오온(五蘊)의 생각(念.想)으로서는 넘어설 수 없음이 마음공부(菩薩行)이면서 이 몸을 벗어나지 않고 증거(證據)하여 얻은 것이 반야바라밀(般若波羅蜜)로서 선근사유임(善根思惟.不生不滅思惟)을 알고 이를 바탕으로 보살도(菩薩道)를 닦아야 함을 들었고 이 선근사유(不立五蘊不離證得의 般若智思惟)가 출세간에 이른 것임을 어느 순간 찰나에 고개를 끄덕였습니다.

이 깨우침을 바탕으로 십신, 십주, 십행, 십회향, 십지에 막힘이나 걸림이 없이 수행하는 것이 보살행(菩薩行)임을 알았으며, 오온(五蘊)의 행(行)이란 탐진치(貪瞋癡)에 물든 것이며, 허망한 것이고 진실한 행이 아님을 알았습니다. 곧 보살행을 닦는다는 것은 나와 내 것을 세우지 않은 불립오온(不立五蘊)임을 보고 듣고 분명하게 현실을 자각(不離證得)하게 되었습니다.

오온(五蘊)이 청정한 빼어난 깨우침인 묘각(妙覺)을 항복 받고 일승(一乘)에 들어가는 이와 같은(般若波羅蜜) 깨우침에 대하여는 많은 공부가 필요한 것임을 알겠으며, 이 오온(五蘊)이 은산철벽(銀山鐵壁)임을 알았습니다.

더욱 열심히 공부하겠습니다.

대방광불화엄경 번역, 간행함을 진심으로 축하드립니다.

一有 崔吉仁 드림.

벽암록을 접하면서

깨우침은 색(色), 수(受), 상(想), 행(行), 식(識), 이 오온(五蘊)을 바탕으로는 이를 수 없음을 알았습니다. 나와 내 것이 없음을 경계로 한 출세간의 의미(不立五蘊)란 깨우침의 본질로서 확연무성(廓然無性), 곧 양무제가 달마에게 물은 일로서 "성스러운 깨우침의 가장 중요한 본질은 어떠한 것인가?(如何是聖諦第一義)"에 대한 답으로서 "넓고 텅 비어서 성스러운 깨우침이라 할 만한 것도 없습니다."라고 답한 것임을 넌지시 알게 되었습니다.

벽암록 하나하나의 가르침이 깨우침의 본질은 나와 내 것을 세우지 않음, 곧 오온을 세우지 않음에 있고 이 출세간(不立五蘊)을 바탕으로 청정(淸淨)함을 논할 수 있음을 알았습니다. 오온(五蘊.世間)을 바탕으로는 생멸(生滅)을 따르면서 탐진치(貪瞋癡)로 인하여 몸에 업과 말의 업과 생각의 업(身口意業)으로 과거, 미래, 현재에 헤아릴 수 없이 집착하고 의지할 수밖에 없음을, 또 벗어날 수 없음을 알았습니다.

확실하게 인지(認知)하여 이해하지는 못하였지만 나와 내 것을 세우지 않은, 곧 오온을 세우지 않은 불립오온(不立五蘊)이 깨우침의 본질임을 인지하면서 벽암록 하나하나가 눈에 들어오기 시작했습니다. 이를 두고 "오온을 세우지 않은 불립오온(不立五蘊)이 묵조선(默照禪)이고 벽암록 하나하나 눈에 들어오는 것이 조사선(祖師禪)이다."라고 하셨습니다.

이러함을 떠나지 않고 증득(不離證得)하는 것이 선근(善根)으로서 반야바라밀(般若波羅蜜)이며, 이 선근(般若智善根.不生不滅)을 기반으로 헤아릴 수 없고 수 없으며, 시간과 공간의 한계 없이 사유확장(思惟擴張)하는 것을 여래선(如來禪)이라 이른다고 함을 들었습니다.

믿음과 이해는 부족하지만 이제 들어선 길이니, 물러섬이 없이 열심히 노력해야겠습니다.

대방광불화엄경 번역, 발간을 축하드립니다.

正覺 金南潁 드림.

불교에서 이르는 중도(中道)란

중도(中道)란 무엇이냐고 물으니, "상구보리하화중생(上求菩提下化衆生), 곧 위로는 최상의 지혜를 구하고 아래로는 중생을 구하는 일에 있어서 막힘이나 걸림이 없는 것이다."라고 말씀하십니다. 막힘이나 걸림이 없이 원만하게 통하는 이치는 어떠함을, 무엇을 근거로 그러한 것이냐고 물으니, "불립오온중불리증득중(不立五蘊中不離證得中), 곧 '오온을 세우지 않은 가운데 이를 떠나지 않고 증득함이다.'라고 말씀하시면서 태어나기 이전과 이 몸이 죽고 난 후와 현재라는 세간(世間)에서 나아가(出) 이를 자세하게 살펴서 들여다보고 나와 내 것이라는 이 일이 허망하고 망령되며, 공(空)한 것임을 분명하게 깨우쳐 알아서 마치는 일이다."라고 말씀하십니다.

이 공(空)하다는 것만을 깨우쳐 안다면, 무념(無念)이니, 무상(無想)이니, 모든 것이 없다는 무(無)라는 돌림에 빠진다고 하십니다. 그러므로 반드시 반야바라밀(般若波羅蜜)의 지혜를 만나야 하며, 이 반야지(般若智)를 분명하고 확실하게 깨우쳐 알고 얻어야만 중도(中道)라고 이를 수 있으며, 이 중도(中道)란 곧, 불생중불멸중(不生中不滅中), 부정중불구중(不淨中不垢中), 부증중불감중(不增中不減中)으로서 중중묘원(中中妙圓.眞空妙有)이며, 위로는 모든 승(乘)의 자리를 막힘이나 걸림 없이 구할 수 있으며, 아래로는 중생을 구하는 일에 막힘이나 걸림이 없다고 말씀하십니다. 이렇듯 상구보리하화중생(上求菩提下化衆生)하는 일에 막힘이나 걸림이 없어야 선근(善根)이라 이를 수 있으며, 이 선근(善根.般若波羅蜜)으로서 비로소 마음을 일으키는 것이 중도(中道)임을 알았습니다.

"선근(善根.般若波羅蜜)으로 마음을 일으켜 이를 기르는 것이 보살행(菩薩行)이며, 나와 내 것이 아님을 바탕으로 과거, 미래, 현재의 삼천대천세계(三千大天世界)에 이르는 것이 보살도(菩薩道)다."라고 말씀하시니, 이 중도(中道)가 지극한 깨우침이며, 지금 보고 듣고 맡고 맛을 보고 느끼고 생각하면서 현실에 적극적으로 대응할 수 있는 가르침인 것을 알겠습니다.

대방광불화엄경을 번역, 간행하신다 하니, 진심으로 감사드리고 축하드립니다.

一簔 金洪圭 올림.

차례

대방광불 화엄경 39품

제1 세주묘엄품(世主妙嚴品)

불립오온불리증득(不立五蘊不離證得)한 53위의 차례를 좇아 오온(五蘊)이 청정한 빼어난 깨우침인 묘각(妙覺)을 항복 받고 찬탄하는 상수(上首)와 그 상수에 따르는 헤아릴 수 없는 권속을 이르고 선근(善根)인 중중묘원(中中妙圓)의 반야바라밀(般若波羅蜜)을 게송으로 찬탄하면서 바른 깨우침의 자리임을 드러내어 이르는 품이다.

제2 여래현상품(如來現像品)

동서남북(東西南北) 사유(四維) 상하(上下) 부처 세계의 티끌 수와 같은 세계(十方佛利微塵數世界)를 자세히 살펴서 들여다보고 게송으로 찬탄하면서 선근(善根.般若智)의 사유확장(思惟擴張.如來智藏)으로 이승지(二乘地)가 언어나 문자, 모양이나 상태로 출현(出現)함을 찬탄하는 품이다.

제3 보현삼매품(普賢三昧品)

십신(十信), 십주(十住), 십행(十行) 각각의 자리가 동서남북(東西南北) 사유(四維) 상하(上下) 부처 세계의 티끌 수와 같은 세계(十方佛利微塵數世界)와 같이 하면서 그 티끌 수와 같은 삼매(三昧)를 일으키며, 세간에 이익이 되는 덕을 찬탄하고 십신(十信), 십주(十住), 십행(十行)이 시방불찰미진수세계(十方佛利微塵數世界)에 두루두루 하며, 위 없는 법(無上法)을 청하는 품이다.

제4 세계성취품(世界成就品)

여래지(如來地), 이승지(二乘地)의 출현과 법의 그릇과 깨우침을 깨달아 얻은 경계는 반드시 들어야 함을 이르고 선근(善根.般若智)으로 사유확장(思惟擴張)하는 일에 있어서 헤아릴 수 없이 수 없는 시방 부처 세계의 티끌 수와 같은 세계(無量無數十方佛利微塵數世界)를 성취하고 의지하고 머무는 바와 차례(50位)를 좇아 헤아릴 수 없이 수 없는 시방 부처 세계의 티끌 수와 같은 세계의 모양이나 상태, 체와 성품, 장엄과 차례를 좇아 헤아릴 수 없이 수 없는 시방 부처 세계의 티끌 수와 같은 방편과 그와 같이 출현하시는 부처님과 그와 같음에 머무는 것과 그와 같은 흐름에 따라 변하는 것과 그와 같음에 차별이 없음을 게송으로 찬탄하는 품이다.

제5 화장세계품(華藏世界品)

차례(50位)를 좇아 헤아릴 수 없이 수 없는 시방 부처 세계의 티끌 수와 같은 세계(無量無數十方佛刹微塵數世界)의 인과를 밝히고 산하대지(山河大地)를 게송으로 찬탄하고 여래향(如來香.阿耨多羅三藐三菩提心 發現)의 바다와 여래하향(如來河香)과 그에 따르는 장엄을 설하고 헤아릴 수 없이 수 없는 시방 부처 세계의 티끌 수와 같은 세계(無量無數十方佛刹微塵數世界)의 씨앗(世界種)을 드러내어 밝히면서 그와 같은 씨앗의 세계와 그와 같이 곧 헤아릴 수 없이 수 없는 시방 부처 세계의 티끌 수와 같은 세계의 문과 그와 같음에 의지하고 머무는 것과 그와 같은 씨앗의 모양이나 상태와 체와 성품을 설하고 헤아릴 수 없이 수 없는 시방 부처 세계의 티끌 수와 같은 세계(無量無數十方佛刹微塵數世界)가 거듭 더하고 더해지는 화장세계(華藏世界.二乘地.阿耨多羅三藐三菩提 發現地)를 거듭 게송으로 설하면서 그와 같은 미세함과 그와 같은 스스로 성품과 그와 같은 장엄과 그와 같은 모양이나 상태와 그와 같음에 머무는 겁과 그와 같은 부처님의 출현(出現)과 그와 같은 이면의 세계와 그와 같은 불, 보살의 빼어난 음성을 설하는 품이다. 곧 화장세계는 아뇩다라삼먁삼보리의 발현이며, 헤아릴 수 없이 수 없는 시방 부처 세계의 티끌 수와 같은 세계의 불, 보살을 게송으로 찬탄하는 품이다.

제6 비로자나품(毘盧遮那品)

중도, 곧 반야바라밀을 조복 받고 이전의 경계, 불립오온불리증득(不立五蘊不離證得)의 인연(因緣)과 그에 따르는 부처님의 이름과 부처님의 출현과 비로자나(毘盧遮那) 법신(法身)의 전신(前身)인 대위광 태자가 법을 얻음과 태자가 부처님을 향한 찬탄과 그와 같음에 이르는 것(上求菩提)과 중생을 구함(下化衆生)과 그와 같음의 경계에 들어감과 그와 같은 과를 갖춤과 이승지(二乘地)의 헤아릴 수 없이 수 없는 시방 부처 세계의 티끌 수와 같은 세계(無量無數十方佛刹微塵數世界)의 삼매(三昧)를 얻음과 그와 같음을 설하는 품이다.

제7 여래명호품(如來名號品)

헤아릴 수 없이 수 없는 시방 부처 세계의 티끌 수와 같은 세계(無量無數十方佛刹微塵數世界)가 거듭 더하고 더해지는 화장세계(華藏世界.二乘地.阿耨多羅三藐三菩提發現地)의 과(果)로서 아뇩다라삼먁삼보리에 이른 바른 깨우침을 비로소 이루고 여래의 덕과 드러난 체와 성을 신통(神通)으로 나타냄을 설하며, 헤아릴 수 없이 수 없는 시방 부처 세계의 티끌 수와 같은 세계(無量無數十方佛刹微塵數世界)의 보살 대중과 상수(上首)를 설하고 문수보살의 설법으로 여래의 그와 같은(華藏世界.二乘地.阿耨多羅三藐三菩提發現地) 모든 경계와 그와 같은 명호와 사바세계(沙婆世界)에 따른 시방 부처 세계의 티끌 수와 같은 여래의 명호를 설하고 마치는 품이다.

제8 사성제품(四聖諦品)

시방 부처 세계의 티끌 수와 같은 세계(十方佛刹微塵數世界)로서 사바세계에 따른 고집멸도(苦集滅道)를 이름으로 드러내어 여래지 확장으로서 아뇩다라삼먁삼보리를 발현하고 헤아릴 수 없이 수 없는 시방 부처 세계의 티끌 수와 같은 세계(無量無數十方佛刹微塵數世界)를 거듭 더하고 더하는 화장세계(華藏世界.二乘地.阿耨多羅三藐三菩提發現地)의 과(果)로서 고집멸도를 드러내어 밝히면서 시방 부처 세계의 티끌 수와 같은 세계(十方佛刹微塵數世界)와 화장세계(華藏世界.二乘地.阿耨多羅三藐三菩提發現地)로서 일체 모든 세계, 곧 아뇩다라삼먁삼보리 발현지(華藏世界.二乘地.阿耨多羅三藐三菩提發現地)를 설하는 품이다.

제9 광명각품(光明覺品)

세존의 바른 깨우침이 특히 뛰어남을 설하면서 하나의 털구멍과 헤아릴 수 없는 털구멍의 밝은 깨우침을 설한다. 깨우침을 깨달아 얻은 바른 깨우침의 자리와 문수보살의 게송과 정각으로서 팔정도의 모양이나 상태가 헤아릴 수 없이 수 없는 시방 부처 세계의 티끌 수와 같은 세계(無量無數十方佛刹微塵數世界)를 거듭 더하고 더하는 체성(體性)과 광명으로 사바세계의 중생을 비춤과 비로자나 법신으로 화장세계(華藏世界.二乘地.阿耨多羅三藐三菩提發現地)의 안팎, 곧 일체 모든 곳을 비추는 광명과 그와 같은 방편의 덕으로 하화중생(下化衆生)하는 인과의 원만한 덕을 설하는 품이다.

제10 보살문명품(菩薩問明品)

문수보살이 시방 부처 세계의 티끌 수와 같은 세계(無量無數十方佛刹微塵數世界)의 사바세계(世間法)를 물으며, 각각 헤아릴 수 없이 수 없는 시방 부처 세계의 티끌 수와 같은 세계(無量無數十方佛刹微塵數世界)를 거듭 더하고 더한 바를 물어서 각각의 상수 보살들이 게송으로 답함을 설한다. 물음의 깊고 깊음과 가르쳐 이끄는 일로서의 깊고 깊음과 선근의 업과 그에 따른 과와 법을 설함에 깊고 깊음과 복전(福田.如來地方便.二乘地)의 깊고 깊음과 가르치는 법의 깊고 깊음과 바른 행의 깊고 깊음과 수행의 깊고 깊음과 하나의 도로서 깊고 깊음과 아뇩다라삼먁삼보리(阿耨多羅三藐三菩提)의 경계로서 이승지(華藏世界.二乘地.阿耨多羅三藐三菩提發現地)의 깊고 깊음을 설한다. 더하여 사바세계의 차별을 분명하게 드러내고 법계의 차별을 분명하게 나타냄을 설하는 품이다.

제11 정행품(淨行品)

모든 행주좌와 할 때 어떻게 청정하게 행하여야 함을 묻고 문수보살이 답하는 품이다.

제12 현수품(賢首品)

문수보살이 법을 묻고 현수보살이 게송으로 답하는 품으로 발심(發心)으로서 십신(十信)의 지위와 십주(十住)의 지위와 십행(十行)의 지위와 십회향(十迴向)의 지위와 십지(十地)의 지위를 답하고 해인삼매(海印三昧.二乘地)를 답하고 화엄삼매(華嚴三昧.如來禪), 삼매의 신통변화, 법문삼매와 무량한 방편과 사섭법삼매와 그 작용과 세간삼매(世間三昧)와 그 작용과 모공삼매(毛孔三昧.般若波羅蜜)의 그 광명과 그에 따르는 육바라밀(六波羅密)과 성문(聲聞), 연각(緣覺), 독각(獨覺)과 육근(六根) 청정으로서 50위의 차례를 따른 일체의 작용과 모든 비유를 통하여 뛰어남과 공덕을 나타내어 설한다. 또 이와 같고(如是) 그와 같음(如是如是)을 믿고 받아들임이 어려운 것임을 제불(諸佛)이 증명하는 품이다.

제13 승수미산정품(勝須彌山頂品)

세존이 비로자나 법신으로 수미산(阿耨多羅三藐三菩提心發現地)에 오르시고 제석천이 봄과 사자좌를 장엄함과 법을 청함과 헤아릴 수 없이 수 없는 시방 부처 세계의 티끌 수와 같은 세계(無量無數十方佛刹微塵數世界)를 거듭 더하고 더하는 화장세계(華藏世界.二乘地.阿耨多羅三藐三菩提發現地)가 남김없이 다 이와 같음을 설하고 이를 제석천이 게송으로 찬탄하고 헤아릴 수 없이 수 없는 시방 부처 세계의 티끌 수와 같은 세계의 제석천도 이와 같음을 설하여 스스로 선근(善根) 사유(思惟)를 확장하는 품이다.

제14 수미정상게찬품(須彌頂上偈讚品)

반야바라밀(般若波羅蜜)의 선근(善根.不生不滅) 사유확장(思惟擴張)에 보살 대중이 모이고 그에 따르는 국토의 이름과 부처님의 명호를 좇아 일체 모든 세계, 곧 거듭 더하고 더하는 화장세계(華藏世界.二乘地.阿耨多羅三藐三菩提發現地) 또한 이와 같음을 설하고 부처님이 광명 놓음을 설하니, 시방 부처 세계의 티끌 수와 같은 세계의 각각 상수가 되는 보살이 각각의 방처(方處)에 의지하거나 집착하지 않기를 설하며, 이와 같음으로 그와 같이 보고 들음을 믿어야만 복전(福田.二乘地)의 공덕이 끝이 없음을 설하는 품이다.

제15 십주품(十住品)

오온(五蘊)이 청정하다는 빼어난 깨우침(妙覺)을 항복 받고 마음을 일으켜 머물고 다스리고 보살 도를 닦고 보살행을 행하는 등등의 헤아릴 수 없이 수 없는 시방 부처 세계의 티끌 수와 같은 세계(無量無數十方佛刹微塵數世界)의 법과 선근과 법을 들음과 업에 머무는 것과 법을 아는 것과 지혜를 성취하는 것을 설하는 품이다.

제16 범행품(梵行品)

시방 부처 세계의 티끌 수와 같은 세계(十方佛刹微塵數世界)를 자세히 살펴서 들여다보는 이름과 몸의 업, 말의 업, 뜻의 업, 교법, 계율 등등을 성취하고 닦아야 함을 설하고 큰 자비심 일으킴을 설하는 품이다.

제17 초발심공덕품(初發心功德品)

초발심(初發心.五蘊淸淨한 妙覺을 항복 받는 般若波羅蜜로서의 發心)의 공덕과 그 빼어난 결과와 초발심이 아뇩다라삼먁삼보리(阿耨多羅三藐三菩提)와 동등한 것임을 설함과 능히 부처의 일을 지어감과 지혜의 지혜가 곧 앞에 나타남을 설하는 품이다. 법혜보살이 초발심의 공덕(功德)과 행(行), 세계와 중생과 모든 부처님의 경계와 평등함과 공덕의 무량함과 초발심의 공덕은 다함이 없음과 아뇩다라삼먁삼보리심(阿耨多羅三藐三菩提心)을 일으키게 하는 등등의 일체를 설하는 품이다.

제18 명법품(明法品)

정진혜보살이 밝은 법의 뛰어남과 밝은 법(不立五蘊不離證得.般若智)이 초발심의 근본이 됨과 행의 근본이 됨과 덕의 작용으로서 부처님의 평등한 작용임을 설하고 거듭 게송으로 찬탄한다. 법혜보살이 일체 제불이 환희하게 하는 시방 부처 세계의 티끌 수와 같은 세계(十方佛利微塵數世界)의 법과 그와 같은 보살이 머무는 지위와 보살행(菩薩行)의 청정함과 그와 같은 보살의 큰 원과 그와 같음이 거듭 더하고 더하는 화장세계(華藏世界.二乘地.阿耨多羅三藐三菩提發現地)의 다함이 없는 장(藏)과 식견(識見)으로서의 십바라밀(十波羅蜜)을 선근(善根) 방편 곧 반야바라밀의 사유확장(思惟擴張)으로 삼보(三寶)의 씨앗이 되는 성품을 끊어지지 않게 하고 이와 같은 선근 방편이 허망하지 않음과 이와 같은 보살의 행이 바른 법을 지키는 덕임을 설하는 품이다.

제19 승야마천궁품(昇夜摩天宮品)

법회가 일체 모든 승(乘)에 두루두루 하고 모든 승이 두루 한 보배 궁전에 부처님이 오르고 모든 천왕이 찬탄하며, 헤아릴 수 없이 수 없는 시방 부처 세계의 티끌 수와 같은 세계(無量無數十方佛利微塵數世界)에 있는 야마천왕이 있음을 설하는 품이다.

제20 야마천궁게찬품(夜摩天宮偈讚品)

보살이 구름과 같이 모이고 보살의 명호와 부처님의 명호와 사자좌에 앉으심과 헤아릴 수 없이 수 없는 시방 부처 세계의 티끌 수와 같은 세계(無量無數十方佛利微塵數世界)가 또한 이와 같음을 설하시고 큰 광명을 놓으심을 설한다. 또 시방 부처 세계의 티끌 수와 같은 세계(十方佛利微塵數世界)의 각각 상수(上首)가 되는 보살이 찬탄하고 일체 모든 이를 수 있는 모든 법이란 이와 같지 않으면 볼 수도 들을 수도 없음을 설하면서 집착하지 말아야 함을 설하는 품이다.

제21 십행품(十行品)

공덕림보살이 삼매에 들어 보살의 행을 설하는 환희행(歡喜行)부터 진실행(眞實行)에 이르기까지 차례를 따라 십바라밀(十波羅蜜)을 설하는 품이다. 시방의 야마천궁이 진동하고 티끌 수와 같은 보살들이 찬탄하면서 게송으로 거듭 더하여 환희행부터 진실행에 이르기까지 더하여 설하는 품이다.

제22 십무진장품(十無盡藏品)

삼세 모든 부처님이 설하신 시방 부처 세계의 티끌 수와 같은 세계(十方佛利微塵數世界)의 다함이 없는 장을 설하고 공덕림보살이 다함이 없는 열 가지 장(如來地藏.二乘地藏)을 설하는 품이다.

제23 승도솔천궁품(昇兜率天宮品)

시방 부처 세계의 티끌 수와 같은 세계(十方佛刹微塵數世界)의 법회가 가지런하고 세존이 도솔천궁에 나아가 일체 모든 것을 장엄하시며, 헤아릴 수 없이 수 없는 시방 부처 세계의 티끌 수와 같은 세계(無量無數十方佛刹微塵數世界)를 통하시고 모든 승으로부터 공양을 일으키게 하며, 부처님의 특히 뛰어나고 빼어난 덕을 친견하고 부처님을 궁전으로 청함을 설한다. 또 부처님이 청함을 받아들여 모든 천왕이 이익이 됨을 얻고 게송으로 찬탄하며, 여래가 자리에 나아가 자리 잡으시고 헤아릴 수 없이 수 없는 시방 부처 세계의 티끌 수와 같은 세계(無量無數十方佛刹微塵數世界)를 장엄함을 설하는 품이다.

제24 도솔천궁게찬품(兜率天宮偈讚品)

헤아릴 수 없이 수 없는 시방 부처 세계의 티끌 수와 같은 세계(無量無數十方佛刹微塵數世界)의 대중 보살이 모이고 보살의 명호와 섬긴 부처님의 명호와 보살이 모여서 광명을 놓고 시방세계가 한결같음을 설한다. 또 세존이 광명을 놓아 시방의 상수가 되는 각각의 보살이 게송으로 찬탄하는 품이다.

제25 십회향품(十迴向品)

금강당보살이 지광삼매(智光三昧)에 들어가 말과 뜻과 몸의 가피를 설하고 구호중생이중생상회향(救護衆生離衆生相迴向)의 선근으로부터 차례를 따라 법계무량회향(法界無量迴向)에 이르기까지의 선근을 설하고 회향의 뜻과 실제 회향과 중생 회향과 보리 회향을 설하고 회향으로 이루는 이익과 과위(果位)를 설하는 품이다. 더하여 상서로움을 말하고 시방세계도 또한 이와 같음을 설하여 보살 대중이 증명하고 게송으로 찬탄하는 품이다. 게송으로 찬탄의 위엄있고 엄숙한 몸가짐과 회향(迴向)의 선근(善根.不生不滅) 사유확장(思惟擴張)과 회향의 행(行.菩薩行)과 그 과(果.般若地果)의 자리를 설한다. 더하여 오온(五蘊)을 세우지 아니한 선근(不立五蘊不離證得)으로서의 반야바라밀 수행(修行.菩薩道)을 찬탄하고 이와 같음으로 수행하기를 권하며, 이와 같음의 공덕(功德)이 무량(無量)함을 설하는 품이다.

제26 십지품(十地品)

환희지(歡喜地.初地)부터 깊이 선근을 심으면서 법운지(法雲地)에 이르기까지 각각의 자리마다 머무는 시방 부처 세계의 티끌 수와 같은 세계(十方佛刹微塵數世界)를 선근 사유확장으로 아뇩다라삼먁삼보리(阿耨多羅三藐三菩提)의 발현(發現)을 거듭하여 더함을 찬탄하고 지혜의 광대함과 해탈의 광대함을 설하는 품이다. 또 삼세(三世) 여래의 법장(法藏.解脫.寂滅.寂靜.禪定.三昧.二乘地.如來地.涅槃.法界.般涅槃.善根思惟 等等)과 신통(神通)과 원만함을 설한다. 또 거듭하여 십지(十地)의 이익과 공덕을 송(頌)하고 산과 바다와 마니주에 비유하면서 마치는 품이다.

제27 십정품(十定品)

세존이 비로소 정각을 이루시고 헤아릴 수 없이 수 없는 시방 부처 세계의 티끌 수와 같은 세계(無量無數十方佛利微塵數世界)의 삼매를 설하며, 다함이 없는 삼매의 법과 끝 없는 마음과 삼매에 들어가는 차별 지혜와 대 삼매에 들어가는 섬세하고 능숙한 선근 지혜와 삼매의 이익을 일출(日出)에 비유하고 환사에 비유하고 법과 비유하고 환술에 비유함을 설하는 품이다.

보광명(普光明) 대 삼매, 묘광명(妙光明) 대 삼매, 차례를 따라 모든 불국토에 들어가는 신통 대 삼매, 청정하고 깊고 깊은 대 삼매, 과거를 아는 장엄장 삼매, 지광명장 대 삼매, 일체 중생 차별신 대 삼매, 법계 자재 대 삼매, 무애륜(無礙輪) 대 삼매 등을 설하고 끝맺음하는 품이다.

제28 십통품(十通品)

헤아릴 수 없이 수 없는 시방 부처 세계의 티끌 수와 같은 세계(無量無數十方佛利微塵數世界)의 신통을 설하면서 열 가지의 신통을 찬탄하고 끝맺음하는 품이다.

제29 십인품(十忍品)

열 가지의 인(忍)을 설하고 거듭 계송으로 설하면서 찬탄하고 끝맺음하는 품이다.

제30 아승기품(阿僧祇品)

심왕보살이 법을 청함에 찬탄하고 헤아릴 수 없이 수 없는 시방 부처 세계의 티끌 수와 같은 세계(無量無數十方佛利微塵數世界)를 거듭 더하여 화장세계(華藏世界.二乘地.阿耨多羅三藐三菩提發現地)가 다함이 없음과 화장세계에 자재하게 노님과 중생을 조복 받은 자재함과 삼업(三業)의 청정한 행과 원과 지혜의 자재한 행과 덕으로서 다함이 없는 행과 부처님의 덕을 찬탄하는 품이다.

제31 여래수량품(如來壽量品)

헤아릴 수 없이 수 없는 시방 부처 세계의 티끌 수와 같은 세계(無量無數十方佛刹微塵數世界)가 거듭 더하고 더하는 화장세계(華藏世界.二乘地.阿耨多羅三藐三菩提發現地)로서 영원과 찰나에 서로 마주 대하며, 최후의 세계로서 나와 내 것이 없음, 곧 불립오온불리증득(不立五蘊不離證得)으로서의 선근 사유확장(般若波羅蜜 擴張)마저도 조복 받음을 설하는 품이다.

제32 보살주처품(菩薩住處品)

보살이 보살행(菩薩行)으로서 머물고 처하는 헤아릴 수 없이 수 없는 시방 부처 세계의 티끌 수와 같은 세계(無量無數十方佛刹微塵數世界)의 산과 바다와 십이처(十二處), 곧 오온(五蘊)으로서의 세간(世間)인 도성과 읍, 마을 등등을 설하는 품이다.

제33 불부사의품(佛不思議品)

헤아릴 수 없이 수 없는 시방 부처 세계의 티끌 수와 같은 세계(無量無數十方佛刹微塵數世界)가 거듭 더하고 더하는 화장세계(華藏世界.二乘地.阿耨多羅三藐三菩提發現地)는 생각으로는 헤아려 알 수 없음을 설하면서 법계(法界)에 두루 함과 본원(本願.本來面目.阿耨多羅三藐三菩提)과 종성(種性)과 출현(出現)과 불신(佛身)과 음성(音聲)과 지혜(智慧)와 자재(自在)함을 밝히고 섬세하고 능숙한 선근(善根.不生不滅) 방편(方便)을 설한다. 또 일체 모든 것에 막힘이나 걸림이 없음을 설하고 모든 선근(善根) 사유(思惟)로부터의 해탈(解脫)을 답하는 품이다.

제34 여래십신상해품(如來十身相海品)

헤아릴 수 없이 수 없는 시방 부처 세계의 티끌 수와 같은 세계(無量無數十方佛刹微塵數世界)가 거듭 더하고 더하는 화장세계(華藏世界.二乘地.阿耨多羅三藐三菩提發現地)의 뛰어나고 빼어난 덕으로 드러나는 출세간(出世間)의 모양이나 상태를 설하는 품이다.

제35 여래수호광명공덕품(如來隨好光明功德品)

뛰어나고 빼어난 화장세계(華藏世界.二乘地.阿耨多羅三藐三菩提發現地)를 따라 들어간 과의 공덕을 설하는 품이며, 나와 내 것을 세우지 않은 반야바라밀(般若波羅蜜)의 공덕(功德)과 화장세계(華藏世界.二乘地.阿耨多羅三藐三菩提發現地)의 헤아릴 수 없는 경계와 하늘의 북소리(阿耨多羅三藐三菩提心發現)로 불국토(佛國土.善根思惟擴張)의 경계(境界)

와 이를 권하여 공양함을 가르치고 그와 같음을 바르게 얻음을 설하는 품이다.

제36 보현행품(普賢行品)

십신(十信), 십주(十住), 십행(十行)의 자리로 헤아릴 수 없이 수 없는 시방 부처 세계의 티끌 수와 같은 세계(無量無數十方佛刹微塵數世界)에 상구보리하화중생(上求菩提下化衆生)하는 일에 있어서 근기(根器)를 따라야 함을 설하고 이를 복 되고 길한 일로서 보살 대중이 증명하게 하며, 보현보살이 게송으로 무량한 보리심(菩提心)과 깊은 법륜(法輪)에 들어감과 근기를 분명하게 아는 일과 세간(世間.五蘊)을 일으키나 모든 근(善根思惟擴張根.般若智根)과 모든 경계(華藏世界.二乘地.阿耨多羅三藐三菩提發現)에 막힘이나 걸림이 없으며, 삼세(三世)가 서로서로 굳건하게 유지(維持)함을 설하는 품이다.

제37 여래출현품(如來出現品)

아뇩다라삼먁삼보리심(阿耨多羅三藐三菩提心發現)이 출현함을 설하는 품이다. 상서로움을 나타내고 헤아릴 수 없이 수 없는 시방 부처 세계의 티끌 수와 같은 세계(無量無數十方佛刹微塵數世界)의 여래가 증명하고 시방 부처 세계의 티끌 수와 같은 세계(十方佛刹微塵數世界)의 보살 대중이 증명하고 거듭하여 여래 출현의 뜻을 게송으로 설하는 품이다.

제38 이세간품(離世間品)

헤아릴 수 없이 수 없는 시방 부처 세계의 티끌 수와 같은 세계(無量無數十方佛刹微塵數世界)가 거듭 더하고 더하는 화장세계(華藏世界.二乘地.阿耨多羅三藐三菩提發現地)를 따른 십신(十信), 십주(十住), 십행(十行), 십회향(十迴向), 십지(十地)로서의 자리 하나하나를 설하면서 세간(世間)으로부터 온전하게 벗어남이 본래면목(本來面目.三乘地.阿耨多羅三藐三菩提心發現)임을 설하고 보혜보살이 50위와 등각의 행까지 묻고 보현보살이 차례를 좇아 50위 하나하나의 자리(華藏世界.二乘地.阿耨多羅三藐三菩提心發現)를 드러내어 막힘이나 걸림 없는 모든 행법(行法.無量無數十方佛刹微塵數世界)을 게송으로 설하는 품이다. 그와 같이 보살도(菩薩道)를 설하고 세계에 자재(自在)함과 삼업(三業.身業.口業.意業)에 자재함과 삼세(三世)에 자재함과 몸(阿耨多羅三藐三菩提心發現體)과 지혜에 자재함과 그와 같은 경계(境界)를 헤아리기 어려움과 법(法)을 드러내고 일체 모든 보살행(菩薩行.世間)과 보살도(菩薩道.出世間)를 벗어나 끝맺음하며, 배우기를 권하는 품이다.

제39 입법계품(入法界品)

이미 아뇩다라삼먁삼보리심(阿耨多羅三藐三菩提心.初發心)을 일으켰기에 세간(世間.五蘊)과 출세간(出世間.不立五蘊), 곧 헤아릴 수 없이 수 없는 시방 부처 세계의 티끌 수와 같은 세계(無量無數十方佛刹微塵數世界)가 거듭 더하고 더하는 화장세계(華藏世界.二乘地.阿耨多羅三藐三菩提發現地)의 보살행(菩薩行)과 보살도(菩薩道)는 본래면목(本來面目)으로서 이세간(離世間)이며, 나와 내 것이 없(不立五蘊不離證得.般若智思惟.初發心)는 깨우침으로 50위의 차례를 좇아 분명하게 또 확실하게 큰 깨우침(大悟.阿耨多羅三藐三菩提心.三乘地)을 설하는 품이다. 이와 같고 그와 같음이 초발심(初發心)이며, 아뇩다라삼먁삼보리심(阿耨多羅三藐三菩提心)이다.

대방광불화엄경 제1권

우전국삼장실차난타 한역
于闐國三藏實叉難陀奉 制譯

1. 세주묘엄품 (1)
世主妙嚴品第一之一

이와 같음을 나는 들었다.

如是我聞

註解 이와 같음(如是)을 믿고 이해(信解)를 해야 만이 화엄경(華嚴經)을 막힘이나 걸림 없이 풀어나갈 수 있다. 여시(如是)란 오온(五蘊)을 세우지 아니한, 곧 나를 세우지 아니한 가운데 이를 떠나지 않고 증득한 일로서의 반야바라밀(般若波羅蜜)이다. 곧 반야지(般若智)를 이르는 것으로 불생불멸(不生不滅) 불구부정(不垢不淨) 부증불감(不增不減)을 말한다. 이 반야지의 금강(金剛)과 같은 혜심(慧心)을 의지(一乘)하여 오온(五蘊), 곧 나는 청정하게 깨달아 얻었다는 묘각(妙覺), 이 마음마저 항복 받아내고 시방불찰미진수세계(十方佛刹微塵數世界)의 불가량(不可量) 불가수(不可數) 불가칭(不可稱) 불가설(不可說) 불가사(不可思)한 여래의 방편을 보게 된(得見如來方便) 깨우친 자리, 즉 성등정각(成等正覺)의 자리(二乘)에서 분명하게 들었다는 일을 이른다. 그러므로 위로는 보리지(菩提智.三乘), 곧 아뇩다라삼막삼보리(阿耨多羅三藐三菩提)를 구하기 위해 용맹정진(勇猛精進)하는 일에 있어서 막힘이나 걸림이 없고 아래로는 중생을 위한 방편(方便)이 자재(自在)한 자리를 이른다.

일시에 부처님께서 마갈제국 아란야 법 보리도량에서 비로소 바른 깨우침을 이루시었다.

一時 佛在摩竭提國阿蘭若法菩提場中 始成正覺

註解 시작점 없는 깨우침의 울림, 곧 불가량 불가수 불가칭 불가설 불가사한 시방불찰미진수세계(十方佛刹微塵數世界)에 자재한 보리지(菩提智)의 방편, 곧 여래(如來)의 방편을 빠짐없이 드러내기 위해 일시(一時)라 하였다. 바른 깨달음을 이루었다는(始成正覺) 것이란, 생사에 얽매인 오온(五蘊), 이 색수상행식(色受想行識)을 바탕으로 나를 세우지 않은 일을 들여다보면 공(空)하다 말하고 오온(五蘊)을 세우지 아니한 곧 나를 세우지 않은 깨우침의 본질(不立五蘊)을 깨달아 증득(不離證得)한 반야바라밀, 곧 반야지(般若智)의 불생불멸(不生不滅) 불구부정(不垢不淨) 부증불감(不增不減)의 자리에서 자세하게 들여다보면 생사에 얽매인 오온이 공(空)하다고 말한다. 오온(五蘊), 곧 나를 세우지 않은 가운데 증득한 반야지의 불생불멸 불구부정 부증불감이 중중묘원(中中妙圓)한 것이며(一乘), 중중묘원이라 하는 것은 불립오온중불리증득중(不立五蘊中不離證得中)을 이른다. 이 반야지를 금강과 같이 견고(堅固)하게 수행하는 것이 수보살행(修菩薩行)이며, 이를 바탕으로 깨우침의 궁극적 본질인 묘각(妙覺)마저도 항복 받아 적멸(寂滅)을 획득(獲得)하고 동서남북(東西南北) 사유(四維) 상하(上下) 시방불찰미진수세계(十方佛刹微塵數世界)에 들어가 위로는 보리지(菩提智), 곧 아뇩다라삼막삼보리(阿耨多羅三藐三菩提)를 구하는 일(得見如來方便)에 거침이 없으며, 아래로는 중생을 구하는 일에 있어서 막힘이나 걸림이 없는 것이 수보살도(修菩薩道.二乘)라 이른다. 그리고 불가량 불가수 불가칭 불가설 불가사한 동서남북 사유 상하 시방불찰미진수세계 또한 방편(方便)으로서 처할 바이며, 의지할 바이니, 이를 조복(調伏)하고 또 이를 뛰어넘어, 의지하고 처할 것이 없는 무의처(無依處)가 정각(正覺)으로서 아뇩다라삼막삼보리라 이른다.

그 자리, 곧 보리 지혜(菩提智慧)의 방편이 견고한 것은 금강(金剛)과도 같은 반야지(般若智)에 의지하여 이루어진 바이며, 여래방편(如來方便)으로서 더할 나위 없는 최상의 보배 바퀴와 불가량(不可量) 불가수(不可數)의 보배로운 꽃과 같은 방편에 이르기까지 청정한 보리심(菩提心)으로 웅장하며 위엄이 있고 또 엄숙하게 꾸며졌으며, 가득 채운 까닭으로 마주 대하여 밝게 드러나는 온갖 모양이나 상태가 끝닿는 데가 없었다. 아뇩다라삼먁삼보리심을 가장 중심이 되는 기치(旗幟)로 내세우니, 항상 밝은 지혜의 빛을 놓고 늘 미묘한 소리를 내면서 보배로운 보리심의 방편 그물망이 펼쳐지듯 미묘한 향과 꽃다발이 두루두루 널리 퍼지고 보리심의 방편이 속박이나 장애 없이 다양하게 변하여 밝게 드러나고 다함이 없는 법 비를 내려 시방불찰미진수국토(十方佛刹微塵數國土) 그 어느 곳 하나 빠짐없이 온갖 곳에 꽃비를 흩뿌렸다. 시방불찰미진수국토에 줄지어 서 있는 보배 나무의 잎과 가지가 무성하고 빛이 나는 까닭은 정각(正覺)을 이룬 부처님의 신력(菩提方便) 때문이며, 이러한 까닭으로 여래방편의 엄숙하고 웅장한 그 위엄이 지금 이 도량 가운데 그림자처럼 드러나 있다. 그 보리수(成正覺佛神力)는 우뚝하니 높게 솟아있으니, 금강반야지(金剛般若智)가 몸이 되고 불생불멸(不生不滅) 불구부정(不垢不淨) 부증불감(不增不減)의 맑은 유리가 가지(方便)가 되고 이러한 보리 지혜(菩提智慧)의 방편을 그물망으로 삼으니, 엉기고 성긴 보배로운 잎들이 구름과 같이 무성히 드리워져 있었다. 그리고 가지가지의 색이 뒤섞인 보배로운 꽃들이 여래방편(如來方便.二乘) 그물망의 끝마다 아뇩다라삼먁삼보리의 그림자를 드리웠다.

其地堅固 金剛所成 上妙寶輪 及衆寶華 淸淨摩尼 以爲嚴飾 諸色相海 無邊顯現 摩尼爲幢 常放光明 恒出妙音 衆寶羅網 妙香華纓 周帀垂布 摩尼寶王 變現自在 雨無盡寶及衆妙華分散於地 寶樹行列 枝葉光茂 佛神力故 令此道場一切莊嚴於中影現 其菩提樹高顯殊特 金剛爲身 瑠璃爲幹 衆雜妙寶以爲枝條 寶葉扶疏 垂陰如雲 寶華雜色 分枝布影

차례를 좇아(復) 아뇩다라삼먁삼보리의 여래법신방편(如來法身方便)이 열매가 되어 광채를 발하는 빛을 머금고 금강반야지(金剛般若智)의 밝은 빛, 곧 불생불멸 불구부정 부증불감의 밝은 빛이 불꽃을 일으키면서 꽃과 함께 피었다. 그 나무, 곧 여래법신방편과 보리심(菩提心)의 밝은 빛이 두루 또 널리 비추면서 그 밝은 빛 가운데서 보리 지혜의 법비(法雨)가 쏟아지고 아뇩다라삼먁삼보리심 안에 많은 보살이 구름과 같이 다 함께 나타나 보였다. 또 여래법신방편의 위신력(威神力)으로 정각(正覺)을 이룬 부처님(菩提樹)이 미묘한 음성을 내어 온갖 법을 설함에 끝이 없었다.

復以摩尼而爲其果 含輝發焰 與華閒列 其樹周圓咸放光明 於光明中雨摩尼寶 摩尼寶內 有諸菩薩 俱時出現 又以如來威神力故 其菩提樹恒出妙音 說種種法 無有盡極

여래가 거처하시는 궁전과 누각은 넓고 평탄하며, 엄숙하고 화려한 것이 시방불찰미진수세계에 가득하였다. 보리 지혜 방편(菩提智慧方便)의 밝은 열매를 모아 이루어졌으며, 온갖 보배로운 꽃으로 아름답게 꾸며져 있고 모든 장엄구에서는 구름과 같은 빛이 흐르면서 궁전 사이를 쫓아 아뇩다라삼먁삼보리의 그림자(菩提心方便)가 모여 가장 중심이 되는 기치(旗幟)를 이루었다. 그리고 헤아릴 수 없이 많은 보살과 대중이 보리 방편으로 충만한 도량(道場), 그 기치 아래로 모였으며, 모든 부처의 밝은 지혜의 빛이 막힘이나 걸림 없이 비치고 생각과 또 생각 아닌 것으로 미칠 수도 이를 수도 없는 소리(不思議音)가 여래법신방편(如來法身方便)이라는 그물망이 되어 속박이나 장애 없는 여래의 신통력과 있는 모든 경계가 함께 그 속에서 나왔다. 일체 모든 중생이 거처하는 집과 대지가 모두 이 가운데 그림자처럼 드러나 보이고 정각(正覺)을 이루신 모든 부처님의 신통한 힘(神力)이 한 생각 사이, 한순간에 시방불찰미진수세계(法界)를 둘러쌌다.

如來所處宮殿樓閣 廣博嚴麗 充徧十方 衆色摩尼之所集成 種種寶華以爲莊校 諸莊嚴具流光如雲 從宮殿閒菄影成幢 無邊菩薩 道場衆會咸集其所 以能出現諸佛光明不思議音 摩尼寶王以爲其網 如來自在神通之力 所有境界皆從中出 一切衆生居處屋宅 皆於此中現其影像 又以諸佛神力所加 一念之閒 悉包法界

그 사자좌는 높고 넓으면서 미묘하고도 아름답고 좋아 보이니, 아뇩다라삼먁삼보리가 바탕이 되고 연꽃이 보리 지혜(菩提智慧)의 그물망이 되고 여래법신(如來法身)의 미묘한 방편이 청정한 보배로 바퀴가 되고 여러 가지 뒤섞인 꽃들이 영롱한 구슬로 맺히고 전당과 누각, 층계와 섬돌, 창호 등 모든 드러난 물건들이 제자리에 정갈하게 꾸며져 있었다. 보배 나무의 가지와 열매가 주변으로 줄지어 두루두루 하고 구름같이 일어나는 보리 지혜 방편의 밝은 빛이 서로가 서로에게 비치어 빛났다. 시방불찰미진수세계 모든 부처가 화하여 밝은 구슬로 드러나 보이고 모든 보살의 상투 가운데 있는 보배에서 밝은 빛을 놓아 맑게 비치었다. 그리고 아뇩다라삼먁삼보리의 여래법신방편(如來法身方便)이 지닌 모든 부처의 위신력(如來法身方便力)으로 보리심(菩提心)의 불가량(不可量) 불가수(不可數) 불가칭(不可稱) 불가설(不可說) 불가사(不可思)한 광대한 경계를 연설하니, 미묘한 음성이 멀리 퍼져서 들리지 않는 곳이 없었다.

其師子座 高廣妙好 摩尼爲臺 蓮華爲網 淸淨妙寶以爲其輪 衆色雜華而作瓔珞 堂榭 樓閣 階砌 戶牖 凡諸物像 備體莊嚴 寶樹枝果 周迴閒列 摩尼光雲 互相照耀 十方諸佛 化現珠玉 一切菩薩髻中妙寶 悉放光明而來怜燭 復以諸佛威神所持 演說如來廣大境界 妙音遐暢 無處不及

이때 세존께서 이 사자좌에 앉아 모든 법 가운데서 더할 나위 없이 위 없는 최상의 바른 깨우침(正覺.阿耨多羅三藐三菩提)을 이루셨다. 아뇩다라삼막삼보리심의 지혜로 삼세에 들어가 모두 평등해지고 여래법신의 몸은 모든 세간에 가득 차고 그 음성에 시방불찰미진수국토가 거스르지 않으니, 비유를 들자면 허공이 드러난 온갖 물상을 머금고 있으면서도 드러난 모든 경계에 차별이 없는 것과 같으며, 또 허공이 일체 모든 곳에 두루 하듯이 모든 국토가 차별 없이 고르게 또 한결같이 따라 들어가는 것과 같았다. 여래법신으로 불가량 불가수 불가칭 불가설 불가사한 도량에 항상 앉아 계시니, 보살 대중 가운데서 감히 범하기 어려운 위엄과 권위의 빛이 밝게 빛나고 또 그 빛나는 일은 태양 빛이 세상을 비추는 듯하였다. 과거 현재 미래에 행하는 바 많은 복으로 가득 찬 큰 바다가 이미 청정(淸淨)하니, 항상 모든 불국토(佛國土)에 태어남을 보이시고 헤아릴 수 없이 끝없는 모양이나 상태와 두루 원만한 밝고 맑은 빛이 시방 법계(十方法界)에 두루두루 하고 평등하여 차별이 없으셨다. 모든 법을 연설하니, 큰 구름이 펼쳐지는 듯이 하였으며, 털끝 하나하나마다 온 세계를 받아들이는 일에 있어서 막힘이나 걸림 없고 일마다 제각각 한량없는 신통한 힘을 드러내어 일체중생을 가르치고 이끌어서 올바른 방향으로 나아가게 하고 신구의(身口意)를 다스리게 하여 모든 악행을 항복 받게 하였다. 시방불찰미진수세계에 두루두루 한 여래법신(如來法身)으로 오고 가는 일이 없으며, 보리 지혜(菩提智慧)로 드러난 모든 모양이나 상태에 들어가더라도 본래 법이 공(空)하고 고요한 것임을 밝게 알아서 마치고 삼세의 모든 부처님이 지닌 신통 변화를 보리심의 밝은 빛 속에서 모두 보시고 모든 부처님의 세계와 생각과 생각 아닌 것으로도 이르거나 미칠 수 없는 겁(劫)이 지닌바 엄숙함과 위엄, 그 웅장함을 밝고 맑게 모두 드러내 보였다.

爾時 世尊處于此座 於一切法 成最正覺 智入三世悉皆平等 其身充滿一切世間 其音普順十方國土 譬如虛空具含衆像 於諸境界無所分別 又如虛空普徧一切 於諸國土平等隨入 身恒徧坐一切道場 菩薩衆中威光赫奕 如日輪出 照明世界 三世所行 衆福大海 悉已淸淨 而恒示生諸佛國土 無邊色相 圓滿光明 徧周法界 等無差別 演一

切法 如布大雲 一一毛端 悉能容受一切世界而無障礙 各現無量神通之力 敎化調伏
一切衆生 身徧十方而無來往 智入諸相 了法空寂 三世諸佛所有神變 於光明中靡不
咸睹 一切佛土不思議劫所有莊嚴 悉令顯現

　　열 부처 세계의 티끌 수와도 같은 보살마하살들에게 둘러싸여 있는바 그 이름을 이르
자면, 보현보살마하살 보덕최승등광조보살마하살 보광사자당보살마하살 보보염묘광보살
마하살 보음공덕해당보살마하살 보지광조여래경보살마하살 보보계화당보살마하살 보각
열의성보살마하살 보청정무진복광보살마하살 보광명상보살마하살을 이르며, 해월광대명
보살마하살 운음해광무구장보살마하살 공덕보계지생보살마하살 공덕자재왕대광보살마
하살 선용맹연화개보살마하살 보지운일당보살마하살 향염광당보살마하살 대명덕심미음
보살마하살 대복광지생보살마하살을 이른다. 이들은 반야 지혜인 불생불멸(不生不滅) 불
구부정(不垢不淨) 부증불감(不增不減), 곧 오온(五蘊)을 세우지 아니한 깨우침의 본질을
깨달아 증득한 등각(等覺)의 보살마하살로서 이들을 우두머리로 하여 열 부처님 세계의
티끌 수가 있게 되었다.
　　有十佛世界微塵數菩薩摩訶薩所共圍遶 其名曰 普賢菩薩摩訶薩 普德最勝燈光照
菩薩摩訶薩 普光師子幢菩薩摩訶薩 普寶焰妙光菩薩摩訶薩 普音功德海幢菩薩摩訶
薩 普智光照如來境菩薩摩訶薩 普寶髻華幢菩薩摩訶薩 普覺悅意聲菩薩摩訶薩 普
淸淨無盡福光菩薩摩訶薩 普光明相菩薩摩訶薩 海月光大明菩薩摩訶薩 雲音海光無
垢藏菩薩摩訶薩 功德寶髻智生菩薩摩訶薩 功德自在王大光菩薩摩訶薩 善勇猛蓮華
髻菩薩摩訶薩 普智雲日幢菩薩摩訶薩 大精進金剛臍菩薩摩訶薩 香焰光幢菩薩摩訶
薩 大明德深美音菩薩摩訶薩 大福光智生菩薩摩訶薩 如是等而爲上首 有十佛世界
微塵數

註解 보현보살마하살은 나를 세우지 아니한 깨우침의 본질(不立五蘊)을 깨달아 증득(不離證得)한 반야바라밀을 근본
으로 믿음과 이해로 가득한 마음자리인 십신 중 제1심 신심(信心)을 이른다. 보덕최승등광조보살마하살은 나를 세우
지 않은 깨우침의 본질을 깨달아 증득한 반야바라밀에 대한 믿음과 이해를 근본으로 막힘이나 걸림 없이 통하는 마음
자리인 십신 중 제2심 염심(念心)을 이른다. 보광사자당보살마하살은 나를 세우지 않은 깨우침의 본질을 깨달아 증득
한 반야바라밀을 근본으로 걸림이나 막힘없이 미묘하게 두루 원만하며, 꾸미는 일 없이 참되고 참으로 밝은 것들이 서
로 위하고 합하는 기운을 일으키는 마음자리인 십신 중 제3심 정진심(精進心)을 이른다. 보보염묘광보살마하살은 나
를 세우지 않은 깨우침의 본질을 깨달아 증득한 반야바라밀을 근본으로 마음자리 터의 맑고 깨끗한 것이 마주 대하여
드러난 모양이나 상태 그대로 눈앞에 곧바로 나타나 온전하게 순수한 지혜가 되는 마음자리인 십신 중 제4심 혜심(慧
心)을 이른다. 보음공덕해당보살마하살은 나를 세우지 않은 깨우침의 본질을 깨달아 증득한 반야바라밀을 근본으로
참다운 지혜의 밝고 깨끗한 것만을 확실하게 잡아서 열 부처님 세계 어느 곳 하나라도 빠짐없이 밝고 평온하게 만들고
이러한 미묘함이 항상 엉기어있는 마음자리인 십신 중 제5심 정심(定心)을 이른다. 보지광조여래경보살마하살은 나를

세우지 않은 깨우침의 본질을 깨달아 증득한 반야바라밀을 근본으로 마음을 가다듬어 움직이거나 흐트러지지 않게 하고 깨우침의 참된 터에 깊숙이 들어간 까닭으로 나아가는 일만 있고 물러섬이 없는 마음자리인 십신 중 제6심 불퇴심(不退心)을 이른다. 보보계화당보살마하살은 나를 세우지 않은 깨우침의 본질을 깨달아 증득한 반야바라밀을 근본으로 해서 일체 모든 법과 일체 모든 불보살을 보호하면서 절대 잃지 않고 서로 접촉하고 온기를 나누는 마음자리인 십신 중 제7심 호법심(護法心)을 이른다. 보각열의성보살마하살은 나를 세우지 않은 깨우침의 본질을 깨달아 증득한 반야바라밀을 근본으로 깨우침의 빛을 능히 되돌려 비추는 일과 깨우침을 향해 편안하게 머무는 일에 있어서 서로가 거듭하여 선업을 쌓고 쌓아가는 마음자리인 십신 중 제8심 회향심(迴向心)을 이른다. 보청정무진복광보살마하살은 나를 세우지 않은 깨우침의 본질을 깨달아 증득한 반야지를 근본으로 참된 깨우침이 늘 한결같게 이루어지고 움직이거나 흐트러지지 않으며, 꾸미거나 가꾸지 않은 있는 그대로 온전하게 머물면서 절대 잃지 않는 마음자리인 십신 중 제9심 계심(戒心)을 이른다. 보광명상보살마하살은 나를 세우지 않은 깨우침의 본질을 깨달아 증득한 반야바라밀을 근본으로 일체 모든 법과 일체 모든 불보살과 함께 편안하게 머무는 일이 스스로 자유롭게 된 까닭으로 무수 무량한 세계를 돌아다니면서 발길 닿는 곳마다 원하는 대로 이루어지는 마음자리인 십신 중 제10심 원심(願心)을 이른다.

해월광대명보살마하살 운음해광무구장보살마하살 공덕보게지생보살마하살 공덕자재왕대광보살마하살 선용맹연화개보살마하살 보지운일당보살마하살 향염광당보살마하살 대명덕심미음보살마하살 대복광지생보살마하살은 초발심주의 보살행을 수행하는 이들로서 깨우침의 본질을 깨달아 증득한 일(不立五蘊不離證得)에 정성을 다한 지극한 마음이 깨달음의 궁극적 본질인 오온청정(五蘊淸淨)함을 항복 받고 열 가지의 쓰임새를 두루 원만하게 하고 오로지 한 마음을 이룬 10주 중 제1주 초발심주(初發心住)를 이른다. 이 보살마하살들이 동서남북 사유 상하의 우두머리가 되어 시방세계의 티끌 수와 같은 숫자가 있게 되었다.

이 모든 보살은 모두 지나간 옛적에 비로자나여래와 더불어 선근(善根)을 모아 보살의 행을 닦았으며, 모두 다 여래의 선근(善根) 바다(二乘地)에서 태어난 이들이다. 이미 모든 바라밀(波羅蜜)을 두루 원만하게 성취하였으며, 지혜의 눈이 맑고 밝아서 삼세를 평등하게 살피고 자세히 들여다보고 모든 삼매(三昧)를 청정하게 갖추었으며, 막힘이나 걸림 없는 말솜씨가 바다와 같아서 그 광대함이 다 함이 없고 부처님의 공덕을 갖추었기에 감히 범할 수 없을 정도로 높고 엄숙하여 공경할 만하며, 중생들의 근기(根器)를 알아 응하고 화하면서 신구의(身口意)를 다스리게 하였다. 법계장(法界藏.二乘地)에 들어가서는 지혜에 차별을 두지 않고 부처님의 깊고 광대한 해탈을 증득하였기에 능히 좋은 방편을 따라 어느 하나의 지위에 들어가서 바다와 같은 큰 서원의 힘을 가지고 항상 반야지(般若智)와 더불어 다가올 세상이 다할 때까지 이르고자 하는 이들이었다. 그리고 모든 부처님의 희유(希有)하면서 넓고 큰 비밀스러운 경지를 통달하였고 반야지를 따른 모든 부처님의 평등한 법을 알며, 여래의 넓고 밝은 시방불찰미진수세계로 나가 헤아릴 수 없는 삼매의 바다 문에 들어갔다. 시방불찰미진수세계에 처할 바 모든 곳을 따라 자재하게 몸을 나타내고 세상의 법대로 행할 바 모든 일을 더불어 하며, 모든 기억하고 보존해야 할 바다와 같은 무량한 법을 모아 지녔다. 그리고 말하는 재주로 중생을 가르치고 이끄는 수단과 방법이 훌륭하여 물러서지 않은 법의 바퀴를 굴렸다. 또 여래의 모든 공덕 바다(如來功德大海)에 그 몸이 들어가고 일체 모든 부처님이 머무는 국토에 원하는 곳을 따라 들어가서 모든 부처님을 공양하였으며, 끝없이 헤아릴 수 없는 겁 동안에 기뻐하고 즐거워하면서 게으르지 않았다. 일체 모든 여래가 아뇩다라삼먁삼보리를 얻은 곳, 항상 그 가운데 머물면서 친근하게 모시고 떠나지를 않았다. 그리고 그들이 얻은바, 항상 보현보살(普賢菩薩.十信.十住.十行)의 원으로 모든 중생이 지혜의 몸을 온전하게 갖추도록 하고자 하는 이들이었다. 그러므로 불생불멸 불구부정 부중불감의 헤아릴 수 없는 공덕을 성취하였다.

此諸菩薩 往昔皆與毘盧遮那如來共集善根 修菩薩行 皆從如來善根海生 諸波羅蜜竅已圓滿 慧眼明徹 等觀三世 於諸三昧 具足淸淨 辯才如海 廣大無盡 具佛功德 尊嚴可敬 知衆生根 如應化伏 入法界藏 智無差別 證佛解脫 甚深廣大 能隨方便 入於一地 而以一切願海所持 恒與智俱盡未來際 了達諸佛希有廣大祕密之境 善知一切佛平等法 已踐如來普光明地 入於無量三昧海門 於一切處 皆隨現身 世法所行 悉同其事 摠持廣大 集衆法海 辯才善巧 轉不退輪 一切如來功德大海 咸入其身 一切諸佛所在國土 皆隨願往 已曾供養一切諸佛 無邊際劫 歡喜無倦 一切如來得菩提處 常在其中 親近不捨 恒以所得寶賢願海 令一切衆生智身具足 成就如是無量功德

註解 비로자나여래(毘盧遮那如來)는 아뇩다라삼먁삼보리심의 방편(菩提心方便)에 막힘이나 걸림 없이 자재한 법신(毘盧遮那法身)을 이르고 선근(善根)이란 오온을 세우지 않은, 곧 나를 세우지 않은 깨우침의 본질을 깨달아 증득한 반야지(般若智)로서 불생불멸(不生不滅) 불구부정(不垢不淨) 부증불감(不增不減)한 물건을 이른다. 여래의 선근 바다(如來善根海)는 반야지(般若智)를 조복하고 처할 것이 없으며, 의지할 것이 없는 보리 지혜(菩提智慧)의 수 없고 헤아릴 수 없는 방편의 바다를 이른다. 법계장(法界藏)이란 이승지(二乘地)로서 아뇩다라삼먁삼보리가 밝게 나타내 보인 바다로 시방불찰미진수세계를 이른다.

신주행회향십지(信住行迴向十地)의 각각 10의 자리와 등각(等覺) 금강혜(金剛慧) 묘각(妙覺)의 3자리를 합한 53의 수보살행 차례를 따라(復有) 부처 세계의 티끌 수와 같은 집금강신(執金剛神)이 있으니, 이른바 묘색나라연집금강신 일륜속질당집금강신 수미화광집금강신 청정운음집금강신 제근미묘집금강신 가애락광명집금강신 대수뇌음집금강신 사자왕광명집금강신 밀영승목집금강신 연화광마니계집금강신을 이른다. 이러한 분들은 반야지(般若智)인 불생불멸 불구부정 부증불감, 곧 오온(五蘊)을 세우지 않은 깨우침의 본질을 깨달아 증득한 등각(等覺)의 보살들(如是等)로서 이런 분들이 우두머리가 되어 열 부처 세계의 티끌 수가 있게 되었다. 이들은 모두 지나간 옛적 헤아릴 수 없는 겁 동안에 늘 소원하기를 모든 부처님을 친근하게 모시면서 공양하기를 원했고 원하는 바대로 수행해서 이미 두루 원만하게 저 언덕에 이르렀다. 그리고 청정한 복을 끝없이 쌓았으며, 모든 삼매(三昧)로 행할 바 경계를 모두 통달하였고 신통한 힘을 얻어 여래를 따라 머물고 생각과 생각 아닌 것으로도 미칠 수 없는 해탈 경계(解脫境界)에 들어갔으며, 대중이 모인 곳에 처하면 위엄과 빛남이 제일이었다. 또 모든 중생을 따라 응하는 바가 몸으로 드러내 보이면서 신구의(身口意)를 다스리는 모습을 보이고 모든 부처님의 화신(化身)이 있는 곳마다 빠짐없이 따라가서 변화하고 일체 모든 여래가 머무는 곳을 항상 부지런히 지키고 보호하였다.

復有佛世界微塵數執金剛神 所謂 妙色那羅延執金剛神 日輪速疾幢執金剛神 須彌華光執金剛神 淸淨雲音執金剛神 諸根美妙執金剛神 可愛樂光明執金剛神 大樹雷音執金剛神 師子王光明執金剛神 密焰勝目執金剛神 蓮華光摩尼髻執金剛神 如是等而爲上首 有佛世界微塵數 皆於往昔無量劫中恒發大願 願常親近供養諸佛 隨願所行 已得圓滿 到於彼岸 積集無邊淸淨福業 於諸三昧所行之境悉已明達 獲神通力 隨如來住 入不思議解脫境界 處於衆會 威光特達 隨諸衆生所應現身而示調伏 一切諸佛化形所在 皆隨化往 一切如來所住之處 常勤守護

註解 집금강신(執金剛神)은 내가 없음을 깨달아 증득한 반야바라밀에 대한 믿음과 이해를 바탕으로 일체 모든 법과 일체 모든 불보살을 지키고 보호하기 위해 스스로 바로 잡아 다스리는 10주 중 제2주 치지주(治地住)의 자리를 이른다.

신, 주, 행, 회향, 십지의 각각 10의 자리와 등각 금강혜 묘각의 3자리를 합한 53의 수보살행 차례를 따라(復有) 부처 세계의 티끌 수와 같은 신중신(身衆神)이 있으니, 이른바 화계장엄신중신 광조시방신중신 해음조복신중신 정화엄계신중신 무량위의신중신 최상광엄신중신 정광향운신중신 수호섭지신중신 보현섭취신중신 부동광명신중신을 이른다. 이러한 분들은 오온을 세우지 않은, 곧 나를 세우지 아니한 깨우침의 본질을 깨달아 증득한 등각의 보살(如是等)들로서 이러한 분들이 우두머리가 되어 열 부처 세계의 티끌 수가 있게 되었다. 모든 분이 지나간 옛적에 큰 원들을 성취하였고 일체 모든 부처님을 공양하고 섬기는 이들이었다.

復有佛世界微塵數身衆神 所謂 華髻莊嚴身衆神 光照十方身衆神 海音調伏身衆神 淨華嚴髻身衆神 無量威儀身衆神 最上光嚴身衆神 淨光香雲身衆神 守護攝持身衆神 普現攝取身衆神 不動光明身衆神 如是等而爲上首 有佛世界微塵數 皆於往昔 成就大願 供養承事 一切諸佛

註解 신중신(身衆神)은 내가 없음을 깨달아 증득한 반야바라밀에 대한 믿음과 이해를 바탕으로 무수 무량한 세상에 돌아다니거나 머무는 일에 있어서 막힘이나 걸림 없이 환하게 통한 이들로 닦고 행할 참된 터에 머무는 이들이다. 곧 10주 중 제3주 수행주(修行住)를 말한다.

신, 주, 행, 회향, 십지의 각각 10의 자리와 등각 금강혜 묘각의 3자리를 합한 53의 수보살행 차례를 따라(復有) 부처 세계의 티끌 수와 같은 족행신(足行神)이 있으니, 이른바 보인수족행신 연화광족행신 청정화족행신 섭제선견족행신 묘보성당족행신 낙토묘음족행신 전단수광족행신 연화광명족행신 미묘광명족행신 적집묘화족행신을 이른다. 이러한 분들은 오온을 세우지 않은, 곧 나를 세우지 않은 깨우침의 본질을 깨달아 증득한 등각의 보살(如是等)들로서 이런 분들이 우두머리가 되어 열 부처 세계의 티끌 수가 있게 되었다. 모든 분이 지나간 세상 무량한 겁 동안에 여래를 가까이 따르면서 모시고 또 여래의 곁을 떠나지 않은 이들이었다.

復有佛世界微塵數足行神 所謂 寶印手足行神 蓮華光足行神 淸淨華髻足行神 攝諸善見足行神 妙寶星幢足行神 樂吐妙音足行神 栴檀樹光足行神 蓮華光明足行神 微妙光明足行神 積集妙華足行神 如是等而爲上首 有佛世界微塵數 皆於過去無量劫中 親近如來 隨逐不捨

註解 깨달음의 가족으로 들어가는 일을 의미하는 자리로 깨우침의 본질인 내가 없음을 깨달아 증득한 반야지(般若智)를 근본으로 가르침의 집에 머물고 더할 나위 없이 위 없는 최상의 법을 믿으면서 이를 끝까지 참구(參究)하고 또 따라가는 마음자리로서 10주 중 제4주 생귀주(生貴住)를 이른다.

신, 주, 행, 회향, 십지의 각각 10의 자리와 등각 금강혜 묘각의 3자리를 합한 53의 수보살행 차례를 따라(復有) 부처님 세계의 티끌 수와 같은 도량신(道場神)이 있으니, 이른바 정장엄당도량신 수미보광도량신 뇌음당상도량신 우화묘안도량신 화영광계도량신 우보장엄도량신 용맹향안도량신 금강채운도량신 연화광명도량신 묘광조요도량신을 이른다. 이러한 분들은 오온을 세우지 않은, 곧 나를 세우지 않은 깨우침의 본질을 깨달아 증득한 등각의 보살(如是等)들로서 이러한 분들이 우두머리가 되어 열 부처 세계의 티끌 수가 있게 되었다. 모든 분이 다 지난 과거에 한량이 없는 부처를 만나 원하는 바 이루고자 하는 마음의 힘을 성취하고 음식을 차려 이바지하고 받드는 일을 널리 일으킨 이들이었다.

復有佛世界微塵數道場神 所謂 淨莊嚴幢道場神 須彌寶光道場神 雷音幢相道場神 雨華妙眼道場神 華纓光髻道場神 雨寶莊嚴道場神 勇猛香眼道場神 金剛彩雲道場神 蓮華光明道場神 妙光照耀道場神 如是等而爲上首 有佛世界微塵數 皆於過去 値無量佛 成就願力 廣興供養

註解 도량신(道場神)은 깨우침의 본질인 내가 없음을 깨달아 증득한 반야지(般若智)를 근본으로 일체 모든 법과 일체 모든 불보살을 해득하고 수행(修行)해서 얻은 지극한 선근이라는 마음자리로 중생을 구하고 보호하면서 이롭게 만드

는 자리인 10주 중 제5주 방편구족주(方便具足住)를 이른다.

신, 주, 행, 회향, 십지의 각각 10의 자리와 등각 금강혜 묘각의 3자리를 합한 53의 수보살행 차례(復有)를 따른 부처 세계의 티끌 수와 같은 주성신(主城神)이 있으니, 보봉광요주성신 묘엄궁전주성신 청정희보주성신 이우청정주성신 화등염안주성신 염당명현주성신 성복광명주성신 청정광명주성신 향계장엄주성신 묘보광명주성신을 이른다. 이러한 분들은 오온을 세우지 않은, 곧 나를 세우지 않은 깨우침의 본질을 깨달아 증득한 등각의 보살(如是等)들로서 이러한 분들이 우두머리가 되어 열 부처 세계의 티끌 수가 있게 되었다. 모든 분이 다 생각과 생각 아닌 것으로도 이르거나 미칠 수 없는 겁 동안에 여래가 거주하는 궁전을 장엄하고 또 깨끗하게 한 이들이었다.

復有佛世界微塵數主城神 所謂 寶峯光耀主城神 妙嚴宮殿主城神 淸淨喜寶主城神 離憂淸淨主城神 華燈焰眼主城神 焰幢明現主城神 盛福光明主城神 淸淨光明主城神 香髻莊嚴主城神 妙寶光明主城神 如是等而爲上首 有佛世界微塵數 皆於無量不思議劫 嚴淨如來所居宮殿

註解 주성신(主城神)은 깨우침의 본질인 내가 없음을 깨달아 증득한 반야지(般若智)에 대한 믿음과 이해를 바탕으로 더할 나위 없이 유일한 참된 터(不立五蘊不離證得)에서 물러서지 않는 10주 중 제6주 정심주(正心住)를 이른다. 곧 일체 모든 법(法)과 일체 모든 불보살(佛菩薩)을 마주 대하여도 드러날 그 어떠한 언어나 문자, 모양이나 상태가 없으며, 이렇다저렇다 할 성품도 없고 닦을 것도 없으며, 진실하지 않은 까닭에 텅 빈 허공과 같음을 알고 이 무생법인(無生法忍)이라는 자리에서 법을 듣고 깨달음을 얻는 자리를 말한다.

신, 주, 행, 회향, 십지의 각각 10의 자리와 등각 금강혜 묘각의 3자리를 합한 53의 수보살행(修菩薩行) 차례를 따라(復有) 부처 세계의 티끌 수와 같은 주지신(主地神)이 있으니, 보덕정화주지신 견복장엄주지신 묘화엄수주지신 보산중보주지신 정목관시주지신 묘색승안주지신 향모발광주지신 열의음성주지신 묘화선계주지신 금강엄체주지신을 이른다. 이러한 분들은 오온(五蘊)을 세우지 않은, 곧 나를 세우지 않은 깨우침의 본질을 깨달아 증득한 등각(等覺)의 보살(如是等)들로서 이러한 분들이 우두머리가 되어 열 부처 세계의 티끌 수가 있게 되었다. 모든 분이 지나간 옛적에 중하고 깊은 원을 세우며, 항상 부처님을 가까이하면서 함께 복 업 닦기를 원한 이들이었다.

復有佛世界微塵數主地神 所謂 普德淨華主地神 堅福莊嚴主地神 妙華嚴樹主地神 普散衆寶主地神 淨目觀時主地神 妙色勝眼主地神 香毛發光主地神 悅意音聲主地神 妙華旋髻主地神 金剛嚴體主地神 如是等而爲上首 有佛世界微塵數 皆於往昔 發

深重願 願常親近 諸佛如來 同修福業

註解 주지신(主地神)은 깨우침의 본질인 내가 없음을 깨달아 증득한 반야지(般若智)에 대한 믿음과 이해를 바탕으로 일체 모든 법과 불보살을 해득하고 밝게 깨달아 얻은 순수한 지혜를 얻은 일로 인하여 몸과 마음이 합하여 이루어지고 날마다 거듭 선업(善業)을 쌓는 10주 중 제7주 불퇴주(不退住)를 이른다. 곧 반야지에 대한 믿음이 견고(堅固)한 까닭으로 물러서지 않으며, 모든 법과 불보살을 배우면서 하나가 무수(無數)이며, 무수(無數)가 하나이고 한 개가 무량(無量)이며 무량이 한 개임을 알고 없는 것이, 있는 것이고 있는 것이, 없는 것임을 깨달아 얻고서 거듭해서 선근의 업을 쌓고 쌓아가는 자리다.

신, 주, 행, 회향, 십지의 각각 10의 자리와 등각 금강혜 묘각의 3자리를 합한 53의 수보살행(修菩薩行) 차례를 따라(復有) 헤아릴 수 없는 주산신(主山神)이 있으니, 이른바 보봉개화주산신 화림묘계주산신 고당보조주산신 이진정계주산신 광조시방주산신 대력광명주산신 위광보승주산신 미밀광륜주산신 보안현견주산신 금강밀안주산신을 이른다. 이러한 분들은 오온을 세우지 않은, 곧 나를 세우지 않은 깨우침의 본질을 깨달아 증득한 등각의 보살(如是等)들로서 이러한 분들이 우두머리가 되어 그 수가 헤아릴 수 없이 많았다. 이들은 다 모든 법에서 맑고 깨끗한 눈을 얻은 이들이었다.

復有無量主山神 所謂 寶峯開華主山神 華林妙髻主山神 高幢普照主山神 離塵淨髻主山神 光照十方主山神 大力光明主山神 威光普勝主山神 微密光輪主山神 普眼現見主山神 金剛密眼主山神 如是等而爲上首 其數無量 皆於諸法 得清淨眼

註解 주산신(主山神)은 깨우침의 본질인 내가 없음을 깨달아 증득한 반야지(般若智)에 대한 믿음과 이해를 근간으로 몸과 말과 뜻으로 행하는 모든 일이 맑고 깨끗해지는 10주 중 제8주 동진주(童眞住)를 이른다. 곧 비롯됨 없이 태어난 까닭으로 중생의 마음과 욕망, 성품, 업보 등 이러한 세계가 생기고 없어짐을 알고 또 이러한 세계가 크게 흔들리면서 유지되는 것을 아는 자리다. 그러므로 무수 무량한 세계를 향해 나아가 법을 묻고 무수 무량한 답을 알아가면서 선지식(善知識)을 봉양하고 일체 모든 법에서 가장 뛰어난 방편을 성취하기 위해 몸과 마음을 다하는 자리이다.

신, 주, 행, 회향, 십지의 각각 10의 자리와 등각 금강혜 묘각의 3자리를 합한 53의 수보살행 차례를 따라(復有) 가히 생각, 또 생각 아닌 것으로도 헤아릴 수 없는 주림신(主林神)이 있으니, 이른바 포화여운주림신 탁간서광주림신 생아발요주림신 길상정엽주림신 수포염장주림신 청정광명주림신 가의뇌음주림신 광향보변주림신 묘광향요주림신 화과광미주림신을 이른다. 이러한 분들은 오온을 세우지 않은, 곧 나를 세우지 않은 깨우침의 본질을 깨달아 증득한 등각의 보살(如是等)들로서 이러한 분들이 우두머리가 되어 그 수가 생각으로 헤아릴 수 없을 만큼 많았다. 이들은 모두 다 헤아릴 수 없이 친밀하면서도 자애로운 밝은 빛을 가진 이들이었다.

　復有不可思議數主林神　所謂　布華如雲主林神　擢幹舒光主林神　生芽發耀主林神
吉祥淨葉主林神　垂布焰藏主林神　淸淨光明主林神　可意雷音主林神　光香普徧主林
神　妙光迴耀主林神　華果光味主林神　如是等而爲上首　不思議數　皆有無量可愛光明

> **註解** 주림신(主林神)은 깨우침의 본질인 내가 없음을 깨달아 증득한 반야지(般若智)에 대한 믿음과 이해를 바탕으로
> 중생이 태어나 죽은 일과 방편과 지혜, 세간 법과 출세간법(出世間法)을 제대로 이해하는 자리에 머물면서 참된 법을
> 이어받아 명확하게 드러내는 법을 알고 막힘이나 걸림이 없는 지혜를 얻기 위해 맑고 깨끗한 빛을 일으키는 10주 중
> 제9주 법왕자주(法王子住)를 이른다.

　신, 주, 행, 회향, 십지의 각각 10의 자리와 등각 금강혜 묘각의 3자리를 합한 53의 수보
살행 차례를 따라(復有) 헤아릴 수도 없는 주약신(主藥神)이 있으니, 이른바 길상주약신
전단림주약신 청정광명주약신 명칭보문주약신 모공광명주약신 보치청정주약신 대발후
성주약신 폐일광당주약신 명견시방주약신 익기명목주약신을 이른다. 이러한 분들은 오
온을 세우지 않은, 곧 나를 세우지 않은 깨우침의 본질을 깨달아 증득한 등각의 보살(如
是等)들로서 이러한 분들이 우두머리가 되어 그 수가 헤아릴 수 없었다. 또 성품이 더러
움을 벗어나고 모든 분이 인자(仁慈)하게 도움의 손길을 주는 이들이었다.

　復有無量主藥神　所謂　吉祥主藥神　栴檀林主藥神　淸淨光明主藥神　名稱普聞主藥
神　毛孔光明主藥神　普治淸淨主藥神　大發吼聲主藥神　蔽日光幢主藥神　明見十方主
藥神　益氣明目主藥神　如是等而爲上首　其數無量　性皆離垢　仁慈祐物

> **註解** 주약신(主藥神)은 깨우침의 본질인 내가 없음을 깨달아 증득한 반야지(般若智)에 대한 믿음과 이해를 바탕으로
> 일체 모든 법(法)과 불보살(佛菩薩)의 방편(方便)과 지혜(智慧)를 성취하고 중생들의 근기(根器)를 잘 분별하는 지혜를
> 두루 원만하게 갖추었으며, 또 인도하는 10주 중 제10주 관정주(灌頂住)를 이른다. 곧 중생들의 근기를 따라 인도하는
> 이들이다.

　신, 주, 행, 회향, 십지의 각각 10의 자리와 등각 금강혜 묘각의 3자리를 합한 53의 수보
살행 차례를 따라(復有) 헤아릴 수도 없는 주가신(主稼神)이 있으니, 이른바 유연승미주가
신 시화정광주가신 색력용건주가신 증장정기주가신 보생근과주가신 묘엄환계주가신 윤
택정화주가신 성취묘향주가신 경자애락주가신 이구정광주가신을 이른다. 이러한 분들은
오온을 세우지 않은, 곧 나를 세우지 않은 깨우침의 본질을 깨달아 증득한 등각의 보살
(如是等)들로서 이러한 분들이 우두머리가 되어 그 수가 헤아릴 수 없이 많았다. 모두 기
쁨과 즐거움을 목적한 바대로 크게 이룬 이들이었다.

復有無量主稼神 所謂 柔軟勝味主稼神 時華淨光主稼神 色力勇健主稼神 增長精氣主稼神 普生根果主稼神 妙嚴環髻主稼神 潤澤淨華主稼神 成就妙香主稼神 見者愛樂主稼神 離垢淨光主稼神 如是等而爲上首 其數無量 莫不皆得大喜成就

註解 주가신(主稼神)은 깨우침의 본질인 내가 없음을 깨달아 증득한 반야지(般若智)를 근간으로 한 순수한 지혜에 머물면서 무수 무량한 깨달음의 미묘한 덕을 갖춘 까닭에 스스로 이롭고 타인도 이로움을 얻고 갖추게 하는 10행 중 제1행 환희행(歡喜行)을 이른다. 일체 모든 드러난 언어나 문자. 모양이나 상태를 마주 대하여 응하는 일이 온전하게 즐겁고 기쁘게 되는 자리다.

신, 주, 행, 회향, 십지의 각각 10의 자리와 등각 금강혜 묘각의 3자리를 합한 53의 수보살행(修菩薩行) 차례를 따라(復有) 헤아릴 수도 없는 주하신(主河神)이 있으니, 이른바 보발신류주하신 보결천간주하신 이진정안주하신 시방변후주하신 구호중생주하신 무열정광주하신 보생환희주하신 광덕승당주하신 광조보세주하신 해덕광명주하신을 이른다. 이러한 분들은 오온을 세우지 않은, 곧 나를 세우지 않은 깨우침의 본질을 깨달아 증득한 등각의 보살(如是等)들로서 이러한 분들이 우두머리가 되어 헤아릴 수 없이 많았다. 모두 다 부지런히 생각하고 뜻을 세워 어떻게든 중생들을 이롭게 하는 이들이었다.

復有無量主河神 所謂 普發迅流主河神 普潔泉潤主河神 離塵淨眼主河神 十方徧吼主河神 救護衆生主河神 無熱淨光主河神 普生歡喜主河神 廣德勝幢主河神 光照普世主河神 海德光明主河神 如是等而爲上首 有無量數 皆勤作意 利益衆生

註解 주하신(主河神)은 깨우침의 본질인 내가 없음을 깨달아 증득한 반야지(般若智)를 바탕으로 순수한 지혜에 머물면서 깨우친 본바탕의 바라는 바 없는 마음을 일으켜 일체 모든 중생이 이익이 되도록 거듭 선업(善業)을 쌓고 쌓으면서 도움이 되도록 하는 10행 중 제2행 요익행(饒益行)을 이른다. 곧 중생들을 위해 선업(善業)을 쌓고 쌓는 자리다.

신, 주, 행, 회향, 십지의 각각 10의 자리와 등각 금강혜 묘각의 3자리를 합한 53의 수보살행 차례를 따라(復有) 헤아릴 수도 없는 주해신(主海神)이 있으니, 이른바 출현보광주해신 성금강당주해신 원리진구주해신 보수궁전주해신 길상보월주해신 묘화용계주해신 보지광미주해신 실염화광주해신 금강묘계주해신 해조뇌음주해신을 이른다. 이러한 분들은 오온을 세우지 않은, 곧 나를 세우지 않은 깨우침의 본질을 깨달아 증득한 등각(等覺)의 보살(如是等)들로서 이러한 분들이 우두머리가 되어 그 수가 한량이 없었다. 모두 다 여래 공덕의 큰 바다(如來方便)로 그 몸을 충만(充滿)하게 갖춘 이들이었다.

復有無量主海神 所謂 出現寶光主海神 成金剛幢主海神 遠塵離垢主海神 普水宮殿
主海神 吉祥寶月主海神 妙華龍髻主海神 普持光味主海神 寶焰華光主海神 金剛妙髻
主海神 海潮雷聲主海神 如是等而爲上首 其數無量 悉以如來功德大海充滿其身

> **註解** 주해신(主海神)은 깨우침의 본질인 내가 없음을 깨달아 증득한 반야지(般若智)에 대한 믿음과 이해를 바탕으로 일체 모든 법과 불보살을 해득하고 밝게 깨달아 얻은 참된 마음자리 가운데서 본인뿐만 아니라 타인도 깨달음을 얻게 하는 10행 중 제3행 무진한행(無嗔恨行)을 이른다. 곧 반야지를 바탕으로 깨달아 얻은 바가 서로 어긋나지 않음을 이른다.

신, 주, 행, 회향, 십지의 각각 10의 자리와 등각 금강혜 묘각의 3자리를 합한 53의 수보살행 차례를 따라(復有) 헤아릴 수도 없는 주수신(主水神)이 있으니, 이른바 보흥운당주수신 해조운음주수신 묘색륜계주수신 선교선복주수신 이구향적주수신 복교광음주수신 지족자재주수신 정희선음주수신 보현위광주수신 후음변해주수신을 이른다. 이러한 분들은 오온을 세우지 않은, 곧 나를 세우지 않은 깨우침의 본질을 깨달아 증득한 등각의 보살(如是等)들로서 이러한 분들이 우두머리가 되어 그 수가 헤아릴 수 없었다. 그리고 항상 일체중생을 구하고 보호하면서 이익이 되게 하는 이들이었다.

復有無量主水神 所謂 普興雲幢主水神 海潮雲音主水神 妙色輪髻主水神 善巧漩澓
主水神 離垢香積主水神 福橋光音主水神 知足自在主水神 淨喜善音主水神 普現威
光主水神 吼音徧海主水神 如是等而爲上首 其數無量 常勤救護一切衆生而爲利益

> **註解** 주수신(主水神)은 깨우침의 본질인 내가 없음을 깨달아 증득한 반야지(般若智)를 바탕으로 일체 모든 법과 불보살을 따라 바라는 바 없는 마음으로 응하면서 무수 무량한 세계와 세상의 많은 중생과 맞닿아 느끼면서 서로를 키우고 이롭게 하는 일이 다 함이 없는 10행 중 제4행 무진행(無盡行)을 이른다. 곧 중생을 이끌고 구하기 위해 몸으로 나타내는 일을 말한다.

신, 주, 행, 회향, 십지의 각각 10의 자리와 등각 금강혜 묘각의 3자리를 합한 53의 수보살행 차례를 따라(復有) 헤아릴 수도 없는 주화신(主火神)이 있으니, 이른바 보광염장주화신 보집광당주화신 대광보조주화신 중묘궁전주화신 무진광계주화신 종종염안주화신 시방궁전여수미산주화신 위광자재주화신 광명파암주화신 뇌음전광주화신을 이른다. 이러한 분들은 오온을 세우지 않은, 곧 나를 세우지 않은 깨우침의 본질을 깨달아 증득한 등각의 보살들로서 이러한 분들이 우두머리가 되고 헤아릴 수가 없이 많았다. 모두 다 능히 밝은 빛을 드러내어 중생들의 뜨거운 번뇌를 없애주는 이들이었다.

復有無量主火神 所謂 普光焰藏主火神 普集光幢主火神 大光普照主火神 衆妙宮

殿主火神 無盡光髻主火神 種種焰眼主火神 十方宮殿如須彌山主火神 威光自在主
火神 光明破暗主火神 雷音電光主火神 如是等而爲上首 不可稱數 皆能示現種種光
明 令諸衆生熱惱除滅

註解 주화신(主火神)은 깨우침의 본질인 내가 없음을 깨달아 증득한 반야지(般若智)의 순수한 지혜로서 일체 모든 법과
불보살을 맑고 깨끗한 단 하나로 이루어서 모든 법이 차이가 있거나 어긋나지 않게 하는 10행 중 제5행 이치난행(離癡亂
行)을 이른다. 곧 어지럽게 흩어진 마음자리를 벗어나 행하는 바를 말한다.

신, 주, 행, 회향, 십지의 각각 10의 자리와 등각 금강혜 묘각의 3자리를 합한 53의 수보
살행 차례를 따라(復有) 헤아릴 수도 없는 주풍신(主風神)이 있으니, 이른바 무애광명주
풍신 보현용업주풍신 표격운당주풍신 정광장엄주풍신 역능갈수주풍신 대성변후주풍신
수초수계주풍신 소행무애주풍신 종종궁전주풍신 대광보조주풍신을 이른다. 이러한 분
들은 오온을 세우지 않은, 곧 나를 세우지 않은 깨우침의 본질을 깨달아 증득한 등각의
보살(如是等)들로서 이러한 분들이 우두머리가 되고 그 수가 헤아릴 수 없었다. 그리고
모두 다 교만(憍慢)한 마음을 없애기 위해 부지런히 움직이는 이들이었다.

復有無量主風神 所謂 無礙光明主風神 普現勇業主風神 飄擊雲幢主風神 淨光莊
嚴主風神 力能竭水主風神 大聲徧吼主風神 樹杪垂髻主風神 所行無礙主風神 種種
宮殿主風神 大光普照主風神 如是等而爲上首 其數無量 皆勤散滅我慢之心

註解 주풍신(主風神)은 깨우침의 본질인 내가 없음을 깨달아 증득한 반야지(般若智)의 청정하고 순수한 지혜를 바탕
으로 능히 같은 가운데서 다른 언어나 문자. 모양이나 상태를 나타내면서도 서로가 다른 언어나 문자, 모양이나 상태
를 똑같이 드러내는 10행 중 제6행 선현행(善現行)을 이른다. 곧 일체 모든 법의 이치가 널리 어울려 하나가 되고 분별
없이 행하는 바를 말한다.

신, 주, 행, 회향, 십지(信住行迴向十地)의 각각 10의 자리와 등각 금강혜 묘각의 3자리
를 합한 53의 수보살행 차례를 따라(復有) 헤아릴 수도 없는 주공신(主空神)이 있으니, 이
른바 정광보조주공신 보유심광주공신 생길상풍주공신 이장안주주공신 광보묘계주공신
무애광염주공신 이구광명주공신 심원묘음주공신 광변시방주공신을 이른다. 이러한 분들
은 오온(五蘊)을 세우지 않은, 곧 나를 세우지 않은 깨우침의 본질을 깨달아 증득한 등각
의 보살(如是等)들로서 이러한 분들이 우두머리가 되고 그 수를 헤아릴 수가 없었다. 이
들은 마음이 모든 더러움에서 멀리 벗어났으며, 그 마음이 이를 수 없이 크고 넓으면서
또 밝고 깨끗한 이들이었다.

復有無量主空神 所謂 淨光普照主空神 普遊深廣主空神 生吉祥風主空神 離障安住主空神 廣步妙髻主空神 無礙光焰主空神 無礙勝力主空神 離垢光明主空神 深遠妙音主空神 光徧十方主空神 如是等而爲上首 其數無量 心皆離垢 廣大明潔

註解 주공신(主空神)은 나를 세우지 아니한 깨우침의 본질을 깨달아 증득한 반야바라밀(般若波羅蜜), 곧 불생불멸(不生不滅) 불구부정(不垢不淨) 부증불감(不增不減)한 밝은 지혜(般若智)로 무수 무량한 세계와 허공에 이르기까지 나타내고 또 불찰미진수(佛刹微塵數)라 이르는 매우 작은 티끌까지도 만족하게 하며, 불찰미진수 그 하나하나의 작은 티끌 속에 무수 무량한 세계를 나타내어도 서로가 서로에게 머물거나 또 막힘이나 걸림 없는 10행 중 제7행 무착행(無著行)을 이른다.

신, 주, 행, 회향, 십지의 각각 10의 자리와 등각 금강혜 묘각의 3자리를 합한 53의 수보살행 차례를 따라(復有) 헤아릴 수도 없는 주방신(主方神)이 있으니, 이른바 변주일체주방신 보현광명주방신 광행장엄주방신 주행불애주방신 영단미혹주방신 보유정공주방신 대운당음주방신 계목무란주방신 보관세업주방신 주변유람주방신을 이른다. 이러한 분들은 오온을 세우지 않은, 곧 나를 세우지 않은 깨우침의 본질을 깨달아 증득한 등각의 보살들로서 이러한 분들이 우두머리가 되고 그 수를 헤아릴 수 없었다. 이들은 능히 반야지의 밝은 빛을 널리 시방세계(十方世界)에 놓으면서 반야지의 밝은 빛을 끊이지 않게 하는 이들이었다.

復有無量主方神 所謂 徧住一切主方神 普現光明主方神 光行莊嚴主方神 周行不礙主方神 永斷迷惑主方神 普遊淨空主方神 大雲幢音主方神 髻目無亂主方神 普觀世業主方神 周徧遊覽主方神 如是等而爲上首 其數無量 能以方便 普放光明 恒照十方 相續不絶

註解 주방신(主方神)은 나를 세우지 않은 깨우침의 본질을 깨달아 증득한 반야바라밀(般若波羅蜜)을 바탕으로 오로지 반야(般若)의 참된 지혜로 개개의 언어나 문자, 모양이나 상태 등 세간사(世間事)의 모든 이치를 비추어 보는 일로서 그 모든 일 가운데 수행(修行)을 제일로 삼은 10행 중 제8행 존중행(尊重行)을 이른다.

신, 주, 행, 회향, 십지의 각각 10의 자리와 등각 금강혜 묘각의 3자리를 합한 53의 수보살행 차례를 따라(復有) 헤아릴 수도 없는 주야신(主夜神)이 있으니, 이른바 보덕정광주야신 희안관세주야신 호세정기주야신 적정해음주야신 보현길상주야신 보발수화주야신 평등호육주야신 유희쾌락주야신 제근상희주야신 출생정복주야신을 이른다. 이러한 분들은 오온을 세우지 않은, 곧 나를 세우지 않은 깨우침의 본질을 깨달아 증득한 등각의 보살들로서 이러한 분들이 우두머리가 되고 그 수를 헤아릴 수가 없었으니, 모든 이들이 부지런히 반야지(般若智)를 닦고 익혀서 이 닦고 익히는 일을 즐거움으로 삼은 이들이었다.

　復有無量主夜神 所謂 普德淨光主夜神 喜眼觀世主夜神 護世精氣主夜神 寂靜海音主夜神 普現吉祥主夜神 普發樹華主夜神 平等護育主夜神 遊戲快樂主夜神 諸根常喜主夜神 出生淨福主夜神 如是等而爲上首 其數無量 皆勤修習 以法爲樂

　　註解 주야신(主夜神)은 깨우침의 본질인 내가 없음을 깨달아 증득한 반야바라밀을 바탕으로 무수 무량한 법의 이치를 널리 통해서 막힘이나 걸림 없는 까닭으로 깨달음을 얻고자 하는 이들의 본보기, 곧 궤칙(軌則)을 세우는 10행 중 제9행 선법행(善法行)을 이른다. 곧 일체 모든 법의 밝은 이치가 널리 어울려 하나가 되고 구별이 없는 덕(德)으로 깨달음을 얻고자 하는 이들이나 깨달음을 얻은 모든 이들의 본보기를 이루어서 나타내고 드러내는 일을 의미한다.

　신, 주, 행, 회향, 십지의 각각 10의 자리와 등각 금강혜 묘각의 3자리를 합한 53의 수보살행 차례를 따라(復有) 헤아릴 수도 없는 주주신(主晝神)이 있으니, 이른바 시현궁전주주신 발기혜향주주신 낙승장엄주주신 향화묘광주주신 보집묘락주주신 낙작희목주주신 보현제방주주신 대비광명주주신 선근광조주주신 묘화영락주주신을 이른다. 이러한 분들은 오온을 세우지 않은, 곧 나를 세우지 않은 깨우침의 본질을 깨달아 증득한 등각의 보살(如是等)들로서 이러한 분들이 우두머리가 되고 그 수를 헤아릴 수가 없으며, 모든 이들이 능히 섬세하고 빼어난 법, 곧 아뇩다라삼먁삼보리심에 대한 믿음과 이해를 내면서 게으름을 피우거나 쉬지 않고 수행에 힘쓰고 궁전(十方世界)을 엄숙하고도 위엄 있게 또 웅장하게 꾸미는 이들이었다.

　復有無量主晝神 所謂 示現宮殿主晝神 發起慧香主晝神 樂勝莊嚴主晝神 香華妙光主晝神 普集妙樂主晝神 樂作喜目主晝神 普現諸方主晝神 大悲光明主晝神 善根光照主晝神 妙華瓔珞主晝神 如是等而爲上首 其數無量 皆於妙法能生信解 恒共精勤嚴飾宮殿

　　註解 주주신(主晝神)은 깨우침의 본질인 내가 없음을 깨달아 증득한 반야바라밀을 바탕으로, 곧 불생불멸(不生不滅) 불구부정(不垢不淨) 부증불감(不增不減)한 일체 모든 법을 이해하고 밝게 깨달아 얻은 하나뿐인 본디 있는 그대로의 성품이 마주 대하여 드러난 생긴 그대로의 언어나 문자, 모양이나 상태인 10행 중 제10행 진실행(眞實行)을 이른다. 곧 막힘이나 걸림 없이 통하는 경지가 두루 원만하게 이루어진 까닭으로 시방세계 온갖 곳을 다니면서 두루두루 행하는 일이 자유롭고 일 점 하나 걸림이나 막힘이 없음을 의미한다.

　신, 주, 행, 회향, 십지의 각각 10의 자리와 등각 금강혜 묘각의 3자리를 합한 53의 수보살행 차례를 따라(復有) 헤아릴 수 없는 아수라왕(阿脩羅王)이 있으니, 이른바 라후아수라왕 비마질다라아수라왕 공환술아수라왕 대권속아수라왕 대력아수라왕 변조아수라왕 견고행묘장엄아수라왕 광대인혜아수라왕 출현승덕아수라왕을 이른다. 이러한 분들은 오온을 세우지 않은, 곧 나를 세우지 않은 깨우침의 본질을 깨달아 증득한 등각의 보살(如是等)들로서 이러한 분들이 우두머리가 되고 그 수를 헤아릴 수가 없었다. 모든 이들이 부지런히 닦아서 게으르고 거만함과 번뇌를 남김없이 꺾어서 굴복시킨 이들이었다.

復有無量阿修羅王 所謂 羅睺阿修羅王 毘摩質多羅阿修羅王 巧幻術阿修羅王 大眷屬阿修羅王 大力阿修羅王 徧照阿修羅王 堅固行妙莊嚴阿修羅王 廣大因慧阿修羅王 出現勝德阿修羅王 妙好音聲阿修羅王 如是等而爲上首 其數無量 悉已精勤摧伏我慢及諸煩惱

註解 아수라왕(阿脩羅王)은 깨우침의 본질인 내가 없음을 깨달아 증득한 불생불멸(不生不滅) 불구부정(不垢不淨) 부증불감(不增不減)한 반야지(般若智)의 밝은 빛으로 남아있는 시름에서 벗어나고 또 중생을 이끌고 구하는 일에 바라는 바 없는 그 마음을 되돌려서 중생의 바탕이 되는 모양이나 상태를 벗어난 곳(二乘地)으로 향하고자 하는 10 회향 중 제 1 회향 구호중생이중생상회향(救護衆生離衆生相迴向)의 마음자리를 이른다.

신, 주, 행, 회향, 십지의 각각 10의 자리와 등각 금강혜 묘각의 3자리를 합한 53의 수보살행 차례를 따른(復有) 지위로 사람의 생각으로는 헤아릴 수 없는 가루라왕(迦樓羅王)이 있으니, 이른바 대속질력가루라왕 무능괴보계가루라왕 청정속질가루라왕 심불퇴전가루라왕 대해처섭지력가루라왕 견고정광가루라왕 교엄관계가루라왕 보첩시현가루라왕 보관해가루라왕 보음광목가루라왕을 이른다. 이러한 분들은 오온을 세우지 않은, 곧 나를 세우지 않은 깨우침의 본질을 깨달아 증득한 등각의 보살(如是等)들로서 이러한 분들이 우두머리가 되고 생각으로는 헤아릴 수 없이 많았다. 모든 이들이 이미 큰 방편의 힘을 남김없이 성취하고 능히 모든 중생을 구하고 굳건하게 붙들어주고 또 잡아주는 이들이었다.

復有不可思議數迦樓羅王 所謂 大速疾力迦樓羅王 無能壞寶髻迦樓羅王 淸淨速疾迦樓羅王 心不退轉迦樓羅王 大海處攝持力迦樓羅王 堅固淨光迦樓羅王 巧嚴冠髻迦樓羅王 普捷示現迦樓羅王 普觀海迦樓羅王 普音廣目迦樓羅王 如是等而爲上首 不思議數 悉已成就大方便力 善能救攝一切衆生

註解 가루라왕(迦樓羅王)은 깨우침의 본질인 내가 없음을 깨달아 증득한 불생불멸(不生不滅) 불구부정(不垢不淨) 부증불감(不增不減)한 반야지(般若智)를 바탕으로 허물어질 것은 허물어 버리고 멀리 벗어날 일은 더 멀리 벗어나서 벗어날 일이 전혀 없게 되면 일체 모든 헛되고 망령된 것이 없게 되어서 더는 무너지지 않은 곳으로 되돌리는 10 회향 중 제 2 회향 불괴회향(不壞迴向)의 마음자리를 이른다.

신, 주, 행, 회향, 십지의 각각 10의 자리와 등각 금강혜 묘각의 3자리를 합한 53의 수보살행 차례를 따라(復有) 헤아릴 수 없는 긴나라왕(緊那羅王)이 있으니, 이른바 선혜광명천긴나라왕 묘화당긴나라왕 종종장엄긴나라왕 열의후성긴나라왕 보수광명긴나라왕 견자흔락긴나라왕 최승광장엄긴나라왕 미묘화당긴나라왕 동지력긴나라왕 섭복악중긴나라왕을 이른다. 이러한 분들은 오온을 세우지 않은, 곧 나를 세우지 않은 깨우침의 본질을 깨달아 증득한 등각의 보살들로서 이러한 분들이 우두머리가 되고 그 수를 헤아릴 수 없었다. 그리고 모든 이들이 부지런히 몸을 깨끗이 하고 마음을 가다듬어 일체 법을 자세히 들여다보고는 마음이 항상 기뻐지고 즐거워지면서 얽매임을 떠나 막힘이나 걸림 없이 즐겁게 지내는 이들이었다.

復有無量緊那羅王 所謂 善慧光明天緊那羅王 妙華幢緊那羅王 種種莊嚴緊那羅王 悅意吼聲緊那羅王 寶樹光明緊那羅王 見者欣樂緊那羅王 最勝光莊嚴緊那羅王 微妙華幢緊那羅王 動地力緊那羅王 攝伏惡衆緊那羅王 如是等而爲上首 其數無量 皆勤精進 觀一切法 心恒快樂 自在遊戱

註解 긴나라왕(緊那羅王)은 깨우침의 본질인 내가 없음을 깨달아 증득한 불생불멸(不生不滅) 불구부정(不垢不淨) 부증불감(不增不減)한 반야지(般若智)의 밝은 지혜를 바탕으로 허물어질 것과 허물어지지 않는 것, 이 둘이 없으며, 벗어날 일과 벗어나지 않는 일, 이 두 가지 일이 없어진 곳으로 향하는 10 회향 중 제3 회향 등일체불회향(等一切佛迴向)을 이른다. 곧 일체 모든 깨우친 이들이 치우침 없이 또 차별 없이 모두가 한결같고 동등(同等)하다는 곳으로 되돌려 향하는 것을 말한다.

신, 주, 행, 회향, 십지의 각각 10의 자리와 등각 금강혜 묘각의 3자리를 합한 53의 수보살행 차례를 따라(復有) 헤아릴 수 없는 마후라가왕(摩睺羅伽王)이 있으니, 이른바 선혜마후라가왕 청정위음마후라가왕 승혜장엄계마후라가왕 묘목주마후라가왕 여등당위중소귀마후라가왕 최승광명당마후라가왕 사자억마후라가왕 중묘장엄음마후라가왕 수미견고마후라가왕 가애락광명마후라가왕을 이른다. 이러한 분들은 오온을 세우지 않은, 곧 나를 세우지 않은 깨우침의 본질을 깨달아 증득한 등각의 보살들로서 이러한 분들이 우두머리가 되고 그 수를 헤아릴 수 없었다. 모두 부지런하게 광대한 방편을 닦아 익혀서 모든 중생이 어리석은 그물을 영원히 끊어버리게 하는 이들이었다.

復有無量摩睺羅伽王 所謂 善慧摩睺羅伽王 淸淨威音摩睺羅伽王 勝慧莊嚴髻摩睺羅迦王 妙目主摩睺羅伽王 如燈幢爲衆所歸摩睺羅伽王 最勝光明幢摩睺羅伽王 師子臆摩睺羅伽王 衆妙莊嚴音摩睺羅伽王 須彌堅固摩睺羅伽王 可愛樂光明摩睺羅迦王 如是等而爲上首 其數無量 皆勤修習廣大方便 令諸衆生永割癡網

신, 주, 행, 회향, 십지의 각각 10의 자리와 등각 금강혜 묘각의 3자리를 합한 53의 수보살행 차례를 따라(復有) 헤아릴 수 없는 야차왕(夜叉王)이 있으니, 이른바 비사문야차왕 자재음야차왕 엄지기장야차왕 대지혜야차왕 염안주야차왕 금강안야차왕 용건비야차왕 용적대군야차왕 부자재야차왕 역괴고산야차왕을 이른다. 이러한 분들은 오온을 세우지 않은, 곧 나를 세우지 않은 깨우침의 본질을 깨달아 증득한 등각의 보살(如是等)들로서 이러한 분들이 우두머리가 되고 그 수를 헤아릴 수 없었다. 모두 다 부지런히 모든 중생을 지키고 보호하는 이들이었다.

復有無量夜叉王 所謂 毘沙門夜叉王 自在音夜叉王 嚴持器仗夜叉王 大智慧夜叉王 焰眼主夜叉王 金剛眼夜叉王 勇健臂夜叉王 勇敵大軍夜叉王 富資財夜叉王 力壞高山夜叉王 如是等而爲上首 其數無量 皆勤守護一切衆生

신, 주, 행, 회향, 십지의 각각 10의 자리와 등각 금강혜 묘각의 3자리를 합한 53의 수보살행 차례를 따라(復有) 헤아릴 수 없는 용왕(龍王)이 있으니, 이른바 비루박차용왕 사갈라용왕 운음묘당용왕 염구해광용왕 보고운당용왕 덕차가용왕 무변보용왕 청정색용왕 보운대성용왕 무열뇌용왕을 이른다. 이러한 분들은 오온을 세우지 않은, 곧 나를 세우지 않은 깨우침의 본질을 깨달아 증득한 등각의 보살(如是等)들로서 이러한 분들이 우두머리가 되고 그 수를 헤아릴 수 없었다. 모두 다 부지런히 있는 힘을 다해서 구름을 일으키고 비를 내려서 모든 중생의 뜨거운 번뇌를 없애주는 이들이었다.

復有無量諸大龍王 所謂 毘樓博叉龍王 娑竭羅龍王 焰口海光龍王 普高雲幢龍王 德叉迦龍王 無邊步龍王 清淨色龍王 普運大聲龍王 無熱惱龍王 如是等而爲上首 其數無量 莫不勤力興雲布雨 令諸衆生熱惱消滅

註解 용왕(龍王)은 깨우침의 본질인 내가 없음을 깨달아 증득한 반야지(般若智)를 바탕으로 일체 처할 바 제각각 맑고 깨끗한 인연(因緣)을 일으키고 평등하고 선한 바탕(菩提心方便)을 따르는 10 회향 중 제6 회향 수순평등선근회향(隨順平等善根迴向)을 이른다.

신, 주, 행, 회향, 십지의 각각 10의 자리와 등각 금강혜 묘각의 3자리를 합한 53의 수보살행 차례를 따라(復有) 헤아릴 수 없는 구반다왕(鳩槃茶王)이 있으니, 이른바 증장구반다왕 용주구반다왕 선장엄당구반다왕 보요익행구반다왕 심가포외구반다왕 미목단엄구반다왕 고봉혜구반다왕 용건비구반다왕 무변정화안구반다왕 광대천면아수라안구반다왕을 이른다. 이러한 분들은 오온을 세우지 않은, 곧 나를 세우지 않은 깨우침의 본질을 깨달아 증득한 등각의 보살(如是等)들로서 이러한 분들이 우두머리가 되고 그 수가 헤아릴 수 없이 많았다. 모두 부지런히 막힘이나 걸림 없는 법문(法門)을 닦고 익혀서 큰 광명(光明)을 놓는 이들이었다.

復有無量鳩槃茶王 所謂 增長鳩槃茶王 龍主鳩槃茶王 善莊嚴幢鳩槃茶王 普饒益行鳩槃茶王 甚可怖畏鳩槃茶王 美目端嚴鳩槃茶王 高峯慧鳩槃茶王 勇健臂鳩槃茶王 無邊淨華眼鳩槃茶王 廣大天面阿脩羅眼鳩槃茶王 如是等而爲上首 其數無量 皆勤修學無礙法門 放大光明

註解 구반다왕(鳩槃茶王)은 깨우침의 본질인 내가 없음을 깨달아 증득한 반야지(般若智)를 바탕으로 온갖 선근을 낳은 근본(不立五蘊不離證得)으로 되돌려 향하면서 오온(五蘊)이 청정해지면 본인 그대로의 성품이 두루 원만하게 이루어져서 단 한 명의 중생도 잃지 않은 10 회향 중 제7 회향 수순등관중생회향(隨順等觀衆生迴向)을 이른다. 곧 중생들이 모두 나의 본질이 되는 성품이며, 본인 스스로 온갖 선근을 낳는 근본이 되는 뿌리를 성취하였기 때문에 전혀 잃을 일이 없는 것이며, 높거나 낮거나 중생들을 맑고 깨끗한 빛으로 자세하게 비춰보는 일을 뜻한다.

신, 주, 행, 회향, 십지의 각각 10의 자리와 등각 금강혜 묘각의 3자리를 합한 53의 수보살행 차례를 따라(復有) 헤아릴 수 없는 건달바왕(乾闥婆王)이 있으니, 이른바 지국건달바왕 수광건달바왕 정목건달바왕 화관건달바왕 보음건달바왕 낙요동묘목건달바왕 묘음사자당건달바왕 보방보광명건달바왕 금강수화당건달바왕 낙보현장엄건달바왕을 이른다. 이러한 분들은 오온을 세우지 않은, 곧 나를 세우지 않은 깨우침의 본질을 깨달아 증득한 등각(等覺)의 보살(如是等)들로서 이러한 분들이 우두머리가 되고 그 수를 헤아릴 수 없었다. 모든 이들이 큰 법에 대한 믿음과 이해가 더욱 깊어지고 생하는 까닭으로 기쁘고 즐거운 마음을 소중하게 여기면서 부지런히 닦고 익히는 일에 게으름이 없는 이들이었다.

復有無量乾闥婆王 所謂 持國乾闥婆王 樹光乾闥婆王 淨目乾闥婆王 華冠乾闥婆王 普音乾闥婆王 樂搖動妙目乾闥婆王 妙音師子幢乾闥婆王 普放寶光明乾闥婆王 金剛樹華幢乾闥婆王 樂普現莊嚴乾闥婆王 如是等而爲上首 其數無量 皆於大法 深牲信解 歡喜愛重 勤修不倦

> **註解** 건달바왕(乾闥婆王)은 깨우침의 본질인 내가 없음을 깨달아 증득한 반야지(般若智)를 바탕으로 나아간다거나 벗어난다는 이러한 두 가지 일에 집착하지 않고 오온이 청정하다는 묘각(妙覺)마저도 꺾어서 굴복시키고 큰 법(大法), 곧 보리지방편(菩提智方便)으로 향하는 10 회향 중 제8 회향 진여상회향(眞如相迴向)을 이른다. 곧 나아가야 한다거나 벗어나야 한다는 일이 있다면 이는 거짓된 진여(眞如)가 아닌가. 그러므로 이 두 가지에 일에 집착함이 없는 여래지방편(如來智方便)에 대한 믿음과 이해가 더욱 깊어지고 생하는 자리를 이른다.

신, 주, 행, 회향, 십지의 각각 10의 자리와 등각 금강혜 묘각의 3자리를 합한 53의 수보살행 차례를 따라(復有) 헤아릴 수 없는 월천자(月天子)가 있으니, 이르자면 월천자는 화왕계광명천자 중묘정광명천자 안락세간심천자 수왕안광명천자 시현청정광천자 보유부동광천자 성수왕자재천자 정각월천자 대위덕광명천자를 이른다. 이러한 분들은 오온을 세우지 않은, 곧 나를 세우지 않은 깨우침의 본질을 깨달아 증득한 등각의 보살(如是等)들로서 이러한 분들이 우두머리가 되고 그 수가 헤아릴 수 없었다. 이들은 부지런히 중생이 지닌 마음의 보배를 일으켜서 드러내 주고 만들어주는 이들이었다.

復有無量月天子 所謂月天子 華王髻光明天子 衆妙淨光明天子 安樂世閒心天子 樹王眼光明天子 示現淸淨光天子 普遊不動光天子 星宿王自在天子 淨覺月天子 大威德光明天子 如是等而爲上首 其數無量 皆勤顯發衆生心寶

> **註解** 월천자(月天子)는 깨우침의 본질인 내가 없음을 깨달아 증득한 불생불멸(不生不滅) 불구부정(不垢不淨) 부증불감(不增不減)한 반야지(般若智)의 밝은 지혜로 중생들이 막힘이나 걸림 없는, 곧 얽매일 일이 없는 해탈로 향하게 이끄는 10 회향 중 제9 회향 무박해탈회향(無縛解脫迴向)을 이른다. 거짓된 진여(眞如), 곧 색수상행식에 얽매인 거짓된 진여를 믿고 의지한다면 막힘이나 걸림이 되는 일이 적지 않을 것이니, 반야지를 드러내 주기 위해 노력하는 일을 뜻한다.

신, 주, 행, 회향, 십지의 각각 10의 자리와 등각 금강혜 묘각의 3자리를 합한 53의 수보살행 차례를 따라(復有) 헤아릴 수 없는 일천자(日天子)가 있으니, 이르자면 광염안천자 수미광가외경당천자 이구보장엄천자 용맹불퇴전천자 묘화영광명천자 최승당광명천자 보계보광명천자 광명안천자 지승덕천자 보광명천자를 이른다. 이러한 분들은 오온을 세우지 않은, 곧 나를 세우지 않은 깨우침의 본질을 깨달아 증득한 등각의 보살(如是等)들로서 이러한 분들이 우두머리가 되고 그 수를 헤아릴 수 없었다. 모두 부지런히 닦고 익히면서 중생을 이롭게 하고 불생불멸 불구부정 부증불감한 선근(善根)을 거듭 더하고 늘리는 이들이었다.

復有無量日天子 所謂日天子 光焰眼天子 須彌光可畏敬幢天子 離垢寶莊嚴天子 勇猛不退轉天子 妙華纓光明天子 最勝幢光明天子 寶髻普光明天子 光明眼天子 持勝德天子 普光明天子 如是等而爲上首 其數無量 皆勤修習 利益衆生 增其善根

註解 일천자(日天子)는 깨우침의 본질인 내가 없음을 깨달아 증득한 불생불멸(不生不滅) 불구부정(不垢不淨) 부증불감(不增不減)한 반야지(般若智)의 밝은 지혜를 가지고 무량한 법계로 되돌려 향하는 10 회향 중 제10 회향 법계무량회향(法界無量迴向)을 이른다. 일체 모든 것이 처할 지극한 곳에 이른다는 것은 모두가 다 헤아리는 양과 수로 보는 일이 있기 때문이며, 반야지(般若智)를 거듭 더하고 늘리는 일에 노력하는 이들을 뜻한다.

신, 주, 행, 회향, 십지의 각각 10의 자리와 등각 금강혜 묘각의 3자리를 합한 53의 수보살행 차례를 따라(復有) 헤아릴 수 없는 삼십삼천왕(三十三天王)이 있으니, 이른바 석가인타라천왕 보칭만음천왕 자목보계천왕 보광당명칭천왕 발생희락계천왕 가애락정념천왕 수미승음천왕 성취염천왕 가애락정화광천왕 지일안천왕 자재광명능각천왕을 이른다. 이러한 분들은 오온을 세우지 않은, 곧 나를 세우지 않은 깨우침의 본질을 깨달아 증득한 등각의 보살(如是等)들로서 이러한 분들이 우두머리가 되고 그 수가 헤아릴 수 없었다. 또 부지런히 일체 세간의 광대한 업을 일으키고 거듭 새롭게 더하는 이들이었다.

復有無量三十三天王 所謂 釋迦因陀羅天王 普稱滿音天王 慈目寶髻天王 寶光幢名稱天王 發生喜樂髻天王 可愛樂正念天王 須彌勝音天王 成就念天王 可愛樂淨華光天王 智日眼天王 自在光明能覺悟天王 如是等而爲上首 其數無量 皆勤發起一切世間廣大之業

註解 삼십삼천왕(三十三天王)은 깨우침의 본질인 내가 없음을 깨달아 증득한 반야바라밀을 근본으로 한 밝은 지혜가 보리심 방편에 응하고 아래로는 중생과 응하고 화하는 일에 막힘이나 걸림이 없는 까닭에 기쁘고 즐거워지는 자리인 10지 중 제1지 환희지(歡喜地)를 이른다. 곧 수행을 거듭하여 더하고 반야지(般若智)를 바탕으로 중중묘원(中中妙圓)함이 두루 원만해진 까닭으로 막힘이나 걸림 없이 환하게 상구보리하화중생(上求菩提下化衆生)할 수가 있다. 이러한 까닭으로 법의 기쁨이 더해지고 거듭 보태지는 자리라 이른다.

신, 주, 행, 회향, 십지의 각각 10의 자리와 등각 금강혜 묘각의 3자리를 합한 53의 수보살행(修菩薩行) 차례를 따라(復有) 헤아릴 수 없는 수야마천왕(須夜摩天王)이 있으니, 이른바 선시분천왕 가애락광명천왕 무진혜공덕당천왕 선변화단엄천왕 총지대광명천왕 부사의지혜천왕 윤제천왕 광염천왕 광조천왕 보관찰대명칭천왕을 이른다. 이러한 분들은 오온을 세우지 않은, 곧 나를 세우지 않은 깨우침의 본질을 깨달아 증득한 등각(等覺)의 보살(如是等)들로서 이러한 분들이 우두머리가 되고 그 수가 헤아릴 수 없었다. 모두 광대한 선근(如來智善根)을 부지런히 닦고 익혀서 마음이 항상 기쁘고 또 만족해하는 이들이었다.

復有無量須夜摩天王 所謂 善時分天王 可愛樂光明天王 無盡慧功德幢天王 善變化端嚴天王 摠持大光明天王 不思議智慧天王 輪臍天王 光焰天王 光照天王 普觀察大名稱天王 如是等而爲上首 其數無量 皆勤修習廣大善根 心常喜足

註解 수야마천왕(須夜摩天王)은 깨우침의 본질인 내가 없음을 깨달아 증득한 반야바라밀을 바탕으로 깨우침의 궁극적 본질인 오온청정(五蘊淸淨)한 묘각(妙覺)의 경계를 다 하는 자리인 10지 중 제2지 이구지(離垢地)를 이른다. 곧 서로가 전혀 다른 성품이 맺거나 합하여 함께 같은 곳에 들어가는 일과 서로 같은 성품이라도 서로(不立五蘊)가 서로(不離證得.五蘊淸淨妙覺)에게 막힘이나 걸림이 없어진 일을 이구지(離垢地)라 이른다. 그러므로 광대한 선근, 곧 여래지를 닦고 익힌다고 이른 것이다.

신, 주, 행, 회향, 십지의 각각 10의 자리와 등각 금강혜 묘각의 3자리를 합한 53의 수보살행 차례를 따라(復有) 사람의 생각으로는 미루어 헤아릴 수 없이 많은 도솔타천왕(兜率陀天王)이 있으니, 이른바 지족천왕 회락해계천왕 최승공덕당천왕 적정광천왕 가애락묘목천왕 보봉정월천왕 최승용건력천왕 금강묘광명천왕 성수장엄당천왕 가애락장엄천왕을 이른다. 이러한 분들은 오온(五蘊)을 세우지 않은, 곧 나를 세우지 않은 깨우침의 본질을 깨달아 증득한 등각의 보살(如是等)들로서 이러한 분들이 우두머리가 되고 그 수가 헤아릴 수 없이 많았다. 모두 다 일체 모든 부처가 가지고 있는 명호(名號)를 부지런히 기억하고 보존하는 이들이었다.

復有不可思議數兜率陀天王 所謂 知足天王 喜樂海髻天王 最勝功德幢天王 寂靜光天王 可愛樂妙目天王 寶峯淨月天王 最勝勇健力天王 金剛妙光明天王 星宿莊嚴幢天王 可愛樂莊嚴天王 如是等而爲上首 不思議數 皆勤念持一切諸佛所有名號

註解 도솔타천왕(兜率陀天王)은 나를 세우지 아니한 깨우침의 본질을 깨달아 증득한 깨우침의 궁극적 본질인 오온청정(五蘊淸淨)한 묘각(妙覺)을 바탕으로 일체 모든 법과 불보살(佛菩薩)을 살피게 되는 10지 중 제3지 발광지(發光地)의 자리를 이른다. 곧 빼어난 깨우침(妙覺)의 미묘한 빛이 밝게 비추어주는 자리를 말한다.

신, 주, 행, 회향, 십지의 각각 10의 자리와 등각 금강혜 묘각의 3자리를 합한 53의 수보살행 차례를 따라(復有) 헤아릴 수 없는 화락천왕(化樂天王)이 있으니, 이른바 선변화천왕 적정음광명천왕 변화력광명천왕 장엄주천왕 염광천왕 최상운음천왕 중묘최승광천왕 묘계광명천왕 성취희혜천왕 화광계천왕 보견시방천왕을 이른다. 이러한 분들은 오온을 세우지 않은, 곧 나를 세우지 않은 깨우침의 본질을 깨달아 증득한 등각의 보살(如是等)들로서 이러한 이들이 우두머리가 되고 그 수가 헤아릴 수 없이 많았다. 모든 분이 다 부지런히 모든 중생의 신구의(身口意)를 통한 악행(惡行), 악업(惡業)을 다스려서 해탈을 얻게 하는 이들이었다.

復有無量化樂天王 所謂 善變化天王 寂靜音光明天王 莊嚴主天王 念光天王 最上雲音天王 衆妙最勝光天王 妙髻光明天王 成就喜慧天王 華光髻天王 普見十方天王 如是等而爲上首 其數無量 皆勤調伏一切衆生 令得解脫

註解 화락천왕(化樂天王)은 나를 세우지 않은 깨우침의 본질을 깨달아 증득한 깨우침의 궁극적 본질인 오온청정(五蘊淸淨)한 묘각(妙覺)의 밝은 지혜가 두루 원만하게 이루어지는 일로서 10 지 중 제4지 염혜지(焰慧地)를 이른다. 곧 작은 불이 모여서 큰불이 되면 온갖 인연을 따른 그림자가 밝은 빛, 지혜에 의하여 없어지는 것과 같으므로 염혜지라 이른다. 선업(善業)을 낳은 근본 바탕, 곧 불생불멸(不生不滅) 불구부정(不垢不淨) 부증불감(不增不減)한 반야지(般若智)가 거듭 더하여 쌓이고 쌓이는 자리이다.

신, 주, 행, 회향, 십지의 각각 10의 자리와 등각 금강혜 묘각의 3자리를 합한 53의 수보살행 차례를 따라(復有) 헤아릴 수 없는 타화자재천왕(他化自在天王)이 있으니, 이른바 득자재천왕 묘목주천왕 묘관당천왕 용맹혜천왕 묘음구천왕 묘광당천왕 적정경계문천왕 묘륜장엄당천왕 화예혜자재천왕 인타라력묘장엄광명천왕을 이른다. 이러한 분들은 오온을 세우지 않은, 곧 나를 세우지 않은 깨우침의 본질을 깨달아 증득한 등각의 보살(如是等)들로서 이러한 분들이 우두머리가 되고 그 수가 헤아릴 수 없이 많았다. 모든 이들이 속박이나 장애가 없는 방편과 광대한 법의 문(法門)을 부지런히 닦고 익히는 이들이었다.

復有無數他化自在天王 所謂 得自在天王 妙目主天王 妙冠幢天王 勇猛慧天王 妙音句天王 妙光幢天王 寂靜境界門天王 妙輪莊嚴幢天王 華蕊慧自在天王 因陀羅力妙莊嚴光明天王 如是等而爲上首 其數無量 皆勤修習自在方便廣大法門

註解 타화자재천왕(他化自在天王)은 나를 세우지 않은 깨우침의 본질을 깨달아 증득한 깨우침의 궁극적 본질인 오온청정(五蘊淸淨)한 묘각(妙覺)으로도 미치지 못한다는 10지 중 제5지 난승지(難勝地)를 이른다. 4지의 염혜지(焰慧地)를 바탕으로 일체 모든 법(法)과 불보살(佛菩薩)의 무수 무량한 인연의 그림자를 끊어버린 까닭으로 같다거나 다르다는 것이 미칠 수가 없는 자리이다. 드러내서 이르거나 미칠 수 있는 것도 뛰어넘지를 못하는데 누가 어찌 이를 뛰어넘을 수 있겠는가. 그러므로 속박이나 장애가 없는 방편(方便)과 광대한 법의 문(法門)을 부지런히 닦고 익히는 자리를 이른다.

신주행회향십지(信住行迴向十地)의 각각 10의 자리와 등각(等覺) 금강혜(金剛慧) 묘각(妙覺)의 3자리를 합한 53의 수보살행(修菩薩行) 차례를 따라(復有) 가히 수를 헤아릴 수 없는 대범천왕(大梵天王)이 있으니, 이른바 시기천왕 혜광천왕 선혜광명천왕 보운음천왕 관세언음자재천왕 적정광명안천왕 광변시방천왕 변화음천왕 광명조요안천왕 열의해음천왕을 이른다. 이러한 분들은 오온(五蘊)을 세우지 않은, 곧 나를 세우지 않은 깨우침의 본질을 깨달아 증득한 등각의 보살(如是等)들로서 이러한 분들이 우두머리가 되고 그 수를 헤아릴 수가 없었다. 모두 다 큰 자비를 갖추고 중생을 가엾이 여기며, 반야지(般若智)의 밝은 빛을 비추어서 그들에게 기쁨과 즐거움을 주는 이들이었다.

復有不可數大梵天王 所謂 尸棄天王 慧光天王 善慧光明天王 普雲音天王 觀世言音自在天王 寂靜光明眼天王 光徧十方天王 變化音天王 光明照耀眼天王 悅意海音天王 如是等而爲上首 不可稱數 皆具大慈 憐愍衆生 舒光普照 令其快樂

註解 대범천왕(大梵天王)은 나를 세우지 않은 깨우침의 본질을 깨달아 증득한 깨우침의 궁극적 본질인 오온청정(五蘊淸淨)한 묘각(妙覺)의 밝은 지혜로 막힘이나 걸림 없는 맑고 깨끗한 성품이 밝게 드러나 곧바로 눈앞에 드러나는 10지 중 제6 지 현전지(現前地)를 이른다. 그러므로 반야바라밀을 바탕으로 한 자비와 지혜로 중생을 위하는 자리를 뜻한다.

신, 주, 행, 회향, 십지의 각각 10의 자리와 등각 금강혜 묘각의 3자리를 합한 53의 수보살행(修菩薩行) 차례를 따라(復有) 헤아릴 수 없는 광음천왕(光音天王)이 있으니, 이른바 가애락광명천왕 청정묘광천왕 능자재음천왕 최승염지천왕 가애락청정묘음천왕 선사유음천왕 보음변조천왕 심심광음천왕 무구칭광명천왕 최승정광천왕을 이른다. 이러한 분들은 오온을 세우지 않은, 곧 나를 세우지 않은 깨우침의 본질을 깨달아 증득한 등각의 보살(如是等)들로서 이러한 분들이 우두머리가 되고 그 수가 헤아릴 수 없이 많았다. 모두 다 번뇌를 벗어나 괴로움이 없는 광대(廣大)한 해탈의 자리에서 기뻐하고 즐기며, 막힘이나 걸림 없는 법의 문(法門)에 머무는 이들이었다.

復有無量光音天王 所謂 可愛樂光明天王 淸淨妙光天王 能自在音天王 最勝念智天王 可愛樂淸淨妙音天王 善思惟音天王 普音徧照天王 甚深光音天王 無垢稱光明天王 最勝淨光天王 如是等而爲上首 其數無量 皆住廣大寂靜喜樂無礙法門

註解 광음천왕(光音天王)은 불생불멸(不生不滅) 불구부정(不垢不淨) 부증불감(不增不減)한 반야지(般若智)로 항상 머물면서 변함이 없는 절대 진리의 마지막까지 온 힘을 다하는 10지 중 제7 지 원행지(遠行地)를 이른다. 곧 이승지(二乘地)의 보리지 방편(菩提智方便), 득견여래방편(得見如來方便)을 하더라도 깨우침을 얻은 일이란 지극히 한 부분에 한정

신, 주, 행, 회향, 십지(信住行迴向十地)의 각각 10의 자리와 등각 금강혜 묘각의 3자리를 합한 53의 수보살행 차례를 따라(復有) 헤아릴 수 없는 변정천왕(遍淨天王)이 있으니, 이른바 청정명칭천왕 최승견천왕 적정덕천왕 수미음천왕 정념안천왕 가애락최승광조천왕 세간자재주천왕 광염자재천왕 낙사유법변화천왕 변화당천왕 성수음묘장엄천왕을 이른다. 이러한 분들은 오온을 세우지 않은, 곧 나를 세우지 않은 깨우침의 본질을 깨달아 증득한 등각(等覺)의 보살(如是等)들로서 이러한 분들이 우두머리가 되고 그 수가 헤아릴 수 없이 많았다. 모두 다 이미 광대한 법의 문에 편안하게 머물면서 모든 세간이 이익이 되도록 부지런하게 일을 일으키고 움직이는 이들이었다.

復有無量徧淨天王 所謂 淸淨名稱天王 最勝見天王 寂靜德天王 須彌音天王 淨念眼天王 可愛樂最勝光照天王 世閒自在主天王 光焰自在天王 樂思惟法變化天王 變化幢天王 星宿音妙莊嚴天王 如是等而爲上首 其數無量 悉已安住廣大法門 於諸世閒勤作利益

註解 변정천왕(遍淨天王)은 나를 세우지 않은 깨우침의 본질을 깨달아 증득한 깨우침의 궁극적 본질인 오온청정(五蘊淸淨)한 묘각(妙覺)의 지극한 바탕이 되는 스스로 몸을 얻어 움직이지 않은 10지 중 제8 지 부동지(不動地)를 이른다.

신, 주, 행, 회향, 십지의 각각 10의 자리와 등각 금강혜 묘각의 3자리를 합한 53의 수보살행 차례를 따라(復有) 헤아릴 수 없는 광과천왕(廣果天王)이 있으니, 이른바 애락법광명당천왕 청정장엄해천왕 최승혜광명천왕 자재지혜당천왕 낙적정천왕 보지안천왕 낙선혜천왕 선종혜광명천왕 무구적정광천왕 공대청정광천왕을 이른다. 이러한 분들은 오온(五蘊)을 세우지 않은, 곧 나를 세우지 않은 깨우침의 본질을 깨달아 증득한 등각의 보살(如是等)들로서 이러한 분들이 우두머리가 되고 그 수가 헤아릴 수 없이 많았다. 모두 다 번뇌를 벗어나 괴로움이 없는 법을 궁전으로 삼고 그 가운데 편안하게 머무는 이들이었다.

復有無量廣果天王 所謂 愛樂法光明幢天王 淸淨莊嚴海天王 最勝慧光明天王 自在智慧幢天王 樂寂靜天王 普智眼天王 樂旋慧天王 善種慧光明天王 無垢寂靜光天王 廣大淸淨光天王 如是等而爲上首 其數無量 莫不皆以寂靜之法而爲宮殿 安住其中

註解 광과천왕(廣果天王)은 불생불멸(不生不滅) 불구부정(不垢不淨) 부증불감(不增不減)한 반야지(般若智), 곧 오온청정(五蘊淸淨)한 묘각(妙覺)의 쓰임새를 일으키는 10지 중 제9지 선혜지(善慧地)를 이른다. 반야바라밀을 바탕으로 깨우침의 궁극적 본질인 오온청정한 묘각, 곧 스스로 몸(不立五蘊不離證得)을 이미 얻었다면 반드시 참된 쓰임새를 일으키게 되는 자리를 말한다.

신, 주, 행, 회향, 십지의 각각 10의 자리와 등각 금강혜 묘각의 3자리를 합한 53의 수보살행(修菩薩行) 차례를 따라(復有) 헤아릴 수 없는 대자재천왕(大自在天王)이 있으니, 이른바 묘염해천왕 자재명칭광천왕 청정공덕안천왕 가애락대혜천왕 부동광자재천왕 묘장엄안천왕 선사유광명천왕 가애락대지천왕 보음장엄당천왕 극정진명칭광천왕을 이른다. 이러한 분들은 오온을 세우지 않은, 곧 나를 세우지 않은 깨우침의 본질을 깨달아 증득한 등각의 보살(如是等)들로서 이러한 분들이 우두머리가 되고 그 수가 헤아릴 수 없이 많았다. 모두 다 부지런히 무상의 법(般若智)을 주의 깊게 살펴보고 행하는 바가 평등(不生不滅 不垢不淨 不增不減)하였다.

復有無數大自在天王 所謂 妙焰海天王 自在名稱光天王 淸淨功德眼天王 可愛樂大慧天王 不動光自在天王 妙莊嚴眼天王 善思惟光明天王 可愛樂大智天王 普音莊嚴幢天王 極精進名稱光天王 如是等而爲上首 不可稱數 皆勤觀察無相之法 所行平等

註解 대자재천왕(大自在天王)은 나를 세우지 않은 깨우침의 본질을 깨달아 증득한 깨우침의 궁극적 본질인 오온청정(五蘊淸淨)한 묘각(妙覺)의 오묘한 쓰임새가 불생불멸(不生不滅) 불구부정(不垢不淨) 부증불감(不增不減)한 반야지(般若智)의 바다를 가득 채운 10지 중 제10 지 법운지(法雲地)를 이른다. 곧 저 깊고 넓은 인연의 바다인 과거 현재 미래의 삼천대천세계(三千大千世界)에 응하며, 이롭고 윤택한 일을 베풀되 본래 고요하면서 바라는 바 없고 또 인위적(人爲的)인 꾸밈이 없기에 불생불멸(不生不滅)의 바다를 덮는다고 말한 것이다.

대방광불화엄경 제2권

세주묘엄품 (2)
世主妙嚴品第一之二

　이때 여래의 도량에 바다와 같은 대중이 이미 구름처럼 모여들었다. 끝없는 무리가 주변을 가득 둘러싸고 형상이나 색깔에 따라 각각 차등이 있게 구별 지어졌으며, 제각기 온 방위를 따라서 세존을 가깝게 하며, 또 일심(一心)으로 우러러보았다. 이 자리에 모인 대중들은 이미 일체 모든 번뇌(煩惱)와 마음의 티끌, 또 남아있는 버릇에 이르기까지 모두 벗어났으며, 무거운 업장(業障)의 산을 꺾어버리고 부처님을 뵈는 일에 있어서 막힘이나 걸림이 없었다. 이와 같은 모든 이들은 비로자나여래께서 지난 옛 세월, 오랜 겁 동안 보살행(菩薩行)을 닦고 행할 때 사섭(四攝)의 방편으로 이미 거두어주었으며, 일일이 부처님이 계신 곳에서 선근(善根)을 심을 때마다 이미 모두 다 반야지(般若智)의 방편으로 가르쳐서 이끌고 또 성숙하게 만들어 그들이 온갖 지혜를 얻을 수 있는 길에 편안히 서게 하였다. 헤아릴 수 없는 선근의 씨앗을 뿌려 대중이 큰 복을 잡게 하였으며, 모든 이들이 다 반야지의 큰 방편 바다에 들어가 닦고 행할 바 모든 행함이 온전하게 갖추어지고 더럽거나 속되지 않고 맑고 깨끗하였다. 그리고 멀리 벗어날 일에서 이미 능히 멀리 벗어났으며, 항상 부처님을 분명하게 보았고 반야지를 믿고 이해하는 힘으로 여래의 큰 공덕 바다로 들어가(菩提智方便) 모든 부처님의 해탈문(解脫門)을 얻어서 막힘이나 걸림이 없이 자재(自在)하는 일이 신통하였다.

　爾時 如來道場衆海 悉已雲集 無邊品類 周帀徧滿 形色部從 各各差別 隨所來方 親近世尊 一心瞻仰 此諸衆會 已離一切煩惱心垢及其餘習 摧重障山 見佛無礙 如是 皆以毘盧遮那如來往昔之時於劫海中修菩薩行 以四攝事而曾攝受 一一佛所種善根 時 皆已善攝種種方便 教化成熟 令其安立一切智道 種無量善 獲衆大福 悉已入於方便願海 所行之行 具足淸淨 於出離道 已能善出 常見於佛 分明照了 以勝解力入於 如來功德大海 得於諸佛解脫之門遊戲神通

　이른바 묘엄해대자재천왕은 법계(法界)와 허공계의 고요한 방편의 힘(般若智)인 해탈문을 얻었으며, 자재명칭광천왕은 일체 모든 법을 두루 살펴보고 속박이나 장애가 없는 온전한 해탈문을 얻었으며, 청정공덕안천왕은 일체 온갖 법이란 나지도 않고 멸하지도 않고 오지도 않고 가지도 않은 반야지행(般若智行)의 해탈문을 얻었고 가애락대혜천왕은 일체 모든 법의 진실한 모양이나 상태를 또렷하게 보여주는 지혜 바다의 해탈문을 얻었으며, 부동광자재천왕은 중생들에게 끝이 없는 편안함과 즐거움을 주는 큰 방편으로서의 선정 해탈문을 얻었으며, 묘장엄안천왕은 고요하면서 평온한 법을 보고 모든 어리석고 어두운 공포를 없애는 해탈문을 얻었으며, 선사유광명천왕은 반야지를 바탕으로 헤아릴 수 없는 경계에 들어가 모든 있음에 대하여 생각하는 업을 일으키지 않은 해탈문을 얻었으며, 가애락대지천왕은 시방으로 널리 다니면서 설법(說法)을 하되 움직이거나 의지하지 않은 해탈문을 얻었고 보음장엄당천왕은 부처님의 고요한 경계(如來智方便)에 들어가서 광명(光明)을 널리 드러내는 해탈문을 얻었으며, 명칭광선정진천왕은 스스로 깨우친 처소에 머물면서 끝닿는 데가 없이 넓고 큰 경계에 인연(因緣)하는 해탈문을 얻었다.

所謂 妙焰海大自在天王 得法界 虛空界寂靜方便力解脫門 自在名稱光天王 得普觀一切法悉自在解脫門 淸淨功德眼天王 得知一切法不生 不滅 不來 不去 無功用行解脫門 可愛樂大慧天王 得現見一切法眞實相 智慧海解脫門 不動光自在天王 得與衆生無邊安樂 大方便定解脫門 妙莊嚴眼天王 得令觀寂靜法滅諸癡暗怖解脫門 善思惟光明天王 得善入無邊境界不起一切諸有思惟業解脫門 可愛樂大智天王 得普往十方說法而不動無所依解脫門 普音莊嚴幢天王 得入佛寂靜境界普現光明解脫門 名稱光善精進天王 得住自所悟處而以無邊廣大境界爲所緣解脫門

註解 대자재천의 우두머리가 되는 천왕 열 분의 서술과 아래는 묘염해천왕의 게송이다. 한 생각 사이에 대천세계를 유희하는 분들이다. 10지 중 제10 지 법운지(法雲地)의 해탈 경계를 이른다.

이때 묘염해천왕이 부처님의 위엄 있는 힘을 받들어 모든 자재천의 대중을 두루 살피고는 게송으로 말했다.

爾時 妙焰海天王 承佛威力 普觀一切自在天衆而說頌言

佛身普徧諸大會 부처님의 몸(如來智方便法身)은 모든 큰 모임에 널리 두루 계시고
充滿法界無窮盡 온 법계(菩提智方便十方世界)에 가득하게 차 있어서 다함이 없으며
寂滅無性不可取 고요함을 멸하여 성품은 없고 취할 수 없지만

爲救世間而出現 세간을 구하기 위해 나타나셨네.

如來法王出世間 여래 법왕이 중생이 서로 의지하며 살아가는 세상에 나오시어
能然照世妙法燈 세상을 능히 비치는 훌륭하고 빼어난 법의 등을 켜시며
境界無邊歷無盡 법 등의 경계가 끝이 없고 다함이 없으니
此自在名之所證 이는 자재명칭광천왕이 증득한 것이라네.

佛不思議離分別 부처님은 생각과 또 생각 아닌 것으로도 이를 수 없고 분별에서 벗어났으며
了相十方無所有 마주한 모양이나 상태로 시방에 없는 바를 깨달아 마치고
爲世廣開淸淨道 세상을 위해 청정한 도를 널리 열어 보이시니
如是淨眼能觀見 이와 같음(般若智)은 정안공덕안천왕이 능히 들여다보고 있는 일이라네.

如來智慧無邊際 여래의 지혜는 끝닿는 데 없고 경계가 없으며
一切世間莫能測 일체 세간 사람들이 헤아려 알지 못하지만
永滅衆生癡暗心 중생의 어리석고 어두운 마음을 영원히 없애주니
大慧入此深安住 가애락대혜천왕이 이 깊은 곳(如來智.二乘地)에 들어가 편안히 머무는
　　　　　　　　　　일이라네.

如來功德不思議 여래의 공덕은 헤아릴 수 없지만
衆生見者煩惱滅 중생 가운데 보는 자는 번뇌를 멸해주고
普使世間獲安樂 많은 세상 사람들에게 편안함과 즐거움을 얻게 하니
不動自在天能見 이는 부동자재천왕이 능히 보는 일이라네.

衆生癡暗常迷覆 중생은 어리석음과 어두움으로 항상 미혹에 덮여 있는 까닭에
如來爲說寂靜法 여래께서 이들을 위해 고요한 법(般若智)을 말씀하시니
是則照世智慧燈 이는 곧 세상을 비춰주는 지혜의 등불이라네.
妙眼能知此方便 이는 묘장엄안천왕이 능히 알고 있는 방편으로서의 일이라네.

如來淸淨妙色身 여래의 청정하고 미묘한 색신(毘盧遮那 法身)은
普現十方無有比 시방세계에 나타나도 비교할만한 것이 없다네.
此身無性無依處 여래의 이 같은 몸은 성품이 없고 의지하고 처할 곳이 없음이니

善思惟天所觀察 이는 선사유광명천왕이 주의 깊게 살펴보는 일이라네.

如來音聲無限礙 여래의 음성은 무한하고 막힘이나 걸림이 없어서
堪受化者靡不聞 가르침을 받는 이는 모두 다 듣는다네.
而佛寂然恒不動 부처님은 고요하고 평온하여 항상 움직이지 않으니
此樂智天之解脫 이는 가애락대지천왕의 해탈이라네.

寂靜解脫天人主 고요하게 해탈(般若智解脫)하신 천인의 주인은
十方無處不現前 시방세계에 처하지 않은 곳이 없고 나타나지 않은 곳이 없으니
光明照耀滿世間 밝게 빛나는 그 광명(般若智光明)이 세간에 가득하다네.
此無礙法嚴幢見 이렇듯 막힘이나 걸림 없는 법은 보음장엄당천왕이 보는 일이라네.

佛於無邊大劫海 부처님이 끝없고 시작점 없는 큰 겁 바다에서
爲衆生故求菩提 중생을 위해 보리 지혜(菩提智)를 구하고
種種神通化一切 가지가지 신통으로 일체 모두를 가르쳐 이끄셨다네.
名稱光天悟斯法 이는 명칭광선정진천왕이 법을 깨달아 체득한 일이라네.

신, 주, 행, 회향, 십지(信住行迴向十地)의 각각 10의 자리와 등각(等覺) 금강혜(金剛慧) 묘각(妙覺)의 3자리를 합한 53의 수보살행(修菩薩行) 차례(復次)를 따라 이르자면, 가애락법광명당천왕은 두루 일체중생의 근기를 들여다보고 이들을 위하여 법을 설하여 의심을 끊게 하는 해탈문을 얻었으며, 정장엄해천왕은 단단하게 기억해서 잊지 않은 생각을 따라 부처님을 보게 하는 해탈문을 얻었고 최승혜광명천왕은 법의 성품이 평등하여 의지할 것이 없는 장엄한 몸의 해탈문을 얻었으며, 자재지혜당천왕은 세간의 모든 법을 분명하게 알아서 마치고 한 생각 동안에 생각과 생각 아닌 것으로도 미치거나 이를 수 없는 웅장한 바다(如來智)를 세우는 해탈문을 얻었으며, 낙적정천왕은 하나의 털구멍 속에 생각으로는 이를 수 없는 세계를 막힘이나 걸림 없이 나타내는 해탈문을 얻었고 보지안천왕은 두루 넓은 문으로 들어가서 법계를 관찰하는 해탈문을 얻었으며, 낙선혜천왕은 일체중생을 위해 온갖 모습으로 나타내 보이면서 끝없는 겁 앞에 항상 나타나는 해탈문을 얻었고 선종혜광명천왕은 일체 세간의 경계를 자세하게 들여다보고 생각으로 이를 수 없는 부사의 한 법에 들어가는 해탈문을 얻었으며, 무구적정광천왕은 모든 중생에게 번

뇌에서 벗어날 아주 요긴한 법을 보여주는 해탈문을 얻었고 광대청정광천왕은 가르쳐서 이끌어 갈 수 있는 중생을 관찰해서 그들이 부처님 법(佛法)에 들어오도록 하는 해탈문을 얻었다.

復次 可愛樂法光明幢天王 得普觀一切衆生根爲說法斷疑解脫門 淨莊嚴海天王 得隨憶念令見佛解脫門 最勝慧光明天王 得法性平等無所依莊嚴身解脫門 自在智慧幢天王 得了知一切世間法一念中立不思議莊嚴海解脫門 樂寂靜天王 得於一毛孔現不思議佛刹無障礙解脫門 普智眼天王 得入普門觀察法界解脫門 樂旋慧天王 得爲一切衆生種種出現無邊劫常現前解脫門 善種慧光明天王 得觀一切世間境界入不思議法解脫門 無垢寂靜光天王 得示一切衆生出要法解脫門 廣大淸淨光天王 得觀察一切應化衆生令入佛法解脫門

註解 광과천의 우두머리가 되는 천왕 열 분의 서술과 아래는 가애락법광명당천왕의 게송이다. 실질적인 지혜로서 적정법에 안주하는 분들이다. 10지 중 제9지 선혜지(善慧地)의 해탈 경계를 이른다.

이때 가애락법광명당천왕이 부처님의 위엄 있는 힘을 받들어 모든 소광천, 무량광천, 광과천의 대중을 두루 살펴보고 게송으로 말하였다.

爾時 可愛樂法光明幢天王 承佛威力 普觀一切少廣天 無量廣天 廣果天衆而說頌言

諸佛境界不思議 부처님의 경계는 생각과 생각 아닌 것으로도 이를 수 없어
一切衆生莫能測 모든 중생이 헤아려 알기에는 매우 어렵지만
普令其心生信解 중생의 그 마음에 믿음과 이해를 내게 하시니
廣大意樂無窮盡 그 광대한 뜻과 즐거운 마음은 다함이 없다네.

若有衆生堪受法 그와 같은 중생들이 법을 받을 만하다면
佛威神力開導彼 부처님이 위엄 있는 힘을 열어서 그들을 인도하고
令其恒睹佛現前 그들에게 부처님이 항상 눈앞에 나타남을 보게 하신다네.
嚴海天王如是見 이는 정장엄해천왕이 이와 같이(般若智) 보는 일이라네.

一切法性無所依 일체 모든 법의 성품이란 의지할 곳이 없는 것이니
佛現世間亦如是 부처가 이 세상에 나타나는 일도 또한 이와 같을(般若智) 뿐이어서

普於諸有無依處 하나도 빼놓지 않은 모든 있음이란 의지하고 처할 곳이 없는 것이라네.
此義勝智能觀察 이같이 바른 뜻을 최승혜광명천왕이 능히 관찰해서 아는 일이라네.

隨諸衆生心所欲 중생이 하고자 하는 마음을 따라서
佛神通力皆能現 부처님의 신통력으로 능히 모두 나타낼 수는 있지만
各各差別不思議 가지각색으로 차별하는 것은 생각으로 미루어 알 수 없다네.
此智幢王解脫海 이는 자재지혜당천왕의 해탈 바다(不生不滅)라네.

過去所有諸國土 지난 과거에 있었던 모든 국토를
一毛孔中皆示現 하나의 털구멍 가운데서 모두 드러내 보이니
此是諸佛大神通 이 일은 모든 부처님의 크나큰 신통이라네.
愛樂寂靜能宣說 이는 애락적정천왕이 능히 베풀어 설하는 일이라네.

一切法門無盡海 일체 법의 문이 무궁무진한 바다와 같고
同會一法道場中 하나의 법문 도량 가운데 함께 모두 모이니
如是法性佛所說 이와 같은(般若智) 법의 성품은 부처님께서 설하신 바라네.
智眼能明此方便 이는 보지안천왕이 능히 이 방편으로 밝게 하는 일이라네.

十方所有諸國土 시방에 널려있는 모든 국토
悉在其中而說法 그 가운데 빠짐없이 있기에 부처님이 법을 말하지만
佛身無去亦無來 부처님의 몸은 가고 오는 일이 없다네.
愛樂慧旋之境界 이는 애락혜선천왕이 깨우친 경계(般若智境界)라네.

佛觀世法如光影 부처님이 세간 법을 자세히 살펴보니 빛의 그림자와 같음을 보고
入彼甚深幽奧處 깊고도 깊은 그윽한 곳에 드시어
說諸法性常寂然 모든 법의 성품이 항상 고요하고 평온함을 설하신다네.
善種思惟能見此 이는 선종혜광명천왕이 두루 생각하는 일로서 능히 보는 일이라네.

佛善了知諸境界 부처님은 선근(般若智方便)의 모든 경계를 분명하게 알고
隨衆生根雨法雨 중생의 근기를 따라 법 비를 내리는 것은
爲啓難思出要門 생각으로서는 인도하기 어려운 긴요한 문을 열어주기 위함이라네.

此寂靜天能悟入 이는 무구적정광천왕이 능히 깨달아 들어가는 문이라네.

世尊恒以大慈悲 세존이 항상 큰 자비로
利益衆生而出現 중생에게 이익이 되도록 출현하시고
等雨法雨充其器 평등하게 법 비를 내려 그 그릇을 가득 채우니
淸淨光天能演說 이는 청정광천왕이 능히 연설하는 일이라네.

신, 주, 행, 회향, 십지(信住行迴向十地)의 각각 10의 자리와 등각 금강혜 묘각의 3자리를 합한 53의 수보살행 차례(復次)를 따라 이르자면, 청정혜명칭천왕은 중생이 해탈하는 길을 통달해서 마치는 방편 해탈문을 얻었으며, 최승견천왕은 하늘의 일체 모든 대중이 좋아하는 바를 따라서 빛의 그림자로 널리 드러내는 해탈문을 얻었고 적정덕천왕은 모든 부처님의 경계를 깨끗이 또 두루 장엄하는 큰 방편의 해탈문을 얻었으며, 수미음천왕은 모든 중생을 따라서 영원히 생사의 바다에서 유전하는 해탈문을 얻었고 정념안천왕은 여래께서 중생을 조복시키는 행을 잊지 않고 기억하는 해탈문을 얻었으며, 가애락보조천왕은 보문 다라니 바다에서 흘러나오는 해탈문을 얻었고 세간자재주천왕은 능히 중생들에게 부처님을 만나서 믿은 마음을 일으키게 하는(般若智藏) 해탈문을 얻었으며, 광염자재천왕은 능히 모든 중생이 법을 들으면 믿고 즐거워하면서 세간에서 벗어나는 해탈문을 얻었고 낙사유법변화천왕은 모든 보살을 조복시키는 행이 허공처럼 끝이 없고 다함이 없는 곳에 들어가는 해탈문을 얻었으며, 변화당천왕은 중생의 헤아릴 수 없는 번뇌를 자세히 들여다보고 경계 없는 자애로움과 지혜로운 해탈문을 얻었고 성숙음묘장엄천왕은 빛을 놓아 부처님의 삼륜(三輪)을 드러내서 굳건하게 지키고 또 가르쳐서 따르게 하는 해탈문을 얻었다.

復次 淸淨慧名稱天王 得了達一切衆生解脫道方便解脫門 最勝見天王 得隨一切諸天衆所樂如光影普示現解脫門 寂靜德天王 得普嚴淨一切佛境界大方便解脫門 須彌音天王 得隨諸衆生永流轉生死海解脫門 淨念眼天王 得憶念如來調伏衆生行解脫門 可愛樂普照天王 得普門陀羅尼海所流出解脫門 世閒自在主天王 得能令衆生値佛生信藏解脫門 光焰自在天王 得能令一切衆生聞法信喜而出離解脫門 樂思惟法變化天王 得入一切菩薩調伏行如虛空無邊無盡解脫門 變化幢天王 得觀衆生無量煩惱普悲智解脫門 星宿音妙莊嚴天王 得放光現佛三輪攝化解脫門

註解 변정천의 우두머리가 되는 천왕 열 분의 서술과 아래는 청정해명칭천왕의 게송이다. 광대한 법의 문에 안주하며, 세간을 널리 이롭게 하는 분들이다. 10지 중 제8 지 부동지(不動地)의 해탈 경계를 이른다.

바로 이때 청정해명칭천왕이 부처님의 위엄 있는 힘을 받들어 헤아릴 수 없이 많은 소정천, 무량정천, 변정천의 무리를 자세하게 두루 살펴보고는 게송으로 말하였다.
爾時 清淨慧名稱天王 承佛威力 普觀一切少淨天 無量淨天 徧淨天衆 而說頌言

了知法性無礙者 법의 성품이 막힘이나 걸림 없음을 분명하게 깨달아 아시는 이가
普現十方無量刹 헤아릴 수 없는 찰나의 시간을 통해 시방세계에 두루 널리 나타나
說佛境界不思議 생각과 생각 아닌 것으로도 이를 수 없는 부처의 경계를 말씀으로 베풀어
令衆同歸解脫海 중생들이 해탈의 바다로 돌아가게 하였다네.

如來處世無所依 여래가 세상에 처하되 의지할 곳이 없음은
譬如光影現衆國 비유하면 빛(如來智)으로 인한 그림자(十方佛刹微塵數)가 많은 국토에 나타나듯이
法性究竟無生起 법의 성품이란 결국 생겨나지 않는다네.
此勝見王所入門 이 일은 최승견천왕이 들어간 해탈문이라네.

無量劫海修方便 헤아릴 수 없는 겁의 바다에서(無始作點如來智海) 방편을 닦아
普淨十方諸國土 시방의 국토를 두루 널리 맑고 깨끗하게 하지만
法界如如常不動 법계는 여여(如如.如是如是.如來智.)하여 움직이지 않으니
寂靜德天之所悟 적정덕천왕이 깨우침을 깨달아 얻는 일이라네.

衆生愚癡所覆障 중생들이 어리석고 못난 마음에 뒤집혀서 장애가 있음은
盲暗恒居生死中 소경이 어둠에 있듯 항상 생사 가운데 있기에
如來示以清淨道 여래께서 청정한 도로 보게 하시니
此須彌音之解脫 이는 수미음천왕의 해탈이라네.

諸佛所行無上道 모든 부처님이 행하시는 위 없는 도(如來方便)란
一切衆生莫能測 모든 중생이 능히 헤아려 알 수 있는 일이 아니라네.
示以種種方便門 때문에 온갖 방편의 문으로 보여주시니

淨眼諦觀能悉了 정안정념안천왕이 자세히 살펴보고 분명하게 다 깨달아 마치는 일이라네.

如來恒以總持門 여래께서 늘 쓰시던 다라니 문(摠持門)은
譬如刹海微塵數 비유로 들자면 헤아릴 수 없는 세계의 티끌 수와 같지만
示敎衆生徧一切 중생을 가르쳐 이끄는 일에 일체 모든 것을 보이신다네.
普照天王此能入 가애락보조천왕이 이 일을 따라 능히 들어간 일이라네.

如來出世甚難値 여래가 세상에 출현하는 일은 심히 만나기 어려운 인연이라네.
無量劫海時一遇 헤아릴 수 없는 겁의 바다에서 단 한 번의 만남이
能令衆生生信解 중생에게 능히 믿음과 이해의 마음을 내게 한다네.
此自在天之所得 이는 세간자재주천왕이 얻는 일이라네.

佛說法性皆無性 법의 성품이란 모두 다 성품이 없다는 부처님의 말씀은
甚深廣大不思議 심히 깊고 광대해서 생각과 생각 아닌 것으로도 이를 수 없지만
普使衆生生淨信 중생들에게 맑고 깨끗한 믿음을 내게 하시니
光焰天王能善了 광염자재천왕이 능히 선근을 분명하게 깨달아 알고 마치는 일이라네.

三世如來功德滿 삼세 여래의 공덕은 원만한 까닭으로
化衆生界不思議 중생계를 가르쳐서 이끄는 일을 헤아려 알 수는 없다네.
於彼思惟生慶悅 그래도 중생들이 이것을 생각으로 두루 살펴서 기쁨을 내니
如是樂法能開演 낙사유법변화천왕이 이와 같음(般若智)를 설하여 환하게 여는 일이라네.

衆生沒在煩惱海 중생들이 번뇌의 바다에 빠져있기에
愚癡見濁甚可怖 어리석고 못난 견해에 물이 드는 일이란 심히 두려운 일이라네.
大師哀愍令永離 부처님이 이를 가엾게 여겨 번뇌의 바다에서 영원히 벗어나게 하니
此化幢王所觀境 이는 변화당천왕이 자세하게 들여다본 경계라네.

如來恒放大光明 여래께서 밝은 빛을 항상 크게 놓으니
一一光中無量佛 하나하나의 밝은 빛 가운데 헤아릴 수 없는 부처님이
各各現化衆生事 중생을 가르치고 이끄는 일에 제각기 나타나신다네.
此妙音天所入門 이 일은 성수음묘장엄천왕이 들어간 해탈문이라네.

신, 주, 행, 회향, 십지의 각각 10의 자리와 등각 금강혜 묘각의 3자리를 합한 53의 수보살행(修菩薩行) 차례(復次)를 따라 이르자면, 가애락광명천왕은 고요한 즐거움(般若智方便)을 항상 받아서 스스로 몸을 낮추고 세상에 나타나 세간의 괴로움을 소멸시키는 해탈문을 얻었고 청정묘광천왕은 대비심과 서로 응하는 바다(般若智方便)에서 모든 중생이 기뻐하고 즐거워하는 해탈문을 얻었으며, 자재음천왕은 한 생각 가운데 헤아릴 수 없는 겁과 일체 모든 중생의 복과 응하는 힘의 해탈문을 얻었고 최승염지천왕은 두루 널리 이루어지고 머물다 무너지는 일체 세간을 모두 다 허공과 같이 청정하게 하는 해탈문을 얻었으며, 가애락정묘음천왕은 모든 성인의 법을 좋아하고 즐거워하면서 믿도록 만들며, 있는 그대로 받아들이는 해탈문을 얻었고 선사유음천왕은 많은 겁을 지나면서 신, 주, 행, 회향, 십지의 모든 지위와 뜻과 방편에 이르기까지 널리 펴는 해탈문을 얻었으며, 연장엄음천왕은 모든 보살이 도솔타 천궁으로부터 따라 내려와 태어날 때 크게 공양 올리는 방편 해탈문을 얻었고 심심광음천왕은 다함이 없는 신통과 지혜의 바다를 깊게 살피는 해탈문을 얻었으며, 광대명칭천왕은 모든 부처님의 공덕 바다가 원만하고 가득해서 세간에 나타내 보이는 방편의 힘, 이 힘의 해탈문을 얻었고 최승정광천왕은 여래께서 옛날에 오가며 세운 서원의 힘에 깊은 믿음과 즐거움을 나게 하는 장(如來方便地.二乘地) 해탈문을 얻었다.

　復次 可愛樂光明天王 得恒受寂靜樂而能降現消滅世間苦解脫門 淸淨妙光天王 得大悲心相應海一切衆生喜樂藏解脫門 自在音天王 得一念中普現無量劫一切衆生福應力解脫門 最勝念智天王 得普使成住壞一切世間皆悉如虛空淸淨解脫門 可愛樂淨妙音天王 得愛樂信受一切聖人法解脫門 善思惟音天王 得能經劫住 演說一切地義及方便解脫門 演莊嚴音天王 得一切菩薩從兜率天宮歿下生時袋供養方便解脫門 甚深光音天王 得觀察無盡神通智慧海解脫門 廣大名稱天王 得一切佛功德海滿足出現世間方便力解脫門 最勝淨光天王 得如來往昔誓願力發生深信愛樂藏解脫門

　註解 광음천의 우두머리가 되는 천왕 열 분의 서술과 아래는 가애락광명천왕의 게송이다. 10지 중 제7 지 원행지(遠行地)의 해탈 경계를 이른다.

　바로 이때 가애락광명천왕이 부처님의 위신력을 받들어 모든 소광천, 무량광천, 극광천의 무리를 두루 자세하게 살피고 게송으로 말했다.

　爾時 可愛樂光明天王 承佛威力 普觀一切少光天 無量光天 極光天衆 而說頌言

我念如來昔所行 내가 생각해보니 여래께서 지난 오랜 세월 수행하면서
承事供養無邊佛 헤아릴 수 없이 많은 부처님을 받들어 모시면서 공양을 올렸으니
如本信心清淨業 본래 믿은 마음이 청정한 업(般若智)과 같아서
以佛威神今悉見 부처님의 위신력으로 이제 모두 보게 하는 것이라네.

佛身無相離衆垢 부처님의 몸은 모양이나 상태가 없으며 모든 티끌에서 벗어나
恒住慈悲哀愍地 항상 자비와 가엾게 여기는 자리에 계시면서
世間憂患悉使除 세간의 근심 걱정을 남김없이 덜어서 없애주시니
此是妙光之解脫 이는 청정묘광천왕의 해탈문이라네.

佛法廣大無涯際 부처님의 법은 광대해서 끝이 없으니
一切刹海於中現 일체 헤아릴 수 없는 세계 가운데 나타나더라도
如其成壞各不同 이루어지고 무너지는 그 모든 일이 같지 않다네.
自在音天解脫力 이는 자재음천왕의 해탈하는 힘이라네.

佛神通力無與等 부처님의 신통력은 함께 할 자가 없으니
普現十方廣大刹 헤아릴 수 없이 두루 넓은 시방세계에 나타나시더라도
悉令嚴淨常現前 남김없이 모두 다 눈앞에 깨끗하게 또 엄하게 계신 듯하다네.
勝念解脫之方便 이는 최승염지천왕의 해탈 방편이라네.

如諸刹海微塵數 헤아릴 수 없는 모든 바다의 티끌 수와 같이
所有如來咸敬奉 있는 모든 것이 여래를 다 함께 공경하고 받들어서
聞法離染不唐捐 법을 듣고 번뇌에서 벗어나 그 마음을 버리지 않으니
此妙音天法門用 이는 가애락음천왕이 법문을 펼치는 씀씀이라네.

佛於無量大劫海 부처님이 헤아릴 수 없는 큰 겁 바다에서
說地方便無倫匹 모든 자리와 또 자리에 따른 방편을 설하시니 맞설 자가 없고
所說無邊無有窮 설하신 것은 끝이 없고 다함이 없으니
善思音天知此義 이는 선사유음천왕이 뜻을 알고 해탈한 문이라네.

如來神變無量門 여래의 신통과 변화, 그리고 헤아릴 수 없이 많은 문을

一念現於一切處 한 생각 동안, 한순간 일체 모든 곳에 다 나타내시니
降神成道大方便 강신하고 도를 이루는 큰 방편이라네.
此莊嚴音之解脫 이는 연장엄음천왕의 해탈이라네.

威力所持能演說 점잖고 엄숙한 힘을 지닌바 그 힘으로 설하여 두루 펼치고
及現諸佛神通事 부처님의 모든 신통한 일을 나타내는 일에 이르기까지
隨其根欲悉令淨 중생이 하고자 하는 근기를 따라 깨끗하게 하시니
此光音天解脫門 이는 심심광음천왕의 해탈문이라네.

如來智慧無邊際 여래의 지혜는 그 경계가 끝이 없고
世中無等無所著 이 세상 가운데서는 같이 할 짝이 없으며 또 집착이 없다네.
慈心應物普現前 자비로운 마음이 중생을 따라 응하여 두루 눈앞에 나타나 계시니
廣大名天悟斯道 이는 광대명칭천왕이 깨달아 얻은 도라네.

佛昔修習菩提行 부처님이 옛날에 보리의 행을 배워서 익힐 때
供養十方一切佛 시방의 모든 부처님에게 공양을 올리고
一一佛所發誓心 부처님 계시는 한 곳 한 곳마다 서원의 마음을 세우니
最勝光明大歡喜 이는 최승정광천왕이 듣고 크게 기뻐하며 즐거워하는 일이라네.

신, 주, 행, 회향, 십지의 각각 10의 자리와 등각 금강혜 묘각의 3자리를 합한 53의 수보살행 차례(復次)를 따라 이르자면, 시기범왕은 시방세계의 도량 가운데 두루 있으면서 법을 설하고 행하는 바가 청정하여 물이 들거나 집착이 없는 해탈문을 얻었고 혜광범왕은 모든 중생이 선정 삼매에 들어가 머물게 하는 해탈문을 얻었으며, 선사혜광명범왕은 생각으로 이를 수 없이 많은 모든 법에 두루 들어가는 해탈문을 얻었고 보운음법왕은 일체 모든 부처님의 음성 바다에 들어가는 해탈문을 얻었으며, 관세음자재범왕은 보살이 능히 일체 모든 중생을 가르쳐 이끄는 방편, 이 방편을 단단히 기억해서 잊지 않은 해탈문을 얻었고 적정광명안범왕은 일체 세간의 모든 업과 과보의 모양이나 상태를 제각기 차별하여 나타내는 해탈문을 얻었으며, 보광명범왕은 일체 모든 중생의 종류가 제각기 다른 것을 따라 그 눈앞에 나타나서 조복시키는 해탈문을 얻었고 변화음범왕은 일체 모든 법의 청정한 모양이나 상태에 머물면서 적멸행(得見如來方便)의 경계인 해탈문을 얻었으며, 광

요안범왕은 일체 모든 있음에 집착하는 바가 없으며, 끝없는 경계에 의지하지 않으면서 부지런히 항상 나타내 보이는 해탈문을 얻었고 열의해음범왕은 다함이 없는 법문을 항상 생각하고 주의 깊게 들여다보는 해탈문을 얻었다.

復次 尸棄梵王 得普住十方道場中說法而所行淸淨無染著解脫門 慧光梵王 得使一切衆生入禪三昧住解脫門 善思慧光明梵王 得普入一切不思議法解脫門 普雲音梵王 得入諸佛一切音聲海解脫門 觀世言音自在梵王 得能憶念菩薩敎化一切衆生方便解脫門 寂靜光明眼梵王 得現一切世間業報相各差別解脫門 普光明梵王 得隨一切衆生品類差別皆現前調伏解脫門 變化音梵王 得住一切法淸淨相寂滅行境界解脫門 光耀眼梵王 得於一切有無所著無邊際無依止常勤出現解脫門 悅意海音梵王 得常思惟觀察無盡法解脫門

註解 대범천의 우두머리가 되는 천왕 열 분의 서술과 아래는 시기범왕의 게송이다. 색계천중을 이르며, 욕계의 삼욕인 식욕, 음욕, 수면욕을 벗어난 분들이다. 10지 중 제6 지 현전지(現前地)의 해탈 경계를 이른다.

바로 이때 시기범왕이 부처님의 위신력을 받들어 모든 범신천, 범보천, 범중천, 대범천의 무리를 두루 살펴보고 게송으로 말했다.

爾時 尸棄大梵王 承佛威力 普觀一切梵身天 梵輔天 梵衆天 大梵天衆而說頌言

佛身淸淨常寂滅 부처님의 몸은 청정하고 늘 번뇌의 경계를 벗어나 고요하며
光明照耀徧世間 밝은 반야 지혜의 빛으로 세상을 두루두루 비치지만
無相無行無影像 모양이나 상태도 없고 행도 없으며 그림자도 없다네.
譬如空雲如是見 비유하자면 허공의 구름처럼 이와 같이 보는 일이라네.

佛身如是定境界 부처님의 몸은 이와 같은(般若智) 적정의 경계이니
一切衆生莫能測 일체 모든 중생이 헤아리지 못한다네.
示彼難思方便門 생각으로서는 어려운 방편의 문(般若智門)을 중생에게 보이니
此慧光王之所悟 이는 혜광범천왕이 깨달아 얻은 일이라네.

佛刹微塵法門海 부처 세계의 티끌 같은 법문의 바다를
一言演說盡無餘 단 한 말씀으로 모두 두루 펼쳐서 남은 것이 없으니
如是劫海演不窮 이와 같이 겁의 바다만큼 말하여도 다하지 못하는 것이라네.

善思慧光之解脫 이는 선사혜광명범천왕의 해탈이라네.

諸佛圓音等世間 모든 부처님의 두루 원만한 음성은 세간과 다르지 않기에
衆生隨類各得解 중생들이 각각 부류에 따라 이해를 하고 얻지만
而於音聲不分別 그렇다고 부처님의 음성에는 차별이 없다네.
普音梵天如是悟 이는 보운음범천왕이 이와 같음(般若智)을 깨달아 얻은 일이라네.

三世所有諸如來 삼세에 계시는 모든 여래께서
趣入菩提方便行 보리를 향해 들어가 행하는 방편이란
一切皆於佛身現 일체 모든 부처님의 몸으로 나타내는 일이라네.
自在音天之解脫 이는 관세음자재범왕의 해탈이라네.

一切衆生業差別 모든 중생이 지은 업을 차별하므로
隨其因感種種殊 차별 짓은 그 연유를 따라 과보가 제각기 다르다네.
世間如是佛皆現 세간의 부처님께서 이와 같음(般若智)을 다 드러내어 나타내시니
寂靜光天能悟入 이는 적정광명안범천왕이 능히 깨달아 얻고 들어가는 일이라네.

無量法門皆自在 헤아릴 수 없이 많은 법문이라도 막힘이나 걸림 없이 마음대로 하시고
調伏衆生徧十方 시방세계의 중생을 모두 조복시키더라도
亦不於中起分別 그 가운데서 분별을 일으키지 않으니
此是普光之境界 이는 보광명범천왕의 경계라네.

佛身如空不可盡 부처의 몸은 허공과 같아서 다함이 없고
無相無礙徧十方 모양이나 상태가 없으며 막힘이나 걸림 없이 시방세계에 두루 하시니
所有應現皆如化 모든 것이 응하여 나타내는 일이 다 부처의 몸으로 드러내는 것과 같다네.
變化音王悟斯道 이는 변화음범천왕이 도를 깨달아 얻은 일이라네.

如來身相無有邊 여래의 몸은 드러난 모양이나 상태가 끝이 없으며
智慧音聲亦如是 지혜 그리고 음성까지도 이와 같아서(般若智方便)
處世現形無所著 세상에 나타나 모양이나 상태에 처하기는 하지만 집착하는 일이 없다네.
光耀天王入此門 이는 광요천왕이 이 해탈문으로 들어가는 일이라네.

法王安處妙法宮 법왕이 빼어난 법의 궁전에 편안하게 계시면서
法身光明無不照 법신의 밝은 빛을 빠짐없이 두루 비추지만
法性無比無諸相 법의 성품은 달리 견줄 것이 없고 드러난 모양이나 상태가 없다네.
此海音王之解脫 이는 열의해음범천왕이 해탈한 일이라네.

신, 주, 행, 회향, 십지의 각각 10의 자리와 등각 금강혜 묘각의 3자리를 합한 53의 수보살행 차례(復次)를 따라 이르자면, 자재천왕은 눈앞의 헤아릴 수 없는 중생을 성숙하게 이끄는 일에 있어 막힘이나 걸림 없이 마음대로 할 수 있는 해탈문을 얻었고 선목주천왕은 온갖 중생들의 즐거움을 자세하게 들여다보고 성스러운 경계(般若智方便世界)의 즐거움에 들어가게 하는 해탈문을 얻었으며, 묘보당관천왕은 모든 중생의 그 많은 욕망과 이해하는 일을 따라 행을 일으키게 하는 해탈문을 얻었고 용맹혜천왕은 모든 중생을 위하여 설한 뜻을 널리 거두어 지니고 굳게 지키는 해탈문을 얻었으며, 묘음구천왕은 여래의 광대한 자비를 단단히 기억해서 잊지 않고 스스로가 행할 일을 증진(增進)시키는 해탈문을 얻었고 묘광당천왕은 큰 자비의 문을 나타내 보이고는 일체 모든 교만한 기치를 꺾어버리는 해탈문을 얻었으며, 적정경천왕은 일체 세간에서 화내고 해를 끼치는 마음을 조복시키는 해탈문을 얻었고 묘륜장엄당천왕은 시방세계의 헤아릴 수 없는 부처님이 기억하고 있는 생각을 따라 미리 앞서 나가는 해탈문을 얻었으며, 화광혜천왕은 중생들이 마음으로 깊이 생각하는 것을 따라 널리 또 밝게 드러내서 정각을 이루는 해탈문을 얻었고 인타라묘광천왕은 일체 모든 세간에 들어갈 수 있는 큰 위신력을 막힘이나 걸림 없이 마음대로 할 수 있는 법 해탈문을 얻었다.

復次 自在天王 得現前成熟無量衆生自在藏解脫門 善目主天王 得觀察一切衆生樂令入聖境界樂解脫門 妙寶幢冠天王 得隨諸衆生種種欲解令起行解脫門 勇猛慧天王 得普攝爲一切衆生所說義解脫門 妙音句天王 得憶念如來廣大悲增進自所行解脫門 妙光幢天王 得示現大悲門摧滅一切憍慢幢解脫門 寂靜境天王 得調伏一切世間瞋害心解脫門 妙輪莊嚴幢天王 得十方無邊佛隨憶念悉來赴解脫門 華光慧天王 得隨衆生心念普現成正覺解脫門 因陀羅妙光天王 得普入一切世間大威力自在法解脫門

註解 타화자재천의 우두머리가 되는 천왕 열 분의 서술과 아래는 자재천왕의 게송이다. 부지런히 막힘이나 걸림 없는 방편과 광대한 법문을 익히고 가르쳐 이끄는 분들이다. 10지 중 제5지 난승지(難勝地)의 해탈 경계를 이른다.

바로 이때 자재천왕이 부처님의 위신력을 받들어 모든 자재천의 무리를 두루 자세하게
살피고 계송으로 말했다.
爾時 自在天王 承佛威力 徧觀一切自在天衆而說頌言

佛身周徧等法界 부처의 몸이 두루 원만하게 세간에 미치는 것은 법계와 같아서
普應衆生悉現前 중생에게 널리 응하는 일이 모두 눈앞에 나타나고
種種教門常化誘 여러 가지 법문으로 늘 가르쳐 이끄시니
於法自在能開悟 이 법은 자재천왕이 능히 열어서 깨달아 얻은 일이라네.

世閒所有種種樂 세간에 있는 여러 가지 즐거움 가운데서
聖寂滅樂爲最勝 성스러운 적멸의 즐거움이 최고로 뛰어난 것이라네.
住於廣大法性中 이렇듯 광대한 법의 성품 가운데 머물러 있으니
妙眼天王觀見此 묘안천왕이 이를 자세하게 들여다보고 있는 일이라네.

如來出現徧十方 여래가 시방세계에 두루 출현해서
普應群心而說法 널리 중생의 마음을 따라 응하고 법을 말해주니
一切疑念皆除斷 일체 의혹을 모두 다 끊어서 없애준다네.
此妙幢冠解脫門 이는 묘보당관천왕의 해탈문이라네.

諸佛徧世演妙音 모든 부처님이 말씀하시는 빼어난 음성이 세상에 널리 퍼지니
無量劫中所說法 헤아릴 수 없는 겁 동안 법을 설하신 모든 것은
能以一言咸說盡 능히 단 한 번의 말로써 남김없이 모두 설하고 마쳤다네.
勇猛慧大之解脫 이는 용맹혜천왕의 해탈문이라네.

世閒所有廣大慈 세간에서 행해지는 광대한 자비가
不及如來一毫分 여래의 한 털끝에도 미치지 못하니
佛慈如空不可盡 부처의 자비는 허공과 같아서 다 함이 없다네.
此妙音天之所得 이는 묘음구천왕이 얻은 해탈문이라네.

一切衆生慢高山 모든 중생의 산처럼 높은 거만함과 게으름을
十方摧殄悉無餘 십력으로 남김이 없이 모두 다 꺾어서 없애버리니

此是如來大悲用 여래의 이 같은 큰 자비의 쓰임새는
妙光幢王所行道 묘광당천왕이 행하는 도라네.

慧光淸淨滿世間 청정한 지혜(般若智)의 빛이 세간에 가득하니
若有見者除癡暗 만일 지혜의 빛을 본 자는 어리석은 어둠을 덜어서 없애버리고
令其遠離諸惡道 모든 악한 길에서 멀리 벗어난다네.
寂靜天王悟斯法 이는 적정경천왕이 깨달아 얻은 법이라네.

毛孔光明能演說 털구멍만 한 밝은 빛이 능히 말로서 두루 펼치는 일이란
等衆生數諸佛名 중생 수와 같은 모든 부처의 이름을 내는 것이니
隨其所樂悉得聞 그들이 즐거워하는 바를 쫓아 빠짐없이 다 듣는 일을 얻게 하려는 것이라네.
此妙輪幢之解脫 이는 묘륜장엄당천왕의 해탈이라네.

如來自在不可量 여래의 자재하심은 가히 헤아릴 수 없으나
法界虛空悉充滿 법계와 허공에 빠짐없이 가득 차 있어서
一切衆會皆明睹 그 기치 아래 모인 모든 대중이 밝게 본다네.
此解脫門華慧入 이 해탈문은 화광혜천왕이 들어간 일이라네.

無量無邊大劫海 헤아릴 수 없고 끝없는 큰 겁의 바다를 따라
普現十方而說法 시방세계에 나타나 법을 말하지만
未曾見佛有去來 부처님이 오고 가시는 일을 본 적이 없다네.
此妙光天之所悟 이는 인타라묘광천왕이 깨달아 얻은 바라네.

신주행회향십지(信住行廻向十地)의 각각 10의 자리와 등각 금강혜 묘각의 3자리를 합한 53의 수보살행(修菩薩行) 차례(復次)를 따라 이르자면, 선화천왕은 일체 모든 업이 변화하는 힘을 열어서 보여주는 해탈문을 얻었고 적정음광명천왕은 모든 속된 인연을 버리고 또 벗어나는 해탈문을 얻었으며, 변화력광명천왕은 모든 중생의 어리석고 어두운 마음을 없애버리고 지혜가 두루 원만해지는 해탈문을 얻었고 장엄주천왕은 끝없이 기뻐하는 소리를 드러내어 보이는 해탈문을 얻었으며, 염광천왕은 일체 모든 부처의 다함이 없는 복덕의 모습을 분명하게 알고 깨달아 마친 해탈문을 얻었고 최상운음천왕은 지나간

세월을 통해 일체 모든 겁이 연이어 이루어지고 무너지는 차례를 모두 아는 해탈문을 얻었으며, 승광천왕은 일체 모든 중생의 지혜를 열어서 깨우침을 얻게 하는 해탈문을 얻었고 묘계천왕은 밝은 빛을 펼쳐서 시방의 허공계에 빠르게 또 가득 차게 하는 해탈문을 얻었으며, 희혜천왕은 일체 지어진 바(般若智) 무너뜨릴 수 없는 정진의 힘인 해탈문을 얻었고 화광계천왕은 일체 모든 중생이 업으로 받는 과보를 아는 해탈문을 얻었으며, 보견 시방천왕은 생각으로 미루어 알 수 없는 중생들의 형상과 온갖 무리가 제각기 다른 것을 드러내어 보이는 해탈문을 얻었다.

復次 善化天王 得開示一切業變化力解脫門 寂靜音光明天王 得捨離一切攀緣解脫門 變化力光明天王 得普滅一切衆生癡暗心令智慧圓滿解脫門 莊嚴主天王 得示現無邊悅意聲解脫門 念光天王 得了知一切佛無盡福德相解脫門 最上雲音天王 得普知過去一切劫成壞次第解脫門 勝光天王 得開悟一切衆生智解脫門 妙髻天王 得舒光疾滿十方虛空界解脫門 喜慧天王 得一切所作無能壞精進力解脫門 華光髻天王 得知一切衆生業所受報解脫門 普見十方天王 得示現不思議衆生形類差別解脫門

註解 화락천의 우두머리가 되는 천왕 열 분의 서술과 아래는 선화천왕의 게송이다. 10지 중 제4지 염혜지(焰慧地)의 해탈 경계를 이른다.

바로 이때 선화천왕이 부처님의 위신력을 받들어 모든 화락천 무리를 남김없이 두루 살피고 게송으로 말했다.

爾時 善化天王 承佛威力 普觀一切善化天衆 而說頌言

世間業性不思議 세간의 업, 이 업의 성품이 생각으로는 미루어 알 수 없음을
佛爲群迷悉開示 부처님이 미혹한 중생을 위해 남김없이 열어 보이기는 하지만
巧說因緣眞實理 방편으로 인연의 참된 이치를 말하면서
一切衆生差別業 또 모든 중생의 차별된 업을 말씀하신다네.

種種觀佛無所有 부처를 보고자 여러 가지 방법으로 자세히 살펴보지만 계시지를 않고
十方求覓不可得 시방세계를 헤매 돌아 찾아도 만날 수가 없다네.
法身示現無眞實 법신으로 드러내 보이는 일은 진실이 없으니
此法寂音之所見 이는 적정음광명천왕이 마음으로 보는 법이라네.

佛於劫海修諸行 부처님이 시작점 없는 겁(劫) 바다를 통해 모든 행(般若智行)을 닦는 것은

爲滅世間癡暗惑 세간의 어리석고 어두운 미혹을 없애주기 위함이라네.

是故清淨最照明 이러한 까닭으로 청정하게 가장 밝게 비치어주니

此是力光心所悟 이는 변화력광명천왕이 마음으로 깨달아 얻은 일이라네.

世間所有妙音聲 세간에 있는 많은 빼어난 음성은

無有能比如來音 여래의 음성과는 견줄 수가 없다네.

佛以一音徧十方 부처님의 한 음성이 시방세계에 두루 하니

入此解脫莊嚴主 이 해탈문은 장엄주천왕이 들어간 문이라네.

世間所有衆福力 세간의 여러 가지 복덕의 힘은

不與如來一相等 여래가 지닌 하나의 상(十方佛刹如來智方便)과 같을 수 없고

如來福德同虛空 여래의 복과 덕은 허공과 같다네.

此念光天所觀見 이는 염관천왕이 자세하게 본 일이라네.

三世所有無量劫 삼세를 소유한 헤아릴 수 없는 오랜 시간(劫) 동안

如其成敗種種相 이루어지고 부서지는 온갖 모양이나 상태를

佛一毛孔皆能現 부처님이 하나의 털구멍에 모두 드러내어 나타내니

最上雲音所了知 이는 최상운음천왕이 밝게 깨달아 알고 마친 일이라네.

十方虛空可知量 시방세계의 허공은 헤아려 알 수 있다지만

佛毛孔量不可得 부처님의 털구멍은 헤아려 얻을 수 없다네.

如是無礙不思議 이와 같이(般若智) 막힘이나 걸림이 없음과 생각으로 미루어 알 수 없음을

妙髻天王已能悟 묘계천왕은 이미 능히 깨우친 일이라네.

佛於曩世無量劫 부처님이 지난 옛적 헤아릴 수 없는 오랜 세월(劫) 동안

具修廣大波羅蜜 광대한 바라밀을 수행해서 갖추는 일과

勤行精進無厭怠 부지런히 정진해서 행하는 일에 있어 싫어하거나 게으름이 없었으니

善慧能知此法門 이는 희혜천왕이 능히 깨달아 아는 법의 문이라네.

業性因緣不可思 업의 성품은 생각으로 미루어 알 수 없는 인연에 의한 일이라

佛爲世閒皆演說 부처님이 세간을 위해서 모두 연설하시지만

法性本淨無諸垢 법의 성품은 본래 깨끗해서 모든 티끌이 없다네.

此是華光之入處 이 일은 화광계천왕이 들어가 머무는 곳이라네.

汝應觀佛一毛孔 자네는 응당 부처님의 한 털구멍을 자세하게 들여다보아야 한다네.

一切衆生悉在中 일체 모든 중생이 남김없이 그 가운데 있으니

彼亦不來亦不去 이들 또한 오지도 않고 또 가지도 않는다네.

此普見王之所了 이는 보견시방천왕이 깨우침을 깨달아 알고 마친 일이라네.

　　신주행회향십지(信住行迴向十地)의 각각 10의 자리와 등각 금강혜 묘각의 3자리를 합한 53의 수보살행 차례(復次)를 따라 이르자면, 지족천왕은 모든 부처님이 세상에 출현해서 중생을 가르쳐 이끄는 바퀴(般若智方便)를 원만하게 하는 해탈문을 얻었고 희락해계천왕은 허공계를 다하고 청정하면서 밝게 빛나는 몸의 해탈문을 얻었으며, 최승공덕당천왕은 세간의 괴로움을 소멸시키는 깨끗한 소원의 바다 해탈문을 얻었고 적정광천왕은 몸을 널리 드러내어 법을 말하는 해탈문을 얻었으며, 선목천왕은 모든 중생계를 두루 깨끗하게 하는 해탈문을 얻었고 보봉월천왕은 널리 세간을 가르쳐 이끌면서 항상 눈앞에 드러나는 다함이 없는 장(般若智方便藏) 해탈문을 얻었으며, 용건력천왕은 모든 부처님이 바르게 깨달아 얻은 경계를 환하게 열어 보이는 해탈문을 얻었고 금강묘광천왕은 모든 중생의 보리심을 견고하게 하여 무너지지 않게 하는 해탈문을 얻었으며, 성숙당천왕은 모든 부처님이 나타나실 때마다 모든 분을 친근히 모시면서 중생을 자세하게 들여다보고 조복시키는 방편 해탈문을 얻었고 묘장엄천왕은 한 번의 생각으로 모든 중생의 마음을 알아서 그들의 근기를 따라 응하고 드러내 주는 해탈문을 얻었다.

　　復次 知足天王 得一切佛出興世 圓滿敎輪解脫門 喜樂海髻天王 得盡虛空界淸淨光明身解脫門 最勝功德幢天王 得消滅世閒苦淨願海解脫門 寂靜光天王 得普現身說法解脫門 善目天王 得普淨一切衆生界解脫門 寶峯月天王 得普化世閒 常現前無盡藏解脫門 勇健力天王 得開示一切佛正覺境界解脫門 金剛妙光天王 得堅固一切衆生菩提心令不可壞解脫門 星宿幢天王 得一切佛出興咸親近觀察調伏衆生方便解脫門 妙莊嚴天王 得一念悉知衆生心隨機應現解脫門

　　註解 도솔타천의 우두머리가 되는 천왕 열 분의 서술과 아래는 지족천왕의 게송이다. 선근을 수행하는 일에 있어서 모든 부처님의 명호를 생각하고 지니는 분들이다. 10지 중 제3지 발광지(發光地)의 해탈 경계를 이른다.

바로 곧이어 지족천왕이 부처님의 위신력을 받들어 모든 지족천 무리를 자세하게 두루 살피고는 게송으로 말했다.

爾時 知足天王 承佛威力 普觀一切知足天衆 而說頌言

如來廣大徧法界 여래가 광대한 법계에 두루 하신 것은
於諸衆生悉平等 모든 중생을 다 평등하게 여기시고
普應群情闡妙門 널리 중생들의 뜻에 응하여 빼어난 문(般若智解脫門)을 열어서
令入難思淸淨法 이들을 생각하기 어려운 청정한 법에 들게 하고자 함이었다.

佛身普現於十方 부처님의 몸이 널리 시방세계에 나타나더라도
無著無礙不可取 분명하게 드러나는 것도 없고 막힘이나 걸림이 없어서 취할 수 없다네.
種種色像世咸見 그래도 온갖 색과 형상으로 드러난 것을 세상이 모두 본다네.
此喜髻天之所入 이는 희락해계천왕이 들어간 자리라네.

如來往昔修諸行 여래께서 지난 옛적에 닦고 행할 때
淸淨大願深如海 청정하게 큰 서원이 깊은 바다와 같았고
一切佛法皆令滿 모든 부처님의 법이 가득하였다네.
勝德能知此方便 이 방편은 최승공덕당천왕이 알고 있는 일이라네.

如來法身不思議 여래의 법신은 생각으로 미루어 알 길이 없지만
如影分形等法界 그림자(般若智)를 나눈 모양과 같은 형상으로 법계에 가득하시니
處處闡明一切法 곳곳마다 밝은 빛을 분명하게 드러내어 일체 법을 밝히신다네.
寂靜光天解脫門 이는 적정광천왕의 해탈문이라네.

衆生業惑所纏覆 중생들이 업과 미혹에 얽히고 또 덮어쓰고는
憍慢放逸心馳蕩 교만하고 멋대로 거리낌 없이 방탕으로 치닫기에
如來爲說寂靜法 여래께서 중생을 위해 적정법(般若智法)을 설하셨다네.
善目照知心喜慶 이는 선목천왕이 여래의 뜻을 알고 마음으로 매우 기뻐한 일이라네.

一切世閒眞導師 일체 세간을 참되게 인도하시는 도사(如來)가
爲救爲歸而出現 구원을 위해 또 귀의할 곳을 위해 세상에 출현하시어

普示衆生安樂處 중생들에게 편안하고 즐겁게 처할 곳을 보여주시니
峯月於此能深入 이는 보봉월천왕이 깊이 들어간 해탈문이라네.

諸佛境界不思議 모든 부처님의 경계는 생각과 생각 아닌 것으로도 헤아릴 수 없지만
一切法界皆周徧 일체 법계에 남김없이 곳곳마다 두루 하고
入於諸法到彼岸 모든 법에 들어가서 저 언덕으로 가신다네.
勇慧見此生歡喜 용건력천왕이 이를 보고 기쁘고 즐거운 마음을 내게 하는 일이라네.

若有衆生堪受化 만일 가르치고 이끌어서 올바른 방향으로 나아갈 수 있는 중생이 있다면
聞佛功德趣菩提 부처님의 공덕을 듣고 보리(般若智)에 이르게 될 것이며
令住福海常淸淨 복의 바다에 머물면서 항상 청정하게 행한다네.
妙光於此能觀察 이는 금강묘광천왕이 능히 자세하게 두루 살펴보는 일이라네.

十方刹海微塵數 시방세계의 모든 티끌 같은 수의 무리가
一切佛所皆往集 부처님이 계신 곳에 빠짐없이 다 모여서
恭敬供養聽聞法 공손히 섬기고 이바지(供養)하며 법을 청하여 듣는다네.
此莊嚴幢之所見 이는 성숙당천왕이 보는 일이라네.

衆生心海不思議 중생의 마음은 바다와 같아서 생각과 뜻으로 알 수가 없고
無住無動無依處 머물지 않고 움직이지 않고 의지하고 또 처할 곳이 없다네.
佛於一念皆明見 부처님은 한 생각에 이 모든 것을 밝게 보신다네.
妙莊嚴天斯善了 이는 묘장엄천왕이 선근을 바탕으로 하여 깨달아 얻고 마친 일이라네.

신주행회향십지(信住行迴向十地)의 각각 10의 자리와 등각 금강혜 묘각의 3자리를 합한 53의 수보살행 차례(復次)를 따라 이르자면, 시분천왕은 모든 중생이 선근(般若智.不立五蘊)을 일으켜 근심 걱정에서 멀리 벗어나는 해탈문을 얻었고 묘광천왕은 일체 모든 경계에 두루 들어가는 해탈문을 얻었으며, 무진혜공덕당천왕은 모든 근심을 소멸시키는 큰 자비의 바퀴(般若智) 해탈문을 얻었고 선화단엄천왕은 삼세 일체 모든 중생의 마음을 밝게 헤아려 아는 해탈문을 얻었으며, 총지대광명천왕은 다라니 문의 밝은 빛으로 일체 모든 법을 기억하고 잊어버리거나 잃지 않는 해탈문을 얻었고 부사의혜천왕은 일체 모든

업의 선근(般若智.不立五蘊)에 들어가 생각과 뜻으로 헤아릴 수 없는 방편 해탈문을 얻었으며, 윤제천왕은 법륜(般若智)을 굴려서 중생을 성숙하게 하는 방편 해탈문을 얻었고 광염천왕은 광대한 눈(如來智眼)으로 중생을 자세하게 살피고 뒤를 따라 조복시키는 해탈문을 얻었으며, 광조천왕은 일체 모든 업장을 뛰어넘어 마군이 짓는 바를 따르지 않는 해탈문을 얻었고 보관찰대명칭천왕은 선근에 든 모든 하늘의 무리를 가르쳐 인도하고 이들이 수행해서 마음을 청정하게 하는 해탈문을 얻었다.

復次 時分天王 得發起一切衆生善根令離憂惱解脫門 妙光天王 得普入一切境界解脫門 無盡慧功德幢天王 得滅除一切患大悲輪解脫門 善化端嚴天王 得了知三世一切衆生心解脫門 總持大光明天王 得陀羅尼門光明憶持一切法無忘失解脫門 不思議慧天王 得善入一切業自性不思議方便解脫門 輪臍天王 得轉法輪成熟衆生方便解脫門 光焰天王 得廣大眼普觀衆生而往調伏解脫門 光照天王 得超出一切業障不隨魔所作解脫門 普觀察大名稱天王 得善誘誨一切諸天衆令受行心清淨解脫門

註解 수야마천의 우두머리가 되는 천왕 열 분의 서술과 아래는 시분천왕의 게송이다. 낮과 밤을 가리지 않고 선근을 부지런히 닦는 분들이다. 10지 중 제2지 이구지(離垢地)의 해탈 경계를 이른다.

곧바로 시분천왕이 부처님의 위신력을 받들어 모든 수야마천의 무리를 자세하게 두루 살피고는 게송으로 말했다.

爾時 時分天王 承佛威力 普觀一切時分天衆 而說頌言

佛於無量久遠劫 부처님이 헤아릴 수 없는 아득한 겁으로부터
已竭世閒憂惱海 세상의 근심 걱정을 다 마르게 하고
廣闢離塵清淨道 티끌 없는 청정한 길을 넓혀서 터놓으시니
永耀衆生智慧燈 이는 중생에게 영원한 지혜의 빛을 비춰주는 일이라네.

如來法身甚廣大 여래의 법신은 심히 크고 넓어서
十方邊際不可得 시방세계 그 어디에서라도 얻을 수가 없으며
一切方便無限量 일체 모든 방편이 수, 양, 공간, 시간 따위에 제한이나 한계가 없다네.
妙光明天智能入 이는 묘광명천왕이 지혜로 능히 들어가는 해탈문이라네.

生老病死憂悲苦 나고 늙고 병들고 죽어가는 근심과 고통이

逼迫世間無暫歇 세간을 핍박하기 때문에 잠시라도 쉴 새가 없다네.

大師哀愍誓悉除 부처님이 이를 가엾게 여기고 맹세코 남김없이 없애주시니

無盡慧光能覺了 이는 무진혜공덕당천왕이 능히 깨달아 알고 마친 일이라네.

佛如幻智無所礙 환술과 같은 부처님의 지혜는 막힘이나 걸림이 없기에

於三世法悉明達 삼세의 법을 남김없이 밝게 아시고

普入衆生心行中 중생이 두루 행하는 그 마음속으로 들어가신다네.

此善化天之境界 이는 선화단엄천왕이 깨우친 경계라네.

摠持邊際不可得 다라니는 끝닿는 데가 없어서 얻을 수가 없으며

辯才大海亦無盡 법을 설하는 변재 또한 바다와 같아서 다함이 없기에

能轉淸淨妙法輪 능히 청정하고도 빼어난 법륜을 굴리신다네.

此是大光之解脫 이는 총지대광명천왕의 해탈이라네.

業性廣大無窮盡 업(善根의 業)의 성품이란 광대하고 또 끝이 없고 다함이 없기에

智慧覺了善開示 지혜로 깨달아 얻어 마치고 선근을 열어서 보인 것이라네.

一切方便不思議 때문에 일체 모든 방편(般若智方便)이란 생각으로 미루어 알 수 없는 것이
　　　　　　　　　라네.

如是慧天之所入 이는 부사의혜천왕이 깨우쳐 들어간 일이라네.

轉不思議妙法輪 생각으로 미루어 알 수 없는 빼어난 법륜(般若智)을 굴리시면서

顯示修習菩提道 닦아서 익혀야 할 보리(修菩薩道.如來智)도 또한 드러내어 보여주심은

永滅一切衆生苦 모든 중생의 고통을 영원히 없애주기 위함이라네.

此是輪臍方便地 이는 윤제천왕이 들어선 방편의 지위라네.

如來眞身本無二 여래의 참된 몸은 본래 둘이 아니지만

應物隨形滿世間 무리를 따라 응하여 나타내는 몸이 세간에 가득하다네.

衆生各見在其前 이를 두고 중생들은 제각기 자기 눈앞에 있다고 본다네.

此是焰天之境界 이는 광염천왕의 경계라네.

若有衆生一見佛 그와 같이 중생이 한 번만이라도 부처님을 보게 된다면
必使淨除諸業障 반드시 막힘이나 걸림이 되는 업(五蘊의 業)을 깨끗하게 털어버리고
離諸魔業永無餘 마군으로 인한 업에서 남음이 없이 또 영원히 벗어날 것이라네.
光照天王所行道 이는 광조천왕이 행하는 도라네.

一切衆會廣如海 일체 대중이 다 모인 광대한 바다와 같이
佛在其中最威耀 그 가운데 계신 부처님의 위엄이란 최고로 빛나고
普雨法雨潤衆生 널리 법 비를 내려 중생을 윤택하게 한다네.
此解脫門名稱入 이 해탈문은 보관찰대명칭천왕이 들어간 문이라네.

　신주행회향십지(信住行迴向十地)의 각각 10의 자리와 등각(等覺) 금강혜(金剛慧) 묘각(妙覺)의 3자리를 합한 53의 수보살행 차례(復次)를 따라 이르자면, 석가인타라천왕은 삼세 부처님이 태어나 일어서는 일과 세계가 이루어지고 무너지는 일을 단단히 기억해서 잊지 않고 이 일을 밝게 보고서는 크게 기뻐하는 해탈문을 얻었고 보칭만음천왕은 능히 부처님의 색신이 제일로 청정하고 광대해서 세상에서는 비길만한 것이 없는 해탈문을 얻었으며, 자목보계천왕은 자비로운 구름이 널리 덮이는 해탈문을 얻었고 보광당명칭천왕은 세상에서 주인이 되는 모든 이의 눈에 갖가지 형상으로 위엄과 덕스러운 부처님의 몸을 항상 보게 하는 해탈문을 얻었으며, 발생희락계천왕은 일체 모든 중생의 성읍과 궁전이 어떠한 복과 업을 쫓아서 생기는지, 이를 아는 해탈문을 얻었고 단정념천왕은 모든 부처님이 중생을 성숙시키는 일을 열어 보이는 해탈문을 얻었으며, 고승음천왕은 일체 세간이 이루어지고 무너져가는 동안 겁이 변하여 움직이는 모양이나 상태를 아는 해탈문을 얻었고 성취념천왕은 다음 세상에 올 보살들이 중생을 조복시키는 행을 잊지 않고 기억하는 해탈문을 얻었으며, 정화광천왕은 일체 모든 하늘이 기뻐하고 즐거워하는 연유를 깨달아 아는 해탈문을 얻었고 지일안천왕은 일체 모든 천자의 생을 받는 선근을 열어 보이고 더하여 어리석음이나 의혹이 없게 하는 해탈문을 얻었으며, 자재광명천왕은 일체 모든 하늘의 대중이 깨우침을 얻어서 온갖 의심을 영원히 끊게 하는 해탈문을 얻었다.

　復次 釋迦因陀羅天王 得憶念三世佛出興乃至刹成壞皆明見大歡喜解脫門 普稱滿音天王 得能令佛色身最淸淨廣大世無能比解脫門 慈目寶髻天王 得慈雲普覆解脫門 寶光幢名稱天王 得恒見佛於一切世主前現種種形相威德身解脫門 發生喜樂髻天王 得知一切衆生城邑宮殿從何福業生解脫門 端正念天王 得開示諸佛成熟衆生事解脫

門 高勝音天王 得知一切世間成壞劫轉變相解脫門 成就念天王 得憶念當來菩薩調
伏眾生行解脫門 淨華光天王 得了知一切諸天快樂因解脫門 智日眼天王 得開示一
切諸天子受生善根俾無癡惑解脫門 自在光明天王 得開悟一切諸天眾令永斷種種疑
解脫門

註解 삼십 삼천의 우두머리가 되는 천왕 열 분의 서술과 아래는 석가인타라천왕의 게송이다. 모두 선근을 부지런히
키우시는 분들이다. 10지 중 제1지 환희지(歡喜地)의 해탈 경계를 이른다.

곧바로 석가인타라천왕이 부처님의 위신력을 받들어 삼십 삼천의 무리를 자세하게 두
루 살피고는 게송으로 말했다.
爾時 釋迦因陀羅天王 承佛威力 普觀一切三十三天眾而說頌言

我念三世一切佛 제가 생각해보니 삼세의 모든 부처님이
所有境界悉平等 가지신 모든 경계가 다 평등하고
如其國土壞與成 그 국토가 무너짐을 따라 이루어지는 일을
以佛威神皆得見 부처님의 위신력으로 모두 보게 되었다네.

佛身廣大徧十方 부처님의 몸은 광대해서 시방에 두루 하시고
妙色無比利群生 견줄 것이 없는 빼어난 색깔은 중생들을 이롭게 한다네.
光明照耀靡不及 밝은 빛으로 비춰주는 일이 미치지 않는 곳이 없으니
此道普稱能觀見 이 길은 보칭만음천왕이 자세하게 살펴보는 일이라네.

如來方便大慈海 여래의 방편으로서 큰 지혜의 바다는
往劫修行極淸淨 지난 세월의 수행으로 지극히 청정해서
化導眾生無有邊 중생을 가르치고 이끄는 일에 끝이 없다네.
寶髻天王斯悟了 이는 자목보계천왕이 깨달아 마친 일이라네.

我念法王功德海 생각해보건대 법왕의 공덕 바다가
世中最上無與等 세상 가운데 최상이라서 비길만한 일이 없고
發生廣大歡喜心 즐겁고 기뻐하는 광대한 마음을 생겨나게 한다네.

此寶光天之解脫 이는 보광당명칭천왕의 해탈문이라네.

佛知衆生善業海 부처님께서 중생의 선근 업의 바다(般若智海)를 아시고
種種勝因生大福 온갖 뛰어난 인연으로 큰 복을 내신다네.
皆令顯現無有餘 그리고 모두 다 드러내어 나타내고 남음이 없게 하시니
此喜髻天之所見 이는 발생희락계천왕이 본 일이라네.

諸佛出現於十方 모든 부처님이 시방세계에 출현하시고
普徧一切世閒中 널리 일체 세간 가운데 두루 계시면서
觀衆生心示調伏 중생의 마음을 자세하게 살피고 조복시킨다네.
正念天王悟斯道 이는 단정념천왕이 도를 깨우친 일이라네.

如來智身廣大眼 여래의 지혜로운 몸과 넓고 큰 눈은
世界微塵無不見 온 세계의 티끌들을 남김없이 보시며
如是普徧於十方 이와 같이(般若智) 시방세계 모든 곳에 두루 계신다네.
此雲音天之解脫 이는 운음천왕이 해탈한 일이라네.

一切佛子菩提行 일체 모든 불자의 보리행(般若智方便行)을
如來悉現毛孔中 여래가 털구멍 가운데에 남김없이 모두 밝게 나타낸다네.
如其無量皆具足 그와 같이 무량하게 모두 갖추시니
此念天王所明見 이는 성취염천왕이 밝게 본 일이라네.

世閒所有安樂事 세간에서의 여러 가지 편안하고 즐거운 일들은
一切皆由佛出生 일체 모든 것이 부처님으로 인하여 나는 것이니
如來功德勝無等 여래의 공덕이 뛰어나기에 같이 할 짝이 없다네.
此解脫處華王入 이는 정화광천왕이 들어간 해탈문이라네.

若念如來少功德 그와 같이 여래의 작은 공덕이라도 생각하고
乃至一念心專仰 그 공덕을 한 생각, 한마음으로 오로지 믿고 우러르면
諸惡道怖悉永除 모든 악한 도의 두려움을 모두 다 영원히 덜어서 없애버린다네.
智眼於此能深悟 이는 지일안천왕이 깊이 깨우친 일이라네.

寂滅法中大神通 적멸법(五蘊淸淨降伏其心) 가운데의 큰 신통으로
普應群心靡不周 중생의 마음에 응하여 두루 미치지 않는 이가 없으며
所有疑惑皆令斷 의심으로 인한 미혹함을 모두 다 끊게 하신다네.
此光明王之所得 이는 자재광명천왕이 얻는 일이라네.

　　신주행회향십지의 각각 10의 자리와 등각 금강혜 묘각의 3자리를 합한 53의 수보살행(修菩薩行) 차례(復次)를 따라 이르자면, 일천자는 밝은 빛이 시방세계의 모든 중생에게 두루 비춰주어서 앞으로 다가오는 세월이 다하도록 이롭게 하는 해탈문을 얻었고 광염안천자는 일체 모든 무리를 따르는 몸으로 중생의 깨우침을 열어 지혜로운 바다에 들게 하는 해탈문을 얻었으며, 수미광환희당천자는 일체 모든 중생의 주인이 되어서 끝이 없는 깨끗한 공덕을 부지런히 닦게 하는 해탈문을 얻었고 정보월천자는 일체 모든 고행을 마음 깊이 닦아서 매우 기뻐하고 즐거워하는 해탈문을 얻었으며, 용맹불퇴전천자는 막힘이나 걸림이 없는 밝은 빛으로 두루 비춰주어 일체 모든 중생이 매우 영험하고 밝은 정기를 늘게 해주는 해탈문을 얻었고 묘화영광천자는 깨끗한 밝은 빛으로 중생의 몸을 비추어 기뻐하고 즐거워하는 믿음의 마음과 이해를 나게 하는 바다 해탈문(般若智海)을 얻었으며, 최승당광명천자는 지혜의 밝은 빛이 널리 일체 세간을 비추어 모든 가지가지의 빼어난 공덕을 이루고 분명하게 하는 해탈문을 얻었고 보계보광명천자는 자비로운 큰 바다의 끝없는 경계와 모든 가지가지 색상의 보배를 드러내는 해탈문을 얻었으며, 광명안천자는 일체 모든 중생의 눈을 깨끗하게 다스려 법계장(如來智方便)을 보게 하는 해탈문을 얻었고 지덕천자는 청정함이 끊어지지 않게 나도록 하는 마음을 일으켜 잃어버리거나 무너지지 않는 해탈문을 얻었으며, 보운행광명천자는 태양의 궁전(如來智光明)을 시방의 일체 모든 중생에게 비추어 그들이 지어가는 일마다 모두 이루게 하는 해탈문을 얻었다.

　　復次 日天子 得淨光普照十方眾生盡未來劫常爲利益解脫門 光焰眼天子 得以一切隨類身開悟眾生令入智慧海解脫門 須彌光歡喜幢天子 得爲一切眾生主令勤修無邊淨功德解脫門 淨寶月天子 得修一切苦行深心歡喜解脫門 勇猛不退轉天子 得無礙光普照令一切眾生益其精爽解脫門 妙華纓光明天子 得淨光普照眾生身令生歡喜信解海解脫門 最勝幢光明天子 得光明普照一切世閒令成辨種種妙功德解脫門 寶髻普光明天子 得大悲海現無邊境界種種色相寶解脫門 光明眼天子 得淨治一切眾生眼令見法界藏解脫門 持德天子 得發生淸淨相續心令不失壞解脫門 普運行光明天子 得普運日宮殿照十方一切眾生令成就所作業解脫門

註解 일천자의 우두머리가 되는 천자 열 분의 서술과 아래는 일천자의 게송이다. 10 회향 중 제10 회향 법계무량회향의 해탈 경계를 이른다.

곧이어 일천자가 부처님의 위신력을 받아서 모든 일천자의 무리를 자세하게 두루 살피고 게송으로 말했다.

爾時 日天子 承佛威力 徧觀一切日天子衆而說頌言

如來廣大智慧光 여래의 광대한 지혜의 빛은

普照十方諸國土 시방의 모든 국토에 두루 비치어

一切衆生咸見佛 일체 모든 중생이 부처님을 보게 한다네.

種種調伏多方便 이는 가지가지로 조복시키는 많은 방편이라네.

如來色相無有邊 여래의 드러난 모양이나 상태는 끝닿는 데가 없으니

隨其所樂悉現身 좋아함을 따라 남김없이 그 몸을 나타내어서

普爲世間開智海 널리 세간을 위해 지혜의 바다(如來智海)를 여신다네.

焰眼如是觀於佛 광염안천자가 이와 같은(般若智) 눈으로 부처님을 두루 살펴보는 일이라네.

佛身無等無有比 부처님의 몸은 견줄만한 짝이 없고 비길만한 것이 없으며

光明照耀徧十方 밝은 빛을 널리 비춰 시방세계를 두루 빛나게 하시니

超過一切最無上 일체 모든 것을 뛰어넘어 제일이라 이 이상 위가 없다네.

如是法門歡喜得 이와 같은(般若智) 법문은 수미당환희천자가 얻은 일이라네.

爲利世間修苦行 세간의 이익을 위해 고통을 견디어내는 수행을 하면서

往來諸有無量劫 모든 세계에 오고 간 세월이 헤아릴 수 없는 겁 동안이라네.

光明徧淨如虛空 밝고 두루 청정한 빛이 허공과 같으니

寶月能知此方便 정보월천자가 능히 이 방편에 들어선 일이라네.

佛演妙音無障礙 부처님이 연설하는 빼어난 음성이 막힘이나 걸림 없이

普徧十方諸國土 시방의 모든 국토에 빠짐없이 두루 퍼지고

以法滋味益群生 법의 좋은 맛으로 중생에게 더욱 이익이 되도록 한다네.
勇猛能知此方便 이는 용맹불퇴전천자가 능히 알고 행하는 방편이라네.

放光明網不思議 생각으로 미루어 헤아릴 수 없는 밝은 빛(般若智)의 그물을 펼쳐서
普淨一切諸含識 일체 모든 중생을 두루 널리 청정하게 하고
悉使發生深信解 모두가 깊은 믿음과 이해를 일으켜서 나게 하시니
此華纓天所入門 이는 묘화영광명천자가 들어간 해탈문이라네.

世間所有諸光明 세간에 있는 모든 밝는 빛(識見)은
不及佛一毛孔光 부처님이 놓은 한 털구멍의 빛에도 미치지 못하니
佛光如是不思議 부처님의 빛은 이와 같아서(般若智) 생각이나 뜻으로 미루어 알 수 없다네.
此勝幢光之解脫 이는 최승당광명천자의 해탈문이라네.

一切諸佛法如是 일체 모든 부처님의 법은 이와 같아서(般若智)
悉坐菩提樹王下 반야 지혜를 갖추고 보리수나무 아래 앉아계시면서
令非道者住於道 도를 등진 자를 바른 도에 머물도록 이끄신다네.
寶髻光明如是見 이는 보계보광명천자가 이와 같음(般若智)을 보는 일이라네.

衆生盲闇愚癡苦 중생들이 눈이 멀어 어둡고 어리석으면서 못났기에 괴로워한다네.
佛欲令其生淨眼 부처님이 그들에게 맑고 깨끗한 눈을 나게 하려는
是故爲然智慧燈 까닭으로 부처님이 지혜의 등불을 밝히는 것이라네.
善目於此深觀察 이는 선목천자가 깊이 들여다보는 일이라네.

解脫方便自在尊 해탈하는 방편에 있어서 속박이나 장애가 없는 분을
若有曾見一供養 만일 누구라도 한 번 뵙고 공양을 올린 이는
悉使修行至於果 보살행을 닦아서 지극한 과(般若智)에 이르도록 한다네.
此是德天方便力 이는 지덕천자가 내는 방편의 힘이라네.

一法門中無量門 하나의 법문 가운데 헤아릴 수 없는 문을
無量千劫如是說 한량없는 천 겁을 통해 이와 같음을(般若智) 설하시니
所演法門廣大義 말씀하신 법문의 광대한 뜻을

普運光天之所了 보운행광명천자가 밝게 깨달아 마친 일이라네.

신주행회향십지의 각각 10의 자리와 등각 금강혜 묘각의 3자리를 합한 53의 수보살행 (修菩薩行) 차례(復次)를 따라 이르자면, 월천자는 깨끗하고 맑은 빛이 법계에 널리 비치어 중생을 거두어서 가르치고 이끄는 해탈문을 얻었고 화왕계광명천자는 모든 중생계를 자세하게 살펴서 들여다보고 모두가 끝없는 법에 들게 하는 해탈문을 얻었으며, 중묘정광천자는 일체 모든 중생의 마음 바다가 모든 가지가지의 속된 인연으로 인한 변화를 밝게 아는 해탈문을 얻었고 안락세산심천자는 일체 모든 중생에게 불가사의한 즐거움을 주고 이들이 기뻐하고 즐거워하면서 뛰게 하는 해탈문을 얻었으며, 수왕안광명천자는 농사를 짓는 것과 같이 종자, 싹, 줄기 등을 때를 따라 지키고 보호해서 성취하게 하는 해탈문을 얻었고 출현정광천자는 자비로운 마음으로 일체 모든 중생을 구하고 보호해서 고통을 받거나 즐거움을 받는 일을 바로 눈앞에서 보게 하는 해탈문을 얻었으며, 보유부동광천자는 능히 청정한 달을 가지고 시방세계에 널리 나타내는 해탈문을 얻었고 성숙왕자재천자는 일체 모든 법이 허깨비와 같고 허공과 같아서 드러낼 모양이나 상태가 없고 스스로 성품이라 할 만한 것이 없음을 열어 보이는 해탈문을 얻었으며, 정각월천자는 일체 모든 중생을 위해 큰 업의 씀씀이(善根의 業)를 일으키는 해탈문을 얻었고 대위덕광명천자는 온갖 의혹을 남김없이 끊어버리는 해탈문을 얻었다.

復次 月天子 得淨光普照法界攝化衆生解脫門 華王髻光明天子 得觀察一切衆生界令普入無邊法解脫門 衆妙淨光天子 得了知一切衆生心海種種攀緣轉解脫門 安樂世閒心天子 得與一切衆生不可思議樂令踊躍大歡喜解脫門 樹王眼光明天子 得如田家作業種芽莖等隨時守護令成就解脫門 出現淨光天子 得慈悲救護一切衆生令現見受苦受樂事解脫門 普遊不動光天子 得能持淸淨月普現十方解脫門 星宿王自在天子 得開示一切法如幻如虛空無相無自性解脫門 淨覺月天子 得普爲一切衆生起大業用解脫門 大威德光明天子 得普斷一切疑惑解脫門

註解 월궁전의 우두머리가 되는 천자 열 분의 서술과 아래는 월천자의 게송이다. 10 회향 중 제9 회향 무박해탈회향의 해탈 경계를 이른다.

바로 이때 월천자가 부처님의 위신력을 받들어 일체 모든 월궁전의 무리를 두루 자세하게 살피고 게송으로 말했다.

爾時 月天子 承佛威力 普觀一切月宮殿中諸天衆會而說頌言

佛放光明徧世間 부처님이 광명을 놓아 세간에 두루 하듯이
照耀十方諸國土 시방의 모든 국토를 밝게 비치어 빛나고
演不思議廣大法 생각으로 미루어 헤아릴 수 없이 많은 큰 법을 두루 펼치니
永破衆生癡惑暗 중생의 어리석은 미혹과 어둠을 영원히 지워버리신다네.

境界無邊無有盡 경계는 끝이 없고 다함이 없지만
於無量劫常開導 헤아릴 수 없는 오랜 겁을 두고 항상 이끌어서 통하게 하며
種種自在化群生 가지가지의 자재한 방편으로 중생들을 가르쳐서 이끄신다네.
華髻如是觀於佛 황왕계광명천자가 이와 같음(般若智方便)을 자세하게 살펴보는 일이라네.

衆生心海念念殊 중생들의 마음 바다는 생각할 때마다 달라지지만
佛智寬廣悉了知 부처님이 넓고 큰 지혜로 남김없이 모두 다 분명하게 깨달아 아시고
普爲說法令歡喜 이들에게 널리 법을 설하여 즐겁고 기쁘게 한다네.
此妙光明之解脫 이는 중묘정광천자의 해탈문이라네.

衆生無有聖安樂 중생에게는 성스럽다고 이를 수 있는 편안함과 즐거움이 없고
沈迷惡道受諸苦 악한 길에 빠져 헤매면서 모든 고통을 받는다네.
如來示彼法性門 때문에 여래께서 이들에게 법의 성품으로 들어가는 문을 보이시니
安樂思惟如是見 이는 안락세간심천자가 두루 생각하여 이와 같음(般若智)을 보는 일이
　　　　　　　　　라네.

如來希有大慈悲 여래가 세간에 있을 수 없는 큰 자비로
爲利衆生入諸有 중생의 이익을 위해 세상에 들어가시니
說法勸善令成就 선근으로 법(般若智法)을 설하여 이를 성취하게 하신다네.
此目光天所了知 이는 목광천자가 밝게 깨우쳐 아는 일이라네.

世尊開闡法光明 세존께서 법의 밝은 빛을 환하게 열어서
分別世間諸業性 세간에 따른 업의 성품을 분별하시고
善惡所行無失壞 선과 악을 행하는 일에 있어서 이로 인한 잃거나 무너지는 일이 없다네.
淨光見此生歡喜 이는 출현정광천자가 이를 보고 즐겁고 기뻐하는 일이라네.

佛爲一切福所依 부처님은 모든 복이 의지하는 바라네.

譬如大地持宮室 비유를 들자면 대지가 모든 궁전과 집을 유지 시키듯

巧示離憂安隱道 생각지도 않게 근심을 벗어나 편안하고 조용한 길을 보이신다네.

不動能知此方便 이는 보유부동광천자가 능히 알고 있는 방편이라네.

智火大明周法界 지혜의 불, 크고 밝은 빛이 법계에 두루 한 것은

現形無數等衆生 수 없는 형상으로 나타난 중생의 무리와 같다네.

普爲一切開眞實 널리 모든 이를 위해 진실한 법을 열어 보이시니

星宿王天悟斯道 이는 성숙왕자재천자가 깨달은 길이라네.

佛如虛空無自性 부처는 허공과 같아서 스스로 성품이 없지만

爲利衆生現世間 중생들의 이익을 위해 세간에 나오셨다네.

相好莊嚴如影像 부처와 중생이 서로 좋아하고 장엄하는 일이란 형상과 그림자 같다네.

淨覺天王如是見 이는 정각월천자가 이와 같음(般若智)을 보는 일이라네.

佛身毛孔普演音 부처님 몸 털구멍에서 두루 펼치는 소리가

法雲覆世悉無餘 법의 구름으로 온 세상을 빠짐없이 모두 덮으니

聽聞莫不生歡喜 듣는 이들 중에서 기뻐하지 않는 이가 없다네.

如是解脫光天悟 이와 같은(般若智) 해탈은 대위덕광명천자가 깨우치는 일이라네.

대방광불화엄경 제3권

1. 세주묘엄품 (3)
世主妙嚴品第一之三

신주행회향십지(信住行迴向十地)의 각각 10의 자리와 등각(等覺) 금강혜(金剛慧) 묘각(妙覺)의 3자리를 합한 53의 수보살행(修菩薩行) 차례(復次)를 따라 이르자면, 지국건달바왕은 속박이나 장애가 없는 방편으로 일체 모든 중생을 거두어 굳게 지켜주는 해탈문을 얻었고 수광건달바왕은 일체 모든 공덕 장엄을 두루 보는 해탈문을 얻었으며, 정목건달바왕은 일체 모든 중생의 근심과 고통을 영원히 끊어버리고 즐거우면서 기쁨을 낳게 하는 해탈문을 얻었고 화관건달바왕은 일체 모든 중생의 삿된 견해나 의혹을 영원히 끊어내는 해탈문을 얻었으며, 희보보음건달바왕은 구름을 두루 펼치는 것과 같이 일체 모든 중생을 남김없이 덮어서 윤택하게 하는 해탈문을 얻었고 낙요동미목건달바왕은 넓고 크면서 매우 좋은 몸을 나타내어 모든 중생이 편안함과 즐거움을 확실하게 얻게 하는 해탈문을 얻었으며, 묘음사자당건달바왕은 시방세계에 이름을 가지고 크게 소문난 보배를 널리 풀어놓는 해탈문을 얻었고 보방보광명건달바왕은 일체 모든 것이 크게 즐거워하고 기뻐하는 광명으로 청정한 몸을 드러내어 나타내는 해탈문을 얻었으며, 금강수화당건달바왕은 모든 나무를 널리 성하게 잘 키워서 보는 이들이 즐거워하고 기쁘게 하는 해탈문을 얻었고 보현장엄건달바왕은 선근(善根)으로 모든 부처님의 경계에 들어가서 중생과 더불어 편안함과 즐거움을 주는 해탈문을 얻었다.

復次 持國乾闥婆王 得自在方便攝一切衆生解脫門 樹光乾闥婆王 得普見一切功德莊嚴解脫門 淨目乾闥婆王 得永斷一切衆生憂苦出生歡喜藏解脫門 華冠乾闥婆王 得永斷一切衆生邪見惑解脫門 喜步普音乾闥婆王 得如雲廣布普蔭澤一切衆生解脫門 樂搖動美目乾闥婆王 得現廣大妙好身令一切獲安樂解脫門 妙音師子幢乾闥婆王 得普散十方一切大名稱寶解脫門 普放寶光明乾闥婆王 得現一切大歡喜光明淸淨身解脫門 金剛樹華幢乾闥婆王 得普滋榮一切樹令見者歡喜解脫門 普現莊嚴乾闥婆王 得善入一切佛境界與衆生安樂解脫門

註解 건달바왕의 우두머리가 되는 왕 열 분의 서술과 아래는 지국건달바왕의 게송이다. 10 회향 중 제8 회향 진여상 회향의 해탈 경계를 이른다.

바로 그때 지국건달바왕이 부처님의 위신력을 받들어 모든 건달바의 무리를 자세하게 두루 살펴보고는 게송으로 말했다.

爾時 持國乾闥婆王 承佛威力 普觀一切乾闥婆衆 而說頌言

諸佛境界無量門 모든 부처님의 경계는 그 문이 헤아릴 수 없이 많지만
一切衆生莫能入 모든 중생은 들어갈 수 없다네.
善逝如空性淸淨 선근(善根)으로 앞선 분들의 공과 같은 청정한 성품이
普爲世間開正道 널리 세간을 위해 바른길을 여신다네.

如來一一毛孔中 여래의 제각각 하나하나의 털구멍 가운데
功德大海皆充滿 공덕의 큰 바다(般若智方便海)가 모두 가득 차 있다네.
一切世間咸利樂 모든 세간에 이익이 되게 하고 즐겁게 하니
此樹光王所能見 이는 수광건달바왕이 능히 보는 일이라네.

世間廣大憂苦海 세간의 크고 넓은 고통의 바다를
佛能消竭悉無餘 부처님이 남김없이 말려 없애서 남은 것이 없게 한다네.
如來慈愍多方便 이렇듯 여래가 가엾이 여기는 자비로운 많은 방편은
淨目於此能深解 정목건달바왕이 이(般若智方便)를 깊게 이해하고 있는 일이라네.

十方刹海無有邊 시방세계의 시작점 없는 바다는 끝이 없지만
佛以智光咸照耀 부처님의 밝은 지혜의 빛으로 모두 비추어
普使滌除邪惡見 삿되고 악한 견해를 씻어서 없애버린다네.
此樹光王所入門 이는 수화건달바왕이 들어간 해탈문이라네.

佛於往昔無量劫 부처님이 지난 옛적 헤아릴 수 없는 세월 동안
修習大慈方便行 큰 자비의 방편 행을 닦고 익혀서
一切世間咸慰安 세간의 모든 중생을 위로하고 편안하게 하시니
此道普音能悟入 이 길은 희보보음건달바왕이 능히 깨우쳐 들어간 해탈문이라네.

佛身淸淨皆樂見 부처님의 청정한 몸은 모두 다 보기에 좋아서
能生世間無盡樂 세간에 다함이 없을 만큼 많은 즐거움을 주시며

解脫因果次第成 해탈하는 원인과 결과를 차례를 따라 이루게 하신다네.
美目於斯善開示 이는 낙요동미목건달바왕이 선근(不立五蘊.般若智)으로 열어 보이는 일이라네.

衆生迷惑常流轉 중생이 미혹하여 항상 정신없이 헤매고
愚癡障蓋極堅密 이러한 어리석음이 장애가 되어 지극히 견고하게 덮고 있다네.
如來爲說廣大法 여래께서 넓고 큰 법을 설해주시니
師子幢王能演暢 이는 묘음사자당건달바왕이 능히 법을 펼쳐서 설하는 일이라네.

如來普現妙色身 여래가 두루두루 빼어난 색신(般若智身)을 나타내시니
無量差別等衆生 헤아릴 수 없이 차별한 몸이 중생과 가지런하다네.
種種方便照世間 온갖 방편으로 세간을 위해 빛을 비추어주시니
普放寶光如是見 보방보광명건달바왕이 이와 같이(般若智)로 보는 일이라네.

大智方便無量門 큰 지혜의 방편 문(如來智方便)은 헤아릴 수 없이 많다네.
佛爲群生普開闡 부처님이 못난 중생을 위해 두루 밝게 열어서
入勝菩提眞實行 뛰어난 보리(般若智)의 진실한 행으로 들어가게 하신다네.
此金剛幢善觀察 이는 금강수화당건달바왕이 선근으로 자세하게 보는 일이라네.

一刹那中百千劫 한 찰나 가운데 백천 겁이라도
佛力能現無所動 부처님의 힘으로 전혀 동요하지 않는 바를 나타내어
等以安樂施群生 중생들에게 차별 없이 편안함과 즐거움을 주신다네.
此樂莊嚴之解脫 이는 보현장엄건달바왕의 해탈문이라네.

신주행회향십지(信住行迴向十地)의 각각 10의 자리와 등각 금강혜 묘각의 3자리를 합한 53의 수보살행 차례(復次)를 따라 이르자면, 증장구반다왕은 일체 모든 원수로부터 받는 피해, 이 피해를 없애는 힘의 해탈문을 얻었고 용주구반다왕은 끝없이 행하는 문을 닦아 익히는 바다 해탈문을 얻었으며, 장엄당구반다왕은 일체 모든 중생이 마음으로 즐거워할 줄을 아는 해탈문을 얻었고 요익행구반다왕은 청정하고 큰 광명으로 지어가는 업을 널리 성취하게 하는 해탈문을 얻었으며, 가포외구반다왕은 일체 모든 중생에게 편안하

고 고요하며 두려워하지 않는 길을 열어 보이는 해탈문을 얻었고 묘장엄구반다왕은 모든 중생이 빠져버린 애욕의 바다를 말려버리는 해탈문을 얻었으며, 고봉혜구반다왕은 널리 또 여러 방향으로 향하는 밝은 빛의 구름을 나타내는 해탈문을 얻었고 용건비구반다왕은 널리 광명을 놓아 산같이 무거운 업장을 소멸하는 해탈문을 얻었으며, 무변정화안구반다왕은 물러서지 않는 큰 자비의 장(如來智方便)을 열어 보이는 해탈문을 얻었고 광대면구반다왕은 여러 방향으로 치닫고 돌아다니는 몸을 두루 나타내는 해탈문을 얻었다.

　復次 增長鳩槃茶王 得滅一切怨害力解脫門 龍主鳩槃茶王 得修習無邊行門海解脫門 莊嚴幢鳩槃茶王 得知一切衆生心所樂解脫門 饒益行鳩槃茶王 得普成就淸淨大光明所作業解脫門 可怖畏鳩槃茶王 得皆是一切衆生安隱無畏道解脫門 妙莊嚴鳩槃茶王 得消竭一切衆生愛欲海解脫門 高峯慧鳩槃茶王 得普現諸趣光明雲解脫門 勇健臂鳩槃茶王 得普放光明滅如山重障解脫門 無邊淨華眼鳩槃茶王 得開示不退轉大悲藏解脫門 廣大面鳩槃茶王 得普現諸趣流轉身解脫門

註解 구반다왕의 우두머리가 되는 왕 열 분의 서술과 아래는 증장구반다왕의 게송이다. 10 회향 중 제7 회향 수순등관중생회향의 해탈 경계를 이른다.

이때 증장구반다왕이 부처님의 위신력을 받들어 구반다의 무리를 두루 자세히 살펴보고는 게송으로 말했다.
　爾時 增長鳩槃茶王 承佛威力 普觀一切鳩槃茶衆 而說頌言

成就忍力世導師 참고 견디어내는 힘을 성취한 세간의 도사는
於物修行無量劫 중생을 위해 헤아릴 수 없는 겁의 세월 동안 수행해서
永離世間憍慢惑 세간에서의 교만함과 의심을 영원히 벗어난다네.
是故其身最嚴淨 이러한 까닭으로 그 몸이 가장 깨끗하고 단정하다네.

佛昔普修諸行海 부처님이 지난 옛적에 모든 행의 바다를 두루 닦고
教化十方無量衆 시방의 헤아릴 수 없는 중생을 가르치고 바른길로 이끄시며
種種方便利群生 가지가지의 방편으로 중생들에게 이익이 되도록 하신다네.
此解脫門龍主得 이는 용주구반다왕이 얻는 일이라네.

佛以大智救衆生 부처님이 큰 지혜로 중생을 구하면서

莫不明了知其心 그 마음을 분명하게 또 밝게 모두 알고

種種自在而調伏 막힘이나 걸림 없는 가지가지의 방편으로 조복시킨다네.

嚴幢見此生歡喜 이는 장엄당구반다왕이 이를 보고 환희를 내는 일이라네.

神通應現如光影 신통한 힘으로 응하여 나타내는 일이 빛의 그림자와 같고

法輪眞實同虛空 법륜의 진실함이 허공과 다르지 않다네.

如是處世無央劫 이와 같이(般若智) 세상에 처하기를 시작점 없는 가운데의 겁이라네.

此饒益王之所證 이는 요익행구반다왕이 증득한 해탈문이라네.

衆生癡翳常蒙惑 중생은 어리석음으로 인하여 늘 의혹에 휩싸인다네.

佛光照現安隱道 부처님이 밝은 빛을 비추어 편안한 길을 드러내 주고

爲作救護令除苦 늘 의혹에 휩싸인 이들을 구하고 보호해서 괴로움을 없애주시니

可畏能觀此法門 이는 가포외구반다왕이 이 법의 문을 자세하게 살펴보는 일이라네.

欲海漂淪具衆苦 욕망의 바다에 빠져 괴로워하는 중생의 모든 고통을

智光普照滅無餘 지혜의 밝은 빛으로 널리 비치어 남김없이 없애버리고

旣除苦已爲說法 이미 제거된 괴로움에 대해서 중생들을 위해 법을 설하신다네.

此妙莊嚴之所悟 이는 묘장엄구반다왕이 깨달은 바라네.

佛身普應無不見 부처님이 널리 응하여 나타내는 몸을 못 보는 이가 없다네.

種種方便化群生 가지가지의 방편으로 중생을 가르치고 이끄시니

音如雷震雨法雨 그 음성이 천둥과 벼락과 같은 법 비를 내리신다네.

如是法門高慧入 이와 같은(般若智) 법의 문으로 고봉혜구반다왕이 들어간 일이라네.

淸淨光明不唐發 맑고 깨끗한 밝은 빛은 헛되게 빛나는 것이 아니라네.

若遇必令消重障 그와 같음을 만나게 되면 반드시 무거운 업장을 없애게 되고

演佛功德無有邊 밝게 통하는 부처님의 공덕이란 끝이 없음을 알 것이라네.

勇臂能明此深理 용건비구반다왕의 능력으로서 이 깊은 이치를 밝히는 일이라네.

爲欲安樂諸衆生 모든 중생을 편안하고 즐겁게 하려고

修習大悲無量劫 큰 자비를 닦아서 익히기를 헤아릴 수 없는 겁 동안이라네.

種種方便除衆苦 가지가지의 방편으로 중생의 괴로움을 없애주시니

如是淨華之所見 이와 같음(般若智)을 무변장화구반다왕이 보는 일이라네.

神通自在不思議 막힘이나 걸림 없는 신통 변화는 생각으로 알 수 없는 일이라네.

其身普現徧十方 그 몸을 시방세계에 널리 드러내기는 하지만

而於一切無來去 일체 오고 가시는 일이 없다네.

此廣面王心所了 이는 광대면구반다왕이 마음으로 분명하게 깨우치고 마친 일이라네.

신주행회향십지의 각각 10의 자리와 등각 금강혜 묘각의 3자리를 합한 53의 수보살행(修菩薩行) 차례(復次)를 따라 이르자면, 비루박차용왕은 일체 모든 용의 무리가 불길처럼 성하게 일어나는 고통을 소멸시키는 해탈문을 얻었고 사갈라용왕은 일념 가운데 스스로 몸을 변화시켜서 헤아릴 수 없는 중생의 몸으로 나타내는 해탈문을 얻었으며, 운음당용왕은 일체 모든 무리 가운데서 청정한 음성으로 끝이 없는 부처님의 명호를 설하는 바다 해탈문을 얻었고 염구용왕은 끝없는 부처님의 세계가 세워지는 차별을 두루 나타내는 해탈문을 얻었으며, 염용왕은 모든 중생의 성내고 어리석은 번뇌를 여래께서 가엾이 여기고 이를 없애주는 해탈문을 얻었고 운당용왕은 일체 모든 중생이 크게 기뻐하고 즐거워하는 복덕의 바다를 열어서 보여주는 해탈문을 얻었으며, 덕차가용왕은 청정하게 구하고 보호하는 음성으로 일체 모든 공포를 남김없이 없애는 해탈문을 얻었고 무변보용왕은 일체 모든 부처님의 색신과 머무는 겁의 차례를 나타내는 해탈문을 얻었으며, 청정색속질용왕은 모든 중생이 크게 사랑하고 기뻐하는 바다를 낳게 하는 해탈문을 얻었고 보행대음용왕은 일체 모든 것에 평등하고 뜻에 맞으며, 막힘이나 걸림이 없는 음성을 드러내어 나타내는 해탈문을 얻었으며, 무열뇌용왕은 두루 덮은 큰 자비의 구름으로 모든 세간의 괴로움을 남김없이 없애는 해탈문을 얻었다.

復次 毘樓博叉龍王 得消滅一切諸龍趣熾然苦解脫門 娑竭羅龍王 得一念中轉自龍形示現無量衆生身解脫門 雲音幢龍王 得於一切諸有趣中以淸淨音說佛無邊名號海解脫門 焰口龍王 得普現無邊佛世界建立差別解脫門 焰龍王 得一切衆生瞋癡蓋纏如來慈愍令除滅解脫門 雲幢龍王 得開示一切衆生大喜樂福德海解脫門 德叉迦龍王 得以淸淨救護音滅除一切怖畏解脫門 無邊步龍王 得示現一切佛色身及住劫次第解脫門 淸淨色速疾龍王 得出生一切衆生大愛樂歡喜海解脫門 普行大音龍王 得示現一切平等悅意無礙音解脫門 無熱惱龍王 得以大悲普覆雲滅一切世間苦解脫門

註解 용왕의 우두머리가 되는 왕 열 분의 서술과 아래는 비루박차용왕의 게송이다. 10 회향 중 제6 회향 수순평등회
향의 해탈 경계를 이른다.

곧바로 비루박차용왕이 부처님의 위신력을 받들어 모든 용왕의 무리를 두루 살펴보고
는 게송으로써 말했다.
爾時 毘樓博叉龍王 承佛威力 普觀一切諸龍衆已 而說頌言

汝觀如來法常爾 자네는 자세히 보라. 여래의 법은 항상 때를 가리지 않고
一切衆生咸利益 모든 중생에게 이익이 되게 하려는 것이니
能以大慈哀愍力 가엾이 여기는 큰 자비로
拔彼畏塗淪墮者 힘든 흙탕길이나 깊은 물에 빠진 이들을 구원한다네.

一切衆生種種別 모든 중생은 가지가지로 서로가 다르지만
於一毛端皆示現 하나의 털끝에 모두 다 드러내어 나타내시며
神通變化滿世間 신통한 변화로 온 세간을 가득 채우신다네.
娑竭如是觀於佛 이는 사갈라용왕이 이와 같음(般若智)으로 부처님을 관하는 일이라네.

佛以神通無限力 부처님이 무한한 신통의 힘으로
廣演名號等衆生 널리 명호를 설하시는 것은 중생을 동등하게 여기고
隨其所樂普使聞 그 즐거워하는 바를 따라 듣게 하는 것이라네.
如是雲音能悟解 이와 같음(般若智)을 운음당용왕이 깨달아 아는 일이라네.

無量無邊國土衆 헤아릴 수 없고 끝이 없는 국토의 중생을
佛能令入一毛孔 부처님이 한 털구멍 속에 넣고서
如來安坐彼會中 저 모임 가운데(菩提心中) 여래께서는 편안하게 앉아계신다네.
此焰口龍之所見 이는 염구용왕이 보는 일이라네.

一切衆生瞋恚心 모든 중생이 눈을 부릅뜨고 성내는 마음은
纏蓋愚癡深若海 우매하고 어리석은 번뇌로서 깊은 바다와 같다네.
如來慈愍皆滅除 여래께서 큰 자비로 가엾게 여기고 모두 없애준다네.
焰龍觀此能明見 이러한 일들을 밝게 보는 염용왕 이라네.

一切衆生福德力 모든 중생의 복덕에 따른 힘을
佛毛孔中皆顯現 부처님의 털구멍 가운데에 남김없이 다 드러내시고
現已令歸大福海 중생들이 큰 복의 바다로 돌아가게 한다네.
此高雲幢之所觀 이는 고운당용왕이 자세하게 살펴보는 일이라네.

佛身毛孔發智光 부처님의 털구멍 가운데서 밝은 빛을 발하여
其光處處演妙音 그 빛이 이르는 곳곳마다 빼어난 음성으로 법을 널리 펴시니
衆生聞者除憂畏 중생들 가운데 듣는 자는 걱정이나 두려움에서 벗어난다네.
德叉迦龍悟斯道 이는 덕차가용왕이 깨우친 길이라네.

三世一切諸如來 삼세의 일체 모든 여래와
國土莊嚴劫次第 국토를 장엄하는 겁의 차례를
如是皆於佛身現 이와 같음으로 모두 다 부처님의 몸에 나타낸다네.
廣步見此神通力 이는 무변보용왕이 보는 신통력이라네.

我觀如來往昔行 내가 여래의 지난 옛적 수행한 바를 자세히 살펴보니
供養一切諸佛海 일체 모든 부처의 바다를 공양하시고
於彼咸增喜樂心 기쁘고 즐거운 마음으로 여래지 방편 세계를 늘게 하였다네.
此速疾龍之所入 이는 청정색속질용왕이 들어간 해탈문이라네.

佛以方便隨類音 부처님이 방편으로 모든 중생의 소리를 따라
爲衆說法令歡喜 중생을 위해 법을 설하여 그들을 기쁘게 하니
其音淸雅衆所悅 그 맑고 청아한 소리를 모든 대중이 기뻐하며 따른다네.
普行聞此心欣悟 이는 보행대음용왕이 마음으로 기뻐하고 깨우친 해탈문이라네.

衆生逼迫諸有中 중생들이 세상에서 핍박을 받고
業惑漂轉無人救 업에 따른 의혹에 떠돌고 굴러 넘어지더라도 구하는 이가 없다네.
佛以大悲令解脫 부처님이 큰 자비로 모두를 해탈하게 하시니
無熱大龍能悟此 이는 무열대용왕이 능히 깨우친 일이라네.

신주행회향십지의 각각 10의 자리와 등각 금강혜 묘각의 3자리를 합한 53의 수보살행 차례(復次)를 따라 이르자면, 비사문야차왕은 끝닿는 데가 없는 방편으로 여러 패의 악한 갈래에서 중생을 구하고 보호하는 해탈문을 얻었고 자재음야차왕은 중생들을 자세하게 두루 살펴보고 방편으로 구하고 보호하는 해탈문을 얻었으며, 엄지기장야차왕은 일체 여위고 추악한 중생들을 도와주고 또 이롭게 하는 해탈문을 얻었고 대지혜야차왕은 모든 성인의 공덕 바다를 칭찬하고 기리는 해탈문을 얻었으며, 염안주야차왕은 모든 중생을 두루 자세하게 살펴보는 큰 자비와 지혜의 해탈문을 얻었고 금강안야차왕은 가지가지의 방편으로 모든 중생에게 이익이 되고 또 편안하면서 즐겁게 하는 해탈문을 얻었으며, 용건비야차왕은 일체 모든 법과 바른 이치에 들어가는 해탈문을 얻었고 용적대군야차왕은 모든 중생을 지키고 보호해서 도에 머물게 하고 헛되이 보내는 일이 없도록 하는 해탈문을 얻었으며, 부재야차왕은 모든 중생의 복덕을 모아서 더욱 늘게 하고 항상 기쁨과 즐거움을 받게 하는 해탈문을 얻었고 역괴고산야차왕은 단단하게 기억하고 잊지 않은 생각을 따라 부처님의 힘과 지혜의 밝은 빛을 발하는 해탈문을 얻었다.

復次 毘沙門夜叉王 得以無邊方便救護惡衆生解脫門 自在音夜叉王 得普觀察衆生方便救護解脫門 嚴持器仗夜叉王 得能資益一切甚羸惡衆生解脫門 大智慧夜叉王 得偁揚一切聖功德海解脫門 焰眼主夜叉王 得普觀察一切衆生大悲智解脫門 金剛眼夜叉王 得種種方便利益安樂一切衆生解脫門 勇健臂夜叉王 得普入一切諸法義解脫門 勇敵大軍夜叉王 得守護一切衆生令住於道無空過者解脫門 富財夜叉王 得增長一切衆生福德聚令恒受快樂解脫門 力壞高山夜叉王 得隨順憶念出生佛力智光明解脫門

註解 야차왕의 우두머리가 되는 왕 열 분의 서술과 아래는 비사문야차왕의 게송이다. 10 회향 중 제5 회향 무진공덕 장회향의 해탈 경계를 이른다.

이때 비사문야차왕이 부처님의 위신력을 받들어 모든 야차의 무리를 자세하게 두루 살펴보고 게송으로 말했다.

爾時 多聞大夜叉王 承佛威力 普觀一切夜叉衆會 而說頌言

衆生罪惡深可怖 중생들의 죄악은 매우 두려운 일이라네.
於百千劫不見佛 시작점 없는 백천 겁을 보내도 부처님은 보지 못하고
漂流生死受衆苦 생사에 얽매여 많은 고통을 받는다네.

爲救是等佛興世 이들을 구하기 위해 부처님이 세상에 출현한 것이라네.

如來救護諸世間 여래가 모든 세간을 구하고 보호하기 위해
悉現一切衆生前 모든 중생 앞에 나타나
息彼畏塗輪轉苦 진창에서 굴러다니는 두려운 고통을 쉬게 하시니
如是法門音主入 이와 같은 (般若智) 법의 문은 자재음야차왕이 들어가는 해탈문이라네.

衆生惡業爲重障 중생의 악업은 막힘이나 걸림이 되는 무거운 짐이 되기에
佛示妙理令開解 부처님이 빼어난 이치로 열어서 이해가 가도록 보여주시니
譬以明燈照世間 비유하자면 밝은 등불로 온 세간을 비춰주는 것이라네.
此法嚴仗能觀見 이 법은 엄지기장야차왕이 자세하게 살펴보는 일이라네.

佛昔劫海修諸行 부처님이 시작점 없는 오랜 옛적부터 수행하실 때
備讚十方一切佛 시방세계의 모든 부처님이 칭찬하시니
故有高遠大名聞 이러한 까닭으로 높고 큰 이름이 멀리 퍼진 것이라네.
此智慧王之所了 이는 대지혜야차왕이 깨달아 마친 일이라네.

智慧如空無有邊 지혜는 공과 같아서 끝닿는 데가 없고
法身廣大不思議 법신은 광대해서 생각으로는 미루어 헤아려 알 수가 없다네.
是故十方皆出現 이러한 까닭으로 시방세계에 빠짐없이 다 나타나는 것이라네.
焰目於此能觀察 이는 염안주야차왕이 자세하게 살펴보는 능력이라네.

一切趣中演妙音 모든 향해 나아가는 가운데 빼어난 소리로 널리 펴니
說法利益諸群生 법을 설하여 모든 중생에게 이익을 주는 것이라네.
其聲所曁衆苦滅 그 음성이 영향을 미쳐 많은 이들의 고통을 없애는 것이니
入此方便金剛眼 이는 금강안야차왕이 들어간 방편이라네.

一切甚深廣大義 매우 깊고도 광대한 모든 법의 뜻을
如來一句能演說 여래는 이를 한 구절로 널리 펴서 설하신다네.
如是敎理等世間 이와 같은 (般若智) 가르침의 이치나 원리가 세간과 다르지 않으니
勇健慧王之所悟 이는 용건혜야차왕이 깨달아 얻는 바라네.

一切衆生住邪道 모든 중생이 다 삿된 도에 머무는 것을
佛示正道不思議 부처님이 생각으로 헤아려 알 수 없는 바른길을 보여서
普使世間成法器 세간의 중생들이 두루 수행할 수 있는 그릇을 이루게 하신다네.
此勇敵軍能悟解 이는 용적대군야차왕이 깨우쳐 들어간 해탈문이라네.

世間所有衆福業 세간에 있는 모든 복의 업은
一切皆由佛光照 일체가 다 부처님이 비춰주는 빛에 인연 한다네.
佛智慧海難測量 부처님의 지혜 바다는 생각으로 헤아려 알기 어려운 것이니
如是富財之解脫 이와 같음(般若智)은 부재야차왕이 해탈하는 일이라네.

憶念往劫無央數 옛 기억을 더듬어 생각하니 시작점 없는 겁은 끝이 없거늘
佛於是中修十力 부처님이 그 가운데서 열 가지의 힘을 닦아
能令諸力皆圓滿 모든 힘을 다 모나지 않고 두루 너그럽게 하신다네.
此高幢王所了知 이는 고당야차왕이 깨달아 알고 마친 일이라네.

　신주행회향십지의 각각 10의 자리와 등각 금강혜 묘각의 3자리를 합한 53의 수보살행 (修菩薩行) 차례(復次)를 따라 이르자면, 선혜마후라가 왕은 모든 신통한 방편으로 중생들이 공덕을 모으게 하는 해탈문을 얻었고 정위음마후라가 왕은 모든 중생이 모든 번뇌를 없애고 청량하면서 기쁘고 즐거워함을 얻게 하는 해탈문을 얻었으며, 승혜장엄계마후라가 왕은 모든 선근과 선근이 아닌 것을 생각으로만 깨우친 중생들을 청정한 법으로 들어가게 하는 해탈문을 얻었고 묘목주마후라가 왕은 집착이 없는 온갖 복덕이 자재하고 평등한 모양이나 상태를 분명하게 알아서 통달하는 해탈문을 얻었으며, 등당마후라가 왕은 모든 중생에게 다 열어 보여서 캄캄하고 어려운 무서운 길을 여의게 하는 해탈문을 얻었고 최승광명당마후라가 왕은 모든 부처님의 공덕을 분명하게 알고 기쁨을 나게 하는 해탈문을 얻었으며, 사자억마후라가 왕은 용맹한 힘으로 일체 모든 중생을 구하고 보호하는 일에 있어서 주인이 되는 자리의 해탈문을 얻었고 중묘장엄음마후라가 왕은 모든 중생이 잊지 않고 기억하는 생각을 따라 끝이 없는 즐거움을 낳게 하는 해탈문을 얻었으며, 수미억마후라가 왕은 일체 모든 속된 인연에 움직이지 않고 저 언덕에 이르러 만족하게 하는 해탈문을 얻었고 가애락광명마후라가 왕은 모든 불평등한 중생에게 평등한 도를 열어서 보여주는 해탈문을 얻었다.

復次 善慧摩睺羅迦王 得以一切神通方便令衆生集功德解脫門 淨威音摩睺羅迦王 得使一切衆生諸煩惱得淸涼悅樂解脫門 勝慧莊嚴髻摩睺羅迦王 得普使一切善不善思覺衆生入淸淨法海脫門 妙目主摩睺羅迦王 得了達一切無所著福德自在平等相解脫門 燈幢摩睺羅迦王 得開示一切衆生令難黑闇怖畏道解脫門 最勝光明幢摩睺羅迦王 得了知一切佛功德生歡喜解脫門 師子臆摩睺羅迦王 得勇猛力爲一切衆生救護主解脫門 衆妙莊嚴音摩睺羅迦王 得令一切衆生隨憶念生無邊喜樂解脫門 須彌臆摩睺羅迦王 得於一切所緣決定不動到彼岸滿足解脫門 可愛樂光明摩睺羅迦王 得爲一切不平等衆生開示平等道解脫門

註解 마후라가 왕의 우두머리가 되는 왕 열 분의 서술과 아래는 선혜위광마후라가 왕의 게송이다. 10 회향 중 제4 회향 지일체처회향의 해탈 경계를 이른다.

이때 선혜위광마후라가 왕이 부처님의 위신력을 받들어 모든 마후라가의 무리를 두루 자세하게 살펴보고 게송으로 말했다.
爾時 善慧威光摩睺羅迦王 承佛威力 普觀一切摩睺羅迦衆 而說頌言

汝觀如來性淸淨 자네들은 자세하게 보라. 여래의 성품은 청정하고
普現威光利群品 위엄 있는 밝은 빛을 두루 나타내어 중생을 이롭게 하며
示甘露道使淸涼 감로의 도를 보여서 이들에게 맑고 서늘한 맛을 보게 하니
衆苦永滅無所依 모든 괴로움을 영원히 없애서 의지할 곳을 드러낸다네.

一切衆生居有海 모든 중생이 고통스러운 바다에 살면서
諸惡業惑自纏覆 모든 악업과 번뇌를 덮어쓰고 있다네.
示彼所行寂靜法 이들에게 행할 바 적정한 법(不立五蘊)을 보이시니
離塵威音能善了 이는 이진위음마후라가 왕이 선근을 분명하게 깨달아 알고 마친 일이라네.

佛智無等叵思議 부처님의 지혜는 같이 할 짝이 없고 생각과 뜻으로는 알기가 불가능하다네.
知衆生心無不盡 중생의 마음을 아는 일에 있어서 다함이 없으시며
爲彼闡明淸淨法 중생들을 위하여 청정한 법을 밝게 여신다네.
如是嚴髻心能悟 이와 같음(般若智)을 승혜엄계마후라가 왕이 마음으로 깨달아 얻는 일이라네.

無量諸佛現世間 헤아릴 수 없이 많은 부처님이 세간에 나타나
普爲衆生作福田 중생들을 위하여 복 밭(般若智方便)을 지으시니
福海廣大深難測 광대한 복 바다(如來智方便)의 깊이는 헤아리기가 매우 어렵다네.
妙目大王矣悉見 이를 묘목주마후라가 왕이 남김없이 다 보는 일이라네.

一切衆生憂畏苦 모든 중생의 근심과 두려움과 고통을
佛普現前而救護 부처님이 앞장서서 구하고 보호하는 일이
法界虛空靡不周 법계와 또 허공에 빠짐없이 가득 차 있다네.
此是燈幢所行境 이는 등당마후라가 왕이 행하는 곳의 경계라네.

佛一毛孔諸功德 부처님의 한 털구멍에 있는 모든 공덕을
世間共度不能了 온 세간이 함께 헤아려도 분명하게 알 수가 없는 일이니
無邊無盡同虛空 끝이 없고 다함이 없어서 허공과 같다네.
如是廣大光幢見 이와 같음(般若智)을 최승광명당마후라가 왕이 보는 일이라네.

如來通達一切法 여래께서 모든 법(如來方便智)을 통달하시고
於彼法性皆明照 저 법의 성품(般若智性)을 모두 밝게 비치며
如須彌山不傾動 수미산과 같이 움직이지 않는 것과 같다네.
入此法門師子臆 사자억마후라가 왕이 이 법의 문으로 들어가는 일이라네.

佛於往昔廣大劫 부처님이 지난 옛적 시작점 없는 광대한 세월 동안
集歡喜海深無盡 모아놓은 즐겁고 기쁨에 찬 바다(如來智海)가 깊고 다함이 없다네.
是故見者靡不欣 이러한 까닭으로 보는 이마다 기쁜 마음으로 받아들이니
此法嚴音之所入 이 법은 중묘장엄음마후라가 왕이 들어가는 해탈문이라네.

了知法界無形相 법계란 마주 대할 모양이나 상태가 없음을 분명하게 알고
波羅蜜海悉圓滿 바라밀의 바다(如來智海)가 남김없이 다 원만하며
大光普救諸衆生 큰 빛으로 모든 중생을 널리 구하시니
山臆能知此方便 이 방편은 산억마후라가 왕이 아는 일이라네.

汝觀如來自在力 자네는 여래의 속박이나 장애 없이 마음대로인 힘을 보라.

十方降現罔不均 시방세계에 빠지는 곳 없이 골고루 출현해서
一切衆生咸照悟 모든 중생을 다 비추어 깨우침을 얻게 한다네.
此妙光明能善入 이는 묘광명마후라가왕이 선근(般若智方便)을 가지고 들어간 곳이라네.

신주행회향십지의 각각 10의 자리와 등각 금강혜 묘각의 3자리를 합한 53의 수보살행 (修菩薩行) 차례(復次)를 따라 이르자면, 선혜광명천긴나라 왕은 모든 즐거운 업을 널리 내게 하는 해탈문을 얻었고 묘화당긴나라 왕은 더할 나위 없이 위 없는 법의 기쁨을 내 게 하여 모두가 편안함과 즐거움을 받게 하는 해탈문을 얻었으며, 종종장엄긴나라 왕은 모든 공덕이 흡족하고 광대하며 청정한 믿음과 이해를 내게 하는 장(般若智方便藏) 해탈 문을 얻었고 열의후성긴나라 왕은 듣기 편안한 기쁜 소리를 내어 듣는 이들이 항상 근심 과 공포에서 벗어나게 하는 해탈문을 얻었으며, 보수광명긴나라 왕은 큰 자비로 모든 중 생을 편안하게 세워서 인연 할 바 깨우침의 도리를 알게 하는 해탈문을 얻었고 보락견긴 나라 왕은 일체 모든 섬세하고 빼어난 색신을 드러내어 나타내는 해탈문을 얻었으며, 최 승광장엄긴나라 왕은 모든 것에 있어서 특히 뛰어나게 장엄이 되는 결과를 쫓아 생겨나 는 업을 분명하게 알게 하는 해탈문을 얻었고 미묘화당긴나라 왕은 일체 모든 세간의 업 으로 생기는 과보를 선근으로 자세하게 살펴서 보는 해탈문을 얻었으며, 동지력긴나라 왕은 중생들에게 이익이 되는 일체 모든 일을 항상 일으키는 해탈문을 얻었고 용맹주긴 나라 왕은 모든 긴나라의 마음을 섬세하고 능숙한 선근으로 알고 좋게 거두어 다스리는 해탈문을 얻었다.

復次 善慧光明天緊那羅王 得普生一切喜樂業解脫門 妙華幢緊那羅王 得能生無上 法喜令一切受安樂解脫門 種種莊嚴緊那羅王 得一切功德滿足廣大淸淨信解藏解脫 門 悅意吼聲緊那羅王 得恒出一切悅意聲令聞者離憂怖解脫門 寶樹光明緊那羅王 得大悲安立一切衆生令覺悟所緣解脫門 普樂見緊那羅王 得示現一切妙色身解脫門 最勝光莊嚴緊那羅王 得了知一切殊勝莊嚴果所從生業解脫門 微妙華幢緊那羅王 得 善觀察一切世間業所生報解脫門 動地力緊那羅王 得恒起一切利益衆生事解脫門 威 猛主緊緊那羅王 得善知一切緊那羅心巧攝御解脫門

註解 긴나라의 우두머리가 되는 왕 열 분의 서술과 아래는 선혜광명천긴나라 왕의 게송이다. 10 회향 중 제3 회향 등 일체불회향의 해탈 경계를 이른다.

바로 이때 선혜광명천긴나라 왕이 부처님의 위신력을 받들어 일체 모든 긴나라의 무리를 자세하게 두루 살펴보고는 게송으로 말했다.

爾時 善慧光明天緊那羅王 承佛威力 普觀一切緊那羅衆 而說頌言

世間所有安樂事 세간에서 일어나는 편안하고 즐거운 일은
一切皆由見佛興 모든 것이 다 부처님을 보기 때문이라네.
導師利益諸衆生 부처님과 보살들이 모든 중생에게 이익이 되도록
普作救護歸依處 널리 구하고 보호하면서 돌아와 의지할 곳을 짓는 것이라네.

出生一切諸喜樂 일체 모든 기쁨과 즐거움을 낳게 하시니
世間咸得無有盡 온 세간을 얻는다 해도 다 함이 없으며
能令見者不唐捐 능히 보는 자들 누구라도 헛되지 않게 한다네.
此是華幢之所悟 이는 묘화당긴나라 왕이 깨달아 얻는 일이라네.

佛功德海無有盡 부처님의 공덕 바다는 다함이 없어서
求其邊際不可得 구하고자 한들 그 끝닿는 데를 얻을 수가 없다네.
光明普照於十方 밝는 빛이 시방세계에 두루 비치니
此莊嚴王之解脫 이는 종종장엄긴나라 왕의 해탈문이라네.

如來大音常演暢 여래는 큰 음성으로 늘 법을 펼쳐서
開示離憂眞實法 근심 없는 진실한 법을 열어 보이시니
衆生聞者咸欣悅 중생 가운데 듣는 모든 자가 기뻐한다네.
如是吼聲能信受 이와 같음(般若智)을 열의후성긴나라 왕이 능히 믿고 거두어들인다네.

我觀如來自在力 내 생각에 여래가 속박이나 장애 없이 마음대로 할 수 있음은
皆由往昔所修行 다 오랜 옛적에 수행한 까닭이라네.
大悲救物令淸淨 큰 자비로 중생을 구제하여 청정하게 하시니
此寶樹王能悟入 이를 보수광명긴나라 왕이 능히 깨달아 얻고 들어간다네.

如來難可得見聞 여래를 뵙거나 듣기란 매우 어렵지만
衆生億劫時乃遇 중생이 시작점 없는 억겁을 통해 한 번 만나니

衆相爲嚴悉具足 서로 마주 보는 일에 있어서 모든 것을 온전하게 갖춘다네.
此樂見王之所睹 이를 낙견긴나라 왕이 밝게 본다네.

汝觀如來大智慧 자네는 자세하게 살펴보라. 여래의 큰 지혜는
普應群生心所欲 중생들의 온갖 욕망을 따라 응해주면서
一切智道靡不宣 모든 지혜의 길을 베푸신다네.
最勝莊嚴此能了 이는 최승광장엄긴나라 왕이 깨달아 마친 일이라네.

業海廣大不思議 업의 바다는 광대해서 생각으로는 미루어 알 수 없기에
衆生苦樂皆從起 중생들의 괴로움과 즐거움이 모두 이를 쫓아 일어난다네.
如是一切能開示 이와 같음(般若智)을 모든 것을 능히 열어 보이니
此華幢王所了知 이를 미묘화당긴나라 왕이 분명하게 깨달아 알고 마친다네.

諸佛神通無閒歇 모든 부처님의 신통함은 잠시라도 쉴 새가 없다네.
十方大地恒震動 시방세계의 땅덩이가 언제나 몹시 울려서 흔들리고 있지만
一切衆生莫能知 중생은 누구라도 이 일을 알지 못한다네.
此廣大力恒明見 이를 동지력긴나라 왕이 늘 밝게 보고 있다네.

處於衆會現神通 대중의 모임 가운데 신통을 나타내서
放大光明令覺悟 밝은 빛을 널리 놓아 깨우침을 깨달아 알게 하고
顯示一切如來境 여래가 모든 경계를 나타내어 보이신다네.
此威猛主能觀察 이를 위맹주긴나라 왕이 자세하게 살펴본다네.

신주행회향십지의 각각 10의 자리와 등각 금강혜 묘각의 3자리를 합한 53의 수보살행(修菩薩行) 차례(復次)를 따라 이르자면, 대속질력가루라 왕은 집착함이 없고 막힘이나 걸림이 없는 눈으로 중생계를 널리 관찰하는 해탈문을 얻었고 불과괴보계가루라 왕은 법계에 두루 편안하게 있으면서 중생을 가르치고 좋은 방향으로 이끄는 해탈문을 얻었으며, 청정속질가루 왕은 바라밀을 두루 성취하고 정진하는 힘의 해탈문을 얻었고 불퇴심장엄가루라 왕은 용맹한 힘으로 여래의 경계에 들어가는 해탈문을 얻었으며, 대해처섭지력가루라 왕은 부처님이 행하시는 넓고 큰 지혜의 바다에 들어가는 해탈문을 얻었고 견

법정광가루라 왕은 끝없는 중생들이 목적한 바대로 이룬 것들을 분명하게 구별 짓은 지혜 해탈문을 얻었으며, 묘엄관계가루라 왕은 불법의 성을 장엄하는 해탈문을 얻었고 보첩시현가루라 왕은 무너트릴 수 없는 평등한 힘을 성취하는 해탈문을 얻었으며, 보관해가루라 왕은 모든 중생의 몸을 분명하게 알아서 마치고 이들을 위해 형상을 나타내는 해탈문을 얻었고 용음대목정가루라 왕은 모든 중생이 나고 죽는 일이 행하여지는 곳에 널리 들어가는 지혜 해탈문을 얻었다.

　復次 大速疾力迦樓羅王 得無著無礙眼普觀察衆生界解脫門 不可壞寶髻迦樓羅王 得普安住法界敎化衆生解脫門 淸淨速疾迦樓羅王 得普成就波羅蜜精進力解脫門 不退心莊嚴迦樓羅王 得勇猛力入如來境界解脫門 大海處攝持力迦樓羅王 得入佛行廣大智慧海解脫門 堅法淨光迦樓羅王 得成就無邊衆生差別智解脫門 妙嚴冠髻迦樓羅王 得莊嚴佛法城解脫門 普捷示現迦樓羅王 得成就不可壞平等力解脫門 普觀海迦樓羅王 得了知一切衆生身而爲現形解脫門 龍音大目精迦樓羅王 得普入一切衆生歿生行智解脫門

註解 가루라의 우두머리가 되는 왕 열 분의 서술과 아래는 대속질력가루라 왕의 게송이다. 10 회향 중 제2 회향 불괴 회향의 해탈 경계를 이른다.

이때 대속질력가루라 왕이 부처님의 위신력을 받들어 모든 가루라 무리를 두루 자세하게 살펴보고는 게송으로 말했다.

爾時 大速疾力迦樓羅王 承佛威力 普觀一切迦樓羅衆 而說頌言

佛眼廣大無邊際 부처님의 눈은 광대하면서 끝닿는 데가 없고 경계가 없기에
普見十方諸國土 시방의 모든 국토를 빠짐없이 두루 보신다네.
其中衆生不可量 그 가운데 있는 중생들이 헤아릴 수 없이 많기에
現大神通悉調伏 큰 신통을 나타내서 남김없이 조복시킨다네.

佛神通力無所礙 부처님의 신통한 힘은 막힘이나 걸림이 없기에
徧坐十方覺樹下 시방세계의 보리수 아래 앉아서
演法如雲悉充滿 법을 널리 펴니 구름과 같이 모든 곳을 가득하게 채운다네.
寶髻聽聞心不逆 이는 불가괴보계가루라 왕이 올바른 마음으로 들은 일이라네.

佛於往昔修諸行 부처님이 지난 옛적 수행한 모든 움직임은

普淨廣大波羅蜜 넓고 큰 바라밀을 두루 깨끗이 하고

供養一切諸如來 일체 모든 여래를 이바지하고 받들어 모신 일이라네.

此速疾王深信解 이는 청정속질가루라 왕이 깊게 믿고 이해하는 일이라네.

如來一一毛孔中 여래는 하나하나의 털구멍 가운데마다

一念普現無邊行 한 생각에 끝이 없는 행을 나타내신다네.

如是難思佛境界 이와 같은(般若智) 부처님의 경계(如來智)는 생각, 뜻, 마음으로는 알 수 없다네.

不退莊嚴悉明睹 이는 불퇴심장엄가루라 왕이 모든 것을 분명하게 보는 일이라네.

佛行廣大不思議 부처님의 행하심은 광대하고 생각으로는 미루어 알 수가 없으며

一切衆生莫能測 모든 중생 가운데 그 누구라도 헤아리지 못한다네.

導師功德智慧海 도사의 공덕과 지혜의 바다라네.

此執持王所行處 이는 대혜처섭지력가루라 왕이 행하는 곳이라네.

如來無量智慧光 여래의 헤아릴 수 없이 많은 빛은

能滅衆生癡惑網 중생의 어리석은 의심의 그물망을 능히 없애버리고

一切世間咸救護 모든 세간을 다 구하고 보호한다네.

此是堅法所持說 이 같은 일은 견법정광가루라 왕이 설하여 유지하는 일이라네.

法城廣大不可窮 법의 성이 크고 넓어서 그 끝을 알 수 없으며

其門種種無數量 그 문 또한 여러 가지로 헤아릴 수 없이 많다네.

如來處世大開闡 여래가 세상에 마음을 두고서 분명하게 활짝 여시니

此妙冠髻能明入 이는 묘엄관계가루라 왕이 밝게 들어간 해탈문이라네.

一切諸佛一法身 일체 모든 부처님은 하나의 법신이라네.

眞如平等無分別 진여(如來智)는 평등하여 분별이 없으며

佛以此力常安住 부처님은 이 힘으로 언제나 편안하게 머무신다네.

普捷現王斯具演 이는 보첩시현가루라 왕이 온전하게 갖추고 설하는 일이라네.

佛昔諸有攝衆生 부처님이 세간의 중생을 모두 거두어들인 옛적에
普放光明徧世間 널리 밝은 빛을 놓아 세간에 두루 미치고
種種方便示調伏 가지가지의 방편으로 조복시킨다네.
此勝法門觀海悟 이 뛰어난 법문은 보관해가루라 왕이 깨달아 얻는 바다라네.

佛觀一切諸國土 부처님이 일체 모든 국토를 자세하게 살펴보시고는
悉依業海而安住 모두 업의 바다에 의지하고 편안하다 여기면서 머무는 것을 보았다네.
普雨法雨於其中 그 가운데 법 비(如來智方便雨)를 내리시니
龍音解脫能如是 용음대목정가루라 왕의 해탈은 이와 같다네(般若智).

　신주행회향십지(信住行迴向十地)의 각각 10의 자리와 등각(等覺) 금강혜(金剛慧) 묘각(妙覺)의 3자리를 합한 53의 수보살행 차례(復次)를 따라 이르자면, 라후아수라 왕은 큰 모임 가운데서 가장 귀한 주인이 되는 해탈문을 얻었고 비마질다아수라 왕은 헤아릴 수 없는 겁을 나타내는 해탈문을 얻었으며, 교환술아수라 왕은 모든 중생의 괴로움을 사라져 없어지게 하고 청정하게 하는 해탈문을 얻었고 대권속아수라 왕은 모든 괴로운 행을 닦아서 스스로 장엄하는 해탈문을 얻었으며, 파치아수라 왕은 시방세계의 경계를 끝없이 울리고 흔드는 해탈문을 얻었고 변조아수라 왕은 가지가지의 방편으로 모든 중생을 편안하게 만드는 해탈문을 얻었으며, 견고행묘장엄아수라 왕은 무너트릴 수 없는 선근(般若智)을 두루 모아서 집착에 물드는 모든 것들을 깨끗하게 하는 해탈문을 얻었고 광대인혜아수라 왕은 큰 자비의 힘으로 미혹함에 막힘이나 걸림이 없게 하는 주인의 해탈문을 얻었으며, 현승덕아수라 왕은 두루 많은 이들이 부처님을 뵙고 섬기며 공양해서 모든 선근을 닦게 하는 해탈문을 얻었고 선음아수라 왕은 모든 무리의 갈래를 따라 두루 들어가 결정하고 평등하게 행하는 해탈문을 얻었다.
　復次 羅睺阿修羅王 得現爲大會尊勝主解脫門 毘摩質多羅阿修羅王 得示現無量劫解脫門 巧幻術阿修羅王 得消滅一切衆生苦令淸淨解脫門 大眷屬阿修羅王 得修一切苦行自莊嚴解脫門 婆稚阿修羅王 得震動十方無邊境界解脫門 徧照阿修羅王 得種種方便安立一切衆生解脫門 堅固行妙莊嚴阿修羅王 得普集不可壞善根淨諸染著解脫門 廣大因慧阿修羅王 得大悲力無礙惑主解脫門 現勝德阿修羅王 得普令見佛承事供養修諸善根解脫門 善音阿修羅王 得普入一切趣決定平等行解脫門

註解 아수라의 우두머리가 되는 왕 열 분의 서술과 아래는 라후아수라 왕의 게송이다. 10 회향 중 제1 회향 구호중생이중생상회향의 해탈 경계를 이른다.

바로 이때 라후아수라 왕이 부처님의 위신력을 받들어 모든 아수라의 무리를 두루 자세하게 살펴보고는 게송으로 말했다.
爾時 羅睺阿修羅王 承佛威力 普觀一切阿修羅衆 而說頌言

十方所有廣大衆 시방세계에 광대한 무리가 있지만
佛在其中最殊特 그 가운데 부처님이 계시니 가장 뛰어나다네.
光明徧照等虛空 밝은 빛이 두루 비추어지는 허공과 같이
普現一切衆生前 널리 모든 중생의 눈앞에 나타나신다네.

百千萬劫諸佛土 시작점 없는 백천만겁의 모든 불국토를
一刹那中悉明現 일 찰나 중에 남김없이 밝게 나타내고
舒光化物靡不周 빛을 열어서 중생들을 빠짐없이 가르치고 이끄신다네.
如是毘摩深讚喜 이와 같음(般若智方便)을 비마질다라아수라 왕이 깊게 밝히고 기뻐한 일이라네.

如來境界無與等 여래의 경계는 함께 할 부류가 없고
種種法門常利益 가지가지의 법문으로 언제나 이익을 주며
衆生有苦皆令滅 중생들이 가진 괴로움을 없애주신다네.
苦末羅王此能見 이는 교환술아수라 왕이 능히 보는 일이라네.

無量劫中修苦行 시작점 없고 헤아릴 수 없는 겁 동안 고행을 닦아서
利益衆生淨世間 중생에게 이익을 주면서 세간을 청정히 하시니
由是牟尼智普成 이 일로 말미암아 반야지(般若智方便)가 두루 이루어지는 것이라네.
大眷屬王斯見佛 이는 대권속아수라 왕이 부처님을 보는 일이라네.

無礙無等大神通 막힘이나 걸림이 없고 같이 할 부류가 없는 큰 신통으로
徧動十方一切刹 시방의 일체 모든 시작점 없는 세계를 두루 움직이지만
不使衆生有驚怖 중생들을 놀라게 하거나 두렵지 않게 하시니
大力於此能明了 이는 대력아수라 왕이 밝게 보고 깨달아 마친 일이라네.

佛出於世救衆生 부처님이 세상에 나타나서 중생을 구할 때

一切智道咸開示 모든 지혜의 길을 다 열어 보이며

悉令捨苦得安樂 괴로움은 남김없이 버리고 편안함과 즐거움을 얻게 하셨네.

此義徧照所弘闡 이는 변조아수라 왕이 널리 또 분명하게 하는 일이라네.

世間所有衆福海 세간에 있는 많은 종류의 복 바다를

佛力能生普令淨 부처님이 내시고 두루 깨끗하게 하여

佛能開示解脫處 부처님이 해탈한 마음자리를 열어 보이시니

堅行莊嚴入此門 견고행묘장엄아수라 왕이 이 문으로 들어가는 일이라네.

佛大悲身無與等 부처님의 자비한 몸은 같이할 만한 이가 없고

周行無礙悉令見 막힘이나 걸림 없이 두루 행하시는 것을 남김없이 보게 한다네.

猶如影像現世間 마치 그림자와 같이 세간에 나타나시니

因慧能宣此功德 광대인혜아수라 왕이 이 공덕을 베푼다네.

希有無等大神通 매우 드물고 마주할 짝이 없는 큰 신통으로

處處現身充法界 곳곳마다 나타내는 몸이 법계에 가득하고

各在菩提樹下坐 보리수나무 아래에 각각 앉아계신다네.

此義勝德能宣說 이 뜻을 현승덕아수라 왕이 말씀으로 베푼다네.

如來往修三世行 여래가 옛적 수행을 하시며 삼세를 행하실 때

諸趣輪迴靡不經 모든 육도의 무리가 윤회하면서 가지 않는 곳이 없기에

脫衆生苦無有餘 중생들을 고통에서 벗어나게 하여 남음이 없게 하신다네.

此妙音王所偁讚 이는 묘음아수라 왕이 명확하게 밝혀내는 일이라네.

　신주행회향십지의 각각 10의 자리와 등각 금강혜 묘각의 3자리를 합한 53의 수보살행 차례(復次)를 따라 이르자면, 시현궁전주주신은 모든 세간에 두루 널리 들어가는 해탈문을 얻었고 발기혜향주주신은 모든 중생을 두루 자세하게 살펴보고 모두가 다 이익이 되게 하여 기쁨과 즐거움으로 가득 차게 하는 해탈문을 얻었으며, 낙승장엄주주신은 끝없이 자애롭고 즐거운 법의 밝은 빛을 놓은 해탈문을 얻었고 화향묘광주주신은 끝없는 중

생들에게 청정한 믿음(不立五蘊)과 이해(不離證得)하는 마음이 더욱 나아지도록 이끄는 해탈문을 얻었으며, 보집묘약주주신은 장엄(般若智方便藏)을 모으고 쌓아가는 광명의 힘인 해탈문을 얻었고 낙작희목주주신은 괴로움과 즐거움을 받은 모든 중생이 깨우쳐서 모두 다 법의 즐거움을 얻게 하는 해탈문을 얻었으며, 관방보현주주신은 시방의 법계에서 차등 있게 구별되는 몸으로서의 해탈문을 얻었고 대비위력주주신은 모든 중생을 구하고 보호하여 편안하면서 즐겁게 하는 해탈문을 얻었으며, 선근광조주주신은 기뻐하는 일과 만족감을 널리 낳게 하는 공덕의 힘인 해탈문을 얻었고 묘화영락주주신은 널리 이름이 퍼져서 보는 중생들이 모두 다 이익을 얻게 하는 해탈문을 얻었다.

復次 示現宮殿主晝神 得普入一切世間解脫門 發起慧香主晝神 得普觀察一切衆生皆利益令歡喜滿足解脫門 樂勝莊嚴主晝神 得能放無邊可愛樂法光明解脫門 華香妙光主晝神 得開發無邊衆生淸淨信解心解脫門 普集妙樂主晝神 得積集莊嚴普光明力解脫門 樂作喜目主晝神 得普開悟一切苦樂衆生皆令得法樂解脫門 觀方普現主晝神 得十方法界差別身解脫門 大悲威力主晝神 得救護一切衆生令安樂解脫門 善根光照主晝神 得普生喜足功德力解脫門 妙華瓔珞主晝神 得聲稱普聞衆生見者皆獲益解脫門

註解 주주신의 우두머리가 되는 열 분의 서술과 아래는 시현궁전주주신의 게송이다. 10행 중 제10행 진실 행의 해탈 경계를 이른다.

바로 그때 시현궁전주주신이 부처님의 위신력을 받들어 모든 주주신의 무리를 두루 자세하게 살펴보고는 게송으로 말했다.

爾時 示現宮殿主晝神 承佛威力 普觀一切主晝神衆 而說頌言

佛智如空無有盡 부처님의 지혜는 공과 같아서
光明照耀徧十方 밝은 빛이 시방세계에 두루 비치는 까닭에
衆生心行悉了知 중생들의 마음과 행을 남김없이 다 분명하게 아시고
一切世間無不入 온 세간에 들어가지 않는 곳이 없다네.

知諸衆生心所樂 모든 중생이 마음으로 즐거워하는 바를 아시고
如應爲說衆法海 그 마음에 응하여 많은 법의 바다를 설하신다네.
句義廣大各不同 말과 또 글의 뜻이 광대해서 각각 같지 않지만
具足慧神能悉見 이는 구족혜주주신이 남김없이 능히 보는 일이라네.

佛放光明照世間 부처님이 밝은 빛을 놓아서 세간을 비추니

見聞歡喜不唐捐 보고 듣는 일을 따라 즐거워하고 기뻐하는 것이 헛되지 않으며

示其深廣寂滅處 그 깊고도 넓은 적멸한 곳(如來智處)을 보이신다네.

此樂莊嚴心悟解 이는 낙승장엄주주신이 깨달아 얻고 이해하는 일이라네.

佛雨法雨無邊量 부처님이 끝없고 거침없는 법의 비를 내리시니

能令見者大歡喜 보는 이들이 크게 즐거워하고 기뻐하게 하며

最勝善根從此生 가장 뛰어난 선근(不立五蘊不離證得.般若智)이 이를 쫓아 난다네.

如是妙光心所悟 이와 같음을 화향묘광주주신이 마음으로 깨달아 얻은 일이라네.

普入法門開悟力 법의 문에 널리 들어가 깨달아 얻은 힘을 활짝 열고

曠劫修治悉淸淨 시작점 없는 밝은 겁 동안 남김없이 닦아서 다 청정하게 하였다네.

如是皆爲攝衆生 이와 같음으로 모든 중생을 거두어주시니

此妙樂神之所了 이는 보집묘약주주신이 분명하게 깨달아 알고 마치는 일이라네.

種種方便化群生 가지가지의 방편으로 중생을 가르쳐서 바르게 이끄시니

若見若聞咸受益 보고 듣는 이들이 모두 이익을 얻고

皆令踊躍大歡喜 모든 이들이 크게 기뻐하면서 뛸 듯이 즐거워한다네.

妙眼晝神如是見 이는 묘안주주신이 이와 같음(般若智)으로 보는 일이라네.

十力應現徧世間 열 가지의 힘이 응하여 나타나 세간에 두루 하고

十力法界悉無餘 시방 법계에 단 한 곳도 남김없이 남음이 없으니

體性非無亦非有 체와 성품은 없지도 않고 그렇다고 있지도 않다네.

此觀方神之所入 이는 관방보현주주신이 들어간 해탈문이라네.

衆生流轉險難中 중생들이 험난한 가운데(生死)서 이리저리 떠돌아다니는 것을

如來哀愍出世間 여래가 가엾이 여기시고 세간에 출현해서

悉令除滅一切苦 모든 괴로움을 남김없이 모두 없애버리시니

此解脫門悲力住 이 해탈문은 대비의력주주신이 머무는 곳이라네.

衆生闇覆淪永夕 중생들이 어둠에 덮여서 영원히 밤에 빠져있다네.

佛爲說法大開曉 부처님이 법을 설하여 깨우침으로 가는 길을 환하게 열어

皆使得樂除衆苦 모든 이들의 괴로움을 없애고 많은 즐거움을 얻게 하니

大善光神入此門 이는 대선광주주신이 들어간 해탈문이라네.

如來福量同虛空 여래의 복덩어리는 허공과 같다네.

世間衆福悉從生 세간의 모든 복은 이를 좇아 나고

凡有所作無空過 모든 짓게 되는 일들이 헛됨이 없다네.

如是解脫華瓔得 이와 같은 (般若智) 해탈을 묘화영락주주신이 얻는다네.

신주행회향십지의 각각 10의 자리와 등각 금강혜 묘각의 3자리를 합한 53의 수보살행(修菩薩行) 차례(復次)를 따라 이르자면, 보덕정광주야신은 고요한 선정의 즐거움으로 크게 용맹한 해탈문을 얻었고 희안관세주야신은 넓고 크며 청정하면서 사랑스러운 친밀한 모습의 해탈문을 얻었으며, 호세정기주야신은 세간에 두루두루 나타나서 중생을 조복시키는 해탈문을 얻었고 적정해음주야신은 광대하게 모아서 쌓아놓은 즐거움과 기쁜 마음의 해탈문을 얻었으며, 보현길상주야신은 깊고도 깊으며 막힘이나 걸림 없는 말과 소리의 뜻을 기뻐하면서 따르는 해탈문을 얻었고 보발수화주야신은 밝은 빛이 가득 차서 광대하게 즐거워하는 장(如來智藏) 해탈문을 얻었으며, 평등호육주야신은 중생을 깨우쳐서 선근(不立五蘊不離證得)을 성숙하게 하는 해탈문을 얻었고 유희쾌락주야신은 중생을 구하고 보호하면서 또 끝없이 사랑을 베푸는 해탈문을 얻었으며, 제근상희주야신은 장엄(般若智方便)하는 것을 두루 나타내는 큰 자비의 해탈문을 얻었고 시현정복주야신은 모든 중생이 좋아하는 일을 만족하게 하는 해탈문을 얻었다.

復次 普德淨光主夜神 得寂靜禪定樂大勇健解脫門 喜眼觀世主夜神 得廣大淸淨可愛樂功德相解脫門 護世精氣主夜神 得普現世間調伏衆生解脫門 寂靜海音主夜神 得積集廣大歡喜心解脫門 普現吉祥主夜神 得甚深自在悅意言音解脫門 普發樹華主夜神 得光明滿足廣大歡喜藏解脫門 平等護育主夜神 得開悟衆生令成熟善根解脫門 遊戲快樂主夜神 得救護衆生無邊慈解脫門 諸根常喜主夜神 得普現莊嚴大悲門解脫門 示現淨福主夜神 得普使一切衆生所樂滿足解脫身

註解 주야신의 우두머리가 되는 열 분의 서술과 아래는 보덕정광주야신의 게송이다. 10행 중 제9행 선법 행의 해탈 경계를 이른다.

바로 이때 보덕정광주야신이 부처님의 위신력을 받들어 모든 주야신의 무리를 두루 자세하게 살펴보고는 게송으로 말했다.

爾時 普德淨光主夜神 承佛威力 偏觀一切主夜神衆 而說頌言

汝等應觀佛所行 너희들은 응당 부처님이 행하시는 바를 자세하게 살펴보아야 한다네.
廣大寂靜虛空相 광대하고 적정한 것이 허공의 모양이나 상태이며
欲海無涯悉治淨 끝없는 애욕의 바다를 모두 바로잡아 깨끗하게 하시니
離垢端嚴照十方 티끌을 벗어나 시방세계를 단정하게 비추는 일이라네.
一切世間咸樂見 일체 세간이 다 함께 본다고는 하지만
無量劫海時一遇 시작점 없는 헤아릴 수 없는 겁 동안 한 번 만나는 일이기에
大悲念物靡不周 큰 자비로 중생을 생각하는 일에 있어서 단 하나도 소홀함이 없다네.
此解脫門觀世睹 이 해탈문을 희안관세주야신이 본다네.

導師救護諸世間 부처님과 보살님이 모든 세간을 구하고 보호하니
衆生悉見在其前 중생들이 모두 다 바로 눈앞에 있다고 본다네.
能令諸趣皆淸淨 때문에 능히 많은 무리의 중생들을 모두 청정하게 하시니
如是護世能觀察 이와 같음을 호세정기주야신이 자세하게 살펴본다네.

佛昔修治歡喜海 부처님이 옛적에 수행하고 다스린 즐겁고 기쁜 바다(般若智海)는
廣大無邊不可測 넓고 크고 끝이 없어 헤아려 알 수 없지만
是故見者咸欣樂 그렇더라도 보는 이들 누구라도 기쁜 마음으로 받들고 즐긴다네.
此是寂音之所了 이러한 일을 적정해음주야신이 분명하게 깨달아 알고 마친다네.

如來境界不可量 여래의 경계는 헤아려 알 수가 없지만
寂而能演徧十方 고요하게 널리 펴서 시방세계에 두루 스며들기에
普使衆生意淸淨 중생들의 뜻이나 생각을 청정(六根淸淨)하게 한다네.
尸利夜神聞踊悅 이를 보현길상주야신이 듣고 뛸 듯이 기뻐한다네.

佛於無福衆生中 부처님이 복 없는 중생들 가운데서
大福莊嚴甚威曜 큰 복으로 장엄(般若智藏)하고 매우 위엄 있게 빛을 보이니
示彼離塵寂滅法 중생들에게 티끌을 벗어난 적멸의 법(如來智藏)을 보이시는 것이라네.

普發華神悟斯道 이는 보발수화주야신이 깨달아 얻는 길이라네.

十方普現大神通 시방에 큰 신통을 두루 나타내어
一切衆生悉調伏 중생들을 모두 다 조복시키며
種種色相皆令見 가지가지로 드러난 모양이나 상태를 빠짐없이 보게 하니
此護育神之所觀 이는 평등호육주야신이 자세하게 보는 일이라네.

如來往昔念念中 여래가 지난 옛적 모든 생각과 생각마다
悉淨方便慈悲海 방편과 자비의 바다를 남김없이 다 청정하게 하고
救護世間無不徧 세간을 구하면서 보호하심이 두루두루 하였다네.
此福樂神之解脫 이는 유희쾌락주야신의 해탈문이라네.

衆生愚癡常亂濁 중생이 어리석고 못나기에 늘 어지럽고 흐리며
其心堅毒甚可畏 그 독한 마음이 매우 심하고 또 깊은 두려움을 주는 것을
如來慈愍爲出興 여래가 가엾게 여겨 마음을 일으켜 세상에 나오신 것이라네.
此滅怨神能悟喜 이는 제근상회주야신이 깨달아 얻고 기뻐하는 일이라네.

佛昔修行爲衆生 부처님이 옛날에 수행하신 것은 중생을 위한 것이니
一切願欲皆令滿 모든 원과 하고자 하는 모든 것을 다 넉넉하게 채워주기 위한
由是具成功德相 이러한 까닭으로 공덕의 모양이나 상태를 이루시고 갖춘 것이라네.
此現福神之所見 이는 시현정복주야신이 보는 일이라네.

　　신주행회향십지의 각각 10의 자리와 등각 금강혜 묘각의 3자리를 합한 53의 수보살행 차례(復次)를 따라 이르자면, 변주일체주방신은 널리 구하면서 보호하는 힘의 해탈문을 얻었고 보현광명주방신은 모든 중생을 올바르게 가르치고 이끄는 신통한 업으로서의 해탈문을 얻었으며, 광행장엄주방신은 모든 막힘이나 걸림을 남김없이 깨뜨리고 즐거움을 낳은 큰 광명의 해탈문을 얻었고 주행불애주방신은 일체 모든 곳에 두루두루 나타나기는 하지만, 부질없이 힘만 쓰지 않는 해탈문을 얻었으며, 영단미혹주방신은 모든 중생의 수와 같은 명호를 나타내 보여서 공덕을 낳아 일으키는 해탈문을 얻었고 변유정공주방신은 늘 빼어난 소리를 내서 듣는 이들을 기쁘고 즐겁게 하는 해탈문을 얻었으며, 운당대

음주방신은 용이 비를 내리는 것과 같이 중생을 기쁘고 즐겁게 하는 해탈문을 얻었고 계목무란주방신은 모든 중생이 드러내 보이는 업을 차별 없이 또 속박이나 장애 없이 보는 해탈문을 얻었으며, 보관세업주방신은 모든 부류의 무리가 생겨나는 가운데 가지가지의 업을 자세하게 살펴보는 해탈문을 얻었고 주변유람주방신은 하고자 하는 일을 빠짐없이 다 이루어서 모든 중생에게 기쁨을 낳게 하는 해탈문을 얻었다.

復次 徧住一切主方神 得普救護力解脫門 普現光明主方神 得成辨化一切眾生神通業解脫門 光行莊嚴主方神 得破一切闇障生喜樂大光明解脫門 周行不礙主方神 得普現一切處不唐勞解脫門 永斷迷惑主方神 得示現等一切眾生數名號發生功德解脫門 徧遊淨空主方神 得恒發妙音令聽者皆歡喜解脫門 雲幢大音主方神 得如龍普雨令眾生歡喜解脫門 髻目無亂主方神 得示現一切眾生業無差別自在力解脫門 普觀世業主方神 得觀察一切趣生中種種業解脫門 周徧遊覽主方神 得所作事皆究竟生一切眾生歡喜解脫門

註解 주방신의 우두머리가 되는 열 분의 서술과 아래는 주변일체주방신의 게송이다. 10행 중 제8행 존중 행의 해탈 경계를 이른다.

바로 그때 주변일체주방신이 부처님의 위신력을 받들어 모든 주방신의 무리를 두루 자세하게 살펴보고는 게송으로 말했다.

爾時 徧住一切主方神 承佛威力 普觀一切主方神眾 而說頌言

如來自在出世間 여래가 막힘이나 걸림 없이 세간에 나오셔서
敎化一切諸群生 일체 모든 중생을 이끌고 가르치는 것은
普示法門令悟入 법문을 두루 보여서 깨우침을 얻고 깨우친 있는 그대로의 참모습으로 들어가
悉使當成無上智 빠짐없이 위 없는 지혜를 이루게 하려는 것이라네.

神通無量等眾生 신통함의 끝없음이 중생의 무리와 같아서
隨其所樂示諸相 중생이 좋아하는 바를 따라 모든 모양이나 상태를 보이시니
見者皆蒙出離苦 보는 이들 모두가 괴로움에서 벗어나는 가피를 입는다네.
此現光神解脫力 이는 보현광명주방신의 해탈한 힘이라네.

佛於闇障眾生海 부처님이 캄캄한 어둠으로 막힘이나 걸림이 되는 중생의 바다에

爲現法炬大光明 이들을 위하여 법의 횃불로 큰 광명을 나타내니
其光普照無不見 그 밝은 빛이 널리 비치어 모든 이들이 본다네.
此行莊嚴之解脫 이는 광행장엄주방신이 해탈한 일이라네.

具足世間種種音 세간의 온갖 소리와 가락을 온전하게 갖추고
普轉法輪無不解 널리 법륜을 굴려 깨우침을 얻게 하니
衆生聽者煩惱滅 중생들이 자세히 듣고 모든 번뇌를 없앤다네.
此偏往神之所悟 이는 변왕주방신이 깨달아 얻는 일이라네.

一切世間所有名 모든 세간에 이름이 있으니
佛名等彼而出生 부처님의 이름과 50위가 함께 출현해서
悉使衆生離癡惑 중생들 모두 다 어리석음과 미혹에서 멀리 벗어나게 한다네.
此斷迷神所行處 이는 영단미혹주방신이 행하여 가는 곳이라네.

若有衆生至佛前 그와 같은 중생이 부처님 앞에 이르러
得聞如來美妙音 여래의 빼어난 음성을 듣게 되면
莫不心生大歡喜 크게 기뻐하고 즐거워하는 마음을 낸다네.
偏遊虛空悟斯法 이는 변유허공주방신이 깨달아 얻는 법이라네.

佛於一一剎那中 부처님이 하나하나 찰나의 시간 가운데서
普雨無邊大法雨 끝이 없는 큰 법 비를 두루두루 내려
悉使衆生煩惱滅 모든 중생의 번뇌를 없애주니
此雲幢神所了知 이는 운당대음주방신이 분명하게 깨달아 알고 마치는 일이라네.

一切世間諸業海 일체 세간 모든 업의 바다를
佛悉開示等無異 부처님이 조금도 다를 것 없이 모든 것을 열어 보여서
普使衆生諸業惑 중생들의 업과 미혹함을 두루 덜어 없애주신다네.
此髻目神之所了 이는 계목무란주방신이 분명하게 깨달아 알고 마치는 일이라네.

一切智地無有邊 온갖 지혜를 갖춘 자리는 안과 또 밖이 없기에
一切衆生種種心 모든 중생의 가지가지 마음을

如來照見悉明了 여래께서 자세하게 비추어 보고 분명하게 남김없이 알고 마치신다네.
此廣大門觀世入 이는 보관세업주방신이 들어간 자리라네.

佛於往昔修諸行 부처님이 지난 옛적에 수행을 통해 모든 행을 닦으시고
無量諸度悉圓滿 헤아릴 수 없이 많은 모든 바라밀을 두루 원만하게 하시며
大慈哀愍利衆生 큰 자비와 가엾이 여기는 마음으로 중생들에게 이익이 되게 하신다네.
此徧遊神之解脫 이는 주변유람주방신의 해탈이라네.

신주행회향십지의 각각 10의 자리와 등각 금강혜 묘각의 3자리를 합한 53의 수보살행 차례(復次)를 따라 이르자면, 정광보조주공신은 여러 부류로 갈라지는 중생들의 마음을 모두 아는 해탈문을 얻었고 보유심광주공신은 두루두루 법계에 들어가는 해탈문을 얻었으며, 생길상풍주공신은 끝없는 경계로 드러나는 몸의 모양이나 상태를 분명하게 깨달아 아는 해탈문을 얻었고 이장안주주공신은 모든 중생이 업과 미혹으로 인한 막힘이나 걸림을 능히 제거하는 해탈문을 얻었으며, 광보묘계주공신은 광대한 수행의 바다를 사유하면서 두루 자세하게 살펴보는 해탈문을 얻었고 무애광염주공신은 큰 자비의 밝은 빛으로 모든 중생의 재앙과 어려움을 널리 구하고 보호하는 해탈문을 얻었으며, 무애승력주공신은 일체 모든 것에 집착하지 않으면서 복덕의 힘으로 들어가는 해탈문을 얻었고 이구광명주공신은 모든 중생의 마음을 덮어버리는 모든 번뇌를 벗어나 청정하게 하는 해탈문을 얻었으며, 심원묘음주공신은 시방세계를 두루 보는 지혜의 광명 해탈문을 얻었고 광변시방주공신은 본래의 처소에서 움직이지 않고 세간에 두루 나타나는 해탈문을 얻었다.

復次 淨光普照主空神 得普知諸趣一切衆生心解脫門 普遊深廣主空神 得普入法界解脫門 生吉祥風主空神 得了達無邊境界身相解脫門 離障安住主空神 得能除一切衆生業惑障解脫門 廣步妙髻主空神 得普觀察思惟廣大行海解脫門 無礙光焰主空神 得大悲光普救護一切衆生厄難解脫門 無礙勝力主空神 得普入一切無所著福德力解脫門 離垢光明主空神 得能令一切衆生心離諸蓋淸淨解脫門 深遠妙音主空神 得普見十方智光明解脫門 光徧十方主空神 得不動本處而普現世間解脫門

註解 주공신의 우두머리가 되는 열 분의 서술과 아래는 정광보조주공신의 게송이다. 10행 중 제7행 무착행의 해탈 경계를 이른다.

바로 그때 정광보조주공신이 부처님의 위신력을 받들어 모든 주공신의 무리를 두루 자세하게 살펴보고 게송으로 말했다.

爾時 淨光普照主空神 承佛威力 普觀一切主空神衆 而說頌言

如來廣大目　여래의 넓고 큰 눈은
淸淨如虛空 청정하기가 허공과 같아서
普見諸衆生 모든 중생을 널리 보고
一切悉明了 모든 것을 남김없이 분명하게 알고 마치신다네.

佛身大光明 부처님 몸의 큰 광명은
普照於十方 시방을 두루 비치어
處處現前住 곳곳마다 바로 눈앞에 머무신다네.
普遊觀此道 이는 보유심광주공신이 자세하게 살펴보는 길이라네.

佛身如虛空 부처님의 몸은 허공과 같기에
無生無所取 나지도 않지만 취할 바도 없다네.
無得無自性 스스로 성품이라 할 만한 것도 없기에 얻을 것도 없다네.
吉祥風所見 이는 생길상풍주공신이 보는 일이라네.

如來無量劫 여래께서 헤아릴 수 없는 겁 동안에
廣說諸聖道 모든 성인의 도를 넓게 설하여
普滅衆生障 중생에게 막힘이나 걸림이 되는 일을 두루 없앤다네.
圓光悟此門 이는 이장안주주공신이 깨우침을 깨달아 알고 들어가는 문이라네.

我觀佛往昔 내가 자세히 보니 부처님이 오랜 옛적부터
所集菩提行 모아놓은 보리의 행은
悉爲安世間 모든 것이 다 세간을 편안하게 하기 위함이라네.
妙髻行斯境 이는 광보묘계주공신이 행하는 경계라네.

一切衆生界 모든 중생계가
流轉生死海 생사의 바다를 떠돌아다니기에

佛放滅苦光 부처님이 괴로움을 없애는 밝은 빛을 놓으신 것이라네.
無礙神能見 이는 무애광명주공신이 보는 일이라네.

清淨功德藏 청정한 공덕의 장(般若智方便)이
能爲世福田 세상 사람들의 복 밭(如來智方便)이 되고
隨以智開覺 이 지혜를 따라 수행하여 깨우치게 한다네.
力神於此悟 이는 무애승력주공신이 깨우침을 체득하는 일이라네.

衆生癡所覆 중생들이 어리석음에 거꾸로 뒤집혀서
流轉於險道 험난한 길을 헤매고 있기에
佛爲放光明 부처님이 밝은 빛(般若智光)을 놓으시니
離垢神能證 이는 이구광명주공신이 증명하는 일이라네.

智慧無邊際 지혜는 끝닿는 데가 없어서
悉現諸國土 모든 국토에 남김없이 다 나타나며
光明照世間 밝은 빛으로 세간을 비춘다네.
妙音斯見佛 이는 심원묘음주공신이 부처님을 보는 일이라네.

佛爲度衆生 부처님이 중생들을 구제하기 위해서
修行徧十方 수행에 힘쓰신 일이 시방세계에 두루 하며
如是大願心 이와 같은(般若智) 큰 서원의 마음을 세우신다네.
普現能觀察 이는 보현주공신이 자세하게 두루 살펴보는 일이라네.

　　신주행회향십지의 각각 10의 자리와 등각 금강혜 묘각의 3자리를 합한 53의 수보살행 차례(復次)를 따라 이르자면, 무애광명주풍신은 불법과 모든 세간에 두루 들어가는 해탈 문을 얻었고 보현용업주풍신은 헤아릴 수 없는 국토에 부처님이 출현하시는 대로 빠짐없이 모두 광대하게 공양하는 해탈문을 얻었으며, 표격운당주풍신은 향기로운 바람으로 모든 중생의 병을 두루 소멸시키는 해탈문을 얻었고 정광장엄주풍신은 모든 중생이 널리 선근을 낳아서 무겁고 막힘이나 걸림이 되는 산을 꺾어 없애버리는 해탈문을 얻었으며, 역능갈수주풍신은 끝이 없는 악마의 무리를 능히 깨트려버리는 해탈문을 얻었고 대성변후주풍신은 모든 중생의 공포를 영원히 없애는 해탈문을 얻었으며, 수초수계주풍신은 일체 모든 법의 실상에 들어가는 변재 바다의 해탈문을 얻었고 보행무애주풍신은 모든 중생을 조복시키는 방편 장의 해탈문을 얻었으며, 종종궁전주풍신은 고요한 선정의 문에 들어가서 한계치에 이른 어리석고 못난 어둠을 분명하게 열어버리는 해탈문을 얻었고 대광보조주풍신은 모든 중생의 행을 순하게 따라주는 막힘이나 걸림이 없는 힘의 해탈문을 얻었다.

　復次 無礙光明主風神 得普入佛法及一切世間解脫門 普現勇業主風神 得無量國土佛出現咸廣大供養解脫門 飄擊雲幢主風神 得以香風普滅一切衆生病解脫門 淨光莊嚴主風神 得普生一切衆生善根令摧滅重障山解脫門 力能竭水主風神 得能破無邊惡魔衆解脫門 大聲徧吼主風神 得永滅一切衆生怖解脫門 樹杪垂髻主風神 得入一切諸法實相辯才海解脫門 普行無礙主風神 得調伏一切衆生方便藏解脫門 種種宮殿主風神 得入寂靜禪定門滅極重愚癡闇解脫門 大光普照主風神 得隨順一切衆生行無礙力解脫門

註解 주풍신의 우두머리가 되는 열 분의 서술과 아래는 무애광명주풍신의 게송이다. 10행 중 제6행 선현행의 해탈 경계를 이른다.

바로 이때 무애광명주풍신이 부처님의 위신력을 받들어 모든 주풍신의 무리를 두루두루 살펴보고는 게송으로 말했다.

　爾時 無礙光明主風神 承佛威力 普觀一切主風神衆 而說頌言

一切諸佛法甚深 일체 모든 부처님의 법은 깊고 깊지만
無礙方便普能入 막힘이나 걸림 없는 방편으로 두루 들어가고
所有世間常出現 세간 어느 곳이든 빠짐없이 늘 출현하지만
無相無刑無影像 마주 대할 모양이나 상태가 없기에 몸도 없고 그림자라 할 만한 것도 없다네.

汝觀如來於往昔 자네는 보라. 여래가 오랜 옛적부터
一念供養無邊佛 한 생각으로 끝없는 부처님을 공양하니
如是勇猛菩提行 이와 같은 (般若智) 보리의 행이 용맹하였다네.
此普現神能悟了 이는 보현용업주풍신이 깨우침을 깨달아 마친 일이라네.

如來救世不思議 여래가 세상을 구원하는 일이 생각으로 미루어 알 수 없으며
所有方便無空過 모든 방편 또한 헛됨이 없고
悉使衆生離諸苦 중생들이 모든 괴로움에서 남김없이 벗어나게 한다네.
此雲幢神之解脫 이는 표격운당주풍신의 해탈한 문이라네.

衆生無福受衆苦 중생들이 복이 없는 까닭에 많은 고통을 받으면서
重蓋密障常迷覆 무거운 번뇌와 촘촘한 업장에 항상 덮여있다네.
一切皆令得解脫 이러한 일체 모든 이에게 해탈을 얻게 하니
此淨光神所了知 이는 정장광엄주풍신이 분명하게 깨달아 알고 마치는 일이라네.

如來廣大神通力 여래의 광대한 신통의 힘은
克殄一切魔軍衆 일체 마군의 무리를 모조리 물리친다네.
所有調伏諸方便 그렇듯 조복시키는 모든 방편을
勇健威力能觀察 용건위력주풍신이 자세하게 살펴보고 들어가는 일이라네.

佛於毛孔演妙音 부처님의 털구멍에서 미묘한 음성을 널리 펴니
其音普徧於世間 그 음성이 널리 또 두루두루 세간에 퍼지고
一切苦畏皆令息 모든 괴로움과 두려움을 쉬게 한다네.
此徧吼神之所了 이는 대성변후주풍신이 분명하게 깨우치고 마치는 일이라네.

佛於一切衆刹海 부처님이 모든 중생 바다의 세계에서
不思議劫常演說 시작점 없는 오랜 겁 동안 항상 법을 두루 펼쳤다네.
此如來地妙辯才 이는 여래 지위의 빼어난 변재라 이른다네
樹杪髻神能悟解 이를 수초수계주풍신이 깨우침을 깨달아 얻고 거듭 깨닫는 일이라네.

佛於一切方便門 부처님의 모든 방편 문에
智入其中悉無礙 그 가운데 지혜로 들어가기는 하지만 그 무엇 하나 막힘이나 걸림이 없고
境界無邊無與等 경계가 끝이 없으며 어깨를 함께 할 무리가 없다네.
此普行神之解脫 이는 보행무애주풍신이 해탈한 문이라네.

如來境界無有邊 여래의 경계는 시작점이 없는 경계이며
處處方便皆令見 이르는 곳곳마다 방편으로 모두 보게 하지만
而身寂靜無諸相 몸은 항상 고요하고 이렇다 할 모든 모양이나 상태가 없다네.
種種宮神解脫門 이는 종종궁전주풍신이 해탈한 문이라네.

如來劫海修諸行 여래는 시작점 없는 겁 바다의 모든 행을 닦아서
一切諸力皆成滿 일체 모든 힘을 다 가득하게 이루시고
能隨世法應衆生 능히 세간의 법을 따라 중생들에게 응하신다네.
此普照神之所見 이는 대광보조주풍신이 보는 일이라네.

대방광불화엄경 제4권

1. 세주묘엄품 ⑷
世主妙嚴品第一之四

　신주행회향십지의 각각 10의 자리와 등각 금강혜 묘각의 3자리를 합한 53의 수보살행 (修菩薩行) 차례(復次)를 따라 이르자면, 보광염장주화신은 세간의 모든 어둠을 남김없이 없애버리는 해탈문을 얻었고 보집광당주화신은 미혹에 빠져서 정처 없이 떠돌고 헤매는 모든 중생의 고통을 쉬게 하는 해탈문을 얻었으며, 대광변조주화신은 흔들리지 않은 복의 힘과 큰 자비의 장(般若智方便)인 해탈문을 얻었고 중묘궁전주화신은 여래의 신통한 힘으로 시작점 없음을 나타내 보이면서 이를 자세하게 살펴보는 해탈문을 얻었으며, 무진광계주화신은 광명으로 시작점 없는 허공계를 밝게 비추는 해탈문을 얻었고 종종염안주화신은 온갖 복으로 장엄하는 고요한 빛(般若智)의 해탈문을 얻었으며, 시방궁전여수미산주화신은 일체 세간의 모든 부류를 따라 불같이 일어나는 고통을 없애버리는 해탈문을 얻었고 위광자재주화신은 속박이나 장애 없이 모든 세간이 지혜를 얻어서 진리를 깨닫게 하는 해탈문을 얻었으며, 광조시방주화신은 온갖 어리석으면서 못나고 이에 집착하는 소견을 영원히 깨트리는 해탈문을 얻었고 뇌음전광주화신은 모든 원력을 성취하고 크게 부르짖은 해탈문을 얻었다.

　復次 普光焰藏主火神 得悉除一切世間闇解脫門 普集廣幢主火神 得能息一切衆生諸惑漂流熱惱苦解脫門 大光徧照主火神 得無動福力大悲藏解脫門 衆妙宮殿主火神 得觀如來神通力示現無邊際解脫門 無盡光髻主火神 得光明照耀無邊虛空界解脫門 種種焰眼主火神 得種種福莊嚴寂靜光解脫門 十方宮殿如須彌山主火神 得能滅一切世間諸趣熾然苦解脫門 威光自在主火神 得自在開悟一切世間解脫門 光照十方主火神 得永破一切愚癡執著見解脫門 雷音電光主火神 得成就一切願力大震吼解脫門

註解 주화신의 우두머리가 되는 열 분의 서술과 아래는 보광염장주화신의 게송이다. 10행 중 제5행 이치난행의 해탈 경계를 이른다.

바로 그때 보광염장주화신이 부처님의 위신력을 받들어 모든 주화신의 무리를 두루두루 살펴보고는 게송으로 말했다.

爾時 普光焰藏主火神 承佛威力 徧觀一切主火神衆 而說頌言

汝觀如來精進力 자네들은 보게나. 여래의 정진하는 힘이란
廣大億劫不思議 시작점 없는 광대한 억겁이라 생각으로 미루어 알 수가 없지만
爲利衆生現世間 중생들의 이익을 위해 세간에 출현하시니
所有暗障皆令滅 이는 어둡고 장애가 되는 모든 것을 없애기 위해서라네.

衆生愚癡起諸見 중생들이 어리석고 못난 모든 소견을 일으켜서
煩惱如流及火然 번뇌가 강물의 흐름과 같고 불이 타오르는 것과 같다네.
導師方便悉滅除 대 도사의 방편으로 남김없이 모두 없애버리니
普集光幢於此悟 이는 보집광당주화신이 깨달아 얻는 일이라네.

福德如空無有盡 복과 덕은 허공과 같이 다함이 없고
求其邊際不可得 또 그 한계를 구하고자 하지만 얻을 수 없으니
此佛大悲無動力 이는 부처님의 움직이지 않은 큰 자비의 힘이라네.
光照悟入心生喜 대광변조주화신이 마음으로 깨달아 얻고 들어가 기뻐하는 일이라네.

我觀如來之所行 내가 자세하게 들여다보니 여래가 행하시는 일은
經於劫海無邊際 시작점 없는 겁의 바다를 지나도록 끝닿는 데가 없다네.
如是示現神通力 이와 같은 신통한 힘을 드러내어 나타내시니
衆妙宮神所了知 중묘궁전주화신이 분명하게 깨달아 알고 마친 일이라네.

億劫修成不可思 시작점 없는 억겁에 걸쳐 닦아서 이룬 헤아릴 수 없음은
求其邊際莫能知 그 끝을 구하려 해도 구할 수 없는 것이 아니던가.
演法實相令歡喜 법을 있는 그대로의 참모습대로 널리 펴서 즐겁고 기쁘게 한다네.
無盡光神所觀見 이는 무진광계주화신이 자세하게 살펴보는 일이라네.

十方所有廣大衆 시방세계에 퍼져있는 그 많은 대중이
一切現前瞻仰佛 빠짐없이 제각각 바로 눈앞에서 부처님을 우러러 사모하고

寂靜光明照世間 고요한 광명의 빛은 세간을 비춘다네.
此妙焰神所能了 이는 묘염주화신이 분명하게 깨달아 알고 마친 일이라네.

牟尼出現諸世間 석가모니께서 모든 세간에 출현하셔서
坐於一切宮殿中 모든 궁전 가운데 앉아
普雨無邊廣大法 끝없이 광대한 법의 비를 두루 내리신다네.
此十方神之境界 이는 시방궁전여수미산주화신의 경계라네.

諸佛智慧最甚深 모든 부처님의 지혜는 위 없이 깊고 깊으며
於法自在現世間 모든 법에 속박이나 장애 없이 마음대로 세간에 나타나
能悉闡明眞實理 진실한 이치를 분명하게 열어서 빠짐없이 밝히신다네.
威光悟此心欣慶 이는 위광자재주화신이 깨달아 알고 마음으로 기뻐하는 일이라네.

諸見愚癡爲暗蓋 모든 견해란 것이 어리석고 못난 어둠에 덮여 있고
衆生迷惑常流轉 미혹한 중생들이 늘 헤매고 있기에
佛爲開闡妙法門 부처님이 말로 할 수 없는 빼어난 법문을 열어 보이신다네.
此照方神能悟入 이는 광조시방주화신이 깨달아 알고 들어가는 일이라네.

願門廣大不思議 바라는 소원의 문은 광대해서 생각으로 미루어 알 수 없고
力度修治已淸淨 십력을 닦아 제대로 다스려서 이미 청정하기에
如昔願心皆出現 지난 옛적 바라는 서원대로 다 나타내 보이는 것이라네.
此震音神之所了 이는 진음주화신이 분명하게 깨달아 알고 마치는 일이라네.

신주행회향십지의 각각 10의 자리와 등각 금강혜 묘각의 3자리를 합한 53의 수보살행 차례(復次)를 따라 이르자면, 보흥운당주수신은 모든 중생이 평등하게 이익이 되도록 하는 자비 해탈문을 얻었고 해조운음주수신은 시작점 없는 법으로 장엄하는 해탈문을 얻었으며, 묘색륜계주수신은 가르쳐 이끌 이들을 자세하게 살펴보고 방편으로 널리 거들어 들이는 해탈문을 얻었고 선교선복주수신은 모든 부처님의 깊고 깊은 경계를 두루 널리 펴는 해탈문을 얻었으며, 이구향적주수신은 청정하면서 큰 광명을 널리 또 두루 나타내는 해탈문을 얻었고 복교광음주수신은 청정한 법계는 마주 대할 모양이나 상태가 없고

성품도 없는 해탈문을 얻었으며, 지족자재주수신은 다함이 없는 큰 자비의 해탈문을 얻었고 정희선음주수신은 보살들이 모인 도량 가운데서 크게 기뻐하고 즐거워지게 하는 장(如來智方便藏) 해탈문을 얻었으며, 보현위광주수신은 막힘이나 걸림 없는 광대한 복덕의 힘으로 두루 나타내 보이는 해탈문을 얻었고 후성변해주수신은 모든 중생을 자세하게 살펴보고 허공과 같이 조복시키는 방편, 이 방편을 일으키는 해탈문을 얻었다.

復次 普興雲幢主水神 得平等利益一切衆生慈解脫門 海潮雲音主水神 得無邊法莊嚴解脫門 妙色輪髻主水神 得觀所應化方便普攝解脫門 善巧漩澓主水神 得普演諸佛甚深境界解脫門 離垢香積主水神 得普現清淨大光明解脫門 福橋光音主水神 得清淨法界無相無性解脫門 知足自在主水神 得無盡大悲海解脫門 淨喜善音主水神 得於菩薩衆會道場中爲大歡喜藏解脫門 普現威光主水神 得以無礙廣大福德力普出現解脫門 吼聲徧海主水神 得觀察一切衆生發起如虛空調伏方便解脫門

註解 주수신의 우두머리가 되는 열 분의 서술과 아래는 보흥운당주수신의 게송이다. 10행 중 제4행 무진행의 해탈 경계를 이른다.

바로 이때 보흥운당주수신이 부처님의 위신력을 받들어 모든 주수신의 무리를 두루 자세하게 살펴보고는 게송으로 말했다.

爾時 普興雲幢主水神 承佛威力 徧觀一切主水神衆 而說頌言

清淨慈門刹塵數 청정하고 자비로운 문은 시작점 없는 티끌 수의 세계와 같고
共生如來一妙相 여래의 빼어난 하나의 모양이나 상태와 서로 도우며 함께 살며
一一諸相莫不然 하나하나 마주 대한 모든 모양이나 상태가 다 처할 바라네.
是故見者無厭足 이러한 까닭으로 보는 이들이 싫어하거나 만족함이 없다네.

世尊往昔修行時 세존이 지난 옛적 수행을 할 때
普詣一切如來所 모든 여래의 처소에 두루두루 나아가
種種修治無懈倦 가지가지로 닦아서 다스리는 일에 게으르지 않았다네.
如是方便雲音入 이와 같은 방편으로 해조운음주수신이 들어간 일이라네.

佛於一切十方中 부처님이 모든 시방세계 가운데서
寂然不動無來去 그렇듯 고요하고 움직이지 않으며 오고 감이 없으시지만

應化衆生悉令見 응신과 화신으로 중생들이 빠짐없이 보게 한다네.
此是髻輪之所知 이는 묘색륜계주수신이 잘 알고 있는 일이라네.

如來境界無邊量 여래의 경계는 시작점이 없는 가장자리와 헤아릴 수 없는 양이라네.
一切衆生不能了 모든 중생이 분명하게 깨달아 알지 못하지만
妙音演說徧十方 빼어난 법의 말씀을 널리 펴서 시방에 가득하다네.
此善漩神所行處 이는 선교선복주수신이 행하는 곳(如來智藏)이라네.

世尊光明無有盡 세존의 밝은 빛은 다함이 없고
充徧法界不思議 법계에 가득하여 생각으로는 미루어 헤아릴 수 없지만
說法教化度衆生 법을 설하여 가르치고 이끌어서 중생을 제도한다네.
此淨香神所觀見 이는 이구향적주수신이 자세하게 살펴보는 일이라네.

如來清淨等虛空 여래의 청정함은 허공과 같아서
無相無形徧十方 마주 대할 모양이나 상태가 없고 형체가 없지만, 시방에 두루 하고
而令衆會靡不見 이를 모임에 있는 대중들이 모두 다 보게 하신다네.
此福光神善觀察 이는 복교광음주수신이 선근으로서 자세하게 살펴보는 일이라네.

佛昔修習大悲門 부처님이 지난 옛적에 큰 자비의 문을 닦고 익히신
其心廣徧等衆生 그 마음이 넓고 두루 하여 중생과 가지런하시다네.
是故如雲現於世 이러한 까닭으로 구름처럼 세간에 나타나시니
此解脫門知足了 이 해탈문은 지족자재주수신이 분명하게 깨달아 알고 마친 일이라네.

十方所有諸國土 시방에 있는 모든 국토마다
悉見如來坐於座 사자좌에 앉아 계신 여래를 남김없이 다 보고
朗然開悟大菩提 맑고 환하게 열려 대보리(得見如來方便)를 얻는다네.
如是喜音之所入 이는 이와 같음으로 정희선음주수신이 들어가는 일이라네.

如來所行無罣礙 여래의 행은 걸림이나 막힘이 없기에
徧往十方一切刹 시방의 모든 세계에 두루 오가시며
處處示現大神通 가는 곳마다 큰 신통을 나타내신다네.

普現威光已能悟 이는 보현위광주수신이 이미 깨달아 얻은 일이라네.

修習無邊方便行 끝이 없는 방편의 행을 닦고 익혀서
等衆生界悉充滿 중생계와 가지런히 하고 또 남김없이 가득 차게 한다네.
神通妙用靡暫停 이렇듯 신통하면서 빼어난 작용이 잠시라도 쉬지 않으니
吼聲徧海斯能入 이는 후성변해주수신이 능히 들어가는 일이라네.

신주행회향십지의 각각 10의 자리와 등각 금강혜 묘각의 3자리를 합한 53의 수보살행 (修菩薩行) 차례(復次)를 따라 이르자면, 출현보광주해신은 평등한 마음으로 모든 중생에게 복덕의 바다를 베풀면서 온갖 보배로 장엄하는 해탈문을 얻었고 불가괴금강당주해신은 매우 좋은 방편으로 모든 중생의 선근(不立五蘊不離證得)을 지키고 보호하는 해탈문을 얻었으며, 부잡진구주해신은 모든 중생이 번뇌로 가득한 바다를 다하는 해탈문을 얻었고 항주파랑주해신은 모든 중생을 악한 길에서 벗어나게 하는 해탈문을 얻었으며, 길상보월주해신은 어리석은 큰 어둠을 남김없이 없애버리는 해탈문을 얻었고 묘화용계주해신은 일체 모든 부류의 고통을 없애면서 편안함과 즐거움을 주는 해탈문을 얻었으며, 보지광미주해신은 모든 중생의 여러 가지 소견과 어리석고 못난 성품을 깨끗하게 다스리는 해탈문을 얻었고 보염화광주해신은 모든 보배로운 종자(不立五蘊不離證得)의 성품인 보리심을 낳아 기르는 해탈문을 얻었으며, 금강묘계주해신은 마음이 동요하지 않은 공덕 바다의 해탈문을 얻었고 해조뇌음주해신은 법계의 삼매 문(如來智方便門.二乘智門)에 두루 들어가는 해탈문을 얻었다.

復次 出現寶光主海神 得以等心施一切衆生福德海衆寶莊嚴身解脫門 不可壞金剛幢主海神 得巧方便守護一切衆生善根解脫門 不雜塵垢主海神 得能竭一切衆生煩惱海解脫門 恒住波浪主海神 得令一切衆生離惡道解脫門 吉祥寶月主海神 得普滅大癡暗解脫門 妙華龍髻主海神 得滅一切諸趣苦與安樂解脫門 普持光味主海神 得淨治一切衆生諸見愚癡性解脫門 寶焰華光主海神 得出生一切寶種性菩提心解脫門 金剛妙髻主海神 得不動心功德海解脫門 海潮雷音主海神 得普入法界三昧門解脫門

註解 주해신의 우두머리가 되는 열 분의 서술과 아래는 출현보광주해신의 게송이다. 10행 중 제3행 무진한 행의 해탈 경계를 이른다.

바로 이때 출현보광주해신이 부처님의 위신력을 받들어 모든 주해신의 무리를 자세하게 살펴보고는 게송으로 말했다.

爾時 出現寶光主海神 承佛威力 普觀一切主海神衆 而說頌言

不可思議大劫海 생각이나 뜻으로 헤아릴 수 없는 큰 겁해(得見十方如來方便海)의
供養一切諸如來 일체 모든 여래에게 공양하니
普以功德施群生 이는 공덕으로 중생들에게 두루 베푸는 것이라네.
是故端嚴最無比 이러한 까닭으로 바르고 옳음에 있어서 제일이라 비교할 것이 없다네.

一切世間皆出現 일체 세간에 빠짐없이 나타내 보이시면서
衆生根欲靡不知 중생의 근기와 그에 대한 욕망을 모두 아시고
普爲弘宣大法海 그들을 위해 큰 법의 바다를 넓게 베푸시니
此是堅幢所欣悟 이는 불가괴금강당주해신이 기쁘게 깨달아 얻은 일이라네.

一切世間衆導師 모든 세간에 많은 도사의
法雲大雨不可測 법 구름과 큰 법 비를 헤아리지는 못하지만
消竭無窮諸苦海 끝이 없는 고통의 바다를 남김없이 말려버린다네.
此離垢塵入法門 이는 부잡진구주해신이 들어간 법의 문이라네.

一切衆生煩惱覆 모든 중생이 번뇌에 덮어져 있어서
流轉諸趣受衆苦 모든 부류를 따라 헤매고 많은 고통을 받기에
爲其開示如來境 이들을 위해 여래가 경계(般若智)를 열어 보인다네.
普水宮神入此門 이는 항주파랑주해신이 들어간 문이라네.

佛於難思劫海中 부처님이 생각으로는 어려운 겁의 바다 가운데서
修行諸行無有盡 모든 행을 닦아 다함이 없고
永截衆生癡惑網 중생이 어리석고 미혹한 그물망을 영원히 끊어내게 한다네.
寶月於此能明入 이를 길상보월주해신이 밝게 알고 들어간다네.

佛見衆生常恐怖 부처님이 보기에 중생들이 늘 두려워하는 것은
流轉生死大海中 생사의 큰 바다 가운데서 헤매기 때문인 것을 아신다네.

示彼如來無上道 때문에 여래가 위 없는 도를 이들에게 보이시니
龍髻悟解生欣悅 묘화용계주해신이 이를 깨달아 알고 기뻐한다네.

諸佛境界不思議 모든 부처님의 경계는 생각으로는 미루어 헤아릴 수 없으며
法界虛空平等相 법계와 허공은 평등한 모양이나 상태라네.
能淨眾生癡惑網 그러므로 중생의 어리석음과 미혹의 그물망을 깨끗하게 한다네.
如是持味能宣說 이와 같음을(般若智) 보지광미주해신이 말로서 베푸는 일이라네.

佛眼淸淨不思議 부처님의 눈은 청정하기에 생각과 생각 아닌 것으로 헤아릴 수 없지만
一切境界悉該覽 모든 경계를 남김없이 다 보시고
普示眾生諸妙道 중생들에게 말할 수 없이 빼어난 모든 법을 두루 보이신다네.
此是華光心所悟 이는 보염화광주해신이 마음으로 깨달아 얻는 일이라네.

魔軍廣大無央數 마군은 광대한 겁과 같아 헤아려 알 수 없지만
一刹那中悉摧滅 눈 깜짝할 사이에 남김없이 다 꺾어서 없애버린다네.
心無傾動難測量 마음(菩提心)은 치우치는 일이 없기에 생각으로 헤아려 알기가 어렵다네.
金剛妙髻之方便 이는 금강묘계주해신의 방편이라네.

普於十方演妙音 동서남북 사유 상하 그 어느 곳에서든 빼어난 소리를 널리 펴실 때
其音法界靡不周 그 음성이 온 법계에 빠진 곳 없이 두루두루 하다네.
此是如來三昧境 이 일은 여래의 삼매 경계라네. (阿耨多羅三藐三菩提 發現)
海潮音神所行處 이는 해조뇌음주해신이 행하는 곳이라네.

　신주행회향십지의 각각 10의 자리와 등각 금강혜 묘각의 3자리를 합한 53의 수보살행 (修菩薩行) 차례(復次)를 따라 이르자면, 보발신류주하신은 끝이 없는 법의 비를 시방에 내리는 해탈문을 얻었고 보결천윤주하신은 모든 중생 앞에 두루두루 나타나서 번뇌를 영원히 없애버리는 해탈문을 얻었으며, 이진정안주하신은 큰 자비의 방편으로 모든 중생의 미혹과 티끌과 허물을 남김없이 씻어내는 해탈문을 얻었고 시방변후주하신은 늘 중생들에게 넉넉한 이익이 되도록 음성을 내는 해탈문을 얻었으며, 보구호중생주하신은 모든 식견(五蘊.般若智.如來方便智.菩提心) 가운데 해침의 고통이 없게 하고 언제나 사랑하는

마음을 일으키게 하는 해탈문을 얻었고 무열정광주하신은 맑고 선명한 모든 선근을 나타내 보이는 해탈문을 얻었으며, 보생환희주하신은 수행을 온전하게 갖추고 이를 널리 전해서 모든 중생이 굳게 감추고 집착하는 욕심에서 영원히 벗어나게 하는 해탈문을 얻었고 광덕승당주하신은 모두 함께 기뻐하고 즐거워하는 복 밭을 짓은 해탈문을 얻었으며, 광조보세주하신은 모든 중생 가운데서 번거로움에 뒤섞여 물든 자는 청정하게 하고 눈을 부릅뜬 독한 자는 즐겁고 기쁘게 하는 해탈문을 얻었다.

復次 普發迅流主河神 得普雨無邊法雨解脫門 普潔泉潤主河神 得普現一切衆生前令永離煩惱解脫門 離塵淨眼主河神 得以大悲方便普滌一切衆生諸惑塵垢解脫門 十方徧吼主河神 得恒出饒益衆生音解脫門 普救護衆生主河神 得於一切含識中恒起無煩惱害慈解脫門 無熱淨光主河神 得普示一切清涼善根解脫門 普生歡喜主河神 得修行具足施令一切衆生永離慳著解脫門 廣德勝幢主河神 得作一切歡喜福田解脫門 光照普世主河神 得能令一切衆生雜染者清淨瞋毒者歡喜解脫門 海德光明主河神 得能令一切衆生入解脫海恒受具足樂解脫門

註解 주하신의 우두머리가 되는 열 분의 서술과 아래는 보발신류주하신의 게송이다. 10행 중 제2행 요익행의 해탈 경계를 이른다.

바로 이때 보발신류주하신이 부처님의 위신력을 받들어 모든 주하신의 무리를 자세하게 살펴보고는 게송으로 말했다.

爾時 普發迅流主河神 承佛威力 徧觀一切主河神衆 而說頌言

如來往昔爲衆生 여래가 오랜 옛적에 중생을 위해
修治法海無邊行 법의 바다에서 끝없이 행을 닦고 다스린 것은
譬如霈澤清炎暑 비유를 들면 맑은 소나기로 불볕더위를 시원하게 하는 것과 같으니
普滅衆生煩惱熱 이는 번뇌로 인한 중생의 열병을 널리 없애주는 일이라네.

佛昔難宣無量劫 부처님이 예전부터 생각으로는 풀어내기 어려운 한량없는 겁 동안
以願光明淨世間 마음에 품은 밝은 빛으로 세간을 깨끗이 하고
諸根熟者令悟道 근기가 익은 모든 이들이 도를 깨닫게 하였다네.
此普潔神心所悟 이는 보결천간주하신이 마음으로 깨우쳐 얻는 일이라네.

大悲方便等衆生 큰 자비의 방편은 중생과 다름이 없기에

悉現其前常化誘 그 눈앞에 모두 나타나서 항상 가르치고 바른길로 이끌며

普使淨治煩惱垢 그들의 번뇌와 허물 등을 깨끗하게 다스린다네.

淨眼見此深歡悅 이는 이진정안주하신이 이를 보고 매우 기뻐하는 일이라네.

佛演妙音普使聞 부처님이 빼어난 음성으로 법을 널리 들려주시니

衆生愛樂心歡喜 중생들이 사랑스럽고 즐거운 마음으로 기뻐하며

悉使滌除無量苦 헤아릴 수 없이 많은 고통을 남김없이 씻어서 없애버린다네.

此徧吼神之解脫 이는 시방변후주하신의 해탈문이라네.

佛昔修習菩提行 부처님이 오랜 옛적 보리 행을 닦아서 행할 때

爲利衆生無量劫 중생들의 이익을 위해 헤아릴 수 없는 겁을 보내셨다네.

是故光明徧世間 이러한 까닭으로 밝은 빛이 세간에 두루 미치는 것이라네.

護神憶念生歡喜 이는 보구호중생주하신이 기억하면서 즐거움과 기쁨을 낳은 일이라네.

佛昔修行爲衆生 부처님이 예전부터 수행해서 중생을 위하고

種種方便令成熟 가지가지의 방편으로 지극한 길에 이르도록 이끌면서

普淨福海除衆苦 청정한 복 바다(如來智方便)로 많은 괴로움을 없애준다네.

無熱見此心欣慶 이는 무열정광주하신이 이를 보고 마음으로 기뻐하는 일이라네.

施門廣大無窮盡 여래지 보시의 방편 문은 광대하고 다함이 없으며

一切衆生咸利益 모든 중생이 다 함께 이익이 되도록 하고

能令見者無慳著 보는 자들이 깊게 감추거나 집착함이 없게 한다네.

此普喜神之所悟 이는 보생환희주하신이 깨우친 일이라네.

佛昔修行實方便 부처님이 옛적에 결실이 가득 찬 방편을 수행하시고

成就無邊功德海 끝이 없는 공덕의 바다를 성취해서

能令見者靡不欣 보는 이들을 모두 기쁘게 하였다네.

此勝幢神心悟悅 이는 광덕승당주하신이 마음으로 깨달아 얻고 기뻐한 일이라네.

衆生有垢咸淨治 중생에게 허물이 있으면 모든 것을 깨끗하게 다스리고

一切怨害等生慈 원망스러움과 해침의 모든 마음에는 사랑을 낳게 하신다네.

故得光照滿虛空 이러한 까닭으로 밝은 빛(般若智)이 허공에 가득 차는 것이라네.

普世河神見歡喜 이는 광조보세주하신이 보고 기뻐한다네.

佛是福田功德海 부처님은 복 밭이며 공덕의 바다라네.

能令一切離諸惡 능히 일체 모든 중생이 악에서 벗어나게 하고

乃至成就大菩提 빠짐없이 큰 보리를 성취하게 한다네.

此海光神之解脫 이는 해덕광명주하신의 해탈문이라네.

　　신주행회향십지의 각각 10의 자리와 등각 금강혜 묘각의 3자리를 합한 53의 수보살행 차례(復次)를 따라 이르자면, 유연승미주가신은 모든 중생에게 법의 맛(般若智)을 더하고 보태서 부처님의 몸을 이루게 하는 해탈문을 얻었고 시화정광주가신은 모든 중생이 광대한 즐거움과 기쁨을 거두어들이는 해탈문을 얻었으며, 색력용건주가신은 온갖 두루 원만한 법문으로 모든 경계를 깨끗하게 하는 해탈문을 얻었고 증익정기주가신은 부처님의 크게 가엾이 여기는 마음과 끝이 없는 신통한 변화의 힘을 보는 해탈문을 얻었으며, 보생근과주가신은 부처님의 복 밭을 널리 갈아서 씨앗을 심고 이를 잃어버리거나 무너지지 않게 하는 해탈문을 얻었고 묘엄환계주가신은 중생이 간직한 깨끗한 신심(般若智信.不立五蘊)의 꽃을 피우게 하는 해탈문을 얻었으며, 윤택정화주가신은 크게 인자하면서 가엾이 여기는 마음으로 중생들을 구제하고 복덕의 바다(如來智海)를 더욱 늘리고 자라게 하는 해탈문을 얻었고 성취묘향주가신은 온갖 수행하는 법을 넓게 열어 두루 보이는 해탈문을 얻었으며, 견자애락주가신은 법계의 모든 중생이 게으름과 근심, 걱정 등 시끄러운 모든 것을 버리고 멀리 벗어나 모든 악을 남김없이 청정하게 하는 해탈문을 얻었고 이구광명주가신은 일체 모든 중생의 선근(不立五蘊.般若智信解)을 자세하게 살펴보고 그 그릇에 맞게 법을 말해서 여러 대중을 기쁘고 또 만족하게 하는 해탈문을 얻었다.

　　復次 柔軟勝味主稼神 得與一切衆生法滋味令成就佛身解脫門 時華淨光主稼神 得能令一切衆生受廣大喜樂解脫門 色力勇健主稼神 得以一切圓滿法門淨諸境界解脫門 增益精氣主稼神 得見佛大悲無量神通變化力解脫門 普生根果主稼神 得普現佛福田令下種無失壞解脫門 妙嚴環髻主稼神 得普發衆生淨信華解脫門 潤澤淨華主稼神 得大慈愍濟諸衆生令增長福德海解脫門 成就妙香主稼神 得廣開示一切行法解脫門 見者愛樂主稼神 得能令法界一切衆生捨離懈怠憂惱等諸惡普淸淨解脫門 離垢光

明主稼神 得觀察一切衆生善根隨應說法令衆會歡喜滿足解脫門

註解 주가신의 우두머리가 되는 열 분의 서술과 아래는 유연승미주가신의 게송이다. 10행 중 제1행 환희행의 해탈 경계를 이른다.

바로 이때 유연승미주가신이 부처님의 위신력을 받들어 모든 주가신의 무리를 자세하게 살펴보고는 게송으로 말했다.

爾時 柔軟勝味主稼神 承佛威力 徧觀一切主稼神衆 而說頌言

如來無上功德海 여래의 위 없는 공덕의 바다로
普現明燈照世間 밝은 등불이 되어 두루 세간을 비추고
一切衆生咸救護 모든 중생을 다 구하고 보호하신다네.
悉與安樂無遺者 이는 편안함과 즐거움을 모두에게 주어서 남은 자가 없게 하는 일이라네.

世尊功德無有邊 세존의 공과 덕은 안과 밖이라 이를 만한 것이 없기에
衆生聞者不唐捐 한번 들은 중생은 당연히 헛되지 않고
悉使離苦常歡喜 괴로움에서 남김없이 멀리 벗어나 언제나 기쁘고 즐겁다네.
此是時華之所入 이는 시화정광주가신이 들어간 해탈문이라네.

善逝諸力皆圓滿 선근으로 가신 모든 힘(佛神力)이 다 원만하시고
功德莊嚴現世間 공덕의 장엄(般若智方便)으로 세간에 출현해서
一切衆生悉調伏 모든 중생을 남김없이 조복시킨다네.
此法勇力能明證 이는 색력용건주가신이 분명하게 증득한 해탈문이라네.

佛昔修治大悲海 부처님이 옛적에 큰 자비의 바다(如來智海)를 닦으실 때
其心念念等世間 그 마음에 지닌 모든 생각이 세간을 위한 걱정뿐이었다네.
是故神通無有邊 이러한 까닭으로 신통함이 안과 밖이라 이를 만한 것이 없다네.
增益精氣能觀見 이는 증익정기주가신이 자세하게 살펴보는 일이라네.

佛徧世間常現前 부처님은 세간에 두루 해서 언제나 눈앞에 출현하시고
一切方便無空過 모든 방편이 헛됨이 없으며

悉淨衆生諸惑惱 중생들의 모든 번뇌와 괴로움을 빠짐없이 청정하게 하신다네.
此普生神之解脫 이는 보생근과주가신의 해탈이라네.

佛是世間大智海 부처님은 이 세간에 있어서 큰 지혜의 바다이며
放淨光明無不徧 맑고 밝은 빛을 미치지 않는 곳 없이 두루 놓아서
廣大信解悉從生 광대한 믿음과 이해가 이(般若智心)를 좇아 나게 한다네.
如是嚴髻能明入 이와 같음에 묘엄환계주가신이 분명하게 들어가는 일이라네.

如來觀世起慈心 여래가 세상을 자세하게 살펴보고 자비심을 일으켜
爲利衆生而出現 중생들을 이롭게 하려고 출현하시며
示彼恬怡最勝道 이들에게 제일로 뛰어난 길을 보이신다네.
此淨華神之解脫 이는 윤택정화주가신의 해탈이라네.

善逝所修淸淨行 선근으로 가시는 힘(佛神力)을 닦으신 청정한 행을
菩提樹下具宣說 보리수나무 아래서 갖추고 법을 베푸시니
如是敎化滿十方 이와 같이(般若智) 가르치고 이끄시는 마음이 시방에 가득하다네.
此妙香神能聽受 이는 성취묘향주가신이 자세히 듣고 거두어들이는 일이라네.

佛於一切諸世間 부처님이 모든 세간의 중생들이
悉使離憂生大喜 근심과 걱정에서 남김없이 벗어나 큰 기쁨을 낳게 하여
所有根欲皆治淨 스스로 근기와 욕망을 다 다스리고 청정하게 하신다네.
可愛樂神斯悟入 이는 견자애락주가신이 깨달아 얻고 들어간 해탈문이라네.

如來出現於世間 여래께서 이 세간에 출현하여
普觀衆生心所樂 중생들의 마음이 즐거워함을 자세하게 널리 보시고
種種方便而成熟 가지가지의 방편으로 이루고 결실을 얻게 하신다네.
此淨光神解脫門 이는 이구광명주가신의 해탈문이라네.

신주행회향십지의 각각 10의 자리와 등각 금강혜 묘각의 3자리를 합한 53의 수보살행 차례(復次)를 따라 이르자면, 길상주약신은 모든 중생의 마음을 두루 살펴보면서 부지런

히 붙들어 주고 잡아주는 해탈문을 얻었고 전단림주약신은 밝은 빛으로 중생들을 거두어주면서 지혜를 보는 이들이 헛되지 않게 하는 해탈문을 얻었고 명칭보문주약신은 큰 이름으로 끝이 닿지 않은 선근의 바다(般若智海)를 더하고 늘리는 해탈문을 얻었으며, 모공현광주약신은 큰 자비(般若智)의 기치로 온갖 병의 경계에서 빨리 벗어나는 해탈문을 얻었고 파암청정주약신은 눈이 어두운 모든 중생을 다스려서 지혜의 눈을 가지고 청정하게 하는 해탈문을 얻었으며, 보발후성주약신은 부처님의 음성으로 설하여 모든 법의 차별, 이 차별(覺分)의 바른 의미를 말하는 해탈문을 얻었고 폐일광당주약신은 모든 중생이 선지식이 되어서 보는 이들이 다 선근(不立五蘊不離證得.般若智)을 내게 하는 해탈문을 얻었으며, 명견시방주약신은 청정하면서 큰 자비의 장(般若智海)을 얻고 이를 방편으로 믿음과 이해를 내게 하는 해탈문을 얻었고 보발위광주약신은 방편으로 부처님을 읊어서 모든 중생의 병을 없애는 해탈문을 얻었다.

復次 吉祥主藥神 得普觀一切衆生心而勤攝取解脫門 栴檀林主藥神 得以光明攝衆生俾見者無空過解脫門 離塵光明主藥神 得能以淨方便滅一切衆生煩惱解脫門 名稱普聞主藥神 得能以大名稱增長無邊善根海解脫門 毛孔現光主藥神 得大悲幢速赴一切病境界解脫門 破暗清淨主藥神 得療治一切盲冥衆生令智眼淸淨解脫門 普發吼聲主藥神 得能演佛音說諸法差別義解脫門 蔽日光幢主藥神 得能作一切衆生善知識令見者咸生善根解脫門 明見十方主藥神 得淸淨大悲藏能以方便令生信解解脫門 普發威光主藥神 得方便令念佛滅一切衆生病解脫門

註解 주약신의 우두머리가 되는 열 분의 서술과 아래는 길상주약신의 게송이다. 10주 중 제10주 관정주의 해탈 경계를 이른다.

바로 이때 길상주약신이 부처님의 위신력을 받들어 모든 주약신의 무리를 두루 자세하게 살펴보고는 게송으로 말했다.

爾時 吉祥主藥神 承佛威力 徧觀一切主藥神衆 而說頌言

如來智慧不思議 여래의 지혜는 생각으로는 미루어 헤아릴 수 없다네.

悉知一切衆生心 모든 중생의 마음을 남김없이 다 아시고

能以種種方便力 가지가지 방편의 큰 힘으로

滅彼群迷無量苦 미혹에서 헤매는 중생들의 끝없는 고통을 없애준다네.

大雄善巧難測量 부처님이 중생을 가르치고 이끄는 선근 방편은 생각으로 헤아리기 어렵
　　　　　　　 지만

凡有所作無空過 모든 하시는 일에 있어서 헛되지 않게 하고

必使衆生諸苦滅 반드시 중생의 모든 괴로움을 없애준다네.

栴檀林神能悟此 이는 전단림주약신이 분명하게 깨달아 얻는 일이라네.

汝觀諸佛法如是 자네들은 자세히 보게나. 모든 부처님의 법은 이와 같다(般若智)네.

往悉勤修無量劫 옛적부터 헤아릴 수 없이 많은 겁을 부지런히 수행하시지만

而於諸有無所著 모든 있음에 집착하는 일이 없다네.

此離塵光所入門 이는 이진광명주약신이 들어간 문이라네.

佛百千劫難可遇 부처님은 백천 겁에라도 만나기가 어렵지만

若有得見及聞名 그와 같이 보는 이나 이름을 듣게 되는 이들은

必令獲益無空過 반드시 이익을 얻게 되고 헛되지 않을 것이라네.

此普稱神之所了 이는 명칭보문주약신이 분명하게 깨우쳐 알고 마치는 일이라네.

如來一一毛孔中 여래의 털구멍 하나하나마다

悉放光明滅重患 남김없이 광명을 놓아 모든 근심 걱정을 없애서

世間煩惱皆令盡 세간의 온갖 번뇌를 다 하신다네.

此現光神所入門 이는 모공현광주약신이 들어간 해탈문이라네.

一切衆生癡所盲 모든 중생이 어리석음에 눈이 멀어

惑業衆苦無量別 번뇌의 업과 많은 고통이 헤아릴 수 없고 다르지만

佛悉蠲除開智照 부처님이 지혜의 빛을 열어서 덜어주고 없애준다네.

如是破暗能觀見 이와 같음(般若智)을 파암청정주약신이 자세하게 능히 살펴보는 일이라네.

如來一音無限量 여래의 한 음성은 헤아릴 수 없으며

能開一切法門海 한 음성에 모든 법문의 바다를 능히 열어주어

衆生聽者悉了知 듣는 중생들이 남김없이 분명하게 깨우쳐 알게 한다네.

此是大音之解脫 이는 보발후성주약신의 해탈이라네.

汝觀佛智難思議 자네는 부처님의 지혜가 생각과 생각 아닌 것으로도 헤아리기 어려움을 자세히 보라.

普現諸趣救群生 널리 모든 부류의 무리를 구제하고

能令見者皆從化 보는 자들이 모두 다 부처님을 쫓아 따르게 한다네.

此蔽日幢深悟了 이는 폐일광당주약신이 깊이 깨달아 얻고 마친 일이라네.

如來大悲方便海 여래가 큰 자비의 방편 바다로

爲利世間而出現 세간의 이익을 위해 출현하여

廣開正道示衆生 올바른 길을 활짝 열어서 중생들에게 보이신다네.

此見方神能了達 이는 명견시방주약신이 깨우침을 분명하게 깨닫고 마친 일이라네.

如來普放大光明 여래께서 큰 광명을 널리 놓아

一切十方無不照 시방의 모든 세계를 빠짐없이 비치고

令隨念佛生功德 염불함을 따라 공과 덕을 내신다네.

此發威光解脫門 이는 보발위광주약신의 해탈문이라네.

신주행회향십지의 각각 10의 자리와 등각(等覺) 금강혜(金剛慧) 묘각(妙覺)의 3자리를 합한 53의 수보살행(修菩薩行) 차례(復次)를 따라 이르자면, 포화여운주림신은 광대하면서 끝닿는 데 없는 지혜의 장(如來智藏) 해탈 문을 얻었고 탁간서광주림신은 광대하게 닦아서 다스리고 두루 청정하게 하는 해탈문을 얻었으며, 생아발요주림신은 깨끗하게 움트는 온갖 싹들을 늘리고 키우는 해탈문을 얻었고 길상정엽주림신은 온갖 청정한 공덕의 장엄함을 모으는 해탈문을 얻었고 수포염장주림신은 청정한 지혜의 넓은 문으로 법계를 항상 둘러보는 해탈문을 얻었으며, 묘장엄광주림신은 모든 중생이 다니는 바다를 두루 알고 법의 구름을 일으켜서 넓게 펴는 해탈문을 얻었고 가의뇌성주림신은 뜻에 맞지 않은 모든 소리를 참고 거두어들여서 청정한 소리를 내는 해탈문을 얻었으며, 향광보변주림신은 지난 옛적에 닦고 다스렸던 넓고 크게 행한 경계를 시방세계에 두루 나타내는 해탈문을 얻었고 묘광형요주림신은 모든 공덕의 법으로 세간에 넉넉하게 이익을 주는 해탈문을 얻었으며, 화과광미주림신은 모든 중생이 부처님의 출현하심을 보고 항상 공경하며 잊지 않고 장엄하는 공덕장 해탈문을 얻었다.

復次 布華如雲主林神 得廣大無邊智海藏解脫門 擢幹舒光主林神 得廣大修治普清

淨解脫門 生芽發耀主林神 得增長種種淨生芽解脫門 吉祥淨葉主林神 得一切清淨
功德莊嚴聚解脫門 垂布焰藏主林神 得普門清淨慧恒周覽法界解脫門 妙莊嚴光主林
神 得普知一切眾生行海而興布法雲解脫門 可意雷聲主林神 得忍受一切不可意聲演
清淨音解脫門 香光普遍主林神 得十方普現昔所修治廣大行境界解脫門 妙光迥耀主
林神 得以一切功德法饒益世間解脫門 華果光味主林神 得能令一切見佛出興常敬念
不忘莊嚴功德藏解脫門

註解 주림신의 우두머리가 되는 열 분의 서술과 아래는 포화여운주림신의 게송이다. 10주 중 제9주 법왕자주의 해
탈 경계를 이른다.

바로 그때 포화여운주림신이 부처님의 위신력을 받들어 모든 주림신의 무리를 두루두
루 자세하게 살펴보고는 게송으로 말했다.
爾時 布華如雲主林神 承佛威力 普觀一切主林神眾 而說頌言

佛昔修習菩提行 부처님이 지난 옛적 보리의 행(般若智)을 닦아서
福德智慧悉成滿 복과 덕, 지혜를 남김없이 모두 이루시고
一切諸方皆具足 일체 모든 힘을 다 온전하게 갖추어서
放大光明出世間 큰 광명을 놓으시며 세간에 나오셨다네.

悲門無量等眾生 자비의 문은 헤아릴 수 없음이니 중생들과 평등하게 하면서
如來往昔普淨治 여래가 지난 옛적에 청정하게 다스렸으니
是故於世能爲益 이러한 까닭으로 세상에 이익이 된 것이라네.
此擢幹神之所了 이는 탁간서광주림신이 분명하게 깨우쳐 알고 마친 일이라네.

若有眾生一見佛 그와 같은 중생이 한 번이라도 부처님을 본다면
必使入於深信海 반드시 깊은 믿음의 바다에 들어가서
普示一切如來道 모든 여래의 도(得見如來方便)를 두루 볼 것이라네.
此妙芽神之解脫 이는 생아발요주림신의 해탈이라네.

一毛所集諸功德 하나의 털끝에 모아서 쌓아놓은 모든 공덕은
劫海宣揚不可盡 시작점 없는 겁 동안 말해도 다 할 수가 없고

諸佛方便難思議 모든 부처님의 방편은 생각으로 미루어 알기가 어렵다네.
淨葉能明此深義 이는 길상정엽주림신이 이 뜻을 깊이 또 분명하게 알고 있는 일이라네.

我今如來於往昔 내가 생각하기에 여래가 지난 옛적에
供養刹塵無量佛 불찰 미진수세계의 헤아릴 수 없는 부처님을 공양하면서
一一佛所智漸明 하나하나 부처님의 각 처소를 따라 지혜가 밝아졌다네.
此焰藏神之所了 이는 수포염장주림신이 깨달아 알고 마친 일이라네.

一切衆生諸行海 모든 중생이 다니는 모든 바다를
世尊一念悉了知 세존께서 한 생각에 남김없이 모두 밝게 깨달아 아시니
如是廣大無礙智 이와 같음(般若智)은 광대하고 막힘이나 걸림이 없는 큰 지혜라네.
妙莊嚴神能悟入 이는 묘장엄광주림신이 깨우침을 능히 증득(證得)하고 들어간 일이라네.

恒演如來寂妙音 여래가 항상 빼어나고 고요한 소리를 내어서
普生無等大歡喜 짝할 수 없는 큰 즐거움과 기쁨을 두루 내시며
隨其解欲皆令悟 그 이해와 욕망을 따라 모두 다 깨우침을 증득(證得)하게 한다네.
此是雷音所行法 이는 가의뇌성주림신이 행하는 법이라네.

如來示現大神通 여래가 큰 신통을 나타내 보여서
十方國土皆周徧 시방의 온 국토에 빠짐없이 두루 하시며
佛昔修行悉令見 부처님의 옛적 수행을 남김없이 보게 한다네.
此普香光所入門 이는 향광보변주림신이 들어간 문이라네.

衆生諂詖不修德 중생들이 간사함에 치우쳐 덕을 닦지 않고
迷惑沈流生死中 미혹에 빠져 생사의 바다에서 헤어나지 못하기에
爲彼闡明衆智道 그들에게 지혜의 길(般若智道)을 밝게 여신다네.
此妙光神之所見 이는 묘광향요주림신이 보는 일이라네.

佛爲業障諸衆生 부처님이 업으로 인하여 장애가 있는 모든 중생을 위해서
經於億劫時乃現 시작점 없는 억겁의 시간이 지나고서야 나타난다지만
其餘念念常令見 그 이외 나머지는 생각마다 항상 보게 하신다네.

此味光神所觀察 이는 화과광미주림신이 자세하게 살펴보는 일이라네.

　　신주행회향십지의 각각 10의 자리와 등각 금강혜 묘각의 3자리를 합한 53의 수보살행
(修善薩行) 차례(復次)를 따라 이르자면, 보봉개화주산신은 고요한 선정의 밝은 빛으로
들어가는 해탈문을 얻었고 화림묘계주산신은 자비로운 선근을 닦고 익혀서 생각으로는
헤아릴 수 없는 중생들을 성숙하게 하는 해탈문을 얻었으며, 고당보조주산신은 모든 중
생이 마음으로 즐거워하는 일을 자세하게 살펴보고 모든 선근을 깨끗하게 하는 해탈문
을 얻었고 이진보계주산신은 끝닿는 데 없는 겁의 바다에서 부지런히 정진하면서 싫어하
거나 게으르지 않은 해탈문을 얻었으며, 광조시방주산신은 끝닿는 데 없는 공덕의 밝은
빛으로 널리 깨우침을 깨달아 증득하는 해탈문을 얻었고 대력광명주산신은 스스로가
성숙해지고 또 중생들이 어리석고 미혹한 행을 벗어나서 버리게 하는 해탈문을 얻었으
며, 위광보승주산신은 모든 괴로움을 없애고 남은 것이 없게 하는 해탈문을 얻었고 미밀
광륜주산신은 가르침의 법으로 밝은 빛을 일으켜서 모든 여래의 공덕을 드러내어 나타나
게 하는 해탈문을 얻었으며, 보안현견주산신은 모든 중생이 꿈속에서라도 선근을 늘리고
키우는 해탈문을 얻었고 금강견고안주산신은 끝이 없는 큰 이치의 바다를 드러내어 나
타내는 해탈문을 얻었다.

　　復次 普峯開華主山神 得入大寂定光明解脫門 華林妙髻主山神 得修習慈善根成熟
不可思議數衆生解脫門 高幢普照主山神 得觀察一切衆生心所樂嚴淨諸根解脫門 離
塵寶髻主山神 得無邊劫海勤精進無厭怠解脫門 光照十方主山神 得以無邊功德光普
覺悟解脫門 大力光明主山神 得能自成熟復令衆生捨離愚迷行解脫門 威光普勝主山
神 得拔一切苦使無有餘解脫門 微密光輪主山神 得演敎法光明顯示一切如來功德解
脫門 普眼現見主山神 得令一切衆生乃至於夢中增長善根解脫門 金剛堅固眼主山神
得出現無邊大義海解脫門

　　註解 주산신의 우두머리가 되는 열 분의 서술과 아래는 개화잡지주산신의 게송이다. 10주 중 제8주 동진주의 해탈
경계를 이른다.

　　바로 그때 개화잡지주산신이 부처님의 위신력을 받들어 모든 주산신의 무리를 두루 자
세하게 살펴보고는 게송으로 말했다.
　　爾時 開華币地主山神 承佛威力 普觀一切主山神衆 而說頌言

往修勝行無有邊 예전에 닦은 뛰어난 행은 안과 밖이라 이를 만한 것이 없고

令獲神通亦無量 신통함을 얻은 일 또한 헤아릴 수가 없다네.

法門廣闢如塵數 법의 문을 넓게 여는 일이 티끌 수와 같으니

悉使衆生深悟喜 모든 중생이 깊은 깨우침을 깨달아 얻고 기쁘게 하는 일이라네.

衆相嚴身徧世間 많은 모양이나 상태로 엄숙하게 이루어진 몸(般若智實相)이 세간에 두루
　　　　　　　　　　미치고

毛孔光明悉淸淨 털구멍의 광명까지도 남김없이 청정하다네.

大慈方便示一切 큰 자비의 방편으로 모든 이에게 보이시니

華林妙髻悟此門 이는 화림묘계주산신이 깨우침을 깨달아 얻고 들어간 문이라네.

佛身普現無有邊 널리 드러내어 나타낸 부처님의 몸은 안과 밖이라 이를 수 없으니

十方世界皆充滿 시방세계에 빠짐없이 가득하다네.

諸根嚴淨見者喜 모든 선근을 깨끗하게 이루고 보는 이들을 기쁘게 하니

此法高幢能悟入 이 법은 고당보조주산신이 능히 깨우침을 깨달아 얻고 들어간 문이라네.

歷劫勤修無懈倦 시작점 없는 겁이 지나도록 행을 닦고 게으르지 않으며

不染世法如虛空 세간에 물들지 않은 일이 허공과 같아서

種種方便化群生 온갖 방편으로 중생들을 가르치고 바르게 이끄신다네.

悟此法門名寶髻 이 법문의 깨우침을 깨달아 얻은 이름이 이진보계주산신이라네.

衆生盲暗入險道 중생들이 눈이 멀어 험한 길로 들어서고

佛哀愍彼舒光照 부처님이 이들을 가엾게 여겨 밝은 빛을 펴신다네.

普使世間從睡覺 그 빛이 세간에 두루 미치어 잠에서 깨어나게 하니

威光悟此心生喜 이는 광조시방주산신이 깨우침을 깨달아 얻고 마음으로 기뻐하는 일이라네.

昔在諸有廣修行 옛적에 세간에서 모든 크고 작은 행을 닦고

供養刹塵無數佛 찰나와 티끌로서 헤아릴 수 없는 부처님을 공양하며

令衆生見發大願 중생들이 이를 보고 큰 서원을 일으키게 하였다네.

此地大力能明入 이 자리는 대력광명주산신이 밝게 알고 들어간 일이라네.

見諸衆生流轉苦 모든 중생이 생사를 되풀이하는 괴로움과
一切業障恒纏覆 모든 업으로 인한 장애로 항상 얽히고 뒤집혀 있음을 보시고
以智慧光悉滅除 밝은 지혜로 남김없이 없애버리신다네.
此普勝神之解脫 이는 위광보승주산신의 해탈이라네.

一一毛孔出妙音 털구멍 하나하나마다 빼어난 소리를 낳고
隨衆生心讚諸佛 중생의 마음을 따라 모든 부처님을 기리는 일이
悉徧十方無量劫 시작점 없는 겁 동안 시방에 빠짐없이 두루 미친다네.
此是光輪所入門 이는 미밀광륜주산신이 들어간 문이라네.

佛徧十方普現前 부처님의 힘이 시방에 두루 미치니 늘 앞서 나타나
種種方便說妙法 가지가지의 방편으로 빼어난 법을 설하고
廣益衆生諸行海 중생이 움직이는 바다에 크게 이익이 되도록 하신다네.
此現見神之所悟 이는 보안현견주산신이 깨우침을 깨달아 얻는 바라네.

法門如海無邊量 법의 문이 바다와 같이 끝닿는 데가 없고 헤아릴 수 없지만
一音爲說悉令解 또 한소리로 말해서 남김없이 다 깨닫게 하지만
一切劫中演不窮 시작점 없는 겁을 두고 말해도 다함이 없다네.
入此方便金剛目 이 방편으로 들어간 금강견고안주산신의 일이라네.

신주행회향십지의 각각 10의 자리와 등각 금강혜 묘각의 3자리를 합한 53의 수보살행 차례(復次)를 따라 이르자면, 보덕정화주지신은 자비로운 마음으로 생각할 때마다 모든 중생을 자세하게 살펴보는 해탈문을 얻었고 견복장엄주지신은 모든 중생에게 복과 덕의 힘을 널리 나타내는 해탈문을 얻었으며, 묘화엄수주지신은 모든 법에 널리 들어가서 모든 부처님 세계를 가꾸고 이루는 해탈문을 얻었고 보산중보주지신은 온갖 삼매를 모두 닦고 익혀서 중생들을 가로막는 허물을 덜어 없애는 해탈문을 얻었으며, 정목관시주지신은 모든 중생이 언제나 즐겁게 보내면서 기쁘게 하는 해탈문을 얻었고 금색묘안주지신은 청정한 모든 몸을 나타내어 보이고 중생을 조복시키는 해탈문을 얻었으며, 향모발광주지신은 모든 부처님의 공덕 바다를 분명하게 깨우쳐 아는 대위력의 해탈문을 얻었고 적음열의주지신은 모든 중생의 말과 소리의 바다를 두루두루 거두어 지니는 해탈문을 얻었

으며, 묘화선계주지신은 온 세계에 가득한 허물에서 벗어나는 성품의 해탈문을 얻었고 금강보지주지신은 모든 부처님의 법 수레를 거두어 지니고 이를 널리 드러내어 나타내는 해탈문을 얻었다.

復次 普德淨華主地神 得以慈悲心念念普觀一切衆生解脫門 堅福莊嚴主地神 得普現一切衆生福德力解脫門 妙華嚴樹主地神 得普入諸法出生一切佛刹莊嚴解脫門 普散衆寶主地神 得修習種種諸三昧令衆生除障垢解脫門 淨目觀時主地神 得令一切衆生常遊戲快樂解脫門 金色妙眼主地神 得示現一切淸淨身調伏衆生解脫門 香毛發光主地神 得了知一切佛功德海大威力解脫門 寂音悅意主地神 得普攝持一切衆生言音海解脫門 妙華旋髻主地神 得充滿佛刹離垢性解脫門 金剛普持主地神 得一切佛法輪所攝持普出現解脫門

註解 주지신의 우두머리가 되는 열 분의 서술과 아래는 보덕정화주지신의 게송이다. 10주 중 제7주 불퇴주의 해탈 경계를 이른다.

곧바로 보덕정화주지신이 부처님의 위신력을 받들어 모든 주지신의 무리를 두루 자세하게 살펴보고는 게송으로 말했다.
爾時 普德淨華主地神 承佛威力 普觀一切主地神衆 而說頌言

如來往昔念念中 여래가 지난 옛날을 생각할 때마다 하신
大慈悲門不可說 크나큰 자비의 문은 말로서는 다 할 수 없다네.
如是修行無有已 이와 같음(般若智)으로 수행하는 일이 끝이 없었기에
故得堅牢不壞身 견고해서 무너트릴 수 없는 몸을 얻었다네.

三世衆生及菩薩 삼세의 중생들과 보살들에게 이르기까지
所有一切衆福聚 있는 모든 복을 거두어 모으고
悉現如來毛孔中 여래의 털구멍 가운데 남김없이 나타내신다네.
福嚴見已生歡喜 이는 견복장엄주지신이 기뻐하고 즐거워하는 일이라네.

廣大寂靜三摩地 광대하고 번뇌를 벗어난 열반의 삼마지(中中妙圓)는
不生不滅無來去 생도 멸함도 아니고 오고 감도 없지만

嚴淨國土示衆生 국토를 깨끗하게 이루고 중생에게 보이신다네.
此樹華神之解脫 이는 묘화엄수주지신이 해탈한 일이라네.

佛於往昔修諸行 부처님이 지난 옛적에 닦아온 모든 행은
爲令衆生消重障 중생의 무거운 업장을 없애주려 하는 것이니
普散衆寶主地神 보산중보주지신이
見此解脫生歡喜 이러한 해탈을 보고 기쁘고 즐거워하는 일이라네.

如來境界無邊際 여래의 경계는 끝닿는 가장자리가 없기에
念念普現於世間 생각마다 세간에 두루 나타나시니
淨目觀時主地神 정목관시주지신이
見佛所行心慶悅 이러한 부처님의 행함을 보고 기뻐하는 일이라네.

妙音無限不思議 빼어난 소리는 한계가 없고 생각으로 미루어 헤아릴 수는 없지만
普爲衆生滅煩惱 중생들을 위하여 번뇌를 없애주시니
金色眼神能了悟 금색묘안주지신이 분명하게 깨달아 마치고
見佛無邊勝功德 부처님의 끝없는 뛰어난 공과 덕을 본다네.

一切色形皆化現 모든 색과 모양을 빠짐없이 다 드러내고 나타내서
十方法界悉充滿 시방의 온 법계에 가득 찼다네.
香毛發光常見佛 이는 향모발광주지신이 항상 부처님을 보고
如是普化諸衆生 이와 같이 모든 중생을 널리 가르치고 바른길로 이끄는 일이라네.

妙音普遍於十方 빼어난 소리가 시방세계에 두루 하고
無量劫中爲衆說 시작점 없는 겁을 통해 중생들을 위해 말씀하시니
悅意地神心了達 적음열의주지신이 분명하게 깨우쳐 통달하고
從佛得聞深敬喜 부처님을 쫓아 들음을 듣는 일을 얻고 공경하며 기뻐하는 일이라네.

佛毛孔出香焰雲 부처님의 털구멍에서 구름이 피듯 향이 불타올라
隨衆生心徧世間 중생들의 마음을 따라 세간에 가득하게 퍼지니
一切見者皆成熟 이를 보는 모든 이들이 다 성숙해진다네.

此是華旋所觀處 이는 묘화선계주지신이 자세하게 살펴보는 것으로 머무는 곳이라네.

堅固難壞如金剛 견고하여 무너뜨리기 어려움은 금강과 같으며
不可傾動逾須彌 뒤집어서 움직일 수 없기로는 수미산보다 더 하다네.
佛身如是處世間 부처님의 몸은 이와 같이 세간에 머무시는 것이니
普持得見生歡喜 이는 금강보지주지신이 보고 즐거움과 기쁨을 낳는 일이라네.

신주행회향십지의 각각 10의 자리와 등각 금강혜 묘각의 3자리를 합한 53의 수보살행 차례(復次)를 따라 이르자면, 보봉광요주성신은 중생들에게 이익이 되도록 하는 방편 해탈문을 얻었고 묘엄궁전주성신은 중생의 근기를 알고 가르쳐서 바른길로 이끌고 성숙시키는 해탈문을 얻었으며, 청정희보주성신은 항상 즐거움과 기쁨을 얻음으로 모든 중생이 복과 덕을 받게 하는 해탈문을 얻었고 이우청정주성신은 모든 두려움으로부터 구해주는 대비의 장(得見如來智方便) 해탈문을 얻었으며, 화등염안주성신은 큰 지혜를 분명하게 깨달아 알고 마치는 해탈문을 얻었고 염당명현주성신은 두루두루 한 방편을 눈앞에 드러내서 나타내는 해탈문을 얻었으며, 성복위광주성신은 모든 중생을 자세하게 살펴보면서 넓고 큰 복과 덕의 바다를 닦게 하는 해탈문을 얻었고 정광명신주성신은 어리석고 어두운 모든 중생이 깨우침을 얻도록 하는 해탈문을 얻었으며, 향당장엄주성신은 여래의 자재한 힘으로 세간을 두루두루 자세하게 살펴보면서 중생을 조복시키는 해탈문을 얻었고 보봉광목주성신은 큰 광명으로 모든 중생에게 막힘이나 걸림이 되는 산을 무너뜨리는 해탈문을 얻었다.

復次 寶峯光耀主城神 得方便利益衆生解脫門 妙嚴宮殿主城神 得知衆生根敎化成熟解脫門 淸淨喜寶主城神 得常歡喜令一切衆生受諸福德解脫門 離憂淸淨主城神 得救諸怖畏大悲藏解脫門 華燈焰眼主城神 得普明了大智慧解脫門 焰幢明現主城神 得普方便示現解脫門 盛福威光主城神 得普觀察一切衆生令修廣大福德海解脫門 淨光明身主城神 得開悟一切愚暗衆生解脫門 香幢莊嚴主城神 得觀如來自在力普徧世間調伏衆生解脫門 寶峰光目主城神 得能以大光明破一切衆生障礙山解脫門

註解 주성신의 우두머리가 되는 열 분의 서술과 아래는 보봉광요주성신의 게송이다. 10주 중 제6주 정심주의 해탈 경계를 이른다.

바로 이때 보봉광요주성신이 부처님의 위신력을 받들어 모든 주성신의 무리를 두루 자세하게 살펴보고는 게송으로 말했다.

爾時 寶峯光耀主城神 承佛威力 普觀一切主城神衆 而說頌言

導師如是不思議 도사가 이와 같이(般若智) 생각으로 미루어 헤아릴 수 없는
光明徧照於十方 광명을 시방세계에 두루 비치어
衆生現前悉見佛 중생들이 눈앞에서 빠짐없이 부처님을 뵙게 하시니
敎化成熟無央數 가르치고 바른길로 이끄는 일들이 성숙해지고 한량이 없다네.

諸衆生根各差別 모든 중생의 근기가 제각기 다르지만
佛悉了知無有餘 부처님이 분명하게 모두 아시고 남음이 없게 하시니
妙嚴宮殿主城神 묘엄궁전주성신이
入此法門心慶悅 이 법문으로 들어가 마음으로 크게 기뻐한다네.

如來無量劫修行 여래께서 시작점 없는 겁 동안 수행하면서
護持往昔諸佛法 지난 옛적 모든 불법을 보호하고 지키며
意常承奉生歡喜 불법의 뜻을 항상 받들어 섬기고 기뻐하신다네.
妙寶城神悟此門 이는 청정희보주성신이 깨달아 얻고 들어간 문이라네.

如來昔已能除遣 여래께서는 이미 오래전부터
一切衆生諸恐怖 모든 중생이 두려워하는 마음을 없애주시고
而恒於彼起慈悲 언제나 저들에게 자비로운 마음을 일으키신다네.
此離憂神心悟喜 이를 이우청정주성신이 마음으로 깨달아 얻고 기뻐한다네.

佛智廣大無有邊 부처님의 지혜는 광대하고 끝이 없으니
譬如虛空不可量 비유하면 허공과 같아서 헤아려 알 수가 없다네.
華目城神斯悟悅 화등염안주성신이 깨우침을 깨달아 얻고 기뻐하면서
能覺如來之妙慧 능히 여래의 빼어난 지혜를 터득한다네.

如來色相等衆生 여래와 마주 대한 모양이나 상태가 중생과 가지런하고
隨其樂欲皆令見 그들의 즐거움이나 욕망을 따라 모두 보게 하시니

焰幢明現心能悟 염당명현주성신이 마음으로 능히 깨우침을 깨달아 얻고
習此方便生歡喜 이러한 방편을 익히면서 기뻐한다네.

如來往修衆福海 여래가 지난 옛적에 닦으신 많은 복 바다는
淸淨廣大無邊際 청정하고 광대해서 끝이 없다네.
福德幢光於此門 성복위광주성신이 이 해탈 문을
觀察了悟心欣慶 자세하게 살펴보고 깨우침을 분명하게 깨달아 마치고 기뻐한다네.

衆生愚迷諸有中 중생들이 어리석고 미혹하여 모든 있음 가운데
如世生盲卒無睹 세간의 눈이 먼 집단처럼 보지를 못하니
佛爲利益興於世 부처님이 이들을 위해 세상에 나오신다네.
淸淨光神入此門 이는 정광명신주성신이 들어간 해탈문이라네.

如來自在無有邊 여래의 속박이나 장애 없는 힘이란 그 끝이 없기에
如雲普遍於世間 구름과 같이 세간에 널리 두루두루 하고
乃至現夢令調伏 현실뿐만 아니라 꿈속에 이르기까지 조복시킨다네.
此是香幢所觀見 이는 향당장엄주성신이 자세하게 살펴보는 일이라네.

衆生癡暗如盲聾 중생들이 이치에 어두운 어리석음은 북을 치는 소경과 같아서
種種障蓋所纏覆 가지가지의 막힘이나 걸림에 얽혀서 뒤집혀 있기에
佛光照徹普令開 부처님이 밝은 빛을 비추어 환하게 열어주신다네.
如是寶峯之所入 이와 같음은 보봉광목주성신이 들어가는 문이라네.

신주행회향십지의 각각 10의 자리와 등각 금강혜 묘각의 3자리를 합한 53의 수보살행 차례(復次)를 따라 이르자면, 정장엄당도량신은 광대한 장엄구(般若智方便)를 나타내어 부처님께 공양하는 서원의 힘 해탈문을 얻었고 수미보광도량신은 모든 중생 앞에 나타나서 광대한 보리의 행을 성취하게 하는 해탈문을 얻었으며, 뇌음당상도량신은 모든 중생이 마음으로 즐거워하는 바를 따라 꿈속에서도 부처님을 보게 하고 또 법을 설하는 해탈문을 얻었고 우화묘안도량신은 버리기 어려운 모든 보배와 장엄구를 내버리게 하는 해탈문을 얻었으며, 청정염형도량신은 빼어나게 장엄한 도량을 능히 나타내고 중생들을 가르

치고 바른길로 이끌어서 성숙하게 하는 해탈문을 얻었고 화영수계도량신은 근기를 따라 법을 말해서 바른 생각을 낳게 하는 해탈문을 얻었으며, 우보장엄도량신은 타고난 말재주로 끝없이 즐겁고 기뻐하는 법을 말하는 해탈문을 얻었고 용맹향안도량신은 모든 부처님의 공덕을 널리 칭찬하는 해탈문을 얻었으며, 금강채운도량신은 끝없는 모양이나 상태의 나무를 나타내 보여서 도량을 장엄하는 해탈문을 얻었고 연화광명도량신은 보리수 아래 고요하게 움직이지 않고 있으면서 시방에 충분하게 두루 미치는 해탈문을 얻었으며, 묘광조요도량신은 여래의 온갖 힘을 나타내 보이는 해탈문을 얻었다.

　復次 淨莊嚴幢道場神 得出現供養佛廣大莊嚴具誓願力解脫門 須彌寶光道場神 得現一切衆生前成就廣大菩提行解脫門 雷音幢相道場神 得隨一切衆生心所樂令見佛於夢中爲說法解脫門 雨華妙眼道場神 得能雨一切難捨衆寶莊嚴具解脫門 淸淨焰形道場神 得能現妙莊嚴道場廣化衆生令成熟解脫門 華纓垂髻道場神 得隨根說法令生正念解脫門 雨寶莊嚴道場神 得能以辯才普雨無邊歡喜法解脫門 勇猛香眼道場神 得廣稱讚諸佛功德解脫門 金剛彩雲道場神 得示現無邊色相樹莊嚴道場解脫門 蓮華光明道場神 得菩提樹下寂然不動而充徧十方解脫門 妙光照耀道場神 得顯示如來種種力解脫門

註解 도량신의 우두머리가 되는 열 분의 서술과 아래는 정장엄당도량신의 게송이다. 10주 중 제5주 방편구족주의 해탈 경계를 이른다.

　바로 이때 정장엄당도량신이 부처님의 위신력을 받들어 모든 도량신의 무리를 두루 자세하게 살펴보고는 게송으로 말했다.

　爾時 淨莊嚴幢道場神 承佛威力 普觀一切道場神衆 而說頌言

我念如來往昔時 내가 생각해보니, 여래가 오래 지난 옛적
於無量劫所修行 시작점 없는 겁 동안에 수행하시며
諸佛出興咸供養 모든 부처님이 세상에 날 적마다 공양하였다네.
故獲如空大功德 때문에 허공과 같은 큰 공덕을 얻으신 것이라네.

佛昔修行無盡施 부처님이 수행하시면서 다함이 없을 만큼 많이 한 보시는
無量刹土微塵等 헤아릴 수 없는 세계의 티끌 수와 같다네.
須彌光照菩提神 수미광조보리신이

憶念善逝心欣慶 선근으로 가신 부처님을 기억하고 마음으로 매우 기뻐하는 일이라네.

如來色相無有窮 마주 대하여 드러난 여래의 모양이나 상태는 다함이 없고
變化周流一切刹 변하고 바뀌어서 모든 세계에 빠짐없이 두루 흐르며
乃至夢中常示現 뿐만 아니라 꿈속까지라도 항상 나타내 보이신다네.
雷幢見此生歡喜 이는 뇌음당상도량신이 보고 즐거워하며 기뻐하는 일이라네.

昔行捨行無量劫 옛적에 버리는 일을 행함이 헤아릴 수 없는 겁 동안이며
能捨難捨眼如海 버리기 어려운 눈을 버리는 것이 바다와 같았다네.
如是捨行爲衆生 이와 같이 버리는 행은 중생들을 위한 것이라네.
此妙眼神能悟悅 이는 우화묘안도량신이 깨우침을 깨달아 얻고 기뻐하는 일이라네.

無邊色相寶焰雲 끝이 없는 모양이나 상태는 구름과 같은 보배로운 불꽃으로
現菩提場徧世間 보리의 장을 나타내어 세간에 두루 하다네.
焰形淸淨道場神 이는 염형청정도량신이
見佛自在生歡喜 부처님이 속박이나 장애 없음을 보고 즐거워하며 기뻐하는 일이라네.

衆生行海無有邊 중생들이 다니는 바다가 끝이 없기에
佛普彌綸雨法雨 부처님이 가득한 법의 비를 널리 내려서
隨其根解除疑惑 근기와 이해 정도를 따라 의혹을 없애준다네.
華纓悟此心歡喜 이는 화영수계도량신이 깨달아 얻고 마음으로 즐거워하며 기뻐하는 일이라네.

無量法門差別義 헤아릴 수 없는 법문을 구분 짓고 달리한 뜻(覺分)은
辯才大海皆能入 뛰어난 말재주로 큰 바다(如來智方便海)에 다 함께 들어가고자 하는 것이라네.
雨寶嚴具道場神 이는 우보엄구도량신이
於心念念恒如是 마음으로 생각마다 항상 이와 같이 하는 일이라네.

於不可說一切土 말로 다 할 수 없는 많은 세계에서
盡世言辭稱讚佛 세간의 온갖 말씨로 부처님을 칭찬한다네.
故獲名譽大功德 때문에 세상에서 가장 훌륭한 큰 공덕(如來智方便海)을 얻는 것이며

此勇眼神能憶念 이는 용맹향안도량신이 늘 기억하고 생각하는 일이라네.

種種色相無邊樹 마주 대하여 드러난 온갖 모양이나 상태의 안과 밖이란 없는 나무가
普現菩提樹王下 보리수 아래에 두루 나타나니
金剛彩雲悟此門 금강채운도량신이 이 문을 깨달아 얻고
恒觀道樹生歡喜 항상 도의 나무를 자세히 살펴보고 즐거움과 기쁨을 내는 일이라네.

十方邊際不可得 시방세계의 끝은 알 수 없고 얻을 수가 없듯이
佛坐道場智亦然 부처님이 앉으신 도량이나 지혜도 또한 그렇다네.
蓮華步光淨信心 이는 연화광명도량신이 청정한 믿음의 마음으로
入此解脫深生喜 이 해탈문에 들어가서 매우 기뻐하는 일이라네.

道場一切出妙音 모든 도량에서 말할 수 없이 빼어난 소리로
讚佛難思淸淨力 생각하기 어려운 부처님의 청정한 힘과
及以成就諸因行 성취하신 모든 인연의 행까지 칭찬하신다네.
此妙光神能聽受 이는 묘광조요도량신이 능히 듣고 거두어들이는 일이라네.

신주행회향십지의 각각 10의 자리와 등각 금강혜 묘각의 3자리를 합한 53의 수보살행 차례(復次)를 따라 이르자면, 보인수족행신은 많은 보배를 두루 내려서 크게 즐거워하고 기쁘게 하는 해탈문을 얻었고 연화광족행신은 부처님의 몸이 모든 빛으로 감싼 연화 좌에 앉아 계심을 나타내어 보는 이들을 즐거워하고 기쁘게 하는 해탈문을 얻었으며, 최승 화계족행신은 하나하나의 마음으로 생각할 때마다 모든 여래와 대중의 도량을 일으켜서 세우는 해탈문을 얻었고 섭제선견족행신은 발을 들거나 걸을 때마다 끝없는 중생들을 모두 조복시키는 해탈문을 얻었으며, 묘보성당족행신은 생각할 때마다 온갖 연꽃 그물의 밝은 빛을 환하게 드러내어 모든 보배를 두루 내리면서 빼어난 음성을 내는 해탈문을 얻었고 낙토묘음족행신은 끝없는 즐거움과 기쁨을 낳게 하는 해탈문을 얻었으며, 전단수 광족행신은 향기로운 바람으로 도량에 모인 모든 대중을 두루 깨우치게 하는 해탈문을 얻었고 연화광명족행신은 모든 털구멍으로 빛을 놓아서 빼어난 법문의 소리를 말하는 해탈문을 얻었으며, 미묘광명족행신은 그 몸에서 온갖 밝은 빛을 일으키는 그물을 두루 두루 내어 널리 비추는 해탈문을 얻었고 적집묘화족행신은 모든 중생이 깨우침을 얻게

하면서 선근의 바다를 낳게 하는 해탈문을 얻었다.

復次 寶印手足行神 得普雨衆寶生廣大歡喜解脫門 蓮華光足行神 得示現佛身坐一切光色蓮花座令見者歡喜解脫門 最勝華髻足行神 得一一心念中建立一切如來衆會道場解脫門 攝諸善見足行神 得擧足發步悉調伏無邊衆生解脫門 妙寶星幢足行神 得念念中化現種種蓮華網光明普雨衆寶出妙音聲解脫門 樂吐妙音足行神 得出生無邊歡喜海解脫門 栴檀樹光足行神 得以香風普覺一切道場衆會解脫門 蓮華光明足行神 得一切毛孔放光明演微妙法音解脫門 微妙光明足行神 得其身徧出種種光明網普照耀解脫門 積集妙華足行神 得開悟一切衆生令生善根海解脫門

註解 족행신의 우두머리가 되는 열 분의 서술과 아래는 보인수족행신의 게송이다. 10주 중 제4주 생귀주의 해탈 경계를 이른다.

바로 그때 보인수족행신이 부처님의 위신력을 받들어 모든 족행신의 무리를 두루 자세하게 살펴보고는 게송으로 말했다.

爾時 寶印手足行神 承佛威力 徧觀一切足行神衆 而說頌言

佛昔修行無量劫 부처님이 옛적 시작점 없는 겁 동안에 수행하실 때
供養一切諸如來 일체 모든 여래를 공양하시고
心恒慶悅不疲厭 마음은 항상 기쁘고 힘들어하거나 싫어함이 없었다네.
喜門深大猶如海 즐거움을 주는 문이 매우 크고 깊어서 바다와 같았다네.

念念神通不可量 생각마다 내는 신통은 가히 헤아려 알 수가 없고
化現蓮華種種香 만물을 키우는 작용은 연꽃의 가지가지 향을 퍼트리며
佛坐其上普遊往 부처님이 그 위에 앉아 계시면서 유유자적하신다네.
紅色光神皆睹見 이는 연화광족행신이 다 가려서 보는 일이라네.

諸佛如來法如是 모든 부처와 여래의 법이 이와 같아서(般若智方便)
廣大衆會徧十方 넓고 큰 대중의 모임이 시방에 두루 하고
普現神通不可議 그 신통함을 널리 드러내어 나타내심은 말로 할 수 없다네.
最勝華神悉明矚 이는 최승화계족행신이 남김없이 밝게 보는 일이라네.

十方國土一切處 시방의 국토 일체 모든 곳에서
於中擧足若下足 발을 한번 들거나 발을 내릴 때마다
悉能成就諸群生 빠짐없이 모든 중생을 성취하게 하신다네.
此善見神心悟喜 이는 섭제선견족행신이 마음으로 깨달아 얻고 기뻐하는 일이라네.

如衆生數普現身 중생들이 태어나는 수 만큼 몸을 두루 나타내시니
此一一身充法界 그 하나하나의 몸이 법계에 충만하시고
悉放淨光雨衆寶 남김없이 청정한 광명을 놓아 많은 보배를 내리신다네.
如是解脫星幢入 이와 같은 해탈은 묘보성당족행신이 들어간 일이라네.

如來境界無邊際 여래의 경계는 그 끝이 없으며
普雨法雨皆充滿 두루두루 법의 비를 내려 가득하게 채우고
衆會睹佛生歡喜 모든 대중이 부처를 보고 즐거우며 기쁜 마음을 낸다네.
此妙音聲之所見 이는 낙토묘음족행신이 보는 일이라네.

佛音聲量等虛空 부처님이 말씀하시는 양은 허공과 같고
一切音聲悉在中 모든 말씀하시는 것이 남김없이 그 허공 가운데 있으며
調伏衆生靡不徧 중생을 조복시키는 일에 있어서 두루 하시다네.
如是栴檀能聽受 이와 같음은 전단수광족행신이 듣고 거두어들이는 일이라네.

一切毛孔出化音 모든 털구멍마다 빠짐없이 생육의 소리를 내어
闡揚三世諸佛名 삼세 모든 부처님의 이름을 분명하게 드날리고
聞此音者皆歡喜 이 말씀을 듣는 모든 이들이 즐거워하고 기뻐한다네.
蓮華光神如是見 이는 연화광명족행신이 이와 같음(般若智)으로 보는 일이라네.

佛身變現不思議 변하여 나타나는 부처님의 몸은 생각으로 헤아리지 못하지만
步步色相猶如海 걸음걸음마다 모든 모양이나 상태는 마치 바다와 같으며
隨衆生心悉令見 중생들의 마음을 따라 모두 보게 하신다네.
此妙光明之所見 이는 미묘광명족행신이 얻은 일이라네.

十方普現大神通 큰 신통을 시방세계에 널리 나타내어

一切衆生悉開悟 모든 중생이 남김없이 깨달음을 얻도록 다 여시니
衆妙華神於此法 중묘화족행신이 이 법을
見已心生大歡喜 이미 보고 마음으로 크게 즐거워하면서 기뻐하는 일이라네.

신주행회향십지의 각각 10의 자리와 등각 금강혜 묘각의 3자리를 합한 53의 수보살행 차례(復次)를 따라 이르자면, 정희경계신중신은 부처님의 옛적 서원의 바다를 잊지 않고 기억하는 해탈문을 얻었고 광조시방신중신은 밝은 빛으로 끝없는 세계를 두루 비치는 해탈문을 얻었으며, 해음조복신중신은 큰 음성으로 온갖 중생들을 두루 깨우쳐 주고 즐거우면서 기쁘게 조복시키는 해탈문을 얻었고 정화엄계신중신은 몸이 허공과 같이 두루 머무는 해탈문을 얻었으며, 무량위의신중신은 모든 중생에게 부처님의 모든 경계를 보여 주는 해탈문을 얻었고 최승광엄신중신은 굶주리고 핍박받는 모든 중생에게 색력을 만족하게 하는 해탈문을 얻었으며, 정광향운신중신은 모든 중생의 번뇌와 허물을 덜어서 없애주는 해탈문을 얻었고 수호섭지신중신은 모든 중생의 어리석은 마의 업을 선근의 업으로 바꾸게 하는 해탈문을 얻었으며, 보현섭화신중신은 모든 세주의 궁전 가운데 웅장하고 엄숙한 모양이나 상태를 널리 나타내 보이는 해탈문을 얻었고 부동광명신중신은 모든 중생을 거두어서 지키고 그들이 청정한 선근을 낳게 하는 해탈문을 얻었다.

復次 淨喜境界身衆神 得憶佛往昔誓願海解脫門 光照十方身衆神 得光明普照無邊世界解脫門 海音調伏身衆神 得大音普覺一切衆生令歡喜調伏解脫門 淨華嚴髻身衆神 得身如虛空周徧住解脫門 無量威儀身衆神 得示一切衆生諸佛境界解脫門 最勝光儼身衆神 得令一切飢乏衆生色力滿足解脫門 淨光香雲身衆神 得除一切衆生煩惱垢解脫門 守護攝持身衆神 得轉一切衆生愚癡魔業解脫門 普現攝化身衆神 得普於一切世主宮殿中顯示莊嚴相解脫門 不動光明身衆神 得普攝一切衆皆令生淸淨善根解脫門

註解 신중신의 우두머리가 되는 열 분의 서술과 아래는 정희경계신중신의 게송이다. 10주 중 제3주 수행주의 해탈 경계를 이른다.

바로 그때 정희경계신중신이 부처님의 위신력을 받들어 모든 신중신의 무리를 두루 자세하게 살펴보고는 게송으로 말했다.

爾時 淨喜境界身衆神 承佛威力 普觀一切身衆神衆 而說頌言

我憶須彌塵劫前 내가 생각하기에 수미산의 티끌과도 같은 겁 이전에

有佛妙光出興世 묘광이라는 부처님이 세상에 출현하시고

世尊於彼如來所 세존께서 묘광여래가 계신 곳에서

發心供養一切佛 모든 부처님을 공양하려고 마음을 일으키셨네.

如來身放大光明 여래가 몸에서 크고 밝은 빛을 놓으시니

其光法界靡不充 그 빛이 법계에 가득 차고

衆生遇者心調伏 만나는 중생마다 마음으로 조복시킨다네.

此照方神之所見 이는 광조시방신중신이 보는 일이라네.

如來聲震十方國 여래의 말씀에 시방세계가 진동하면서

一切言音悉圓滿 모든 말과 소리를 남김없이 원만하게 하고

寶覺群生無有餘 널리 중생들을 깨닫게 하며 남음이 없게 하신다네.

調伏聞此心欣慶 이는 해음조복신중신이 이를 듣고 마음으로 기뻐하는 일이라네.

佛身淸淨恒寂滅 부처님의 몸은 맑고 깨끗하며 항상 적멸(五蘊淸淨調伏)하기에

普現衆色無諸相 여러 가지 빛깔을 나타내지만, 모양이나 상태로 마주하여 볼 것이 없으며

如是徧住於世間 이와 같이 세간에 두루 머무신다네.

此淨華神之所入 이는 정화엄계신중신이 들어간 곳이라네.

導師如是不思議 도사는 이와 같은 생각으로 미루어 알 수가 없고

隨衆生心悉令見 중생들의 마음을 따라 남김없이 보게 하시니

或坐或行或時住 그와 같이 앉거나 그와 같이 다니거나 시작점 없는 시간에 머무신다네.

無量威儀所悟門 이는 무량위의신중신이 깨우침을 깨달아 얻은 문이라네.

佛百千劫難逢遇 부처님은 백천 겁이 지나도록 만나기 어렵지만

出興利益能自在 세간에 나오셔서 이익을 주는 일에 속박이나 장애가 없기에

令世悉離貧窮苦 세상이 지극히 가난한 고통에서 모두 벗어나게 하신다네.

最勝光嚴入斯處 이는 최승광엄신중신이 곧바로 들어간 곳이라네.

如來一一齒相間 여래께서 하나하나의 치아 사이로

普放香燈光焰雲 향기를 피우는 등불과 밝은 빛으로 타오르는 구름을 놓아서
滅除一切衆生惑 모든 중생의 미혹함을 없애주신다네.
離垢雲神如是見 이는 정광향운신중신이 이와 같음으로 보는 일이라네.

衆生染惑爲重障 중생들은 미혹함에 물들어 막힘이나 걸림을 무겁게 하고
隨逐魔徑常流轉 마군의 길을 뒤 따라 다니면서 늘 이리저리 헤매고 있기에
如來開示解脫道 여래가 해탈의 길을 열어 보이신다네.
守護執持能悟入 이는 수호집지신중신이 깨우침을 깨달아 얻고 들어간 일이라네.

我觀如來自在力 내가 보니 여래는 속박이나 장애 없는 힘으로
光布法界悉充滿 빛을 법계에 넓게 펴서 남김없이 가득 차게 하고
處王宮殿化衆生 왕의 궁전에서 중생들을 가르쳐 바른길로 이끄신다네.
此普現神之境界 이는 보현섭화신중신의 경계라네.

衆生迷妄具衆苦 중생들이 망령되게 헤매면서 많은 고통을 받기에
佛在其中常救攝 부처님이 그 가운데서 늘 구하고 거두어주며
皆令滅惑生喜心 모든 미혹함을 없애고 즐거운 마음을 낳게 하신다네.
不動光神所觀見 이는 부동광명신중신이 자세하게 살펴보는 일이라네.

신주행회향십지의 각각 10의 자리와 등각 금강혜 묘각의 3자리를 합한 53의 수보살행 차례(復次)를 따라 이르자면, 묘색나라연집금강신은 여래께서 끝없이 나타내는 색상의 몸을 보는 해탈문을 얻었고 일륜속질당집금강신은 부처님 몸의 털끝마다 해와 같이 온갖 광명 구름을 나타내는 해탈문을 얻었으며, 수미화광집금강신은 헤아릴 수 없는 몸을 드러내어 나타내는 큰 신통 변화의 해탈문을 얻었고 청정운음집금강신은 끝없는 종류의 음성을 따르는 해탈문을 얻었으며, 묘비천주집금강신은 현재 모든 세간의 주인이 되어 중생들이 깨우침을 깨달아 얻도록 말해주는 해탈문을 얻었고 가애락광명집금강신은 모든 불법의 차별된 문을 널리 열어 보이면서 남김없이 다 전하는 해탈문을 얻었으며, 대수뢰음집금강신은 사랑스럽고 즐거운 장엄 기물로 모든 나무의 신을 갖추어 거두는 해탈문을 얻었고 사자왕광명집금강신은 여래의 넓고 큰 복으로 장엄한 것을 모아서 다 온전하게 갖추고 분명하게 깨달아 마치는 해탈문을 얻었으며, 밀염길상목집금강신은 중생들의

험하고 악한 마음을 자세하게 살펴보고 그들을 위하여 위엄 있는 몸을 널리 나타내는 해탈문을 얻었고 연화마니계집금강신은 모든 보살이 온전하게 갖추고 있는 장엄을 널리 내려주는 마니 상투 해탈문을 얻었다.

復次 妙色那羅延執金剛神 得見如來示現無邊色相身解脫門 日輪速疾幢執金剛神 得佛身——毛如日輪現種種光明雲解脫門 須彌華光執金剛神 得化現無量身大神變解脫門 清淨雲音執金剛神 得無邊隨類音解脫門 妙臂天主執金剛神 得現爲一切世間主開悟衆生解脫門 可愛樂光明執金剛神 得普開示一切佛法差別門咸盡無遺解脫門 大樹雷音執金剛神 得以可愛樂莊嚴具攝一切樹神解脫門 師子王光明執金剛神 得如來廣大福莊嚴聚皆具足明了解脫門 密焰吉祥目執金剛神 得普觀察險惡衆生心爲現威嚴身解脫門 蓮華摩尼髻執金剛神 得普雨一切菩薩莊嚴具摩尼髻解脫門

註解 집금강신의 우두머리가 되는 열 분의 서술과 아래는 묘색나라연집금강신의 게송이다. 10주 중 제2주 치지주의 해탈 경계를 이른다.

바로 이때 묘색나라연집금강신이 부처님의 위신력을 받들어 모든 집금강신의 무리를 두루 자세하게 살펴보고는 게송으로 말했다.

爾時 妙色那羅延執金剛神 承佛威力 普觀一切執金剛神衆 而說頌言

汝應觀法王 자네들은 응당 법왕을 자세하게 살펴보아야 하니
法王法如是 법왕의 법은 이와 같아서 (般若智)
色相無有邊 마주 대하여 드러난 모양이나 상태가 끝이 없지만
普現於世間 세간에 두루 나타난다네.

佛身——毛 부처님 몸 하나하나의 털끝마다
光網不思議 빛의 그물은 생각으로 미루어 헤아릴 수 없음이니
譬如淨日輪 비유를 들자면 맑고 깨끗한 태양이
普照十方國 시방 국토 (如來智 思惟)에 널리 비치는 것과 같다네.

如來神通力 여래의 신통한 힘은
法界悉周徧 빠짐없이 법계에 가득해서
一切衆生前 모든 중생의 눈앞에

示現無盡身 다함이 없는 몸을 나타내 보이신다네.

如來說法音 여래가 말씀하시는 법의 음성은
十方莫不聞 시방세계에서 듣지 못하는 이가 없으니
隨諸衆生類 모든 중생의 무리를 따라
悉令心滿足 남김없이 그들의 마음을 만족하게 하신다네.

衆見牟尼尊 대중이 보기에 석가모니 세존이
處世宮殿中 세간의 궁전에 늘 계시면서
普爲諸群生 모든 중생을 위하여
闡揚於大法 큰 법의 문을 드러내어 펴신다네.

法海漩澓處 법의 바다가 소용돌이치며 돌아 흐르는 곳
一切差別義 모든 것에 차등을 두어 구별하는 뜻을
種種方便門 가지가지 방편의 문으로
演說無窮盡 끝없이 또 다함이 없이 널리 펴서 설하신다네.

無邊大方便 끝없는 큰 방편(如來智方便)으로
普應十方國 시방세계에 두루 응하니
遇佛淨光明 부처님의 깨끗하고 밝은 빛(般若智)을 만나면
悉見如來身 여래의 몸을 남김없이 보는 일이라네.

供養於諸佛 모든 부처님을 공양한 일이
億刹微塵數 억만 세계의 티끌 수와 같고
功德如虛空 그 공덕이 허공과 같아서
一切所瞻仰 모든 중생이 우러러 사모한다네.

神通力平等 신통한 힘은 평등해서
一切刹皆現 일체 세계에 빠짐없이 나타나시고
安坐妙道場 빼어난 도량에 앉아 계시면서
普現衆生前 중생들의 눈앞에 널리 나타나신다네.

焰雲普照明 불꽃 구름이 타올라 널리 밝게 비치니
種種光圓滿 온갖 빛이 넉넉하고 또 가득하며
法界無不及 법계에 미치지 않는 곳이 없으니
示佛所行處 부처님이 행하시는 곳을 보이는 일이라네.

대방광불화엄경 제5권

1. 세주묘엄품 (5)
世主妙嚴品第一之五

　　신주행회향십지(信住行迴向十地)의 각각 10의 자리와 등각(等覺) 금강혜(金剛慧) 묘각(妙覺)의 3자리를 합한 53의 수보살행(修菩薩行) 차례(復次)를 따라 이르자면, 보현보살마하살은 생각으로 미루어 헤아릴 수 없는 해탈문의 방편 바다에 들어가 여래의 공덕 바다로 들어가셨다. 이르자면 해탈문이 있으니, 이는 명칭이 모든 부처님의 국토를 깨끗하게 장엄하고 중생들을 조복시켜서 마지막까지 벗어나게 함을 이르며, 해탈문이 있으니, 이는 명칭이 모든 여래의 처소로 나아가 공과 덕을 온전하게 갖춘 경계를 닦는 것이라 이르고 해탈문이 있으니, 이는 명칭이 모든 보살의 지위와 중생을 구하고자 하는 큰 바다를 편안하게 세운다고 이르며, 해탈문이 있으니, 이는 명칭이 법계의 티끌 수와 같이 끝없는 몸을 나타냄을 이르고 해탈문이 있으니, 이는 명칭이 모든 국토에 가득한 생각으로 미루어 헤아릴 수 없이 차별되는 이름을 널리 펴서 설함을 이르며, 해탈문이 있으니, 이는 명칭이 모든 티끌 가운데 끝이 없는 보살의 신통한 경계를 남김없이 나타냄을 이르고 해탈문이 있으니, 이는 명칭이 한 생각 가운데 삼세의 겁이 이루어지고 무너지는 일을 나타냄을 이르며, 해탈문이 있으니, 이는 명칭이 모든 보살의 근기, 이 근기의 바다를 나타내서 제각각 스스로 경계에 들어가게 하는 것을 이르고 해탈문이 있으니, 이는 명칭이 능히 신통한 힘을 따라 온갖 몸으로 변하여 끝없는 법계에 두루두루 함을 이르며, 해탈문이 있으니, 이는 명칭이 모든 보살이 수행하는 법의 문을 차례를 따라 나타내 보이고 일체 지혜의 광대한 방편으로 들어감을 이른다.

　　復次 普賢菩薩摩訶薩 入不思議解脫門方便海 入如來功德海 所謂 有解脫門 名 嚴淨一切佛國土調伏衆生令究竟出離 有解脫門 名 普詣一切如來所修具足功德境界 有解脫門 名 安立一切菩薩地諸大願海 有解脫門 名 普現法界微塵數無量身 有解脫門 名 演說徧一切國土不可思議數差別名 有解脫門 名 一切微塵中悉現無邊諸菩薩神通境界 有解脫門 名 一念中現三世劫成壞事 有解脫門 名 示現一切菩薩諸根海各入自境界 有解脫門 名 能以神通力化現種種身徧無邊法界 有解脫門 名 顯示一切菩薩修行法次第門入一切智廣大方便

바로 이때 보현보살마하살이 스스로 공덕과 차례에 따른(復承) 여래의 위신력을 받들어 온갖 대중들을 자세하게 두루 살펴보고는 게송으로 말했다.

爾時 普賢菩薩摩訶薩 以自功德 復承如來威神之力 普觀一切衆會海 旣說頌言

佛所莊嚴廣大刹 부처님이 장엄하신 넓고 큰 세계는
等於一切微塵數 일체 티끌 수와 같고
淸淨佛子悉滿中 청정한 불자들이 그 가운데 빠짐없이 가득하며
雨不思議最妙法 생각으로 미루어 헤아릴 수 없는 최상의 빼어난 법을 내리신다네.

如於此會見佛坐 이 모임에 부처님이 앉아 계심을 본 것과 같이
一切塵中悉如是 일체 티끌 속에서도 이와 같기에
佛身無去亦無來 부처님의 몸은 가지도 않고 또한 오지도 않지만
所有國土皆明現 모든 국토에 분명하게 빠짐없이 나타나신다네.

顯示菩薩所修行 보살이 수행하는 바와
無量趣地諸方便 헤아릴 수 없이 많은 지위로 향하는 모든 방편을 나타내 보이고
及說難思眞實理 생각하기 어려운 진실한 이치에 이르기까지 말씀하시어
令諸佛子入法界 모든 불자가 법계에 들도록 한다네.

出生化佛如塵數 티끌 수와도 같은 화신불을 나타내어
普應群生心所欲 중생이 하고자 하는 마음을 따라 널리 응하시면서
入深法界方便門 깊은 법계의 방편 문에 들어가도록
廣大無邊悉開演 광대하고 끝없는 말씀으로 빠짐없이 널리 펴시고 여신다네.

如來名號等世間 여래의 명호는 세간과 같기에
十方國土悉充徧 시방 국토에 가득하고 빠짐이 없으며
一切方便無空過 모든 방편이 헛되지 않고
調伏衆生皆離垢 중생들을 조복시켜 모든 티끌에서 벗어나게 하신다네.

佛於一切微塵中 부처님이 일체 모든 티끌 속에서
示現無邊大神力 끝이 없는 큰 신통의 힘을 나타내 보이시면서

悉坐道場能演說 도량에 앉아 연설하시니
如佛往昔菩提行 부처님이 지난 옛적에 행하시던 보리의 행과 같다네.

三世所有廣大劫 삼세가 가지고 있는 광대한 겁 동안
佛念念中皆示現 부처님은 생각마다 다 나타내 보이시니
彼諸成壞一切事 삼세에서 이루어지고 무너지는 모든 일체의 일들을
不思議智無不了 생각으로 미루어 헤아릴 수 없는 지혜로 밝게 아신다네.

佛子衆會廣無限 불자들이 모여든 그 대중을 헤아릴 수가 없고
欲共測量諸佛地 하고자 하는 일과 함께 모든 부처님의 지위를 헤아리고자 하지만
諸佛法門無有邊 모든 부처님의 법문은 끝이 없기에
能悉了知甚爲難 분명하게 다 알기에는 매우 어려운 일이라네.

佛如虛空無分別 부처님은 허공과 같이 분별이 없고
等眞法界無所依 참된 법계와 같아서 의지할 것이 없으며
化現周行靡不至 변하여 바뀌면서 두루 행하되 미치지 않는 곳이 없기에
悉坐道場成正覺 모든 도량에 앉아서 바른 깨우침을 이루신다네.

佛以妙音廣宣暢 부처님이 빼어난 음성으로 널리 베풀어 펼치시면서
一切諸地皆明了 일체 모든 지위를 빠짐없이 분명하게 알아서 마치고
普現一一衆生前 중생들의 눈앞에 일일이 나타나
盡與如來平等法 여래의 평등한 법을 남김이 없이 더불어 하신다네.

신주행회향십지의 각각 10의 자리와 등각 금강혜 묘각의 3자리를 합한 53의 수보살행 차례(復次)를 따라 이르자면, 정덕묘광보살마하살은 시방세계의 보살 모임에 가서 도량을 두루 장엄하는 해탈문을 얻었고 보덕최승등광조보살마하살은 한순간에 다함이 없는 정각의 문을 나타내고 중생계를 가르치고 이끌어서 성숙하게 하는 해탈문을 얻었으며, 보광사자당보살마하살은 보살의 복과 덕을 닦고 익혀서 모든 부처님의 국토를 장엄하는 해탈문을 얻었고 보보염묘광보살마하살은 부처님의 신통한 경계를 자세하게 관찰하고 미혹이 없는 해탈문을 얻었으며, 보음공덕해당보살마하살은 많은 무리가 모인 도량 가운데서

모든 부처님의 국토, 이 국토의 장엄을 나타내 보이는 해탈문을 얻었고 보지광조여래경보살마하살은 여래를 쫓고 따라서 깊고도 깊은 큰 법계의 장을 자세하게 관찰하는 해탈문을 얻었으며, 보각열의성보살마하살은 모든 부처님을 친근하게 섬기면서 공양하는 장 해탈문을 얻었고 보청정무진복위광보살마하살은 모든 신통한 변화를 내서 광대하게 부처와 중생이 하나가 되는 경지로 들어가는 해탈문을 얻었으며, 보보계화당보살마하살은 모든 세간의 행으로 널리 들어가 보살이 끝없는 행의 문을 낳게 하는 해탈문을 얻었고 보상최승광보살마하살은 마주할 모양이나 상태가 없는 법계 가운데서 모든 부처님의 경계를 능히 나타내는 해탈문을 얻었다.

　復次 淨德妙光菩薩摩訶薩 得徧往十方菩薩衆會莊嚴道場解脫門 普德最勝燈光照菩薩摩訶薩 得一念中 現無盡成正覺門敎化成熟不思議衆生界解脫門 普光師子幢菩薩摩訶薩 得修習菩薩福德莊嚴出生一切佛國土解脫門 普寶焰妙光菩薩摩訶薩 得觀察佛神通境界無迷惑解脫門 普音功德海幢菩薩摩訶薩 得於一衆會道場中示現一切佛土莊嚴解脫門 普智光照如來境菩薩摩訶薩 得隨逐如來觀察甚深廣大法界藏解脫門 普覺悅意聲菩薩摩訶薩 得親近承事一切佛供養藏解脫門 普淸淨無盡福威光菩薩摩訶薩 得出生一切神變廣大加持解脫門 普寶髻華幢菩薩摩訶薩 得普入一切世間行出生菩薩無邊行門解脫門 普相最勝光菩薩摩訶薩 得能於無相法界中出現一切諸佛境界解脫門

註解 10신의 상수가 되는 열 분이 얻은 법의 서술과 아래는 정덕묘광보살마하살의 게송이다. 10신의 해탈 경계를 이른다.

　바로 이때 정덕묘광보살마하살이 부처님의 위신력을 받들어 모든 보살의 해탈문 바다를 자세하게 두루 살펴보고는 게송으로 말했다.
　爾時 淨德妙光菩薩摩訶薩 承佛威力 普觀一切菩薩解脫門海已 旣說頌言

十方所有諸國土 시방세계에 있는 모든 국토를
一刹那中悉嚴淨 한 찰나에 남김없이 깨끗하게 장엄하시고
以妙音聲轉法輪 빼어난 음성으로 법의 바퀴를 움직여 전하시니
普徧世間無與等 널리 세간에 두루 하고 비교할만한 이가 없다네.

如來境界無邊際 여래의 경계는 안쪽과 밖이 없지만

一念法界悉充滿 한 생각에 법계를 가득 채우고

一一塵中建道場 하나하나의 티끌 가운데 도량을 건립하면서

悉證菩提起神變 모두 보리를 증득하고는 신통한 변화를 일으킨다네.

佛尊往昔修諸行 부처님이 지난 옛적에 모든 행을 닦으실 때

經於百千無量劫 시작점 없는 백천 겁을 드나들면서

一切佛刹皆莊嚴 모든 부처님 세계를 다 장엄하시고

出現無礙如虛空 막힘이나 걸림 없는 허공과 같이 나타내 보이신다네.

佛神通力無限量 부처님의 신통한 힘은 헤아릴 수 없으며

充滿無邊一切劫 끝없는 모든 겁에 가득하고

假使經於無量劫 시작점 없는 무량한 겁을 지내시면서

念念觀察無疲厭 생각마다 자세하게 살펴보더라도 피곤하거나 싫어하지 않았다네.

汝應觀佛神通境 자네는 부처님의 신통한 경계를 자세하게 살펴보라.

十方國土皆嚴淨 시방의 모든 국토를 깨끗하게 장엄하시고

一切於此悉現前 모든 것을 눈앞에 남김없이 나타내는 일이란

念念不同無量種 생각마다 같지가 않기에 헤아릴 수 없이 많은 품류가 있다네.

觀佛百千無量劫 헤아릴 수 없는 백천 겁 동안 부처님을 보더라도

不得一毛之分限 한 털끝의 털끝만치도 얻기 어렵다네.

如來無礙方便門 여래의 막힘이나 걸림 없는 방편의 문

此光普照難思刹 이 밝은 빛이 생각으로는 미치기 어려운 세계를 찰나에 두루 비친다네.

如來往劫在世間 여래가 오랜 옛적 세간에 계시면서

承事無邊諸佛海 끝없는 모든 부처의 바다를 받들어 섬겼기에

是故一切如川鶩 이러한 까닭으로 모든 이들이 경쟁하듯이

咸來供養世所尊 다 함께 와서 공양하고 세상이 우러러 뵙는 것이라네.

如來出現徧十方 여래께서 시방에 널리 출현하시니

一一塵中無量土 낱낱의 티끌 가운데 헤아릴 수 없이 많은 국토라네.

其中境界皆無量 그 중의 경계가 또한 다 헤아릴 수가 없고
悉住無邊無盡劫 끝없고 다함이 없는 겁에 빠짐없이 머무신다네.

佛於曩劫爲衆生 부처님이 지난 겁 동안에 중생들을 위해
修習無邊大悲海 끝없는 큰 자비의 바다를 닦아서 익히고
隨諸衆生入生死 모든 중생을 따라 생사에 들어가
普化衆會令淸淨 많은 대중을 가르치고 바른길로 이끌어서 청정하게 하셨다네.

佛住眞如法界藏 부처님이 진여의 법계 장에 머무시니
無相無形離諸垢 마주할 모양도 형상도 없고 모든 허물에서 벗어났기에
衆生觀見種種身 중생들이 온갖 몸을 자세하게 살펴서 보고는
一切苦難皆消滅 모든 고난을 다 없애버린다네.

신주행회향십지의 각각 10의 자리와 등각 금강혜 묘각의 3자리를 합한 53의 수보살행 차례(復次)를 따라 이르자면, 해월광대명보살마하살은 보살의 모든 지위와 모든 바라밀을 내어서 중생을 가르쳐 바른길로 이끌고 일체 부처님의 국토를 깨끗하게 장엄하는 방편인 해탈문을 얻었고 운음해광이구장보살마하살은 생각할 때마다 온갖 차별되는 법계에 널리 들어가는 해탈문을 얻었으며, 지생보계보살마하살은 생각으로 미루어 헤아릴 수 없이 많은 겁 동안 모든 중생의 눈앞에 청정한 큰 공덕을 낳은 해탈문을 얻었고 공덕자재왕정광보살마하살은 시방의 모든 보살이 처음으로 도량에 나갈 때 온갖 것으로 장엄하는 해탈문을 얻었으며, 선용맹연화계보살마하살은 모든 중생의 근기와 이해를 따라서 모든 부처님의 법을 널리 드러내어 보이는 해탈문을 얻었고 보지운일당보살마하살은 여래의 지혜를 성취하고 헤아릴 수 없이 많은 겁 동안 영원히 머무는 해탈문을 얻었으며, 대정진금강제보살마하살은 끝이 없는 모든 법인(法印)에 들어가는 힘의 해탈문을 얻었고 향염광당보살마하살은 현재 모든 부처님이 처음에 보살행을 닦고 지혜를 모아 성취하는 일에 이르기까지 나타내어 보이는 해탈문을 얻었으며, 대명덕심미음보살마하살은 비로자나의 모든 큰 원력 바다에 편안하게 머무는 해탈문을 얻었고 대복광지생보살마하살은 법계에 두루 한 여래의 깊고 깊은 경계를 나타내어 보이는 해탈문을 얻었다.

復次 海月光大明菩薩摩訶薩 得出生菩薩諸地諸波羅密敎化衆生及嚴淨一切佛國土方便解脫門 雲音海光離垢藏菩薩摩訶薩 得念念中普入法界種種差別處解脫門 智

生寶髻菩薩摩訶薩 得不可思議劫於一切衆生前現淸淨大功德解脫門 功德自在王淨
光菩薩摩訶薩 得普見十方一切菩薩初詣道場時種種莊嚴解脫門 善勇猛蓮華髻菩薩
摩訶薩 得隨諸衆生根解海普爲顯示一切佛法解脫門 普智雲日幢菩薩摩訶薩 得成就
如來智永住無量劫解脫門 大精進金剛臍菩薩摩訶薩 得普入一切無邊法印力解脫門
香焰光幢菩薩摩訶薩 得顯示現在一切佛始修菩薩行乃至成就智慧聚解脫門 大明德
深美音菩薩摩訶薩 得安住毘盧遮那一切大願海解脫門 大福光智生菩薩摩訶薩 得顯
示如來徧法界甚深境界解脫門

註解 초발심 주 우두머리가 되는 열 분의 서술과 아래는 해월광대명보살마하살의 게송이다. 십주 중 제1주 초발심
주의 해탈 경계를 이른다.

   바로 그때 해월광대명보살마하살이 부처님의 위신력을 받들어 모든 보살의 장엄 바다
를 자세하게 두루 살펴보고 게송으로 말했다.
   爾時 海月光大明菩薩摩訶薩 承佛威力 普觀一切菩薩衆莊嚴海已 旣說頌言

諸波羅蜜及諸地 모든 바라밀과 모든 지위에 이르기까지
廣大難思悉圓滿 광대한 까닭으로 생각으로는 미치기 어려운 것을 남김없이 다 원만하게
                 하고
無量衆生盡調伏 헤아릴 수 없이 많은 중생을 조복시키며
一切佛土皆嚴淨 모든 국토를 다 깨끗하게 장엄하신다네.

如佛敎化衆生界 부처님이 중생계를 가르쳐서 바른길로 이끄심이
十方國土皆充滿 시방의 모든 국토에 빠짐없이 가득 차고
一念心中轉法輪 한 번의 생각에 법륜을 굴려서
普應群情無不徧 중생들의 뜻에 응하시는 일이 널리 두루 하다네.

佛於無量廣大劫 부처님이 헤아릴 수 없는 광대한 겁 동안
普現一切衆生前 모든 중생 눈앞에 두루 나타나
如其往昔廣修治 지난 옛적에 널리 닦고 수행하셨듯이
示彼所行淸淨處 중생들에게 행할 바 청정한 곳을 보여주신다네.

我睹十方無有餘 내가 시방세계를 남음이 없이 모두 보고
亦見諸佛現神通 또 모든 부처님이 나타내는 신통력을 보니
悉坐道場成正覺 모든 분이 도량에 앉으시어 정각을 이루시고
衆會聞法共圍遶 모임에 모인 많은 이들이 법을 듣고자 함께 둘러앉았다네.

廣大光明佛法身 밝은 빛으로 넓고 크신 부처님의 법신이
能以方便現世間 방편으로 이 세상에 능히 나타나시어
普隨衆生心所樂 중생들이 즐거워하는 마음을 따라
悉稱其根而雨法 그 근기에 따라 남김없이 법을 내리신다네.

眞如平等無相身 마주 대할 모양이나 상태가 없는 진여 평등의 몸(如來智身)과
離垢光明淨法身 허물을 벗어나 밝고 환한 깨끗한 법신(般若智身)과
智慧寂靜身無量 헤아릴 수 없이 많은 지혜의 고요한 몸으로
普應十方而演法 시방세계에 널리 응하시면서 법을 설하신다네.

法王諸力皆淸淨 법왕의 모든 힘은 청정하시고
智慧如空無有邊 지혜는 허공과 같아서 끝닿는 데가 없으며,
悉爲開示無遺隱 조금도 남기거나 숨김없이 다 열어 보여서
普使衆生同悟入 중생들이 함께 깨우침을 깨달아 증득하게 하신다네.

如佛往昔所修治 부처님이 지난 옛적에 닦고 다스린 일과 같이
乃至成於一切智 모든 지혜를 이루신 일에 이르기까지
今放光明徧法界 지금 밝은 빛을 놓아 법계에 두루 하다네.
於中顯現悉明了 그 가운데 분명하게 나타내시어 남김없이 깨달아 얻고 마치게 하신다네.

佛以本願現神通 부처님이 본원(本願)으로 신통함을 나타내시니
一切十方無不照 일체 시방세계에 비치지 않는 곳이 없고
如佛往昔修治行 부처님이 지난 옛적에 닦고 다스린 행을
光明網中皆演說 광명의 그물 가운데서 말씀하신다네.

十方境界無有盡 시방세계의 경계는 다 함이 없으며

無等無邊各差別 비길만한 것이 없고 끝이 없이 제각각 다르기에
佛無礙力發大光 부처님이 막힘이나 걸림 없는 힘으로 큰 광명을 일으켜
一切國土皆明顯 모든 국토를 빠짐없이 다 밝게 드러낸다네.

　바로 이때 여래의 사자좌에서 많은 보배와 미묘한 꽃과 바퀴와 좌대, 계단과 모든 창문에 이르기까지 이와 같은 모든 장엄구 하나하나의 속에서 부처 세계의 티끌 수와 같은 보살마하살이 나왔다. 그들의 이름을 이르자면 해혜자재신통왕보살마하살, 뇌음보진보살마하살, 중보광명계보살마하살, 대지일용맹혜보살마하살, 부사의공덕보지인보살마하살, 백목연화계보살마하살, 금염원만광보살마하살, 법계보음보살마하살, 운음정월보살마하살, 선용맹광명당보살마하살이다. 이와 같은 분들이 우두머리가 되고 수많은 부처 세계의 티끌 수 같은 이들이 동시에 나타났다.

　爾時 如來師子之座 衆寶 妙華 輪臺 基陛 及諸戶牖 如是一切莊嚴具中 一一各出佛刹微塵數菩薩摩訶薩 其名曰 海慧自在神通王菩薩摩訶薩 雷音普震菩薩摩訶薩 衆寶光明髻菩薩摩訶薩 大智日勇猛慧菩薩摩訶薩 不思議功德寶智印菩薩摩訶薩 百目蓮華髻菩薩摩訶薩 金焰圓滿光菩薩摩訶薩 法界普音菩薩摩訶薩 雲音淨月菩薩摩訶薩 善勇猛光明幢菩薩摩訶薩 如是等而爲上首 有衆多佛刹微塵數同時出現

　이 모든 보살이 온갖 공양 구름을 제각기 일으키니, 이른바 모든 지혜의 보배로운 꽃구름, 모든 연꽃의 빼어난 향기 구름, 모든 보배의 원만한 구름, 끝이 없는 경계의 향기로운 불꽃 구름, 밝게 비치는 바퀴의 광명 구름, 모든 듣기 좋은 음악의 소리 구름, 마주한 모양이나 상태가 끝없이 모든 보배 등 빛으로 타오르는 불꽃 구름, 모든 보배 나무의 가지에 피는 꽃과 열매 구름, 모든 장엄구의 마니왕 구름 등이었다. 이와 같은 모든 공양 구름이 부처 세계의 티끌 수와 같았으며, 모든 보살이 제각각 이와 같은 공양 구름을 일으켜서 일체 모든 도량의 대중 바다에 내려서 서로가 이어받으며 끊어지지 않았다.

　此諸菩薩 各興種種供養雲 所謂 一切摩尼寶華雲 一切蓮華妙香雲 一切寶圓滿光雲 無邊境界香焰雲 日藏摩尼輪光明雲 一切悅意樂音雲 無邊色相一切寶燈光焰雲 衆寶樹枝華果雲 無盡寶淸淨光明摩尼王雲 一切莊嚴具摩尼王雲 如是等諸供養雲 有佛世界微塵數 彼諸菩薩 一一皆興如是供養雲 雨於一切道場衆海 相續不絶

그리고 이러한 구름을 나타내고는 세존을 중심에 두고 오른쪽으로 시작점 없는 백천 겁을 지나 돌며, 제각기 온 방향을 따라 부처님이 계신 곳에서 멀지 않은 곳에 끝없는 온갖 보배로운 연꽃 사자좌를 만들어 제각각 그 위에 결가부좌하고 앉았다. 이 모든 보살이 행하는 바는 청정하며, 광대함이 바다와 같았다. 지혜의 빛을 비추는 넓은 문의 법을 얻었고 모든 부처님을 따라 거스름 없이 행하는 바가 막힘이나 걸림이 없으며, 모든 변재의 법 바다에 능히 들어갔고 생각으로 미루어 헤아릴 수 없는 해탈의 법문을 얻었으며, 여래의 넓은 문의 지위에 머무르고 이미 모든 다라니를 얻어서 일체 법 바다를 거두어들이고 남김없이 담았으며, 삼세에 평등한 지혜의 자리에 선근으로 머물고 이미 깊은 믿음으로 넓고 큰 즐거움과 기쁨을 얻었으며, 끝이 없는 복을 모아서 지극한 선근으로 청정하게 하였으며, 허공과 법계를 자세하게 살펴보는 일이 미치지 않는 곳이 없었으며, 시방세계의 모든 국토에 출현하시는 부처님들을 한 분도 빠트리지 않고 부지런히 공양하였다.

現是雲已 右遶世尊 經無量百千帀 隨其方面 去佛不遠 化作無量種種寶蓮華師子之座 各於其上 結跏趺坐 是諸菩薩 所行淸淨廣大如海 得智慧光照普門法 隨順諸佛所行無礙 能入一切辯才法海 得不思議解脫法門 住於如來普門之地 已得一切陀羅尼門 悉能容受一切法海 善住三世平等智地 已得深信 廣大喜樂 無邊福聚 極善淸淨 虛空法界靡不觀察 十方世界一切國土 所有佛興 咸勤供養

바로 그때 해혜자재신통왕보살마하살이 부처님의 위신력을 받들어 모든 도량과 그 대중의 바다를 자세하게 두루 살펴보고는 게송으로 말했다.

爾時 海慧自在神通王菩薩摩訶薩 承佛威力 普觀一切道場衆海 旣說頌言

諸佛所悟悉已知 모든 부처님의 깨우침을 깨달아 얻는 바를 이미 남김없이 아시고
如空無礙皆明照 막힘이나 걸림 없는 허공과 같이 다 밝게 비치며
光徧十方無量土 밝은 빛이 헤아릴 수 없는 시방의 국토에 두루 하여
處於衆會普嚴潔 대중의 모임에 계시면서 널리 장엄하고 깨끗이 하신다네.

如來功德不可量 여래의 공과 덕은 헤아릴 수 없이 많아서
十方法界悉充滿 시방의 법계에 빠짐없이 가득 하고
普坐一切樹王下 보리수 아래 모두 앉아 계시니
諸大自在共雲集 크게 자재한 모든 이들이 구름처럼 모인다네.

佛有如是神通力 부처님은 이와 같은 신통한 힘이 있어서
一念現於無盡相 한 생각에 다 함이 없는 모양이나 상태를 나타내시고
如來境界無有邊 여래의 경계는 끝닿는 데가 없기에
各隨解脫能觀見 각각 스스로 해탈문을 따라 능히 자세하게 살펴본다네.

如來往昔經劫海 여래가 지난 옛적 시작점 없는 겁의 바다에서
在於諸有勤修行 세간에 계시듯 부지런히 수행하시고
種種方便化衆生 가지가지의 방편으로 중생들을 가르쳐서 바른길로 이끄시며
令彼受行諸佛法 그들이 모든 불법을 받아들여 행하게 하신다네.

毘盧遮那具嚴好 비로자나 부처님이 상호를 장엄하게 갖추고
坐蓮華藏師子座 연화장의 사자좌에 앉아 계시니
一切衆會皆淸淨 회중에 모인 모든 이들이 다 청정하여
寂然而住同瞻仰 편안하게 머물면서 함께 우러러본다네.

摩尼寶藏放光明 마니 보배의 장에서 광명을 놓고
普發無邊香焰雲 향기로운 불꽃 구름을 끝없이 일으키며
無量華纓共垂布 헤아릴 수 없이 많은 꽃과 줄기가 드리워져 있다네.
如是座上如來坐 이와 같은 자리 위에 여래께서 앉아 계신다네.

種種嚴飾吉祥文 가지가지로 장엄하여 꾸며진 길상의 무늬에
恒放燈光寶焰雲 항상 등불의 빛과 보배로운 불꽃 구름을 놓은 것이
廣大熾然無不照 광대하고 불길이 거세서 비치지 않은 곳이 없다네.
牟尼處上增嚴好 모니가 위에 계시면서 엄숙하고 아름다움을 더하신다네.

種種摩尼綺麗窗 온갖 마니 비단으로 치장된 아름다움과 창과
妙寶蓮華所垂飾 빼어난 보배의 연꽃으로 드리워져 꾸며져 있고
恒出妙音聞者悅 항상 빼어난 음성을 내어 듣는 자로 하여 기쁘게 한다네.
佛坐其上特明顯 부처님이 그 위에 앉아 계시니 특히나 밝게 빛나신다네.

寶輪承座半月形 자리를 받친 보배 바퀴가 반달의 형상이며

金剛爲臺色焰明 금강으로 받쳐진 좌대의 색은 빛으로 찬란하고
持髻菩薩常圍遶 지계보살이 늘 주위를 둘러싼다네.
佛在其中最光耀 부처님이 그중에서 가장 빛나고 빛나신다네.

種種變化滿十方 온갖 변화가 시방세계에 가득하고
演說如來廣大願 여래의 광대한 원을 말씀하시면서
一切影像於中現 모든 그림자와 형상이 그 가운데 나타난다네.
如是座上佛安坐 이와 같은 자리 위에 부처님이 편안히 앉아 계신다네.

바로 이때 뇌음보진보살마하살이 부처님의 위신력을 받들어 모든 도량의 대중 바다를 널리 살펴보고는 게송으로 말했다.
爾時 雷音普震菩薩摩訶薩 承佛威力 普觀一切道場衆海 旣說頌言

世尊往集菩提行 세존이 예전에 다니시면서 보리의 행을 모으실 때
供養十方無量佛 시방세계의 헤아릴 수 없이 많은 부처님을 공양하시고
善逝威力所加持 선근으로 가신 강력한 힘으로 깨우침과 번뇌가 하나가 되는 경지를
如來座中無不睹 여래의 자리에서 모두 보신다네.

香焰摩尼如意王 향기로운 불꽃 마니의 여의주와
塡飾妙華師子座 빼어난 꽃으로 가득 채워서 꾸며진 사자좌는
種種莊嚴皆影現 온갖 장엄의 그림자로 다 나타나니
一切衆會悉明矚 일체 대중이 남김없이 밝고 자세하게 본다네.

佛座普現莊嚴相 부처님의 자리에 널리 나타난 웅장함과 위엄은
念念色類各差別 생각에 따라 색의 종류가 제각각 차별이 있어서
隨諸衆生解不同 모든 중생의 이해함을 따라 같지 않다네.
各見佛坐於其上 때문에 부처님이 그 위에 앉아 계심을 제각각 본다네.

寶枝垂布蓮華網 보배로운 가지마다 연꽃 그물을 넓게 펴서 드리우고
華開踊現諸菩薩 꽃이 필 때 모든 보살이 뛸 듯이 나타나

各出微妙悅意聲 제각기 기쁨에 들뜬 빼어난 소리를 내시니

稱讚如來坐於座 자리에 앉아 계신 여래가 칭찬하신다네.

佛功德量如虛空 부처님의 공과 덕은 허공과 같고

一切莊嚴從此生 모든 웅장함과 위엄, 엄숙함은 이를 좇아 남이니

一一地中嚴飾事 하나하나의 지위마다 웅장하고 위엄 있게 꾸미는 일을

一切衆生不能了 중생들 가운데 그 누구도 깨달아 알지 못한다네.

金剛爲地無能壞 지위가 금강(金剛般若智)으로 되어 있어 무너뜨릴 수 없고

廣博淸淨極夷坦 넓고 크면서 깨끗하고 지극히 평탄하며

摩尼爲網垂布空 마니로 된 그물로 허공에 가득 드리워져 있으니

菩提樹下皆周徧 보리수 아래 모든 것이 두루두루 하다네.

其地無邊色相殊 그 자리(金剛般若智)가 끝이 없고 마주한 모양이나 상태가 뛰어나며

眞金爲末布其中 금가루를 그 위에 편 것과 같고

普散名華及衆寶 이름 있는 꽃과 많은 보배를 널리 흩뜨려서

悉以光瑩如來座 빠짐없이 빛으로 여래의 자리를 거울과 같이 맑게 한다네.

地神歡喜而踊躍 땅의 신들이 즐거워하며 뛸 듯이 기뻐하고

刹那示現無有盡 찰나에 나타나더라도 다함이 없으며

普興一切莊嚴雲 모든 웅장함과 위엄, 엄숙한 구름을 널리 일으켜서

恒在佛前瞻仰住 항상 부처님 앞에 있으면서 우러러 사모하며 머문다네.

寶燈廣大極熾然 보배로운 등불은 광대하고 불길이 타오르듯 지극하며

香焰流光無斷絕 향기로운 불꽃의 밝은 빛이 흐르면서 끊어지지 않고

隨時示現各差別 때를 따라 나타남이 여러 가지로 다르다네.

地神以此爲供養 땅의 신들이 이것으로써 공양으로 삼는다네.

十方一切刹土中 시방세계의 모든 국토 가운데

彼地所有諸莊嚴 땅에 있는 모든 웅장함과 위엄, 엄숙함이

今此道場無不現 지금 이 도량에 나타나는 것은

以佛威神故能爾 부처님의 강력한 신력으로 능히 그러하다네.

곧바로 중보광명계보살마하살이 부처님의 위신력을 받들어 도량에 모인 모든 대중의 바다를 자세하게 두루 살펴보고는 게송으로 말했다.
爾時 衆寶光明髻菩薩摩訶薩 承佛威力 普觀一切道場衆海 旣說頌言

世尊往昔修行時 세존께서 지난 옛적 수행하실 때
見諸佛土皆圓滿 모든 불국토가 다 두루 원만함을 보시고
如是所見地無盡 이와 같이 보이는 땅이 다함이 없으며
此道場中皆顯現 이 도량 가운데 모두 다 명백하게 나타내신다네.

世尊廣大神通力 세존의 광대한 신통의 힘은
舒光普雨摩尼寶 빛을 넓게 펴서 마니보배의 비를 내리고
如是寶藏散道場 이와 같은 보배로운 장을 도량에 내놓으시니
其地周迴悉嚴麗 그 땅을 두루 휘돌아 웅장하고 화려하게 남김없이 꾸미신다네.

如來福德神通力 여래의 복덕과 신통한 힘으로
摩尼妙寶普莊嚴 마니의 빼어난 보배를 널리 장엄하니
其地及以菩提樹 그 땅과 보리수에 이르기까지
遞發光音而演說 번갈아 빛과 소리를 일으켜 널리 펴서 설하신다네.

寶燈無量從空雨 보배로운 등불이 헤아릴 수 없이 많은 허공을 따라 내리고
寶王間錯爲嚴飾 보배 왕이 틈과 틈 사이를 웅장하고 위엄 있게 꾸며서
悉吐微妙演法音 남김없이 미묘한 법을 널리 펴서 말씀으로 드러내니
如是地神之所現 이와 같음은 땅의 신들이 나타내는 일이라네.

寶地普現妙光雲 보배로운 땅에 빼어난 빛 구름이 널리 나타나고
寶炬焰明如電發 보배로운 등불의 불꽃이 번개를 일으키는 것과 같으며
寶網遐張覆其上 보배로운 그물이 위에 두루 덮이니
寶枝雜布爲嚴好 보배로운 가지가 어우러져 웅장하고 엄숙하게 보기 좋게 꾸며진다네.

汝等普觀於此地 이러한 땅을 너희들은 두루 보아야 하니
種種妙寶所莊嚴 온갖 빼어난 보배로 장엄한 바이며
顯示衆生諸業海 중생들에게 모든 업의 바다를 드러내 보여서
令彼了知眞法性 그들이 참된 법의 성품을 깨달아 알고 마치게 하는 것이라네.

普徧十方一切佛 널리 시방세계에 두루 한 부처님들이
所有圓滿菩提樹 가지고 있는 원만한 보리수가
莫不皆現道場中 모든 도량 중에 나타나지 않는 데가 없으니
演說如來淸淨法 여래의 청정한 법을 널리 펴서 설하는 것이라네.

隨諸衆生心所樂 모든 중생이 마음으로 즐거워하는 것을 따라
其地普出妙音聲 그 땅에서 두루 빼어난 소리를 내니
如佛座上所應演 부처님이 자리 위에서 말씀하신 것과 같이
一一法門咸具說 하나하나의 법문을 모두 갖추고 말 하신다네.

其地恒出妙香光 그 땅에서 항상 빼어난 향기의 빛을 발하고
光中普演淸淨音 빛 가운데서 청정한 음성으로 널리 말씀하시니
若有衆生堪受法 그와 같은 중생이 뛰어나서 법을 받아들이면
悉使得聞煩惱滅 남김없이 들음을 듣는 일을 얻어 번뇌를 없앤다네.

一一莊嚴悉圓滿 하나하나의 웅장하고 위엄 있음이 모두 원만하기에
假使億劫無能說 가령 억겁을 두고 말해도 다 할 수 없으며
如來神力靡不周 여래의 신통한 힘으로 두루 미치지 않은 곳이 없다네.
是故其地皆嚴淨 이러한 까닭으로 그 땅이 모두 엄숙해지고 깨끗해진다네.

바로 그때 대지일용맹혜보살마하살이 부처님의 위신력을 받들어 모든 도량의 대중 바다를 두루 살펴보고 게송으로 말했다.
爾時 大智日勇猛慧菩薩摩訶薩 承佛威力 普觀一切道場衆海 既說頌言

世尊凝眸處法堂 세존의 맑고 밝은 눈이 법당에 머무르니
炳然照耀宮殿中 궁전 안을 두루 밝게 비쳐서 찬란하게 빛나고
隨諸衆生心所樂 중생들이 마음으로 즐거워하는 모든 것을 따라
其身普現十方土 그 몸을 시방 국토에 두루 나타내신다네.

如來宮殿不思議 여래의 궁전은 생각으로 미루어 알 수 없고
摩尼寶藏爲嚴飾 마니의 보배로운 장으로 웅장하고 위엄 있게 꾸며졌으며
諸莊嚴具咸光耀 모든 장엄구에서 두루 빛을 발하니
佛坐其中特明顯 그 가운데 앉은 부처가 특히나 밝게 드러나신다네.

摩尼爲柱種種色 마니로 만들어진 기둥에서 온갖 색들과
眞金鈴鐸如雲布 진금으로 만든 풍경 소리가 구름같이 퍼지듯
寶階四面列成行 보배계단이 사면으로 행렬을 이루고
門闥隨方咸洞啓 문과 창호가 방위를 따라 활짝 열렸다네.

妙華繪綺莊嚴帳 빼어난 꽃과 같은 고운 비단으로 장엄한 휘장은
寶樹枝條共嚴飾 보배 나무의 가지와 가지로 함께 웅장하고 위엄 있게 꾸며졌고
摩尼瓔珞四面垂 마니 구슬로 사면을 드리웠으니
智海於中湛然坐 지혜의 바다 그 가운데 맑게 앉아 계신다네.

摩尼爲網妙香幢 마니로 그물망이 되고 빼어난 향기로는 당기로 하고
光焰燈明若雲布 광염 등의 밝음이 구름을 편 것과 같으며
覆以種種莊嚴具 온갖 장엄구로 덮이어 있으니
超世正知於此坐 세상을 초월해 바르게 아는 이가 이곳에 앉아 계심이라네.

十方普現變化雲 시방세계에 변화하는 구름을 널리 나타내고
其雲演說徧世間 그 구름을 널리 펴서 설함이 세간에 두루 하며
一切衆生悉調伏 모든 중생을 남김없이 조복시키니
如是皆從佛宮現 이와 같은 모두 부처님을 쫓아 궁전에 나타난다네.

摩尼爲樹發妙華 마니를 나무로 삼아 말할 수 없이 빼어난 꽃을 피우니

十方所有無能匹 시방세계의 어떠한 꽃도 짝할 수가 없고
三世國土莊嚴事 삼세의 국토를 장엄하는 일이
莫不於中現其影 짝할 수 없는 가운데 그 그림자로 나타난다네.

處處皆有摩尼聚 곳곳마다 빠짐없이 마니의 무리가 있고
光焰熾然無量種 빛의 불꽃이 거세게 타오르니 종자가 헤아릴 수 없이 많으며
門牖隨方相間開 문과 창이 사방을 따라 마주 대하고 열리니
棟宇莊嚴極殊麗 용마루의 웅장하고 위엄 있음이 지극히 빼어나고 곱다네.

如來宮殿不思議 여래의 궁전은 생각으로 미루어 알 수 없으며
清淨光明具衆相 청정한 밝은 빛으로 온전하게 마주할 모양이나 상태를 갖추니
一切宮殿於中現 모든 궁전이 그 가운데 나타나고
一一皆有如來坐 궁전 하나하나마다 빠짐없이 여래의 자리가 있다네.

如來宮殿無有邊 여래의 궁전은 끝닿은 데가 없고
自然覺者處其中 자연히 깨달은 이들이 그 가운데 계시니
十方一切諸衆會 시방에서 모인 일체 모든 대중이
莫不向佛而來集 부처님을 향해 와서 모인다네.

그때 부사의공덕보지인보살마하살이 부처님의 위신력을 받들어 모든 도량의 대중 바다를 두루 살펴보고 게송으로 말했다.
爾時 不思議功德寶智印菩薩摩訶薩 承佛威力 普觀一切道場衆海 旣說頌言

佛昔修治衆福海 부처님이 예전에 닦고 다스린 많은 복의 바다는
一切刹土微塵數 일체 모든 세계의 티끌 수와도 같고
神通願力所出生 신통한 소원의 힘으로 출생한 일이라
道場嚴淨無諸垢 도량이 엄숙하고 깨끗하기에 모든 허물이 없다네.

如意珠王作樹根 여의주 왕으로 보리수의 뿌리를 일으키고
金剛摩尼以爲身 금강 마니는 몸으로 삼고

寶網遐施覆其上 그 위에 보배 그물망을 펼쳐 덮으니
妙香氛氳共旋繞 말할 수 없이 빼어난 향기로운 기운이 에워싼다네.

樹枝嚴飾備衆寶 나뭇가지를 웅장하고 엄숙하게 꾸미는 일에 많은 보배를 갖추고
摩尼爲幹爭聳擢 마니를 줄기로 삼아 우뚝 솟구쳐 오르니
枝條密布如重雲 무성한 가지가 겹쳐있는 구름과 같다네.
佛於其下坐道場 부처님이 그 아래 도량에 앉으셨다네.

道場廣大不思議 도량은 광대해서 생각으로 미루어 알 수가 없고
其樹周迴盡彌覆 그 나무가 주위를 돌아 가득하게 서 있으며
密葉繁華相庇暎 빽빽하게 들어찬 잎과 총총하게 핀 꽃들이 서로 감싸고 비치니
華中悉結摩尼果 꽃 가운데 마니가 열매를 맺고 있다네.

一切枝間發妙光 모든 나뭇가지마다 그 사이로 찬란한 빛을 일으켜
其光徧照道場中 그 빛이 도량 가운데를 두루 비치며
清淨熾然無有盡 청정하고 거센 불길이 다함이 없으니
以佛願力如斯睹 부처님의 원력으로 이같이 나타난다네.

摩尼寶藏以爲華 마니의 보배로운 장으로 꽃이 되고
布影騰輝若綺雲 짙게 드리운 그림자가 광채를 발함은 비단 구름과 같으며
帀樹垂芳無不徧 빙 둘러선 나무에서 꽃향기를 두루 드리우니
於道場中普嚴飾 온 도량을 장엄하게 꾸미는 일이라네.

汝觀善逝道場中 자네는 선근으로 가신 도량 가운데를 자세히 보라.
蓮華寶網俱清淨 연꽃과 보배로운 그물이 청정함을 갖추었다네.
光焰成輪從此現 빛의 불꽃이 바퀴가 되어 이를 좇아 나타나고
鈴音鐸響雲閒發 방울 소리의 울림이 구름 사이에서 일어난다네.

十方一切國土中 시방세계의 모든 국토 가운데
所有妙色莊嚴樹 말할 수 없이 빼어난 색으로 장엄한 나무가 있고
菩提樹中無不現 보리수 가운데 나타나지 않는 것이 없다네.

佛於其下離衆垢 부처님이 그 아래서 많은 허물을 벗어나신다네.

道場廣大福所成 도량의 광대함은 복으로 이루어진 일이며
樹枝雨寶恒無盡 나뭇가지에서 보배를 내리고 항상 다함이 없으니
寶中出現諸菩薩 보배 가운데 모든 보살이 출현하여
悉往十方供事佛 모두 시방세계로 가서 함께 부처님을 공양하고 섬긴다네.

諸佛境界不思議 모든 부처님의 경계는 생각으로 헤아려 알기가 어렵고
普令其樹出樂音 그 나무가 두루 즐거운 음악을 내게 하니
如昔所集菩提道 옛적에 모은 보리의 도와 같아서
衆會聞音咸得見 대중들이 이 소리를 듣고 다 함께 보는 일을 얻는다네.

그때 백목련화계보살마하살이 부처님의 위신력을 받들어 모든 도량의 대중 바다를 두루 살펴보고 게송으로 말했다.
爾時 百目蓮華髻菩薩摩訶薩 承佛威力 普觀一切道場衆海 旣說頌言

一切摩尼出妙音 모든 마니에서 말할 수 없이 빼어난 소리를 내어
稱揚三世諸佛名 삼세 부처님의 이름을 칭찬하니
彼佛無量神通事 부처님의 헤아릴 수 없이 많은 신통한 일을
此道場中皆現睹 이 도량 가운데서 나타내어 모두 보게 하신다네.

衆華競發如纓布 많은 꽃이 활짝 피어나니 옥구슬 목걸이를 드리운 것과 같고
光雲流演徧十方 빛의 구름이 흘러나와 시방세계에 두루 하며
菩提樹神枝向佛 보리수의 신통한 가지가 부처님을 향하니
一心瞻仰爲供養 한마음으로 우러러 사모하면서 공양한다네.

摩尼光焰悉成幢 마니의 찬란하게 빛나는 불꽃이 남김없이 당기를 이루고
幢中熾然發妙香 당기 가운데 성한 불길처럼 빼어난 향기를 일으키며
其香普熏一切衆 그 향기가 모든 대중에게 두루 풍기니
是故其處皆嚴潔 이러한 까닭으로 그 처소가 다 엄숙해지고 깨끗해진다네.

蓮華垂布金色光 연꽃이 금색 광명을 드리우고
其光演佛妙聲雲 부처님의 빼어난 음성이 구름과 같이 그 밝은 빛으로 연설하니
普蔭十方諸刹土 시방의 모든 국토에 널리 그늘이 되어
永息衆生煩惱熱 중생의 뜨거운 번뇌를 영원히 쉬게 한다네.

菩提樹王自在力 보리수 왕의 속박이나 장애 없는 힘은
常放光明極清淨 항상 광명을 놓되 지극히 청정하여
十方衆會無有邊 시방세계에 끝닿는 데 없이 모인 대중들이
莫不影現道場中 이 도량 가운데 나타나지 않은 이가 없다네.

寶枝光焰若明燈 보배 가지의 찬란한 불꽃이 밝은 등불과 같고
其光演音宣大願 그 밝은 빛으로 설하는 소리가 큰 소원을 말하되
如佛往昔於諸有 부처님이 지난 옛적 모든 세간에서
本所修行皆具說 닦으시고 수행했던 바를 모두 갖추어 설하신다네.

樹下諸神刹塵數 나무 아래 모든 신이 세계의 티끌 수와 같지만
悉共依於此道場 모두가 이 도량에 의지하고
各各如來道樹前 제각각 여래의 보리수 앞에 계시면서
念念宣揚解脫門 생각마다 해탈 문을 널리 떨치신다네.

世尊往昔修諸行 세존께서 지난 옛적 모든 행을 닦으실 때
供養一切諸如來 일체 모든 여래께 공양하시니
本所修行及名聞 본래 수행했던 바와 세상에 널리 알려진 평판이나 명성이
摩尼寶中皆悉現 마니보배 가운데 남김없이 모두 나타난다네.

道場一切出妙音 모든 도량에서 말할 수 없이 빼어난 소리를 내니
其音廣大徧十方 그 소리가 광대해서 시방세계에 두루 하고
若有衆生堪受法 그와 같은 중생 중에 이 법을 거두어들이는 이가 있다면
莫不調伏令清淨 모두 다 조복시켜서 청정하게 할 것이라네.

如來往昔普修治 여래께서 지난 옛적에 널리 닦고 다스릴 때

一切無量莊嚴事 헤아릴 수 없이 장엄한 모든 일이란

十方一切菩提樹 시방세계의 모든 보리수

一一莊嚴無量種 이 하나하나의 나무마다 장엄한 일로서 헤아릴 수 없이 많은 씨앗이라네.

바로 그때 금염원만광보살마하살이 부처님의 위신력을 받들어 모든 도량의 대중 바다를 두루 살펴보고 게송으로 말했다.

爾時 金焰圓滿光菩薩摩訶薩 承佛威力 普觀一切道場衆海 旣說頌言

佛昔修習菩提行 부처님이 옛날에 보리 행을 닦고 익히실 때

於諸境界解明了 모든 경계를 이해하는 일에 있어서 분명하게 깨달아 알아서 마치시고

處與非處淨無疑 마음 둘 곳과 두지 않아야 할 곳을 깨끗이 하여 의심이 없으시니

此是如來初智力 이는 여래의 첫 지혜의 힘이라네.

如昔等觀諸法性 옛적에 모든 법의 성품이 가지런한 것을 보시고

一切業海皆明徹 모든 업의 바다를 다 분명하게 통하신 것처럼

如是今於光網中 이와 같이 지금 빛의 그물망 가운데서

普徧十方能具演 시방세계에 이를 갖추고 두루 널리 설하신다네.

往劫修治大方便 지난 겁 동안 큰 방편(如來智方便)을 닦고 다스려서

隨衆生根而化誘 중생의 근기를 따라 가르쳐 인도하고

普使衆會心淸淨 널리 모인 대중의 마음을 청정하게 하시니

故佛能成根智力 부처님께서 선근의 지혜로운 힘으로 이루신 까닭이라네.

如諸衆生解不動 모든 중생이 이해하는 일에 있어서 서로가 같지 않고

欲樂諸行各差別 하고자 하는 즐거운 모든 행을 각각 차별하니

隨其所應爲說法 그 응하는 바를 따라서 법을 설하시는 것은

佛以智力能如是 지혜의 힘으로써 부처님은 이와 같다네.

普塵十方諸剎海 시방 모든 세계의 바다에 두루 가득하고

所有一切衆生界 모든 중생계에 있는 것으로

佛智平等如虛空 부처님의 지혜는 가지런하여 허공과 같으며
悉能顯現毛孔中 남김없이 털구멍 가운데 밝게 드러내신다네.

一切處行佛盡知 모든 곳의 행을 부처님이 다 아시고
一念三世畢無餘 한 생각에 삼세의 일을 남음이 없이 모두 아시며
十方刹劫衆生時 시방세계의 시작점 없는 겁과 중생의 시간을
悉能開示令現了 남김없이 다 열어 보여서 분명하게 깨달아 알고 마치게 하신다네.

禪定解脫力無邊 선정과 해탈의 힘은 끝이 없으며
三昧方便亦復然 삼매의 방편 또한 그러하다네.
佛爲示現令歡喜 부처님이 이를 드러내고 또 보여주어 즐겁고 기쁘게 하며
普使滌除煩惱闇 번뇌로 인한 어둠을 씻어서 없애버린다네.

佛智無礙包三世 부처님의 지혜는 막힘이나 걸림 없이 삼세를 하나로 묶어서
刹那悉現毛孔中 털구멍 가운데 찰나에 남김없이 나타내시니
佛法國土及衆生 불법과 국토, 중생에 이르기까지
所現皆由隨念力 나타내는 일은 모두 다 생각을 따르는 지혜의 힘이라네.

佛眼廣大如虛空 부처님의 눈은 광대하기가 허공과 같아서
普見法界盡無餘 법계를 보는 일에 남음이 없이 다하시고
無礙地中無等用 막힘이나 걸림 없는 지위(阿耨多羅三藐三菩提) 가운데 쓰임이가 같지 않으
　　　　　　시니
彼眼無量佛能演 그 눈(菩提智)이 헤아릴 수 없이 많음을 부처님이 설하신다네.

一切衆生具諸結 모든 중생이 가지고 있는 모든 번뇌와
所有隨眼與習氣 분별력이 없고 더불어 배워 익힌 탁한 기운을
如來出現徧世間 여래께서 세간에 두루 출현해서
悉以方便令除滅 온갖 방편으로 남김없이 없애주신다네.

바로 이때 법계보음보살마하살이 부처님의 위신력을 받들어 일체 도량의 대중 바다를

자세하게 살펴보고 게송으로 말했다.

爾時 法界普音菩薩摩訶薩 承佛威力 普觀一切道場衆會海已 旣說頌言

佛威神力徧十方 부처님의 위신력은 시방세계에 두루 하며
廣大示現無分別 분별없이 광대하게 나타내어 보이시고
大菩提行波羅密 큰 보리의 행과 바라밀을
昔所滿足皆令見 옛적에 만족한바 그대로 보게 하신다네.

昔於衆生起大悲 옛적에 중생들을 위해 가엾이 여기는 큰마음을 내시고
修行布施波羅密 보시바라밀을 닦고 행하셨기에
以是其身最殊妙 이러한 일로 그 몸이 말할 수 없이 최고로 빼어났으며
能令見者生歡喜 보는 이들이 즐거움과 기쁨을 낳게 하신다네.

昔在無邊大劫海 지난 세월 시작점 없는 겁의 바다에서
修治淨戒波羅密 계율 바라밀을 청정하게 닦고 다스렸기에
故獲淨身徧十方 시방세계에 두루두루 한 청정한 몸을 얻어서
普滅世間諸重苦 세간의 모든 무거운 고통을 없애주신다네.

往昔修行忍淸淨 오랜 옛적에 수행해서 인욕을 청정히 하였고
信解眞實無分別 믿음과 이해함이 진실하여 분별이 없다네.
是故色相皆圓滿 이러한 까닭으로 마주한 모양이나 상태가 모두 다 원만해서
普放光明照十方 광명을 놓아 두루 시방세계를 비춘다네.

往昔勤修多劫海 지난 옛적 시작점 없는 많은 겁 동안 부지런히 닦아서
能轉衆生深重障 중생들의 깊은 업장을 능히 바꾸었으며
故能分身徧十方 중생을 제도하기 위한 분신이 시방세계에 두루 하시니
悉現菩提樹王下 모두 보리수 왕 아래에 나타나신다네.

佛久修行無量劫 부처님은 변함없이 또 헤아릴 수 없이 많은 겁 동안 수행하시고
禪定大海普淸淨 선정의 큰 바다가 두루 청정하시며
故令見者深歡喜 보는 이들에게 마음 깊이 즐거움과 기쁨을 주고

煩惱障垢悉除滅 번뇌로 인한 장애와 허물을 남김없이 없애주신다네.

如來往修諸行海 여래께서 옛적에 모든 행의 바다를 닦으시면서
具足般若波羅蜜 반야바라밀을 온전하게 갖추신다네.
是故舒光普照明 이러한 까닭으로 밝은 빛을 펴서 두루 밝게 비치니
克殄一切愚癡暗 모든 어리석고 못난 어둠을 끊어 버린다네.

種種方便化衆生 가지가지의 방편으로 중생을 가르쳐서 바른길로 이끌고
令所修治悉成就 닦고자 하는 행을 다스려서 남김없이 성취토록 하고
一切十方皆徧往 모든 시방세계를 빠짐없이 두루 다니며
無邊際劫不休息 끝없는 겁을 두고도 쉬지 않으신다네.

佛昔修行大劫海 부처님께서 옛적에 큰 겁의 바다를 수행하실 때
淨治諸願波羅蜜 모든 소원 바라밀을 청정하게 다스렸다네.
是故出現徧世間 이러한 까닭으로 세간에 두루 출현하셔서
盡未來際救衆生 오는 세상이 다하도록 중생을 구하신다네.

佛無量劫廣修治 부처님이 헤아릴 수 없이 많은 겁 동안
一切法力波羅密 모든 법력 바라밀을 닦고 바로 잡아 다스렸다네.
由是能成自然力 이로 말미암아 자연히 힘을 능히 이루고
普現十方諸國土 시방의 모든 국토에 나타나신다네.

佛昔修治普門智 부처님이 옛적부터 넓고 넓은 문의 지혜를 닦고 다스려서
一切智性如虛空 모든 지혜의 성품이 허공과 같다네.
是故得成無礙力 이러한 까닭으로 막힘이나 걸림 없는 힘을 이루고 얻어서
舒光普照十方刹 광명을 놓아 널리 시방세계를 밝게 비친다네.

바로 이때 운음정월보살마하살이 부처님의 위신력을 받들어 모든 도량의 대중 바다를 두루 살펴보고 게송으로 말했다.
爾時 雲音淨月菩薩摩訶薩 承佛威力 普觀一切道場衆會海已 旣說頌言

神通境界等虛空 신통하신 경계가 허공과 가지런하니

十方衆生靡不見 시방의 모든 중생 중 누가 못 보겠는가.

如昔修行所成地 옛적에 수행한 것과 같이 성취한 지위를

摩尼果中咸具說 마니의 과 가운데 모두 갖추고 설하신다네.

清淨勤修無量劫 헤아릴 수 없이 많은 겁 동안 청정하고 부지런하게 수행해서

入於初地極歡喜 초지(歡喜地.十地 中1 地)에 들어가 매우 즐거워하고 기뻐하며

出生法界廣大智 법계의 광대한 지혜를 출생하여

普見十方無量佛 시방의 헤아릴 수 없이 많은 부처님을 두루 본다네.

一切法中離垢地 모든 법 가운데 허물을 여읜 지위(離垢地.十地 中 2地)는

等衆生數持淨戒 중생의 수와 같은 청정한 계행을 지니고

已於多劫廣修行 이미 많은 겁 동안 넓게 닦았으며

供養無邊諸佛海 끝없는 모든 부처의 바다를 공양하였다네.

積集福德發光地 복과 덕을 모아 쌓은 지위(發光地.十地 中 3地)는

奢摩他藏堅固忍 사마타 장의 견고한 인이니

法雲廣大悉已聞 법 구름의 광대함을 이미 모두 듣고

摩尼果中如是說 마니의 과 가운데서 이와 같음을 설한다네.

焰海慧明無等地 불꽃 바다의 밝은 지혜로서 같이 할 무리가 없는 지위(焰慧地.十地 中4 地)는

善了境界起慈悲 깨우침을 깨달아 알고 마친 선근의 경계로 자비를 일으키고

一切國土平等身 모든 국토의 평등한 몸을

如佛所治皆演暢 부처님이 닦으신 대로 모두 말 하신다네.

普藏等門難勝地 널리 미치는 장(般若智藏)의 평등한 문(等覺)으로서 난승지(十地 中 5地)는

動寂相順無違返 움직임과 고요함이 서로에게 순하고 어기지 않으며

佛法境界悉平等 불법의 모든 경계가 남김없이 다 평등하니

如佛所淨皆能說 부처님의 청정함과 같이 모두 다 능히 말씀하신다네.

廣大修行慧海地 광대하게 수행하는 지혜 바다의 지위(現前地.十地 中 6地)는
一切法門咸徧了 모든 법문을 다 두루 하게 깨달아 알고 마치니
普現國土如虛空 널리 국토를 나타냄이 허공과 같고
樹中演暢此法音 보리수 가운데서 이러한 법의 소리를 말씀으로 펴신다네.

周徧法界虛空身 모든 법계에 두루두루 한 허공과 같은 몸으로
普照衆生智慧燈 널리 중생을 비추는 지혜의 등불은
一切方便皆淸淨 모든 방편으로 빠짐없이 청정하게 하고
昔所遠行今具演 옛적에 멀리 행한 일(遠行地.十地 中 7地)을 지금에서야 갖추고 말한다네.

一切願行所莊嚴 모든 원하는 것과 행할 바를 장엄해서
無量刹海皆淸淨 헤아릴 수 없이 많은 세계가 모두 청정해지고
所有分別無能動 그 어떠한 분별로도 움직일 수 없음을
此無等地咸宣說 이러한 견줄 것이 없는 지위(不動地.十地 中 8地)에서 다 말한다네.

無量境界神通力 헤아릴 수 없이 많은 경계의 신통한 힘은
善入敎法光明力 선근의 교법에 들어가는 광명의 힘이며
此是淸淨善慧地 이러한 일이 청정한 선혜지(十地 中 9地)이니
劫海所行皆備闡 시작점 없는 겁의 바다에서 행할 바 모든 것을 갖추고 드러낸다네.

法雲廣大第十地 법의 구름이 광대한 제10 지는
含藏一切徧虛空 일체 모든 장을 품어 허공에 두루 하고
諸佛境界聲中演 모든 부처님의 경계를 소리 가운데서 연설하시니
此聲是佛威神力 이러한 소리는 부처님의 위신력이라네.

    그때 선용맹광당보살마하살이 부처님의 위신력을 받들어 시방세계를 두루 살펴보고는
게송으로 말했다.
    爾時 善勇猛光幢菩薩摩訶薩 承佛威力 觀察十方 而說頌言

無量衆生處會中 헤아릴 수 없이 많은 중생의 모임 가운데
種種信解心淸淨 가지가지의 믿음과 이해로 마음이 청정하기에
悉能悟入如來智 남김없이 깨우침을 깨달아 얻는 여래의 지혜로 들어가
了達一切莊嚴境 일체 장엄의 경계를 분명하게 깨우쳐 알고 마친다네.

各起淨願修諸行 제각기 청정한 원을 일으켜 모든 행을 닦으면서
昔曾供養無量佛 옛적부터 거듭 헤아릴 수 없이 많은 부처님을 공양하고
能見如來眞實體 여래의 진실한 체와
及以一切諸神變 일체 모든 신통한 변화에 이르기까지 능히 본다네.

或有能見佛法身 늘 사람들은 부처님의 법신이
無等無礙普周徧 견줄 것이 없고 막힘이나 걸림 없이 널리 두루두루 하기에
所有無邊諸法性 끝이 없는 모든 법의 성품이
悉入其身無不盡 그 몸에 남김없이 다 들어감을 본다네.

或有見佛妙色身 어떤 이는 부처님의 빼어난 색신이
無邊色相光熾然 끝없는 빛깔로 찬란하게 빛나는 모습을
隨諸衆生解不同 모든 중생마다 이해하는 일이 다름을 따라
種種變現十方中 가지가지로 변하여 시방세계 가운데 나타남을 본다네.

或見無礙智慧身 그와 같이 막힘이나 걸림 없는 지혜의 몸을 보니
三世平等如虛空 삼세에 평등해서 허공과 같고
普隨衆生心樂轉 널리 중생의 마음을 따라 즐겁게 변하며
種種差別皆令見 가지가지로 차별함을 빠짐없이 다 보게 한다네.

或有能了佛音聲 그와 같은 부처님의 음성을 들으니
普徧十方諸國土 시방세계 모든 국토에 널리 두루 해서
隨諸衆生所應解 모든 중생이 응하고 이해하는 바를 따라
爲出言音無障礙 말씀을 내어 위하는 일이 막힘이나 걸림이 없다네.

或見如來種種光 그와 같은 여래의 온갖 빛을 보니

種種照耀徧世間 가지가지로 비치어 빛나면서 온 세간에 두루 하고
或有於佛光明中 그와 같은 부처님의 광명 가운데서
復見諸佛現神通 모든 부처님이 나타내는 신통을 본다네.

或有見佛海雲光 그와 같은 부처님의 바다 구름과 같이 퍼지는 광명을 보니
從毛孔出色熾然 털구멍을 쫓아 나오는 색이 불같이 성하고
示現往昔修行道 옛적에 수행하던 길을 나타내 보여서
令生深信入佛智 모든 이들을 부처님의 지혜에 들게 한다네.

或見佛相福莊嚴 그와 같이 부처님을 마주한 복덕의 장엄을 보고
及見此福所從生 이러한 복들이 쫓아 나온 바를 보게 되며
往昔修行諸度海 옛적에 수행한 모든 바라밀의 바다를
皆佛相中明了見 부처님을 마주한 가운데서 분명하게 깨달아 알고 마친다네.

如來功德不可量 여래의 공과 덕은 헤아려 알지 못하며
充滿法界無邊際 법계에 가득해서 안과 밖이라 이를 수 없고
及以神通諸境界 신통으로 모든 경계에 이르기까지
以佛力故能宣說 부처님의 힘으로 능히 베풀어 말한다네.

이때 화장(阿耨多羅三藐三菩提心의 發現)으로 장엄한 세계의 바다(如來智方便海)가 부처님의 신통한 힘으로 그 땅의 모든 것이 6종 18상으로 진동하니, 말하자면 움직임과 널리 두루 한 움직임, 그리고 모든 움직임, 일으킴과 두루 일으킴, 그리고 모든 일으킴, 솟아남과 두루 솟아남, 그리고 모두 솟아남, 떨침과 두루 떨침, 그리고 모든 떨침, 아우성과 두루 한 아우성, 그리고 모든 아우성, 부딪침과 두루 한 부딪침, 그리고 모든 부딪침을 이른다.

이 모든 세계의 주인이 되는 이들이 일일이 다 헤아릴 수 없는 모든 공양 구름을 나타내어 여래의 도량 대중 바다에 내렸다. 이르자면 모든 향과 꽃으로 장엄한 구름, 모든 마니로 말할 수 없이 빼어나게 꾸민 구름, 일체 보배로운 불꽃의 화려한 그물망으로서의 구름, 끝없는 종류의 마니보배로서 둥근 광명의 구름, 모든 가지각색의 보배로운 진주를 품은 구름, 보배로운 모든 전단 향의 구름, 모든 보배로서 덮은 구름, 청정하고 빼어난 소리

를 내는 마니왕 구름, 일광 마니영락의 바퀴 구름, 모든 보배로운 광명 장의 구름, 모두 제각각 다른 장엄구로서의 구름을 이른다. 이와 같은 모든 공양 구름의 그 수가 헤아릴 수 없이 많고 사람의 생각으로는 미루어 헤아릴 수 없었다.

爾時 華藏莊嚴世界海 以佛神力 其地一切六種 十八相震動 所謂 動 徧動 普徧動起 徧起 普徧起 涌 徧涌 普徧涌 震 徧震 普徧震 吼 徧吼 普徧吼 擊 徧擊 普徧擊

此諸世主 一一皆現不思議諸供養雲 雨於如來道場衆海 所謂 一切香華莊嚴雲 一切摩尼妙飾雲 一切寶焰華網雲 無邊種類摩尼寶圓光雲 一切重色寶眞珠藏雲 一切寶栴檀香雲 一切寶蓋雲 淸淨妙聲摩尼王雲 日光摩尼瓔珞輪雲 一切寶光明藏雲 一切各別莊嚴具雲 如是等諸供養雲 其數無量不可思議

註解 모든 세계(世)란 시방 불찰 미진수세계를 이르고 주인(主)이란 50위를 이른다. 곧 동서남북 사유 상하 각 방위의 주인이 되는 분들로 10신의 각각 지위마다 시방에 따른 열 분씩 백분, 10주의 각각 지위마다 시방에 따른 열 분씩 백분, 10행의 각각 지위마다 시방에 따른 열 분씩 백분, 10 회향의 각각 지위마다 시방에 따른 열 분씩 백분, 10 지의 각각 지위마다 시방에 따른 열 분씩 백 분으로서 오백나한을 이른다. 이 오백나한 한 분 한 분을 쫓아 제각각 한 분마다 불찰 미진수세계의 대중이 따르고 이 대중을 따라 항하의 모래알 같은 수의 권속이 쫓음을 의미한다. 이 모든 세계의 주인이 되는 이들이 일일이 다 헤아릴 수 없는 공양 구름을 나타낸다고 이른 것이다.

이 모든 세계의 주인이 되는 이들이 한 분 한 분이 다 이와 같은 공양 구름을 나타내어 여래의 도량 대중 바다에 내리어 두루 하지 않은 데가 없었다. 이 같은 세계 가운데 한 분 한 분 주인이 되는 분들이 즐거우면서 기쁜 마음으로 이와 같이(般若智) 공양하는 것처럼 그 화장(阿耨多羅三藐三菩提心의 發現)으로 장엄한 세계 바다(如來智方便海) 가운데 있는 모든 세계의 주인들 또한 모두 이와 같이 공양하였으며, 그 일체 세계 가운데 여래께서 앉아 계셨다. 그리고 부처 세계의 티끌 수와 같은 세계의 한 분 한 분 주인이 되는 분들이 제각기 믿고 이해하며, 제각기 인연으로 맺은 바를 생각하고 제각기 삼매 방편의 문과 제각기 도를 돕는 법을 닦고 익히며, 제각기 성취하고 제각기 환희하며, 제각기 들어가 나가고 제각기 깨우침을 깨달아 얻은 모든 법문을 이해하고 제각기 여래의 신통한 경계에 들어가며, 제각기 여래의 힘의 경계에 들어가고 제각기 여래의 해탈 경계에 들어갔다. 이렇듯 화장(阿耨多羅三藐三菩提心의 發現)으로 장엄한 세계의 바다(如來智方便海)와 같이 시방의 온 법계와 허공계의 모든 세계 바다도 또한 이와 같았다.

此諸世主 一一皆現如是供養雲 雨於如來道場衆海 靡不周徧 如此世界中 一一世主 心生歡喜 如是供養 其華藏莊嚴世界海中 一切世界所有世主 悉亦如是而爲供養 其一切世界中 悉有如來坐於道場 一一世主 各各信解各 各所緣 各各三昧方便門 各

各修習助道法 各各成就 各各歡喜 各各趣入 各各悟解諸法門 各各入如來神通境界 各各入如來力境界 各各入如來解脫門 如於此華藏世界海 十方盡法界 虛空界 一切 世界海中 悉亦如是

대방광불화엄경 제6권

2. 여래현상품
如來現相品第二

    곧바로 모든 보살과 모든 세간의 주인이 되는 이들은 부처님에 대하여 두루 생각하기를 "어떠한 일을 두고 모든 부처님의 경계라 이르며, 어떠한 일을 두고 모든 부처님의 가지(부처와 중생이 하나가 되는 경지로 들어가는 일)라 이르고 어떠한 일을 두고 모든 부처님의 행(行)이라 이르는 것이며, 어떠한 일을 두고 모든 부처님의 힘(力)이라 이르고 어떠한 일을 두고 모든 부처님의 두려움이 없는 것(無畏)이라 이르며, 어떠한 일을 두고 모든 부처님의 삼매(三昧)라 이르고 어떠한 일을 두고 모든 부처님의 신통이라 이르며, 어떠한 일을 두고 모든 부처님의 자재함이라 이르고 어떠한 일을 두고 모든 부처님이 능히 잡아들여 취함이 없음을 이르며, 어떠한 것을 두고 모든 부처님의 눈이라 이르고 어떠한 것을 두고 모든 부처님의 귀라 이르며, 어떠한 것을 두고 모든 부처님의 코라 이르고 어떠한 것을 두고 모든 부처님의 혀라 이르며, 어떠한 것을 두고 모든 부처님의 몸이라 이르고 어떠한 것이 모든 부처님의 뜻이며, 어떠한 것이 모든 부처님의 몸빛이고 어떠한 것이 모든 부처님의 광명이며, 어떠한 것이 모든 부처님의 음성이고 어떠한 것이 모든 부처님의 지혜일까? 라고 합니다. 바라는 소원이니, 세존께서 우리를 불쌍히 여기시고 열어 보여주시길 빕니다."

    爾時 諸菩薩及一切世間主 作是思惟 云何是諸佛地 云何是諸佛境界 云何是諸佛加持 云何是諸佛所行 云何是諸佛力 云何是諸佛無所畏 云何是諸佛三昧 云何是諸佛神通 云何是諸佛自在 云何是諸佛無能攝取 云何是諸佛眼 云何是諸佛耳 云何是諸佛鼻 云何是諸佛舌 云何是諸佛身 云何是諸佛意 云何是諸佛身光 云何是諸佛光明 云何是諸佛聲 云何是諸佛智 唯願世尊 哀愍我等 開示演說

    "또 시방세계 바다의 일체 모든 부처님과 모든 보살을 위해서 세계의 바다와 중생의 바다와 법계와 나란히 만들어 세운 바다와 부처님의 바다와 부처님의 바라밀 바다와 부처님의 해탈 바다와 부처님의 변화 바다와 부처님의 연설 바다와 부처님의 명호 바다와 부처님의 헤아릴 수 없는 수명 바다와 모든 보살의 서원 바다와 모든 보살이 마음을 일으켜서 나아가는 바다와 모든 보살의 도를 돕는 바다와 모든 보살이 타고 오르는 바다와 모든 보살이 행하는 바다와 모든 보살이 벗어나 나가는 바다와 모든 보살의 신통한 바다와 모든 보살의 바라밀 바다와 모든 보살의 지위 바다와 모든 보살의 지혜 바다를 바라건대 부처님 세존께서 또한 저희를 위해 이와 같음을 설해주십시오."

又 十方世界海一切諸佛 皆爲諸菩薩 說世界海 衆生海 佛海 佛波羅蜜海 佛解脫海 佛變化海 佛演說海 佛名號海 佛壽量海 及一切菩薩誓願海 一切菩薩發趣海 一切菩薩助道海 一切菩薩乘海 一切菩薩行海 一切菩薩出離海 一切菩薩神通海 一切菩薩波羅蜜海 一切菩薩地海 一切菩薩智海 願佛世尊 亦爲我等 如是而說

바로 이때 모든 보살의 위신력으로 모든 공양을 온전하게 갖춘 구름 속에서 자연히 소리가 나면서 게송으로 설하여 말했다.

爾時 諸菩薩威神力故 於一切供養具雲中 自然出音 而說頌言

無量劫中修行滿 무량한 겁 동안 닦고 행한 일이 가득하기에
菩提樹下成正覺 보리수 아래서 바른 깨우침을 이루시고
爲度衆生普現身 중생들을 제도하기 위해 널리 몸을 나타내시니
如雲充徧盡未來 구름 같이 충만하고 두루 하기에 오는 세상 마지막까지 다하신다네.

衆生有疑皆使斷 중생에게 있는 의심을 모두 끊어내며
廣大信解悉令發 광대한 믿음과 이해를 남김없이 일으키게 하시고
無邊際苦普使除 끝없는 괴로움을 없애주시며
諸佛安樂咸令證 모든 부처님의 편안함과 즐거움을 증득하게 하신다네.

菩薩無數等刹塵 보살의 수 없음은 세계의 티끌 수와 같지만
俱來此會同瞻仰 함께 이 모임에 와서 같이 우러러 받들고 마음으로 따르니
願隨其意所應受 바라건대 그들의 뜻을 따라 응하는 바를 거두어들여서
演說妙法除疑惑 말할 수 없이 빼어난 법을 연설하여 의심으로 인한 혹함을 없애주길 빕니다.

云何了知諸佛地 어찌해야 모든 부처님의 지위를 깨우쳐 알고 마칠 수 있으며
云何觀察如來境 어찌해야 여래의 경계를 자세하게 살펴볼 수 있습니까?
佛所加持無有邊 부처님의 가지는 끝이 없으시니
願示此法令淸淨 바라건대 법(菩提心法)을 보여 청정하게 해주시길 소원합니다.

云何是佛所行處 어떠한 일을 두고 부처님이 행하는 곳이라 이르는지
而以智慧能明入 또 지혜로 분명하게 능히 들어갈 수 있는지요.
佛力淸淨廣無邊 부처님의 청정한 힘은 광대하고 끝이 없으시니
爲諸菩薩應開示 모든 보살을 위하여 마땅히 열어서 보여주시길 바랍니다.

云何廣大諸三昧 어찌해야 광대한 삼매의 모든 것이라 이르며
云何淨治無畏法 어찌해야 청정하게 다스릴 수 있는 것이며 또 두려움이 없는 법입니까?
神通力用不可量 신통한 힘의 작용은 헤아릴 수 없으니
願隨衆生心樂說 바라건대 중생의 마음이 즐거워하는 바를 따라 설해주시길 소원합니다.

諸佛法王如世主 모든 부처님의 법왕께서는 세간의 주인과 같지만
所行自在無能制 속박이나 장애 없이 행하는 일을 마음대로 다룰 수 있으시니
及餘一切廣大法 그 밖에 남아있는 모든 광대한 법을
爲利益故當開演 이익을 위해서 마땅히 열어서 설해주시길 바랍니다.

佛眼云何無有量 부처님의 눈은 어찌하여 헤아릴 수가 없으며
耳鼻舌身亦復然 귀와 코, 혀와 몸도 또한 그러한지요?
意無有量復云何 뜻 또한 헤아릴 수 없음은 어찌 된 일인지요?
願示能知此方便 간절히 바라는 바이니 이 방편을 알도록 보여주시길 소원합니다.

如諸刹海衆生海 모든 세계의 바다와 중생의 바다와
法界所有安立海 법계에 있는 안립의 바다와
及諸佛海亦無邊 모든 부처님의 바다마저 또한 끝이 없습니다.
願爲佛子咸開暢 간절히 바라는 바이니 불자들을 위해 모두 열어서 펼쳐주시길 소원합니다.

永出思議衆度海 생각과 생각 아닌 것에서 영원히 벗어난 많은 바라밀 바다와

普入解脫方便海 널리 해탈에 들어서는 방편의 바다와

所有一切法門海 있는 모든 법문의 바다를

此道場中願宣說 이 도량 가운데서 간절히 바라는 바이니 말씀으로 베풀어 설해주시길 소원
합니다.

　바로 이때 세존께서 보살들이 마음에 지닌 생각들을 아시고 곧바로 면문의 치아 사이
로 세계의 티끌 수와 같이 많은 광명을 놓으셨다. 이른바 모든 보배로운 꽃들을 두루 비
치는 광명, 온갖 소리를 내서 법계를 장엄하는 광명, 빼어난 구름을 겹쳐 드리우는 광명,
시방의 부처님이 도량에 앉아서 신통 변화를 나타내는 광명, 모든 보배로운 불꽃 구름으
로 덮는 광명, 법계에 충만해서 막힘이나 걸림 없는 광명, 온갖 부처님의 세계를 빠짐없이
장엄하는 광명, 청정하게 빛나는 금강의 보배 당기를 만들어 세우는 광명, 보살들이 모여
있는 큰 도량을 두루 장엄하는 광명, 말할 수 없이 빼어난 음성으로 모든 부처님의 명호
를 일컫는 광명 등을 이르니, 이와 같은(般若智) 광명들이 부처 세계의 티끌 수와 같았다.
그 하나하나의 광명이 차례를 따라(復有.復次) 부처님 세계의 티끌 수와 같은 광명을 권속
으로 삼았다. 그리고 그 광명들이 남김없이 빼어난 보배로운 빛을 갖추었으며, 시방으로
제각기 1억 부처 세계의 티끌 수와 같은 세계 바다에 두루 비치니, 저 세계 바다에 있는
보살 대중들이 이 광명 가운데서 제각기 화장(阿耨多羅三藐三菩提心의 發現)으로 장엄한
세계 바다(如來智方便海)를 볼 수 있었다. 부처님의 신통한 힘으로 그 광명이 소리를 내
어 시방의 모든 보살 앞에서 게송으로 말했다.

　爾時 世尊知諸菩薩心之所念 卽於面門眾齒之間 放佛刹微塵數光明 所謂 眾寶華
徧照光明 出種種音莊嚴法界光明 垂布微妙雲光明 十方佛坐道場現神變光明 一切
寶焰雲蓋光明 充滿法界無礙光明 徧莊嚴一切佛刹光明 迥建立清淨金剛寶幢光明
普莊嚴菩薩眾會道場光明 妙音稱揚一切佛名號光明 如是等佛刹微塵數 一一復有佛
刹微塵數光明以爲眷屬 其光悉具眾妙寶色 普照十方各一億佛刹微塵數世界海 彼世
界海諸菩薩眾 於光明中 各得見此華藏莊嚴世界海 以佛神力 其光於彼一切菩薩眾
會之前 而說頌言

無量劫中修行海 무량한 겁 가운데 닦고 행하기를 바다처럼 하여

供養十方諸佛海 시방세계 모든 부처님의 바다를 공양하시고

化度一切眾生海 일체중생의 바다를 가르쳐 바르게 이끄시며

今成妙覺徧照尊 중중묘원(日月光明徧照尊)으로 두루 비치는 묘각을 이루셨다.

毛孔之中出化雲 털구멍 가운데서 가르침의 구름을 내시니
光明普照於十方 광명이 시방세계에 두루 비치고
應受化者咸開覺 마땅히 가르침을 받은 이들이 모두 깨우쳐서
令趣菩提淨無礙 보리로 나아가 걸림이나 막힘이 없이 깨끗하게 하신다네.

佛昔往來諸趣中 부처님이 옛적에 모든 육취를 오고 가시며
教化成熟諸群生 모든 중생을 가르치고 바른길로 이끌어서 성숙시키니
神通自在無邊量 속박이나 장애 없는 자재한 신통함이 끝이 없기에
一念皆令得解脫 한 생각에 해탈을 얻게 하신다네.

註解 육취(六趣)란 중생이 각자 지은 업인(業因)에 따라 죽어서 가게 되는 곳이며, 곧 地獄趣, 餓鬼趣, 畜生趣, 修羅趣, 人間趣, 天上趣를 이른다.

摩尼妙寶菩提樹 마니의 말할 수 없이 빼어난 보배 나무가
種種莊嚴悉殊特 가지가지로 장엄하는 일이 하나하나가 모두 다른 것과는 다르다네.
佛於其下成正覺 부처님이 그 아래서 정각을 이루시고
放大光明普威耀 큰 광명을 널리 놓아 범할 수 없는 빛을 놓으신다네.

大音震吼徧十方 권위를 떨치는 큰 소리가 시방세계에 두루 하고
普爲弘宣寂滅法 적멸의 법을 널리 펴시며
隨諸衆生心所樂 모든 중생이 마음으로 즐거워하는 바를 따라
種種方便令開曉 가지가지의 방편으로 환하게 열어주신다네.

往修諸度皆圓滿 지난 세월에 모든 바라밀을 닦아 원만하시니
等於千刹微塵數 일천 세계의 티끌 수와 같고
一切諸力悉已成 일체 모든 지혜의 힘을 남김없이 이루셨으니
汝等應往同瞻禮 너희들은 마땅히 다 같이 가서 우러러 경의를 표하라.

十方佛子等刹塵 시방의 불자들이 세계의 티끌 수와 같고

悉共歡喜而來集 모두 함께 즐겁고 기쁨으로 와서 모이며

已雨諸雲爲供養 이미 모든 구름을 공양으로 삼고

今在佛前專觀仰 오로지 부처님만을 우러러 뵌다네.

如來一音無有量 여래의 한 음성은 헤아릴 수 없기에

能演契經深大海 능히 수다라니의 깊고 큰 바다의 이치를 설하시며

普雨妙法應群心 널리 빼어난 법 비를 내려 대중의 마음에 응하시니

彼兩足尊宜往見 마땅히 가서 부처님(兩足尊)을 뵈어야 한다네.

三世諸佛所有願 삼세의 모든 부처님이 세우신 원을

菩提樹下皆宣說 보리수 아래서 말씀으로 모두 펴시니

一刹那中悉現前 일 찰나 가운데 남김없이 눈앞에 나타내신다네.

汝可速詣如來所 자네는 속히 여래를 참배하라.

毘盧遮那大智海 비로자나 부처님 큰 지혜의 바다를

面門舒光無不見 입으로 광명을 놓아 보게 하신다네.

今待衆集將演音 이제 기다리시다 대중이 다 모이면 연설할 것이니

汝可往觀聞所說 자네는 가서 뵙고 부처님의 말씀을 들어라.

곧바로 시방세계 바다의 모든 대중이 부처님이 광명으로 깨우쳐 주심을 입고 모두 함께 여래가 계신 곳에 모여 친근하게 공양하였다.

爾時 十方世界海一切衆會 蒙佛光明所開覺已 各共來詣毘盧遮那如來所 親近供養

이른바 화장(阿耨多羅三藐三菩提心의 發現)으로 장엄한 세계 바다(如來智方便海) 동쪽에 다음 세계 바다가 있으니, 이름이 '청정광연화장엄'이며, 그 세계 종에 국토가 있으니, 이름이 '마니영락금강장'이고 부처님의 명호는 '법수각허공무변왕'이다. 그 여래 대중의 바다 가운데 보살마하살이 있으니, 이름이 '관찰승법연화당'이며, 세계 바다의 티끌 수와 같은 보살들과 함께 부처님 계신 곳에 나아가 제각기 보살의 몸에서 열 종류의 모양이나 상태를 구름처럼 나타내어 허공에 두루 가득하고 흩어지거나 없어지지 않았다. 또 차례를

따라(復次.復有) 모든 보배 연꽃을 내리는 열 가지의 광명 구름을 모두 나타내고 차례를 따라 열 가지 수미산 보배 봉우리의 구름을 나타내고 차례를 따라 열 가지 일륜 광의 구름을 나타내며, 차례를 따라 열 가지 보배 꽃 영락의 구름을 나타내며, 차례를 따라 열 가지 모든 음악의 구름을 나타내고 차례를 따라 열 가지 말 향수의 구름을 나타내고 차례를 따라 열 가지 바르는 향, 태우는 향 등 많은 색상의 구름을 나타내고 차례를 따라 열 가지 향나무 구름을 모두 나타내어서 이와 같은 세계 바다의 티끌 수와 같은 모든 공양 구름이 빠짐없이 허공에 가득하고 흩어지거나 없어지지 않았다. 이러한 구름을 나타내고는 부처님을 향하여 예배하고 공양하였으며, 즉시 동방에 온갖 꽃의 광명 장으로 각자 사자좌를 만들고 그 자리 위에 결가부좌하고 앉았다.

所謂 此華藏莊嚴世界海東 次有世界海 名 淸淨光蓮華莊嚴 彼世界種中 有國土 名 摩尼瓔珞金剛藏 佛號 法水覺虛空無邊王 於彼如來大衆海中 有菩薩摩訶薩 名 觀察勝法蓮華幢 與世界海微塵數諸菩薩俱 來詣佛所 各現十種菩薩身相雲 徧滿虛空 而不散滅 復現十種雨一切寶蓮華光明雲 復現十種須彌寶峯雲 復現十種日輪光雲 復現十種寶華瓔珞雲 復現十種一切音樂雲 復現十種抹香樹雲 復現十種塗香燒香衆色相雲 復現十種一切香樹雲 如是等世界海微塵數諸供養雲 悉徧虛空而不散滅 現示雲已 向佛作禮 以爲供養 卽於東方 各化作種種華光明藏師子之座 於其座上 結跏趺坐

이어서 화장(阿耨多羅三藐三菩提心의 發現)으로 장엄한 세계 바다(如來智方便海) 남쪽에 다음 세계 바다가 있으니, 이름이 '일체보월광명장엄장'이며, 그 세계 종 가운데 국토가 있으니, 이름이 '무변광원만장엄'이고 부처님 명호는 '보지광명덕수미왕'이다. 그 여래의 대중 가운데 보살마하살이 있으니, 이름이 '보조법해혜'이며, 세계 바다(如來智方便海)의 티끌 수와 같은 보살들과 함께 부처님 계신 곳으로 나아가 제각각 열 가지 장엄광명장마니왕의 모든 구름을 나타내고 허공에 가득해서 흩어지거나 없어지지 않았다. 또 차례를 따라(復次.復有) 열 가지 모든 보배 장엄 기물을 비추는 마니왕의 빛 구름을 나타내고 차례를 따라 보배 불꽃이 성하게 타오르듯 부처님의 명호를 기리는 열 가지 마니왕의 구름을 나타내며, 차례를 따라 모든 부처님의 법을 말하는 열 가지 마니왕 구름을 나타내고 빼어난 많은 나무로 도량을 장엄하는 열 가지 마니왕 구름을 나타내며, 차례를 따라 보배 광명을 비추어 여러 화신 부처님을 나타내는 열 가지 마니왕 구름을 나타내고 차례를 따라 모든 도량을 장엄하는 형상으로 열 가지 마니왕 구름을 나타내며, 차례를 따라 비밀스러운 불꽃 등으로 모든 부처님의 경계를 설하는 열 가지 마니왕 구름을 나타내고 생각으로 헤아려 알 수 없는 부처님 세계의 궁전 형상인 열 가지 마니왕 구름을 나타내며, 차례를 따라 삼세 부처님 몸의 형상을 나타내는 열 가지 마니왕 구름을 드러내 보이면서 이와 같은 세계 바다의 티끌 수와 같이 마니왕 구름은 허공에 빠짐없이 가득하고 흩어지거나 없어지지 않았다. 이러한 구름을 나타내고는 부처님을 향해 예를 올려 공양하고 곧바로 남방에 각각 제청보 염부단금연화장 사자좌를 만들고 그 자리 위에 결가부좌하고 앉았다.

此華藏世界海南 次有世界海 名 一切寶月光明莊嚴藏 彼世界種中 有國土 名 無邊光圓滿莊嚴 佛號 寶智光明德須彌王 於彼如來大衆海中 有菩薩摩訶薩 名 普照法海慧 與世界海微塵數諸菩薩俱 來詣佛所 各現十種一切莊嚴光明藏摩尼王雲 徧滿虛空 而不散滅 復現十種雨一切寶莊嚴具普照耀摩尼王雲 復現十種寶焰熾然稱揚佛名號摩尼王雲 復現十種說一切佛法摩尼王雲 復現十種衆妙樹莊嚴道場摩尼王雲 復現十種寶光普照現衆化佛摩尼王雲 復現十種普現一切道場莊嚴像摩尼王雲 復現十種密焰燈說諸佛境界摩尼王雲 復現十種不思議佛刹宮殿像摩尼王雲 復現十種普現三世佛身像摩尼王雲 如是等世界海微塵數摩尼王雲 悉徧虛空而不散滅 現示雲已 向佛作禮 以爲供養 卽於南方 各化作帝靑寶閣浮檀金蓮華藏師子之座 於其座上 結跏趺坐

이어서 화장(阿耨多羅三藐三菩提心의 發現)으로 장엄한 세계 바다(如來智方便海) 서쪽에 다음 세계 바다가 있으니, 이름이 '가애락보광명'이며, 그 세계 종 가운데 국토가 있으니, 이름이 '출생상묘자신구'이고 부처님 명호는 '향염공덕보장엄'이다. 그 여래의 대중 바다 가운데 보살마하살이 있으니, 이름이 '월광향염보장엄'이며, 세계 바다(如來智方便海)의 티끌 수와 같은 보살들과 함께 부처님 계신 곳으로 나아가 제각각 열 가지 모든 보배로운 향과 함께 많은 빼어난 꽃 누각 구름을 나타내고 허공에 가득해서 흩어지거나 없어지지 않았다. 차례를 따라(復次.復有) 열 가지 보배 등불의 향기로운 불꽃 누각 구름을 나타내고 차례를 따라 열 가지 모든 진주 누각 구름을 나타내며, 차례를 따라 열 가지 모든 보배로운 꽃 누각 구름을 나타내고 차례를 따라 열 가지 보배로운 영락 장엄 누각 구름을 나타내고 차례를 따라 열 가지 시방에 두루 나타나는 모든 장엄 광명 장 누각 구름을 나타내며, 차례를 따라 열 가지 모든 보배 잎사귀 사이로 장엄한 누각 구름을 나타내고 차례를 따라 열 가지 많은 보배로 시방에 두루두루 한 일체 장엄 누각 구름을 나타내며, 차례를 따라 열 가지 꽃 문, 방울 그물 누각 구름을 나타내면서 이와 같은 세계 바다의 티끌 수와 같은 누각 구름이 허공에 빠짐없이 가득하고 흩어지거나 없어지지 않았다. 이러한 구름을 나타내고는 부처님을 향해 예를 올려 공양하고 곧바로 서방에 각각 진금 엽대 사자좌를 만들고 그 자리 위에 결가부좌하고 앉았다.

此華藏世界海西 次有世界海 名 可愛樂寶光明 彼世界種中 有國土 名 出生上妙資身具 佛號 香焰功德寶莊嚴 於彼如來大衆海中 有菩薩摩訶薩 名 月光香焰普莊嚴 與世界海微塵數諸菩薩俱 來詣佛所 各現十種一切寶香衆妙華樓閣雲 徧滿虛空 而不散滅 復現十種無邊色相衆寶王樓閣雲 復現十種寶燈香焰樓閣雲 復現十種一切眞珠樓閣雲 復現十種一切寶華樓閣雲 復現十種瓔珞莊嚴樓閣雲 復現十種普現十方一切莊嚴光明藏樓閣雲 復現十種衆寶末閒錯莊嚴樓閣雲 復現十種衆寶周徧十方一切莊嚴樓閣雲 復現十種華門鐸網樓閣雲 如是等世界海微塵數樓閣雲 悉徧虛空而不散滅 現示雲已 向佛作禮 以爲供養 卽於西方 各化作眞金葉大寶藏師子之座 於其座上結跏趺坐

이어서 화장(阿耨多羅三藐三菩提心의 發現)으로 장엄한 세계 바다(如來智方便海) 북쪽에 다음 세계 바다가 있으니, 이름이 '비유리연화광원만장'이며, 그 세계 종 가운데 국토가 있으니, 이름이 '우발라화장엄'이고 부처님의 명호는 '보지당음' 왕이다. 그 여래의 대중 바다에 보살마하살이 있으니, 이름이 '사자분신 광명'이며, 세계 바다(如來智方便海)의 티끌 수와 같은 보살들과 함께 부처님 계신 곳으로 나아가 제각각 열 가지 모든 향 마니로 된 많은 빼어난 나무 구름을 나타내고 허공에 가득해서 흩어지거나 없어지지 않았다. 차례를 따라(復次.復有) 열 가지 촘촘한 잎의 말할 수 없는 빼어난 향기로 장엄한 나무 구름을 나타내고 차례를 따라 열 가지 끝이 없는 색상의 나무로 장엄한 나무 구름을 나타내며, 차례를 따라 열 가지 일체 모든 꽃을 두루 펼쳐 장엄한 나무 구름을 나타내고 차례를 따라 열 가지 일체 모든 보배로운 불꽃의 원만한 빛으로 장엄한 나무 구름을 나타내며, 차례를 따라 열 가지 일체 모든 전단 향 보살의 몸을 나타내어 장엄한 나무 구름을 나타내고 차례를 따라 열 가지 옛날의 도량을 나타내어 생각과 생각 아닌 것으로도 헤아릴 수 없이 장엄한 나무 구름을 나타내며, 차례를 따라 열 가지 많은 보배로 된 의복의 장이 태양의 광명과 같은 나무 구름을 나타내고 차례를 따라 열 가지 일체 모든 뜻에 맞은 음성을 두루 내는 나무 구름을 나타내면서 이와 같은 세계 바다의 티끌 수와 같은 나무 구름이 허공에 빠짐없이 가득하고 흩어지거나 없어지지 않았다. 이러한 구름을 나타내고는 부처님을 향에 예를 올려 공양하면서 곧바로 북방에 각각 마니등을 연꽃으로 장엄한 사자좌를 만들고 그 자리 위에 결가부좌하고 앉았다.

此華藏世界海北 次有世界海 名 毘琉璃蓮華光圓滿藏 彼世界種中 有國土 名 優鉢
羅華莊嚴 佛號 普智幢音王 於彼如來大衆海中 有菩薩摩訶薩 名 師子奮迅光明 與
世界海微塵數諸菩薩俱 來詣佛所 各現十種一切香摩尼衆妙樹雲 徧滿虛空 而不散
滅 復現十種密葉妙香莊嚴樹雲 復現十種化現一切無邊色相樹莊嚴樹雲 復現十種一
切華周布莊嚴樹雲 復現十種一切寶焰圓滿光莊嚴樹雲 復現十種現一切栴檀香菩薩
身莊嚴樹雲 復現十種現往昔道場處不思議莊嚴樹雲 復現十種衆寶衣服藏如日光明
樹雲 復現十種普發一切悅意音聲樹雲 如是等世界海微塵數樹雲 悉徧虛空而不散滅
現示雲已 向佛作禮 以爲供養 即於北方 各化作摩尼燈蓮華藏師子之座 於其座上 結
跏趺坐

이어서 화장(阿耨多羅三藐三菩提心의 發現)으로 장엄한 세계 바다(如來智方便海) 동북
방에 다음 세계 바다(如來智方便海)가 있으니, 이름이 '염부단금파려색당'이며, 그 세계
종 가운데 국토가 있으니, 이름이 '중보장엄'이며, 부처님의 명호는 '일체법무외등'이다. 그
여래의 대중 바다 가운데 보살마하살이 있으니, 이름이 '최승광명등무진공덕장'이며, 세
계 바다(如來智方便海)의 티끌 수와 같은 보살들과 함께 부처님 계신 곳으로 나아가 제각
기 열 가지 끝이 없는 색상의 연화장 사자좌를 나타내고 허공에 가득해서 흩어지거나 없
어지지 않았다. 차례를 따라(復次.復有) 열 가지 마니왕의 광명 장 사자좌 구름을 나타내
고 차례를 따라 열 가지 일체 장엄 구를 가지고 온갖 장식한 사자좌 구름을 나타내며,
차례를 따라 열 가지 많은 보배로 만든 불꽃 장 사자좌 구름을 나타내고 차례를 따라 열
가지 보배 영락을 널리 내리는 사자좌 구름을 나타내며, 차례를 따라 열 가지 모든 부처
님의 자리를 장엄해 보이는 마니왕 장 사자좌 구름을 나타내고 차례를 따라 열 가지 문,
창, 섬돌과 영락에 이르기까지 모든 것을 장엄한 사자좌 구름을 나타내며, 차례를 따라
열 가지 모든 마니나무 보배 가지와 줄기로 장엄한 사자좌 구름을 나타내고 차례를 따라
열 가지 보배로운 향으로 이곳저곳을 장식한 햇빛 광명 장 사자좌 구름을 나타내면서 이
와 같은 세계 바다의 티끌 수와 같은 사자좌 구름이 허공에 빠짐없이 가득하고 흩어지거
나 없어지지 않았다. 이러한 구름을 나타내고는 부처님을 향에 예를 올려 공양하고 곧바
로 동북방에 각각 보배 연꽃 마니 빛 당기 사자좌를 만들고 그 자리 위에 결가부좌하고
앉았다.

此華藏世界海東北方 次有世界海 名 閻浮檀金玻璨色幢 彼世界種中 有國土 名 衆

寶莊嚴 佛號 一切法無畏燈 於彼如來大衆海中 有菩薩摩訶薩 名 最勝光明燈無盡功
德藏 與世界海微塵數諸菩薩俱 來詣佛所 各現十種無邊色相寶蓮華藏師子座雲 徧
滿虛空 而不散滅 復現十種摩尼王光明藏師子座雲 復現十種一切莊嚴具種種校飾師
子座雲 復現十種衆寶鬘燈焰藏師子座雲 復現十種普雨寶瓔珞師子座雲 復現十種一
切香華寶瓔珞藏師子座雲 復現十種示現一切佛座莊嚴摩尼王藏師子座雲 復現十種
戶牖階砌及諸瓔珞一切莊嚴師子座雲 復現十種一切摩尼樹普枝莖藏師子座雲 復現
十種寶香閒飾日光明藏師子座雲 如是等世界海微塵數師子座雲 悉徧虛空而不散滅
現示雲已 向佛作禮 以爲供養 卽於東北方 各化作寶蓮華摩尼光幢師子之座 於其座
上 結跏趺坐

　　이어서 화장(阿耨多羅三藐三菩提心의 發現)으로 장엄한 세계 바다(如來智方便海) 동남
방에 다음 세계 바다가 있으니, 이름이 '금장엄유리광보조'이며, 그 세계 종 가운데 국토
가 있으니, 이름이 '청정향광명'이며, 부처님의 명호는 '보희심신왕'이다. 그 여래 대중 바다
가운데 보살마하살이 있으니, 이름은 '혜등보명'이며, 세계 바다(如來智方便海)의 티끌 수
와 같은 보살들과 함께 부처님 계신 곳으로 나아가 제각기 열 가지 모든 여의 왕 마니휘
장 구름을 나타내고 허공에 가득해서 흩어지거나 없어지지 않았다. 차례를 따라(復次.復
有) 열 가지 제청보와 모든 꽃으로 장엄한 휘장 구름을 나타내고 차례를 따라 열 가지 보
배 불꽃 등불의 휘장 구름을 나타내며, 차례를 따라 열 가지 부처님의 신통한 설법을 보
이는 마니왕 휘장 구름을 나타내고 차례를 따라 열 가지 일체 모든 의복의 장엄한 색상
을 보이는 마니휘장 구름을 나타내며, 차례를 따라 열 가지 모든 보배 꽃 떨기의 광명 휘
장 구름을 나타내고 차례를 따라 열 가지 보배 그물 풍경 소리의 휘장 구름을 나타내며,
차례를 따라 열 가지 마니로 좌대를 받치고 연꽃을 그물로 한 휘장 구름을 나타내고 차
례를 따라 열 가지 생각으로 헤아릴 수 없는 장엄구 색상의 휘장 구름을 나타내면서 이
와 같은 세계 바다(如來智方便海)의 티끌 수와 같은 휘장 구름이 허공에 빠짐없이 가득하
고 흩어지거나 없어지지 않았다. 이러한 구름을 나타내고는 부처님을 향에 예를 올려 공
양하고 곧바로 동남방에 제각기 보배 연화장 사자좌를 만들고 그 자리 위에 결가부좌하
고 앉았다.
　　此華藏世界海東南方 次有世界海 名 金莊嚴瑠璃光普照 彼世界種中 有國土 名 淸
淨香光明 佛號 普喜深信王 於彼如來大衆海中 有菩薩摩訶薩 名 慧燈普明 與世界
海微塵數諸菩薩俱 來詣佛所 各現十種一切如意王摩尼幢雲 徧滿虛空 而不散滅 復

現十種帝靑寶一切華莊嚴幢雲 復現十種一切香摩尼幢雲 復現十種寶焰燈幢雲 復現十種示現佛神通說法摩尼王幢雲 復現十種一切衣服莊嚴色像摩尼幢雲 復現十種一切寶華叢光明幢雲 復現十種寶網鈴鐸音幢雲 復現十種摩尼爲臺蓮華爲網幢雲 復現十種現一切不思議莊嚴具色像幢雲 如是等世界海微塵數衆寶幢雲 悉徧虛空而不散滅 現示雲已 向佛作禮 以爲供養 卽於東南方 各化作寶蓮華藏師子之座 於其座上結跏趺坐

　이어서 화장(阿耨多羅三藐三菩提心의 發現)으로 장엄한 세계 바다(如來智方便海) 서남방에 다음 세계 바다가 있으니, 이름이 '일광변조'이며, 그 세계 종 가운데 국토가 있으니, 이름이 '사자일광명'이며, 부처님의 명호는 '보지광명음'이다. 그 여래의 대중 바다 가운데 보살마하살이 있으니, 이름이 '보화광염계'이며, 세계 바다(如來智方便海)의 티끌 수와 같은 보살들과 함께 부처님 계신 곳으로 나아가 제각기 열 가지 많은 것으로 말할 수 없이 빼어나게 장엄한 보배로운 우산 구름을 나타내고 허공에 가득해서 흩어지거나 없어지지 않았다. 차례를 따라(復次.復有) 열 가지 광명으로 장엄한 꽃의 우산 구름을 나타내고 차례를 따라 열 가지 끝이 없는 진주 장 우산 구름을 나타내며, 차례를 따라 열 가지 모든 보살을 불쌍히 여기는 소리, 이 소리를 내는 마니왕 우산 구름을 나타내고 차례를 따라 열 가지 말할 수 없이 빼어난 보배 불꽃의 아름다운 우산 구름을 나타내며, 차례를 따라 열 가지 빼어난 보배로 꾸미고 풍경을 그물 같이 드리운 우산 구름을 나타내고 차례를 따라 열 가지 마니나무 가지로 장엄한 우산 구름을 나타내며, 차례를 따라 열 가지 햇빛이 널리 비치는 마니왕 우산 구름을 나타내고 차례를 따라 열 가지 일체 바르는 향, 사르는 향의 우산 구름을 나타내며, 차례를 따라 열 가지 전단 장의 우산 구름을 나타내고 차례를 따라 열 가지 광대한 부처님 경계의 넓은 광명으로 장엄한 우산 구름을 나타내면서 이와 같은 세계 바다의 티끌 수와 같은 보배로 된 우산 구름이 허공에 빠짐없이 가득하고 흩어지거나 없어지지 않았다. 이러한 구름을 나타내고는 부처님을 향에 예를 올려 공양하고 곧바로 서남방에 제각기 제청보의 빛나는 불꽃으로 장엄한 사자좌를 만들고 그 자리 위에 결가부좌하고 앉았다.

　此華藏世界海西南方 次有世界海 名 日光徧照 彼世界種中 有國土 名 師子日光明 佛號 普智光明音 於彼如來大衆海中 有菩薩摩訶薩 名 普華光焰髻 與世界海微塵數 諸菩薩俱 來詣佛所 各現十種衆妙莊嚴寶蓋雲 徧滿虛空 而不散滅 復現十種光明莊嚴華蓋雲 復現十種無邊色眞珠藏蓋雲 復現十種一切菩薩悲愍音摩尼王蓋雲 復現十

種衆妙寶焰鬘蓋雲 復現十種妙寶嚴飾垂網鐸蓋雲 復現十種摩尼樹枝莊嚴蓋雲 復現
十種日光普照摩尼王蓋雲 復現十種一切塗香燒香蓋雲 復現十種栴檀藏蓋雲 復現十
種廣大佛境界普光明莊嚴蓋雲 如是等世界海微塵數衆寶蓋雲 悉徧虛空而不散滅 現
示雲已 向佛作禮 以爲供養 卽於西南方 各化作帝靑寶光焰莊嚴藏師子之座 於其座
上 結跏趺坐

이어서 화장(阿耨多羅三藐三菩提心의 發現)으로 장엄한 세계 바다(如來智方便海)의 서
북방에 다음 세계 바다가 있으니, 이름이 '보광조요'이며, 그 세계 종 가운데 국토가 있으
니, 이름이 '중향장엄'이며, 부처님의 명호는 '무량공덕해광명'이다. 그 여래의 대중 바다
가운데 보살마하살이 있으니, 이름이 '무진광마니'이며, 세계 바다(如來智方便海)의 티끌
수와 같은 보살들과 함께 부처님 계신 곳으로 나아가 제각기 열 가지 온갖 보배의 원만
한 빛 구름을 나타내고 허공에 가득해서 흩어지거나 없어지지 않았다. 차례를 따라(復
次.復有) 열 가지 모든 말할 수 없이 빼어난 꽃의 빛 구름을 나타내고 차례를 따라 열 가
지 모든 화신 부처님의 원만한 빛 구름을 나타내며, 차례를 따라 열 가지 시방 부처님 국
토의 원만한 빛 구름을 나타내고 차례를 따라 열 가지 부처님의 경계, 그 경계의 우렛소
리와 보배 나무의 원만한 빛 구름을 나타내며, 차례를 따라 열 가지 모든 유리 보배 마니
왕의 원만한 빛 구름을 나타내고 차례를 따라 열 가지 한 생각 중에 끝이 없는 중생의 모
양이나 상태를 나타내는 원만한 빛 구름을 나타내며, 차례를 따라 열 가지 모든 여래의
큰 서원, 그 서원하는 음성을 널리 펴서 설하는 원만한 빛 구름을 나타내고 차례를 따라
열 가지 일체중생을 가르쳐 바른길로 이끄는 음성, 이 음성을 연설하는 마니 왕의 원만
한 빛 구름을 나타내면서 이와 같은 세계 바다의 티끌 수와 같은 원만한 빛 구름이 허공
에 빠짐없이 가득하고 흩어지거나 없어지지 않았다. 이러한 구름을 나타내고는 부처님을
향에 예를 올려 공양하고 곧바로 서북방에 제각각 끝이 없는 광명 위덕장 사자좌를 만들
고 그 자리 위에 결가부좌하고 앉았다.

此華藏世界海西北方 次有世界海 名 寶光照耀 彼世界種中 有國土 名 衆香莊嚴
佛號 無量功德海光明 於彼如來大衆海中 有菩薩摩訶薩 名 無盡光摩尼王 與世界海
微塵數諸菩薩俱 來詣佛所 各現十種一切寶圓滿光雲 徧滿虛空 而不散滅 復現十種
一切寶焰圓滿光雲 復現十種一切妙華圓滿光雲 復現十種一切化佛圓滿光雲 復現十
種十方佛土圓滿光雲 復現十種佛境界雷聲寶樹圓滿光雲 復現十種一切瑠璃寶摩尼
王圓滿光雲 復現十種一念中現無邊衆生相圓滿光雲 復現十種演一切如來大願音圓

滿光雲 復現十種演化一切衆生音摩尼王圓滿光雲 如是等世界海微塵數圓滿光雲 悉
徧虛空而不散滅 現示雲已 向佛作禮 以爲供養 卽於西北方 各化作無盡光明威德藏
師子之座 於其座上 結跏趺坐

　　이어서 화장(阿耨多羅三藐三菩提心의 發現)으로 장엄한 세계 바다(如來智方便海)의 아
래쪽에 다음 세계 바다가 있으니, 이름이 '연화향묘덕장'이며, 그 세계 종 가운데 국토가
있으니, 이름이 '보사자광명조요'이며, 부처님의 명호는 '법계광명'이다. 그 여래의 대중 바
다 가운데 보살마하살이 있으니, 이름이 '법계광염혜'이며, 세계 바다(如來智方便海)의 티
끌 수와 같은 보살들과 함께 부처님 계신 곳으로 나아가 제각기 열 가지 모든 마니장 광
명 구름을 나타내고 허공에 가득해서 흩어지거나 없어지지 않았다. 차례를 따라(復次.復
有) 열 가지 모든 보배 불꽃 광명 구름을 나타내고 차례를 따라 열 가지 모든 부처님이
설법하는 음성, 그 음성을 내는 광명 구름을 나타내며, 차례를 따라 열 가지 모든 부처님
세계의 장엄, 그 장엄을 나타내는 광명 구름을 나타내고 차례를 따라 열 가지 온갖 빼어
난 꽃과 같은 누각의 광명 구름을 나타내며, 차례를 따라 열 가지 일체 겁 가운데 모든
부처님이 중생들을 가르쳐 바른길로 이끄는 일, 이 일을 나타내는 광명 구름을 나타내고
차례를 따라 열 가지 온갖 끝이 없는 보배 꽃술과 같은 광명 구름을 나타내며, 차례를
따라 열 가지 모든 장엄한 자리, 이 자리의 광명 구름을 나타내면서 이와 같은 세계 바다
의 티끌 수와 같은 광명 구름이 허공에 빠짐없이 가득하고 흩어지거나 없어지지 않았다.
이러한 구름을 나타내고는 부처님을 향에 예를 올려 공양하고 곧바로 하방에 제각각 보
배 불꽃 등불 연화장 사자좌를 만들고 그 자리 위에 결가부좌하고 앉았다.

　　此華藏世界海下方 次有世界海 名 蓮華香妙德藏 彼世界種中 有國土 名 寶師子光
明照耀 佛號 法界光明 於彼如來大衆海中 有菩薩摩訶薩 名 法界光焰慧 與世界海微
塵數諸菩薩俱 來詣佛所 各現十種一切摩尼藏光明雲 徧滿虛空 而不散滅 復現十種
一切香光明雲 復現十種一切寶焰光明雲 復現十種出一切佛說法音光明運 復現十種
現一切佛土莊嚴光明雲 復現十種一切妙華樓閣光明雲 復現十種現一切劫中諸佛敎
化衆生事光明雲 復現十種一切無盡寶華蕊光明雲 復現十種一切莊嚴座光明雲 如是
等世界海微塵數光明雲 悉徧虛空而不散滅 現示雲已 向佛作禮 以爲供養 卽於下方
各化作寶焰燈蓮華藏師子之座 於其座上 結跏趺坐

이어서 화장(阿耨多羅三藐三菩提心의 發現)으로 장엄한 세계 바다(如來智方便海)의 위쪽에 다음 세계 바다가 있으니, 이름이 '마니보조요장엄'이며, 그 세계 종 가운데 국토가 있으니, 이름은 '무상묘광명'이며, 부처님 명호는 '무애공덕광명왕'이다. 그 여래의 대중 바다 가운데 보살마하살이 있으니, 이름은 '무애력정진혜'이며, 세계 바다(如來智方便海)의 티끌 수와 같은 보살들과 함께 부처님 계신 곳으로 나아가 제각기 열 가지 끝이 없는 색상의 보배처럼 빛의 불꽃 구름을 나타내고 허공에 가득해서 흩어지거나 없어지지 않았다. 차례를 따라(復次,復有) 열 가지 모든 광대한 부처님의 국토를 장엄하는 빛의 불꽃 구름을 나타내고 차례를 따라 열 가지 모든 빼어난 향의 빛나는 불꽃 구름을 나타내며, 차례를 따라 열 가지 모든 장엄으로 빛나는 불꽃 구름을 나타내고 차례를 따라 열 가지 모든 부처님이 변화하시는 빛의 불꽃 구름을 나타내며, 차례를 따라 열 가지 말할 수 없이 빼어난 나무의 꽃으로 빛나는 불꽃 구름을 나타내고 차례를 따라 열 가지 모든 금강의 빛나는 불꽃 구름을 나타내며, 차례를 따라 열 가지 끝이 없는 보살의 행을 말하는 마니의 빛나는 불꽃 구름을 나타내고 차례를 따라 열 가지 모든 진주 등불의 빛나는 불꽃 구름을 나타내면서 이와 같은 세계 바다의 티끌 수와 같은 빛나는 불꽃 구름이 허공에 빠짐없이 가득하고 흩어지거나 없어지지 않았다. 이러한 구름을 나타내고는 부처님을 향에 예를 올려 공양하고 곧바로 상방에 제각각 부처님의 음성을 내는 광명 연화장 사자좌를 만들고 그 자리 위에 결가부좌하고 앉았다.

此華藏世界海上方 次有世界海 名 摩尼寶照耀莊嚴 彼世界種中 有國土 名 無相妙光明 佛號 無礙功德光明王 於彼如來大衆海中 有菩薩摩訶薩 名 無礙力精進慧 與世界海微塵數諸菩薩俱 來詣佛所 各現十種無邊色相寶光焰雲 徧滿虛空 而不散滅 復現十種摩尼寶網光焰雲 復現十種一切廣大佛土莊嚴光焰雲 復現十種一切妙香光焰雲 復現十種一切莊嚴光焰雲 復現十種諸佛變化光焰雲 復現十種衆妙樹華光焰雲 復現十種一切金剛光焰雲 復現十種說無邊菩薩行摩尼光焰雲 復現十種一切眞珠燈光焰雲 如是等世界海微塵數光焰雲 悉徧虛空而不散滅 現示雲已 向佛作禮 以爲供養 卽於上方 各化作演佛音聲光明蓮華藏師子之座 於其座上 結跏趺坐

이와 같은 10억 부처 세계의 티끌 수와 같은 세계 바다(如來智方便海) 가운데 10억 부처 세계의 티끌 수와 같은 보살마하살이 있으니, 한 분 한 분 제각기 세계 바다의 티끌 수와 같은 모든 보살 대중이 앞뒤로 둘러싸고 모였으며, 이 모든 보살 한 분 한 분이 제각각 세계 바다의 티끌 수와 같은 가지가지 장엄구의 모든 공양 구름을 나타내면서 허공에 빠짐없이 두루 하고 흩어지거나 없어지지 않았다. 이러한 구름을 나타내고는 부처님을 향에 예를 올려 공양하고 그들이 온 방위를 따라 제각각 온갖 보배로 장엄한 사자좌를 만들고 그 자리 위에 결가부좌하고 앉았다.

如是等十億佛刹微塵數世界海中 有十億佛刹微塵數菩薩摩訶薩 一一各有世界海微塵數諸菩薩衆前後圍遶而來集會 是諸菩薩 一一各現世界海微塵數種種莊嚴諸供養雲 悉徧虛空而不散滅 現示雲已 向佛作禮 以爲供養 隨所來方 各化作種種寶莊嚴師子之座 於其座上 結跏趺坐

이와 같음을 끝마치고 앉는 모든 보살의 몸에 있는 털구멍 가운데서 하나하나의 털구멍마다 각각 시방세계의 바다, 그 시방세계 바다의 티끌 수와 같은 모든 보배로서 온갖 색의 광명을 나타내고 시방세계의 바다와 같은 티끌 수의 모든 보살이 남김없이 연화장 사자좌에 앉았다. 이 모든 보살이 빠짐없이 일체 법계의 모든 안립의 바다, 그 바다의 티끌 속으로 두루 들어갔다. 그 하나하나의 티끌 가운데 열 부처 세계의 티끌 수와 같은 모든 광대한 세계가 있고 하나하나의 세계 가운데는 삼세의 모든 부처님과 세존이 계셨으며, 모든 보살이 남김없이 모두 나아가 친근하게 공양하였다.

如是坐己 其諸菩薩身毛孔中 一一各現十世界海微塵數一切寶種種色光明 一一光中 悉現十世界海微塵數諸菩薩 皆坐蓮華藏師子之座 此諸菩薩 悉能徧入一切法界諸安立海所有微塵 彼一一塵中 皆有十佛世界微塵數諸廣大刹 一一刹中 皆有三世諸佛世尊 此諸菩薩 悉能徧往親近供養

생각할 때마다 꿈과 같이 속박이나 장애 없이 자재하게 나타내 보이는 법문으로 세계 바다의 티끌 수와 같은 중생들이 깨우침을 깨달아 얻게 하고 생각하는 순간마다 모든 하늘이 죽고 나는 법의 문을 나타내 보임으로 세계 바다의 티끌 수와 같은 중생들이 깨우침을 깨달아 얻게 하며, 순간순간 생각할 때마다 모든 보살행 법문을 설하여 세계 바다의 티끌 수와 같은 중생들이 깨우침을 깨달아 얻게 하고 생각마다 모든 세계를 두루 울리고 흔들어서 부처님의 공덕과 신통 변화를 찬탄하는 법문으로 세계 바다의 티끌 수와 같은 중생들이 깨우침을 깨달아 얻게 하며, 찰나의 생각마다 모든 불국토를 청정하게 장엄하고 일체 대원 바다의 법문을 나타내 보여서 세계 바다의 티끌 수와 같은 중생들이 깨우침을 깨달아 얻게 하고 찰나의 생각마다 널리 일체중생의 언사를 다스리는 부처님의 음성 법문으로 세계 바다의 티끌 수와 같은 중생들이 깨우침을 깨달아 얻게 하며, 생각하는 가운데 능히 모든 불법의 구름을 내리는 법문으로 세계 바다의 티끌 수와 같은 중생들이 깨우침을 깨달아 얻게 하고 생각할 때마다 광명으로 시방 국토를 널리 비치고 법계에 두루두루 한 신통 변화의 법문으로 세계 바다의 티끌 수와 같은 중생들이 깨우침을 깨달아 얻게 하며, 순간순간의 생각 가운데 널리 부처님의 몸을 나타내어 법계를 가득 채우는 모든 여래의 해탈력 법문으로 세계 바다의 티끌 수와 같은 중생들이 깨우침을 깨달아 얻게 하고 순간순간 생각마다 보현보살이 일체 대중이 모인 도량 바다를 건립하는 법문으로 세계 바다의 티끌 수와 같은 중생들이 깨우침을 깨달아 얻게 하였다. 이와 같음으로 모든 법계에 두루두루 하고 중생의 마음을 따라 모든 중생이 깨우침을 깨달아 얻게 하였다.

於念念中 以夢自在 示現法門 開悟世界海微塵數衆生 念念中 以示現一切諸天歿生法門 開悟世界海微塵數衆生 念念中 以說一切菩薩行法門 開悟世界海微塵數衆生 念念中 以普震動一切刹 歎佛功德神變法門 開悟世界海微塵數衆生 念念中 以嚴淨一切佛國土顯示一切大願海法門 開悟世界海微塵數衆生 念念中 以普攝一切衆生言辭佛音聲法門 開悟世界海微塵數衆生 念念中 以能雨一切佛法雲法門 開悟世界海微塵數衆生 念念中 以光明普照十方國土周徧法界示現神變法門 開悟世界海微塵數衆生 念念中 以普現佛身充徧法界 一切如來解脫力法門 開悟世界海微塵數衆生 念念中 以普賢菩薩建立一切衆會道場法門 開悟世界海微塵數衆生 如是普徧一切法界 隨衆生心 悉令開悟

찰나의 생각마다 하나하나의 국토에서 제각각 수미산의 티끌 수와 같은 중생들 가운데 악한 길에 떨어진 자가 고통을 영원히 여의게 하고 제각각 수미산의 티끌 수와 같은 중생들 가운데 삿된 정에 머무는 자를 정정의 무리에 들게 하며, 제각각 수미산의 티끌 수와 같은 중생들이 그들이 좋아하는 바를 따라 천상에 태어나게 하고 제각각 수미산의 티끌 수와 같은 중생들이 성문이나 벽지 불의 지위에 편안하게 머물게 하며, 제각각 수미산의 티끌 수와 같은 중생들이 선지식을 섬기면서 많은 복덕의 행을 갖추게 하고 제각각 수미산의 티끌 수와 같은 중생들이 위 없는 보리의 마음을 일으키게 하며, 제각각 수미산의 티끌 수와 같은 중생들이 보살의 물러서지 않은 지위에 다다르게 하고 제각각 수미산의 티끌 수와 같은 중생들이 청정한 지혜의 눈을 얻어 여래께서 보시는 일체 모든 평등한 법을 보게 하며, 제각각 수미산의 티끌 수와 같은 중생들이 모든 힘과 서원의 바다 가운데 편안하게 머물면서 다함이 없는 지혜를 방편으로 삼아 모든 부처님의 국토를 청정하게 하고 제각각 수미산의 티끌 수와 같은 중생들이 모두 비로자나 부처님의 광대한 서원의 바다에 머물면서 여래의 집에 태어나게 하였다.

念念中 一一國土 各令如須彌山微塵數衆生墮惡道者 永離其苦 各令如須彌山微塵數衆生住邪定者 入正定聚 各令如須彌山微塵數衆生 隨其所樂生於天上 各令如須彌山微塵數衆生 安住聲聞 辟支佛地 各令如須彌山微塵數衆生 事善知識具衆福行 各令如須彌山微塵數衆生 發於無上菩提之心 各令如須彌山微塵數衆生 趣於菩薩不退轉地 各令如須彌山微塵數衆生 得淨智眼 見於如來所見一切諸平等法 各令如須彌山微塵數衆生 安住諸力諸願海中 以無盡智而爲方便淨諸佛國 各令如須彌山微塵數衆生 皆得安住毘盧遮那廣大願海 生如來家

그때 모든 보살이 광명 가운데서 동시에 소리를 내어 이러한 게송을 말했다.

爾時 諸菩薩光明中 同時發聲 說此頌言

諸光明中出妙音 모든 광명 가운데 나오는 말할 수 없이 빼어난 음성이
普徧十方一切國 시방의 모든 세계에 두루두루 하며
演說佛子諸功德 불자들의 모든 공덕을 널리 펴서 설하여
能入菩提之妙道 보리의 빼어난 도에 들게 한다네.

劫海修行無厭倦 바다와 같은 겁 동안 행을 닦으면서 싫어하거나 게으르지 않고
令苦衆生得解脫 고통을 받는 중생들에게 해탈을 얻게 한다네.
心無下劣及勞疲 마음이 지극히 용렬하거나 근심이나 지치는 일이 없으시기에
佛子善入斯方便 불자들이 이 방편으로 선근에 들어간다네.

盡諸劫海修方便 모든 겁의 바다가 다하도록 닦는 방편이
無量無邊無有餘 헤아릴 수 없이 많고 끝이 없으며 남음이 없기에
一切法門無不入 모든 법의 문으로 들어가
而恒說彼性寂滅 그 성품의 적멸함을 항상 설하신다네.

三世諸佛所有願 삼세 부처님들이 서원하신 바가

一切修治悉令盡 모든 수행을 다스려 남김없이 다하시고
卽以利益諸衆生 곧바로 모든 중생에게 이익이 되게 함으로
而爲自行淸淨業 스스로 청정한 업을 행하게 한다네.

一切諸佛衆會中 일체 모든 부처님이 많은 모임 중에
普徧十方無不往 시방세계에 가시지 않는 곳이 없고
皆以甚深智慧海 빠짐없이 깊고 깊은 지혜의 바다로
入彼如來寂滅法 여래의 적멸 법으로 들어가게 한다네.

一一光明無有邊 하나하나의 광명이 끝닿는 데가 없고
悉入難思諸國土 생각으로 헤아려 알기 어려운 모든 국토에 남김없이 들어가는 것을
淸淨智眼普能見 청정한 지혜의 눈으로 능히 보신다네.
是諸菩薩所行境 이는 모든 보살이 행하는 경계라네.

菩薩能住一毛端 보살이 하나의 털끝에 능히 머물러 있으면서
徧動十方諸國土 시방세계의 모든 국토를 흔들지만
不令衆生有怖想 중생들이 두려워하는 생각을 없게 하시니
是其淸淨方便地 이것이 청정한 방편의 지위라네.

一一塵中無量身 하나하나의 티끌 가운데 헤아릴 수 없이 많은 몸으로
復現種種莊嚴刹 차례를 따라 온갖 장엄한 세계를 나타내고 (復.53位)
一念歿生普令見 한 생각에 죽고 태어남을 중생들이 두루 보게 하시니
獲無礙意莊嚴者 막힘이나 걸림 없는 지혜로 장엄하시는 분이시라네.

三世所有一切劫 삼세에 있는 바의 일체 겁을
一剎那中悉能現 잠깐 사이에 남김없이 능히 나타내지만
知身如幻無體相 몸이 허깨비와 같아서 체와 상이 없음을 아시니
證明法性無礙者 법의 성품을 밝게 증득하여 막힘이나 걸림이 없는 분이시라네.

普賢勝行皆能入 보현보살의 뛰어난 행에 다 들어가서
一切衆生悉樂見 모든 중생이 다 즐겁게 본다네.

佛子能住此法門 불자가 능히 이 법문에 머무르니
諸光明中大音吼 모든 광명 가운데 큰 소리의 사자 후라네.

이때 세존께서 모든 보살 대중이 여래의 끝이 없는 경계와 신통력을 얻게 하는 까닭으로 미간에서 광명을 놓으셨다. 이 광명의 이름은 '일체보살지광명'으로 시방세계를 두루 비치는 장이다. 그 모양은 마치 보배로운 빛의 등불과 구름과 같아서 시방의 모든 부처님 세계를 두루 비치고 그 가운데 있는 국토와 중생들을 남김없이 나타내 보였다. 또 모든 세계의 그물을 두루 움직여 흔들고 그 하나하나의 티끌 가운데 수 없는 부처님을 나타내며, 중생들의 성품과 욕심이 같지 않음을 따라 삼세 일체 모든 부처님의 빼어난 법륜 구름을 내려서 여래의 바라밀 바다를 나타내 보이고 또 헤아릴 수 없이 많은 모든 곳에서 벗어나는 구름을 내려 모든 중생이 영원히 생사를 건너게 하시며, 차례를 따라 모든 부처님의 큰 서원, 이 서원의 구름을 내려서 시방세계에 있는 모든 세계 가운데 보현보살의 도량에 모인 대중을 나타내 보이셨다. 이러한 일을 지어서 마치고 오른쪽으로 부처님을 돌아 에워싸서는 발아래를 쫓아 들어갔다.

爾時 世尊欲令一切菩薩大衆得於如來無邊境界神通力故 放眉閒光 此光名 一切菩薩智光明 普照耀十方藏 其狀猶如寶色燈雲 徧照十方一切佛刹 其中國土及以衆生 悉令顯現 又普震動諸世界網 一一塵中現無數佛 隨諸衆生性欲不同 普雨三世一切諸佛妙法輪雲 顯示如來波羅蜜海 又雨無量諸出離雲 令諸衆生永度生死 復雨諸佛大願之雲 顯示十方諸世界中 普賢菩薩道場衆會 作是事已 右遶於佛 從足下入

그때 부처님 앞에 홀연히 큰 연꽃이 났고 그 연꽃은 열 가지(十波羅蜜)의 장엄을 갖추고 있어서 그 어떠한 연꽃으로도 미칠 수 없었다. 이른바 많은 보배가 이리저리 서로 섞인 것으로 그 줄기가 되고 마니보배의 왕으로 우거진 숲을 이루고 법계의 많은 보배로 그 잎을 이루었으며, 모든 향의 마니로 꽃술을 이루고 염부단금으로 그 받침대를 밝게 장엄하고 말할 수 없이 빼어난 그물로 위를 덮어서 빛의 색들이 청정하였다. 한순간에 끝없는 모든 부처님의 신통 변화를 나타내 보이고 모든 음성을 새롭게 일으키며, 마니보왕의 그림자로 부처님의 몸을 나타내고 음성 가운데 모든 보살이 닦던 행과 원을 널리 펴서 설하였다. 이 꽃이 생하고 한순간에 여래의 백호상 가운데 보살마하살이 있으니, 이름이 '일체법승음'이며, 세계 바다의 티끌 수와 같은 모든 보살 대중들과 더불어 한때에 나와 여래를 오른쪽으로 에워싸서 한량없이 돌고서는 부처님의 발에 예를 올렸다.

爾時 佛前有大蓮華 忽然出現 其華具有十種莊嚴 一切蓮華所不能及 所謂 衆寶閒
錯以爲其莖 摩尼寶王以爲其藏 法界衆寶 普作其葉 諸香摩尼 而作其鬚 閻浮檀金莊
瑩其臺 妙網覆上 光色淸淨 於一念中 示現無邊諸佛神變 普能發起一切音聲 摩尼寶
王影現佛身 於音聲中 普能演說一切菩薩所修行願 此華生已 一念之閒 於如來白毫
相中 有菩薩摩訶薩 名 一切法勝音 與世界海微塵數諸菩薩衆 俱時而出 右遶如來
經無量帀 禮佛足已

때를 맞추어 승음보살은 연화대에 앉고 모든 보살 대중은 연꽃 수술 위에 앉았다. 그
모든 법승음보살은 깊은 법계의 깨우침을 깨달아 얻어 마치고 큰 환희의 마음을 내었으
며, 부처님이 행하시던 자리에 들어가더라도 지혜가 막힘이나 걸림이 없었고 헤아릴 수
없는 부처님의 법신 바다에 들어갔으며, 일체 세계 모든 여래의 처소에 이르고 모든 털구
멍마다 남김없이 신통을 나타내고 생각마다 모든 법계를 빠짐없이 자세하게 살펴보며, 시
방의 부처님들과 더불어 그 힘을 함께 하면서 또 그들이 모든 삼매에 편안하게 머물게 하
고 오는 세상이 다하도록 항상 모든 부처님의 끝없는 법계와 공덕 바다의 몸을 보며, 이
를 따라 모든 삼매 해탈과 신통 변화에 이르렀다.

時 勝音菩薩坐蓮華臺 諸菩薩衆坐蓮華鬚各於其上 次第而住 其一切法勝音菩薩
了心法界 生大歡喜 入佛所行 智無凝滯 入不可測佛法身海 往一切刹諸如來所 有諸
毛孔悉現身通 念念 普觀一切法界 十方諸佛 共與其力 令普安住一切三昧 盡未來劫
常見諸佛無邊法界功德海身 乃至一切三昧解脫 神通變化

곧바로 대중 가운데서 부처님의 위신력을 받들어 게송으로 말했다.
卽於衆中 承佛爲神 觀察十方 而說頌言

佛身充滿於法界 부처님의 몸이 법계에 가득 차 있기에
普現一切衆生前 모든 중생 앞에 두루 나타나신다네.
隨緣赴感靡不周 인연을 따라 응하여 나아가는 일에 있어서 두루두루 하지만
而恒處此菩提座 언제나 보리의 자리에 계신다네.

如來一一毛孔中 여래의 하나하나 털구멍마다

一切刹塵諸佛坐 일체 세계의 티끌 수 같은 모든 부처님이 앉아 계시고

菩薩衆會共圍遶 보살의 많은 무리와 다 같이 하시며

演說普賢之勝行 보현의 특히 뛰어난 행을 널리 펴서 설하신다네.

如來安處菩提座 여래께서 보리 좌에 편안히 앉아 계시니

一毛示現多刹海 하나의 털끝에 많은 세계 바다를 나타내 보이고

一一毛現悉亦然 하나하나의 털끝에 남김없이 나타내 보이는 일 또한 그렇다네.

如是普周於法界 이와 같이 법계에 두루두루 하신다네.

一一刹中悉安立 하나하나의 세계 가운데 모두 편안히 앉아 계시고

一切刹土皆周徧 모든 세계 국토에 빠짐없이 두루 하시니

十方菩薩如雲集 시방의 보살들이 구름같이 모여서

莫不咸來詣道場 도량에 이르지 않는 이가 없다네.

一切刹土微塵數 모든 세계의 국토, 이 국토의 티끌 수와 같은

功德光明菩薩海 공덕 광명의 보살 바다가

普在如來衆會中 여래의 대중 모임 가운데 두루 있으며

乃至法界咸充徧 그렇기에 법계에 이르기까지 다 빠짐없이 가득하다네.

法界微塵諸刹土 법계의 작은 티끌 같은 모든 세계의 국토, 이 국토의

一切衆中皆出現 일체 대중 가운데 다 나타나시니

如是分身智境界 이와 같이 몸을 나누는 지혜의 경계는

普賢行中能建立 보현행 가운데 만들어지고 세워진다네.

一切諸佛衆會中 일체 모든 부처님이 대중의 모임 가운데

勝智菩薩僉然坐 승지보살들과 다 그렇게 앉아서

各各聽法生歡喜 제각기 법을 듣고 즐거움과 기쁨을 내면서

處處修行無量劫 곳곳에서 수행하기를 헤아릴 수 없이 많은 겁 동안이라네.

已入普賢廣大願 이미 보현의 광대한 원에 들어가서

各各出生衆佛法 제각기 많은 불법을 내게 하여 나타내고
毘盧遮那法海中 비로자나 부처님의 법 바다 가운데서
修行克證如來地 행을 닦아 여래의 지위를 증득한다네.

普賢菩薩所開覺 보현보살이 활짝 열어서 깨달아 얻는 바를
一切如來同讚喜 모든 여래께서 함께 칭찬하고 기뻐하시니
已獲諸佛大神通 이미 모든 부처님의 신통을 얻어서
法界周流無不徧 온 법계에 두루 하지 않는 데가 없다네.

一切刹土微塵數 모든 세계 국토의 티끌 수와 같이
常現身雲悉充滿 항상 구름 같은 몸을 나타내어 남김없이 가득 채우고
普爲衆生放大光 중생들을 위하여 큰 빛을 놓으며
各雨法雨稱其心 법 비를 내려 각각 그 마음을 칭찬하신다네.

그때 대중 가운데 차례(復.50位)를 따라 보살마하살이 있으니, 이름이 '관찰일체승법연화광혜왕'이며, 부처님의 위신력을 받들어 시방을 자세하게 살펴보고는 게송으로 말했다. (東方)

爾時 衆中復有菩薩摩訶薩 名 觀察一切勝法蓮華光慧王 承佛威神 觀察十方 而說頌曰

如來甚深智 여래의 깊고 깊은 지혜는
普入於法界 법계에 들어가 두루 미치고
能隨三世轉 삼세를 따라 함께 하시면서
與世爲明導 세상과 더불어 중생을 밝게 이끈다네.

諸佛同法身 모든 부처님의 법신은 한가지로 같고
無依無差別 의지할 것도 없고 차별도 없지만
隨諸衆生意 모든 중생의 뜻을 따라
令見佛色形 그들이 부처님의 모습을 보게 한다네.

具足一切智 일체 지혜를 온전하게 갖추고
徧知一切法 일체 법을 두루 아시며
一切國土中 일체 국토 가운데
一切無不現 모든 것을 밝게 나타내지 못하는 것이 없다네.

佛身及光明 부처님의 몸과 광명과
色相不思議 마주 대하는 모양이나 상태는 생각으로 헤아려 알 수 없지만
衆生信樂者 중생들 가운데 믿고 좋아하는 자에게는
隨應悉令見 응하여 따라주고 남김없이 보게 하신다네.

於一佛身上 한 부처님의 몸 위에
化爲無量佛 화신으로 헤아릴 수 없이 많은 부처님이 되시며
雷音徧衆刹 우렛소리가 많은 세계에 두루 미치기에
演法深如海 바다와 같은 깊은 법을 널리 펴서 설하신다네.

一一毛孔中 하나하나의 털구멍 가운데
光網徧十方 빛의 그물이 시방세계에 두루 미치고
演佛妙音聲 부처님이 말할 수 없이 빼어난 음성으로 널리 펴서 설하시어
調彼難調者 조복시키기 어려운 자들을 조복시킨다네.

如來光明中 여래의 광명 가운데서는
常出深妙音 언제나 깊고도 빼어난 음성을 내어
讚佛功德海 부처님의 공과 덕의 바다와
及菩薩所行 보살의 행한 바에 이르기까지 칭찬한다네.

佛轉正法輪 부처님이 바른 법륜을 굴리심은
無量無有邊 헤아릴 수 없고 끝이 없으며
所說法無等 설하신 법이 그 이상 더 할 수 없기에
淺智不能測 얕은 지혜로는 헤아려 알지 못한다네.

一切世界中 일체 세계 가운데

現身成正覺 몸을 나타내어 정각을 이루시고
各各起神變 제각기 신통 변화를 일으켜서
法界悉充滿 법계에 빠짐없이 가득 찼다네.

如來一一身 여래의 몸 하나하나에서
現佛等衆生 중생의 수와 같이 부처님이 밝게 나타나고
一切微塵刹 모든 티끌 수와 같은 세계에
普現神通力 신통한 힘을 나타내어 두루 미치신다네.

이때 대중 가운데 차례를 따라 보살마하살이 있으니, 이름이 '법희혜광명'이며, 부처님의 위신력을 받들어 시방을 자세하게 살펴보고 게송으로 말했다. (南方)
爾時 衆中復有菩薩摩訶薩 名 法喜慧光明 承佛威神 觀察十方 而說頌曰

佛身常顯現 부처님은 몸을 항상 명백하게 나타내시어
法界悉充滿 법계에 어느 곳 하나 남음이 없이 가득하게 채우시고
恒演廣大音 언제나 광대한 음성으로 설하여
普震十方國 시방 국토를 널리 흔들어 깨우신다네.

如來普現身 여래께서 널리 몸을 나타내어
徧入於世間 세간에 들어가 두루 미치며
隨衆生樂欲 중생들의 즐거움이나 하고자 하는 것을 따라
顯示神通力 신통한 힘을 나타내 보이신다네.

佛隨衆生心 부처님이 중생들의 마음을 따라
普現於其前 그 앞에 두루 나타나시니
衆生所見者 중생이 부처님을 뵙는 것은
皆是佛神力 모두 부처님의 신통한 힘 때문이라네.

光明無有邊 밝은 빛은 끝닿는 데가 없고
說法亦無量 법을 설함도 또한 헤아릴 수 없이 많다네.

佛子隨其智 불자들이 그 지혜를 따라
能入能觀察 능히 들어가고 자세하게 살펴본다네.

佛身無有生 부처님의 몸은 생함이 없지만
而能示出生 능히 생함을 보이시며
法性如虛空 법의 성품이 허공과 같지만
諸佛於中住 모든 부처님이 이 가운데 머무신다네.

無住亦無去 머무는 일도 없으며 가는 일도 없지만
處處皆見佛 곳곳에서 빠짐없이 부처님을 보며
光明靡不周 밝은 빛이 미치지 않는 데가 없고
名稱悉遠聞 칭송하는 이름을 멀리에서도 다 듣는다네.

無體無住處 체도 없고 머무는 곳도 없기에
亦無生可得 생하는 일도 또한 없으며
無相亦無形 마주할 모양이나 상태 또한 형상도 없다네.
所現皆如影 나타나는 것은 모두 그림자와 같다네.

佛隨衆生心 부처님은 중생의 마음을 따라
爲興大法雲 큰 법의 구름을 일으키시며
種種方便門 온갖 방편의 문으로
示悟而調伏 깨우침을 깨달아 보여 조복시킨다네.

一切世界中 일체 세계 가운데
見佛坐道場 도량에 앉아 계신 부처님을 보니
大衆所圍遶 대중이 주위를 에워싸서 모시며
照耀十方國 시방의 국토를 밝게 비치신다네.

一切諸佛身 일체 모든 부처님의 몸은
皆有無盡相 모두 다 함이 없는 모양이나 상태가 있기에
示現雖無量 헤아릴 수 없음을 나타내 보일지라도

色相終不盡 색으로서 마주 대한 모양이나 상태는 끝내 다함이 없다네.

이때 대중 가운데 차례를 따라 보살마하살이 있으니, 이름이 '향염광보명혜'이며, 부처님의 위신력을 받들어 시방을 자세하게 살펴보고 게송으로 말했다. (西方)
爾時 衆中復有菩薩摩訶薩 名 香焰光普明慧 承佛威神 觀察十方 而說頌曰

此會諸菩薩 이곳에 모인 모든 보살이
入佛難思地 생각으로도 어려운 부처님의 지위에 들어가
一一皆能見 한 분 한 분을 다 보니
一切佛神力 모두 부처님의 신력이라네.

智身能徧入 지혜의 몸으로 능히 들어가 두루 미치니
一切刹微塵 모든 세계의 티끌 수와 같이
見身在彼中 몸이 그 가운데 있음을 보기에
普見於諸佛 모든 부처님을 널리 뵙는다네.

如影現衆刹 그림자와 같이 많은 세계에
一切如來所 모든 여래가 계신 곳에 나타나시어
於彼一切中 그 모든 가운데서
悉現神通事 신통한 일을 남김없이 나타내신다네.

普賢諸行願 보현보살의 행과 원을
修治已明潔 닦고 다스려서 이미 밝고 깨끗하게 하였기에
能於一切刹 모든 세계에서 능히
普見佛神變 부처님의 신통한 변화를 두루 본다네.

身住一切處 몸이 머무는 모든 곳마다
一切皆平等 일체 모든 것이 평등하고
智能如是行 지혜로 이와 같음을 행하여
入佛之境界 부처님의 경계에 들어간다네.

已證如來智 여래의 지혜를 이미 증명하고
等照於法界 가지런히 법계를 비추며
普入佛毛孔 부처님 털구멍으로
一切諸刹海 일체 모든 세계 바다가 두루 들어간다네.

一切佛國土 모든 부처님 국토에
皆現神通力 빠짐없이 신통한 힘을 드러내어
示現種種身 가지가지의 몸과
及種種名號 가지가지의 명호에 이르기까지 나타내 보이신다네.

能於一念頃 능히 잠깐 사이에
普現諸神變 모든 신통 변화를 두루 나타내시며
道場成正覺 도량에서 바른 깨우침을 이루시고
及轉妙法輪 뿐만 아니라 말할 수 없이 빼어난 법륜을 굴리신다네.

一切廣大刹 광대한 모든 세계를
億劫不思議 시작점 없는 억겁을 두고도 헤아릴 수 없지만
菩薩三昧中 보살의 삼매 가운데서
一念皆能現 잠깐 사이에 모든 세계를 나타내신다네.

一切諸佛土 일체 모든 부처님의 국토에 계신
一一諸菩薩 한 분 한 분의 모든 보살이
普入於佛身 부처님의 몸에 두루 들어가니
無邊亦無量 끝이 없으며 또한 헤아릴 수 없이 많다네.

그때 대중 가운데 차례를 따라 보살마하살이 있으니, 이름이 '사자분신혜광명'이며, 부처님의 위신력을 받들어 시방을 자세하게 살펴보고 게송으로 말했다. (北方)
爾時 衆中復有菩薩摩訶薩 名 師子奮迅慧光明 承佛威神 徧觀十方 而說頌曰

毘盧遮那佛 비로자나 부처님께서
能轉正法輪 바른 법륜을 굴리시니

法界諸國土 법계의 모든 국토에
如雲悉周徧 구름이 퍼지듯 남김없이 두루 미친다네.

十方中所有 시방 가운데 있는
諸大世界海 모든 세계의 큰 바다에서
佛神通願力 부처님의 신통과 원력으로
處處轉法輪 곳곳에서 법륜을 굴리신다네.

一切諸刹土 일체 모든 세계의 국토와
廣大衆會中 광대한 대중의 모임 중에서
名號各不同 부르는 이름이 제각기 다르지만
隨應演妙法 응함을 따라 빼어난 법을 널리 펴서 설하신다네.

如來大威力 여래의 크신 위엄과 힘은
普賢願所成 보현의 원으로 이루어진 것이며
一切國土中 일체 국토 가운데
妙音無不至 묘한 음성이 이르지 못하는 데가 없다네.

佛身等刹塵 부처님의 몸은 세계의 티끌 수와 같고
普雨於法雨 빠짐없이 법의 비를 내리시며
無生無差別 생함도 없이 차별도 없이
現一切世間 일체 세간에 나타나신다네.

無數諸億劫 셀 수 없는 모든 억겁의
一切塵刹中 티끌 같은 모든 세계 가운데서
往昔所行事 옛적에 행하던 일을
妙音咸具演 다 함께 널리 펴서 갖추고 빼어난 소리를 설하신다네.

十方塵國土 시방의 티끌 같은 국토에
光網悉周徧 빛의 그물이 빠짐없이 두루 미치고
光中悉有佛 그 빛 가운데 부처님이 모두 계시면서

普化諸群生 모든 군생을 널리 가르쳐 바른길로 이끄신다네.

佛身無差別 부처님의 몸은 차별 없이
充滿於法界 법계에 가득하고
能令見色身 색신을 보게 하며(색신:색즉시공 공즉시색 수상행식 역부여시 시제법공상 불생불멸 불구
부정 부증불감을 이른다.)
隨機善調伏 그릇을 따라 선근을 조복시킨다네.

三世一切刹 삼세의 모든 세계에
所有衆導師 계신 많은 도사의
種種名號殊 가지가지 명호가 제각기 다르신 것을
爲說皆令見 모두 말하여 보게 하신다네.

過未及現在 과거와 현재 미래에 이르기까지
一切諸如來 일체 모든 여래가
所轉妙法輪 굴리신 말로 할 수 없는 빼어난 법륜을
此會皆得聞 이 모임에서 모두 들음을 얻게 한다네.

이때 대중 가운데 차례를 따라 보살마하살이 있으니, 이름이 '법해혜공덕장'이며, 부처
님의 위신력을 받들어 시방을 자세하게 살펴보고는 게송으로 말했다. (東北方)
爾時 衆中復有菩薩摩訶薩 名 法海慧功德藏 承佛威神 觀察十方 而說頌言

此會諸佛子 이 모임의 모든 불자는
善修衆智慧 선근으로 많은 지혜를 닦아서
斯人已能入 이 사람들은 이미
如是方便門 이와 같은 방편의 문에 들어간 이들이라네.

一一國土中 하나하나의 국토 가운데
普演廣大音 광대한 소리를 두루 펼치면서
說佛所行處 부처님이 행한 처를 설하니

周聞十方刹 시방세계에서 빠짐없이 듣는다네.

一一心念中 하나하나의 마음과 생각 가운데
普觀一切法 모든 법을 자세하게 두루 보시고
安住眞如地 진여의 자리에 머물러 계시면서
了達諸法海 모든 법 바다의 깨우침을 깨달아 알고 마치신다네.

一一佛身中 하나하나의 부처님 몸 가운데서
億劫不思議 억겁을 보내더라도 생각으로 헤아려 알 수 없는
修習波羅蜜 바라밀을 닦아 익히며
及嚴淨國土 국토를 장엄하는 일에 이르기까지 청정히 하신다네.

一一微塵中 하나하나의 티끌 가운데서
能證一切法 모든 법을 증득하고
如是無所礙 이와 같이 막힘이나 걸림이 없어
周行十方國 시방 국토에 두루 행한다네.

一一佛刹中 하나하나의 부처님 세계 가운데
往詣悉無餘 남김이 없이 다 가보아서
見佛神通力 부처님의 신통한 힘을 보았고
入佛所行處 부처님이 행한 처에 들어갔다네.

諸佛廣大音 모든 부처님의 광대한 음성은
法界靡不聞 들리지 않는 법계가 없으니
菩薩能了知 보살이 능히 깨우침을 깨달아 분명히 알고
善入音聲海 선근으로 음성 바다에 들어간다네.

劫海演妙音 겁의 바다와 같은 세월을 빼어난 소리로 널리 펴서 설하니
其音等無別 그 음성은 가지런하고 다름이 없다네.
智周三世者 삼세를 아는 지혜 있는 이가
入彼音聲地 그 음성의 지위에 들어간다네.

衆生所有音 중생의 음성과
及佛自在聲 부처님의 속박이나 장애 없는 소리에 이르기까지
獲得音聲智 음성의 지혜를 얻어야 만이
一切皆能了 일체 모든 것을 밝게 깨달아 분명히 알 수 있다네.

從地而得地 지위를 좇아 나아가 지위를 얻고
住於力地中 힘의 지위 가운데 머무르면서
億劫勤修行 억겁 동안 부지런히 수행하여
所獲法如是 얻는 법이 이와 같다네.

이때 대중 가운데 차례를 따라 보살마하살이 있으니, 이름은 '혜등보명'이며, 부처님의
위신력을 받들어 시방을 자세하게 살펴보고 게송으로 말했다. (동남방)
爾時 衆中復有菩薩摩訶薩 名 慧燈普明 承佛威神 觀察十方 而說頌曰

一切諸如來 일체 모든 여래께서
遠離於衆相 마주 본 많은 모양이나 상태를 멀리 벗어나니
若能知是法 만일 이러한 법을 알게 된다면
乃見世導師 세간의 부처와 보살을 볼 것이라네.

菩薩三昧中 보살의 삼매 가운데
慧光普明了 지혜의 빛으로 깨우침을 깨달아 분명하게 알고 마치면
能知一切佛 모든 부처님의
自在之體性 속박이나 장애 없는 자재한 체성(般若智)을 능히 알 것이라네.

見佛眞實體 부처님의 진실한 체(般若智體)를 보면
則悟甚深法 깊고도 깊은 법을 곧 깨달아 얻으며
普觀於法界 법의 성품을 자세하게 두루 살펴보고
隨願而受身 소원을 따라 몸을 받을 것이라네.

從於福海生 복의 바다를 좇아 태어나

安住於智地 지혜의 땅에 머물면서
觀察一切法 일체의 법을 자세히 살펴보고
修行最勝道 가장 뛰어난 도를 수행한다네.

一切佛刹中 모든 부처님의 세계가
一切如來所 모든 여래가 계신 곳이라네.
如是徧法界 이와 같이 법계에 두루 미치면
悉見眞實體 진실한 체를 남김없이 본다네.

十方廣大刹 시방의 광대한 세계에서
億劫勤修行 억겁을 두고 부지런히 수행하고는
能遊正徧知 정변지의
一切諸法海 일체 모든 법의 바다에서 유유자적할 것이라네.

唯一堅密身 오직 하나뿐인 단단하고 비밀스러운 몸(金剛般若智體)을
一切塵中見 일체 티끌 가운데서 보니
無生亦無相 태어남도 없고 또한 마주할 모양이나 상태도 없지만
普現於諸國 모든 국토에 두루 나타난다네.

隨諸衆生心 모든 중생의 마음을 따라
普現於其前 그들 앞에 두루 나타나
種種示調伏 가지가지로 조복시키는 것을 보여서
速令向佛道 부처님의 길로 속히 향하도록 한다네.

以佛威神故 부처님의 위신력이 있는 까닭으로
出現諸菩薩 모든 보살이 나타내 보이는 것이며
佛力所加持 부처님의 그 힘으로 중생을 하나가 되는 경지로 이끌고자 하기에
普見諸如來 모든 여래를 두루 본다네.

一切衆導師 모든 대중을 이끄는 스승의
無量威神力 헤아릴 수 없이 많은 위신력으로

開悟諸菩薩 모든 보살이 깨우침을 깨달아 얻도록
法界悉周徧 법계에 빠짐없이 두루 하다네.

그때 대중 가운데 차례를 따라 보살마하살이 있으니, 이름이 '화염계보명지'이며, 부처님의 위신력을 받들어 시방을 자세하게 살펴보고 게송으로 말했다. (西南方)
爾時 衆中復有菩薩摩訶薩 名 華焰髻普明智 承佛威神 觀察十方 而說頌曰

一切國土中 모든 세계의 국토 가운데
普演微妙音 섬세하고 빼어난 소리를 두루 널리 설하여
稱揚佛功德 부처님의 공과 덕을 드날리니
法界悉充滿 법계에 빠짐없이 가득히 찬다네.

佛以法爲身 부처님이 법을 몸으로 삼으시니
淸淨如虛空 청정하기가 허공과 같으며
所現衆色形 나타내는 바 많은 형상으로
令入此法中 이 법 가운데 들어가게 하신다네.

若有深信喜 그와 같은 깊은 믿음으로 기뻐하거나
及爲佛攝受 부처님이 거둬주시는 일이 있으면
當知如是人 이와 같은 사람은 당연히
能生了佛智 깨우침을 깨달아 알고 마친 부처님의 지혜가 곧바로 생함을 알 것이라네.

諸有少智者 지혜가 적은 모든 사람은
不能知此法 이 같은 법을 알지 못하지만
慧眼淸淨人 지혜의 눈이 청정한 이는
於此乃能見 이러한 일들을 능히 보게 될 것이라네.

以佛威神力 부처님의 위신력으로
觀察一切法 모든 법을 자세하게 살펴보니
入住及出時 들어가고 머물며 나가는 때를

所見皆明了 보는 것이 빠짐없이 깨우침을 깨달아 알고 마치는 일이 분명하다네.

一切諸法中 일체 모든 법 가운데
法門無有邊 법의 문은 끝이 없으니
成就一切智 모든 지혜를 성취해야만
入於深法海 깊은 법의 바다에 입류(如來智方便海.二乘) 할 것이라네.

安住佛國土 부처님의 국토에 편안히 머물며
出興一切處 일체 모든 곳에 나타내 보이지만
無去亦無來 가는 일도 없고 또한 오는 일도 없으니
諸佛法如是 모든 부처님의 법도 이와 같다네.

一切衆生海 모든 중생의 바다에
佛身如影現 부처님의 몸이 그림자로 나타나고
隨其解差別 그 그림자를 이해하고 차별함을 따라
如是見導師 이와 같이 부처님과 보살을 본다네.

一切毛孔中 모든 하나하나의 털구멍 가운데
各各現神通 제각각 신통을 나타내니
修行普賢願 보현의 서원을 두루 닦고 행하여
清淨者能見 청정해진 자는 능히 볼 것이라네.

佛以一一身 부처님이 하나하나의 몸으로
處處轉法輪 곳곳에서 법륜을 굴려
法界悉周徧 법계에 빠짐없이 두루 미치니
思議莫能及 생각과 생각 아닌 것으로도 이를 수 없다네.

이때 대중 가운데 차례를 따라 보살마하살이 있으니, 이름이 '위덕혜무진광'이며, 부처님의 위신력을 받들어 시방세계를 자세하게 살펴보고 게송으로 말했다. (西北方)
爾時 衆中復有菩薩摩訶薩 名 威德慧無盡光 承佛威神 觀察十方 而說頌曰

一一佛刹中 하나하나 부처님의 세계 가운데 있는
處處坐道場 보리도량 곳곳에 앉아 계시며,
衆會共圍遶 모여 있는 대중이 다 함께 에워싸 모시고
魔軍悉摧伏 마군을 남김없이 꺾어서 조복시킨다네.

佛身放光明 부처님의 몸이 광명을 놓아
徧滿於十方 시방세계에 가득하게 차서
隨應而示現 응함을 따라 나타내 보이지만
色相非一種 마주한 모양이나 상태, 빛깔이 한 가지만은 아니라네.

一一微塵內 하나하나의 티끌 속이
光明悉充滿 광명으로 남김없이 가득 찼으며
普見十方土 시방세계의 국토를 두루 보니
種種各差別 여러 가지로 제각각 차별되어 진다네.

十方諸刹海 시방의 모든 세계 바다는
種種無量刹 헤아릴 수 없이 많은 가지가지의 세상을
悉平坦淸淨 남김없이 평탄하게 하고 청정하게 한
帝靑寶所成 제청보로 이루어진 것이라네. (帝靑寶: 五頭智의 약칭. 곧 신주행희향십지를 이른다.)

或覆或傍住 그와 같이 엎어져 있고 그와 같이 옆에 머물며
或似蓮華合 그와 같이 연꽃과 합한 것과 같고
或圓或四方 그와 같이 둥글고 그와 같이 네모지며
種種衆形相 가지가지로 마주한 많은 모양이나 상태라네.

法界諸刹土 법계에 있는 모든 세계의 국토로
周行無所礙 마음껏 다녀도 막힘이나 걸림이 없으며
一切衆會中 모든 대중이 모여 있는 가운데
常轉妙法輪 늘 말할 수 없이 빼어난 법륜을 굴리신다네.

佛身不思議 부처님의 몸은 생각과 생각 아닌 것으로도 헤아릴 수 없으며

國土悉在中 모든 국토가 남김없이 그 가운데 있고
於其一切處 그 일체 모든 곳에
導世演眞法 세간을 이끄는 자가 진실한 법을 널리 펴신다네.

所轉妙法輪 말할 수 없이 빼어난 법륜을 굴리시는 것에
法性無差別 법의 성품은 차별이 없고
依於一實理 그 하나의 실질적인 이치, 열매에 의지하여
演說諸法相 법으로서 마주할 모든 모양이나 상태를 널리 펴신다네.

佛以圓滿音 부처님이 원만한 음성으로
闡明眞實理 진실한 이치를 분명하게 열어서 밝히시니
隨其解差別 그들이 이해하는 일에 있어서 서로 다름을 따라
現無盡法門 끝없는 법문을 나타내신다네.

一切剎土中 모든 세계의 나라 가운데 있는
見佛坐道場 도량에 앉아 계신 부처님을 보면
佛身如影現 부처님의 몸이 그림자와 같이 나타나니
生滅不可得 나고 멸함을 얻을 수 없는 것과 같다네.

그때 대중 가운데 차례를 따라 보살마하살이 있으니, 이름이 '법계보혜명'이며, 부처님의 위신력을 받들어 시방을 자세하게 살펴보고 게송으로 말했다. (下方)
爾時 衆中復有菩薩摩訶薩 名 法界普明慧 承佛威神 觀察十方 而說頌曰

如來微妙身 여래의 섬세하고 빼어난 몸은
色相不思議 마주 본 모양이나 상태가 생각으로 헤아려 알 수 없기에
見者生歡喜 보는 이마다 즐겁고 기쁜 마음을 내고
恭敬信樂法 즐겁게 법을 믿으며 공경한다네.

佛身一切相 부처님의 몸을 마주한 모든 것에서
悉現無量佛 빠짐없이 헤아릴 수 없는 부처님을 나타내고

普入十方界 시방세계에 두루두루 한
一一微塵中 그 하나하나의 티끌 가운데로 들어간다네.

十方國土海 시방세계의 바다에
無量無邊佛 헤아려 알 수 없고 끝없는 부처님이
咸於念念中 모든 생각과 생각 가운데 빠짐없이
各各現神通 제각각 신통을 나타내신다네.

大智諸菩薩 지혜가 크신 모든 보살은
深入於法海 법의 바다에 깊이 들어가
佛力所加持 부처님의 힘인 가지(加持:부처와 중생이 하나가 되는 경지로 들어가는 일)로
能知此方便 능히 이러한 방편을 안다네.

若有已安住 그와 같이 이미 편안하게 머무는 일이
普賢諸行願 보현의 모든 행과 서원으로서 두루 한 것이라면
見彼衆國土 저 많은 국토를 보게 될 것이니
一切佛神力 모두 부처님의 신력이라네.

若人有信解 사람이 믿음과 이해가 있고
及以諸大願 큰 원으로 모든 것에 이르렀다면
具足深智慧 깊은 지혜를 온전하게 갖추어서
通達一切法 일체 법을 통달할 것이라네.

能於諸佛身 능히 모든 부처님의 몸을
一一而觀察 하나하나씩 자세하게 살펴보고
色聲無所礙 모양이나 상태와 소리에 막힘이나 걸리는 바가 없다면
了達於諸境 깨우침을 깨달아 알고 마친 모든 경계라네.

能於諸佛身 능히 모든 부처님의 몸에
安住智所行 편안하게 머무는 지혜로 행하는 것이라면
速入如來地 여래의 지위에 빨리 들어가

普攝於法界 법계를 두루두루 따라서 잡을 것이라네.

佛刹微塵數 부처 세계의 티끌 수와 같이
如是諸國土 이와 같은 모든 국토를
能令一念中 능히 한 생각, 한순간에
一一塵中現 하나하나의 티끌로 나타낼 것이라네.

一切諸國土 일체 모든 국토와
及以神通事 더불어 신통한 일로
悉現一刹中 남김없이 다 한 세계 가운데 나타내시니
菩薩力如是 보살의 힘은 이와 같다네.

그때 대중 가운데 차례를 따라 보살마하살이 있으니, 이름이 '정진력무애혜'이며, 부처님의 위신력을 받들어 시방세계를 자세하게 살펴보고는 게송으로 말했다. (上方)
爾時 衆中復有菩薩摩訶薩 名 精進力無礙慧 承佛威神 觀察十方 而說頌曰

佛演一妙音 부처님이 한마디 빼어난 음성으로 설하니
周聞十方刹 시방세계에서 두루두루 들으며
衆音悉具足 많은 음성이 모두 온전하게 갖추어져
法雨皆充徧 법의 비가 모든 곳에 가득하다네.

一切言辭海 모든 말씀의 바다와
一切隨類音 모든 무리를 따르는 소리로
一切佛刹中 모든 부처님의 세계 가운데서
轉於淨法輪 청정한 법륜을 굴리시네.

一切諸國土 일체 모든 국토에서
悉見佛神變 남김없이 부처님의 신통한 변화를 보며
聽佛說法音 부처님이 설하는 법을 듣고
聞已趣菩提 듣기를 마친 후 곧바로 보리로 향한다네.

法界諸國土 법계의 모든 국토
一一微塵中 그 하나하나의 티끌 가운데
如來解脫力 여래가 해탈하신 힘으로
於彼普現身 두루두루 몸을 나타내신다네.

法身同虛空 법신은 허공과 같아서
無礙無差別 막힘이나 걸림 없고 차별도 없으며
色形如影像 모양이나 상태, 형세가 그림자와 같고
種種衆相現 가지가지 마주할 모양이나 상태 등, 많은 것을 나타내시네.

影像無方所 그림자는 처할 방향이 없고
如空無體性 허공과 같아서 체성(般若波羅蜜)이 없지만
智慧廣大人 광대한 지혜를 가진 이는
了達其平等 평등한 그 이치를 분명하게 깨우쳐 알고 마친다네.

佛身不可取 부처님의 몸은 취할 수 있는 것이 아니며
無生無起作 나지도 않고 지어지지도 않지만
應物普現前 무리에 응하여 눈앞에 널리 나타나는 일이
平等如虛空 평등하기가 허공과 같다네.

十方所有佛 시방에 계신 모든 부처님이
盡入一毛孔 하나의 털구멍에 모두 들어가
各各現神通 제각각 신통으로 나타내어서
智眼能觀見 지혜의 눈으로 능히 자세히 보고 또 보신다네.

毘盧遮那佛 비로자나 부처님의
願力周法界 원력이 법계에 빠짐없이 미치니
一切國土中 일체 국토 가운데서
恒轉無上輪 언제나 위 없는 법륜을 굴리신다네.

一毛現神變 한 털끝으로 나타내는 신통한 변화를

一切佛同說 모든 부처님이 한가지로 설하며
經於無量劫 헤아릴 수 없이 많은 겁을 지내더라도
不得其邊際 그 끝닿는 데를 얻을 수 없다네.

이 같은 사천하 도량 가운데 부처님의 위신력으로 시방에 각각 1억 세계 바다(如來智方便海)의 티끌 수와 같이 많은 보살이 와서 모이는 모임이 있으니, 마땅히 일체 세계 바다, 그 하나하나 사천하의 도량 가운데도 남김없이 또한 이와 같음을 알아야 한다네.
　如此四天下道場中 以佛神力 十方各有一億世界海微塵數諸菩薩衆而來集會 應知
一切世界海 一一四天下諸道場中 悉亦如是

대방광불화엄경 제7권

3. 보현삼매품
普賢三昧品第三

　　그때 보현보살마하살이 여래 앞에서 연화장 사자좌에 앉아 부처님의 위신력을 받들어 삼매에 들었다. 이 삼매의 이름은 '일체 제불 비로자나 여래 장신'으로서 모든 부처님의 평등한 성품에 두루 들어가 능히 법계의 많은 영상을 보이며, 광대한 까닭으로 막힘이나 걸림이 없는 것이 허공과 같고 법계 바다의 흐름을 따라 들어가지 못하는 곳이 없으며, 일체 모든 삼매의 법을 생하여 나타내고 시방 법계를 널리 거두어 가지며, 삼세의 모든 부처님, 이 부처님들의 지혜로운 광명 바다가 모두 이를 좇아서 생하고 시방에 있으면서 편안하게 세워진 모든 바다를 남김없이 나타내 보이며, 함장(如來智方便海)의 모든 부처님, 이 모든 부처님의 힘과 해탈과 모든 보살의 지혜를 일체 국토의 티끌이 능히 끝이 없는 법계를 널리 거두어 담아 들이고 모든 부처님의 공덕 바다를 성취해서 여래의 크신 원력 바다를 나타내 보이며, 일체 모든 부처님의 법륜이 흘러서 통하게 하고 이를 보호하면서 끊어지지 않게 하였다.

　　이 같은 세계 가운데 보현보살이 세존 앞에서 이러한 삼매에 든 것과 같이 이와 같은 진법계, 허공계, 시방과 삼세, 미세하여 막힘이나 걸림이 없는 광대한 광명과 부처님의 눈으로 보시는 바와 부처님의 힘으로 이르는 곳과 부처님의 몸으로 나타내시는 모든 국토와 이러한 국토에 있는 티끌에 이르기까지 하나하나의 티끌 가운데 세계 바다의 티끌 수와 같은 부처님의 세계가 있고 그 하나하나의 세계 가운데 세계 바다의 티끌 수와 같은 모든 부처님이 계시며, 한 분 한 분 부처님 앞에 세계 바다의 티끌 수와 같은 보현보살이 빠짐없이 또한 이 '일체 제불 비로자나 여래 장신 삼매'에 들었다.

　　爾時　普賢菩薩摩訶薩於如來前　坐蓮華藏師子之座　承佛神力　入于三昧　此三昧名 一切諸佛毘盧遮那如來藏身　普入一切佛平等性　能於法界示衆影像　廣大無礙　同於 虛空　法界海漩　靡不隨入　出生一切諸三昧法　普能包納十方法界　三世諸佛智光明海 皆從此生　十方所有諸安立海悉能示現　含藏一切佛力解脫諸菩薩智　能令一切國土微 塵　普能容受無邊法界　成就一切佛功德海　顯示如來諸大願海　一切諸佛所有法輪　流 通護持　使無斷絶

如此世界中 普賢菩薩於世尊前 入此三昧 如是 眞法界 虛空界 十方三世 微細無礙
廣大光明 佛眼所見 佛力能到 佛身所現一切國土 及此國土所有微塵 一一塵中有世
界海微塵數佛刹 一一刹中有世界海微塵數諸佛 一一佛前有世界海微塵數普賢菩薩
皆亦入此一切諸佛毘盧遮那如來藏身三昧

그때 한 분 한 분 보현보살 앞에 시방의 일체 모든 부처님이 다 나타나시고 모든 여래
께서 한 음성으로 칭찬하시고 말하기를 "선근이구나. 선근이로다. 선남자여! 자네가 능히
이 '일체 제불 비로자나 여래 장신 보살 삼매'에 들었다."

"불자여! 이 일은 시방의 일체 모든 부처님이 함께 자네에게 힘을 주어 돕고 지켜주려
하는 것이니, 비로자나 여래의 본래 원력으로써 힘을 쓰시는 까닭이며, 또한 자네가 일체
모든 부처님의 행과 원을 닦은 까닭이다. 이른바 능히 모든 부처님의 법륜을 굴리게 하려
는 까닭이며, 모든 여래의 지혜 바다를 나타내게 하려는 까닭이며, 시방의 모든 안립 바
다를 두루 비치어 남음이 없게 하려는 까닭이며, 모든 중생이 잡스럽게 물든 것들을 깨
끗이 다스려 청정함을 얻게 하려는 까닭이며, 일체 모든 큰 국토를 끌어안지만 집착하지
않게 하려는 까닭이며, 일체 모든 부처님의 경계에 깊이 들어가 막힘이나 걸림이 없게 하
려는 까닭이며, 모든 부처님의 공덕을 두루 보이게 하려는 까닭이며, 일체 모든 법의 실
상에 능히 들어가 지혜를 늘리게 하려는 까닭이며, 일체 모든 법문을 자세하게 살펴보게
하려는 까닭이며, 모든 중생의 근성을 분명하게 깨우쳐 알게 하려는 까닭이며, 일체 모든
부처님과 여래의 교법의 바다를 지니게 하려는 까닭이다."

爾時 一一普賢菩薩 皆有十方一切諸佛而現其前 彼諸如來同聲讚言 善哉 善哉 善
男子 汝能入此一切諸佛毘盧遮那如來藏身菩薩三昧 佛子 此是十方一切諸佛共加於
汝 以毘盧遮那如來本願力故 亦以汝修一切諸佛行願力故 所謂 能轉一切佛法輪故
開顯一切如來智慧海故 普照十方諸安立海 悉無餘故 令一切衆生淨治雜染 得清淨
故 普攝一切諸大國土 無所著故 深入一切諸佛境界 無障礙故 普示一切佛功德故 能
入一切諸法實相 增智慧故 觀察一切諸法門故 了知一切衆生根故 能持一切諸佛如
來教文海故

그때 시방의 일체 모든 부처님이 보현보살마하살에게 일체 지혜에 들어가는 지혜의 힘
을 주고 법계의 헤아릴 수 없이 끝없는 지혜를 주고 모든 부처님의 경계를 성취하는 지혜

를 주고 모든 세계 바다가 이루어지고 무너짐을 아는 지혜를 주고 일체 중생계의 광대함을 아는 지혜를 주고 모든 부처님의 깊고 깊은 해탈로서 차별이 없는 온갖 삼매에 머무는 지혜를 주고 모든 보살의 온갖 근성 바다에 들어가는 지혜를 주고 모든 중생의 언어 바다를 알아서 법륜을 굴리는 변재의 지혜를 주고 법계의 모든 세계 바다에 두루 들어가는 몸의 지혜를 주고 모든 부처님의 음성을 얻는 지혜를 주었다. 이 같은 세계 가운데 여래 앞의 보현보살이 모든 부처님에게 이와 같은 지혜의 가피를 입은 것과 같이, 이와 같은 온갖 세계 바다와 그 세계 바다 하나하나의 티끌 가운데 있는 보현보살도 남김없이 이와 같았다. 어찌 된 일인가 하면 그 삼매를 증명해서 얻으면 법은 이와 같기 때문이다.

이때 시방에 계시는 모든 부처님이 제각각 오른손을 펴서 보현보살의 정수리를 만지시니, 그 손이 모두가 좋아하는 상으로 장엄하였으며, 말할 수 없이 빼어난 그물 모양의 광명이 퍼지면서 향기가 흐르고 불꽃을 일으켰다. 차례를 따라 모든 부처님의 온갖 빼어난 음성과 속박이나 장애 없이 신통한 일을 나타내시니, 과거 현재 미래의 모든 보살의 보현의 행원 바다와 일체 여래의 청정한 법륜과 삼세 부처님들의 영상이 빠짐없이 그 가운데 나타났다. 이 같은 세계 가운데 보현보살이 시방의 부처님으로부터 정수리를 만져주는 가피를 입는 것처럼 이와 같은 모든 세계 바다와 그 세계 바다 하나하나의 티끌 가운데 있는 보현보살들 또한 남김없이 시방의 부처님이 정수리를 만져주는 가피를 입었다.

爾時 十方一切諸佛 卽與普賢菩薩摩訶薩能入一切智性力智 與入法界無邊量智 與成就一切佛境界智 與知一切世界海成壞智 與知一切衆生界廣大智 與住諸佛甚深解脫無差別諸三昧智 與入一切菩薩諸根海智 與知一切衆生語言海轉法輪辭辯智 與普入法界一切世界海身智 與得一切佛音聲智 如此世界中 如來前 普賢菩薩 蒙諸佛與如是智 如是 一切世界海 及彼世界海一一塵中 所有普賢 悉亦如是 何以故 證彼三昧法如是故

是時 十方諸佛 各舒右手 摩普賢菩薩頂 其手皆以相好莊嚴 妙網光舒 香流焰發 復出諸佛種種妙音 及以自在神通之事 過 現 未來一切菩薩普賢願海 一切如來淸淨法輪 及三世佛所有影像 皆於中現 如此世界中 普賢菩薩爲十方佛所共摩頂 如是 一切世界海及彼世界海一一塵中 所有普賢 悉亦如是 爲十方佛之所摩頂

그때 보현보살이 곧바로 이 삼매를 좇아 일어났고 이 삼매의 깊은 곳을 좇아 일어날 때 곧바로 모든 세계 바다의 티끌과 같은 수도 삼매 바다의 문을 좇아 일어났다. 이른바 삼세를 통한 끊이지 않은 생각들이 차별 없음을 아는 선근의 빼어난 지혜, 이 지혜의 삼매 문을 좇아 일어났고 삼세의 모든 법계에 있는 티끌 수를 아는 삼매 문을 좇아 일어났으며, 삼세의 모든 부처님 세계를 나타내는 삼매 문을 좇아 일어났고 모든 중생의 집을 나타내는 삼매 문을 좇아 일어났으며, 온갖 중생의 마음 바다를 아는 삼매 문을 좇아 일어났고 모든 중생의 각각 이름을 아는 삼매 문을 좇아 일어났으며, 시방 법계의 처소가 제각각 차별됨을 아는 삼매 문을 좇아 일어났고 온갖 티끌 가운데 제각각 끝닿는 데가 없이 광대한 부처님의 몸 구름을 아는 삼매 문을 좇아 일어났으며, 모든 법의 이치를 설하는 바다의 삼매 문을 좇아 일어났다.

보현보살이 이와 같은 삼매 문을 좇아 일어날 때 그 모든 보살도 한 분 한 분 제각기 세계 바다의 티끌 수와 같은 삼매 바다의 구름과 세계 바다의 티끌 수와 같은 다라니 바다 구름과 세계 바다의 티끌 수와 같은 온갖 법의 방편 바다 구름과 세계 바다의 티끌 수와 같은 변재 문의 바다 구름과 세계 바다의 티끌 수와 같은 수행 바다의 구름과 세계 바다의 티끌 수와 같은 온갖 여래의 공덕 장을 두루 비치는 지혜의 광명 바다 구름과 세계 바다의 티끌 수와 같은 모든 여래의 온갖 힘과 지혜가 차별이 없는 방편 바다의 구름과 세계 바다의 티끌 수와 같은 모든 여래의 하나하나 털구멍마다 많은 세계를 나타내는 바다 구름과 세계 바다의 티끌 수와 같은 한 분 한 분의 보살들이 도솔천의 궁전으로부터 내려와서 태어나 성불하고 바른 법륜을 굴리면서 열반에 드시는 바다 구름을 나타내 보이셨다. 이 같은 세계 가운데 보현보살이 삼매를 좇아 일어날 때 모든 보살이 이와 같은 이익을 얻은 것처럼 이와 같은 모든 세계 바다와 그 세계 바다에 있는 하나하나의 티끌 가운데도 또한 남김없이 이와 같았다.

爾時 普賢菩薩卽從是三昧而起 從此三昧起時 卽從一切世界海微塵數三昧海門起 所謂 從知三世念念無差別善巧智三昧門起 從知三世一切法界所有微塵三昧門起 從現三世一切佛刹三昧門起 從現一切衆生舍宅三昧門起 從知一切衆生心海三昧門起 從知一切衆生各別名字三昧門起 從知十方法界處所各差別三昧門起 從知一切微塵中各有無邊廣大佛身雲三昧門起 從演說一切法理趣海三昧門起 普賢菩薩從如是等三昧門起時 其諸菩薩一一各嘚世界海微塵數三昧海雲 世界海微塵數世界海微塵數陀羅尼海雲 世界海微塵數諸法方便海雲 世界海微塵數辯才門海雲 世界海微塵數修行海雲 世界海微塵數普照法界一切如來功德藏智光明海雲 世界海微塵數一切如來諸力智慧無差別方便海雲 世界海微塵數一切如來一一毛孔中各現衆刹海雲 世界海微塵數一一菩薩示現從兜率天宮沒下生成佛轉正法輪般涅槃等海雲 如此世界中 普賢菩薩從三昧起 諸菩薩衆獲如是益 如是 一切世界海 及彼世界海所有微塵 一一塵中 悉亦如是

이때 시방의 온갖 세계 바다가 모든 부처님의 위신력과 보현보살의 삼매, 이 힘으로 남김없이 다 조금씩 흔들리면서 낱낱의 세계가 많은 보배로 장엄하였고 말할 수 없이 빼어난 음성으로 법문을 설하고 차례를 따라 모든 여래의 대중이 모인 도량 바다 가운데 열 가지 큰 마니왕 구름을 빠짐없이 내렸다. 어떠한 것이 열 가지인가? 이른바 빼어난 금성당 마니왕 구름, 광명으로 밝게 비치는 마니왕 구름, 보륜을 드리운 마니왕 구름, 많은 보배장에 보살상을 나타내는 마니왕 구름, 부처님의 명호를 찬하고 기리는 마니왕 구름, 광명이 불같이 일어나 부처님 세계의 도량을 두루 비치는 마니왕 구름, 시방의 온갖 변화를 두루 비치는 마니왕 구름, 모든 보살의 공덕을 칭찬하는 마니왕 구름, 햇빛과 같이 불타오르는 마니왕 구름, 기억하는 즐거운 음성을 시방에 두루 들리게 하는 마니왕 구름이다.

이와 같은 열 가지 마니왕 구름을 빠짐없이 두루 내리니, 모든 여래의 온갖 털구멍에서 모두 광명을 놓고 그 광명 가운데서 게송으로 말했다.

爾時 十方一切世界海以諸佛威神力 及普賢菩薩三昧力故 悉皆微動 一一世界衆寶莊嚴 及出妙音演說諸法 復於一切如來衆會道場海中 普雨十種大摩尼王雲 何等爲十 所謂 妙金星幢摩尼王雲 光明照耀摩尼王雲 寶輪垂下摩尼王雲 衆寶藏現菩薩像摩尼王雲 稱揚佛名摩尼王雲 光明熾盛普照一切佛刹道場摩尼王雲 普照十方種種變化摩尼王雲 稱讚一切菩薩功德摩尼王雲 如日光熾盛摩尼王雲 悅意樂音周聞十方摩尼王雲

普雨如是十種大摩尼王雲已 一切如來諸毛孔中咸放光明 於光明中而說頌言

普賢徧住於諸刹 보현이 모든 세계에 두루 머물고
坐寶蓮華衆所觀 보배 연화에 앉아 계심을 대중이 자세히 보니
一切神通靡不現 모든 신통을 나타내지 않은 것이 없고
無量三昧皆能入 헤아릴 수 없이 많은 삼매에 능히 드신다네.

普賢恒以種種身 보현이 항상 가지가지의 몸으로
法界周流悉充滿 법계에 골고루 흘러 들어가 빠짐없이 가득하고
三昧神通方便力 삼매와 신통과 방편의 힘을
圓音廣說皆無礙 원만한 음성으로 널리 설함에 단 하나라도 걸림이나 막힘이 없다네.

一切刹中諸佛所 온갖 세계 가운데 모든 부처님이 계신 곳에서
種種三昧現神通 가지가지의 삼매로 신통을 나타내시니

一一神通悉周徧 하나하나의 신통이 빠짐없이 두루두루 하고
十方國土無遺者 시방 국토 어느 하나라도 잃지 않는다네.

如一切刹如來所 모든 세계가 여래의 처소와 같기에
彼刹塵中悉亦然 저 세계의 티끌 가운데도 또한 다 그러하니
所現三昧神通事 나타내는 삼매의 신통한 일들은
毘盧遮那之願力 비로자나 부처님의 원력이라네.

普賢身相如虛空 보현의 몸, 그 몸의 모양이나 상태는 허공과 같기에
依眞而住非國土 참에 의지해 머무는 것이며 국토(思惟)는 아니라네.
隨諸衆生心所欲 온갖 중생들의 마음과 욕망을 따라
示現普身等一切 널리 몸을 나타내 보임이 모두 가지런하다네.

普賢安住諸大願 보현이 모두 큰 소원에 안주하면서
獲此無量神通力 이렇듯 헤아릴 수 없이 많은 신통을 얻고
一切佛身所有刹 모든 부처님의 몸이 있는 세계마다
悉現其形而詣彼 남김없이 그 형상을 나타내어 저 세계에 이르신다네.

一切衆海無有邊 모든 대중의 바다가 끝닿는 데가 없고
分身住彼亦無量 몸을 나누어 저 세계에 머무는 것도 또한 헤아릴 수 없이 많으며
所現國土皆嚴淨 나타내는 국토를 모두 치장하여 청정하게 하고
一刹那中見多劫 한 찰나 가운데 많은 겁을 보이신다네.

普賢安住一切刹 보현이 모든 세계에 편안하게 머물고
所現神通勝無比 나타내는 신통력이 뛰어나서 견줄만한 것이 없으며
震動十方靡不周 시방을 크게 흔들어 미치지 않은 곳이 없으니
令其觀者悉得見 그렇듯 자세하게 살펴보는 자에게 보는 일을 남김없이 얻게 하신다네.

一切佛智功德力 모든 부처님의 지혜와 공덕의 힘과
種種大法皆成滿 가지가지의 큰 법문을 다 이루고 넉넉하시며
以諸三昧方便門 모든 삼매와 방편의 문으로

示已往昔菩提行 옛적 자기의 보리 행을 보이신다네.

如是自在不思議 이와 같이 생각으로는 헤아릴 수 없는 자재함으로
十方國土皆示現 시방 국토에 빠짐없이 나타내 보이시니
爲顯普入諸三昧 모든 삼매에 든 것을 널리 드러내기 위함이며
佛光雲中讚功德 부처님의 광명 구름 가운데서 공덕을 칭찬하신다네.

그때 모든 보살 대중이 다 보현을 향하여 합장하고 우러러보면서 부처님의 신력을 받들어 한목소리로 칭찬하였다.

爾時 一切菩薩衆皆向普賢合掌瞻仰 承佛神力 同聲讚言

從諸佛法而出生 모두 부처님의 법을 좇아 출생하시고
亦因如來願力起 또한 여래의 원력으로 인하여 비롯되었으며
眞如平等虛空藏 진여와 평등한 허공의 장이니
汝已嚴淨此法身 자네가 이미 이 같은 법신을 장엄하여 청정하게 하였다네.

一切佛剎衆會中 부처님 세계에 모든 대중이 모인 가운데
普賢徧住於其所 보현이 빠짐없이 그 처소에 머문다네.
功德智海光明者 공덕과 지혜 바다의 광명은
等照十方無不見 시방세계를 가지런히 비추어 보게 한다네.

普賢廣大功德海 보현이 광대한 공덕의 바다로
徧往十方親近佛 시방을 빠짐없이 다니면서 부처님을 친근히 하고
一切塵中所有剎 온갖 티끌 가운데 있는 세계에
悉能詣彼而明現 남김없이 나아가 저 세계를 밝게 나타내신다네.

佛子我曺常見汝 불자여! 내가 항상 자네를 보니
諸如來所悉親近 모든 여래의 처소를 다 친근히 하면서
住於三昧實境中 삼매의 실질적인 경계 가운데 머물고

一切國土微塵劫 일체 국토의 티끌 같은 많은 겁을 보냈다네.

佛子能以普徧身 불자여! 널리 두루두루 한 몸으로 능히
悉詣十方諸國土 시방세계의 모든 국토에 빠짐없이 나아가서
衆生大海咸濟度 중생의 큰 바다를 다 제도하고자
法界微塵無不入 법계의 티끌 속으로 들어간다네.

入於法界一切塵 법계의 온갖 티끌로 들어가시니
其身無盡無差別 그 몸은 다함이 없고 차별이 없는 것이
譬如虛空悉周徧 비유하자면 허공이 빠짐없이 두루 미치듯
演說如來廣大法 여래의 광대한 법을 설하신다네.

一切功德光明者 모든 공덕과 광명을 지닌 자는
如雲廣大力殊勝 구름 같이 광대한 힘이 특히 뛰어나서
衆生海中皆往詣 중생의 바다 가운데 남김없이 나아가 두루 미치고
說佛所行無等法 부처님이 행하신 것 그 이상 더 할 수 없을 정도로 법을 설하신다네.

爲度衆生於劫海 중생을 제도하기 위해 겁의 바다를 보내고
普賢勝行皆修習 보현의 뛰어난 행을 모두 닦아 익혔으며
演一切法如大雲 구름처럼 모든 법을 널리 펴시니
其音廣大靡不聞 광대한 그 음성이 들리지 않은 곳이 없다네.

國土云何得成立 국토는 어떻게 이루어지고 세워지는 것을 얻으며
諸佛云何而出現 모든 부처님은 어떻게 출현하시는지
及以一切衆生海 일체중생의 바다에 이르기까지
願隨其義如實說 바라건대 그 바른 뜻을 따라 여실히 설해주십시오.

此中無量大衆海 이 가운데 헤아릴 수 없이 많은 대중 바다가
悉在尊前恭敬住 빠짐없이 존 앞에서 공손히 섬기며 머무는 것은
爲轉淸淨妙法輪 청정하고 말할 수 없이 빼어난 법륜을 굴리기 위함이라
一切諸佛皆隨喜 일체 모든 부처님이 다 따라서 기뻐합니다.

4. 세계성취품
大方廣佛華嚴經世界成就品第四

　그때 보현보살마하살이 부처님의 위신력으로 모든 세계 바다, 온갖 중생 바다, 일체 모든 부처 바다, 모든 법계 바다, 온갖 중생의 업 바다, 모든 중생의 근기와 욕망의 바다, 일체 모든 부처님의 법륜 바다, 모든 삼세의 바다, 모든 여래의 원력 바다, 모든 여래의 신통 변화 바다를 두루 자세하게 살펴보았다. 이와 같이 자세하게 살펴보고 나서 모든 도량의 대중 바다, 그 대중 바다의 모든 보살에게 말했다.

　"불자들이여! 모든 부처님과 세존께서 온갖 세계 바다가 이루어지고 무너짐을 아시는 청정한 지혜란 생각으로는 미루어 헤아릴 수 없으며, 모든 중생의 업 바다를 아시는 지혜란 생각으로는 미루어 헤아릴 수 없고 온갖 법계가 안립하는 바다를 아시는 지혜란 생각으로는 미루어 헤아릴 수 없으며, 온갖 끝이 없는 부처님 바다를 설하시는 지혜란 생각으로는 미루어 헤아릴 수 없고 온갖 욕망과 식견, 근기의 바다에 들어가시는 지혜란 생각으로는 미루어 헤아릴 수 없으며, 한 생각에 일체 삼세를 아시는 지혜란 생각으로는 미루어 헤아릴 수 없고 모든 여래의 헤아릴 수 없이 많은 원력 바다를 드러내는 지혜란 생각으로는 미루어 헤아릴 수 없으며, 모든 부처님의 신통 변화를 나타내 보이시는 지혜란 생각으로는 미루어 헤아릴 수 없고 법륜을 굴리시는 지혜란 생각으로는 미루어 헤아릴 수 없으며, 널리 펴서 설하는 바다를 건립하는 지혜란 생각으로는 미루어 헤아릴 수 없다."

　"청정한 부처님의 몸을 생각으로는 미루어 헤아릴 수 없고 끝없이 마주한 모양이나 상태의 색상 바다가 두루 밝게 비침을 생각으로는 미루어 헤아릴 수 없고 마주한 모습과 좋아함을 따르는 모든 청정함을 생각으로는 미루어 헤아릴 수 없으며, 끝없이 마주한 모양이나 상태의 광명 바퀴의 바다가 온전하게 갖추어지고 그 청정함을 생각으로는 미루어 헤아릴 수 없고 가지가지로 마주한 모양이나 상태의 광명구름바다를 생각으로는 미루어 헤아릴 수 없으며, 특히 뛰어난 보배 불꽃 바다를 생각으로는 미루어 헤아릴 수 없고 성취한 말과 음성 바다를 생각으로는 미루어 헤아릴 수 없으며, 세 가지 자재한 바다를 나타내 보여서 모든 중생을 조복시키고 성숙시킴을 생각으로는 미루어 헤아릴 수 없으며, 모든 중생 바다를 조복시키고 헛되이 보내는 자가 없음을 생각으로는 미루어 헤아릴 수 없다."

"부처님 지위에 편안하게 머무는 것을 생각으로는 미루어 헤아릴 수 없고 여래의 경계에 들어감을 생각으로는 미루어 헤아릴 수 없으며, 위력으로 보호하고 유지함을 생각으로는 미루어 헤아릴 수 없고 모든 부처님의 지혜로 행하는 바를 자세하게 살펴보는 것을 생각으로는 미루어 헤아릴 수 없으며, 모든 힘이 원만해서 조복시키고 꺾지 못함을 생각으로는 미루어 헤아릴 수 없고 두려움 없는 공덕이 헛됨이 없음을 생각으로는 미루어 헤아릴 수 없으며, 차별 없는 삼매에 머무는 것을 생각으로는 미루어 헤아릴 수 없고 신통한 변화를 생각으로는 미루어 헤아릴 수 없으며, 자재하고 청정한 지혜를 생각으로는 미루어 헤아릴 수 없고 모든 부처님의 법을 훼손하고 무너뜨리지 못함을 생각으로는 미루어 헤아릴 수 없다."

"이와 같은 가지런한 모든 법문을 내가 마땅히 부처님의 신력을 받들고 또 모든 여래의 위신력을 받든 까닭에 온전하게 갖추고 편하게 말하겠다. 이는 중생들이 부처님의 지혜 바다에 들게 하려는 까닭이며, 모든 보살이 부처님의 공덕 바다 가운데 편안히 머물게 하려는 까닭이고 온갖 세계 바다를 모든 부처님의 자재함으로 장엄하려는 까닭이며, 온갖 겁 바다 가운데서 여래의 성품이 항상 끊어지지 않게 하려는 까닭이며, 온갖 세계 바다 가운데서 모든 법의 진실한 성품을 드러내 보이려고 하는 까닭이며, 모든 중생의 헤아릴 수 없이 많은 식견의 바다를 따라 널리 펴서 설하게 하려는 까닭이며, 모든 중생의 근기 바다를 따라 방편으로 부처님의 법을 드러내어 보이게 하려는 까닭이며, 모든 중생이 즐거워하는 욕망의 바다를 따라 온갖 막힘이나 걸림이 되는 산을 꺾고 부수게 하려는 까닭이며, 모든 중생의 마음과 행하는 바다를 따라 뛰어나고 중요한 길을 다스리게 하려는 까닭이며, 모든 보살이 보현의 서원 바다에 머물게 하려는 까닭이다."

爾時 普賢菩薩摩訶薩以佛神力 徧觀察一切世界海 一切衆生海 一切諸佛海 一切法界海 一切衆生業海 一切衆生根欲海 一切諸佛法輪海 一切三世海 一切如來願力海 一切如來神變海 如是觀察已 普告一切道場衆海諸菩薩言

佛子 諸佛世尊知一切世界海成壞淸淨智不可思議 知一切衆生業海智不可思議 知一切法界安立海智不可思議 說一切無邊佛海智不可思議 入一切欲解根海智不可思議 一念普知一切三世智不可思議 顯示一切如來無量願海智不可思議 示現一切佛神變海智不可思議 轉法輪智不可思議 建立演說海不可思議

淸淨佛身不可思議 無邊色相海普照明不可思議 相及隨好皆淸淨不可思議 無邊色相光明輪海具足淸淨不可思議 種種色相光明雲海不可思議 殊勝寶焰海不可思議 成就言音海不可思議 示現三種自在海調伏成熟一切衆生不可思議 勇猛調伏諸衆生海無空過者不可思議

安住佛地不可思議 入如來境界不可思議 威力護持不可思議 觀察一切佛智所行不可思議 諸力圓滿無能摧伏不可思議 無畏功德無能過者不可思議 住無差別三昧不可思議 神通變化不可思議 淸淨自在智不可思議 一切佛法無能毀壞不可思議

如是等一切法 我當承佛神力 及一切如來威神力故 具足宣說 爲令衆生 入佛智慧海故 爲令一切菩薩 於佛功德海中得安住故 爲令一切世界海 一切佛自在所莊嚴故 爲令一切劫海中 如來種性恒不斷故 爲令於一切世界海中 顯示諸法眞實性故 爲令隨一切衆生無量解海 而演說故 爲令隨一切衆生諸根海 方便令生諸佛法故 爲令隨一切衆生樂欲海 摧破一切障礙山故 爲令隨一切衆生心行海 令淨修治出要道故 爲令一切菩薩 安住普賢願海中故

이때 보현보살이 차례를 따라 헤아릴 수 없이 많은 도량에서 모인 대중에게 환희심을 내게 하려는 까닭으로, 모든 법을 더하고 늘리며, 사랑하고 즐겁게 하려는 까닭으로, 광대하고 진실한 믿음과 이해의 바다를 낳게 하려는 까닭으로, 넓은 문으로 법계 장의 몸을 청정하게 다스리게 하려는 까닭으로, 보현의 서원 바다를 안립하게 하려는 까닭으로, 삼세가 평등한 곳에 들어가는 지혜의 눈을 다스리게 하려는 까닭으로, 온갖 세간을 두루 비치는 큰 지혜의 바다를 더하고 기르려는 까닭으로, 다라니의 힘을 보존해서 온갖 법륜을 지니게 하려는 까닭으로, 모든 도량 가운데 부처님의 경계가 다 함이 없음을 빠짐없이 열어 보이게 하려는 까닭으로, 모든 여래의 법문을 열게 하려는 까닭으로, 법계의 광대하고 깊고 깊은 모든 지혜의 성품을 더하고 키우려는 까닭에 게송으로 말했다.

是時 普賢菩薩復欲令無量道場衆海生歡喜故 令於一切法 增長愛樂故 令生廣大眞實信解海故 令淨治普門法界藏身故 令安立普賢願海故 令淨治入三世平等智眼故 令增長普照一切世間藏大慧海故 令生陀羅尼力持一切法輪故 令於一切道場中盡佛境界悉開示故 令開闡一切如來法門故 令增長法界廣大甚深一切智性故 卽說頌言

智慧甚深功德海 깊고 깊은 지혜의 바다에
普現十方無量國 시방의 헤아릴 수 없이 많은 국토를 두루 나타내고
隨諸衆生所應見 모든 중생이 마땅히 보아야 할 것을 따라서
光明徧照轉法輪 광명을 두루 비치어 법륜을 굴리신다네.

十方刹海叵思議 생각으로 헤아리기 어려운 시방의 세계 바다를

佛無量劫皆嚴淨 부처님이 헤아릴 수 없이 많은 겁 동안에 다 장엄하여 청정하게 하시고
爲化衆生使成熟 중생을 가르쳐서 바른길로 이끌어 능숙하게 하려고
出興一切諸國土 일체 모든 국토에 나서신다네.

佛境甚深難可思 생각으로는 헤아리기 어려운 깊고 깊은 부처님의 경계를
普示衆生令得入 중생들에게 두루 보여서 들어가게 하지만
其心樂小著諸有 중생의 마음이 작은 것을 좋아하고 세간에 집착하기에
不能通達佛所悟 부처님이 깨우친 도리를 막힘없이 환하게 통하지 못한다네.

若有淨信堅固心 그와 같은 청정하고 견고한 마음이 있어서
常得親近善知識 항상 선지식의 친근함을 얻으면
一切諸佛與其力 일체 모든 부처님이 그 힘을 주시기에
此乃能入如來智 이렇듯 여래의 지혜에 들어간다네.

離諸諂誑心淸淨 모든 아첨이나 속임에서 다 벗어나고 마음이 청정하며
常樂慈悲性歡喜 항상 즐거이 자비하고 그 성품에 즐거워하며
志欲廣大深信人 하고자 하는 마음이 광대하고 깊은 믿음이 있는 사람이어야
彼聞此法生欣悅 피안의 이 같은 법을 듣고 기뻐할 것이라네.

安住普賢諸願地 보현의 모든 서원, 이 서원의 지위에 편안히 머무르고
修行菩薩淸淨道 보살의 청정한 도를 닦아 행하면서
觀察法界如虛空 법계가 허공과 같음을 자세히 살펴보아야만
此乃能知佛行處 부처님이 행하는 곳을 능히 알 수 있을 것이라네.

此諸菩薩獲善利 이렇듯 모든 보살이 선근의 이익을 얻어서
見佛一切神通力 부처님의 모든 신통력을 보지만
修餘道者莫能知 그 외의 도를 닦는 자는 알 수가 없으며
普賢行人方得悟 보현을 행하는 사람만이 비로소 깨우침을 깨달아 얻을 것이라네.

衆生廣大無有邊 중생들이 광대하고 끝닿는 데가 없지만
如來一切皆護念 여래께서 모두 다 잊지 않고 보살펴 주시고

轉正法輪靡不至 바른 법륜을 굴려서 이르지 못하는 곳이 없으니
毘盧遮那境界力 비로자나 경계의 힘이라네.

一切刹土入我身 온갖 세계의 국토가 내 몸으로 들어오고
所住諸佛亦復然 머무는 모든 부처님도 또한 그러하니
汝應觀我諸毛孔 자네는 마땅히 나의 모든 털구멍을 자세하게 보라
我今示汝佛境界 내가 지금 자네에게 부처님의 경계를 보게 할 것이라네.

普賢行願無邊際 보현의 행과 원은 끝닿은 경계가 없지만
我已修行得具足 내가 이미 수행해서 온전하게 갖춤을 얻었다네.
普賢境界廣大身 보현 경계의 광대한 몸으로
是佛所行應諦聽 부처님이 행하신 바를 마땅히 자세하게 들어야 할 것이라네.

그때 보현보살마하살이 모든 대중에게 말했다.
爾時 普賢菩薩摩訶薩告諸大衆言

"모든 불자여! 세계 바다에 열 종류의 일이 있으니, 과거, 현재, 미래의 부처님이 이미 말씀하셨고 현재 말씀하시고 장차 말씀하실 것이다."

"무엇이 열이 되는가? 이른바 세계 바다가 일어날 때 갖춘 인연과 세계 바다가 의지하여 머무름과 세계 바다의 형상과 세계 바다의 체성과 세계 바다의 장엄과 세계 바다의 청정함과 세계 바다에 부처님이 나가심과 세계 바다의 겁에 머무름과 세계 바다의 겁이 굴러서 변하는 차별과 세계 바다의 차별 없는 문이다."

"모든 불자여! 간략하게 말해서 세계 바다에 이 같은 열 가지 일이 있다고 하지만, 그와 같이 광대하게 설하면 세계 바다의 티끌 수와 더불어 같으니, 과거, 현재, 미래의 부처님들이 이미 말씀하셨고 이제 말씀하시고 오는 세상에서 장차 말씀하실 것이다."

諸佛子 世界海有十種事 過去 現在 未來諸佛 已說 現說 當說

何者爲十 所謂 世界海起具因緣 世界海所依住 世界海形狀 世界海體性 世界海莊嚴 世界海淸淨 世界海佛出 世界海劫住 世界海劫轉變差別 世界海無差別門 諸佛子 略說世界海 有此十事 若廣說者 與世界海微塵數等 過去 現在 未來諸佛 已說 現說 當說

"모든 불자여! 간략하게 말하자면 열 종류의 인연으로 말미암아 모든 세계 바다가 이미 이루어졌고 지금 이루어지고 오는 세상에서 장차 이루어질 것이다."

"어떤 것이 열 가지인가? 이른바 여래의 위신력이 되는 까닭이며, 법이 당연히 이와 같은 까닭이며, 모든 중생의 행과 업이 되는 까닭이며, 모든 보살이 온갖 지혜를 이루어서 얻는 까닭이며, 모든 중생과 모든 보살이 선근을 함께 모은 까닭이며, 모든 보살이 국토를 장엄하여 청정하게 하는 원력이 되는 까닭이며, 모든 보살이 물러서지 않는 행과 원을 성취한 까닭이며, 모든 보살이 청정하고 뛰어난 이해력이 속박이나 장애 없이 자재한 까닭이며, 모든 여래의 선근에서 흐르는 바와 모든 부처님이 도를 이루실 때 속박이나 장애 없이 조복시키는 힘인 까닭이며, 보현보살의 자재한 서원의 힘인 까닭이다."

"모든 불자여! 이것이 간략하게 열 가지 종류의 인연을 말한 것이지만, 그와 같이 널리 말하자면 세계 바다의 티끌 수만큼 있다."

諸佛子 略說以十種因緣故 一切世界海已成 現成 當成

何者爲十 所謂 如來神力故 法應如是故 一切衆生行業故 一切菩薩成一切智所得故 一切衆生及諸菩薩 同集善根故 一切菩薩嚴淨國土願力故 一切菩薩成就不退行願故 一切菩薩淸淨勝解自在故 一切如來善根所流 及一切諸佛成道時自在勢力故 普賢菩薩自在願力故

諸佛子 是爲略說十種因緣 若廣說者 有世界海微塵數

이때 보현보살이 거듭해서 그러한 뜻을 펴고자 부처님의 위신력을 받들어 시방을 자세하게 살펴보고 게송으로 말했다.

爾時 普賢菩薩欲重宣其義 昇佛威力 觀察十方 而說頌言

所說無邊衆刹海 말씀하신 끝없이 많은 세계 바다를
毘盧遮那悉嚴淨 비로자나 부처님이 빠짐없이 장엄하여 청정하게 하시며
世尊境界不思議 세존의 경계는 생각으로 미루어 헤아릴 수 없음이니
智慧神通力如是 지혜와 신통력이 이와 같다네.

菩薩修行諸願海 보살들이 닦고 행하신 모든 원의 바다는
普隨衆生心所欲 중생들이 마음으로 하고자 하는 바를 널리 따른 것이니
衆生心行廣無邊 중생들의 마음과 행하고자 하는 것이 광대하고 끝이 없듯이

菩薩國土徧十方 보살들의 국토도 시방에 가득하다네.

菩薩趣於一切智 보살이 일체 지혜로 향하여 나아가고
勤修種種自在力 가지가지의 속박이나 장애 없는 자재한 힘을 부지런히 수행해서
無量願海普出生 헤아릴 수 없이 많은 원의 바다를 널리 내시며
廣大刹土皆成就 광대한 세계의 국토를 빠짐없이 성취한다네.

修諸行海無有邊 모든 행의 바다를 닦지만 끝닿는 데가 없고
入佛境界亦無量 들어간 부처님의 경계 또한 헤아릴 수 없이 많지만
爲淨十方諸國土 시방의 모든 국토를 청정히 하기 위하여
一一土經無量劫 하나하나의 국토마다 헤아릴 수 없이 많은 겁을 지낸다네.

衆生煩惱所擾濁 중생들이 번뇌에 어지럽고 흐려져
分別欲樂非一相 분별과 욕락이 제각각 다르니
隨心造業不思議 마음을 따라 업을 지음이 생각으로는 미루어 헤아릴 수 없으며
一切刹海斯成立 온갖 세계 바다가 이렇게 이루어지고 세워졌다네.

佛子刹海莊嚴藏 불자여! 세계 바다를 장엄한 장은
離垢光明寶所成 더러움에서 벗어난 광명의 보배로 이루어진 것이며
斯由廣大信解心 이는 광대한 믿음과 이해하는 마음으로 말미암은 것이니
十方所住咸如是 시방에 머무는 바가 모두 이와 같다네.

菩薩能修普賢行 보살들이 능히 보현행을 닦으며
遊行法界微塵道 법계의 티끌 같은 도를 행하고 다니면서
塵中悉現無量刹 티끌 가운데 남김없이 헤아릴 수 없이 많은 세계를 나타내니
淸淨廣大如虛空 청정하고 광대함이 허공과 같다네.

等虛空界現神通 허공 계와 같은 신통을 나타내며
悉詣道場諸佛所 모든 도량의 부처님들이 계신 처소로 다 나아가고
蓮華座上示衆相 연화 좌 위에서 마주할 많은 모양이나 상태를 보이시니
一一身包一切刹 하나하나의 몸이 온갖 세계를 끌어안는다네.

一念普現於三世 한 생각에 삼세를 두루 나타내고
一切刹海皆成立 모든 세계 바다를 빠짐없이 이루고 세워서
佛以方便悉入中 부처님이 방편으로 다 그 가운데로 들어가시니
此是毘盧所嚴淨 이는 비로자나 부처님이 장엄하여 청정하게 한 것이라네.

그때 보현보살이 차례를 따라(復.50位) 대중에게 말했다.

"모든 불자여! 하나하나의 세계 바다에 이 세계 바다의 티끌 수에 의지하여 머무는 바가 있으니, 이른바 늘 모든 장엄을 의지하여 머물기도 하고 늘 허공에 의지하여 머물기도 하며, 늘 온갖 보배의 광명에 의지하여 머물기도 하고 늘 모든 부처님의 광명에 의지하여 머물기도 하며, 늘 온갖 보배로운 색의 빛에 의지하여 머물기도 하고 늘 모든 부처님의 음성을 의지해서 머물기도 하며, 늘 환술 같은 업으로 생겨난 대력 아수라의 형상인 금강 수를 의지하여 머물기도 하고 늘 온갖 세간의 주인이 되는 몸을 의지하여 머물기도 하며, 늘 모든 보살의 몸을 의지하여 머물기도 하고 늘 보현보살의 원력으로 생긴 것으로 차별되는 모든 장엄 바다를 의지하여 머물기도 한다."

"모든 불자여! 세계 바다는 이와 같은 세계 바다의 티끌 수를 의지하여 머무는 바가 있다."

爾時 普賢菩薩復告大衆言

諸佛子 一一世界海有世界海微塵數所依住 所謂 或依一切莊嚴住 或依虛空住 或依一切寶光明住 或依一切佛光明住 或依一切寶色光明住 或依一切佛音聲住 或依如幻業生 大力阿修羅形金剛手住 或依一切世主身住 或依一切菩薩身住 或依普賢菩薩願所生一切差別莊嚴海住

諸佛子 世界海 有如是等世界海微塵數所依住

이때 보현보살이 이러한 뜻을 차례에 따라 펼치려고 부처님의 위신력을 받들어 시방을 자세하게 살펴보면서 게송으로 말했다.

爾時 普賢菩薩欲重宣其義 承佛威力 觀察十方 而說頌言

偏滿十方虛空界 온 시방에 가득한 허공계에
所有一切諸國土 있는 일체 모든 국토는
如來神力之所加 여래의 신통력을 가피한 바로

處處現前皆可見 곳곳마다 모두 눈앞에 나타남을 볼 것이라네.

或有種種諸國土 늘 가지가지의 모든 국토가
無非離垢寶所成 허물을 벗어난 보배로 이루어진 것이라
淸淨摩尼最殊妙 청정한 마니가 빼어난 것 중에 최고로 빼어나서
熾然普現光明海 광명 바다를 찬란하게 두루 널리 나타낸다네.

或有淸淨光明刹 늘 청정한 광명세계가
依止虛空界而住 허공계를 의지하여 머무르며
或在摩尼寶海中 늘 마니의 보배 바다 가운데 있고
復有安住光明藏 차례를 따라 광명의 장에 편안하게 머문다네.

如來處此衆會海 여래가 대중의 모임 바다에 처하시어
演說法輪皆巧妙 법륜을 말할 수 없이 빼어난 기교로 널리 펴서 설하시니
諸佛境界廣無邊 모든 부처님의 넓은 경계가 끝닿는 데가 없음을
衆生見者心歡喜 보는 중생들이 마음으로 즐거워하고 기뻐한다네.

有以摩尼作嚴飾 어떤 것은 마니로 단정하게 꾸미고
狀如華燈廣分布 모양이 꽃등을 널리 펴놓는 듯이 하며
香焰光雲色熾然 향기로운 불빛 구름의 색으로 찬란하게 빛나는
覆以妙寶光明網 빼어난 보배 광명의 그물에 덮여있다네.

或有刹土無邊際 늘 어떤 세계의 국토는 끝닿는 경계가 없는 것을
安住蓮華深大海 연꽃이 핀 깊은 바다에 편안하게 머물고
廣博淸淨與世殊 넓고 평탄하며 청정한 것이 세간과는 다르니
諸佛妙善莊嚴故 모든 부처님의 빼어난 선근으로 장엄한 까닭이라네.

或有刹海隨輪轉 늘 어떤 세계 바다는 바퀴의 움직임을 따르면서도
以佛威神得安住 부처님의 위신력으로 편안히 머물게 되고
諸菩薩衆徧在中 모든 보살이 대중의 가운데 두루 있으면서
常見無央廣大寶 오래도록 광대한 보배를 항상 본다네.

或有住於金剛手 늘 이 금강의 손에 머물러 있으며
或復有住天主身 늘 차례를 따라 하늘의 주인이 되는 몸에 머물러 있으니
毘盧遮那無上尊 위 없는 비로자나 부처님이
常於此處轉法輪 언제나 이 처에서 법륜을 굴리신다네.

或依寶樹平均住 늘 보배 나무에 의지하여 고르게 머무르며
香焰雲中亦復然 향기 불꽃 구름 가운데도 차례를 따라 또한 그러하고
或有依諸大水中 늘 모든 큰물 가운데를 의지하기도 하며
有住堅固金剛海 견고한 금강 바다에 의지하기도 한다네.

或有依止金剛幢 늘 금강 당기에 의지하는 것도 있으며
或有住於華海中 어떤 것은 늘 꽃 바다 가운데 머물러 있으니
廣大神通無不周 광대한 신통의 변화가 두루두루 한 것은
毘盧遮那此能見 비로자나 부처님이 나타낸 일이라네.

或脩或短無量種 늘 길고 늘 짧은 것이 헤아릴 수 없이 많은 종류이며
其相旋環亦非一 마주한 그 모양이나 상태가 돌고 돌아서 역시 한 둘이 아니고
妙莊嚴藏與世殊 빼어나게 장엄한 장이 세상과 다르니
淸淨修治乃能見 청정하게 닦고 다스려야 능히 볼 수 있다네.

如是種種各差別 이와 같이 가지가지로 제각각 차별한 것이
一切皆依願海住 일체가 다 원의 바다를 의지해서 머물고
或有國土常在空 늘 어떤 국토는 항상 허공에 있지만
諸佛如雲悉充徧 모든 부처님이 모든 곳에 구름처럼 가득하시네.

或有在空懸覆住 늘 어떤 세계는 허공에 매달려 머물기도 하며
或時而有或無有 어떤 때는 늘 있기도 하고 늘 없기도 하며
或有國土極淸淨 그와 같이 어떤 국토는 지극히 청정해서
住於菩薩寶冠中 보살의 보배로운 관에 머무른다네.

十方諸佛大神通 시방세계 모든 부처님의 크나큰 신통으로

一切皆於此中見 일체 모든 것을 이 가운데서 보게 되며
諸佛音聲咸徧滿 부처님의 모든 음성이 두루 미치어 가득하니
斯由業力之所化 이러한 업의 힘으로 말미암아 밝게 바뀌는 것이라네.

或有國土周法界 늘 어떤 국토는 법계에 두루 하고
淸淨離垢從心起 허물을 벗어난 청정한 마음을 좇아 일어나니
如影如幻廣無邊 그림자 같고 허깨비 같아 넓고 끝닿는 데가 없으며
如因陀網各差別 인타라(제석천왕)의 그물과 같아서 제각각 다르다네.

或現種種莊嚴藏 늘 가지가지 장엄의 장을 나타내어
依止虛空而建立 허공을 의지해서 만들어 세웠기에
諸業境界不思議 모든 업의 경계를 생각으로 미루어 알 수가 없지만
佛力顯示皆令見 부처님의 힘으로 나타내 보여 다 보게 한다네.

一一國土微塵內 시방 국토 하나하나의 티끌 속에
念念示現諸佛刹 생각의 순간순간마다 모든 부처님의 세계를 나타내니
數皆無量等衆生 헤아릴 수 없이 많음이 중생의 수와 같으며
普賢所作恒如是 보현이 지어가는 일은 항상 이와 같다네.

爲欲成熟衆生故 중생을 능숙하게 하기 위한 까닭으로
是中修行經劫海 이 가운데서 수행하며 겁의 바다를 보내니
廣大神變靡不興 광대한 신통 변화를 일으켜서
法界之中悉周徧 법계 가운데 빠짐없이 두루두루 하다네.

法界國土一一塵 법계의 모든 국토 하나하나의 티끌에
諸大刹海住其中 큰 세계 바다가 모두 그 가운데 머물고
佛雲平等悉彌覆 부처님의 구름은 평등하고 남김없이 가득 덮었으며
於一切處咸充滿 일체 모든 곳이 가득 차 있다네.

如一塵中自在用 하나의 티끌 가운데서 속박이나 장애 없이 쓰듯
一切塵內亦復然 모든 티끌 속에서도 차례를 따라 또한 그와 같으니

諸佛菩薩大神通 모든 부처님과 보살의 큰 신통을
毘盧遮那悉能現 비로자나 부처님이 남김없이 나타낸다네.

一切廣大諸刹土 일체 광대한 모든 세계의 국토가
如影如幻亦如焰 그림자와 같고 허깨비와 같으며 또한 불꽃과 같아서
十方不見所從生 시방을 좇아 나온 바를 보지 못하며
亦復無來無去處 역시 차례를 좇아 오는 곳도 없으며 가는 곳도 없다네.

滅壞生成互循復 무너져 없어지고 생하고 이루어지는 일이 서로 돌고 돌듯이
於虛空中無暫已 허공 가운데서 잠시도 멈춤이 없으니
莫不皆由淸淨願 모든 것이 청정한 서원으로 말미암았으며
廣大業力之所持 광대한 업의 힘으로 유지하는 것이라네.

그때 보현보살이 차례를 따라 깨우쳐 주기 위해서 대중에게 말했다.
"모든 불자여! 세계 바다에 온갖 차별된 마주한 모양이나 상태가 있으니, 이른바 늘 둥글고 늘 모나며, 늘 둥글지도 모나지도 않기에 헤아릴 수 없이 많은 차별이 있고 늘 소용돌이치는 물의 모양과 같으며, 늘 산이 타오르는 듯한 모양이고 늘 나무의 모양과 같으며, 늘 궁전의 모양과 같고 늘 중생의 모양과 늘 부처님의 모양과 같다. 이와 같은 등의 것들이 세계 바다의 티끌 수만큼 있다."
爾時 普賢菩薩 復告大衆言
諸佛子 世界海有種種差別形相 所謂 或圓 或方 或非圓方 無量差別 或如水漩形 或如山焰形 或如樹形 或如華形 或如宮殿形 或如衆生形 或如佛形 如是等 有世界海微塵數

이때 보현보살이 이러한 뜻을 거듭 펼치고자 부처님의 위신력을 받들어 시방을 자세하게 살펴보고 게송으로 말했다.
爾時 普賢菩薩欲重宣其義 承佛威力 觀察十方 而說頌言

諸國土海種種別 모든 국토의 바다는 가지가지로 다르고

種種莊嚴種種住 가지가지로 장엄하고 가지가지로 머물기에
殊形共美徧十方 특히 빼어난 모양과 아름다움으로 시방에 두루 하니
汝等咸應共觀察 자네들은 모두 함께 마땅히 자세하게 살펴보아야 할 것이라네.

其狀或圓或有方 그 모양이 늘 둥글고 늘 모남이 있으며
或復三維及八隅 늘 차례를 좇아 역 삼각으로 또는 팔각이기도 하고
摩尼輪狀蓮華等 마니 바퀴의 모양과 연화 등의 모양으로서
一切皆由業令異 모든 것이 업으로 말미암아 다 다르다네.

或有淸淨焰莊嚴 늘 청정한 불꽃으로 장엄하여
眞金閒錯多殊好 진금으로 사이사이를 장식하여 빼어나게 좋아 보이며
門闥競開無壅滯 문과 창이 서로 다투듯 활짝 열려서 막힘이 없으니
斯由業廣意無雜 이는 업이 넓고 뜻이 잡스럽지 않기 때문이라네.

刹海無邊差別藏 세계 바다의 끝없는 차별의 장을
譬如雲布在虛空 비유하자면 구름이 허공을 덮는 것과 같으며
寶輪布地妙莊嚴 보배 바퀴를 땅에 펼쳐서 빼어나게 장엄하는 것과 같이
諸佛光明照耀中 모든 부처님의 광명이 그 가운데를 비추는 것이라네.

一切國土心分別 모든 국토를 마음으로 구별하여 가름하고
種種光明而照現 가지가지의 광명으로 비치어 나타내니
佛於如是刹海中 부처님이 이와 같은 세계 바다 가운데
各各示現神通力 제각기 신통력을 나타내어 보이신다네.

或有雜染或淸淨 늘 어떤 것은 뒤섞여 물들고 늘 청정하며
受苦受樂各差別 고통을 받고 즐거움을 받는 것이 각각 차별되는 것은
斯由業海不思議 생각으로 미루어 헤아릴 수 없는 업 바다로 말미암은 것이니
諸流轉法恒如是 모든 유전하는 법이란 이와 같다네.

一毛孔內難思刹 하나의 털구멍 속에 생각으로 헤아리기 어려운 세계가
等微塵數種種住 티끌 수와 같이 가지가지로 머무니

一一皆有偏照尊 하나하나가 다 변조존(毘盧遮那 世尊)이며
在衆會中宣妙法 대중 가운데 계시면서 빼어난 법을 베푸신다네.

於一塵中大小刹 한 티끌 가운데 크고 작은 세계가
種種差別如塵數 가지가지로 차별함이 티끌 수와 같고
平坦高下各不同 평탄하고 높고 낮음이 각각 같지 않기에
佛悉往詣轉法輪 부처님이 곳곳마다 나아가 법의 바퀴를 굴리신다네.

一切塵中所現刹 모든 티끌 가운데 나타난 세계는
皆是本願神通力 다 본원(부처와 보살이 중생을 교화하려고 세운 발원)의 신통력이기에
隨其心樂種種殊 그 마음이 좋아하는 것을 따라 가지가지로 다르며
於虛空中悉能作 모든 것이 허공 가운데서 능히 지어진 것이라네.

一切國土所有塵 모든 국토마다 티끌이 있고
一一塵中佛皆入 하나하나의 티끌 가운데 부처님이 다 들어가서
普爲衆生起神變 중생을 위해 신통 변화를 일으키시니
毘盧遮那法如是 비로자나 불법이 이와 같다네.

그때 보현보살이 차례를 따라(復.十信.十住.十行) 깨우침을 주기 위해서 대중에게 말했다.
"모든 보살이여! 세계 바다에 갖가지 체가 있음을 마땅히 알아야 하니, 이른바 늘 모든 보배 장엄으로 체를 삼기도 하며, 늘 한 가지 보배의 가지가지 장엄을 체로 삼기도 하고 늘 모든 보배의 광명을 체로 삼기도 하며, 늘 가지가지 색의 광명을 체로 삼기도 하고 늘 모든 장엄의 광명을 체로 삼기도 하며, 늘 무너지지 않는 금강을 체로 삼기도 하고 늘 부처님 힘의 가지를 체로 삼기도 하며, 늘 보배와 서로 마주 본 말할 수 없이 빼어난 것을 체로 삼기도 하고 늘 부처님의 변화를 체로 삼기도 하고 늘 태양 마니바퀴를 체로 삼기도 하며, 늘 극히 미세한 보배를 체로 삼기도 하고 늘 모든 보배 불꽃을 체로 삼기도 하며, 늘 가지가지의 향을 체로 삼기도 하고 늘 모든 보배 화관을 체로 삼기도 하며, 늘 모든 보배의 그림자를 체로 삼기도 하고 늘 모든 장엄을 나타내 보이는 것으로 체를 삼기도 하며, 늘 한순간 마음에 두루 나타나는 경계를 체로 삼기도 하고 늘 보살 형상의 보배를 체로 삼기도 하며, 늘 보배 꽃의 수술을 체로 삼기도 하고 늘 부처님의 음성을 체로 삼기도 한다."

爾時 普賢菩薩復告大衆言

諸佛子 應知世界海有種種體 所謂 或以一切寶莊嚴爲體 或以一寶種種莊嚴爲體 或以一切寶光明爲體 或以種種色光明爲體 或以一切莊嚴光明爲體 或以不可壞金剛 爲體 或以佛力持爲體 或以妙寶相爲體 或以佛變化爲體 或以日摩尼輪爲體 或以極 微細寶爲體 或以一切寶焰爲體 或以種種香爲體 或以一切寶華冠爲體 或以一切寶 影像爲體 或以一切莊嚴所示現爲體 或以一念心普示現境界爲體 或以菩薩形寶爲體 或以寶華蕊爲體 或以佛言音爲體

그때 보현보살이 그러한 뜻을 거듭 펼치고자 부처님의 위신력을 받들어 시방을 자세하게 살펴보고 게송으로 말했다.

爾時 普賢菩薩欲重宣其義 承佛威力 觀察十方 而說頌言

或有諸刹海 늘 모든 세계 바다는
妙寶所合成 빼어난 보배가 합해서 이루어진 것이라
堅固不可壞 견고하여 무너뜨릴 수 없으며
安住寶蓮華 보배 연꽃에 편안히 머문다네.

或是淨光明 늘 청정한 광명은
出生不可知 생겨나 나온 곳을 알 수가 없고
一切光莊嚴 모든 빛의 장엄으로
依止虛空住 허공에 의지하여 머물렀다네.

或淨光爲體 늘 청정한 광명을 체로 삼아
復依光明住 차례를 따라 광명을 의지해 머물고
光雲作嚴飾 빛 구름을 꾸미고 치장해서 지으니
菩薩共遊處 보살들이 다 함께 즐겁게 지내는 곳이라네.

或有諸刹海 늘 모든 세계 바다는
從於願力生 원력을 좇아 생겨나
猶如影像住 마치 그림자와 같이 머무니

取說不可得 말로서는 취할 수가 없다네.

或以摩尼成 늘 마니로 이루어서
普放日藏光 태양으로 장엄한 빛을 두루 놓으며
珠輪以嚴地 주륜으로 지위를 장엄하니
菩薩悉充滿 보살들이 모두 충만하다네.

有刹寶焰成 보배 불꽃으로 이루어진 세계가 있는데
焰雲覆其上 불꽃 구름이 그 위를 덮었고
衆寶光殊妙 많은 보배의 빛이 빼어나게 좋은 것은
皆由業所得 다 업으로 말미암아 얻은 것이라네.

或從妙相生 늘 빼어난 모양이나 상태를 좇아 생겨나
衆相莊嚴地 많은 모양이나 상태로 지위를 장엄하니
如冠共持戴 보배 관을 다 함께 쓴 것과 같으며
斯由佛化起 이는 부처님이 낳고 기르는 일로 말미암아 일어난 것이라네.

或從心海生 늘 마음 바다를 좇아 생겨나고
隨心所解住 마음이 이해하는 바를 따라 머물며
如幻無處所 허깨비와 같아서 처할 것이 없으니
一切是分別 모두 분별일 뿐이라네.

或以佛光明 늘 부처님의 광명으로
摩尼光爲體 마니의 빛을 체로 삼으니
諸佛於中現 모든 부처님이 가운데 나타나서
各起神通力 각각 신통력을 일으키신다네.

或普賢菩薩 늘 보현보살이
化現諸刹海 모든 세계 바다에 바뀌어 나타나시니
願力所莊嚴 원력으로 장엄하는 일이라
一切皆殊妙 일체 모든 것이 말할 수 없이 빼어나다네.

그때 보현보살이 차례를 따라(復) 깨우침을 주기 위해서 대중에게 말했다.

"모든 불자여! 세계 바다에 가지가지로 장엄하는 것이 있음을 마땅히 알아야 하니, 이른바 늘 모든 장엄구 가운데서 위 없는 빼어난 구름을 내게 하므로 장엄하고 늘 모든 보살의 공덕을 설함으로 장엄하며, 늘 모든 중생의 업보를 설함으로 장엄하고 늘 모든 보살의 소원 바다를 나타내 보임으로 장엄하며, 늘 모든 삼세 부처님의 영상을 겉으로 나타내 보임으로 장엄하고 늘 한 생각, 한순간에 끝없는 겁을 나타내 보이는 신통한 경계로 장엄하며, 늘 모든 부처님의 몸을 드러내 보임으로 장엄하고 늘 모든 보배 향의 구름을 나타내 보임으로 장엄하며, 늘 일체 도량 가운데 모든 빼어난 물건을 광명으로 비추어 밝은 빛을 드러내 보임으로 장엄하고 늘 보현의 모든 행과 원을 드러내 보임으로 장엄하니, 이와 같은 등등의 것들이 세계 바다의 티끌 수만큼 있다."

爾時 普賢菩薩復告大衆言

諸佛子 應知世界海有種種莊嚴 所謂 或以一切莊嚴具中出上妙雲莊嚴 或以說一切菩薩功德莊嚴 或以說一切衆生業報莊嚴 或以示現一切菩薩願海莊嚴 或以表示一切三世佛影像莊嚴 或以一念頃示現無邊劫神通境界莊嚴 或以出現一切佛身莊嚴 或以出現一切寶香雲莊嚴 或以示現一切道場中諸珍妙物光明照耀莊嚴 或以示現一切普賢行願莊嚴 如是等 有世界海微塵數

그때 보현보살이 그러한 뜻을 거듭 펼치고자 부처님의 위신력을 받들어 시방을 자세하게 살펴보고 게송으로 말했다.

爾時 普賢菩薩欲重宣其義 承佛威力 觀察十方 而說頌言

廣大刹海無有邊 광대한 세계 바다는 끝닿는 데가 없으니
皆由淸淨業所成 모두 다 청정한 업으로 말미암아 이루어진 것이며
種種莊嚴種種住 가지가지로 장엄하고 가지가지로 머물면서
一切十方皆徧滿 모든 시방에 빠짐없이 두루 가득하다네.

無邊色相寶焰雲 끝없는 색의 모양이나 상태와 보배 불꽃 구름의
廣大莊嚴非一種 광대한 장엄은 한 가지가 아니니
十方刹海常出現 시방의 세계 바다에 항상 나타내 보이며
普演妙音而說法 빼어난 음성을 내어 법문을 널리 펴서 두루 설한다네.

菩薩無邊功德海 보살의 끝없는 공덕 바다는
種種大願所莊嚴 가지가지의 큰 서원으로 장엄하는 바라
此土俱時出妙音 이 국토가 한날한시에 말할 수 없이 빼어난 음성을 내어서
普震十方諸刹網 시방 모든 세계의 그물을 빠짐없이 흔든다네.

衆生業海廣無量 중생의 업 바다는 광대하고 헤아릴 수 없이 많아서
隨其感報各不同 그 응함을 따라 받는 과보가 각각 같지 않으며
於一切處莊嚴中 이렇듯 일체 모든 곳을 장엄하는 가운데
皆由諸佛能演說 다 이로 말미암아 모든 부처님이 설하시는 것이라네.

三世所有諸如來 삼세에 계신 여래께서
神通普現諸刹海 신통으로 모든 세계 바다를 두루 나타내시니
一一事中一切佛 하나하나의 일 가운데 모든 부처님이
如是嚴淨汝應觀 이와 같음을 장엄하여 청정하게 하심을 자네는 응당 자세히 보아야 한
　　　　　　　다네.

過去未來現在劫 과거 현재 미래의 겁 동안
十方一切諸國土 시방의 일체 모든 국토는
於彼所有大莊嚴 저 세계의 큰 장엄들로서
一一皆於刹中見 하나하나 빠짐없이 이 세계 가운데서 보는 것이라네.

一切事中無量佛 모든 일 가운데 헤아릴 수 없이 많은 부처님이
數等衆生徧世間 중생의 수와 같이 세상에 두루 하며
爲令調伏起神通 중생을 조복하기 위해 신통을 일으키니
以此莊嚴國土海 이러한 일로 국토의 바다를 장엄하였다네.

一切莊嚴吐妙雲 모든 장엄한 것이 빼어난 구름을 토해내니
種種華雲香焰雲 가지가지의 꽃구름과 불꽃 구름과
摩尼寶雲常出現 마니의 보배구름을 나타내 보이며
刹海以此爲嚴飾 세계 바다가 이것으로 장엄한다네.

十方所有成道處 시방에 있는 바 도를 이룬 곳에
種種莊嚴皆具足 가지가지의 장엄을 온전하게 다 갖추고
流光布逈若彩雲 빛이 흘러 퍼져서 고운 빛깔의 구름과 같으니
於此刹海咸令見 이 세계 바다를 보게 하기 위한 것이라네.

普賢願行諸佛子 보현의 원과 행을 모든 불자와
等衆生劫勤修習 중생과 등등을 같은 겁 동안 부지런히 닦고 익혀서
無邊國土悉莊嚴 끝없는 국토를 모두 장엄하고
一切處中皆顯現 일체 처 가운데 빠짐없이 명백하게 나타낸다네.

그때 보현보살이 차례를 따라(復) 깨우침을 주기 위해서 대중에게 말했다.

"모든 불자여! 세계 바다에 세계 바다의 티끌 수와 같은 청정한 방편 바다가 있음을 마땅히 알아야 하니, 이른바 모든 보살이 일체 선지식과 친근하여 선근이 같은 까닭이며, 광대한 공덕 구름을 늘리고 키워서 법계에 두루두루 한 까닭이며, 광대하고 깨달음에 대한 뛰어난 모든 이해를 청정하게 닦은 까닭이며, 모든 보살의 경계를 자세하게 살펴보고 편안히 머무는 까닭이며, 모든 바라밀을 닦고 다스려서 모든 것을 원만하게 하는 까닭이며, 일체 보살의 모든 지위를 자세하게 살펴보고 들어가서 머무는 까닭이며, 온갖 청정한 서원 바다를 내는 까닭이며, 일체 나아갈 중요한 행을 닦고 익힌 까닭이며, 모든 장엄 바다에 들어가는 까닭이며, 청정한 방편의 힘을 성취한 까닭이니, 이와 같은 등등의 것들이 세계 바다의 티끌 수만큼 있다."

爾時 普賢菩薩復告大衆言

諸佛子 應知世界海有世界海微塵數淸淨方便海 所謂 諸菩薩親根一切善知識同善根故 增長廣大功德雲徧法界故 淨修廣大諸勝解故 觀察一切菩薩境界而安住故 修治一切諸波羅蜜悉圓滿故 觀察一切菩薩諸地而入住故 出生一切淨願海故 修習一切出要行故 入於一切莊嚴海故 成就淸淨方便力故 如是等 有世界海微塵數

그때 보현보살이 그러한 뜻을 거듭 펼치고자 부처님의 위신력을 받들어 시방을 자세하게 살펴보고 게송으로 말했다.

爾時 普賢菩薩欲重宣其義 承佛威力 觀察十方 而說頌言

一切刹海諸莊嚴 모든 세계 바다의 온갖 장엄은
無數方便願力生 무수한 방편의 원력으로 생긴 것이며
一切刹海常光耀 모든 세계 바다를 항상 밝게 비치는 빛은
無量淸淨業力起 헤아릴 수 없이 많은 청정한 업의 힘으로 일어난다네.

久遠親近善知識 오랫동안 선지식을 친근히 하면서
同修善業皆淸淨 선근으로 업을 함께 닦아 빠짐없이 청정해지고
慈悲廣大徧衆生 자비의 광대함이 중생에게 두루 하니
以此莊嚴諸刹海 이로써 모든 세계 바다를 장엄한다네.

一切法門三昧等 일체 법문과 여러 삼매와
禪定解脫方便地 선정과 해탈, 방편의 지위를
於諸佛所悉淨治 모든 부처님의 처소에서 빠짐없이 청정하게 다스리니
以此出生諸刹海 이것으로 모든 세계 바다를 출생한다네.

發生無量決定解 헤아릴 수 없이 많은 깨우침에 대한 이해를 내고
能解如來等無異 깨우침에 대한 이해가 여래와 다르지 않으며
忍海方便已修治 인욕의 바다와 방편 바다를 닦고 다스렸기에
故能嚴淨無邊刹 끝없는 세계를 장엄해서 청정하게 한다네.

爲利衆生修勝行 중생의 이익을 위해 뛰어난 행을 닦아서
福德廣大常增長 복덕의 광대함이 항상 늘고 커지며
譬如雲布等虛空 비유하자면 구름이 퍼져서 허공과 같음이니
一切刹海皆成就 모든 세계 바다를 빠짐없이 성취한다네.

諸度無量刹海塵 모든 바라밀이 헤아릴 수 없이 많은 세계 바다의 티끌과 같고
悉已修行令具足 이미 남김없이 닦고 행하여 온전하게 갖추었으니
願波羅蜜無有盡 원 바라밀은 끝이 없으며
淸淨刹海從此生 청정한 세계 바다가 이를 쫓아 난다네.

淨修無等一切法 견줄 것이 없는 일체 법을 청정하게 닦고

生起無邊出要行 끝닿는 데가 없는 중요한 행을 일으켜 내고
種種方便化群生 가지가지의 방편으로 중생을 가르쳐 바른길로 이끄니
如是莊嚴國土海 이와 같은 모든 국토의 바다를 장엄한다네.

修習莊嚴方便地 장엄하는 방편의 지위를 닦고 익혀서
入佛功德法門海 부처님의 공덕과 법문 바다에 들어가
普使衆生竭苦源 중생이 고통받는 근원을 다하니
廣大淨刹皆成就 광대하고 청정한 세계를 다 성취한다네.

力海廣大無與等 힘의 바다는 광대하고 함께 할 자가 없기에
普使衆生種善根 중생들이 선근을 두루 심게 하며
供養一切諸如來 일체 모든 여래를 공양하니
國土無邊悉淸淨 끝없는 국토를 남김없이 청정하게 한다네.

그때 보현보살이 차례를 따라(復) 깨우침을 주기 위해서 대중에게 말했다.

"모든 불자여! 하나하나의 세계 바다에 그 세계 바다의 티끌 수와 같이 부처님이 나타내서 보이는 일에 차별이 있음을 마땅히 알아야 하니, 이른바 늘 작은 몸도 나타내서 보이고 그와 같이 큰 몸도 나타내서 보이며, 늘 단명함도 나타내서 보이고 늘 장수함도 나타내서 보이며, 늘 한 부처님의 국토만 깨끗하게 장엄함을 나타내서 보이기도 하고 늘 헤아릴 수 없이 많은 부처님의 국토를 깨끗하게 장엄해서 나타내 보이기도 하며, 늘 오직 일승(一乘)의 법륜만을 나타내어 보이기도 하고 늘 생각으로 미루어 헤아릴 수 없는 모든 승의 법륜을 나타내 보이기도 하며, 늘 적은 부분의 중생을 조복하는 모습을 나타내 보이기도 하고 늘 끝없는 중생을 조복하는 모습을 나타내 보이기도 하니, 이와 같은 등등의 것들이 세계 바다의 티끌 수만큼 있다."

爾時 普賢菩薩復告大衆言

諸佛子 應知一一世界海有世界海微塵數佛出現差別 所謂 或現小身 或現大身 或現短壽 或現長壽 或有嚴淨一佛國土 或有嚴淨無量佛土 或唯顯示一乘法輪 或有顯示不可思議諸乘法輪 或現調伏少分衆生 或現調伏無邊衆生 如是等 有世界海微塵數

그때 보현보살이 그러한 뜻을 거듭 펼치고자 부처님의 위신력을 받들어 시방을 자세하게 살펴보고 게송으로 말했다.

爾時 普賢菩薩欲重宣其義 承佛威力 觀察十方 而說頌言

諸佛種種方便門 모든 부처님이 가지가지의 방편 문으로

出興一切諸刹海 일체 모든 세계 바다를 일으켜 세우고 나아가는 것은

皆隨衆生心所樂 모두 중생들이 좋아하는 마음을 따른 것이니

此是如來善權力 이 같은 일은 여래 선근의 대소를 분별하는 힘이라네.

諸佛法身不思議 모든 부처님의 법신은 생각으로 미루어 알 수 없고

無色無形無影像 색도 없고 모양도 없으며 그림자마저도 없지만

能爲衆生現衆相 중생들을 위하여 마주한 모든 모양이나 상태를 나타내어

隨其心樂悉令見 마음으로 즐거워함을 따라 보게 한다네.

或爲衆生現短壽 늘 중생들에게 수명이 짧음을 보이기도 하며

或現住壽無量劫 어떤 때는 수명이 헤아릴 수 없이 많은 겁에 머무는 것을 보이기도 하고

法身十方普現前 법신을 눈앞 시방세계에 두루 두시고

隨宜出現於世間 마땅함을 따라 세간에 나타나신다네.

或有嚴淨不思議 늘 생각으로 미루어 알 수 없는

十方所有諸刹海 시방의 모든 세계 바다를 장엄해서 청정하게 하고

或唯嚴淨一國土 늘 오로지 한 국토만을 장엄해서 청정하게 하며

於一示現悉無餘 이 하나만을 나타내 보이고 남음이 없게 한다네.

或隨衆生心所樂 늘 중생들이 마음으로 좋아함을 따라

示現難思種種乘 생각으로는 헤아리기 어려운 갖가지의 승을 나타내 보이기도 하고

或有唯宣一乘法 어떤 때는 오로지 일승의 법만을 베풀어

一中方便現無量 하나 가운데 방편으로서 헤아릴 수 없이 많은 법을 나타내신다네.

或有自然成正覺 어떤 때는 자연히 정각을 이루어

令少衆生住於道 많지 않은 중생을 도에 머물게도 하고

或有能於一念中 어떤 때는 한 생각 가운데
開悟群迷無有數 수없이 많은 미혹한 중생들이 깨우침을 깨달아 얻게 한다네.

或於毛孔出化雲 늘 털구멍에서 변화의 구름을 내어
示現無量無邊佛 헤아릴 수 없이 끝없는 부처님을 나타내 보이시면서
一切世間皆現睹 모든 세간이 나타냄을 빠짐없이 다 보게 하고
種種方便度群生 가지가지 방편으로 중생들을 고해에서 건져내어 극락세계로 이끌어 준다네.

或有言音普周徧 어떤 때는 언어와 음성으로 가득하게 두루 채우고
隨其心樂而說法 즐거워하는 마음을 따라 법을 설하시니
不可思議大劫中 사람이 생각으로는 미루어 알 수 없는 큰 겁 가운데
調伏無量衆生海 헤아릴 수 없이 많은 중생 바다를 조복시킨다네.

或有無量莊嚴國 어떤 때는 헤아릴 수 없이 많은 국토에
衆會清淨儼然坐 많은 대중의 모임에서 청정하고 의젓하게 앉아 있으니
佛如雲布在其中 부처님이 구름이 펴지듯 그 가운데 계시고
十方刹海靡不充 시방의 세계 바다에 가득하다네.

諸佛方便不思議 모든 부처님의 방편은 생각으로 미루어 헤아릴 수 없지만
隨衆生心悉現前 중생의 마음을 따라 눈앞에 나타나시고
普住種種莊嚴刹 가지가지로 장엄한 세계에 두루 머무시어
一切國土皆周徧 일체 모든 국토에 두루두루 빠짐없이 미친다네.

그때 보현보살이 차례를 따라(復) 깨우침을 주기 위해서 대중에게 말했다.

"모든 불자여! 세계 바다에 그 세계 바다의 티끌 수와 같은 겁이 머무는 것을 마땅히 알아야 하니, 이른바 어떤 때는 늘 아승기 겁 동안 머물기도 하며, 어떤 때는 늘 헤아릴 수 없이 많은 겁 동안 머물기도 하고 어떤 때는 늘 끝없는 겁 동안 머물기도 하며, 어떤 때는 늘 견줄 수 없는 겁 동안 머물기도 하고 어떤 때는 늘 셀 수 없는 겁 동안 머물기도 하며, 어떤 때는 늘 일컬을 수 없는 겁 동안 머물기도 하고 어떤 때는 늘 생각으로 미칠 수도 없는 겁 동안 머물기도 하며, 어떤 때는 늘 양으로 헤아릴 수 없는 겁 동안 머물기

도 하고 어떤 때는 늘 말할 수 없는 겁 동안 머물기도 하며, 어떤 때는 늘 말과 말로서는 이를 수 없는 겁 동안 머물기도 하니, 이와 같은 등등의 것들이 세계 바다의 티끌 수만큼 있다."

爾時 普賢菩薩復告大衆言

諸佛子 應知世界海有世界海微塵數劫住 所謂 或有阿僧祇劫住 或有無量劫住 或有無邊劫住 或有無等劫住 或有不可數劫住 或有不可稱劫住 或有不可思劫住 或有不可量劫住 或有不可說劫住 或有不可說不可說劫住 如是等 有世界海微塵數

그때 보현보살이 그러한 뜻을 거듭 펼치고자 부처님의 위신력을 받들어 시방을 자세하게 살펴보고 게송으로 말했다.

爾時 普賢菩薩欲重宣其義 承佛威力 觀察十方 而說頌言

世界海中種種劫 세계 바다 가운데 가지가지의 겁은
廣大方便所莊嚴 광대한 방편으로 장엄한 것이기에
十方國土咸觀見 시방 국토를 모두 다 보고
數量差別悉明了 수량이 차별됨을 분명하게 깨우쳐 알고 마친다네.

我見十方世界海 내가 보니 시방의 세계 바다에 대한
劫數無量等衆生 겁의 수를 헤아릴 수 없음은 중생과 같아서
或長或短或無邊 늘 길고 늘 짧고 늘 끝이 없음을
以佛音聲今演說 부처님이 음성으로 지금 널리 펴서 설하신다네.

我見十方諸刹海 내가 보니 시방의 모든 세계 바다가
或住國土微塵劫 늘 국토의 티끌 같은 겁 동안 머물고
或有一劫或無數 어떤 때는 일 겁, 늘 수가 없는 겁이니
以願種種各不同 가지가지의 원력으로 각각 같지 않다네.

或有純淨或純染 어떤 때는 섞임이 없이 깨끗하고 때로는 순수함이 물들고
或復染淨二俱雜 늘 차례를 따라 물들고 깨끗함, 이 둘이 함께 섞인 것이 있기에
願海安立種種殊 원의 바다로 편안하게 세워진 것이 가지가지로 다르지만

住於衆生心想中 중생의 마음 그 생각 가운데 머문다네.

往昔修行刹塵劫 지난 옛적 티끌 같은 겁 동안 수행할 때
獲大淸淨世界海 큰 청정한 세계 바다를 얻으시니
諸佛境界具莊嚴 모든 부처님이 경계로 장엄을 갖추시고
永住無邊廣大劫 끝이 없는 광대한 겁 동안 영원히 머무신다네.

有名種種寶光明 이름이 있으니 '가지가지의 보배 광명'이며
或名等音焰眼藏 늘 이름이 '등음염안장'이고
離塵光明及賢劫 허물을 벗어난 광명이며 또 덕행이 뛰어난 겁이니
此淸淨劫攝一切 이 청정한 겁이 모든 것을 굳건히 유지하는 것이라네.

有淸淨劫一佛興 청정한 겁에는 한 부처님만이 계시고
或一劫中無量現 늘 일 겁 가운데 헤아릴 수 없이 많은 부처님이 나타나기도 하지만
無盡方便大願力 다함이 없는 방편과 큰 원력으로
入於一切種種劫 모든 가지가지의 겁에 들어간다네.

或無量劫入一劫 늘 헤아릴 수 없는 겁이 일 겁에 들어가기도 하며
或復一劫入多劫 늘 한 겁이 차례를 따라 많은 겁에 들어가기도 해서
一切劫海種種門 모든 겁 바다가 가지가지의 다른 문으로
十方國土皆明現 시방 국토에 분명하게 빠짐없이 나타난다네.

或一切劫莊嚴事 늘 모든 겁에 장엄하는 일이
於一劫中皆現睹 한 겁 가운데 빠짐없이 다 보이기도 하고
或一劫內所莊嚴 늘 한 겁 속에 장엄하는 것이
普入一切無邊劫 일체 끝없는 겁에 널리 들어가기도 한다네.

始從一念終成劫 처음 한 생각을 좇아 마침내 겁을 이룬 곳은
悉依衆生心想生 모두 중생의 마음과 생각을 의지하여 내는 것이기에
一切刹海劫無邊 모든 세계 바다의 겁이 끝이 없지만
以一方便皆淸淨 하나의 방편으로 빠짐없이 청정하게 한다네.

그때 보현보살이 차례를 따라(復) 깨우침을 주기 위해서 대중에게 말했다.

"모든 불자여! 세계 바다에 그 세계 바다의 티끌 수와 같은 겁이 굴러서 바뀌어 가기에 차별이 있음을 마땅히 알아야 하니, 이른바 법이 이와 같은 까닭으로 세계 바다가 헤아릴 수 없이 이루어지고 무너지는 겁으로 움직여 변하며, 더러움에 물든 중생이 머무는 까닭으로 세계 바다가 더러움에 물든 겁을 이루어 움직임을 따라 변하고 광대한 복을 닦은 중생이 머무는 까닭으로 세계 바다가 더럽고 깨끗한 겁을 이루어 움직임을 따라 변하며, 믿고 이해하는 보살이 머무는 까닭으로 세계 바다가 더럽고 깨끗한 겁을 이루어 움직임을 따라 변하고 헤아릴 수 없이 많은 중생이 보리심을 내는 까닭으로 세계 바다가 섞임이 없이 순수하게 청정한 겁으로 움직여 변하며, 모든 보살이 제각각 모든 세계에 자적하는 까닭으로 세계 바다가 끝없이 장엄(莊嚴)하는 겁으로 움직여 변하고 시방 모든 세계 바다의 보살들이 구름처럼 모이는 까닭으로 세계 바다가 헤아릴 수 없이 많은 큰 장엄의 겁으로 움직여 변하며, 모든 부처님과 세존이 열반에 드는 까닭으로 세계 바다를 장엄하면서 멸하는 겁으로 움직여 변하고 부처님이 세상에 출현하시는 까닭으로 모든 세계 바다가 넓고 평탄하게 장엄하는 겁으로 움직여 변하며, 여래가 신통 변화하시는 까닭으로 세계 바다가 두루 청정한 겁으로 움직여 변하니, 이와 같은 등등의 것들이 세계 바다의 티끌 수만큼 있다."

爾時 普賢菩薩復告大衆言

諸佛子 應知世界海有世界海微塵數劫轉變差別 所謂 法如是故 世界海無量成壞劫轉變 染汚衆生住故 世界海成染汚劫轉變 修廣大福衆生住故 世界海成染淨劫轉變 信解菩薩住故 世界海成染淨劫轉變 無量衆生發菩提心故 世界海純淸淨劫轉變 諸菩薩各各遊諸世界故 世界海無邊莊嚴劫轉變 十方一切世界海諸菩薩雲集故 世界海無量大莊嚴劫轉變 諸佛世尊入涅槃故 世界海莊嚴滅劫轉變 諸佛出現於世故 一切世界海廣博嚴淨劫轉變 如來神通變化故 世界海普淸淨劫轉變 如是等 有世界海微塵數

그때 보현보살이 그러한 뜻을 거듭 펼치고자 부처님의 위신력을 받들어 시방을 자세하게 살펴보고 게송으로 말했다.

爾時 普賢菩薩欲重宣其義 承佛威力 觀察十方 而說頌言

一切諸國土 일체 모든 국토가
皆隨業力生 다 업의 힘을 따라 생기니

汝等應觀察 그대들은 마땅히 자세하게 살펴보아야 한다네.
轉變相如是 움직여 변하는 마주한 모양이나 상태는 이와 같다네.

染汚諸衆生 더러움에 물이 든 모든 중생은
業或纏可怖 업과 미혹함에 얽혀서 두려워하니
彼心令刹海 저 마음의 세계 바다를
一切成染汚 모두 더러움에 물들게 하고 이루게 한다네.

若有淸淨心 그와 같은 청정한 마음이 있어서
修諸福德行 모든 복덕의 행을 닦은 이는
彼心令刹海 저 마음의 세계 바다를
雜染及淸淨 뒤섞어서 물들이고 청정하게 한다네.

信解諸菩薩 믿고 이해하는 보살들이
於彼劫中生 저 겁 안에서 나게 되면
隨其心所有 그 마음에 있는 그대로
雜染淸淨者 물들어 뒤섞이거나 청정하다네.

無量諸衆生 헤아릴 수 없이 많은 모든 중생이
悉發菩提心 모두 보리심을 일으키면
彼心令刹海 저 마음의 세계 바다가
住劫恒淸淨 겁에 머물면서도 항상 청정하게 한다네.

無量億菩薩 헤아릴 수 없이 많은 억만의 보살들이
往詣於十方 시방세계로 나아갈 때
莊嚴無有殊 장엄은 달리 다른 것은 없지만
劫中差別見 겁 가운데서는 차별을 본다네.

一一微塵內 하나하나의 티끌 속에
佛刹如塵數 부처님 세계의 티끌 수와 같은
菩薩共雲集 보살이 다 함께 구름처럼 모이니

國土皆淸淨 국토가 빠짐없이 다 청정하다네. 요기

世尊入涅槃 세존이 열반에 드시면
彼土莊嚴滅 저 국토의 장엄이 멸하기에
衆生無法器 중생은 법을 담은 그릇이 없어
世界成雜染 세계 바다가 뒤섞여서 물이 든다네.

若有佛興世 그와 같은 부처님이 세상에 나오시면
一切悉珍好 일체 모두가 귀히 여기고 좋아하며
隨其心淸淨 그 마음의 청정함을 따라
莊嚴皆具足 빠짐없이 장엄을 온전하게 갖춘다네.

諸佛神通力 모든 부처님의 신통한 힘이
示現不思議 생각으로 미루어 헤아릴 수 없음을 나타내 보이면
是時諸刹海 이때 온갖 세계 바다의
一切普淸淨 일체 모든 것이 청정해진다네.

그때 보현보살이 차례를 따라(復) 가르침을 주기 위해서 대중에게 말했다.

"모든 불자여! 세계 바다에 그 세계 바다의 티끌 수와 같은 차별이 없음을 마땅히 알아야 하니, 이른바 하나하나의 세계 바다 가운데 세계 바다 티끌 수의 세계는 차별이 없으며, 하나하나의 세계 바다 가운데 모든 부처님이 출현해서 지닌 위신력은 차별이 없으며, 하나하나의 세계 바다 가운데 온갖 도량이 시방 법계에 두루 한 것은 차별이 없으며, 하나하나의 세계 바다 가운데 모든 여래의 도량에 모인 대중은 차별이 없으며, 하나하나의 세계 바다 가운데 모든 부처님의 광명이 법계에 두루 한 것은 차별이 없으며, 하나하나의 세계 바다 가운데 온갖 부처님의 변화하신 명호는 차별이 없으며, 하나하나의 세계 바다 가운데 모든 부처님의 음성이 세계 바다에 두루 하여 끝없는 겁에 머무는 것은 차별이 없으며, 하나하나의 세계 바다 가운데 법륜의 방편은 차별이 없으며, 하나하나의 세계 바다 가운데 일체 세계 바다가 한 티끌에 들어가는 것은 차별이 없으며, 하나하나의 세계 바다 가운데 하나하나의 티끌에 일체 삼세 모든 부처와 세존의 광대한 경계가 그 가운데 나타나는 것은 차별이 없다."

"모든 불자여! 세계 바다가 차별이 없음을 간략하게 설하면 이와 같으나, 그와 같이 넓게 설하면 세계 바다의 티끌 수만큼 있다."

爾時 普賢菩薩復告大衆言

諸佛子 應知世界海有世界海微塵數無差別 所謂 ——世界海中 有世界海微塵數世界無差別 ——世界海中 諸佛出現所有威力無差別 ——世界海中 一切道場徧十方法界無差別 ——世界海中 一切如來道場衆會無差別 ——世界海中 一切佛光明徧法界無差別 ——世界海中 一切佛變化名號無差別 ——世界海中 一切佛音聲普徧世界海無邊劫住無差別 ——世界海中 法輪方便無差別 ——世界海中 一切世界海普入一塵無差別 ——世界海中 ——微塵 一切三世諸佛世尊廣大境界皆於中現無差別

諸佛子 世界海無差別 略說如是 若廣說者 有世界海微塵數

그때 보현보살이 그러한 뜻을 거듭 펼치고자 부처님의 위신력을 받들어 시방을 자세하게 살펴보고 게송으로 말했다.

爾時 普賢菩薩欲重宣其義 承佛威力 觀察十方 而說頌言

一微塵中多刹海 하나의 티끌 가운데 많은 세계 바다가
處所各別悉嚴淨 처소마다 각각 다르고 모두 청정하게 장엄하며
如是無量入一中 이와 같은 헤아릴 수 없이 많은 것이 하나의 가운데 들어가지만
——區分無雜越 하나하나가 구분되어 섞이지 않는다네.

——塵內難思佛 하나하나의 티끌 속에 생각으로 미루어 헤아릴 수 없는 부처님께서
隨衆生心普現前 중생의 마음을 따라 앞에 나타나
一切刹海靡不周 모든 세계 바다에 두루 하시니
如是方便無差別 이와 같은 방편은 차별이 없다네.

——塵中諸樹王 하나하나의 티끌 가운데 모든 나무의 왕이
種種莊嚴悉垂布 가지가지의 장엄으로 남김없이 드리우고 펼쳐서
十方國土皆同現 시방 국토를 모두 한가지로 나타내니
如是一切無差別 이와 같은 일체는 차별이 없다네.

一一塵內微塵衆 하나하나의 티끌 속에 티끌 같은 대중이
悉共圍遶人中主 사람 중에 주인을 다 함께 둘러쌌으며
出過一切徧世間 모든 것을 초월해 나가 세간에 두루 미치지만
亦不迫隘相雜亂 모든 것이 좁고 궁색하더라도 서로 마주함에 섞이거나 어지럽지 않다네.

一一塵中無量光 하나하나의 티끌 가운데 헤아릴 수 없이 많은 빛이
普徧十方諸國土 시방의 모든 국토에 두루두루 하여
悉現諸佛菩提行 모든 부처님의 보리 행을 남김없이 나타내기에
一切刹海無差別 모든 세계 바다는 차별이 없다네.

一一塵中無量身 하나하나의 티끌 가운데 헤아릴 수 없이 많은 몸이
變化如雲普周徧 구름처럼 변화하여 두루두루 미치는 것과 같이
以佛神通導群品 부처님이 신통으로 중생을 가르쳐 바른길로 인도하시니
十方國土亦無別 시방의 국토 또한 차별이 없다네.

一一塵中說衆法 하나하나의 티끌 가운데 많은 법을 설하니
其法淸淨如輪轉 그 법이 청정하고 구르는 바퀴와 같으며
種種方便自在門 가지가지 자재한 방편의 문으로
一切皆演無差別 일체 모든 것을 두루 펼치는 일에 차별이 없다네.

一塵普演諸佛音 한 티끌에 부처님의 모든 음성을 두루 펼쳐서
充滿法器諸衆生 모든 중생의 법 그릇을 가득 차게 하고
徧住刹海無央劫 세계 바다에 두루 머물기를 끝이 없는 겁 동안
如是音聲亦無異 이와 같은 음성도 또한 차별이 없다네.

刹海無量妙莊嚴 세계 바다의 헤아릴 수 없이 많은 빼어난 장엄이
於一塵中無不入 하나의 티끌 가운데 들어가니
如是諸佛神通力 이와 같은 모든 부처님의 신통한 힘은
一切皆由業性起 일체 모든 것이 업의 성품을 일으킴으로 말미암아 일어난다네.

一一塵中三世佛 하나하나의 티끌 가운데 삼세 부처님이

隨其所樂悉令見 그 즐거워하는 바를 따라 남김없이 보게 하시니
體性無來亦無去 체와 성은 오지도 않고 가지도 않지만
以願力故徧世間 원력의 힘으로 세간에 두루 하다네.

대방광불화엄경 제8권

5. 화장세계품 (1)
華藏世界品第五之一

그때 보현보살이 차례를 따라(復.50位) 가르침을 주기 위해서 대중에게 말했다.

"모든 불자여! 화장(阿耨多羅三藐三菩提心의 發現)으로 장엄한 세계 바다(如來智方便海)는 비로자나 여래께서 지난 옛적 세계 바다(如來智方便海)의 티끌 수와 같은 겁 동안 보살행을 닦을 때 하나하나의 겁 가운데 세계 바다(如來智方便海)의 티끌 수와 같은 부처님을 친근히 하고 하나하나 부처님의 처소에서 세계 바다(如來智方便海)의 티끌 수와 같은 큰 서원을 닦아서 깨끗하게 장엄한 것이다."

"모든 불자여! 화장(阿耨多羅三藐三菩提心의 發現) 장엄 세계 바다(如來智方便海)는 수미산 티끌 수의 풍륜이 받치고 있으며, 그 맨 아래 있는 풍륜의 이름은 '평등주(平等住)'이니, 능히 그 위에 온갖 보배 불꽃의 찬란한 장엄을 받치고 있으며, 그다음 위에 있는 풍륜의 이름은 '출생종종보장엄(出生種種寶莊嚴)'이니, 능히 그 위에 청정한 광명이 비치어 빛이 나는 마니왕 당기를 받치고 있으며, 그다음 위에 있는 풍륜의 이름은 '보위덕(寶威德)'이니, 능히 그 위에 모든 보배 방울을 받치고 있으며, 그다음 위에 있는 풍륜의 이름은 '평등염(平等焰)'이니, 능히 그 위에 햇빛 광명 마니왕 바퀴를 받치고 있으며, 그다음 위에 있는 풍륜의 이름은 '종종보장엄(種種普莊嚴)'이니, 능히 그 위에 광명 바퀴 꽃을 받치고 있으며, 그다음 위에 있는 풍륜의 이름은 널리 '보청정(普淸淨)'이니, 능히 그 위에 온갖 꽃 불길 사자좌를 받치고 있으며, 그다음 위에 있는 풍륜의 이름은 '성변시방(聲徧十方)'이니, 능히 그 위에 구슬 왕 당기를 받치고 있으며, 그다음 위에 있는 풍륜의 이름은 '일체보광명(一切寶光明)'이니, 능히 그 위에 온갖 마니왕 나무 꽃을 받치고 있으며, 그다음 위에 있는 풍륜의 이름은 '속질보지(速疾普持)'이니, 능히 그 위에 온갖 향마니수미 구름을 받치고 있으며, 그다음 위에 있는 풍륜의 이름은 '종종궁전유행(種種宮殿遊行)'이니, 능히 그 위에 온갖 보배 빛 향 대 구름을 받치고 있다."

"모든 불자여! 저 수미산 티끌 수와 같은 풍륜의 가장 위에 있는 것의 이름은 '수승위광장(殊勝威光藏)'이니, 능히 보광마니장엄향수해를 받치고 이 향수의 바다에 큰 연꽃이 있으니, 이름은 '종종광명예향당(種種光明蕊香幢)'이라네. 화장 장엄 세계 바다가 그 가운데 있으니, 사방이 평평하면서 고르고 청정하면서 견고하고 금강륜 산이 둘러싸고 있으며, 땅과 바다와 나무가 각각 구별되어 있다."

爾時 普賢菩薩復告大衆言

諸佛子 此華藏莊嚴世界海 是毘盧遮那如來往昔於世界海微塵數劫 修菩薩行時 ——劫中親近世界海微塵數佛 ——佛所淨修世界海微塵數大願之所嚴淨

諸佛子 此華藏莊嚴世界海 有須彌山微塵數風輪所持 其最下風輪 名 平等住 能持其上一切寶焰熾然莊嚴 次上風輪 名 出生種種寶莊嚴 能持其上淨光照耀摩尼王幢 次上風輪 名 寶威德 能持其上一切寶鈴 次上風輪 名 平等焰 能持其上日光明相摩尼王輪 次上風輪 名 種種普莊嚴 能持其上光明輪華 次上風輪 名 普淸淨 能持其上一切華焰師子座 次上風輪 名 聲徧十方 能持其上一切珠王幢 次上風輪 名 一切寶光明 能持其上一切摩尼王樹華 次上風輪 名 速疾普持 能持其上一切香摩尼須彌雲 次上風輪 名 種種宮殿遊行 能持其上一切寶色香臺雲

諸佛子 彼須彌山微塵數風輪 最在上者 名 殊勝威光藏 能持普光摩尼莊嚴香水海 此香水海有大蓮華 名 種種光明蕊香幢 華藏莊嚴世界海 住在其中 四方均平 淸淨堅固 金剛輪山 周帀圍遶 地海衆樹 各有區別

이때 보현보살이 그러한 뜻을 거듭 펼치고자 부처님의 위신력을 받들어 시방을 자세하게 살펴보고 게송으로 말했다.

是時 普賢菩薩欲重宣其義 承佛威力 觀察十方 而說頌言

世尊往昔於諸有 세존이 지난 옛적 온갖 세상의
微塵佛所修淨業 티끌 수와 같은 부처님의 처소에서 청정한 업을 닦는
故獲種種寶光明 까닭에 가지가지의 보배 광명을 얻으셨으니
華藏莊嚴世界海 이것이 화장(阿耨多羅三藐三菩提心의 發現) 장엄 세계 바다(如來智方便海)
　　　　　　　　라네.

廣大悲雲徧一切 광대한 자비의 구름이 모든 곳에 두루 미치고
捨身無量等刹塵 헤아릴 수 없이 버린 몸이 세계의 티끌 수와 같으니
以昔劫海修行力 옛적 겁 바다 동안의 수행력으로
今此世界無諸垢 지금 이 세계에 모든 허물이나 잘못이 없다네.

放大光明徧住空 큰 광명을 놓아 허공에 두루 미치고
風力所持無動搖 바람의 힘을 가지고 있어서 흔들림이 없으며
佛藏摩尼普嚴飾 부처님의 장마니(如來智方便)로 두루 장엄하여 꾸미니
如來願力令淸淨 여래의 원력으로 청정해지는 것이라네.

普散摩尼妙藏華 마니의 빼어난 장에 꽃을 널리 흩뜨리니
以昔願力空中住 옛 원력으로 허공에 머물고
種種堅固莊嚴海 가지가지 견고한 장엄 바다(如來智方便海)에
光雲垂布滿十方 빛 구름이 펼치듯 드리워져 시방에 가득하다네.

諸摩尼中菩薩雲 마니 가운데 모든 보살 구름이
普詣十方光熾然 시방에 두루 나아가니 찬란하게 빛나며
光焰成輪妙華飾 빛의 불꽃이 바퀴를 이루고 빼어난 꽃으로 꾸미니
法界周流靡不徧 법계로 흘러서 두루 미치지 않은 곳이 없다네.

一切寶中放淨光 모든 보배 가운데서 청정한 빛을 놓으니
其光普照衆生海 그 빛이 중생의 바다에 두루 비치고
十方國土皆周徧 시방세계 국토에 가득히 차서
咸令出苦向菩提 괴로움을 벗어나 보리로 향한다네.

寶中佛數等衆生 보배 가운데 부처님들이 중생의 수와 같고
從其毛孔出化形 그 털구멍을 좇아 변화한 형상을 내시니
梵主帝釋輪王等 범주(色界天王)와 제석천왕과 전륜왕 등이며
一切衆生及諸佛 모든 중생과 모든 부처님이라네.

化現光明等法界 생육의 힘으로 나타나는 광명이 법계와 가지런하고
光中演說諸佛名 빛 가운데 모든 부처님의 이름을 널리 펴서 설하며
種種方便示調伏 가지가지의 방편으로 조복시킴을 보이니
普應群心無不盡 중생들의 마음에 응하여 두루 다 이르게 한다네.

華藏世界所有塵 화장세계에 티끌이 있고

一一塵中見法界 하나하나의 티끌 가운데서 법계를 보며
寶光現佛如雲集 보배 광명에서 부처님이 구름 모이듯 나타나시니
此是如來刹自在 이는 여래 세계의 자재함이라네.

廣大願雲周法界 광대한 서원의 구름이 법계에 두루 미치고
於一切劫化群生 일체 겁의 중생을 가르쳐 바른길로 이끌어 생육하며
普賢智地行悉成 보현의 지혜로 지위의 모든 행을 이루시니
所有莊嚴從此出 가지고 있는 모든 장엄이 이를 쫓아 나온다네.

그때 보현보살이 차례를 따라(復.50位) 깨우침을 주기 위해서 대중에게 말했다.
"모든 불자여! 화장(阿耨多羅三藐三菩提心의 發現) 장엄 세계 바다(如來智方便海)에 대륜위 산이 일주왕 연꽃 위에 머물러 있으니, 전단마니로 그 몸이 되고 위덕보왕으로 그 봉우리가 되고 빼어난 향 마니로 그 바퀴를 만들고 염장금강으로 함께 이루어 세웠으며, 모든 향기로운 물이 그 사이사이로 흐르고 많은 보배로 숲과 풀이 자라나 빼어난 꽃이 피며, 향기로운 풀이 땅에 깔리고 밝은 구슬이 사이사이를 꾸미며, 갖가지 향기로운 꽃이 처처에 가득하고 마니를 그물로 삼아 두루두루 드리워서 덮었다. 이와 같은 등등의 것들이 세계 바다의 티끌 수와 같이 매우 빼어난 많은 장엄이 있다."
爾時 普賢菩薩復告大衆言
諸佛子 此華藏莊嚴世界海大輪圍山 住日珠王蓮華之上 栴檀摩尼以爲其身 威德寶王以爲其峯 妙香摩尼而作其輪 焰藏金剛所共成立 一切香水流注其閒 衆寶爲林 妙華開敷 香草布地 明珠閒飾 種種香華處處盈滿 摩尼爲網 周帀垂覆 如是等 有世界海微塵數衆妙莊嚴

그때 보현보살이 그러한 뜻을 거듭 펼치고자 부처님의 위신력을 받들어 시방을 자세하게 살펴보고 게송으로 말했다.
爾時 普賢菩薩欲重宣其義 承佛威力 觀察十方 而說頌言

世界大海無有邊 세계의 큰 바다는 끝이 없으며
寶輪淸淨種種色 보배 바퀴는 가지가지의 색으로 청정하고

所有莊嚴盡奇妙 모든 장엄은 다 뛰어나고 말할 수 없이 빼어나니
此由如來神力起 이는 여래의 신력으로 말미암아 일어난다네.

摩尼寶輪妙香輪 마니 보배 바퀴와 빼어난 향기의 바퀴와
及以眞珠燈焰輪 진주 등불과 불꽃의 바퀴로
種種妙寶爲嚴飾 가지가지의 빼어난 보배로 장엄하고 꾸미니
淸淨輪圍所安住 청정한 윤위산이 머문다네.

堅固摩尼以爲藏 견고한 마니(金剛般若智)를 장(如來智方便)으로 삼고
閻浮檀金作嚴飾 염부단금으로 장엄하게 꾸며서
舒光發焰徧十方 빛을 펼치고 불꽃을 일으켜 시방세계에 두루 하니
內外映徹皆淸淨 안과 밖이 환하게 통하여 빠짐없이 다 청정하다네.

金剛摩尼所集成 금강 마니를 모아 이루었고
復雨摩尼諸妙寶 차례를 따라(復.50位) 마니의 빼어난 보배를 모두 내리니
其寶精奇非一種 그 보배가 세밀하고 뛰어남이 한 가지가 아니며
放淨光明普嚴麗 깨끗한 광명을 놓아서 두루 장엄하니 매우 곱다네.

香水分流無量色 향수가 나뉘어 흐르니 헤아릴 수 없는 색이며
散諸華寶及栴檀 모든 꽃과 보배와 전단을 흩뿌려 놓으니
衆蓮競發如衣布 많은 연꽃이 만발하여 옷을 펴놓는 듯하고
珍草羅生悉芬馥 진귀한 풀이 그물 같이 나서 남김없이 향기를 풍긴다네.

無量寶樹普莊嚴 헤아릴 수 없는 보배 나무로 두루 장엄하고
開華發蕊色熾然 활짝 꽃이 펴서 꽃술이 발하는 빛이 찬란하며
種種名衣在其內 가지가지의 유명한 옷이 그 안에 있고
光雲四照常圓滿 빛 구름이 시방을 비추어 늘 원만하다네.

無量無邊大菩薩 헤아릴 수 없고 끝이 없는 대보살들이
執蓋焚香充法界 큰 덮개를 잡아 들고 향을 피워 법계에 충만하며
悉發一切妙音聲 모든 분이 빠짐없이 빼어난 음성을 내어서

普轉如來正法輪 여래의 바른 법 바퀴를 두루 굴린다네.

諸摩尼樹寶末成 마니 나무는 모두 보배 잎으로 이루어져 있고
一一寶末現光明 하나하나의 보배 잎마다 광명을 나타내니
毘盧遮那淸淨身 비로자나의 청정한 몸이
悉入其中普令見 남김없이 그 가운데 들어가 두루 보게 한다네.

諸莊嚴中現佛身 모든 장엄 가운데 부처님의 몸을 나타내니
無邊色相無央數 끝없이 마주한 모양이나 상태가 헤아릴 수 없으며
悉往十方無不徧 시방의 모든 곳에 남김없이 가서 두루 하시니
所化衆生亦無限 가르쳐서 바른길로 이끈 중생들도 또한 무한하다네.

一切莊嚴出妙音 모든 장엄에서 빼어난 음성을 내어
演說如來本願輪 여래의 본원륜(阿耨多羅三藐三菩提)을 널리 펴서 설하시니
十方所有淨刹海 시방에 있는 청정한 세계 바다에
佛自在力咸令徧 부처님의 자재한 힘이 두루 미친다네.

그때 보현보살이 차례를 따라 깨우침을 주기 위해서 대중에게 말했다.

"모든 불자여! 이 세계 바다의 대륜위산이 있는 대지는 일체 모든 것이 금강으로 이루어졌으며, 견고하게 장엄했기에 무너뜨릴 수 없으며, 청정하고 평탄하여 높고 낮음이 없으며, 마니를 바퀴로 삼고 많은 보배로 장엄하였으며, 모든 중생의 갖가지 형상인 온갖 마니 보배로 사이사이를 장식했으며, 많은 보배 잎을 흩뜨려 연화를 피움으로써 향기로운 장 마니를 나누어 그사이에 두고 모든 장엄구가 구름같이 가득하여 삼세 일체 모든 부처님의 국토에 있는 모든 것을 장엄하여 꾸미고 마니의 빼어난 보배를 그물로 삼아 여래의 모든 경계를 두루 나타내어 보임이 제석천의 그물과 같이 그 가운데 펴서 나열하였다."

"모든 불자여! 이 세계 바다의 땅에 이와 같은 가지런한 세계 바다의 티끌 수와 같은 장엄함이 있다."

爾時 普賢菩薩復告大衆言

諸佛子 此世界海大輪圍山內所有大地 一切皆以金剛所成 堅固莊嚴 不可沮壞 淸淨平坦 無有高下 摩尼爲輪 衆寶爲藏 一切衆生 種種形狀 諸摩尼寶 以爲閒錯 散衆

寶末 布以蓮華 香藏摩尼 分置其閒 諸莊嚴具 充徧如雲 三世一切諸佛國土所有莊嚴
而爲校飾 摩尼妙寶以爲其網 普現如來所有境界 如天帝網於中布列
　諸佛子 此世界海地 有如是等世界海微塵數莊嚴

　그때 보현보살이 그러한 뜻을 거듭 펼치고자 부처님의 위신력을 받들어 시방을 자세하
게 살펴보고 게송으로 말했다.
　爾時 普賢菩薩欲重宣其義 承佛威力 觀察十方 而說頌言

其地平坦極淸淨 그 땅이 평탄하면서 지극히 청정하고
安住堅固無能壞 편안하게 머무름이 견고하여 무너뜨릴 수 없으며
摩尼處處以爲嚴 마니로 곳곳을 장엄하고
衆寶於中相閒錯 많은 보배로 마주한 가운데를 장식하였다네.

金剛爲地甚可悅 금강으로 땅이 되니 매우 기쁘고
寶輪寶網具莊嚴 보배 바퀴와 보배 그물을 갖추어 장엄하였으며
蓮華布上皆圓滿 연꽃을 위에 펼쳐서 다 원만하게 하고
妙衣彌覆悉周徧 빼어난 옷을 빠짐없이 펼쳐서 남김없이 두루두루 하게 하였네.

菩薩天冠寶瓔珞 보살의 천관과 보배 영락을
悉布其地爲嚴好 모두 다 그 땅에 펼쳐서 곱게 장엄하고
栴檀摩尼普散中 전단 마니를 그 가운데 두루 흩뿌리니
咸舒離垢妙光明 모든 허물을 벗어난 빼어난 광명이 펼쳐진다네.

寶華發焰出妙光 보배 꽃이 불꽃을 일으켜 빼어난 광명을 내놓으니
光焰如雲照一切 빛의 불꽃이 구름과 같이 일체를 비추며
散此妙華及衆寶 빼어난 꽃과 많은 보배를 흩뿌리니
普覆於地爲嚴飾 땅을 두루 덮어서 장엄하고 꾸민다네.

密雲興布滿十方 구름이 그윽하게 일어나 시방에 가득하게 펼쳐지고
廣大光明無有盡 광대한 광명이 다함이 없으며

普至十方一切土 시방의 모든 국토에 두루 미치어
演說如來甘露法 여래의 감로 법을 널리 펴서 설한다네.

一切佛願摩尼內 모든 부처님의 원으로 마니 안에다
普現無邊廣大劫 끝없는 광대한 겁을 두루 나타내시니
最勝智者昔所行 최고의 지혜를 지닌 이의 옛적 수행을
於此寶中無不見 이 마니보배 가운데서 모두 본다네.

其地所有摩尼寶 그 땅에 있는 마니보배에
一切佛刹咸來入 모든 부처님의 세계가 다 함께 들어가고
彼諸佛刹一一塵 저 모든 부처님 세계의 하나하나 티끌에
一切國土亦入中 일체 국토 역시 그 가운데로 들어간다네.

妙寶莊嚴華藏界 빼어난 보배로 장엄한 화장세계에
菩薩遊行徧十方 보살들이 시방으로 두루 다니면서
演說大士諸弘願 대사의 모든 큰 원을 널리 펴서 설할 수 있는 것은
此是道場自在力 이 도량의 자재한 힘이라네.

摩尼妙寶莊嚴地 마니의 빼어난 보배로 장엄한 땅에
放淨光明備衆飾 청정한 광명을 놓아 많은 꾸밈으로 갖추어서
充滿法界等虛空 법계에 충만한 까닭에 허공과 같으니
佛力自然如是現 부처님의 힘으로 자연히 이와 같음을 나타낸다네.

諸有修治普賢願 모든 중생계를 보현보살의 원으로 닦고 다스려서
入佛境界大智人 부처님의 경계에 들어간 큰 지혜의 사람은
能知於此刹海中 능히 이 세계 바다 가운데 일어나는 일과
如是一切諸神變 이와 같은 일체 모든 신통 변화를 안다네.

그때 보현보살이 차례를 따라(復) 깨우침을 주기 위해서 대중에게 말했다.
"모든 불자여! 이 세계 바다의 큰 땅 가운데 열 가지 말할 수 없는 부처님 세계의 티끌

수와 같은 향수의 바다가 있으니, 빼어난 모든 보배로 그 밑바닥을 장엄하였고 빼어난 향의 마니로 그 언덕을 장엄하였으며, 비로자나 마니보배 왕으로 그 그물이 되고 향수가 환하게 비치어 많은 보배의 색을 갖추었고 그 가운데 충만하며, 갖가지 보배 꽃이 그 위에 두루 펼쳐지고 전단의 작은 잎이 그 아래 앙금으로 맑게 깔렸으며, 부처님의 말씀과 소리로 보배 광명을 놓으며, 끝없는 보살이 가지가지의 일산(덮개)을 가지고 신통력을 나타내며, 일체 세계에 있는 장엄들이 남김없이 그 가운데 나타났다."

"열 가지 보배로 되어있는 계단이 열을 지어 나누어져 있고 열 가지 보배로 되어있는 난간이 주위를 두루두루 둘러쌓으며, 사천하의 티끌 수와 같은 일체 보배로 장엄하였고 분타리 꽃이 물 가운데 활짝 피었으며, 말할 수 없는 백 천억 나유타 수의 열 가지 보배로 된 시라 당기와 항하의 모래알 수와 같은 모든 보배 옷과 휘장의 그물 깃발과 항하의 모래알 수처럼 끝없는 색상의 보배 꽃 누각과 백 천억 나유타 수의 열 가지 보배로 된 보배 연꽃 성과 사천하의 티끌 수와 같은 보배 나무와 수풀과 보배 불꽃 마니로 그 물을 삼음으로써 항하의 모래알 수와 같은 전단 향과 모든 부처님의 말씀과 소리를 내는 빛의 불꽃 마니와 말할 수 없는 백 천억 나유타 수의 보배 담장이 빠짐없이 둘러싸서 꾸미고 두루두루 장엄하였다."

爾時 普賢菩薩復告大衆言

諸佛子 此世界海大地中 有十不可說佛刹微塵數香水解 一切妙寶莊嚴其底 妙香摩尼莊嚴其岸 毘盧遮那摩尼寶王以爲其網 香水映徹 具衆寶色 充滿其中 種種寶華 旋布其上 栴檀細末 澄垽其下 演佛言音 放寶光明 無邊菩薩 持種種蓋 現神通力 一切世界所有莊嚴 悉於中現

十寶階陛 行列分布 十寶欄楯 周帀圍遶 四天下微塵數一切寶莊嚴分陀利華 敷榮水中 不可說百千億那由他數十寶尸羅幢 恒河沙數一切寶衣鈴網幢 恒河沙數無邊色相寶華樓閣 百千億那由他數十寶蓮華城 四天下微塵數衆寶樹林寶焰摩尼 以爲其網 恒河沙數栴檀香 諸佛言音光焰摩尼 不可說百千億 那由他數衆寶坦牆 悉共圍遶 周徧嚴飾

그때 보현보살이 그러한 뜻을 거듭 펼치고자 부처님의 위신력을 받들어 시방을 자세하게 살펴보고 게송으로 말했다.

爾時 普賢菩薩欲重宣其義 承佛威力 觀察十方 而說頌言

此世界中大地上 이 세계 가운데 대지 위에
有香水海摩尼嚴 향수의 바다를 마니로 장엄하였으며
淸淨妙寶布其底 청정하고 빼어난 보배로 그 바닥을 깔았고
安住金剛不可壞 금강으로 편안하게 머물기에 무너뜨릴 수 없다네.

香藏摩尼積成岸 향 장 마니를 쌓아서 언덕을 이루었고
日焰珠輪布若雲 햇빛 불꽃 진주 바퀴를 펼침이 구름과 같으며
蓮華妙寶爲瓔珞 연화의 빼어난 보배 구슬이 되니
處處莊嚴淨無垢 곳곳마다 장엄한 것이 청정하기에 허물이 없다네.

香水澄淳具衆色 향수가 맑고 고요해서 많은 색을 갖추었고
寶華旋布放光明 보배 꽃을 휘돌아 펼치면서 광명을 놓으며
普震音聲聞遠近 두루 울리는 음성으로 멀든 가깝든 듣게 하니
以佛威神演妙法 부처님의 위신으로 빼어난 법을 널리 펴서 설한다네.

階陛莊嚴具衆寶 계단을 장엄하는 일에 많은 보배로 갖추었고
復以摩尼爲閒飾 차례를 따라 마니로 사이사이를 꾸몄으며
周迴欄楯悉寶成 두루 돌아서 있는 난간이 모두 보배로 이루어지니
蓮華珠網如雲布 연꽃의 진주 그물이 구름처럼 펼쳐진 것이라네.

摩尼寶樹列成行 마니 보배 나무가 줄지어 서서 이루어졌고
華蕊敷榮光赫奕 꽃들이 흐드러지게 피어서 빛이 밝게 빛나고
種種樂音恒競奏 가지가지의 즐거운 소리를 항상 다투어 올리니
佛神通力令如是 부처님의 신통력으로 이와 같다네.

種種妙寶芬陀利 가지가지의 빼어난 보배로서 분타리 꽃이
敷布莊嚴香水海 흐드러지게 피어서 향수의 바다를 장엄하였으며
香焰光明無暫停 향기 불꽃 광명이 잠시라도 머무를 수 없도록
廣大圓滿皆充徧 광대하고 원만함을 가득 채우고 모든 곳에 두루 미친다네.

明珠寶幢恒熾盛 밝은 진주 구슬과 보배 당기가 불같이 항상 성하게 일어나며

妙衣垂布爲嚴飾 빼어난 옷을 드리워 펼쳐서 장엄하게 꾸미고
摩尼鈴網演法音 마니 방울의 그물이 법의 소리를 널리 펴니
令其聞者趣佛智 듣는 자들을 부처님의 지혜에 이르게 한다네.

妙寶蓮華作城郭 빼어난 보배 연꽃으로 성곽을 짓고
衆彩摩尼所嚴瑩 채색된 많은 마니로 밝게 장엄하여
眞珠雲影布四隅 진주구름 그림자가 사방으로 퍼지니
如是莊嚴香水海 이와 같음으로 향수의 바다를 장엄한다네.

垣牆繚繞皆周帀 담장을 둘러싸서 주위를 모두 두르고
樓閣相望布其上 누각이 서로 마주 보면서 그 위에 지어져 있으며
無量光明恒熾然 헤아릴 수 없는 광명이 늘 불같이 성하고
種種莊嚴淸淨海 가지가지로 청정한 바다를 장엄한다네.

毘盧遮那於往昔 비로자나 부처님이 지난 옛적에
種種刹海皆嚴淨 가지가지의 세계 바다를 빠짐없이 청정하게 장엄하시니
如是廣大無有邊 이와 같이 광대하고 끝이 없음은
悉是如來自在力 모두 여래의 자재하신 힘이라네.

그때 보현보살이 차례를 따라(復) 깨우침을 주기 위해서 대중에게 말했다.

"모든 불자여! 하나하나의 향수 바다에 각각 사천하의 티끌 수와 같은 향수의 강이 있으며, 오른쪽으로 돌아 둘러싸고 있다. 일체 모든 것이 금강으로 언덕이 되고 청정한 마니로 치장했으며, 모든 부처님의 보배 빛 구름과 모든 중생의 말과 소리를 늘 나타낸다. 거칠게 소용돌이치는 그 강 곳곳마다 모든 부처님이 인행(因行)을 닦으시던 갖가지 마주한 형상이 모두 그 가운데를 좇아 나오고 마니로 그물이 되어 많은 보배 영탁(鈴鐸)이 되었다. 모든 세계 바다에 있는 장엄한 것들이 남김없이 그 가운데 나타나고 마니보배 구름으로 그 위를 덮었으며, 그 구름이 화장세계의 비로자나 부처님과 시방세계의 화신 부처님과 그리고 일체 모든 부처님의 신통한 일을 나타내고 차례를 따라(復) 빼어난 음성을 내어 삼세의 부처님과 보살들의 이름을 일컬어 드날리며, 그 향수 가운데 모든 보배 불꽃 광명 구름이 항상 나와서 끊어지지 않게 이어받게 하였다. 그와 같음을 넓은 의미로 자

세하게 말한다면 하나하나의 강에 각각 세계 바다의 티끌 수와 같은 장엄함이 있다."

爾時 普賢菩薩復告大衆言

諸佛子 一一香水海 各有四天下微塵數香水河 右旋圍遶 一切皆以金剛爲岸 淨光
摩尼以爲嚴飾 常現諸佛寶色光雲 及諸衆生所有言音 其河所有漩澓之處 一切諸佛
所修因行種種形相皆從中出 摩尼爲網 衆寶鈴鐸 諸世界海所有莊嚴悉於中現 摩尼
寶雲以覆其上 其雲普現華藏世界毘盧遮那十方化佛 及一切佛神通之事 復出妙音
稱揚三世佛菩薩名 其香水中 常出一切寶焰光雲 相續不絶 若廣說者 一一河各有世
界海微塵數莊嚴

그때 보현보살이 그러한 뜻을 거듭 펼치고자 부처님의 위신력을 받들어 시방을 자세하
게 살펴보고 게송으로 말했다.

爾時 普賢菩薩欲重宣其義 承佛威力 觀察十方 而說頌言

淸淨香流滿大河 청정한 향이 큰 강에 가득하게 흐르니
金剛妙寶爲其岸 금강의 빼어난 보배로 언덕이 되고
寶末爲輪布其地 보배 가지의 잎을 바퀴로 삼아 그 땅에 펼치니
種種嚴飾皆珍好 가지가지의 장엄함과 꾸밈을 모두 좋아한다네.

寶階行列妙莊嚴 보배 계단이 줄지어 서서 빼어나게 장엄하고
蘭楯周迴悉殊麗 난간 주위를 두루 둘러서기에 모두 수려하며
眞珠爲藏衆華飾 진주를 장으로 삼아 많은 꽃으로 꾸미니
種種纓鬘共垂下 가지가지의 영락과 화만이 한가지로 드리웠다네.

香水寶光淸淨色 향수의 보배 광명 청정한 색이
恒吐摩尼競疾流 늘 마니를 토해내며 다투듯 빨리 흐르니
衆華隨浪皆搖動 많은 꽃이 물결을 따라 빠짐없이 흔들리면서
悉奏樂音宣妙法 모두 즐거운 소리를 내어 빼어난 법을 편다네.

細末栴檀作泥埿 전단의 섬세한 가루 향으로 진흙 앙금이 되어
一切妙寶同洄澓 모든 빼어난 보배와 하나가 되어 돌아 흐르며

香藏氛氳布在中 향을 품은 기운이 그 가운데 깔려있기에
發焰流芬普周徧 불꽃을 일으키고 향기로움이 흘러서 주위에 두루두루 하다네.

河中出生諸妙寶 강 가운데 빼어난 모든 보배가 생하여 나오고
悉放光明色熾然 남김없이 광명을 놓아 빛이 찬란하며
其光布影成臺座 그 빛이 그림자를 펼쳐서 대좌를 이루니
華蓋珠瓔皆具足 꽃 우산과 구슬을 꿴 목걸이를 온전하게 갖춘다네.

摩尼王中現佛身 마니 왕 가운데 부처님이 몸을 나타내시니
光明普照十方刹 광명이 시방세계를 두루 비치고
以此爲輪嚴飾地 이 일을 바퀴로 삼아서 땅을 장엄하고 꾸미니
香水映徹常盈滿 향수가 환하게 비치고 항상 가득 차 넘친다네.

摩尼爲網金爲鐸 마니를 그물로 삼고 금을 방울로 삼아서
徧覆香河演佛音 향기의 강을 두루 덮고 부처님의 소리를 널리 펴니
克宣一切菩提道 일체 모든 보리의 도로
及以普賢之妙行 보현의 빼어난 행을 능히 편다네.

寶岸摩尼極淸淨 보배 언덕의 마니는 지극히 청정해서
恒出如來本願音 언제나 여래의 본원, 서원의 소리를 내며
一切諸佛曩所行 일체 모든 부처님이 이전에 행하신 바를
其音普演皆令見 그 서원의 소리로 널리 펴서 다 보게 한다네.

其河所有漩流處 향기의 강이 굽이쳐 흐르는 곳에서
菩薩如雲常踊出 보살들이 구름같이 늘 뛰어나와
悉往廣大刹土中 광대한 모든 세계 국토 가운데 빠짐없이 가며
乃至法界咸充滿 뿐만 아니라 법계까지 다 충만하게 한다네.

淸淨珠王布若雲 청정한 주왕을 펼치는 것이 구름과 같고
一切香河悉彌覆 모든 향기의 강을 남김없이 두루 덮으니
其珠等佛眉閒相 그 구슬이 부처님의 미간과 같아

炳然顯現諸佛影 모든 부처님의 그림자를 밝고 명백하게 나타낸다네.

그때 보현보살이 차례를 따라(復) 깨우침을 주기 위해서 대중에게 말했다.

"모든 불자여! 이 모든 향수 강 양쪽 사이의 땅을 남김이 없이 빼어난 보배를 가지고 가지가지로 장엄하니, 하나하나의 강마다 각각 사천하의 티끌 수와 같은 많은 보배로 장엄하고 분타리 꽃이 두루 가득하고 각각 사천하의 티끌 수와 같은 많은 보배 나무숲이 차례를 따라 뒤를 이어서 줄지어 서 있다."

"하나하나의 나무 가운데서 항상 모든 장엄 구름을 내고 나무 보왕이 그 사이를 밝게 비치며, 가지가지의 꽃향기가 처처에 가득하고 그 나무에서 차례를 따라 빼어난 음성을 내어 모든 여래가 일체 겁 가운데서 닦으시던 대원을 설하시며, 차례를 따라 갖가지 마니 보왕을 흩뿌려 그 땅이 충만하였다. 이른바 연꽃 바퀴 마니보왕, 향기 불꽃 마니보왕, 가지가지로 장식한 마니 보왕, 생각으로 미루어 헤아릴 수 없는 장엄한 빛을 나타내는 마니 보왕, 햇빛 광명 옷의 장마니 보왕, 시방에 두루두루 하게 광명의 그물 구름을 펼치는 마니 보왕, 모든 부처님의 신통 변화를 나타내는 마니 보왕, 모든 중생의 업보 바다를 나타내는 마니 보왕이 있다. 이와 같은 등등의 것들이 세계 바다의 티끌 수와 같이 있고 그 향수의 강 양쪽 사이의 땅마다 하나하나 이와 같은 장엄을 갖추고 있다."

爾時 普賢菩薩復告大衆言

諸佛子 此諸香水河 兩閒之地 悉以妙寶種種莊嚴 一一各有四天下微塵數衆寶莊嚴 芬陀利華周帀徧滿 各有四天下微塵數 衆寶樹林次第行列

一一樹中恒出一切諸莊嚴雲 摩尼寶王照耀其閒 種種華香處處盈滿 其樹復出微妙音聲 說諸如來一切劫中所修大願 復散種種摩尼寶王 充徧其地 所謂 蓮華輪摩尼寶王 香焰光雲摩尼寶王 種種嚴飾摩尼寶王 現不可思議莊嚴色摩尼寶王 日光明衣藏摩尼寶王 周徧十方普垂布光網雲摩尼寶王 現一切諸佛神變摩尼寶王 現一切衆生業報海摩尼寶王 如是等 有世界海微塵數 其香水河 兩閒之地 一一悉具如是莊嚴

그때 보현보살이 그러한 뜻을 거듭 펼치고자 부처님의 위신력을 받들어 시방을 자세하게 살펴보고 게송으로 말했다.

爾時 普賢菩薩欲重宣其義 承佛威力 觀察十方 而說頌言

其地平坦極淸淨 그 땅이 평탄하고 지극히 청정하며

眞金摩尼共嚴飾 진금과 마니로 함께 장엄하여 꾸몄고

諸樹行列蔭其中 모든 나무가 줄지어 서 있고 그 가운데 그늘이 있으며

聳幹垂條華若雲 줄기가 솟구치고 꽃가지를 드리우니 구름과 같다네.

枝條妙寶所莊嚴 가지와 줄기를 빼어난 보배로 장엄하고

華焰成輪光四照 꽃의 불꽃이 바퀴를 이루어서 사방으로 광명이 비치며

摩尼爲果如雲布 마니가 열매로 되어 구름을 펼치는 것과 같으니

普使十方常現睹 시방세계 중생들이 볼 수 있도록 항상 나타낸다네.

摩尼布地皆充滿 마니를 땅에 펼치니 빠짐없이 가득 차고

衆華寶末共莊嚴 많은 꽃과 보배 가지 잎으로 함께 장엄하며

復以摩尼作宮殿 차례를 따라 마니로 궁전을 지어

悉現衆生諸影像 중생에게 모든 그림자를 남김없이 나타낸다네.

諸佛影像摩尼王 모든 부처님의 그림자로서 마니왕은

普散其地靡不周 그 땅에 널리 흩어져 두루 미치고

如是赫奕徧十方 이와 같은 찬란한 빛이 시방에 가득하고

一一塵中咸見佛 하나하나의 티끌 속에서 다 함께 부처님을 본다네.

妙寶莊嚴善分布 빼어난 보배 장엄으로 선근을 나누어 펼치니

眞珠燈網相閒錯 진주 등불과 그물이 마주한 사이를 번갈아들고

處處悉有摩尼輪 곳곳에 마니바퀴가 다 있어서

一一皆現佛神通 하나하나가 빠짐없이 부처님의 신통을 나타낸다네.

衆寶莊嚴放大光 많은 보배 장엄이 큰 광명을 놓으니

光中普現諸化佛 광명 가운데 모든 화신불을 두루두루 나타내고

一一周行靡不徧 한 분 한 분이 두루 행하여 미치지 않은 곳이 없으니

悉以十力廣開演 십력으로 넓게 열어서 남김없이 펼치신다네.

摩尼妙寶芬陀利 마니의 빼어난 보배 분타리 꽃이

一切水中咸徧滿 모든 물 가운데 두루 미치고 가득하며
其華種種各不同 그 꽃들이 가지가지로 같지 않고 다르지만
悉現光明無盡歇 모든 광명이 다함이 없고 쉼이 없음을 나타낸다네.

三世所有諸莊嚴 삼세의 모든 장엄을
摩尼果中皆顯現 마니열매 가운데 다 명백하게 나타내지만
體性無生不可取 체와 성은 남이 없고 가히 취할 수도 없으니
此是如來自在力 이는 여래의 속박이나 장애가 없는 힘이라네.

此地一切莊嚴中 이 땅의 모든 장엄 가운데
悉現如來廣大身 여래의 광대한 몸을 남김없이 나타내지만
彼亦不來亦不去 저 모두는 오는 것도 아니고 역시 가는 것도 아니니
佛昔願力皆令見 부처님의 옛적 원력으로 빠짐없이 보게 한다네.

此地一一微塵中 이 땅 하나하나의 티끌 가운데
一切佛子修行道 모든 불자가 수행하며
各見所記當來剎 기억하고 있고 마땅히 오는 세계를 지금 제각기 보니
隨其意樂悉淸淨 그 뜻의 즐거움을 따라 남음이 없이 다 청정하게 한다네.

그때 보현보살이 차례를 따라(復) 깨우침을 주기 위해서 대중에게 말했다.

"모든 불자여! 모든 부처님과 세존의 세계 바다, 이 세계 바다의 장엄은 생각으로 미루어 헤아릴 수 없다. 어찌 된 까닭인가 하면 화장(阿耨多羅三藐三菩提 發現) 장엄 세계 바다(如來智方便海)의 모든 경계는 하나하나가 다 세계 바다의 티끌 수와 같은 청정한 공덕으로 장엄한 까닭이다."

爾時 普賢菩薩復告大衆言

諸佛子 諸佛世尊世界海 莊嚴不可思議 何以故 諸佛子 此華藏莊嚴世界海一切境界 一一皆以世界海微塵數淸淨功德之所莊嚴

그때 보현보살이 그러한 뜻을 거듭 펼치고자 부처님의 위신력을 받들어 시방을 자세하

게 살펴보고 게송으로 말했다.

爾時 普賢菩薩欲重宣其義 承佛威力 觀察十方 而說頌言

此刹海中一切處 이 세계 바다 가운데 일체 모든 곳을
悉以衆寶爲嚴飾 많은 보배로 남김없이 장엄하여 꾸몄고
發焰騰空布若雲 타오르는 불꽃을 일으켜 허공에 펼치니 구름과 같으며
光明洞徹常彌覆 깊이 살펴서 환하게 깨달은 광명이 항상 덮고 있다네.

摩尼吐雲無有盡 마니가 토해내는 구름은 다함이 없고
十方佛影於中現 시방의 부처님 그림자가 그 가운데 나타나
神通變化靡暫停 신통 변화를 잠시라도 쉬지 않으니
一切菩薩咸來集 모든 보살이 와서 함께 모인다네.

一切摩尼演佛音 모든 마니가 부처님의 음성을 두루 펼치니
其音美妙不思議 빼어나게 아름다운 그 음성은 생각으로 헤아릴 수 없으며
毘盧遮那昔所行 비로자나 부처님이 옛적에 행하신 바를
於此寶內恒聞見 이 보배 안에서 늘 듣고 보고 있다네.

淸淨光明徧照尊 청정한 광명의 변조존(毗盧遮那佛)이
莊嚴具中皆現影 장엄한 기물 가운데 빠짐없이 그림자를 나타내시고
變化分身衆圍遶 변해서 생육한 분신(化身佛)을 대중이 둘러싸니
一切刹海咸周徧 모든 세계 바다에 두루 하고 빠짐없이 미친다네.

所有化佛皆如幻 가지고 있는 화신불이 모두 허깨비와 같으니
求其來處不可得 그 온 곳을 구하려 해도 얻을 수가 없으며
以佛境界威神力 부처님의 경계인 위신력으로
一切刹中如是現 모든 세계 가운데 이와 같음을 나타내신다네.

如來自在神通事 여래의 자재한 신통스러운 일들이
悉徧十方諸國土 시방의 모든 국토에 빠짐없이 두루 미치고
以此刹海淨莊嚴 이 일로 세계 바다를 청정하게 장엄하기에

一切皆於寶中見 일체 모든 보배 가운데 나타난다네.

十方所有諸變化 시방에 있는 모든 변화는
一切皆如鏡中像 일체 모든 것이 거울 가운데의 상과 같으니
但由如來昔所行 이는 다만 여래가 옛적에 행한 바로 말미암은 것이며
神通願力而出生 신통과 원력으로 생겨나는 일이라네.

若有能修普賢行 그와 같이 보현의 행을 능히 닦을 수 있고
入於菩薩勝智海 보살의 뛰어난 지혜의 바다에 들어간다면
能於一切微塵中 능히 모든 티끌 가운데
普現其身淨衆刹 그 몸을 두루 나타내어 많은 세계를 청정하게 할 것이라네.

不可思議億大劫 생각으로 미루어 헤아릴 수 없는 억년이라는 큰 겁 동안
親近一切諸如來 일체 모든 여래와 친근히 하면
如其一切之所行 그와 같이 행한 모든 것을
一刹那中悉能現 일 찰나 가운데 남김없이 능히 나타낸다네.

諸佛國土如虛空 모든 부처님의 국토는 허공과 같아서
無等無生無有相 가지런함이 없고 생함도 없으며 마주할 모양이나 상태도 없지만
爲利衆生普嚴淨 중생들의 이익을 위해 널리 장엄하고 청정하게 하니
本願力故住其中 이는 본원력인 까닭으로 그 가운데 머무신다네.

그때 보현보살이 차례를 따라(復) 깨우침을 주기 위해서 대중에게 말했다.
"모든 불자여! 이 가운데 어떠한 세계가 머무는지 내가 마땅히 지금 설하겠다."
"모든 불자여! 말로서 이를 수 없는 부처 세계의 티끌 수와 같은 이 향수의 바다 가운데 말로서 이를 수 없는 세계 바다의 티끌 수와 같은 세계종이 있고 세계의 종 하나하나에 차례를 따라(復) 말로 이를 수 없는 세계 바다의 티끌 수와 같은 세계가 있다."
"모든 불자여! 저 모든 세계의 종은 이 세계 바다 가운데 의지해서 머물고 각각 형상이 있으며, 각각 체성이 있으며, 각각 방소가 있으며, 각각 향하는 곳으로 나아가며, 각각 장엄하고 각각 나뉘었으며, 각각 행렬이 있고 각각 차별함이 없으며, 각각의 힘으로 가지(부

처와 중생이 하나가 되는 경지로 들어가는 일) 한다.”

爾時 普賢菩薩復告大衆言

諸佛子 此中有何等世界住 我今當說

諸佛子 此不可說佛刹微塵數香水海中 有不可說刹海微塵數世界種安住 一一世界
種 復有不可說刹海微塵數世界

諸佛子 彼諸世界種 於世界海中 各各依住 各各形狀 各各體性 各各方所 各各趣入
各各莊嚴 各各分齊 各各行列 各各無差別 各各力加持

“모든 불자여! 이 세계종(世界種)은 늘 큰 연꽃 바다를 의지해서 머물며, 늘 끝없는 빛
깔과 모양의 보배 꽃 바다를 의지해서 머물며, 늘 모든 진주 장의 보배 영락 바다를 의지
해서 머물며, 늘 향수의 바다를 의지해서 머물며, 언제나 모든 꽃의 바다를 의지해서 머
물며, 늘 마니보배의 그물 바다를 의지해서 머물며, 늘 소용돌이치며 흐르는 빛의 바다를
의지해서 머물며, 늘 보살의 보배로 장엄한 관 바다를 의지해서 머물며, 늘 가지가지 중
생의 몸 바다를 의지해서 머물며, 늘 부처님의 음성 마니왕 바다를 의지해서 머문다. 이
와 같은 등등의 것들을 그와 같은 넓은 의미로 설하면 세계 바다의 티끌 수만큼 있다.”

諸佛子 此世界種 或有依大蓮華海住 或有依無邊色寶華海住 或有依一切眞珠藏寶
瓔珞海住 或有依香水海住 或有依一切華海住 或有依摩尼寶網海住 或有依漩流光
海住 或有依菩薩寶莊嚴冠海住 或有依種種衆生身海住 或有依一切佛音聲摩尼王海
住 如是等 若廣說者 有世界海微塵數

“모든 불자여! 저 모든 세계의 종은 언제나 수미산의 모양으로 있기도 하며, 늘 강과 냇
가의 모양으로 있기도 하며, 늘 회전하는 모양으로 있기도 하며, 언제나 소용돌이치며 흐
르는 모양으로 있기도 하며, 늘 수레바퀴 살의 모양으로 있기도 하며, 늘 단을 쌓은 모양
으로 있기도 하며, 늘 나무숲의 모양으로 있기도 하며, 늘 누각의 모양으로 있기도 하며,
늘 산과 휘장의 모양으로 있기도 하며, 늘 여러 가지 모난 모양으로 있기도 하며, 늘 태
속의 모양으로 있기도 하며, 언제나 연꽃 모양으로 있기도 하며, 늘 배를 밀고 나가는 장
대 모양으로 있기도 하며, 늘 중생의 몸 모양으로 있기도 하며, 늘 구름의 모양으로 있기
도 하며, 늘 모든 부처님이 서로 좋아하는 모양으로 있기도 하며, 늘 원만한 광명의 모양
으로 있기도 하며, 늘 가지가지 진주 그물의 모양으로 있기도 하며, 언제나 모든 문과 창

의 모양으로 있기도 하며, 늘 모든 장엄 기물의 모양으로 있기도 하다. 이와 같은 등등의 것들을 그와 같이 넓은 의미로 설하면 세계 바다의 티끌 수만큼 있다."

諸佛子 彼一切世界種 或有作須彌山形 或作江河形 或作迴轉形 或作漩流形 或作輪輞形 或作壇墠形 或作樹林形 或作樓閣形 或作山幢形 或作普方形 或作胎藏形 或作蓮華 或作佉勒迦形 或作衆生身形 或作雲形 或作諸佛相好形 或作圓滿光明形 或作種種珠網形 或作一切門闥形 或作諸莊嚴具形 如是等 若廣說者 有世界海微塵數

"모든 불자여! 저 모든 세계의 종은 언제나 시방의 마니구름을 체로 삼기도 하며, 늘 많은 빛깔의 불꽃을 체로 삼기도 하며, 언제나 모든 광명을 체로 삼기도 하며, 늘 보배 향 불꽃을 체로 삼기도 하며, 늘 모든 보배로 장엄하는 다라니 꽃을 체로 삼기도 하며, 늘 보살들의 그림자를 체로 삼기도 하며, 늘 모든 부처님의 광명을 체로 삼기도 하며, 늘 부처님의 모양이나 상태를 체로 삼기도 하며, 언제나 하나의 보배 광명을 체로 삼기도 하며, 늘 많은 보배 광명을 체로 삼기도 하며, 늘 모든 중생의 복덕 바다 음성을 체로 삼기도 하며, 늘 모든 중생의 온갖 업 바다의 음성을 체로 삼기도 하며, 언제나 모든 부처님의 경계인 청정한 음성을 체로 삼기도 하며, 늘 모든 보살의 대원 바다의 음성을 체로 삼기도 하며, 늘 모든 부처님의 방편인 음성을 체로 삼기도 하며, 언제나 모든 세계의 장엄 기물이 이루어지고 부서지는 음성을 체로 삼기도 하며, 언제나 끝없는 부처님의 음성을 체로 삼기도 하며, 늘 모든 부처님의 변화하는 음성을 체로 삼기도 하며, 늘 모든 중생의 선근 음성을 체로 삼기도 하며, 늘 모든 부처님의 공덕 바다, 이 공덕 바다의 청정한 음성을 체로 삼기도 한다. 이와 같은 등등의 것들을 그와 같이 넓은 의미로 설하면 세계 바다의 티끌 수만큼 있다."

諸佛子 彼一切世界種 或有以十方摩尼雲爲體 或有以衆色焰爲體 或有以諸光明爲體 或有以寶香焰爲體 或有以一切寶莊嚴多羅華爲體 或有以菩薩影像爲體 或有以諸佛光明爲體 或有以佛色相爲體 或有以一寶光爲體 或有以衆寶光爲體 或有以一切衆生福德海音聲爲體 或有以一切衆生諸業海音聲爲體 或有以一切佛境界淸淨音聲爲體 或有以一切菩薩大願海音聲爲體 或有以一切佛方便音聲爲體 或有以一切剎莊嚴具成壞音聲爲體 或有以無邊佛音聲爲體 或有以一切佛變化音聲爲體 或有以一切衆生善音聲爲體 或有以一切佛功德海淸淨音聲爲體 如是等 若廣說者 有世界海微塵數

그때 보현보살이 그러한 뜻을 거듭 펼치고자 부처님의 위신력을 받들어 시방을 자세하게 살펴보고 게송으로 말했다.

爾時 普賢菩薩欲重宣其義 承佛威力 觀察十方 而說頌言

刹種堅固妙莊嚴 세계종의 견고하면서 빼어난 장엄은
廣大淸淨光明藏 광대하고 청정한 광명의 장이니
依止蓮華寶海住 연꽃 보배 바다를 의지해서 머물며
或有住於香海等 어떤 때는 늘 향수의 바다에 머물기도 한다네.

須彌城樹壇墠形 수미산과 성과 나무와 제단의 모양 등
一切刹種徧十方 모든 세계종이 시방에 두루 하며
種種莊嚴形相別 가지가지의 장엄과 마주한 모양이나 상태가 다르지만
各各布列而安住 각각 줄지어 펴고는 편안하게 머문다네.

或有體是淨光明 늘 청정한 광명으로서 체가 있고
或是華藏及寶雲 혹 연꽃 장 및 보배구름이며
或有刹種焰所成 늘 불꽃으로 이루어진 세계종이 있으니
安住摩尼不壞藏 마니의 무너지지 않은 장에 편안하게 머문다네.

燈雲焰彩光明等 등불의 구름과 불꽃으로 채색된 광명 등과
種種無邊淸淨色 가지가지의 끝없는 청정한 색과
或有言音以爲體 언제나 말과 소리로 체로 삼으니
是佛所演不思議 부처님이 널리 펴시는 바가 생각으로 미루어 헤아릴 수 없다네.

或是願力所出音 늘 원력으로 내는 소리와
神變音聲爲體性 신통 변화의 음성으로 체와 성을 삼기도 하니
一切衆生大福業 모두 중생의 큰 복의 업이며
佛功德音亦如是 부처님의 공덕 음성도 역시 이와 같다네.

刹種一一差別門 세계종 하나하나를 차별하는 문이
不可思議無有盡 생각으로 헤아려 알 수가 없고 다함이 없으며

如是十方皆徧滿 이와 같음으로 시방에 빠짐없이 두루 가득하니
廣大莊嚴現神力 광대한 장엄과 신력으로 나타난다네.

十方所有廣大刹 시방에 있는 광대한 세계가
悉來入此世界種 남김없이 이 세계종에 들어오니
雖見十方普入中 비록 시방에 들어가 가운데를 보기는 하지만
而實無來無所入 실제로는 오는 일도 없고 들어가는 바도 없다네.

以一刹種入一切 하나의 세계종이 모든 것에 들기도 하지만
一切入一亦無餘 모든 세계종이 하나의 세계종에 남김없이 들기도 하고
體相如本無差別 체와 모양이나 상태는 근본과 같기에 차별이 없으니
無等無量悉周徧 평등이라 할 것도 없고 헤아릴 수 없기에 모든 것이 두루두루 하다네.

一切國土微塵中 모든 국토의 티끌 가운데
普見如來在其所 여래께서 그 자리에 널리 계신 것을 보니
願海言音若雷震 원력 바다의 말과 소리가 천둥과 벼락같기에
一切衆生悉調伏 일체중생을 모두 다 조복시킨다네.

佛身周徧一切刹 부처님의 몸은 모든 세계에 두루 계시고
無數菩薩亦充滿 수 없는 보살들 또한 가득하지만
如來自在無等倫 여래의 자재함과 같은 무리가 없기에
普化一切諸含識 일체 모든 중생(含識)을 가르치고 이끄신다네.

그때 보현보살이 차례를 따라(復) 깨우침을 주기 위해서 대중에게 말했다.
"모든 불자여! 말로서 이를 수 없는 부처 세계의 티끌 수와 같은 열 가지 향수의 바다가 화장(阿耨多羅三藐三菩提 發現) 장엄 세계 바다(如來智方便海) 가운데 있으니, 제석천의 그물과 같이 펼쳐서 머문다."
"모든 불자여! 이 가운데 가장 중앙에 있는 향수의 바다 이름은 '무변묘화광(無邊妙華光)'이니, 모든 보살의 모양이나 상태를 나타내는 마니 왕 당기가 바닥이 되며, 큰 연꽃이 나오니 이름은 '일체향마니왕장엄(一切香摩尼王莊嚴)'이다. 하나의 세계종이 그 위에 머무

니, 시방을 두루 비치는 불길이 거센 보배 광명이며, 모든 장엄 기물을 체로 삼았고 말로서는 이를 수 없는 부처 세계의 티끌 수와 같은 세계가 그 가운데 무리 지어 퍼져있다."

"그 가장 아래에 세계가 있으니, 이름은 '최승광변조(最勝光徧照)'이며, 모든 금강으로 장엄한 빛이 밝게 빛나는 바퀴를 경계로 삼고 많은 보배마니 꽃을 의지해서 머물며, 그 형상은 마니보배와 같으니, 모든 보배 꽃 장엄 구름이 그 위를 두루 덮고 부처 세계의 티끌 수와 같은 세계가 주위를 두루 둘러쌓으며, 갖가지로 편안히 머물고 갖가지로 장엄하며, 부처님 명호는 '정안리구등(淨眼離垢燈)'이다."

"이 위로 부처 세계의 티끌 수와 같은 세계를 지나서 세계가 있으니, 이름은 '종종향연화묘장엄(種種香蓮華妙莊嚴)'이며, 모든 장엄 기물을 경계로 삼고 보배 연꽃 그물을 의지해서 머물렀으며, 그 형상은 사자좌와 같았고 모든 보배 빛 진주 휘장이 그 위를 덮었으며, 두 부처 세계의 티끌 수와 같은 세계가 주위를 두루 에워쌌으니, 부처님의 명호는 '사자광승조(師子光勝照)'이다."

"이 위로 부처 세계의 티끌 수와 같은 세계를 지나서 세계가 있으니, 이름은 '일체보장엄보조광(一切寶莊嚴普照光)'이며, 향기의 풍륜을 경계로 삼고 갖가지의 보배 꽃 영락을 의지해서 머물렀으며, 그 형상은 팔각이고 빼어난 빛 마니태양 바퀴의 구름이 그 위를 덮었으며, 세 부처 세계의 티끌 수와 같은 세계가 주위를 두루 에워쌌으니, 부처님의 명호는 '정광지승당(淨光智勝幢)'이다."

"이 위로 부처 세계의 티끌 수와 같은 세계를 지나서 세계가 있으니, 이름은 '종종광명화장엄(種種光明華莊嚴)'이며, 모든 보배 왕을 경계로 삼고 많은 빛 금강시라당기 바다를 의지해서 머물며, 그 형상은 마니연꽃과 같고 금강 마니보배 빛의 구름이 덮었고 네 부처 세계의 티끌 수와 같은 세계가 주위를 두루 에워쌌으며, 다른 것이 섞이지 않고 순수한 청정함이니, 부처님의 명호는 '금강광명무량정진력선출현(金剛光明無量精進力善出現)'이다."

爾時 普賢菩薩復告大衆言

諸佛子 此十不可說佛刹微塵數香水海 在華藏莊嚴世界海中 如天帝網分布而住

諸佛子 此最中央香水海 名 無邊妙華光 以現一切菩薩形摩尼王幢爲底 出大蓮華 名 一切香摩尼王莊嚴 有世界種而住其上 名 普照十方熾然寶光明 以一切莊嚴具爲 體 有不可說佛刹微塵數世界於中布列

其最下方有世界 名 最勝光徧照 以一切金剛莊嚴光耀輪爲際 依衆寶摩尼華而住 其狀猶如摩尼寶形 一切寶華莊嚴雲彌覆其上 佛刹微塵數世界周帀圍遶 種種安住 種種莊嚴 佛號 淨眼離垢燈

此上過佛刹微塵數世界 有世界 名 種種香蓮華妙莊嚴 以一切莊嚴具爲際 依寶蓮

華網而住 其狀猶如師子之座 一切寶色珠幢雲彌覆其上 二佛剎微塵數世界周帀圍遶
佛號 師子光勝照

此上過佛剎微塵數世界 有世界 名 一切寶莊嚴普照光 以香風輪爲際 依種種寶華
瓔珞住 其形八隅 妙光摩尼日輪雲而覆其上 三佛剎微塵數世界周帀圍遶 佛號 淨光
智勝幢

此上過佛剎微塵數世界 有世界 名 種種光明華莊嚴 以一切寶王爲際 依衆色金剛
尸羅幢海住 其狀猶如摩尼蓮華 以金剛摩尼寶光雲而覆其上 四佛剎微塵數世界周帀
圍遶 純一淸淨 佛號 金剛光明無量精進力善出現

"이 위로 부처 세계의 티끌 수와 같은 세계를 지나서 세계가 있으니, 이름은 '보방묘화
광(普放妙華光)'이며, 모든 보배 방울 장엄 그물을 경계로 삼고 모든 수림 장엄 보배 바퀴
그물 바다를 의지해서 머물며, 그 형상은 두루 각진 듯해서 모서리가 많고 범천 음성 마
니왕 구름이 그 위를 덮고 다섯 부처 세계의 티끌 수와 같은 세계가 주위를 두루 에워쌌
으며, 부처님의 명호는 '향광희력해(香光喜力海)'다."

"이 위로 부처 세계의 티끌 수와 같은 세계를 지나서 세계가 있으니, 이름은 '정묘광명
(淨妙光明)'이며, 보배 왕 장엄 당기를 경계로 삼고 금강 궁전의 바다를 의지해서 머물며,
그 형상은 사각이고 마니 바퀴 상투 휘장 구름이 그 위를 덮었으며, 여섯 부처 세계의 티
끌 수와 같은 세계가 주위를 두루 에워쌌으며, 부처님의 명호는 '보광자재당(普光自在幢)'
이다."

"이 위로 부처 세계의 티끌 수와 같은 세계를 지나서 세계가 있으니, 이름은 '중화염장엄
(衆華焰莊嚴)'이며, 가지가지의 꽃으로 장엄한 것을 경계로 삼고 모든 보배 빛 불꽃 바다
를 의지해서 머물며, 그 형상은 누각의 모양과 같고 모든 보배 빛 옷과 진주 난간 구름이
그 위를 덮었으며, 일곱 부처 세계의 티끌 수와 같은 세계가 주위를 두루 에워쌌으며, 다
른 것이 섞이지 않은 순수한 청정함이니, 부처님의 명호는 '환희해공덕명칭자재광(歡喜海
功德名稱自在光)'이다."

"이 위로 부처 세계의 티끌 수와 같은 세계를 지나서 세계가 있으니, 이름은 '출생위력지
(出生威力地)'이며, 모든 음성 마니왕 장엄을 경계로 삼고 갖가지 보배 빛 연화 좌 허공 바
다를 의지해서 머물며, 그 형상은 인타라 그물과 같고 끝없는 빛깔 꽃 그물 구름이 그 위
를 덮었고 여덟 부처 세계의 티끌 수와 같은 세계가 주위를 두루 에워쌌으며, 부처님의
명호는 '광대명칭지해당(廣大名稱智海幢)'이다."

"이 위로 부처 세계의 티끌 수와 같은 세계를 지나서 세계가 있으니, 이름은 '출묘음성(出妙音聲)'이며, 심왕마니 장엄 바퀴를 경계로 삼고 늘 온갖 빼어난 음성을 내는 장엄 구름 마니왕 바다를 의지해서 머물며, 그 형상이 범천의 몸과 같은 모양이고 헤아릴 수 없는 보배로 장엄한 사자좌 구름이 그 위를 덮었으며, 아홉 부처 세계의 티끌 수와 같은 세계가 주위를 두루 에워쌌으며, 부처님의 명호는 '청정월광명상무능최복(淸淨月光明相無能摧伏)'이다."

"이 위로 부처 세계의 티끌 수와 같은 세계를 지나서 세계가 있으니, 이름은 '금강당(金剛幢)'이며, 끝없이 장엄한 진주 장 보배 영락을 경계로 삼고 모든 장엄 보배 사자좌 마니 바다를 의지해서 머물며, 그 형상은 둥글고 열 수미산 티끌 수와 같은 모든 향마니 꽃 수미구름이 그 위를 덮었으며, 열 부처 세계의 티끌 수와 같은 세계가 주위를 두루 에워쌌으며, 다른 것이 섞이지 않은 순수한 청정함이며, 부처님의 명호는 '일체법해최승왕(一切法海最勝王)'이다."

此上過佛刹微塵數世界 有世界 名 普放妙華光 以一切寶鈴莊嚴網爲際 依一切樹林莊嚴寶輪網海住 其形普方而多有隅角 梵音摩尼王雲而覆其上 五佛刹微塵數世界周帀圍遶 佛號 香光喜力海 此上過佛刹微塵數世界 有世界 名 淨妙光明 以寶王莊嚴幢爲際 依金剛宮殿海住 其形四方 摩尼輪髻幢雲而覆其上 六佛刹微塵數世界周帀圍遶 佛號 普光自在幢

此上過佛刹微塵數世界 有世界 名 衆華焰莊嚴 以種種華莊嚴爲際 依一切寶色焰海住 其狀猶如樓閣之形 一切寶色衣眞珠欄楯雲而覆其上 七佛刹微塵數世界周帀圍遶 純一淸淨 佛號 歡喜海功德名稱自在光

此上過佛刹微塵數世界 有世界 名 出生威力地 以出一切聲摩尼王莊嚴爲際 依種種寶色蓮花座虛空海住 其狀猶如因陀羅網 以無邊色華網雲而覆其上 八佛刹微塵數世界周帀圍遶 佛號 廣大名稱智海幢

此上過佛刹微塵數世界 有世界 名 出妙音聲 以心王摩尼莊嚴輪爲際 依恒出一切妙音聲莊嚴雲摩尼王海住 其狀猶如梵天身形 無量寶莊嚴師子座雲而覆其上 九佛刹微塵數世界周帀圍遶 佛號 淸淨月光明相無能摧伏

此上過佛刹微塵數世界 有世界 名 金剛幢 以無邊莊嚴眞珠藏寶瓔珞爲際 依一切莊嚴寶師子座摩尼海住 其狀周圓 十須彌山微塵數一切香摩尼華須彌雲而覆其上 十佛刹微塵數世界周帀圍遶 純一淸淨 佛號 一切法海最勝王

"이 위로 부처 세계의 티끌 수와 같은 세계를 지나서 세계가 있으니, 이름은 '항출현제청보광명(恒出現帝靑寶光明)'이며, 지극히 견고해서 깨트릴 수 없는 금강 장엄을 경계로 삼고 갖가지 뛰어나고 기이한 꽃 바다를 의지해서 머물며, 그 형상은 반달 모양과 같고 모든 하늘 보배 휘장 구름이 그 위를 덮었으며, 열한 부처 세계의 티끌 수와 같은 세계가 주위를 두루 에워쌌으며, 부처님의 명호는 '무량공덕법(無量功德法)'이다."

"이 위로 부처 세계의 티끌 수와 같은 세계를 지나서 세계가 있으니, 이름은 '광명조요(光明照耀)'이며, 너른 광명 장엄을 경계로 삼고 꽃 회선 향수의 바다를 의지해서 머물며, 그 형상은 꽃이 회선 하는 것과 같고 갖가지 옷구름이 그 위를 덮었으며, 열둘 부처 세계의 티끌 수와 같은 세계가 주위를 두루 에워쌌으며, 부처님의 명호는 '초석범(超釋梵)'이다."

"이 위로 부처 세계의 티끌 수와 같은 세계를 지나서 세계가 있으니, 이름은 '사바(娑婆)'이며, 금강 장엄을 경계로 삼고 가지가지의 빛 풍륜으로 유지하는 연꽃 그물을 의지해서 머물며, 형상은 허공과 같고 널리 원만한 하늘 궁전을 장엄하는 허공 구름이 덮었으며, 열셋 부처 세계의 티끌 수와 같은 세계가 주위를 두루 에워쌌으며, 그 부처님이 곧 비로자나 여래 세존이다."

"이 위로 부처 세계의 티끌 수와 같은 세계를 지나서 세계가 있으니, 이름은 '적정이진광(寂靜離塵光)'이며, 모든 보배 장엄을 경계로 삼고 갖가지 보배 옷 바다를 의지해서 머물며, 그 형상은 집금강신 모습과 같으며, 끝없는 빛 금강 구름이 그 위를 덮었으며, 열넷 부처 세계의 티끌 수와 같은 세계가 주위를 두루 에워쌌으며, 부처님의 명호는 '변법계승음(徧法界勝音)'이다."

"이 위로 부처 세계의 티끌 수와 같은 세계를 지나서 세계가 있으니, 이름은 '중묘광명등(衆妙光明燈)'이며, 모든 장엄한 휘장을 경계로 삼고 청정한 꽃 그물 바다를 의지해서 머물며, 그 형상은 만(卍)자 모양과 같고 마니나무 향수 바다의 구름이 그 위를 덮었으며, 열다섯 부처 세계의 티끌 수와 같은 세계가 주위를 두루 에워쌌으며, 다른 것이 섞이지 않은 순수한 청정함이며, 부처님의 명호는 '불가최복력보조당(不可摧伏力普照幢)'이다."

此上過佛刹微塵數世界 有世界 名 恒出現帝靑寶光明 以極堅牢不可壞金剛莊嚴爲際 依種種殊異華海住 其狀猶如半月之形 諸天寶幢雲而覆其上 十一佛刹微塵數世界周帀圍遶 佛號 無量功德法 此上過佛刹微塵數世界 有世界 名 光明照耀 以普光莊嚴爲際 依華旋香水海住 狀如華旋 種種衣雲而覆其上 十二佛刹微塵數世界周帀圍遶 佛號 超釋梵

此上過佛刹微塵數世界 至此世界 名 娑婆 以金剛莊嚴爲際 依種種色風輪所持蓮華網住 狀如虛空 以普圓滿天宮殿莊嚴虛空而覆其上 十三佛刹微塵數世界周帀圍遶

其佛卽是毘盧遮那如來世尊 此上過佛刹微塵數世界 有世界 名 寂靜離塵光 以一切
寶莊嚴爲際 依種種寶衣海住 其狀猶如執金剛形 無邊色金剛雲而覆其上 十四佛刹
微塵數世界周帀圍遶 佛號 徧法界勝音

　　此上過佛刹微塵數世界 有世界 名 衆妙光明燈 以一切莊嚴幢爲際 依淨華網海住
其狀猶如卍字之形 摩尼樹香水海雲而覆其上 十五佛刹微塵數世界周帀圍遶 純一淸
淨 佛號 不可摧伏力普照幢

　"이 위로 부처 세계의 티끌 수와 같은 세계를 지나서 세계가 있으니, 이름은 '청정광변
조(淸淨光徧照)'이며, 다함이 없는 보배구름 마니왕을 경계로 삼고 갖가지 향기 불꽃 연화
바다를 의지하여 머물며, 그 형상은 거북이의 등껍질 모양과 같고 둥근 빛 마니바퀴 전
단 구름이 그 위를 덮고 있으며, 열여섯 부처 세계의 티끌 수와 같은 세계가 주위를 두루
에워쌌으며, 부처님의 명호는 '청정목공덕안(淸淨目功德眼)'이다."

　"이 위로 부처 세계의 티끌 수와 같은 세계를 지나서 세계가 있으니, 이름은 '보장엄장
(寶莊嚴藏)'이며, 모든 중생의 모양인 마니왕을 경계로 삼고 광명 장 마니왕 바다를 의지
해서 머물며, 그 형상은 팔각이고 모든 윤위산 보배로 장엄한 꽃나무 그물이 그 위를 덮
었으며, 열일곱 부처 세계의 티끌 수와 같은 세계가 주위를 두루 에워쌌으며, 부처님의 명
호는 '무애지광명변조시방(無礙智光明徧照十方)'이다."

　"이 위로 부처 세계의 티끌 수와 같은 세계를 지나서 세계가 있으니, 이름은 '이진(離塵)'
이며, 모든 빼어나고 뛰어난 형상의 장엄을 경계로 삼고 빼어난 많은 꽃 사자좌 바다를 의
지해서 머물고 그 형상은 진주 영락 같고 모든 보배 향 마니왕 둥근 빛 구름이 그 위를 덮
었으며, 열여덟 부처 세계의 티끌 수와 같은 세계가 주위를 두루 에워쌌으며, 다른 것이
섞이지 않은 순수한 청정함이고 부처님의 명호는 '무량방편최승당(無量方便最勝幢)'이다."

　"이 위로 부처 세계의 티끌 수와 같은 세계를 지나서 세계가 있으니, 이름은 '청정광보
조(淸淨光普照)'이며, 다함이 없는 보배구름을 내는 마니왕을 경계로 삼고 헤아릴 수 없이
많은 빛 향기 불꽃 수미산 바다를 의지해서 머물며, 그 형상은 보배 꽃이 회선 하여 펼친
것과 같고 끝이 없는 빛 광명 마니왕 제청 구름이 그 위를 덮었으며, 열아홉 부처 세계의
티끌 수와 같은 세계가 주위를 두루 에워쌌으며, 부처님의 명호는 '보조법계허공광(普照
法界虛空光)'이다."

　"이 위로 부처 세계의 티끌 수와 같은 세계를 지나서 세계가 있으니, 이름은 '묘보염(妙
寶焰)'이며, 넓은 광명 일월 보배를 경계로 삼고 모든 하늘의 형상인 마니왕 바다를 의지

해서 머물며, 그 형상은 보배 장엄 기물과 같고 모든 보배 옷 당기 구름과 마니등불 장 그물이 그 위를 덮었으며, 스무 부처 세계의 티끌 수와 같은 세계가 주위를 두루 에워쌌으며, 다른 것이 섞이지 않은 순수한 청정함이고 부처님의 명호는 '복덕상광명(福德相光明)'이다."

此上過佛刹微塵數世界 有世界 名 清淨光徧照 以無盡寶雲摩尼王爲際 依種種香焰蓮華海住 其狀猶如龜甲之形 圓光摩尼輪栴檀雲而覆其上 十六佛刹微塵數世界周帀圍遶 佛號 清淨目功德眼 此上過佛刹微塵數世界 有世界 名 寶莊嚴藏 以一切衆生形摩尼王爲際 依光明藏摩尼王海住 其形八隅 以一切輪圍山寶莊嚴華樹網而覆其上 十七佛刹微塵數世界周帀圍遶 佛號 無礙智光明徧照十方

此上過佛刹微塵數世界 有世界 名 離塵 以一切殊妙相莊嚴爲際 依衆妙華師子座海住 狀如珠瓔 以一切寶香摩尼王圓光雲而覆其上 十八佛刹微塵數世界周帀圍遶 純一清淨 佛號 無量方便最勝幢

此上過佛刹微塵數世界 有世界 名 清淨光普照 以出無盡寶雲摩尼王爲際 依無量色香焰須彌山海住 其狀猶如寶華旋布 以無邊色光明摩尼王帝靑雲而覆其上 十九佛刹微塵數世界周帀圍遶 佛號 普照法界虛空光

此上過佛刹微塵數世界 有世界 名 妙寶焰 以普光明日月寶爲際 依一切諸天形摩尼王海住 其狀猶如寶莊嚴具 以一切寶衣幢雲及摩尼燈藏網而覆其上 二十佛刹微塵數世界周帀圍遶 純一清淨 佛號 福德相光明

"모든 불자여! 이 시방에 두루 비치는 불빛이 성한 보배 광명 세계종에 이와 같음으로 말로서 이를 수 없는 부처 세계의 티끌 수와 같은 광대한 세계가 있으니, 제각기 의지해서 머물며, 각각의 형상이며, 각각의 체와 성이며, 각각의 방편이며, 제각기 향해서 나아가며, 각각 장엄하며, 제각기 나뉘었으며, 각각 열을 지었으며, 각각 차별이 없으며, 각각의 힘으로 가지하고 주위를 두루 에워싸았다."

"이른바 열 부처 세계의 티끌 수와 같은 회전하는 모양의 세계, 열 부처 세계의 티끌 수와 같은 강과 하천 모양의 세계, 열 부처 세계의 티끌 수와 같은 소용돌이치며 흐르는 모양의 세계, 열 부처 세계의 티끌 수와 같은 바퀴 그물 모양의 세계, 열 부처 세계의 티끌 수와 같은 제단 모양의 세계, 열 부처 세계의 티끌 수와 같은 나무숲 모양의 세계, 열 부처 세계의 티끌 수와 같은 누각 모양의 세계, 열 부처 세계의 티끌 수와 같은 시라 당기 모양의 세계, 열 부처 세계의 티끌 수와 같은 넓게 모난 모양의 세계, 열 부처 세계의 티끌 수와 같은 태 모양의 세계, 열 부처 세계의 티끌 수와 같은 연꽃 모양의 세계, 열 부처 세계의 티끌 수와 같은 배를 미는 장대 모양의 세계, 열 부처 세계의 티끌 수와 같은 갖가지 중생 모양의 세계, 열 부처 세계의 티끌 수와 같은 부처님 모양의 세계, 열 부처 세계의 티끌 수와 같은 원만한 광명 모양의 세계, 열 부처 세계의 티끌 수와 같은 구름 모양의 세계, 열 부처 세계의 티끌 수와 같은 그물 모양의 세계, 열 부처 세계의 티끌 수와 같은 문과 창 모양의 세계를 이르는 것이니, 이와 같은 등등의 것들이 말로서 이를 수 없는 부처님 세계의 티끌 수와 같으며, 이 하나하나의 세계에 각각 열 부처 세계의 티끌 수와 같은 광대한 세계가 있어 두루 에워 쌓으며, 이 모든 세계에 하나하나 차례를 따라(復) 위에서 말한 것과 같은 티끌 수의 세계가 있어 권속이 되었으니, 이와 같이 말하는 모든 세계는 빠짐없이 이 끝없는 빼어난 꽃 광명 향수 바다와 이 향수 바다를 둘러싼 향수의 강 가운데 있다."

諸佛子 此徧照十方熾然寶光明世界種 有如是等不可說佛刹微塵數廣大世界 各各所依住 各各形狀 各各體性 各各方面 各各趣入 各各莊嚴 各各分齊 各各行列 各各無差別 各各力加持 周帀圍遶

所謂 十佛刹微塵數迴轉形世界 十佛刹微塵數江河形世界 十佛刹微塵數漩流形世界 十佛刹微塵數輪輞形世界 十佛刹微塵數壇墠形世界 十佛刹微塵數樹林形世界 十佛刹微塵數樓觀形世界 十佛刹微塵數尸羅幢形世界 十佛刹微塵數普方形世界 十佛刹微塵數胎藏形世界 十佛刹微塵數蓮華形世界 十佛刹微塵數佉勒迦形世界 十佛刹微塵數種種衆生形世界 十佛刹微塵數佛相形世界 十佛刹微塵數圓光形世界 十佛刹微塵數雲形世界 十佛刹微塵數網形世界 十佛刹微塵數門闥形世界 如是等 有不可說佛刹微塵數 此一一世界 各 有十佛刹微塵數廣大世界周帀圍遶 此諸世界 一一復有如上所說微塵數世界而爲眷屬 如是所說一切世界 皆在此無邊妙華光香水海及圍遶此海香水河中

대방광불화엄경 제9권

5. 화장세계품 (2)
華藏世界品第五之二

그때 보현보살이 차례를 따라(復) 깨우침을 주기 위해서 대중에게 말했다.

爾時 普賢菩薩 復告大衆言

"모든 불자여! 이 끝없이 빼어난 꽃 광명 향수의 바다 동쪽 다음에 향수의 바다가 있으니, 이름이 '이구염장(離垢焰藏)'이다. 큰 연꽃이 나타나니 이름은 '일체향마니왕묘장엄(一切香摩尼王妙莊嚴)'이며, 세계종이 그 위에 머무르니, 이름은 '변조찰선(徧照刹旋)'이고 보살행의 사자후 음성을 체로 삼았다."

"이 가운데 가장 아래에 세계가 있으니, 이름은 '궁전장엄당(宮殿莊嚴幢)'이다. 그 모양은 사각이며, 모든 보배 장엄 바다에 의해서 머물고 연꽃의 광명 그물 구름이 그 위를 덮었으며, 부처 세계의 티끌 수와 같은 세계가 둘러쌓고 다른 것이 섞이지 않은 순수한 청정함이며, 부처님 명호는 '미간광변조(眉間光徧照)'이다."

"이 위에 부처 세계의 티끌 수와 같은 세계를 지나 세계가 있으니, 이름은 '덕화장(德華藏)'이다. 그 모양은 두루 둥글며, 모든 보배 장엄 바다에 의지해서 머물고 진주 휘장 사자좌 구름이 그 위를 덮었으며, 두 부처 세계의 티끌 수와 같은 세계가 둘러쌓고 부처님 명호는 '일체무변법해혜(一切無邊法海慧)'이다."

"이 위에 부처 세계의 티끌 수와 같은 세계를 지나 세계가 있으니, 이름은 '선변화묘향륜(善變化妙香輪)'이다. 모양은 금강과 같으며, 모든 보배로 장엄한 방울 그물 바다를 의지해서 머물고 가지가지로 장엄한 둥근 광명 구름이 그 위를 덮었으며, 세 부처 세계의 티끌 수와 같은 세계가 둘러쌓고 부처님 명호는 '공덕상광명보조(功德相光明普照)'이다."

"이 위에 부처 세계의 티끌 수와 같은 세계를 지나 세계가 있으니, 이름은 '묘색광명(妙色光明)'이다. 그 형상은 마니보배 바퀴와 같으며, 끝없는 빛 보배 향수의 바다를 의지해서 머물고 너른 광명 진주 누각 구름이 그 위를 덮었으며, 네 부처 세계의 티끌 수와 같은 세계가 둘러쌓고 다른 것이 섞이지 않은 순수한 청정함이며, 부처님 명호는 '선권속출

홍변조(善眷屬出興徧照)' 이다."

"이 위에 부처 세계의 티끌 수와 같은 세계를 지나 세계가 있으니, 이름은 '선개복(善蓋覆)'이다. 형상은 연꽃과 같으며, 금강 향수의 바다를 의지해서 머물고 티끌을 벗어난 광명 향수 구름이 그 위를 덮었으며, 다섯 부처 세계의 티끌 수와 같은 세계가 둘러쌓고 부처님 명호는 '법희무진혜(法喜無盡慧)'이다."

諸佛子 此無邊妙華光香水海東 次有香水海 名 離垢焰藏 出大蓮華 名 一切香摩尼
王妙莊嚴 有世界種而住其上 名 徧照刹旋 以菩薩行吼音爲體

此中最下方 有世界 名 宮殿莊嚴幢 其形四方 依一切寶莊嚴海住 蓮華光網雲彌覆
其上 佛刹微塵數世界圍遶 純一淸淨 佛號 眉閒光徧照

此上過佛刹微塵數世界 有世界 名 德華藏 其形周圓 依一切寶華蕊海住 眞珠幢師
子座雲彌覆其上 二佛刹微塵數世界圍遶 佛號 一切無邊法海慧

此上過佛刹微塵數世界 有世界 名 善變化妙香輪 形如金剛 依一切寶莊嚴鈴網海
住 種種莊嚴圓光雲彌覆其上 三佛刹微塵數世界圍遶 佛號 功德相光明普照

此上過佛刹微塵數世界 有世界 名 妙色光明 其狀猶如摩尼寶輪 依無邊色寶香水
海住 普光明眞珠樓閣雲彌覆其上 四佛刹微塵數世界圍遶 純一淸淨 佛號 善眷屬出
興徧照

此上過佛刹微塵數世界 有世界 名 善蓋覆 狀如蓮華 依金剛香水海住 離塵光明香
水雲彌覆其上 五佛刹微塵數世界圍遶 佛號 法喜無盡慧

"이 위에 부처 세계의 티끌 수와 같은 세계를 지나 세계가 있으니, 이름은 '시리화광륜(尸利華光輪)'이다. 그 모양은 삼각이며, 모든 견고한 보배 장엄 바다를 의지해서 머물고 보살의 마니관 광명 구름이 그 위를 덮었으며, 여섯 부처 세계의 티끌 수와 같은 세계가 둘러쌓고 부처님 명호는 '청정보광명운(淸淨普光明雲)'이다."

"이 위에 부처 세계의 티끌 수와 같은 세계를 지나 세계가 있으니, 이름은 '보연화장엄(寶蓮華莊嚴)"이다. 형상은 반달과 같고 모든 연꽃 장엄 바다를 의지해서 머물며, 모든 보배 꽃구름이 그 위를 덮었고 일곱 부처 세계의 티끌 수와 같은 세계가 둘러쌓고 다른 것이 섞이지 않은 순수한 청정함이며, 부처님 명호는 '공덕화청정안(功德華淸淨眼)'이다."

"이 위에 부처 세계의 티끌 수와 같은 세계를 지나 세계가 있으니, 이름은 '무구염장엄(無垢焰莊嚴)'이다. 그 형상은 보배 등불의 행렬과 같으며, 보배 불꽃 장 바다를 의지해서 머물고 늘 향수를 내리는 가지가지의 몸 구름이 그 위를 덮었으며, 여덟 부처 세계의 티끌 수와 같은 세계가 둘러쌓고 부처님 명호는 '혜력무능승(慧力無能勝)'이다."

"이 위에 부처 세계의 티끌 수와 같은 세계를 지나 세계가 있으니, 이름은 '묘범음(妙梵音)'이다. 모양은 만(卍)자와 같고 보배 옷 당기의 바다를 의지해서 머물며, 모든 꽃으로 장엄한 휘장 구름이 그 위를 덮었고 아홉 부처 세계의 티끌 수와 같은 세계가 둘러쌓고 부처님 명호는 '광대목여공중정월(廣大目如空中淨月)'이다."

"이 위에 부처 세계의 티끌 수와 같은 세계를 지나 세계가 있으니, 이름은 '미진수음성(微塵數音聲)'이다. 그 형상은 인타라 그물과 같고 모든 보배 물의 바다를 의지해서 머물며, 온갖 음악 소리 우산 구름이 그 위를 덮었고 열 부처 세계의 티끌 수와 같은 세계가 둘러쌓았으며, 다른 것이 섞이지 않은 순수한 청정함이고 부처님 명호는 '금색수미등(金色須彌燈)'이다."

此上過佛刹微塵數世界 有世界 名 尸利華光輪 其形三角 依一切堅固寶莊嚴海住 菩薩摩尼冠光明彌覆其上 六佛刹微塵數世界圍遶 佛號 淸淨普光明雲

此上過佛刹微塵數世界 有世界 名 寶蓮華莊嚴 形如半月 依一切蓮華莊嚴海住 一切寶華雲彌覆其上 七佛刹微塵數世界圍遶 純一淸淨 佛號 功德華淸淨眼

此上過佛刹微塵數世界 有世界 名 無垢焰莊嚴 其狀猶如寶燈行列 依寶焰藏海住 常雨香水種種身雲彌覆其上 八佛刹微塵數世界圍遶 佛號 慧力無能勝

此上過佛刹微塵數世界 有世界 名 妙梵音 形如卍字 依寶衣幢海住 一切華莊嚴幢雲彌覆其上 九佛刹微塵數世界圍遶 佛號 廣大目如空中淨月

此上過佛刹微塵數世界 有世界 名 微塵數音聲 其狀猶如因陀羅網 依一切寶水海住 一切樂音寶蓋雲彌覆其上 十佛刹微塵數世界圍遶 純一淸淨 佛號 金色須彌燈

"이 위에 부처 세계의 티끌 수와 같은 세계를 지나 세계가 있으니, 이름은 '보색장엄(寶色莊嚴)'이다. 모양은 만(卍)자와 같고 제석 형상의 보배 왕 바다를 의지해서 머물며, 햇빛 광명 꽃구름이 그 위를 덮었고 열한 부처 세계의 티끌 수와 같은 세계가 둘러쌓으며, 부처님 명호는 '형조법계광명지(迥照法界光明智)'이다."

"이 위에 부처 세계의 티끌 수와 같은 세계를 지나 세계가 있으니, 이름은 '금색묘광(金色妙光)'이다. 그 형상은 넓고 큰 성곽과 같고 모든 보배 장엄 바다를 의지해서 머물며, 도량 보배 꽃구름이 그 위를 덮었고 열두 부처 세계의 티끌 수와 같은 세계가 둘러쌓으며, 부처님 명호는 '보등보조당(寶燈普照幢)'이다."

"이 위에 부처 세계의 티끌 수와 같은 세계를 지나 세계가 있으니, 이름은 '변조광명륜

(徧照光明輪)'이다. 형상은 꽃이 서로 맞물려 도는 것과 같고 보배 옷 회선 바다를 의지해서 머물며, 부처님의 음성 보배 왕 누각 구름이 그 위를 덮었고 열세 부처 세계의 티끌 수와 같은 세계가 둘러쌓았으며, 다른 것이 섞이지 않은 순수한 청정함이고 부처님 명호는 '연화염변조(蓮華焰徧照)'이다."

"이 위에 부처 세계의 티끌 수와 같은 세계를 지나 세계가 있으니, 이름은 '보장장엄(寶藏莊嚴)'이다. 형상은 네 개의 대륙과 같으며, 보배 영락 수미산을 의지해서 머물고 보배 불꽃 나비구름이 그 위를 덮었으며, 열네 부처 세계의 티끌 수와 같은 세계가 둘러쌓았고 부처님 명호는 '무진복개부화(無盡福開敷華)'이다."

"이 위에 부처 세계의 티끌 수와 같은 세계를 지나 세계가 있으니, 이름은 '여경상보현(如境像普現)'이다. 그 형상은 아수라의 몸 같고 금강 연꽃 바다를 의지해서 머물며, 보배 광명 그림자 구름이 그 위를 덮었고 열다섯 부처 세계의 티끌 수와 같은 세계가 둘러쌓으며, 부처님 명호는 '감로음(甘露音)'이다."

此上過佛刹微塵數世界 有世界 名 寶色莊嚴 形如卍字 依帝釋形寶王海住 日光明華雲彌覆其上 十一佛刹微塵數世界圍遶 佛號 迥照法界光明智

此上過佛刹微塵數世界 有世界 名 金色妙光 其狀猶如廣大城郭 依一切寶莊嚴海住 道場寶華雲彌覆其上 十二佛刹微塵數世界圍遶 佛號 寶燈普照幢

此上過佛刹微塵數世界 有世界 名 徧照光明輪 狀如華旋 依寶衣旋海住 佛音聲寶王樓閣雲彌覆其上 十三佛刹微塵數世界圍遶 純一淸淨 佛號 蓮華焰徧照

此上過佛刹微塵數世界 有世界 名 寶藏莊嚴 狀如四洲 依寶瓔珞須彌住 寶焰摩尼雲彌覆其上 十四佛刹微塵數世界圍遶 佛號 無盡福開敷華

此上過佛刹微塵數世界 有世界 名 如境像普現 其狀猶如阿脩羅身 依金剛蓮華海住 寶冠光影雲彌覆其上 十五佛刹微塵數世界圍遶 佛號 甘露音

"이 위에 부처 세계의 티끌 수와 같은 세계를 지나 세계가 있으니, 이름은 '전단월(栴檀月)'이다. 그 모양은 팔각이며, 금강 전단 보배 바다를 의지해서 머물고 진주 꽃 마니구름이 그 위를 덮었으며, 열여섯 부처 세계의 티끌 수와 같은 세계가 둘러쌓았고 다른 것이 섞이지 않은 순수한 청정함이며, 부처님 명호는 '최승법무등지(最勝法無等智)'이다."

"이 위에 부처 세계의 티끌 수와 같은 세계를 지나 세계가 있으니, 이름은 '이구광명(離垢光明)'이다. 그 형상은 향수가 소용돌이치며 흐르는 것과 같고 끝없는 빛 보배의 광명 바다를 의지해서 머물며, 빼어난 향의 광명 구름이 그 위를 덮었고 열일곱 부처 세계의 티끝 수와 같은 세계가 둘러쌓으며, 부처님 명호는 '변조허공광명음(偏照虛空光明音)'이다."

"이 위에 부처 세계의 티끌 수와 같은 세계를 지나 세계가 있으니, 이름은 '묘화장엄(妙華莊嚴)'이다. 그 형상은 회전하면서 감싸 도는 모양이며, 모든 꽃 바다를 의지해서 머물고 모든 음악 소리의 마니구름이 그 위를 덮었으며, 열여덟 부처 세계의 티끌 수와 같은 세계가 둘러쌓았고 부처님 명호는 '보현승광명(普現勝光明)'이다."

"이 위에 부처 세계의 티끌 수와 같은 세계를 지나 세계가 있으니, 이름은 '승음장엄(勝音莊嚴)'이다. 그 형상은 사자좌 같으며, 금 사자좌 바다를 의지해서 머물고 많은 연화장의 사자좌 구름이 그 위를 덮었으며, 열아홉 부처 세계의 티끌 수와 같은 세계가 둘러쌓았고 부처님 명호는 '무변공덕칭보광명(無邊功德稱普光明)'이다."

"이 위에 부처 세계의 티끌 수와 같은 세계를 지나 세계가 있으니, 이름은 '고승등(高勝燈)'이다. 형상은 부처님 손바닥과 같으며, 보배 옷 향기 휘장 바다를 의지해서 머물고 햇빛이 두루 비치는 보배 왕 누각 구름이 그 위를 덮었으며, 스무 부처 세계의 티끌 수와 같은 세계가 둘러쌓았고 다른 것이 섞이지 않은 순수한 청정함이며, 부처님 명호는 '보조허공등(普照虛空燈)'이다."

此上過佛刹微塵數世界 有世界 名 栴檀月 其形八隅 依金剛栴檀寶海住 眞珠華摩尼雲彌覆其上 十六佛刹微塵數世界圍遶 純一淸淨 佛號 最勝法無等智

此上過佛刹微塵數世界 有世界 名 離垢光明 其狀猶如香水漩流 依無邊色寶光海住 妙香光明雲彌覆其上 十七佛刹微塵數世界圍遶 佛號 偏照虛空光明音

此上過佛刹微塵數世界 有世界 名 妙華莊嚴 其狀猶如旋遶之形 依一切華海住 一切樂音摩尼雲彌覆其上 十八佛刹微塵數世界圍遶 佛號 普現勝光明

此上過佛刹微塵數世界 有世界 名 勝音莊嚴 其狀猶如師子之座 依金師子座海住 衆色蓮華藏師子座雲彌覆其上 十九佛刹微塵數世界圍遶 佛號 無邊功德稱普光明

此上過佛刹微塵數世界 有世界 名 高勝燈 狀如佛掌 依寶衣服香幢海住 日輪普照寶王樓閣雲彌覆其上 二十佛刹微塵數世界圍遶 純一淸淨 佛號 普照虛空燈

"모든 불자여! 이 이구염장 향수의 바다 남쪽에 다음 향수의 바다가 있으니, 이름은 '무진광명륜(無盡光明輪)'이며, 세계종의 이름은 '불당장엄(佛幢莊嚴)'이다. 모든 부처님의 공덕 바다 음성을 체로 삼았다."

"이 가운데 가장 아래에 세계가 있으니, 이름은 '애견화(愛見華)'이며, 형상은 보배 바퀴 같고 마니나무 장의 보배 왕 바다를 의지해서 머물며, 보살의 형상으로 바뀌어 나타나는 보배 장 구름이 그 위를 덮었고 부처 세계의 티끌 수와 같은 세계가 에워 쌓으며, 다른 것이 섞이지 않은 순수한 청정함이고 부처님 명호는 '연화광환희면(蓮華光歡喜面)'이다."

"이 위로 부처 세계의 티끌 수와 같은 세계를 지나 세계가 있으니, 이름은 '묘음(妙音)'이며, 부처님 명호는 '수미보등(須彌寶燈)'이다."

"이 위로 부처 세계의 티끌 수와 같은 세계를 지나 세계가 있으니, 이름은 '중보장엄광(衆寶莊嚴光)'이며, 부처님 명호는 '법계음성당(法界音聲幢)'이다."

"이 위로 부처 세계의 티끌 수와 같은 세계를 지나 세계가 있으니, 이름은 '향장금강(香藏金剛)'이며, 부처님 명호는 '광명음(光明音)'이다."

"이 위로 부처 세계의 티끌 수와 같은 세계를 지나 세계가 있으니, 이름은 '정묘음(淨妙音)'이며, 부처님 명호는 '최승정진력(最勝精進力)'이다."

"이 위로 부처 세계의 티끌 수와 같은 세계를 지나 세계가 있으니, 이름은 '보련화장엄(寶蓮華莊嚴)'이며, 부처님 명호는 '법성운뢰음(法城雲雷音)'이다."

"이 위로 부처 세계의 티끌 수와 같은 세계를 지나 세계가 있으니, 이름은 '여안락(與安樂)'이며, 부처님 명호는 '대명칭지혜등(大名稱智慧燈)'이다."

"이 위로 부처 세계의 티끌 수와 같은 세계를 지나 세계가 있으니, 이름은 '무구망(無垢網)'이며, 부처님 명호는 '사자광공덕해(師子光功德海)'이다."

"이 위로 부처 세계의 티끌 수와 같은 세계를 지나 세계가 있으니, 이름은 '화림당변조(華林幢徧照)'이며, 부처님 명호는 '대지연화광(大智蓮華光)'이다."

"이 위로 부처 세계의 티끌 수와 같은 세계를 지나 세계가 있으니, 이름은 '무량장엄(無量莊嚴)'이며, 부처님 명호는 '보안법계당(普眼法界幢)'이다."

"이 위로 부처 세계의 티끌 수와 같은 세계를 지나 세계가 있으니, 이름은 '보광보장엄(普光寶莊嚴)'이며, 부처님 명호는 '승지대상주(勝智大商主)'이다."

"이 위로 부처 세계의 티끌 수와 같은 세계를 지나 세계가 있으니, 이름은 '화왕(華王)'이며, 부처님 명호는 '월광당(月光幢)'이다."

"이 위로 부처 세계의 티끌 수와 같은 세계를 지나 세계가 있으니, 이름은 '이구장(離垢藏)'이며, 부처님 명호는 '청정각(淸淨覺)'이다."

"이 위로 부처 세계의 티끌 수와 같은 세계를 지나 세계가 있으니, 이름은 '보광명(寶光明)'이며, 부처님 명호는 '일체지허공등(一切智虛空燈)'이다."

"이 위로 부처 세계의 티끌 수와 같은 세계를 지나 세계가 있으니, 이름은 '출생보영락(出生寶瓔珞)'이며, 부처님 명호는 '제도복해상광명(諸度福海相光明)'이다."

"이 위로 부처 세계의 티끌 수와 같은 세계를 지나 세계가 있으니, 이름은 '묘륜변부(妙

輪徧覆)'이며, 부처님 명호는 '조복일체염착심영환희(調伏一切染著心令歡喜)'이다."

"이 위로 부처 세계의 티끌 수와 같은 세계를 지나 세계가 있으니, 이름은 '보화당(寶華幢)'이며, 부처님 명호는 '광박공덕음대명칭(廣博功德音大名稱)'이다."

"이 위로 부처 세계의 티끌 수와 같은 세계를 지나 세계가 있으니, 이름은 '무량장엄(無量莊嚴)'이며, 부처님 명호는 '평등지광명공덕해(平等智光明功德海)'이다."

"이 위로 부처 세계의 티끌 수와 같은 세계를 지나 세계가 있으니, 이름은 '무진광장엄당(無盡光莊嚴幢)'이며, 형상은 연꽃과 같고 모든 보배 그물 바다를 의지해서 머물며, 연꽃 빛 마니그물이 그 위를 덮었고 스무 부처 세계의 티끌 수와 같은 세계가 에워 쌓으며, 다른 것이 섞이지 않은 순수한 청정함이고 부처님의 명호는 '법계정광명(法界淨光明)'이다."

諸佛子 此離垢焰藏香水海南 次有香水海 名 無盡光明輪 世界種 名 佛幢莊嚴 以一切佛功德海音聲爲體

此中最下方 有世界 名 愛見華 狀如寶輪 依摩尼樹藏寶王海住 化現菩薩形寶藏雲彌覆其上 佛刹微塵數世界圍遶 純一淸淨 佛號 蓮華光歡喜面

此上過佛刹微塵數世界 有世界 名 妙音 佛號 須彌寶燈

此上過佛刹微塵數世界 有世界 名 衆寶莊嚴光 佛號 法界音聲幢

此上過佛刹微塵數世界 有世界 名 香藏金剛 佛號 光明音

此上過佛刹微塵數世界 有世界 名 淨妙音 佛號 最勝精進力

此上過佛刹微塵數世界 有世界 名 寶蓮華莊嚴 佛號 法城雲雷音

此上過佛刹微塵數世界 有世界 名 與安樂 佛號 大名稱智慧燈

此上過佛刹微塵數世界 有世界 名 無垢網 佛號 師子光功德海

此上過佛刹微塵數世界 有世界 名 華林幢徧照 佛號 大智蓮華光

此上過佛刹微塵數世界 有世界 名 無量莊嚴 佛號 普眼法界幢

此上過佛刹微塵數世界 有世界 名 普光寶莊嚴 佛號 勝智大商主

此上過佛刹微塵數世界 有世界 名 華王 佛號 月光幢

此上過佛刹微塵數世界 有世界 名 離垢藏 佛號 淸淨覺

此上過佛刹微塵數世界 有世界 名 寶光明 佛號 一切智虛空燈

此上過佛刹微塵數世界 有世界 名 出生寶瓔珞 佛號 諸度福海相光明

此上過佛刹微塵數世界 有世界 名 妙輪徧覆 佛號 調伏一切染著心令歡喜

此上過佛刹微塵數世界 有世界 名 寶華幢 佛號 廣博功德音大名稱

此上過佛刹微塵數世界 有世界 名 無量莊嚴 佛號 平等智光明功德海

此上過佛刹微塵數世界 有世界 名 無盡光莊嚴幢 狀如蓮華 依一切寶網海住 蓮華

光摩尼網彌覆其上 二十佛刹微塵數世界圍遶 純一淸淨 佛號 法界淨光明

"모든 불자여! 이 무진광명륜(無盡光明輪) 향수의 바다를 오른쪽으로 돌아서 다음 향수의 바다가 있으니, 이름은 '금강보염광(金剛寶焰光)'이며, 세계종의 이름은 '불광장엄장(佛光莊嚴藏)'이다. 모든 여래의 이름을 불러서 설하는 음성을 체로 삼았다."

"이 가운데 가장 아래에 세계가 있으니, 이름은 '보염연화(寶焰蓮華)'이다. 그 형상은 마니의 빛이 미간에 맺힌 호상이며, 모든 보배 빛 물이 소용돌이치는 바다를 의지해서 머물고 장엄한 모든 누각 구름이 그 위를 덮었으며, 부처 세계의 티끌 수와 같은 세계가 둘러싸고 다른 것이 섞이지 않은 순수한 청정함이며, 부처님의 명호는 '무구보광명(無垢寶光明)'이다."

"이 위로 부처 세계의 티끌 수와 같은 세계를 지나 세계가 있으니, 이름은 '광염장(光焰藏)'이며, 부처님 명호는 '무애자재지혜광(無礙自在智慧光)'이다."

"이 위로 부처 세계의 티끌 수와 같은 세계를 지나 세계가 있으니, 이름은 '보륜묘장엄(寶輪妙莊嚴)'이며, 부처님 명호는 '일체보광명(一切寶光明)'이다."

"이 위로 부처 세계의 티끌 수와 같은 세계를 지나 세계가 있으니, 이름은 '전단수화당(栴檀樹華幢)'이며, 부처님 명호는 '청정지광명(淸淨智光明)'이다."

"이 위로 부처 세계의 티끌 수와 같은 세계를 지나 세계가 있으니, 이름은 '불찰묘장엄(佛刹妙莊嚴)'이며, 부처님 명호는 '광대환희음(廣大歡喜音)'이다."

"이 위로 부처 세계의 티끌 수와 같은 세계를 지나 세계가 있으니, 이름은 '묘광장엄(妙光莊嚴)'이며, 부처님 명호는 '법계자재지(法界自在智)'이다."

"이 위로 부처 세계의 티끌 수와 같은 세계를 지나 세계가 있으니, 이름은 '무변상(無邊相)'이며, 부처님 명호는 '무애지(無礙智)'이다."

"이 위로 부처 세계의 티끌 수와 같은 세계를 지나 세계가 있으니, 이름은 '염운당(焰雲幢)'이며, 부처님 명호는 '연설불퇴륜(演說不退輪)'이다."

"이 위로 부처 세계의 티끌 수와 같은 세계를 지나 세계가 있으니, 이름은 '중보장엄청정륜(衆寶莊嚴淸淨輪)'이며, 부처님 명호는 '이구화광명(離垢華光明)'이다."

"이 위로 부처 세계의 티끌 수와 같은 세계를 지나 세계가 있으니, 이름은 '광대출리(廣大出離)'이며, 부처님 명호는 '무애지일안(無礙智日眼)'이다."

"이 위로 부처 세계의 티끌 수와 같은 세계를 지나 세계가 있으니, 이름은 '묘장엄금강좌(妙莊嚴金剛座)'이며, 부처님 명호는 '법계지대광명(法界智大光明)'이다."

"이 위로 부처 세계의 티끌 수와 같은 세계를 지나 세계가 있으니, 이름은 '지혜보장엄(智慧普莊嚴)'이며, 부처님 명호는 '지거광명왕(智炬光明王)'이다."

"이 위로 부처 세계의 티끌 수와 같은 세계를 지나 세계가 있으니, 이름은 '연화지심묘음(蓮華池深妙音)'이며, 부처님 명호는 '일체지보조(一切智普照)'이다."

"이 위로 부처 세계의 티끌 수와 같은 세계를 지나 세계가 있으니, 이름은 '종종색광명(種種色光明)'이며, 부처님 명호는 '보광화왕운(普光華王雲)'이다."

"이 위로 부처 세계의 티끌 수와 같은 세계를 지나 세계가 있으니, 이름은 '묘보당(妙寶幢)'이며, 부처님 명호는 '공덕광(功德光)'이다."

"이 위로 부처 세계의 티끌 수와 같은 세계를 지나 세계가 있으니, 이름은 '마니화호상광(摩尼華毫相光)'이며, 부처님 명호는 '보음운(普音雲)'이다."

"이 위로 부처 세계의 티끌 수와 같은 세계를 지나 세계가 있으니, 이름은 '심심해(甚深海)'이며, 부처님 명호는 '시방중생주(十方衆生主)'이다."

"이 위로 부처 세계의 티끌 수와 같은 세계를 지나 세계가 있으니, 이름은 '수미광(須彌光)'이며, 부처님 명호는 '법계보지음(法界普智音)'이다."

"이 위로 부처 세계의 티끌 수와 같은 세계를 지나 세계가 있으니, 이름은 '금련화(金蓮華)'이며, 부처님 명호는 '복덕장보광명(福德藏普光明)'이다."

"이 위로 부처 세계의 티끌 수와 같은 세계를 지나 세계가 있으니, 이름은 '보장엄장(寶莊嚴藏)'이며, 모양은 만(卍)자와 같으며, 모든 향 마니로 장엄한 나무 바다를 의지해서 머물고 청정한 광명 구름이 그 위를 덮었으며, 스무 부처 세계의 티끌 수와 같은 세계가 둘러쌓고 다른 것이 섞이지 않은 순수한 청정함이며, 부처님의 명호는 '대변화광명망(大變化光明網)'이다."

諸佛子 此無盡光明輪香水海右旋 次有香水海 名 金剛寶焰光 世界種 名 佛光莊嚴藏 以稱說一切如來名音聲爲體

此中最下方 有世界 名 寶焰蓮華 其狀猶如摩尼色眉閒毫相 依一切寶色水漩海住 一切莊嚴樓閣雲彌覆其上 佛刹微塵數世界圍遶 純一清淨 佛號 無垢寶光明

此上過佛刹微塵數世界 有世界 名 光焰藏 佛號 無礙自在智慧光

此上過佛刹微塵數世界 有世界 名 寶輪妙莊嚴 佛號 一切寶光明

此上過佛刹微塵數世界 有世界 名 旃檀樹華幢 佛號 清淨智光明

此上過佛刹微塵數世界 有世界 名 佛刹妙莊嚴 佛號 廣大歡喜音

此上過佛刹微塵數世界 有世界 名 妙光莊嚴 佛號 法界自在智

此上過佛刹微塵數世界 有世界 名 無邊相 佛號 無礙智

此上過佛刹微塵數世界 有世界 名 焰雲幢 佛號 演說不退輪

此上過佛刹微塵數世界 有世界 名 衆寶莊嚴淸淨輪 佛號 離垢華光明

此上過佛刹微塵數世界 有世界 名 廣大出離 佛號 無礙智日眼

此上過佛刹微塵數世界 有世界 名 妙莊嚴金剛座 佛號 法界智大光明

此上過佛刹微塵數世界 有世界 名 智慧普莊嚴 佛號 智炬光明王

此上過佛刹微塵數世界 有世界 名 蓮華池深妙音 佛號 一切智普照

此上過佛刹微塵數世界 有世界 名 種種色光明 佛號 普光華王雲

此上過佛刹微塵數世界 有世界 名 妙寶幢 佛號 功德光

此上過佛刹微塵數世界 有世界 名 摩尼華毫相光 佛號 普音雲

此上過佛刹微塵數世界 有世界 名 甚深海 佛號 十方衆生主

此上過佛刹微塵數世界 有世界 名 須彌光 佛號 法界普智音

此上過佛刹微塵數世界 有世界 名 金蓮華 佛號 福德藏普光明

此上過佛刹微塵數世界 有世界 名 寶莊嚴藏 形如卍字 依一切香摩尼莊嚴樹海住 淸淨光明雲彌覆其上 二十佛刹微塵數世界圍遶 純一淸淨 佛號 大變化光明網

"모든 불자여! 이 금강보염(金剛寶焰) 향수의 바다를 오른쪽으로 돌아서 다음 향수의 바다가 있으니, 이름은 '제청보장엄(帝靑寶莊嚴)'이며, 세계종의 이름은 '광조시방(光照十方)'이다. 모든 빼어난 장엄 연꽃의 향기 구름을 의지해서 머물렀으며, 끝이 없는 부처님의 음성을 체로 삼았다."

"여기 가장 아래에 세계가 있으니, 이름은 '시방무진색장륜(十方無盡色藏輪)'이다. 그 형상은 두루 돌아가면서 헤아릴 수 없이 많은 각이 있으며, 끝없는 빛의 모든 보배 장 바다를 의지해서 머물고 인타라 그물이 그 위를 덮었으며, 부처 세계의 티끌 수와 같은 세계가 둘러쌓고 다른 것이 섞이지 않은 순수한 청정함이며, 부처님의 명호는 '연화안광명변조(蓮華眼光明徧照)'이다."

"이 위로 부처 세계의 티끌 수와 같은 세계를 지나 세계가 있으니, 이름은 '정묘장엄장(淨妙莊嚴藏)'이며, 부처님 명호는 '무상혜대사자(無上慧大師子)'이다."

"이 위로 부처 세계의 티끌 수와 같은 세계를 지나 세계가 있으니, 이름은 '출현연화좌(出現蓮花座)'이며, 부처님 명호는 '변조법계광명왕(徧照法界光明王)'이다."

"이 위로 부처 세계의 티끌 수와 같은 세계를 지나 세계가 있으니, 이름은 '보당음(寶幢音)'이며, 부처님 명호는 '대공덕보명칭(大功德普名稱)'이다."

"이 위로 부처 세계의 티끌 수와 같은 세계를 지나 세계가 있으니, 이름은 '금강보장엄장(金剛寶莊嚴藏)'이며, 부처님 명호는 '연화일광명(蓮華日光明)'이다."

"이 위로 부처 세계의 티끌 수와 같은 세계를 지나 세계가 있으니, 이름은 '인타라화월(因陀羅華月)'이며, 부처님 명호는 '법자재지혜당(法自在智慧幢)'이다."

"이 위로 부처 세계의 티끌 수와 같은 세계를 지나 세계가 있으니, 이름은 '묘륜장(妙輪藏)'이며, 부처님 명호는 '대희청정음(大喜淸淨音)'이다."

"이 위로 부처 세계의 티끌 수와 같은 세계를 지나 세계가 있으니, 이름은 '묘음장(妙音藏)'이며, 부처님 명호는 '대력선상주(大力善商主)'이다."

"이 위로 부처 세계의 티끌 수와 같은 세계를 지나 세계가 있으니, 이름은 '청정월(淸淨月)'이며, 부처님 명호는 '수미광지혜력(須彌光智慧力)'이다."

"이 위로 부처 세계의 티끌 수와 같은 세계를 지나 세계가 있으니, 이름은 '무변장엄상(無邊莊嚴相)'이며, 부처님 명호는 '방편원정월광(方便願淨月光)'이다."

"이 위로 부처 세계의 티끌 수와 같은 세계를 지나 세계가 있으니, 이름은 '묘화음(妙華音)'이며, 부처님 명호는 '법해대원음(法海大願音)'이다."

"이 위로 부처 세계의 티끌 수와 같은 세계를 지나 세계가 있으니, 이름은 '일체보장엄(一切寶莊嚴)'이며, 부처님 명호는 '공덕보광명상(功德寶光明相)'이다."

"이 위로 부처 세계의 티끌 수와 같은 세계를 지나 세계가 있으니, 이름은 '견고지(堅固地)'이며, 부처님 명호는 '미음최승천(美音最勝天)'이다."

"이 위로 부처 세계의 티끌 수와 같은 세계를 지나 세계가 있으니, 이름은 '보광선화(普光善化)'이며, 부처님 명호는 '대정진적정혜(大精進寂靜慧)'이다."

"이 위로 부처 세계의 티끌 수와 같은 세계를 지나 세계가 있으니, 이름은 '선수호장엄행(善守護莊嚴行)'이며, 부처님 명호는 '견자생환희(見者生歡喜)'이다."

"이 위로 부처 세계의 티끌 수와 같은 세계를 지나 세계가 있으니, 이름은 '전단보화장(栴檀寶華藏)'이며, 부처님 명호는 '심심불가동지혜광변조(甚深不可動智慧光徧照)'이다."

"이 위로 부처 세계의 티끌 수와 같은 세계를 지나 세계가 있으니, 이름은 '현종종색상해(現種種色相海)'이며, 부처님 명호는 '보방부사의승의왕광명(普放不思議勝義王光明)'이다."

"이 위로 부처 세계의 티끌 수와 같은 세계를 지나 세계가 있으니, 이름은 '화현시방대광명(化現十方大光明)'이며, 부처님 명호는 '승공덕위광무여등(勝功德威光無與等)'이다."

"이 위로 부처 세계의 티끌 수와 같은 세계를 지나 세계가 있으니, 이름은 '수미운당(須彌雲幢)'이며, 부처님 명호는 '극정광명안(極淨光明眼)'이다."

"이 위로 부처 세계의 티끌 수와 같은 세계를 지나 세계가 있으니, 이름은 '연화변조(蓮

華徧照)'이며, 그 형상은 두루 둥글고 끝없는 빛의 빼어난 향 마니바다를 의지해서 머물고 모두 올라탈 수 있는(乘) 장엄 구름이 그 위를 덮었으며, 스무 부처 세계의 티끌 수와 같은 세계가 둘러쌓고 다른 것이 섞이지 않은 순수한 청정함이며, 부처님의 명호는 '해탈정진일(解脫精進日)'이다."

諸佛子 此金剛寶焰香水海右旋 此有香水海 名 帝青寶莊嚴 世界種 名 光照十方 依一切妙莊嚴蓮華香雲住 無邊佛音聲爲體

於此最下方 有世界 名 十方無盡色藏輪 其狀周迴 有無量角 依無邊色一切寶藏海住 因陀羅網而覆其上 佛刹微塵數世界圍遶 純一淸淨 佛號 蓮華眼光明徧照

此上過佛刹微塵數世界 有世界 名 淨妙莊嚴藏 佛號 無上慧大師子

此上過佛刹微塵數世界 有世界 名 出現蓮花座 佛號 徧照法界光明王

此上過佛刹微塵數世界 有世界 名 寶幢音 佛號 大功德普名稱

此上過佛刹微塵數世界 有世界 名 金剛寶莊嚴藏 佛號 蓮華日光明

此上過佛刹微塵數世界 有世界 名 因陀羅華月 佛號 法自在智慧幢

此上過佛刹微塵數世界 有世界 名 妙輪藏 佛號 大喜淸淨音

此上過佛刹微塵數世界 有世界 名 妙音藏 佛號 大力善商主

此上過佛刹微塵數世界 有世界 名 淸淨月 佛號 須彌光智慧力

此上過佛刹微塵數世界 有世界 名 無邊莊嚴相 佛號 方便願淨月光

此上過佛刹微塵數世界 有世界 名 妙華音 佛號 法海大願音

此上過佛刹微塵數世界 有世界 名 一切寶莊嚴 佛號 功德寶光明相

此上過佛刹微塵數世界 有世界 名 堅固地 佛號 美音最勝天

此上過佛刹微塵數世界 有世界 名 普光善化 佛號 大精進寂靜慧

此上過佛刹微塵數世界 有世界 名 善守護莊嚴行 佛號 見者生歡喜

此上過佛刹微塵數世界 有世界 名 栴檀寶華藏 佛號 甚深不可動智慧光徧照

此上過佛刹微塵數世界 有世界 名 現種種色相海 佛號 普放不思議勝義王光明

此上過佛刹微塵數世界 有世界 名 化現十方大光明 佛號 勝功德威光無與等

此上過佛刹微塵數世界 有世界 名 須彌雲幢 佛號 極淨光明眼

此上過佛刹微塵數世界 有世界 名 蓮華徧照 其狀周圓 依無邊色衆妙香摩尼海住 一切乘莊嚴雲彌覆其上 二十佛刹微塵數世界圍遶 純一淸淨 佛號 解脫精進日

"모든 불자여! 이 제청보장엄 향수의 바다를 오른쪽으로 돌아서 다음 향수의 바다가 있으니, 이름은 '금강륜장엄저(金剛輪莊嚴底)'이며, 세계종의 이름은 '묘보간착인타라망

(妙寶閒錯因陀羅網)'이다. 보현의 지혜로 내는 음성을 체로 삼았다.'

"이 가운데 가장 아래에 세계가 있으니, 이름은 '연화망(蓮華網)'이다. 그 형상은 수미산 모양이며, 빼어난 많은 꽃 산의 당기 바다를 의지해서 머물고 부처님의 경계 마니왕 제석천 그물 구름이 그 위를 덮었으며, 부처 세계의 티끌 수와 같은 세계가 둘러쌓고 다른 것이 섞이지 않은 순수한 청정함이며, 부처님의 명호는 '법신보각혜(法身普覺慧)'이다."

"이 위로 부처 세계의 티끌 수와 같은 세계를 지나 세계가 있으니, 이름은 '무진일광명(無盡日光明)'이며, 부처님 명호는 '최승대각혜(最勝大覺慧)'이다."

"이 위로 부처 세계의 티끌 수와 같은 세계를 지나 세계가 있으니, 이름은 '보방묘광명(普放妙光明)'이며, 부처님 명호는 '대복운무진력(大福雲無盡力)'이다."

"이 위로 부처 세계의 티끌 수와 같은 세계를 지나 세계가 있으니, 이름은 '수화당(樹華幢)'이며, 부처님 명호는 '무변지법계음(無邊智法界音)'이다."

"이 위로 부처 세계의 티끌 수와 같은 세계를 지나 세계가 있으니, 이름은 '진주개(眞珠蓋)'이며, 부처님 명호는 '바라밀사자빈신(波羅蜜師子頻申)'이다."

"이 위로 부처 세계의 티끌 수와 같은 세계를 지나 세계가 있으니, 이름은 '무변음(無邊音)'이며, 부처님 명호는 '일체지묘각혜(一切智妙覺慧)'이다."

"이 위로 부처 세계의 티끌 수와 같은 세계를 지나 세계가 있으니, 이름은 '보견수봉(普見樹峯)'이며, 부처님 명호는 '보현중생전(普現衆生前)'이다."

"이 위로 부처 세계의 티끌 수와 같은 세계를 지나 세계가 있으니, 이름은 '사자제망광(師子帝網光)'이며, 부처님 명호는 '무구일금색광염운(無垢日金色光焰雲)'이다."

"이 위로 부처 세계의 티끌 수와 같은 세계를 지나 세계가 있으니, 이름은 '중보간착(衆寶閒錯)'이며, 부처님 명호는 '제당최승혜(帝幢最勝慧)'이다."

"이 위로 부처 세계의 티끌 수와 같은 세계를 지나 세계가 있으니, 이름은 '무구광명지(無垢光明地)'이며, 부처님 명호는 '일체력청정월(一切力淸淨月)'이다."

"이 위로 부처 세계의 티끌 수와 같은 세계를 지나 세계가 있으니, 이름은 '항출탄불공덕음(恒出歎佛功德音)'이며, 부처님 명호는 '여허공보각혜(如虛空普覺慧)'이다."

"이 위로 부처 세계의 티끌 수와 같은 세계를 지나 세계가 있으니, 이름은 '고염장(高焰藏)'이며, 부처님 명호는 '화현시방대운당(化現十方大雲幢)'이다."

"이 위로 부처 세계의 티끌 수와 같은 세계를 지나 세계가 있으니, 이름은 '광엄도량(光嚴道場)'이며, 부처님 명호는 '무등지변조(無等智偏照)'이다."

"이 위로 부처 세계의 티끌 수와 같은 세계를 지나 세계가 있으니, 이름은 '출생일체보장엄(出生一切寶莊嚴)'이며, 부처님 명호는 '광도중생신통왕(廣度衆生神通王)'이다."

"이 위로 부처 세계의 티끌 수와 같은 세계를 지나 세계가 있으니, 이름은 '광엄묘궁전(光嚴妙宮殿)'이며, 부처님 명호는 '일체의성광대혜(一切義成廣大慧)'이다."

"이 위로 부처 세계의 티끌 수와 같은 세계를 지나 세계가 있으니, 이름은 '이진적정(離塵寂靜)'이며, 부처님 명호는 '불당현(不幢現)'이다."

"이 위로 부처 세계의 티끌 수와 같은 세계를 지나 세계가 있으니, 이름은 '마니화당(摩尼華幢)'이며, 부처님 명호는 '열의길상음(悅意吉祥音)'이다."

"이 위로 부처 세계의 티끌 수와 같은 세계를 지나 세계가 있으니, 이름은 '보운장(普雲藏)'이며, 그 형상은 누각의 모양과 같고 갖가지 궁전 향수의 바다를 의지해서 머물며, 모든 보배 등불 구름이 그 위를 덮었으며, 스무 부처 세계의 티끌 수와 같은 세계가 둘러쌓고 다른 것이 섞이지 않은 순수한 청정함이며, 부처님의 명호는 '최승각신통왕(最勝覺神通王)'이다."

諸佛子 此帝靑寶莊嚴香水海右旋 次有香水海 名 金剛輪莊嚴底 世界種 名 妙寶閒錯因陀羅網 普賢智所生音聲爲體

此中最下方 有世界 名 蓮華網 其狀猶如須彌山形 依衆妙華山幢海住 佛境界摩尼王帝網雲而覆其上 佛刹微塵數世界圍遶 純一淸淨 佛號 法身普覺慧

此上過佛刹微塵數世界 有世界 名 無盡日光明 佛號 最勝大覺慧

此上過佛刹微塵數世界 有世界 名 普放妙光明 佛號 大福雲無盡力

此上過佛刹微塵數世界 有世界 名 樹華幢 佛號 無邊智法界音

此上過佛刹微塵數世界 有世界 名 眞珠蓋 佛號 波羅蜜師子頻申

此上過佛刹微塵數世界 有世界 名 無邊音 佛號 一切智妙覺慧

此上過佛刹微塵數世界 有世界 名 普見樹峯 佛號 普現衆生前

此上過佛刹微塵數世界 有世界 名 師子帝網光 佛號 無垢日金色光焰雲

此上過佛刹微塵數世界 有世界 名 衆寶閒錯 佛號 帝幢最勝慧

此上過佛刹微塵數世界 有世界 名 無垢光明地 佛號 一切力淸淨月

此上過佛刹微塵數世界 有世界 名 恒出歎佛功德音 佛號 如虛空普覺慧

此上過佛刹微塵數世界 有世界 名 高焰藏 佛號 化現十方大雲幢

此上過佛刹微塵數世界 有世界 名 光嚴道場 佛號 無等智徧照

此上過佛刹微塵數世界 有世界 名 出生一切寶莊嚴 佛號 廣度衆生神通王

此上過佛刹微塵數世界 有世界 名 光嚴妙宮殿 佛號 一切義成廣大慧

此上過佛刹微塵數世界 有世界 名 離塵寂靜 佛號 不幢現

此上過佛刹微塵數世界 有世界 名 摩尼華幢 佛號 悅意吉祥音

此上過佛剎微塵數世界 有世界 名 普雲藏 其狀猶如樓閣之形 依種種宮殿香水海
住 一切寶燈雲彌覆其上 二十佛剎微塵數世界圍遶 純一淸淨 佛號 最勝覺神通王

　"모든 불자여! 이 금강륜장엄저 향수의 바다를 오른쪽으로 돌아서 다음 향수의 바다가
있으니, 이름이 '연화인타라망(蓮華因陀羅網)'이며 세계종의 이름은 '보현시방영(普現十方
影)'이다. 모든 향 마니로 장엄한 연꽃을 의지해서 머물며, 모든 부처님의 지혜로운 광명
음성을 체로 삼았다."
　"이 가운데 가장 아래쪽에 세계가 있으니, 이름이 '중생해보광명(衆生海寶光明)'이다. 그 형
상은 진주의 장과 같고 모든 마니영락 바다의 소용돌이에 의지해서 머물며, 물 광명 마니구
름이 그 위를 덮었으며, 부처 세계의 티끌 수와 같은 세계가 둘러쌓고 다른 것이 섞이지 않
은 순수한 청정함이며, 부처님의 명호는 '부사의공덕변조월(不思議功德徧照月)'이다."
　"이 위로 부처 세계의 티끌 수와 같은 세계를 지나 세계가 있으니, 이름은 '묘향륜(妙香
輪)'이며, 부처님 명호는 '무량력당(無量力幢)'이다."
　"이 위로 부처 세계의 티끌 수와 같은 세계를 지나 세계가 있으니, 이름은 '묘광륜(妙光
輪)'이며, 부처님 명호는 '법계광음각오혜(法界光音覺悟慧)'이다."
　"이 위로 부처 세계의 티끌 수와 같은 세계를 지나 세계가 있으니, 이름은 '후성마니당
(吼聲摩尼幢)'이며, 부처님 명호는 '연화광항수묘비(蓮華光恒垂妙臂)'이다."
　"이 위로 부처 세계의 티끌 수와 같은 세계를 지나 세계가 있으니, 이름은 '극견고륜(極
堅固輪)'이며, 부처님 명호는 '불퇴전공덕해광명(不退轉功德海光明)'이다."
　"이 위로 부처 세계의 티끌 수와 같은 세계를 지나 세계가 있으니, 이름은 '중행광장엄
(衆行光莊嚴)'이며, 부처님 명호는 '일체지보승존(一切智普勝尊)'이다."
　"이 위로 부처 세계의 티끌 수와 같은 세계를 지나 세계가 있으니, 이름은 '사자좌변조
(師子座徧照)'이며, 부처님 명호는 '사자광무량력각혜(師子光無量力覺慧)'이다."
　"이 위로 부처 세계의 티끌 수와 같은 세계를 지나 세계가 있으니, 이름은 '보염장엄(寶
焰莊嚴)'이며, 부처님 명호는 '일체법청정지(一切法淸淨智)'이다."
　"이 위로 부처 세계의 티끌 수와 같은 세계를 지나 세계가 있으니, 이름은 '무량등(無量
燈)'이며, 부처님 명호는 '무우상(無憂相)'이다."
　"이 위로 부처 세계의 티끌 수와 같은 세계를 지나 세계가 있으니, 이름은 '상문불음(常
聞佛音)'이며, 부처님 명호는 '자연승위광(自然勝威光)'이다."
　"이 위로 부처 세계의 티끌 수와 같은 세계를 지나 세계가 있으니, 이름은 '청정변화(淸

淨變化)'이며, 부처님 명호는 '금연화광명(金蓮華光明)'이다."

"이 위로 부처 세계의 티끌 수와 같은 세계를 지나 세계가 있으니, 이름은 '보입시방(普入十方)'이며, 부처님 명호는 '관법계빈신혜(觀法界頻申慧)'이다."

"이 위로 부처 세계의 티끌 수와 같은 세계를 지나 세계가 있으니, 이름은 '치연염(熾然焰)'이며, 부처님 명호는 '광염수긴나라왕(光焰樹緊那羅王)'이다."

"이 위로 부처 세계의 티끌 수와 같은 세계를 지나 세계가 있으니, 이름은 '향광변조(香光徧照)'이며, 부처님 명호는 '향등선화왕(香燈善化王)'이다."

"이 위로 부처 세계의 티끌 수와 같은 세계를 지나 세계가 있으니, 이름은 '무량화취륜(無量華聚輪)'이며, 부처님 명호는 '보현불공덕(普現佛功德)'이다."

"이 위로 부처 세계의 티끌 수와 같은 세계를 지나 세계가 있으니, 이름은 '중묘보청정(衆妙普淸淨)'이며, 부처님 명호는 '일체법평등신통왕(一切法平等神通王)'이다."

"이 위로 부처 세계의 티끌 수와 같은 세계를 지나 세계가 있으니, 이름은 '금강해(金剛海)'이며, 부처님 명호는 '시방자재대변화(十方自在大變化)'이다."

"이 위로 부처 세계의 티끌 수와 같은 세계를 지나 세계가 있으니, 이름은 '진주화장(眞珠華藏'이며, 부처님 명호는 '세계보광명불가사의혜(法界寶光明不可思議慧)'이다."

"이 위로 부처 세계의 티끌 수와 같은 세계를 지나 세계가 있으니, 이름은 '제석수미사자좌(帝釋須彌師子座)'이며, 부처님 명호는 '승력광(勝力光)'이다."

"이 위로 부처 세계의 티끌 수와 같은 세계를 지나 세계가 있으니, 이름은 '무변보현조(無邊寶普照)'이다. 그 모양은 사방형이고 꽃 숲 바다를 의지해서 머물며, 끝없는 빛 마니왕을 두루 내리는 제석 그물이 그 위를 덮었으며, 스무 부처 세계의 티끌 수와 같은 세계가 둘러쌓고 다른 것이 섞이지 않은 순수한 청정함이며, 부처님의 명호는 '변조세간최승음(徧照世間最勝音)'이다."

諸佛子 此金剛輪莊嚴底香水海右旋 次有香水海 名 蓮華因陀羅網 世界種 名 普現十方影 依一切香摩尼莊嚴蓮華住 一切佛智光音聲爲體

此中最下方 有世界 名 衆生海寶光明 其狀猶如眞珠之藏 依一切摩尼瓔珞海漩住水光明摩尼雲而覆其上 佛刹微塵數世界圍遶 純一淸淨 佛號 不思議功德徧照月

此上過佛刹微塵數世界 有世界 名 妙香輪 佛號 無量力幢

此上過佛刹微塵數世界 有世界 名 妙光輪 佛號 法界光音覺悟慧

此上過佛刹微塵數世界 有世界 名 吼聲摩尼幢 佛號 蓮華光恒垂妙臂

此上過佛刹微塵數世界 有世界 名 極堅固輪 佛號 不退轉功德海光明

此上過佛刹微塵數世界 有世界 名 衆行光莊嚴 佛號 一切智普勝尊

此上過佛刹微塵數世界 有世界 名 師子座徧照 佛號 師子光無量力覺慧

此上過佛刹微塵數世界 有世界 名 寶焰莊嚴 佛號 一切法清淨智

此上過佛刹微塵數世界 有世界 名 無量燈 佛號 無憂相

此上過佛刹微塵數世界 有世界 名 常聞佛音 佛號 自然勝威光

此上過佛刹微塵數世界 有世界 名 清淨變化 佛號 金蓮華光明

此上過佛刹微塵數世界 有世界 名 普入十方 佛號 觀法界頻申慧

此上過佛刹微塵數世界 有世界 名 熾然焰 佛號 光焰樹緊那羅王

此上過佛刹微塵數世界 有世界 名 香光徧照 佛號 香燈善化王

此上過佛刹微塵數世界 有世界 名 無量華聚輪 佛號 普現佛功德

此上過佛刹微塵數世界 有世界 名 衆妙普清淨 佛號 一切法平等神通王

此上過佛刹微塵數世界 有世界 名 金剛海 佛號 十方自在大變化

此上過佛刹微塵數世界 有世界 名 眞珠華藏 佛號 法界寶光明不可思議慧

此上過佛刹微塵數世界 有世界 名 帝釋須彌師子座 佛號 勝力光 此上過佛刹微塵數世界 有世界 名 無邊寶普照 其形四方 依華林海住 普雨無邊色摩尼王帝網彌覆其上 二十佛刹微塵數世界圍遶 純一清淨 佛號 徧照世間最勝音

"모든 불자여! 이 연화인타라망 향수의 바다를 오른쪽으로 돌아서 다음 향수의 바다가 있으니, 이름이 '적집보향장(積集寶香藏)'이며 세계종의 이름은 '일체위덕장엄(一切威德莊嚴)'이다. 모든 부처님의 법 수레 음성을 체로 삼았다."

"이 가운데 가장 아래쪽에 세계가 있으니, 이름이 '종종출생(種種出生)'이다. 모양은 금강 같고 갖가지 금강산 당기를 의지해서 머물며, 금강 보배 빛 구름이 그 위를 덮었고 부처 세계의 티끌 수와 같은 세계가 둘러쌓고 다른 것이 섞이지 않은 순수한 청정함이며, 부처님의 명호는 '연화안(蓮華眼)'이다."

"이 위로 부처 세계의 티끌 수와 같은 세계를 지나 세계가 있으니, 이름은 '희견음(喜見音)'이며, 부처님 명호는 '생희락(生喜樂)'이다."

"이 위로 부처 세계의 티끌 수와 같은 세계를 지나 세계가 있으니, 이름은 '보장엄당(寶莊嚴幢)'이며, 부처님 명호는 '일체지(一切智)'이다."

"이 위로 부처 세계의 티끌 수와 같은 세계를 지나 세계가 있으니, 이름은 '다라화보조(多羅華普照)'이며, 부처님 명호는 '무구적묘음(無垢寂妙音)'이다."

"이 위로 부처 세계의 티끌 수와 같은 세계를 지나 세계가 있으니, 이름은 '변화광(變化

光)'이며, 부처님 명호는 '청정공지혜월(淸淨空智慧月)'이다."

"이 위로 부처 세계의 티끌 수와 같은 세계를 지나 세계가 있으니, 이름은 '중묘간착(衆妙間錯)'이며, 부처님 명호는 '개시복덕해밀운상(開示福德海密雲相)'이다."

"이 위로 부처 세계의 티끌 수와 같은 세계를 지나 세계가 있으니, 이름은 '일체장엄구묘음성(一切莊嚴具妙音聲)'이며, 부처님 명호는 '환희운(歡喜雲)'이다."

"이 위로 부처 세계의 티끌 수와 같은 세계를 지나 세계가 있으니, 이름은 '연화지(蓮華池)'이며, 부처님 명호는 '명칭당(名稱幢)'이다."

"이 위로 부처 세계의 티끌 수와 같은 세계를 지나 세계가 있으니, 이름은 '일체보장엄(一切寶莊嚴)'이며, 부처님 명호는 '빈신관찰안(頻申觀察眼)'이다."

"이 위로 부처 세계의 티끌 수와 같은 세계를 지나 세계가 있으니, 이름은 '정묘화(淨妙華)'이며, 부처님 명호는 '무진금강지(無盡金剛智)'이다."

"이 위로 부처 세계의 티끌 수와 같은 세계를 지나 세계가 있으니, 이름은 '연화장엄성(蓮華莊嚴城)'이며, 부처님 명호는 '일장안보광명(日藏眼普光明)'이다."

"이 위로 부처 세계의 티끌 수와 같은 세계를 지나 세계가 있으니, 이름은 '무량수봉(無量樹峯)'이며, 부처님 명호는 '일체법뢰음(一切法雷音)'이다."

"이 위로 부처 세계의 티끌 수와 같은 세계를 지나 세계가 있으니, 이름은 '일광명(日光明)'이며, 부처님 명호는 '개시무량지(開示無量智)'이다."

"이 위로 부처 세계의 티끌 수와 같은 세계를 지나 세계가 있으니, 이름은 '의지연화엽(依止蓮華葉)'이며, 부처님 명호는 '일체복덕산(一切福德山)'이다."

"이 위로 부처 세계의 티끌 수와 같은 세계를 지나 세계가 있으니, 이름은 '풍보지(風普持)'이며, 부처님 명호는 '일요근(日曜根)'이다."

"이 위로 부처 세계의 티끌 수와 같은 세계를 지나 세계가 있으니, 이름은 '광명현현(光明顯現)'이며, 부처님 명호는 '신광보조(身光普照)'이다."

"이 위로 부처 세계의 티끌 수와 같은 세계를 지나 세계가 있으니, 이름은 '향뇌음금강보보조(香雷音金剛寶普照)'이며, 부처님 명호는 '최승화개부상(最勝華開敷相)'이다."

"이 위로 부처 세계의 티끌 수와 같은 세계를 지나 세계가 있으니, 이름은 '제망장엄(帝網莊嚴)'이며, 모양은 난간과 같고 모든 장엄 바다를 의지해서 머물고 빛나는 불꽃 누각 구름이 그 위를 덮었으며, 스무 부처 세계의 티끌 수와 같은 세계가 둘러쌓고 다른 것이 섞이지 않은 순수한 청정함이며, 부처님의 명호는 '시현무외운(示現無畏雲)'이다."

諸佛子 此蓮華因陀羅網香水海右旋 次有香水海 名 積集寶香藏 世界種 名 一切威德莊嚴 以一切佛法輪音聲爲體 此中最下方 有世界 名 種種出生 形如金剛 依種種

金剛山幢住 金剛寶光雲而覆其上 佛刹微塵數世界圍遶 純一淸淨 佛號 蓮華眼

此上過佛刹微塵數世界 有世界 名 喜見音 佛號 生喜樂

此上過佛刹微塵數世界 有世界 名 寶莊嚴幢 佛號 一切智

此上過佛刹微塵數世界 有世界 名 多羅華普照 佛號 無垢寂妙音

此上過佛刹微塵數世界 有世界 名 變化光 佛號 淸淨空智慧月

此上過佛刹微塵數世界 有世界 名 衆妙閒錯 佛號 開示福德海密雲相

此上過佛刹微塵數世界 有世界 名 一切莊嚴具妙音聲 佛號 歡喜雲

此上過佛刹微塵數世界 有世界 名 蓮華池 佛號 名稱幢

此上過佛刹微塵數世界 有世界 名 一切寶莊嚴 佛號 頻申觀察眼

此上過佛刹微塵數世界 有世界 名 淨妙華 佛號 無盡金剛智

此上過佛刹微塵數世界 有世界 名 蓮華莊嚴城 佛號 日藏眼普光明

此上過佛刹微塵數世界 有世界 名 無量樹峯 佛號 一切法雷音

此上過佛刹微塵數世界 有世界 名 日光明 佛號 開示無量智

此上過佛刹微塵數世界 有世界 名 依止蓮華葉 佛號 一切福德山

此上過佛刹微塵數世界 有世界 名 風普持 佛號 日曜根

此上過佛刹微塵數世界 有世界 名 光明顯現 佛號 身光普照

此上過佛刹微塵數世界 有世界 名 香雷音金剛寶普照 佛號 最勝華開敷相

此上過佛刹微塵數世界 有世界 名 帝網莊嚴 形如欄楯 依一切莊嚴海住 光焰樓閣
雲彌覆其上 二十佛刹微塵數世界圍遶 純一淸淨 佛號 示現無畏雲

"모든 불자여! 이 적집보향장 향수의 바다를 오른쪽으로 돌아서 다음 향수의 바다가 있으니, 이름이 '보장엄(寶莊嚴)'이며, 세계종의 이름은 '보무구(普無垢)'이다. 모든 티끌 가운데 부처님 세계의 신통 변화하는 음성을 체로 삼았다."

"이 가운데 가장 아래쪽에 세계가 있으니, 이름은 '정묘평탄(淨妙平坦)'이며, 모양은 보배 몸 같고 모든 보배 빛 바퀴 바다를 의지해서 머물며, 가지가지의 전단 마니진주 구름이 그 위를 덮었고 부처 세계의 티끌 수와 같은 세계가 둘러쌓으며, 다른 것이 섞이지 않은 순수한 청정함이고 부처님의 명호는 '난최복무등당(難摧伏無等幢)'이다."

"이 위로 부처 세계의 티끌 수와 같은 세계를 지나 세계가 있으니, 이름은 '치연묘장엄(熾然妙莊嚴)'이며, 부처님 명호는 '연화혜신통왕(蓮華慧神通王)'이다."

"이 위로 부처 세계의 티끌 수와 같은 세계를 지나 세계가 있으니, 이름은 '미묘상륜당

(微妙相輪幢)'이며, 부처님 명호는 '시방대명칭무진광(十方大名稱無盡光)'이다."

"이 위로 부처 세계의 티끌 수와 같은 세계를 지나 세계가 있으니, 이름은 '염장마니묘장엄(焰藏摩尼妙莊嚴)'이며, 부처님 명호는 '대지혜견문개환희(大智慧見聞皆歡喜)'이다."

"이 위로 부처 세계의 티끌 수와 같은 세계를 지나 세계가 있으니, 이름은 '묘화장엄(妙華莊嚴)'이며, 부처님 명호는 '무량력최승지(無量力最勝智)'이다."

"이 위로 부처 세계의 티끌 수와 같은 세계를 지나 세계가 있으니, 이름은 '출생정미진(出生淨微塵)'이며, 부처님 명호는 '초승범(超勝梵)'이다."

"이 위로 부처 세계의 티끌 수와 같은 세계를 지나 세계가 있으니, 이름은 '보광명변화향(普光明變化香)'이며, 부처님 명호는 '향상금강대력세(香象金剛大力勢)'이다."

"이 위로 부처 세계의 티끌 수와 같은 세계를 지나 세계가 있으니, 이름은 '광명선(光明旋)'이며, 부처님 명호는 '의성선명칭(義成善名稱)'이다."

"이 위로 부처 세계의 티끌 수와 같은 세계를 지나 세계가 있으니, 이름은 '보영락해(寶瓔珞海)'이며, 부처님 명호는 '무비광변조(無比光徧照)'이다."

"이 위로 부처 세계의 티끌 수와 같은 세계를 지나 세계가 있으니, 이름은 '묘화등당(妙華燈幢)'이며, 부처님 명호는 '구경공덕무애혜등(究竟功德無礙慧燈)'이다."

"이 위로 부처 세계의 티끌 수와 같은 세계를 지나 세계가 있으니, 이름은 '선교장엄(善巧莊嚴)'이며, 부처님 명호는 '혜일바라밀(慧日波羅蜜)'이다."

"이 위로 부처 세계의 티끌 수와 같은 세계를 지나 세계가 있으니, 이름은 '전단화보광명(栴檀華普光明)'이며, 부처님 명호는 '무변혜법계음(無邊慧法界音)'이다."

"이 위로 부처 세계의 티끌 수와 같은 세계를 지나 세계가 있으니, 이름은 '제망당(帝網幢)'이며, 부처님 명호는 '등광형조(燈光迴照)'이다."

"이 위로 부처 세계의 티끌 수와 같은 세계를 지나 세계가 있으니, 이름은 '정화륜(淨華輪)'이며, 부처님 명호는 '법계일광명(法界日光明)'이다."

"이 위로 부처 세계의 티끌 수와 같은 세계를 지나 세계가 있으니, 이름은 '대위요(大威耀)'이며, 부처님 명호는 '무변공덕해법륜음(無邊功德海法輪音)'이다."

"이 위로 부처 세계의 티끌 수와 같은 세계를 지나 세계가 있으니, 이름은 '동안주보련화지(同安住寶蓮華池)'이며, 부처님 명호는 '개시입불가사의지(開示入不可思議智)'이다."

"이 위로 부처 세계의 티끌 수와 같은 세계를 지나 세계가 있으니, 이름은 '평탄지(平坦地)'이며, 부처님 명호는 '보덕보광명왕(功德寶光明王)'이다."

"이 위로 부처 세계의 티끌 수와 같은 세계를 지나 세계가 있으니, 이름은 '향마니취(香摩尼聚)'이며, 부처님 명호는 '무진복덕해묘장엄(無盡福德海妙莊嚴)'이다."

"이 위로 부처 세계의 티끌 수와 같은 세계를 지나 세계가 있으니, 이름은 '미묘광명(微妙光明)'이며, 부처님 명호는 '무등력보변음(無等力普徧音)'이다."

"이 위로 부처 세계의 티끌 수와 같은 세계를 지나 세계가 있으니, 이름은 '시방보견고장엄조요(十方普堅固莊嚴照耀)'이며, 그 모양은 팔각형이며, 심왕 마니 바퀴의 바다를 의지해서 머물고 모든 보배 장엄 휘장 구름이 그 위를 덮었으며, 스무 부처 세계의 티끌 수와 같은 세계가 둘러쌓고 다른 것이 섞이지 않은 순수한 청정함이며, 부처님의 명호는 '보안대명등(普眼大明燈)'이다."

諸佛子 此積集寶香藏香水海右旋 次有香水海 名 寶莊嚴 世界種 名 普無垢 以一切微塵中佛刹神變聲爲體

此中最下方 有世界 名 淨妙平坦 形如寶身 依一切寶光輪海住 種種栴檀摩尼眞珠雲而覆其上 佛刹微塵數世界圍遶 純一淸淨 佛號 難摧伏無等幢

此上過佛刹微塵數世界 有世界 名 熾然妙莊嚴 佛號 蓮華慧神通王

此上過佛刹微塵數世界 有世界 名 微妙相輪幢 佛號 十方大名稱無盡光

此上過佛刹微塵數世界 有世界 名 焰藏摩尼妙莊嚴 佛號 大智慧見聞皆歡喜

此上過佛刹微塵數世界 有世界 名 妙華莊嚴 佛號 無量力最勝智

此上過佛刹微塵數世界 有世界 名 出生淨微塵 佛號 超勝梵

此上過佛刹微塵數世界 有世界 名 普光明變化香 佛號 香象金剛大力勢

此上過佛刹微塵數世界 有世界 名 光明旋 佛號 義成善名稱

此上過佛刹微塵數世界 有世界 名 寶瓔珞海 佛號 無比光徧照

此上過佛刹微塵數世界 有世界 名 妙華燈幢 佛號 究竟功德無礙慧燈

此上過佛刹微塵數世界 有世界 名 善巧莊嚴 佛號 慧日波羅蜜

此上過佛刹微塵數世界 有世界 名 栴檀華普光明 佛號 無邊慧法界音

此上過佛刹微塵數世界 有世界 名 帝網幢 佛號 燈光迴照

此上過佛刹微塵數世界 有世界 名 淨華輪 佛號 法界日光明

此上過佛刹微塵數世界 有世界 名 大威耀 佛號 無邊功德海法輪音

此上過佛刹微塵數世界 有世界 名 同安住寶蓮華池 佛號 開示入不可思議智

此上過佛刹微塵數世界 有世界 名 平坦地 佛號 功德寶光明王

此上過佛刹微塵數世界 有世界 名 香摩尼聚 佛號 無盡福德海妙莊嚴

此上過佛刹微塵數世界 有世界 名 微妙光明 佛號 無等力普徧音

此上過佛刹微塵數世界 有世界 名 十方普堅固莊嚴照耀 其形八隅 依心王摩尼輪海住 一切寶莊嚴幢雲彌覆其上 二十佛刹微塵數世界圍遶 純一淸淨 佛號 普眼大明燈

"모든 불자여! 이 보장엄 향수의 바다를 오른쪽으로 돌아서 다음 향수의 바다가 있으니, 이름은 '금강보취(金剛寶聚)'이며, 세계종의 이름은 '법계행(法界行)'이다. 모든 보살 지위의 방편 법 음성을 체로 삼았다."

"이 가운데 가장 아래쪽에 세계가 있으니, 이름은 '정광조요(淨光照耀)'이며, 모양은 구슬을 꿴 것과 같으며, 모든 보배 빛 진주 영락 바다를 의지해서 머물고 보살의 진주 상투 광명마니 구름이 그 위를 덮었으며, 부처 세계의 티끌 수와 같은 세계가 둘러쌌으며, 다른 것이 섞이지 않은 순수한 청정함이고 부처님의 명호는 '최승공덕광(最勝功德光)'이다."

"이 위로 부처 세계의 티끌 수와 같은 세계를 지나 세계가 있으니, 이름은 '묘개(妙蓋)'이며, 부처님 명호는 '법자재혜(法自在慧)'이다."

"이 위로 부처 세계의 티끌 수와 같은 세계를 지나 세계가 있으니, 이름은 '보장엄사자좌(寶莊嚴師子座)'이며, 부처님 명호는 '대용연(大龍淵)'이다."

"이 위로 부처 세계의 티끌 수와 같은 세계를 지나 세계가 있으니, 이름은 '출현금강좌(出現金剛座)'이며, 부처님 명호는 '승사자좌연화대(昇師子座蓮華臺)'이다."

"이 위로 부처 세계의 티끌 수와 같은 세계를 지나 세계가 있으니, 이름은 '연화승음(蓮華勝音)'이며, 부처님 명호는 '지광보개오(智光普開悟)'이다."

"이 위로 부처 세계의 티끌 수와 같은 세계를 지나 세계가 있으니, 이름은 '선관습(善慣習)'이며, 부처님 명호는 '지지묘광왕(持地妙光王)'이다."

"이 위로 부처 세계의 티끌 수와 같은 세계를 지나 세계가 있으니, 이름은 '희락음(喜樂音)'이며, 부처님 명호는 '법등왕(法燈王)'이다."

"이 위로 부처 세계의 티끌 수와 같은 세계를 지나 세계가 있으니, 이름은 '마니장인타라망(摩尼藏因陀羅網)'이며, 부처님 명호는 '불공견(不空見)'이다."

"이 위로 부처 세계의 티끌 수와 같은 세계를 지나 세계가 있으니, 이름은 '중묘지장(衆妙地藏)'이며, 부처님 명호는 '염신당(焰身幢)'이다."

"이 위로 부처 세계의 티끌 수와 같은 세계를 지나 세계가 있으니, 이름은 '금강륜(金剛輪)'이며, 부처님 명호는 '정치중생행(淨治衆生行)'이다."

"이 위로 부처 세계의 티끌 수와 같은 세계를 지나 세계가 있으니, 이름은 '수미산장엄(須彌山莊嚴)'이며, 부처님 명호는 '일체공덕운보조(一切功德雲普照)'이다."

"이 위로 부처 세계의 티끌 수와 같은 세계를 지나 세계가 있으니, 이름은 '중수형(衆樹形)'이며, 부처님 명호는 '보화상정월각(寶華相淨月覺)'이다."

"이 위로 부처 세계의 티끌 수와 같은 세계를 지나 세계가 있으니, 이름은 '무포외(無怖畏)'이며, 부처님 명호는 '최승금강거(最勝金剛炬)'이다."

"이 위로 부처 세계의 티끌 수와 같은 세계를 지나 세계가 있으니, 이름은 '대명칭용왕당(大名稱龍王幢)'이며, 부처님 명호는 '관등일체법(觀等一切法)'이다."

"이 위로 부처 세계의 티끌 수와 같은 세계를 지나 세계가 있으니, 이름은 '시현마니색(示現摩尼色)'이며, 부처님 명호는 '변화일(變化日)'이다."

"이 위로 부처 세계의 티끌 수와 같은 세계를 지나 세계가 있으니, 이름은 '광염등장엄(光焰燈莊嚴)'이며, 부처님 명호는 '보개광변조(寶蓋光偏照)'이다."

"이 위로 부처 세계의 티끌 수와 같은 세계를 지나 세계가 있으니, 이름은 '향광운(香光雲)'이며, 부처님 명호는 '사유혜(思惟慧)'이다."

"이 위로 부처 세계의 티끌 수와 같은 세계를 지나 세계가 있으니, 이름은 '무원수(無怨讐)'이며, 부처님 명호는 '정진승혜해(精進勝慧海)'이다."

"이 위로 부처 세계의 티끌 수와 같은 세계를 지나 세계가 있으니, 이름은 '일체장엄구광명당(一切莊嚴具光明幢)'이며, 부처님 명호는 '보현열의연화자재왕(普現悅意蓮華自在王)'이다."

"이 위로 부처 세계의 티끌 수와 같은 세계를 지나 세계가 있으니, 이름은 '호상장엄(毫相莊嚴)'이며, 모양은 반달과 같고 수미산 마니꽃 바다를 의지해서 머물며, 모든 장엄한 것이 불타오르듯 성한 빛 마니왕 구름이 그 위를 덮었고 스무 부처 세계의 티끌 수와 같은 세계가 둘러쌌으며, 다른 것이 섞이지 않은 순수한 청정함이고 부처님의 명호는 '청정안(淸淨眼)'이다."

諸佛子 此寶莊嚴香水海右旋 次有香水海 名 金剛寶聚 世界種 名 法界行 以一切菩薩地方便法音聲爲體

此中最下方 有世界 名 淨光照耀 形如珠貫 依一切寶色珠瓔海住 菩薩珠髻光明摩尼雲而覆其上佛刹微塵數世界圍遶 純一淸淨 佛號 最勝功德光

此上過佛刹微塵數世界 有世界 名 妙蓋 佛號 法自在慧

此上過佛刹微塵數世界 有世界 名 寶莊嚴師子座 佛號 大龍淵

此上過佛刹微塵數世界 有世界 名 出現金剛座 佛號 昇師子座蓮華臺

此上過佛刹微塵數世界 有世界 名 蓮華勝音 佛號 智光普開悟

此上過佛刹微塵數世界 有世界 名 善慣習 佛號 持地妙光王

此上過佛刹微塵數世界 有世界 名 喜樂音 佛號 法燈王

此上過佛刹微塵數世界 有世界 名 摩尼藏因陀羅網 佛號 不空見

此上過佛刹微塵數世界 有世界 名 衆妙地藏 佛號 焰身幢

此上過佛刹微塵數世界 有世界 名 金剛輪 佛號 淨治衆生行

此上過佛刹微塵數世界 有世界 名 須彌山莊嚴 佛號 一切功德雲普照

此上過佛刹微塵數世界 有世界 名 衆樹形 佛號 寶華相淨月覺

此上過佛刹微塵數世界 有世界 名 無怖畏 佛號 最勝金剛炬

此上過佛刹微塵數世界 有世界 名 大名稱龍王幢 佛號 觀等一切法

此上過佛刹微塵數世界 有世界 名 示現摩尼色 佛號 變化日

此上過佛刹微塵數世界 有世界 名 光焰燈莊嚴 佛號 寶蓋光徧照

此上過佛刹微塵數世界 有世界 名 香光雲 佛號 思惟慧

此上過佛刹微塵數世界 有世界 名 無怨讎 佛號 精進勝慧海

此上過佛刹微塵數世界 有世界 名 一切莊嚴具光明幢 佛號 普現悅意蓮華自在王

此上過佛刹微塵數世界 有世界 名 毫相莊嚴 形如半月 依須彌山摩尼華海住 一切
莊嚴熾盛光摩尼王雲彌覆其上 二十佛刹微塵數世界圍遶 純一淸淨 佛號 淸淨眼

"모든 불자여! 이 금강보취 향수의 바다를 오른쪽으로 돌아서 다음 향수의 바다가 있으니, 이름이 '천성보첩(天城寶堞)'이며, 세계종의 이름은 '등염광명(燈焰光明)'이다. 모든 것을 널리 보는 평등한 법륜의 음성을 체로 삼았다."

"이 가운데 가장 아래쪽에 세계가 있으니, 이름은 '보월광염륜(寶月光焰輪)'이며, 모양은 온갖 장엄 기물 같고 모든 보배 장엄 꽃 바다를 의지해서 머물며, 유리 빛 사자좌 구름이 그 위를 덮었고 부처 세계의 티끌 수와 같은 세계가 둘러쌌으며, 다른 것이 섞이지 않은 순수한 청정함이고 부처님의 명호는 '일월자재광(日月自在光)'이다."

"이 위로 부처 세계의 티끌 수와 같은 세계를 지나 세계가 있으니, 이름은 '수미보광(須彌寶光)'이며, 부처님 명호는 '무진법보당(無盡法寶幢)'이다."

"이 위로 부처 세계의 티끌 수와 같은 세계를 지나 세계가 있으니, 이름은 '중묘광명당(衆妙光明幢)'이며, 부처님 명호는 '대화취(大華聚)'이다."

"이 위로 부처 세계의 티끌 수와 같은 세계를 지나 세계가 있으니, 이름은 '마니광명화(摩尼光明華)'이며, 부처님 명호는 '인중최자재(人中最自在)'이다."

"이 위로 부처 세계의 티끌 수와 같은 세계를 지나 세계가 있으니, 이름은 '보음(普音)'이며, 부처님 명호는 '일체지변조(一切智徧照)' 이다."

"이 위로 부처 세계의 티끌 수와 같은 세계를 지나 세계가 있으니, 이름은 '대수긴나라음(大樹緊那羅音)'이며, 부처님 명호는 '무량복덕자재용(無量福德自在龍)'이다."

"이 위로 부처 세계의 티끌 수와 같은 세계를 지나 세계가 있으니, 이름은 '무변정광명

(無邊淨光明)'이며, 부처님 명호는 '공덕보화광(功德寶華光)'이다."

"이 위로 부처 세계의 티끌 수와 같은 세계를 지나 세계가 있으니, 이름은 '최승음(最勝音)'이며, 부처님 명호는 '일체지장엄(一切智莊嚴)'이다."

"이 위로 부처 세계의 티끌 수와 같은 세계를 지나 세계가 있으니, 이름은 '중보간식(衆寶間飾)'이며, 부처님 명호는 '보염수미산(寶焰須彌山)'이다."

"이 위로 부처 세계의 티끌 수와 같은 세계를 지나 세계가 있으니, 이름은 '청정수미음(清淨須彌音)'이며, 부처님 명호는 '출현일체행광명(出現一切行光明)'이다."

"이 위로 부처 세계의 티끌 수와 같은 세계를 지나 세계가 있으니, 이름은 '향수개(香水蓋)'이며, 부처님 명호는 '일체바라밀무애해(一切波羅蜜無礙海)'이다."

"이 위로 부처 세계의 티끌 수와 같은 세계를 지나 세계가 있으니, 이름은 '사자화망(師子華網)'이며, 부처님 명호는 '보염당(寶焰幢)'이다."

"이 위로 부처 세계의 티끌 수와 같은 세계를 지나 세계가 있으니, 이름은 '금강묘화등(金剛妙華燈)'이며, 부처님 명호는 '일체대원광(一切大願光)'이다."

"이 위로 부처 세계의 티끌 수와 같은 세계를 지나 세계가 있으니, 이름은 '일체법광명지(一切法光明地)'이며, 부처님 명호는 '일체법광대진실의(一切法廣大眞實義)'이다."

"이 위로 부처 세계의 티끌 수와 같은 세계를 지나 세계가 있으니, 이름은 '진주말평탄장엄(眞珠末平坦莊嚴)'이며, 부처님 명호는 '승혜광명망(勝慧光明網)'이다."

"이 위로 부처 세계의 티끌 수와 같은 세계를 지나 세계가 있으니, 이름은 '유리화(瑠璃華)'이며, 부처님 명호는 '보적당(寶積幢)'이다."

"이 위로 부처 세계의 티끌 수와 같은 세계를 지나 세계가 있으니, 이름은 '무량묘광륜(無量妙光輪)'이며, 부처님 명호는 '대위력지혜장(大威力智慧藏)'이다."

"이 위로 부처 세계의 티끌 수와 같은 세계를 지나 세계가 있으니, 이름은 '명견시방(明見十方)'이며, 부처님 명호는 '정수일체공덕당(淨修一切功德幢)'이다."

"이 위로 부처 세계의 티끌 수와 같은 세계를 지나 세계가 있으니, 이름은 '가애락범음(可愛樂梵音)'이며, 모양은 부처님의 손과 같고 보배 빛 그물 바다를 의지해서 머물며, 보살의 몸 모든 장엄 구름이 그 위를 덮었고 스무 부처 세계의 티끌 수와 같은 세계가 둘러쌌으며, 다른 것이 섞이지 않은 순수한 청정함이고 부처님의 명호는 '보조법계무애광(普照法界無礙光)'이다."

諸佛子 此金剛寶聚香水海右旋 次有香水海 名 天城寶堞 世界種 名 燈焰光明 以普示一切平等法輪音爲體

此中最下方 有世界 名 寶月光焰輪 形如一切莊嚴具 依一切寶莊嚴華海住 瑠璃色

師子座雲而覆其上 佛刹微塵數世界圍遶 純一淸淨 佛號 日月自在光

此上過佛刹微塵數世界 有世界 名 須彌寶光 佛號 無盡法寶幢

此上過佛刹微塵數世界 有世界 名 衆妙光明幢 佛號 大華聚

此上過佛刹微塵數世界 有世界 名 摩尼光明華 佛號 人中最自在

此上過佛刹微塵數世界 有世界 名 普音 佛號 一切智徧照

此上過佛刹微塵數世界 有世界 名 大樹緊那羅音 佛號 無量福德自在龍

此上過佛刹微塵數世界 有世界 名 無邊淨光明 佛號 功德寶華光

此上過佛刹微塵數世界 有世界 名 最勝音 佛號 一切智莊嚴

此上過佛刹微塵數世界 有世界 名 衆寶間飾 佛號 寶焰須彌山

此上過佛刹微塵數世界 有世界 名 淸淨須彌音 佛號 出現一切行光明

此上過佛刹微塵數世界 有世界 名 香水蓋 佛號 一切波羅蜜無礙海

此上過佛刹微塵數世界 有世界 名 師子華網 佛號 寶焰幢

此上過佛刹微塵數世界 有世界 名 金剛妙華燈 佛號 一切大願光

此上過佛刹微塵數世界 有世界 名 一切法光明地 佛號 一切法廣大眞實義

此上過佛刹微塵數世界 有世界 名 眞珠末平坦莊嚴 佛號 勝慧光明網

此上過佛刹微塵數世界 有世界 名 瑠璃華 佛號 寶積幢

此上過佛刹微塵數世界 有世界 名 無量妙光輪 佛號 大威力智慧藏

此上過佛刹微塵數世界 有世界 名 明見十方 佛號 淨修一切功德幢

此上過佛刹微塵數世界 有世界 名 可愛樂梵音 形如佛手 依寶光網海住 菩薩身一
切莊嚴雲彌覆其上 二十佛刹微塵數世界圍遶 純一淸淨 佛號 普照法界無礙光

대방광불화엄경 제10권

5. 화장세계품 (3)
華藏世界品第五之三

그때 보현보살이 차례를 따라(復) 깨우침을 주기 위해서 대중에게 말했다.

爾時 普賢菩薩 復告大衆言

"모든 불자여! 이구염장 향수의 바다 동쪽에 다음 향수의 바다가 있으니, 이름이 '변화미묘신(變化微妙身)'이다. 이 바다 가운데 세계종이 있으니, 이름이 '선포차별방(善布差別方)'이다."

"이어서 향수의 바다가 있으니, 이름이 '금강안당(金剛眼幢)'이며, 세계종(世界種)의 이름은 '장엄법계교(莊嚴法界橋)'이다."

"이어서 향수의 바다가 있으니, 이름이 '종종연화묘장엄(種種蓮華妙莊嚴)'이며, 세계종의 이름은 '항출시방변화(恒出十方變化)' 이다."

"이어서 향수의 바다가 있으니, 이름이 '무간보왕륜(無閒寶王輪)'이며, 세계종의 이름은 '보연화경밀운(寶蓮華莖密雲)'이다."

"이어서 향수의 바다가 있으니, 이름이 '묘향염보장엄(妙香焰普莊嚴)'이며, 세계종의 이름은 '비로자나변화행(毘盧遮那變化行)'이다."

"이어서 향수의 바다가 있으니, 이름이 '보말염부당(寶末閻浮幢)'이며, 세계종의 이름은 '제불호념경계(諸佛護念境界)'이다."

"이어서 향수의 바다가 있으니, 이름이 '일체색치연광(一切色熾然光)'이며, 세계종의 이름은 '최승광변조(最勝光徧照)' 이다."

"이어서 향수의 바다가 있으니, 이름이 '일체장엄구경계(一切莊嚴具境界)'이며, 세계종의 이름은 '보염등(寶焰燈)'이다. 이와 같은 부류가 말로서 이를 수 없는 티끌 수의 향수 해가 있고 윤위산에 가장 가까운 향수 해의 이름이 '파려지(玻瓈地)'이며, 세계종의 이름은 '상방광명(常放光明)'으로 세계바다의 청정한 겁의 음성을 체로 삼았다."

"이 가운데 가장 아래쪽에 세계가 있으니, 이름이 '가애락정광당(可愛樂淨光幢)'이며, 부처 세계의 티끌 수와 같은 세계가 둘러쌌고 다른 것이 섞이지 않은 순수한 청정함이며, 부처님의 명호는 '최승삼매정진혜(最勝三昧精進慧)'이다."

"이 위로 열 부처 세계의 티끌 수와 같은 세계를 지나서 금강당 세계와 더불어 가지런한 세계가 있으니, 이름이 '향장엄당(香莊嚴幢)'이며, 열 부처 세계의 티끌 수와 같은 세계가 둘러쌌고 다른 것이 섞이지 않은 순수한 청정함이며, 부처님의 명호는 '무장애법계등(無障礙法界燈)'이다."

"이 위로 세 부처 세계의 티끌 수와 같은 세계를 지나서 사바세계와 더불어 가지런한 세계가 있으니, 이름이 '방광명장(放光明藏)'이며, 부처님의 명호는 '변법계무장애혜명(偏法界無障礙慧明)'이다."

"이 위로 일곱 부처 세계의 티끌 수와 같은 세계를 지나서 이 세계종의 가장 맨 위에 이르면 세계가 있으니, 이름이 '최승신향(最勝身香)'이며, 스무 부처 세계의 티끌 수와 같은 세계가 둘러쌌고 다른 것이 섞이지 않은 순수한 청정함이며, 부처님의 명호는 '각분화(覺分華)'이다."

諸佛子 彼離垢焰藏香水海東 此有香水海 名 變化微妙身 此海中 有世界種 名 善布差別方

次有香水海 名 金剛眼幢 世界種 名 莊嚴法界橋

次有香水海 名 種種蓮華妙莊嚴 世界種 名 恒出十方變化

次有香水海 名 無閒寶王輪 世界種 名 寶蓮華莖密雲

次有香水海 名 妙香焰普莊嚴 世界種 名 毘盧遮那變化行

次有香水海 名 寶末閻浮幢 世界種 名 諸佛護念境界

次有香水海 名 一切色熾然光 世界種 名 最勝光徧照

次有香水海 名 一切莊嚴具境界 世界種 名 寶焰燈 如是等不可說微塵數香水海 其最近輪威山香水海 名 玻瓈地 世界種 名 常放光明 以世界海淸淨劫音聲爲體

此中最下方 有世界 名 可愛樂淨光幢 佛刹微塵數世界圍遶 純一淸淨 佛號 最勝三昧精進慧

此上過十佛刹微塵數世界 與金剛幢世界齊等 有世界 名 香莊嚴幢 十佛刹微塵數世界圍遶 純一淸淨 佛號 無障礙法界燈

此上過三佛刹微塵數世界 與娑婆世界齊等 有世界 名 放光明藏 佛號 徧法界無障礙慧明

此上過七佛刹微塵數世界 至此世界種最上方 有世界 名 最勝身香 二十佛刹微塵數世界圍遶 純一淸淨 佛號 覺分華

"모든 불자여! 저 무진광명륜 향수의 바다 밖에 이어서 향수의 바다가 있으니, 이름이 '구족묘광(具足妙光)'이며, 세계종의 이름은 '변무구(徧無垢)'다."

"이어서 향수의 바다가 있으니, 이름이 '광요개(光耀蓋)'이며, 세계종의 이름은 '무변보장엄(無邊普莊嚴)'이다."

"이어서 향수의 바다가 있으니, 이름이 '묘보장엄(妙寶莊嚴)'이며, 세계종의 이름은 '향마니궤도형(香摩尼軌度形)'이다."

"이어서 향수의 바다가 있으니, 이름이 '출불음성(出佛音聲)'이며, 세계종의 이름은 '선건립장엄(善建立莊嚴)'이다."

"이어서 향수의 바다가 있으니, 이름이 '향수미장(香幢須彌藏)'이며, 세계종의 이름은 '광명변만(光明徧滿)'이다."

"이어서 향수의 바다가 있으니, 이름이 '전단묘광명(栴檀妙光明)'이며, 세계종의 이름은 '화염륜(華焰輪)'이다."

"이어서 향수의 바다가 있으니, 이름이 '풍력지(風力持)'이며, 세계종의 이름은 '보염운당(寶焰雲幢)'이다."

"이어서 향수의 바다가 있으니, 이름이 '제석신장엄(帝釋身莊嚴)'이며, 세계종의 이름은 '진주장(眞珠藏)'이다."

"이어서 향수의 바다가 있으니, 이름이 '평탄엄정(平坦嚴淨)'이며, 세계종의 이름은 '비유리말종종장엄(毘瑠璃末種種莊嚴)'이다."

"이와 같은 부류가 말로서 이를 수 없는 티끌 수의 향수 해가 있고 윤위산에 가장 가까운 향수 해의 이름은 '묘수화(妙樹華)'이며, 세계종의 이름은 '출생제방광대찰(出生諸方廣大刹)'이고 마(魔)를 꺾어서 조복시키는 모든 부처님의 음성을 체로 삼았다."

"이 가운데 가장 아래쪽에 세계가 있으니, 이름이 '염거당(焰炬幢)'이며, 부처님의 명호는 '세간공덕해(世間功德海)'다."

"이 위로 열 부처 세계의 티끌 수와 같은 세계를 지나서 금강 당기 세계와 가지런한 세계가 있으니, 이름은 '출생보(出生寶)'이며, 부처님의 명호는 '사자력보운(師子力寶雲)'이다."

"이 위에 사바세계와 가지런한 세계가 있으니, 이름은 '의복당(衣服幢)'이며, 부처님의 명호는 '일체지해왕(一切智海王)'이다. 이 세계종의 가장 위쪽에 세계가 있으니, 이름이 '보영락사자광명(寶瓔珞師子光明)'이며, 부처님의 명호는 '선변화연화당(善變化蓮華幢)'이다."

諸佛子 彼無盡光明輪香水海外 次有香水海 名 具足妙光 世界種 名 徧無垢

次有香水海 名 光耀蓋 世界種 名 無邊普莊嚴

次有香水海 名 妙寶莊嚴 世界種 名 香摩尼軌度形

次有香水海 名 出佛音聲 世界種 名 善建立莊嚴

次有香水海 名 香幢須彌藏 世界種 名 光明徧滿

次有香水海 名 栴檀妙光明 世界種 名 華焰輪

次有香水海 名 風力持 世界種 名 寶焰雲幢

次有香水海 名 帝釋身莊嚴 世界種 名 眞珠藏

次有香水海 名 平坦嚴淨 世界種 名 毘瑠璃末種種莊嚴 如是等不可說佛刹微塵數香水海 其最近輪威山香水海 名 妙樹華 世界種 名 出生諸方廣大刹 以一切佛摧伏魔音爲體 此中最下方 有世界 名 焰炬幢 佛號 世間功德海

此上過十佛刹微塵數世界 與金剛幢世界齊等 有世界 名 出生寶 佛號 師子力寶雲

此上與娑婆世界齊等 有世界 名 衣服幢 佛號 一切智海王 於此世界種最上方 有世界 名 寶瓔珞師子光明 佛號 善變化蓮華幢

"모든 불자여! 저 금강염광명 향수의 바다 밖에 이어서 향수의 바다가 있으니, 이름이 '일체장엄구영식당(一切莊嚴具瑩飾幢)'이며, 세계종의 이름은 '청정행장엄(淸淨行莊嚴)'이다."

"이어서 향수의 바다가 있으니, 이름이 '일체보화광요해(一切寶華光耀海)'이며, 세계종의 이름은 '공덕상장엄(功德相莊嚴)'이다."

"이어서 향수의 바다가 있으니, 이름이 '연화개부(蓮華開敷)'이며, 세계종의 이름은 '보살마니관장엄(菩薩摩尼冠莊嚴)'이다."

"이어서 향수의 바다가 있으니, 이름이 '묘보의복(妙寶衣服)'이며, 세계종의 이름은 '정주륜(淨珠輪)'이다."

"이어서 향수의 바다가 있으니, 이름이 '가애화변조(可愛華徧照)'이며, 세계종의 이름은 '백광운조요(百光雲照耀)'이다."

"이어서 향수의 바다가 있으니, 이름이 '변허공대광명(徧虛空大光明)'이며, 세계종의 이름은 '보광보조(寶光普照)'이다."

"이어서 향수의 바다가 있으니, 이름이 '묘화장엄당(妙華莊嚴幢)'이며, 세계종의 이름은 '금월안영락(金月眼瓔珞)'이다."

"이어서 향수의 바다가 있으니, 이름이 '진주향해장(眞珠香海藏)'이며, 세계종의 이름은 '불광명(佛光明)'이다."

"이어서 향수의 바다가 있으니, 이름이 '보륜광명(寶輪光明)'이며, 세계종의 이름은 '선화현불경계광명(善化現佛境界光明)'이다."

"이와 같은 부류가 말로서 이를 수 없는 부처 세계의 티끌 수와 같은 향수 해가 있고 윤위산에 가장 가까운 향수 해의 이름은 '무변륜장엄저(無邊輪莊嚴底)'이며, 세계종의 이름은 '무량방차별(無量方差別)'이고 모든 국토에 가지가지로 말하는 음성을 체로 삼았다."

"이 가운데 가장 아래쪽에 세계가 있으니, 이름이 '금강화개(金剛華蓋)'이며, 부처님의 명호는 '무진상광명(無盡相光明普門音)'이다."

"이 위로 열 부처 세계의 티끌 수와 같은 세계를 지나서 세계가 있으니, 금강당 세계와 가지런하며, 이름이 '출생보의당(出生寶衣幢)'이고 부처님의 명호는 '복덕운대위세(福德雲大威勢)'이다."

"이 위에 사바세계와 가지런한 세계가 있으니, 이름은 '중보구묘장엄(衆寶具妙莊嚴)'이며, 부처님의 명호는 '승혜해(勝慧海)'이다. 이 세계종의 가장 위쪽에 세계가 있으니, 이름이 '일광명의복당(日光明衣服幢)'이며, 부처님의 명호는 '지일연화운(智日蓮華雲)'이다."

諸佛子 彼金剛焰光明香水海外 次有香水海 名 一切莊嚴具瑩飾幢 世界種 名 淸淨行莊嚴

次有香水海 名 一切寶華光耀海 世界種 名 功德相莊嚴

次有香水海 名 蓮華開敷 世界種 名 菩薩摩尼冠莊嚴

次有香水海 名 妙寶衣服 世界種 名 淨珠輪

次有香水海 名 可愛華徧照 世界種 名 百光雲照耀

次有香水海 名 徧虛空大光明 世界種 名 寶光普照

次有香水海 名 妙華莊嚴幢 世界種 名 金月眼瓔珞

次有香水海 名 眞珠香海藏 世界種 名 佛光明

次有香水海 名 寶輪光明 世界種 名 善化現佛境界光明 如是等不可說佛刹微塵數香水海 其最近輪威山香水海 名 無邊輪莊嚴底 世界種 名 無量方差別 以一切國土種種言說音爲體

此中最下方 有世界 名 金剛華蓋 佛號 無盡相光明普門音

此上過十佛刹微塵數世界 有世界 與金剛幢世界齊等 名 出生寶衣幢 佛號 福德雲大威勢

此上與娑婆世界齊等 有世界 名 衆寶具妙莊嚴 佛號 勝慧海 於此世界種最上方 有世界 名 日光明衣服幢 佛號 智日蓮華雲

"모든 불자여! 저 제청보장엄 향수의 바다 밖에 이어서 향수의 바다가 있으니, 이름이

'아수라궁전(阿修羅宮殿)'이며, 세계종의 이름은 '향수광소지(香水光所持)'이다."

"이어서 향수의 바다가 있으니, 이름이 '보사자장엄(寶師子莊嚴)'이며, 세계종의 이름은 '변시시방일체보(徧示十方一切寶)'이다."

"이어서 향수의 바다가 있으니, 이름이 '궁전색광명운(宮殿色光明雲)'이며, 세계종의 이름은 '보륜묘장엄(寶輪妙莊嚴)'이다."

"이어서 향수의 바다가 있으니, 이름이 '출대련화(出大蓮華)'이며, 세계종의 이름은 '묘장엄변조법계(妙莊嚴徧照法界)'이다."

"이어서 향수의 바다가 있으니, 이름이 '등염묘안(燈焰妙眼)'이며, 세계종의 이름은 '변관찰시방변화(徧觀察十方變化)'이다."

"이어서 향수의 바다가 있으니, 이름이 '부사의장엄륜(不思議莊嚴輪)'이며, 세계종의 이름은 '시방광명보명칭(十方光明普名稱)'이다."

"이어서 향수의 바다가 있으니, 이름이 '보적장엄(寶積莊嚴)'이며, 세계종의 이름은 '등광조요(燈光照耀)'이다."

"이어서 향수의 바다가 있으니, 이름이 '청정보광명(淸淨寶光明)'이며, 세계종의 이름은 '수미무능위애풍(須彌無能爲礙風)'이다."

"이어서 향수의 바다가 있으니, 이름이 '보의난순(寶衣欄楯)'이며, 세계종의 이름은 '여래신광명(如來身光明)'이다."

"이와 같은 부류가 말로서 이를 수 없는 부처 세계의 티끌 수와 같은 향수 해가 있고 이 향수 해와 가장 가까운 윤위산 향수 해의 이름은 '수장엄당(樹莊嚴幢)'이며, 세계종의 이름은 '안주제망(安住帝網)'이고 모든 보살 지혜의 지위에 따른 음성을 체로 삼았다."

"이 가운데 가장 아래쪽에 세계가 있으니, 이름이 '묘금색(妙金色)'이며, 부처님의 명호는 '향염승위광(香焰勝威光)'이다."

"이 위로 열 부처 세계의 티끌 수와 같은 세계를 지나서 금강당 세계와 가지런한 세계가 있으니, 이름이 '마니수화(摩尼樹華)'이고 부처님의 명호는 '무애보현(無礙普現)'이다."

이 위에 사바세계와 가지런하게 세계가 있으니, 이름은 '비유리묘장엄(毘瑠璃妙莊嚴)'이며, 부처님의 명호는 '법자재견고혜(法自在堅固慧)'이다. 이 세계종의 가장 위쪽에 세계가 있으니, 이름이 '범음묘장엄(梵音妙莊嚴)'이며, 부처님의 명호는 '연화개부광명왕(蓮華開敷光明王)'이다."

諸佛子 彼帝靑寶莊嚴香水海外 次有香水海 名 阿修羅宮殿 世界種 名 香水光所持

次有香水海 名 寶師子莊嚴 世界種 名 徧示十方一切寶

次有香水海 名 宮殿色光明雲 世界種 名 寶輪妙莊嚴

次有香水海 名 出大蓮華 世界種 名 妙莊嚴徧照法界

次有香水海 名 燈焰妙眼 世界種 名 徧觀察十方變化

次有香水海 名 不思議莊嚴輪 世界種 名 十方光明普名稱

次有香水海 名 寶積莊嚴 世界種 名 燈光照耀

次有香水海 名 淸淨寶光明 世界種 名 須彌無能爲礙風

次有香水海 名 寶衣欄楯 世界種 名 如來身光明 如是等不可說佛剎微塵數香水海

其最近輪威山香水海 名 樹莊嚴幢 世界種 名 安住帝網 以一切菩薩智地音聲爲體

此中最下方 有世界 名 妙金色 佛號 香焰勝威光

此上過十佛剎微塵數世界 與金剛幢世界齊等 有世界 名 摩尼樹華 佛號 無礙普現

此上與娑婆世界齊等 有世界 名 毘瑠璃妙莊嚴 佛號 法自在堅固慧 於此世界種最

上方 有世界 名 梵音妙莊嚴 佛號 蓮華開敷光明王

"모든 불자여! 저 금강륜장엄저 향수의 바다 밖에 이어서 향수의 바다가 있으니, 이름이 '화현연화처(化現蓮華處)'이며, 세계종의 이름은 '국토평정(國土平正)'이다."

"이어서 향수의 바다가 있으니, 이름이 '마니광(摩尼光)'이며, 세계종의 이름은 '변법계무미혹(徧法界無迷惑)'이다."

"이어서 향수의 바다가 있으니, 이름이 '중묘향일마니(衆妙香日摩尼)'이며, 세계종의 이름은 '보현시방(普現十方)'이다."

"이어서 향수의 바다가 있으니, 이름이 '항납보류(恒納寶流)'이며, 세계종의 이름은 '보행불언음(普行佛言音)'이다."

"이어서 향수의 바다가 있으니, 이름이 '무변심묘음(無邊深妙音)'이며, 세계종의 이름은 '무변방차별(無邊方差別)'이다."

"이어서 향수의 바다가 있으니, 이름이 '견실적취(堅實積聚)'이며, 세계종의 이름은 '무량처차별(無量處差別)'이다."

"이어서 향수의 바다가 있으니, 이름이 '청정범음(淸淨梵音)'이며, 세계종의 이름은 '보청정장엄(普淸淨莊嚴)'이다."

"이어서 향수의 바다가 있으니, 이름이 '전단난순음성장(栴檀欄楯音聲藏)'이며, 세계종의 이름은 '향출당(逈出幢)'이다."

"이어서 향수의 바다가 있으니, 이름이 '묘향보왕광장엄(妙香寶王光莊嚴)'이며, 세계종의 이름은 '보현광명력(普現光明力)'이다."

諸佛子 彼金剛輪莊嚴底香水海外 次有香水海 名 化現蓮華處 世界種 名 國土平正

次有香水海 名 摩尼光 世界種 名 徧法界無迷惑

次有香水海 名 衆妙香日摩尼 世界種 名 普現十方

次有香水海 名 恒納寶流 世界種 名 普行佛言音

次有香水海 名 無邊深妙音 世界種 名 無邊方差別

次有香水海 名 堅實積聚 世界種 名 無量處差別

次有香水海 名 淸淨梵音 世界種 名 普淸淨莊嚴

次有香水海 名 栴檀欄楯音聲藏 世界種 名 迥出幢

次有香水海 名 妙香寶王光莊嚴 世界種 名 普現光明力

"모든 불자여! 저 연화 인타라망 향수의 바다 밖에 이어서 향수의 바다가 있으니, 이름이 '은련화묘장엄(銀蓮華妙莊嚴)'이며, 세계종의 이름은 '보변행(普遍行)'이다."

"이어서 향수의 바다가 있으니, 이름이 '비유리죽밀염운(毘瑠璃竹密焰雲)'이며, 세계종의 이름은 '보출시방음(普出十方音)'이다."

"이어서 향수의 바다가 있으니, 이름이 '시방광염취(十方光焰聚)'이며, 세계종의 이름은 '항출변화분포시방(恒出變化分布十方)'이다."

"이어서 향수의 바다가 있으니, 이름이 '출현진금마니당(出現眞金摩尼幢雲)'이며, 세계종의 이름은 '금강당상(金剛幢相)'이다."

"이어서 향수의 바다가 있으니, 이름이 '평등대장엄(平等大莊嚴)'이며, 세계종의 이름은 '법계용맹선(法界勇猛旋)'이다.

이어서 향수의 바다가 있으니, 이름이 '보화총무진광(寶華叢無盡光)'이며, 세계종의 이름은 '무변정광명(無邊淨光明)'이다."

"이어서 향수의 바다가 있으니, 이름이 '묘금당(妙金幢)'이며, 세계종의 이름은 '연설미밀처(演說微密處)'이다."

"이어서 향수의 바다가 있으니, 이름이 '광영변조(光影徧照)'이며, 세계종의 이름은 '보장엄(普莊嚴)'이다."

"이어서 향수의 바다가 있으니, 이름이 '적음(寂音)'이며, 세계종의 이름은 '현전수포(現前垂布)'이다."

"이와 같은 부류가 말로서 이를 수 없는 부처 세계의 티끌 수와 같은 향수 해가 있고 이 향수 해와 가장 가까운 윤위산 향수 해의 이름은 '밀염운당(密焰雲幢)'이며, 세계종의 이름은 '일체광장엄(一切光莊嚴)'이고 모든 여래의 도량에 모인 대중의 음성을 체로 삼았다."

"이곳에서 가장 아래쪽에 세계가 있으니, 이름이 '정안장엄(淨眼莊嚴)'이며, 부처님의 명호는 '금강월변조시방(金剛月徧照十方)'이다."

"이 위로 열 부처 세계의 티끌 수와 같은 세계를 지나서 금강당 세계와 가지런하게 세계가 있으니, 이름이 '연화덕(蓮華德)'이고 부처님의 명호는 '대정진선각혜(大精進善覺慧)'이다."

"이 위에 사바세계와 가지런하게 세계가 있으니, 이름은 '금강밀장엄(金剛密莊嚴)'이며, 부처님의 명호는 '파라왕당(娑羅王幢)'이다."

"이 위로 일곱 부처 세계의 티끌 수와 같은 세계를 지나 세계가 있으니, 이름은 '정해장엄(淨海莊嚴)'이며, 부처님의 명호는 '위덕절륜무능제복(威德絶倫無能制伏)'이다."

諸佛子 彼蓮華因陀羅網香水海外 次有香水海 名 銀蓮華妙莊嚴 世界種 名 普遍行

次有香水海 名 毘瑠璃竹密焰雲 世界種 名 普出十方音

次有香水海 名 十方光焰聚 世界種 名 恒出變化分布十方

次有香水海 名 出現眞金摩尼幢雲 世界種 名 金剛幢相

次有香水海 名 平等大莊嚴 世界種 名 法界勇猛旋

次有香水海 名 寶華叢無盡光 世界種 名 無邊淨光明

次有香水海 名 妙金幢 世界種 名 演說微密處

次有香水海 名 光影徧照 世界種 名 普莊嚴

次有香水海 名 寂音 世界種 名 現前垂布

如是等不可說佛刹微塵數香水海 其最近輪威山香水海 名 密焰雲幢 世界種 名 一切光莊嚴 以一切如來道場衆會音爲體 於此最下方 有世界 名 淨眼莊嚴 佛號 金剛月徧照十方

此上過十佛刹微塵數世界 與金剛幢世界齊等 有世界 名 蓮華德 佛號 大精進善覺慧

此上與娑婆世界齊等 有世界 名 金剛密莊嚴 佛號 娑羅王幢

此上過七佛刹微塵數世界 有世界 名 淨海莊嚴 佛號 威德絶倫無能制伏

"모든 불자여! 저 적집보향장 향수의 바다 밖에 이어서 향수의 바다가 있으니, 이름이 '일체보광명변조(一切寶光明徧照)'이며, 세계종의 이름은 '무구칭장엄(無垢稱莊嚴)'이다."

"이어서 향수의 바다가 있으니, 이름이 '중보화개부(衆寶華開敷)'이며, 세계종의 이름은 '무애광보장엄(無碍光普莊嚴)'이다."

"이어서 향수의 바다가 있으니, 이름이 '전단수화(栴檀樹華)'이며, 세계종의 이름은 '보현시방선(普現十方旋)'이다."

"이어서 향수의 바다가 있으니, 이름이 '출생묘색보(出生妙色寶)'이며, 세계종의 이름은 '승당주변행(勝幢周徧行)'이다."

"이어서 향수의 바다가 있으니, 이름이 '보생금강화(普生金剛華)'이며, 세계종의 이름은 '현부사의장엄(現不思議莊嚴)'이다."

"이어서 향수의 바다가 있으니, 이름이 '심왕마니륜엄식(心王摩尼輪嚴飾)'이며, 세계종의 이름은 '시현무애불광명(示現無礙佛光明)'이다."

"이어서 향수의 바다가 있으니, 이름이 '적집보영락(積集寶瓔珞)'이며, 세계종의 이름은 '정제의(淨除疑)'이다."

"이어서 향수의 바다가 있으니, 이름이 '진주륜보장엄(眞珠輪普莊嚴)'이며, 세계종의 이름은 '제불원소류(諸佛願所流)'이다."

"이와 같은 부류가 말로서 이를 수 없는 부처님 세계의 티끌 수와 같은 향수 해가 있고 이 향수 해와 가장 가까운 윤위산 향수 해의 이름은 '염부단보장륜(閻浮檀寶藏輪)'이며, 세계종의 이름은 '보음당(普音幢)'이고 모든 지혜의 문에 들어가는 음성을 체로 삼았다."

"이 가운데 가장 아래쪽에 세계가 있으니, 이름이 '화예염(華蕊焰)'이며, 부처님의 명호는 '정진시(精進施)'이다."

"이 위로 열 부처 세계의 티끌 수와 같은 세계를 지나서 금강당 세계와 가지런하게 세계가 있으니, 이름이 '연화광명당(蓮華光明幢)'이고 부처님의 명호는 '일체공덕최승심왕(一切功德最勝心王)'이다."

"이 위로 세 부처님 세계의 티끌 수와 같은 세계를 지나서 사바세계와 가지런하게 세계가 있으니, 이름은 '십력장엄(十力莊嚴)'이며, 부처님의 명호는 '선출현무량공덕왕(善出現無量功德王)'이다."

"이러한 세계종의 가장 위쪽에 세계가 있으니, '마니향산당(摩尼香山幢)'이며, 부처님의 명호는 '광대선안정제의(廣大善眼淨除疑)'이다."

諸佛子 彼積集寶香藏香水海外 次有香水海 名 一切寶光明徧照 世界種 名 無垢稱莊嚴

次有香水海 名 衆寶華開敷 世界種 名 虛空相

次有香水海 名 吉祥幄徧照 世界種 名 無碍光普莊嚴

次有香水海 名 栴檀樹華 世界種 名 普現十方旋

次有香水海 名 出生妙色寶 世界種 名 勝幢周徧行

次有香水海 名 普生金剛華 世界種 名 現不思議莊嚴

次有香水海 名 心王摩尼輪嚴飾 世界種 名 示現無礙佛光明

次有香水海 名 積集寶瓔珞 世界種 名 淨除疑

次有香水海 名 眞珠輪普莊嚴 世界種 名 諸佛願所流

如是等不可說佛刹微塵數香水海 其最近輪威山香水海 名 閻浮檀寶藏輪 世界種 名 普音幢 以入一切智門音聲爲體 此中最下方 有世界 名 華蕊焰 佛號 精進施

此上過三佛刹微塵數世界 與金剛幢世界齊等 有世界 名 蓮華光明幢 佛號 一切功德最勝心王

此上過七佛刹微塵數世界 與娑婆世界齊等 有世界 名 十力莊嚴 佛號 善出現無量功德王 於此世界種最上方 有世界 名 摩尼香山幢 佛號 廣大善眼淨除疑

"모든 불자여! 저 보장엄 향수 해 밖에 이를 이어서 향수 해가 있으니, 이름이 '지수미광명장(持須彌光明藏)'이며, 세계종의 이름은 '출생광대운(出生廣大雲)'이다."

"이어서 향수의 바다가 있으니, 이름이 '종종장엄대위력경계(種種莊嚴大威力境界)'이며, 세계종의 이름은 '무애정장엄(無礙淨莊嚴)'이다."

"이어서 향수의 바다가 있으니, 이름이 '밀포보련화(密布寶蓮華)'이며, 세계종의 이름은 '최승등장엄(最勝燈莊嚴)'이다."

"이어서 향수의 바다가 있으니, 이름이 '의지일체보장엄(依止一切寶莊嚴)'이며, 세계종의 이름은 '일광명망장(日光明網藏)'이다."

"이어서 향수의 바다가 있으니, 이름이 '중다엄정(衆多嚴淨)'이며, 세계종의 이름은 '보화의처(寶華依處)'이다."

"이어서 향수의 바다가 있으니, 이름이 '극총혜행(極聰慧行)'이며, 세계종의 이름은 '최승형장엄(最勝形莊嚴)'이다."

"이어서 향수의 바다가 있으니, 이름이 '지묘마니봉(持妙摩尼峯)'이며, 세계종의 이름은 '보정허공장(普淨虛空藏)'이다."

"이어서 향수의 바다가 있으니, 이름이 '대광변조(大光徧照)'이며, 세계종의 이름은 '제청거광명(帝靑炬光明)'이다."

"이어서 향수의 바다가 있으니, 이름이 '가애마니주충만변조(加愛摩尼珠充滿徧照)'이며, 세계종의 이름은 '보후성(普吼聲)'이다."

"이와 같은 부류가 말로서 이를 수 없는 부처 세계의 티끌 수와 같은 향수 해가 있고 이 향수 해와 가장 가까운 윤위산 향수 해의 이름이 '출제청보(出帝靑寶)'이며, 세계종의 이름은 '주변무차별(周徧無差別)'이고 모든 보살의 우렁찬 음성을 체로 삼았다."

"이 가운데 가장 아래쪽에 세계가 있으니, 이름이 '묘승장(妙勝藏)'이며, 부처님의 명호는 '최승공덕혜(最勝功德慧)'이다."

"이 위로 열 부처 세계의 티끌 수와 같은 세계를 지나서 금강당 세계와 가지런한 세계가 있으니, 이름이 '장엄상(莊嚴相)'이고 부처님의 명호는 '초승대광명(超勝大光明)'이다."

"이 위로 사바세계와 더불어 가지런한 세계가 있으니, 이름이 '유리륜보장엄(瑠璃輪普莊嚴)'이며, 부처님의 명호는 '수미등(須彌燈)'이다."

"이러한 세계 종의 가장 위쪽에 세계가 있으니, '화당해(華幢海)'이며, 부처님의 명호는 '무진변화묘혜운(無盡變化妙慧雲)'이다."

諸佛子 彼寶莊嚴香水海外 次有香水海 名 持須彌光明藏 世界種 名 出生廣大雲

次有香水海 名 種種莊嚴大威力境界 世界種 名 無礙淨莊嚴

次有香水海 名 密布寶蓮華 世界種 名 最勝燈莊嚴

次有香水海 名 依止一切寶莊嚴 世界種 名 日光明網藏

次有香水海 名 衆多嚴淨 世界種 名 寶華依處

次有香水海 名 極聰慧行 世界種 名 最勝形莊嚴

次有香水海 名 持妙摩尼峯 世界種 名 普淨虛空藏

次有香水海 名 大光徧照 世界種 名 帝靑炬光明

次有香水海 名 加愛摩尼珠充滿徧照 世界種 名 普吼聲

如是等不可說佛刹微塵數香水海 其最近輪威山香水海 名 出帝靑寶 世界種 名 周徧無差別 以一切菩薩震吼聲爲體

此中最下方 有世界 名 妙勝藏 佛號 最勝功德慧

此上過十佛刹微塵數世界 與金剛幢世界齊等 有世界 名 莊嚴相 佛號 超勝大光明

此上與娑婆世界齊等 有世界 名 瑠璃輪普莊嚴 佛號 須彌燈

於此世界種最上方 有世界 名 華幢海 佛號 無盡變化妙慧雲

"모든 불자여! 저 금강보취 향수 해 밖에 이를 이어서 향수 해가 있으니, 이름이 '숭식보비예(崇飾寶埤堄)'이며, 세계종의 이름은 '수출보당(秀出寶幢)'이다."

"이어서 향수의 바다가 있으니, 이름이 '보당장엄(寶幢莊嚴)'이며, 세계종의 이름은 '현일체광명(現一切光明)'이다."

"이어서 향수의 바다가 있으니, 이름이 '묘보운(妙寶雲)'이며, 세계종의 이름은 '일체보장엄광명변조(一切寶莊嚴光明徧照)'이다."

"이어서 향수의 바다가 있으니, 이름이 '보수화장엄(寶樹華莊嚴)'이며, 세계종의 이름은 '묘화간식(妙華間飾)'이다."

"이어서 향수의 바다가 있으니, 이름이 '묘보의장엄(妙寶衣莊嚴)'이며, 세계종의 이름은 '광명해(光明海)'이다."

"이어서 향수의 바다가 있으니, 이름이 '보수봉(寶樹峯)'이며, 세계종의 이름은 '보염운(寶焰雲)'이다."

"이어서 향수의 바다가 있으니, 이름이 '시현광명(示現光明)'이며, 세계종의 이름은 '입금강무소애(入金剛無所礙)'이다."

"이어서 향수의 바다가 있으니, 이름이 '연화보장엄(蓮華普莊嚴)'이며, 세계종의 이름은 '무변안해연(無邊岸海淵)'이다."

"이어서 향수의 바다가 있으니, 이름이 '묘보장엄(妙寶莊嚴)'이며, 세계종의 이름은 '보시현국토장(普示現國土藏)'이다."

"이와 같은 부류가 말로서 이를 수 없는 부처 세계의 티끌 수와 같은 향수 해가 있고 이 향수 해와 가장 가까운 윤위산 향수 해의 이름이 '불가괴해(不可壞海)'이며, 세계종의 이름은 '묘륜간착연화장(妙輪間錯蓮華場)'이고 모든 부처님의 힘에서 나오는 음성을 체로 삼았다."

"이 가운데 가장 아래쪽에 세계가 있으니, 이름이 '최묘향(最妙香)'이며, 부처님의 명호는 '변화무량진수광(變化無量塵數光)'이다."

"이 위로 열 부처 세계의 티끌 수와 같은 세계를 지나서 금강당 세계와 가지런하게 세계가 있으니, 이름이 '부사의차별장엄문(不思議差別莊嚴門)'이고 부처님의 명호는 '무량지(無量智)'이다."

"이 위로 사바세계와 더불어 가지런한 세계가 있으니, 이름이 '시방광명묘화장(十方光明妙華藏)'이며, 부처님의 명호는 '사자안광염운(師子眼光焰雲)'이다."

"이러한 세계종의 가장 위쪽에 세계가 있으니, '해음성(海音聲)'이며, 부처님의 명호는 '수천광염문(水天光焰門)'이다."

諸佛子 彼金剛寶聚香水海外 次有香水海 名 崇飾寶埤堄 世界種 名 秀出寶幢

次有香水海 名 寶幢莊嚴 世界種 名 現一切光明

次有香水海 名 妙寶雲 世界種 名 一切寶莊嚴光明徧照

次有香水海 名 寶樹華莊嚴 世界種 名 妙華閒飾

次有香水海 名 妙寶衣莊嚴 世界種 名 光明海

次有香水海 名 寶樹峯 世界種 名 寶焰雲

次有香水海 名 示現光明 世界種 名 入金剛無所礙

次有香水海 名 蓮華普莊嚴 世界種 名 無邊岸海淵

次有香水海 名 妙寶莊嚴 世界種 名 普示現國土藏

如是等不可說佛剎微塵數香水海 其最近輪威山香水海 名 不可壞海 世界種 名 妙輪閒錯蓮華場 以一切佛力所出音爲體

此中最下方 有世界 名 最妙香 佛號 變化無量塵數光

此上過十佛剎微塵數世界 與金剛幢世界齊等 有世界 名 不思議差別莊嚴門 佛號 無量智

此上與娑婆世界齊等 有世界 名 十方光明妙華藏 佛號 師子眼光焰雲 於此最上方 有世界 名 海音聲 佛號 水天光焰門

"모든 불자여! 저 천성보첩 향수 해 밖에 이를 이어서 향수 해가 있으니, 이름이 '염륜혁혁광(焰輪赫奕光)'이며, 세계종의 이름은 '불가설종종장엄(不可說種種莊嚴)'이다."

"이어서 향수의 바다가 있으니, 이름이 '보진로(寶塵路)'이며, 세계종의 이름은 '보입무량선(普入無量旋)'이다."

"이어서 향수의 바다가 있으니, 이름이 '구일체장엄(具一切莊嚴)'이며, 세계종의 이름은 '보광변조(寶光徧照)'이다."

"이어서 향수의 바다가 있으니, 이름이 '포중보망(布衆寶網)'이며, 세계종의 이름은 '안포심밀(安布深密)'이다."

"이어서 향수의 바다가 있으니, 이름이 '묘보장엄당(妙寶莊嚴幢)'이며, 세계종의 이름은 '세계해명료음(世界海明了音)'이다."

"이어서 향수의 바다가 있으니, 이름이 '일궁청정영(日宮清淨影)'이며, 세계종의 이름은 '변입인타라망(徧入因陀羅網)'이다."

"이어서 향수의 바다가 있으니, 이름이 '일체고락미묘음(一切鼓樂美妙音)'이며, 세계종의 이름은 '원만평정(圓滿平正)'이다."

"이어서 향수의 바다가 있으니, 이름이 '종종묘장엄(種種妙莊嚴)'이며, 세계종의 이름은 '정밀광염운(淨密光焰雲)'이다."

"이어서 향수의 바다가 있으니, 이름이 '주변보염등(周徧寶焰燈)'이며, 세계종의 이름은

'수불본원종종형(隨佛本願種種形)'이다."

"이와 같은 부류가 말로서 이를 수 없는 부처 세계의 티끌 수와 같은 향수 해가 있고 이 향수 해와 가장 가까운 윤위산 향수 해의 이름이 '적집영락의(積集瓔珞衣)'이며, 세계종의 이름은 '화현묘의(化現妙衣)'이고 모든 부처님의 음성을 체로 삼았다."

"이 가운데 가장 아래쪽에 세계가 있으니, 이름이 '인타라화장(因陀羅華藏)'이며, 세계종의 이름은 '발생환희(發生歡喜)'이고 부처님 세계의 티끌 수와 같은 세계가 둘러쌌으며, 다른 것이 섞이지 않은 순수한 청정함이고 부처님의 명호는 '견고지(堅悟智)'이다."

"이 위로 열 부처 세계의 티끌 수와 같은 세계를 지나서 금강당 세계와 가지런하게 세계가 있으니, 이름이 '보망장엄(寶網莊嚴)'이고 열 부처 세계의 티끌 수와 같은 세계가 둘러쌌으며, 다른 것이 섞이지 않은 순수한 청정함이고 이고 부처님의 명호는 '무량환희광(無量歡喜光)'이다."

"이 위로 세 부처 세계의 티끌 수와 같은 세계를 지나서 사바세계와 더불어 가지런한 세계가 있으니, 이름이 '보연화사자좌(寶蓮華師子座)'이며, 열세 부처 세계의 티끌 수와 같은 세계가 둘러쌌고 부처님의 명호는 '최청정불공문(最淸淨不空聞)'이다."

"이 위로 일곱 부처의 티끌 수와 같은 세계를 지나서 이 세계종의 가장 위쪽에 이르러서 세계가 있으니, 이름이 '보색용광명(寶色龍光明)'이며, 스무 부처 세계의 티끌 수와 같은 세계가 둘러쌌고 다른 것이 섞이지 않은 순수한 청정함이며, 부처님의 명호는 '변법계보조명(偏法界普照明)'이다."

諸佛子 彼天城寶堞香水海外 次有香水海 名 焰輪赫奕光 世界種 名 不可說種種莊嚴

次有香水海 名 寶塵路 世界種 名 普入無量旋

次有香水海 名 具一切莊嚴 世界種 名 寶光扁爪

次有香水海 名 布衆寶網 世界種 名 安布深密

次有香水海 名 妙寶莊嚴幢 世界種 名 世界海明了音

次有香水海 名 日宮淸淨影 世界種 名 偏入因陀羅網

次有香水海 名 一切鼓樂美妙音 世界種 名 圓滿平正

次有香水海 名 種種妙莊嚴 世界種 名 淨密光焰雲

次有香水海 名 周徧寶焰燈 世界種 名 隨佛本願種種形

如是等不可說佛刹微塵數香水海 其最近輪威山香水海 名 積集瓔珞衣 世界種 名 化現妙衣 以三世一切佛音爲體

此中最下方 有香水海 名 咽陀羅華藏 世界種 名 發生歡喜 佛刹微塵數世界圍遶 純一淸淨 佛號 堅悟智

此上過十佛剎微塵數世界 與金剛幢世界齊等 有世界 名 寶網莊嚴 十佛剎微塵數
世界圍遶 純一淸淨 佛號 無量歡喜光

此上過三佛剎微塵數世界與娑婆世界齊等 有世界 名 寶蓮華師子座 十三佛剎微塵
數世界圍遶 佛號 最淸淨不空聞

此上過七佛剎微塵數世界 至此世界種最上方 有世界 名 寶色龍光明 二十佛剎微
塵數世界圍遶 純一淸淨 佛號 徧法界普照明

"모든 불자여! 이와 같은 열 가지 말로 이를 수 없는 부처 세계의 티끌 수와 같은 향수
해 가운데 말로 이를 수 없는 부처 세계의 티끌 수와 같은 열 가지 세계종이 있으니, 모두
온갖 보살의 형상을 나타내는 마니왕 당기 장엄 연화를 의지해서 머물고 각각의 장엄 경
계가 끊어지지 않으며, 각각 보배 빛 광명을 놓고 각각 광명 구름이 그 위를 덮었으며, 각
각 장엄 기물과 각각 겁 차별과 각각 부처님의 출현과 각각 법 바다를 널리 펴고 설함과
각각 중생들이 두루 가득하며, 각각 시방세계에 널리 나아가는 이 모든 일이 각각 일체 부
처님의 신력으로 가지한다. 이 하나하나의 세계종 가운데 모든 세계가 가지가지의 장엄을
의지해서 머물며, 서로서로 번갈아 이어져 세계 그물을 이루었고 화장(阿耨多羅三藐三菩
提 發現) 장엄 세계바다(如來智方便海)에 가지가지로 차별되어 두루두루 세워졌다."

諸佛子 如是十不可說佛剎微塵數香水海中 有十不可說佛剎微塵數世界種 皆依現
一切菩薩形摩尼王幢莊嚴蓮華住 各各莊嚴際無有閒斷 各各放寶色光明 各各光明雲
而覆其上 各各莊嚴具 各各劫差別 各各佛出現 各各演法海 各各衆生徧充滿 各各十
方普趣入 各各一切佛神力所加持 此一一世界種中 一切世界依種種莊嚴住 遞相接
連 成世界網 於華藏莊嚴世界海 種種差別 周徧建立

그때 보현보살이 그러한 뜻을 거듭 펼치고자 부처님의 위신력을 받들어 시방을 자세하
게 살펴보고 게송으로 말했다.

爾時 普賢菩薩欲中宣其義 承佛威力 而說頌言

華藏世界海 화장세계의 바다는
法界等無別 법계(十方佛剎微塵數世界)와 다름이 없으며
莊嚴極淸淨 지극히 청정한 장엄(十方佛剎微塵數香水海中十方佛剎微塵數世界種)이

安住虛空中 허공중에 편안히 머문다네.

此世界海中 이 세계의 바다 가운데
刹種難思議 세계종을 생각으로 헤아리기는 어렵지만
一一皆自在 하나하나가 다 자재하기에
各各無雜亂 각각 섞이지도 않고 어지럽지도 않다네.

華藏世界海 화장세계의 바다에
刹種善安布 세계종이 선근으로 편안하게 넓게 펴고
殊形異莊嚴 다른 모양과 다른 장엄이니
種種相不同 가지가지의 모양이나 상태이며 같지 않다네.

諸佛變化音 모든 부처님이 생육하여 변해가는 음성(香水海)은
種種爲其體 가지가지(覺分)를 그 체로 삼아서
隨其業力見 그 업(如來智方便)의 힘을 따라 보는 것이니
刹種妙嚴飾 세계종이 빼어나게 장엄하고 꾸미는 일이라네.

須彌山城網 수미산 성의 그물과
水旋輪圓形 물이 회전하는 바퀴와 같은 둥근 모양의
廣大蓮華開 광대한 연꽃이 피듯
彼彼互圍遶 저(如是)와 저(如是)가 서로 둘러쌌다네.

山幢樓閣形 산 당기 누각의 모양과
旋轉金剛形 회전하는 금강의 모양은
如是不思議 이와 같음을 생각으로 알 수 없는
廣大諸刹種 광대한 모든 세계종(如來智思惟)이라네.

大海眞珠焰 큰 바다의 진주 불꽃은
光網不思議 생각으로 헤아려 알 수 없는 광명 그물이며
如是諸刹種 이와 같은 모든 세계종이
悉在蓮華住 남김없이 연꽃에 머무르고 있다네.

一一諸刹種 하나하나의 모든 세계종은
光網不可說 광명 그물이며 말로는 이를 수 없지만
光中現衆刹 광명 가운데 많은 세계를 나타내어
普徧十方海 시방의 바다를 두루두루 본다네.

一切諸刹種 일체 모든 세계종과
所有莊嚴具 가지고 있는 장엄 기물들이
國土悉入中 남김없이 국토 가운데 들어가서
普見無有盡 다함이 없이 두루 본다네.

刹種不思議 세계종은 생각으로 헤아려 알 수 없고
世界無邊際 세계도 끝이 없으며,
種種妙嚴好 가지가지의 빼어난 좋은 장엄은
皆由大仙力 다 큰 신선의 힘으로 말미암은 것이라네.

一切刹種中 모든 세계종 가운데의
世界不思議 세계는 생각으로 헤아려 알 수 없으니
或成或有壞 늘 이루어지고 늘 무너짐도 있으며
或有已壞滅 늘 이미 무너져 없어짐도 있다네.

譬如林中葉 비유하자면 숲 가운데의 잎들이
有生亦有落 나는 것도 있고 또한 떨어짐도 있듯이
如是刹種中 이와 같은 세계종 가운데
世界有成壞 세계가 이루어지고 무너짐이 있다네.

譬如依樹林 비유하자면 나무숲을 의지해서
種種果差別 가지가지의 열매가 다르듯
如是依刹種 이와 같은 세계종을 의지해서
種種衆生住 가지가지의 중생이 머문다네.

譬如種子別 비유하자면 종자가 다르면

生果各殊異 열매를 맺은 것이 각각 다르듯이
業力差別故 업력에 차별이 있는 까닭이기에
衆生剎不同 중생의 세계가 같지 않다네.

譬如心王寶 비유하자면 심왕의 보배가
隨心見衆色 마음을 따라 많은 색을 보는 것이니
衆生心淨故 중생의 마음이 청정한 까닭으로
得見淸淨剎 청정한 세계를 보게 되는 것이라네.

譬如大龍王 비유하자면 대 용왕이
興雲徧虛空 구름을 일으켜 허공을 두루 덮듯
如是佛願力 이와 같은 부처님의 원력으로
出生諸國土 모든 국토가 생겨나는 것이라네.

如幻師呪術 요술쟁이가 주술로
能現種種事 가지가지의 일을 나타내듯이
衆生業力故 중생들의 업력으로 인하여
國土不思議 국토를 헤아려 알 수가 없는 것이라네.

譬如衆績像 비유하자면 많은 형상을
畵師之所作 그림을 그리는 자가 그려내듯이
如是一切剎 이와 같은 모든 세계가
心畵師所成 마음의 화사로 이루는 것이라네.

衆生身各異 중생들의 몸이 각각 다른 것은
隨心分別起 마음의 분별을 따라 일어나는 것이며
如是剎種種 이와 같은 가지가지의 세계는
莫不皆由業 모두 업으로 인한 것이라네.

譬如見導師 비유하자면 도사가 보는 일에 있어서

種種色差別 가지가지의 색으로 차별함이니
隨衆生心行 중생의 마음과 행을 따라
見諸剎亦然 보이는 모든 세계 또한 그러하다네.

一切諸剎際 일체 모든 세계의 경계는 (如來智境界.阿耨多羅三藐三菩提發現)
周布蓮華網 두루 펼쳐진 연꽃 그물이며
種種相不同 가지가지로 모양이나 상태는 다르지만
莊嚴悉清淨 모든 장엄한 것이 청정하다네.

彼諸蓮華網 저 모든 연꽃의 그물은
剎網所安住 세계가 편안히 머무는 그물이며
種種莊嚴事 가지가지로 장엄한 일과
種種衆生居 가지가지의 중생들이 거주한다네.

或有剎土中 어떤 세계의 국토 가운데는
險惡不平坦 험악하고 평탄치 않으며
由衆生煩惱 중생들의 번뇌로 인하여
於彼如是見 저가 이와 같음을 본다네.

雜染及清淨 섞여서 물이 드는 것과 청정함에 이르기까지
無量諸剎種 헤아릴 수 없이 많은 모든 세계종은
隨衆生心起 중생의 마음을 따라 일어나며
菩薩力所持 보살이 유지하는 힘이라네.

或有剎土中 어떤 세계의 국토 가운데는
雜染及清淨 섞여서 물이 들고 또 청정함에 이르기까지
斯由業力起 업력으로 말미암아 일어나며
菩薩之所化 보살이 낳고 기르는 일이라네.

有剎放光明 광명을 놓는 세계가 있으니
離垢寶所成 허물을 벗어난 보배로 이루어졌고

種種妙嚴飾 가지가지의 빼어난 장엄으로 꾸몄으며
諸佛令淸淨 모든 부처님이 청정하게 한다네.

一一刹種中 하나하나의 세계종 가운데
劫燒不思議 겁 동안 불에 태워짐은 생각으로 헤아릴 수 없고
所現雖敗惡 드러남이 비록 부서지고 보기에 흉악하지만
其處常堅固 그 처가 항상 견고하다네.

由衆生業力 중생의 업력으로 말미암아
出生多刹土 많은 세계의 국토가 생겨나고
依此於風輪 이 모두가 풍륜과
及以水輪住 수륜에 의지해서 머문다네.

世界法如是 세계의 법은 이와 같아서
種種見不同 가지가지로 보는 것은 다르지만
而實無有生 실로 생함도 없고
亦復無滅壞 또 차례에 따라 멸해지거나 무너짐도 없다네.

一一心念中 하나하나의 마음과 생각 가운데
出生無量刹 헤아릴 수 없는 세계가 생겨나지만
以佛威神力 부처님의 위신력으로
悉見淨無垢 허물이 없는 모든 청정함을 본다네.

有刹泥土成 진흙으로 이루어진 세계가 있으니
其體甚堅硬 그 체는 매우 굳어서 단단하며
黑闇無光照 빛으로 비침이 없어서 몹시 어둡고
惡業者所居 악한 업을 지은 자가 거주하는 곳이라네.

有刹金剛成 금강으로 이루어진 세계가 있으니
雜染大憂怖 물이 들어 크게 근심하고 두려워하며
苦多而樂少 괴로움은 많고 즐거움은 적으니

薄福之所處 복 없는 자가 처하는 곳이라네.

或有用鐵成 늘 철로 이루어짐이 있고
或以亦銅作 늘 동으로 만들어져 있기에
石山險可畏 돌산이 험하여 가히 두렵기도 하며
罪惡者充滿 악한 자들이 가득하다네.

刹中有地獄 세계 가운데 지옥이 있으니
衆生苦無救 중생을 고통으로부터 구하지 못함은
常在黑闇中 항상 어둠 가운데
焰海所熾然 염해가 타오르는 곳이기 때문이라네.

或復有畜生 늘 차례를 따르는 축생이 있으니
種種陋醜形 가지가지의 모양이 너저분하고 더러우며
由其自惡業 스스로 악업으로 말미암아
常受諸苦惱 항상 모든 고뇌를 받는다네.

或見閻羅界 늘 차례를 따라 염라 세계를 보니
飢渴所煎逼 배고픔과 목마름에 마음을 졸이고 두려워하는 것은
登上大火山 큰 화산에 올라가서
受諸極重苦 모든 극한의 고통을 중하게 받기 때문이라네.

或有諸刹土 늘 모든 세계의 국토 가운데 어떤 것은
七寶所合成 칠보가 합하여 이루어졌으니
種種諸宮殿 가지가지의 모든 궁전은
斯由淨業得 청정한 업으로 말미암아 얻은 것이라네.

汝應觀世間 자네는 응당 세간을 자세히 살펴보라.
其中人與天 그 가운데 사람과 하늘은
淨業果成就 청정한 업의 결과를 성취해서
隨時受快樂 때에 따라 기쁨과 즐거움을 받는다네.

一一毛孔中 하나하나의 털구멍 가운데
億刹不思議 생각으로 헤아릴 수 없는 억만의 세계를
種種相莊嚴 가지가지의 모양이나 상태로 장엄하지만
未曾有迫隘 일찍이 궁색하고 험한 꼴은 없었다네.

衆生各各業 중생들 각각의 업으로
世界無量種 세계종이 헤아릴 수 없이 많기에
於中取著生 그 가운데 취하고 집착함이 생겨나
受苦樂不同 괴로움과 즐거움을 받는 것이 같지 않다네.

有刹衆寶成 많은 보배로 이루어진 세계가 있으니
常放無邊光 항상 끝없는 빛을 놓고
金剛妙蓮華 금강의 빼어난 연꽃으로
莊嚴淨無垢 청정하게 장엄해서 허물이 없다네.

有刹光爲體 빛을 체로 삼은 세계가 있으니
依止光輪住 광륜을 의지해 머무르면서
金色栴檀香 금색의 전단 향과
焰雲普照明 불꽃 구름으로 두루 비추어 밝힌다네.

有刹月輪成 월륜(中中妙圓)으로 이루어진 세계가 있으며
香衣悉周布 향기로운 옷으로 빠지는 곳 없이 두루 펴니
於一蓮華內 한 송이 연꽃 안에
菩薩皆充滿 보살들이 충만하다네.

有刹衆寶成 많은 보배로 이루어진 세계가 있으니
色相無諸垢 마주한 색의 모양이나 상태가 모두 허물이 없다네.
譬如天帝網 비유하자면 제석천의 그물과 같아서
光明恒照耀 광명으로 항상 비추고 빛난다네.

有刹香爲體 향기를 체로 삼은 세계가 있으니

或是金剛華 언제나 금강 꽃이며
摩尼光影形 마니광명의 그림자이기에
觀察甚淸淨 자세히 살펴보면 매우 청정하다네.

或有難思刹 어떤 경우에는 생각으로도 어려운 세계가 있으니
華旋所成就 꽃을 빙 둘러서 성취하는 것이기에
化佛皆充滿 화신불이 다 충만하고
菩薩普光明 보살이 두루 밝은 빛을 비춘다네.

或有淸淨刹 늘 청정한 세계가 있으니
悉是衆華樹 모두가 많은 꽃과 나무라네.
妙枝布道場 빼어난 가지는 도량에 퍼지고
蔭以摩尼雲 마니구름이 그늘을 드리운다네.

有刹淨光照 청정한 빛으로 비추는 세계가 있으니
金剛華所成 금강의 꽃을 성취하고
有是佛化音 부처님의 낳고 기르는 음성을
無邊列成網 끝없이 벌려서 그물을 이룬다네.

有刹如菩薩 어떤 세계는 보살과 같으니
摩尼妙寶冠 마니의 빼어난 보배 관을 쓴 것과 같고
或有如座形 늘 좌대와 같은 모양으로
從化光明出 낳고 기르는 광명을 좇아 나온다네.

或是栴檀末 늘 전단 가지의 잎이나
或是眉間光 늘 미간의 빛이나
或佛光中音 늘 부처님의 빛 가운데의 소리로
而成斯妙刹 이 빼어난 세계를 이룬다네.

或見淸淨刹 늘 청정한 세계를
以一光莊嚴 하나의 빛으로 장엄하는 것을 보며

或見多莊嚴 언제나 많이 장엄하는 것을 보니
種種皆奇妙 가지가지가 모두 뛰어나고 빼어나다네.

或用十國土 언제나 쓰임새로서 열 개의 국토에
妙物作嚴飾 빼어난 물건으로 장엄하여 꾸미기도 하며
或以千土中 늘 천 개의 국토 가운데
一切爲莊校 모든 것을 가르침의 바른길로 삼는다네.

或以億利物 늘 일억 세계의 물건으로
莊嚴於一土 하나의 국토를 장엄하니
種種相不同 가지가지의 마주한 모양이나 상태가 같지 않기에
皆如影像現 모든 것이 그림자와 같이 나타난다네.

不可說土物 말로서 이를 수 없는 국토의 물건으로
莊嚴於一刹 하나의 세계를 장엄하고
各各放光明 각각 광명을 놓으니
如來願力起 여래의 원력으로 일어나는 것이라네.

或有諸國土 늘 모든 국토가
願力所淨治 원력으로 청정하게 다스려졌기에
一切莊嚴中 모든 장엄 가운데서
普見衆刹海 많은 세계바다를 두루 본다네.

諸修普賢願 모든 보현의 원을 닦아서
所得淸淨土 청정한 국토를 얻었으며
三世刹莊嚴 삼세의 세계를 장엄한
一切於中現 모든 것이 이 가운데 나타난다네.

佛子汝應觀 불자들이여! 자네들을 마땅히 보아야 할 것이니
刹種威神力 세계종의 위신력으로
未來諸國土 미래의 모든 국토를

如夢悉令見 환상(如是如是)처럼 모두 볼 것이라네.

十方諸世界 시방의 모든 세계는
過去國土海 과거의 국토 바다를
咸於一刹中 모두 하나의 세계 가운데서
現像猶如化 마치 화(十方佛刹微塵數世界香水海世界種)와 같은 형상을 나타낸다네.

三世一切佛 삼세의 부처님과
及以其國土 그 국토와 함께
於一刹種中 하나의 세계종 가운데서
一切悉觀見 일체 모든 것을 자세하게 살펴볼(般若智見) 수 있다네.

一切佛神力 모든 부처님의 신력으로
塵中現衆土 티끌 가운데 나타난 많은 국토를
種種悉明見 가지가지로 남김없이 밝게 본다고는 하지만
如影無眞實 그림자와 같아서 진실한 것이 없다네.

或有衆多刹 언제나 많고 많은 세계가 있으니
其形如大海 그 모양이 큰 바다와 같고
或如須彌山 언제나 수미산과 같기에
世界不思議 세계는 생각으로는 헤아릴 수 없다네.

有刹善安住 선근으로 편안하게 머무는 세계가 있으니
其形如帝網 그 모양이 제석천 궁의 그물과 같고
或如樹林形 늘 숲의 모양과 같으며
諸佛滿其中 모든 부처님이 그 가운데 계신다네.

或作寶輪形 언제나 보배 바퀴와 같은 모양이며
或有蓮華狀 늘 연꽃의 형상으로 있고
八隅備衆飾 여덟 귀퉁이를 치장하고 많은 것을 갖추었지만
種種悉清淨 가지가지가 다 청정하다네.

或有如座形 언제나 좌대 모양과 같으며
或復有三隅 늘 차례를 따른 세 모퉁이와 같고
或如佉勒迦 늘 배를 미는 장대와도 같으며
城郭梵王身 성곽과 범천의 몸과 같다네.

或如天主髻 언제나 천주의 상투와 같으며
或有如半月 늘 반달과 같고
或如摩尼山 언제나 마니산과 같으며
或如日輪形 언제나 해의 바퀴 모양과 같다네.

或有世界形 늘 세계의 모양이 있으니
譬如香海旋 비유하면 향수의 바다가 도는 것과 같으며
或作光明輪 늘 밝은 빛의 바퀴를 만드니
佛昔所嚴淨 부처님이 옛적에 장엄하고 청정히 한 것이라네.

或有輪輞形 어떤 것은 바퀴의 테두리 모양이 있고
或有壇墠形 어떤 것은 제터의 단과 같은 모양이 있으며
或如佛毫相 늘 부처님의 백호상으로
肉髻廣長眼 육계와 넓고 긴 눈과 같다네.

或有如佛手 어떤 것은 부처님의 손과 같고
或如金剛杵 언제나 금강저와 같으며
或如焰山形 늘 불꽃 산과 같으니
菩薩悉周徧 보살이 모든 곳에 두루두루 미친다네.

或如師子形 늘 사자의 모습과 같고
或如海蚌形 늘 바다 조개의 모습과 같으며
無量諸色相 헤아릴 수 없이 많은 모든 마주한 모양이나 상태는
體性各差別 체와 성이 각각 차등 있게 구별된다네.

於一刹種中 하나의 세계종 가운데

刹形無有盡 세계의 생긴 모양이나 상태가 다 다르지만
皆由佛願力 모든 것이 부처님의 원력으로
護念得安住 보호하기에 편안히 머물 수 있는 것이라네.

有刹住一劫 한 겁에 머무는 세계가 있으며
或住於十劫 혹은 열 겁을 머물기도 하고
乃至過百千 백 겁 천 겁에 이르기까지 머물기도 하며
國土微塵數 국토의 티끌 수와도 같은 겁이 있다네.

或於一劫中 늘 한 겁 가운데
見刹有成壞 이루어지고 무너지는 세계가 있음을 보며
或無量無數 늘 헤아릴 수 없이 많아서 셀 수가 없고
乃至不思議 생각으로 미루어 알 수가 없는 곳에 이르기까지라네.

或有刹有佛 어떤 세계에는 부처님이 계시고
或有刹無佛 어떤 세계에는 부처님이 계시지 않으며
或有唯一佛 어떤 세계에는 오로지 한 부처님과 계시고
或有無量佛 어떤 세계에는 헤아릴 수 없는 부처님이 계신다네.

國土若無佛 그와 같은 국토에 부처님이 계시지 않으면
他方世界中 다른 세계로부터
有佛變化來 변화해서 오신 부처님이
爲現諸佛事 이 국토를 위해 모든 불사를 나타내신다네.

沒天與降神 하늘이 없는 곳에서 강신하시고
處胎及出生 태에 처를 두고 출생하시며
降魔成正覺 마를 항복 받고 정각을 이루어
轉無上法輪 위 없는 법륜을 굴리신다네.

隨衆生心樂 중생의 마음이 즐거워하는 것을 따라
示現種種相 가지가지의 마주한 모양이나 상태를 나타내어 보이고

爲轉妙法輪 중생을 위해 빼어난 법륜을 굴리시는 것은
悉應其根欲 그들의 근기와 욕망에 남김없이 응하는 것이라네.

一一佛刹中 하나하나의 부처님 세계 가운데
一佛出興世 한 부처님이 세상에 출현하시니
經於億千歲 억 천의 세월이 지나도록
演說無上法 위 없는 법을 널리 펴서 설하신다네.

衆生非法器 중생이 법 그릇이 아니면
不能見諸佛 모든 부처님을 볼 수 없지만
若有心樂者 그와 같은 마음에 즐거움이 있는 자라면
一切處皆見 모든 곳에서 다 볼 것이라네.

一一刹土中 하나하나의 세계 국토 가운데
各有佛興世 부처님이 각각 출현하시니
一切刹中佛 모든 세계 가운데의 부처님이
億數不思議 몇억인지 헤아려 알 수가 없다네.

此中一一佛 이 가운데 한분 한분의 부처님들이
現無量神變 헤아릴 수 없는 신통 변화를 나타내시니
悉徧於法界 법계에 빠짐없이 두루 하고
調伏衆生海 중생의 바다를 조복시킨다네.

有刹無光明 광명이 없는 세계가 있으니
黑闇多恐懼 캄캄하고 어두우며 많이 두려워하고
故觸如刀劍 심신의 괴로움이 칼과 검으로 찌르는 것과 같아서
見者自酸毒 보는 자 스스로 산독에 괴롭다네.

或有諸天光 늘 모든 하늘의 빛이 있고
或有宮殿光 언제나 궁전의 빛이 있으며
或日月光明 늘 일월의 밝은 빛이니

刹網難思議 세계의 그물을 헤아려 알기에는 어렵다네.

有刹自光明 스스로 밝은 빛의 세계가 있으니
或樹放淨光 언제나 나무가 청정한 빛을 놓아서
未曾有苦惱 일찍이 고뇌가 없는 것은
衆生福力故 중생 스스로 복의 힘으로 인한 것이라네.

或有山光明 늘 산에 밝은 빛이 있고
或有摩尼光 언제나 마니의 빛이 있으며
或以燈光照 늘 등불의 빛으로 비추니
悉衆生業力 모든 것은 중생이 가진 복의 힘이라네.

或有佛光明 늘 부처님의 밝은 빛이 있어서
菩薩滿其中 보살들이 그 가운데 가득하고
有是蓮華光 이러한 연화의 빛이 있기에
焰色甚嚴好 불꽃의 빛깔이 매우 좋다네.

有刹華光照 꽃의 빛으로 비추는 세계가 있고
有以香水照 향수로 비춤이 있으며
塗香燒香照 향을 바르고 향을 태움으로 비추니
皆由淨願力 다 청정한 원력으로 인한 것이라네.

有以雲光照 구름의 빛으로 비추고
摩尼蚌光照 마니의 조개 빛으로 비추며
佛神力光照 부처님 신력의 빛으로 비추어서
能宣悅意聲 기쁨에 찬 음성을 능히 편다네.

或以寶光照 늘 보배 빛으로 비추고
或金剛焰照 언제나 금강의 불꽃으로 비추어서
淨音能遠震 청정한 소리가 멀리까지 흔들어 깨우니
所至無衆苦 이르는 곳마다 많은 괴로움을 없앤다네.

或有摩尼光 늘 마니의 빛이 있고
或是嚴具光 언제나 이러한 장엄 기물의 빛이
或道場光明 늘 도량의 밝은 빛으로서
照耀衆會中 대중이 모인 가운데를 비춘다네.

佛放大光明 부처님이 큰 광명을 놓으니
化佛滿其中 화신불이 그 가운데 가득하고
其光普照觸 그 빛이 두루 비치어 닿으니
法界悉周徧 법계에 빠짐없이 두루두루 하다네.

有刹甚可畏 매우 두려운 세계가 있으니
嘷叫大苦聲 큰 고통으로 울부짖은 소리가
其聲極酸楚 털이 곤두서는 고통을 넘어선 소리이기에
聞者生厭怖 듣는 이가 싫어하고 두려워한다네.

地獄畜生道 지옥도와 축생도
及以閻羅處 염라 처는
是濁惡世界 악으로 탁해진 세상이기에
恒出憂苦聲 항상 근심과 고통의 소리를 낸다네.

或有國土中 언제나 국토 가운데는
恒出可樂音 항상 즐거운 소리를 내며
悅意順其教 기쁜 뜻으로 가르침을 따르니
斯由淨業得 이는 청정한 업을 얻음으로 인한 것이라네.

或有國土中 언제나 국토 가운데서
恒聞帝釋音 항상 제석의 음성을 들으며
或聞梵天音 늘 범천의 음성을 들으니
一切世主音 모두 세주의 음성이라네.

或有諸刹土 언제나 모든 세계의 국토에는

雲中出妙聲 구름 가운데서 빼어난 소리를 내어
寶海摩尼樹 보배 바다의 마니나무와
及樂音徧滿 즐거운 소리가 두루 가득하다네.

諸佛圓光內 모든 부처님의 원만한 빛 속에는
化聲無有盡 낳고 기르는 음성이 다 함이 없으며
及菩薩妙音 보살의 빼어난 음성 또한
周聞十方刹 시방세계에 두루 들린다네.

不可思議國 생각으로는 헤아릴 수 없는 세계에
普轉法輪聲 두루 법륜을 굴리는 소리와
願海所出聲 원의 바다에서 나는 소리는
修行妙音聲 수행의 빼어난 음성이라네.

三世一切佛 삼세의 모든 부처님이
出生諸世界 모든 세계에 출생하시어
名號皆具足 명호를 다 갖추시고
音聲無有盡 음성은 다 함이 없다네.

或有刹中聞 언제나 세계 가운데서 들음이 있으니
一切佛力音 모든 부처님의 힘 있는 음성과
地度及無量 지위와 법도의 헤아릴 수 없음이라네.
如是法皆演 이와 같은 법을 빠짐없이 널리 펴신다네.

普賢誓願力 보현보살 서원의 힘으로
億刹演妙音 억 세계에 빼어난 음성을 널리 펴시니
其音若雷震 그 음성이 천둥소리와 벼락같으며
住劫亦無盡 머무는 겁 또한 다 함이 없다네.

佛於淸淨國 부처님이 청정한 국토에
示現自在音 자재한 음성을 나타내 보이시니

十方法界中 시방 법계 가운데
一切無不聞 듣지 못하는 이가 없다네.

대방광불화엄경 제11권

6. 비로자나품
毘盧遮那品第六
(五蘊이 淸淨하다는 妙覺을 金剛般若波羅蜜로 降伏 받고 二乘地에 이른 般涅槃)

그때 보현보살이 차례를 따라(復) 가르침을 주기 위해 대중에게 말했다.

爾時 普賢菩薩 復告大衆言

"모든 불자여! 지난 옛 세상, 지나간 세계의 티끌 수와 같은 겁을 지나 차례를 따라(復) 이 티끌 수의 배가 되는 세계 바다가 있으니, 이름이 '보문정광명(普門淨光明)'이다. 이 세계 바다 가운데 세계가 있으니 이름이 '승음(勝音)'이며, 마니 꽃 그물 바다에 의지해서 머물고 수미산의 티끌 수와도 같은 세계를 권속으로 삼았으며, 그 모양이 바르고 둥글었다. 그 땅은 헤아릴 수 없이 많은 장엄을 갖추었으며, 보배 나무 윤위산이 3백 겹으로 함께 둘러쌌고 온갖 보배 구름이 그 위를 덮었으며, 허물없는 청정한 광명이 비치었다. 성읍과 궁전이 수미산과 같았으며, 의복과 음식이 생각함을 따라 이르니, 그 겁의 이름을 말하면 '종종장엄(種種莊嚴)'이라 이른다."

諸佛子 乃往古世 過世界微塵數劫 復倍是數 有世界海 名 普門淨光明 此世界海中 有世界 名 勝音 依摩尼華網海住 須彌山微塵數世界而爲眷屬 其形正圓 其地具有無量莊嚴 三百重寶樹輪圍山所共圍遶 一切寶雲而覆其上 淸淨無垢 光明照耀 城邑宮殿如須彌山 衣服飮食隨念而至 其劫名曰 種種莊嚴

"모든 불자여! 저 승음의 세계 가운데 향수 바다가 있으니, 이름은 '청정광명(淸淨光明)'이며, 그 향수 바다 가운데 큰 연꽃이 있고 수미산이 나타나 보이니, 이름이 '화염보장엄당(華焰普莊嚴幢)'이며, 열 가지의 보배 난간이 주변을 두루 둘러쌌다. 그 산 위에 하나의 큰 숲이 있으니, 이름은 '마니화지륜(摩尼華枝輪)'이며, 헤아릴 수 없이 많은 누각과 헤아릴 수 없이 많은 보배로 된 높직한 대가 보이는데 주위에 벌여 있고 헤아릴 수 없이 많은 빼어난 향 당기와 헤아릴 수 없이 많은 보배산 당기가 지극하게 장엄되었으며, 헤아릴 수 없이 많은 보배 분타리 꽃이 처처에 활짝 피었으며, 헤아릴 수 없이 많은 향마니 연꽃 그물이 주변에 두루 드리웠고 음악 소리가 기쁨에 서로 응하며, 향기 구름이 비쳤는데 각각의 수가 헤아릴 수 없이 많아서 실마리를 찾을 수가 없고 백만 나유타 성이 두루 둘러싸고 여러 중생이 그 가운데 머문다."

諸佛子 彼勝音世界中 有香水海 名 淸淨光明 其海中 有大華須彌山出現 名 華焰普莊嚴幢 十寶欄楯周帀圍遶 於其山上 有一大林 名 摩尼華枝輪 無量華樓閣 無量寶臺觀 周迴布列 無量妙香幢 無量寶山幢 逈極莊嚴 無量寶芬陀利華 處處敷榮 無量香摩尼蓮華網 周帀垂布 樂音和悅 香雲照耀 數各無量 不可紀極 有百萬億那由他城 周帀圍遶 種種衆生 於中止住

"모든 불자여! 이 숲 동쪽에 큰 성이 하나 있으니, 이름이 '염광명(焰光明)'이며, 사람의 왕이 우두머리이고 백 만억 나유타 성이 두루 둘러쌌으며, 청정하고 빼어난 보배와 함께 이루어 세워졌으며, 길이와 넓이가 각각 칠천 유순이다. 일곱 가지 보배를 성곽으로 삼고 문루와 망대가 모두 다 높고 우아하며, 일곱 겹의 보배 해자에 향수가 가득 차 있다. 우발라 꽃, 파두마 꽃, 구물두 꽃, 분타리 꽃들이 모두 보배가 되어 곳곳마다 두루 분포되어 장엄하게 꾸며졌으며, 보배 다라 나무가 일곱 겹으로 둘러싸고 궁전과 누각을 남김없이 보배로 장엄하였으며, 갖가지 빼어난 그물이 그 위에 길게 펴져 있고 향을 사르며, 꽃을 흩뿌려서 그 안이 향기롭고 밝았다. 백만 억 나유타 문을 남김없이 보배로 장엄하고 하나하나의 문 앞에 각각 49개의 보배시라 당기가 차례로 줄지어 서 있다."

諸佛子 此林東有一大城 名 焰光明 人王所都 百萬億那由他城周帀圍遶 淸淨妙寶所共成立 縱廣各有七千由旬 七寶爲郭 樓櫓卻敵 悉皆崇麗 七重寶塹 香水盈滿 優鉢羅華 波頭摩華 拘物頭華 芬陀利華 悉是衆寶 處處分布以爲嚴飾 寶多羅樹 七重圍遶 宮殿樓閣 悉寶莊嚴 種種妙網 張施其上 塗香散華 芬瑩其中 有百萬億那由他門 悉寶莊嚴 一一門前 各有四十九寶尸羅幢次第行列

"차례를 따라(復) 백만 억 숲 동산이 두루두루 둘러쌌으며, 그 가운데 빠짐없이 갖가지 잡향과 마니 수의 향이 두루 흐르면서 널리 스며들었고 많은 새가 서로 응하여 합한 음향이 듣는 이를 즐겁게 하였다. 이 큰 성안에 사는 사람들은 선근의 업보로 신족통을 이루었으며, 허공을 타고 왕래하는 일에 있어서 모든 하늘과 같으며, 마음이 하고자 하는 일을 생각대로 모두 이루었다. 이 성의 다음 남쪽 하늘에 성이 하나 있으니, 이름은 '수화장엄(樹華莊嚴)'이며, 그다음 오른쪽으로 돌아서 큰 용의 성이 있으니 이름은 '구경(究竟)'이다. 다음에 야차성이 있으니, 이름이 '금강승묘당(金剛勝妙幢)'이며, 다음에 건달바성이 있으니, 이름이 '묘궁(妙宮)'이다. 다음에 아수라성이 있으니, 이름이 '보륜(寶輪)'이며, 다음에 가루라성이 있으니, 이름이 '묘보장엄(妙寶莊嚴)'이며, 다음에 긴나라성이 있으니, 이름이 '유희쾌락(遊戱快樂)'이며, 다음에 마후라가성이 있으니, 이름이 '금강당(金剛幢)'이다. 다음에 범천왕성이 있으니, 이름이 '종종묘장엄(種種妙莊嚴)'이며, 이와 같은 등등의 것들이 백만 억 나유타의 수가 있고 이 하나하나의 성마다 각각 백만 억 나유타의 누각들이 다 함께 둘러싸고 있으며, 하나하나 빠짐없이 헤아릴 수 없는 장엄이 있다."

復有百萬億園林周帀圍遶 其中皆有種種雜香 摩尼樹香 周流普黑 衆鳥和鳴 聽者歡悅 此大城中所有居人 靡不成就業報神足 乘空往來 行同諸天 心有所欲 應念皆至 其城次南 有一天城 名 樹華莊嚴 其次右旋 有大龍城 名曰 究竟 次有夜叉城 名 金剛勝妙幢 次有乾闥婆城 名曰 妙宮 次有阿脩羅城 名曰 寶輪 次有迦樓羅城 名 妙寶莊嚴 次有緊那羅城 名 遊戱快樂 次有摩睺羅伽城 名 金剛幢 次有梵天王城 名 種種妙莊嚴 如是等百萬億那由他數 此一一城 各有百萬億那由他樓閣所共圍遶 一一皆有無量莊嚴

"모든 불자여! 이 보배 꽃가지 바퀴의 큰 숲 가운데 도량이 하나 있으니, 이름이 '보화변조(寶華徧照)'이며, 크고 많은 보배를 널리 펴서 장엄하고 마니꽃 바퀴가 두루 활짝 피었으며, 향과 등을 사르고 많은 보배 색을 갖춘 불꽃 구름이 가득히 덮어서 빛의 그물이 두루 비치었다. 모든 장엄 기물에서 항상 빼어난 보배가 나오고 모든 음악 가운데 우아한 소리를 연주하며, 마니 보배 왕은 보살의 몸을 나타내고 갖가지 빼어난 꽃이 시방에 두루두루 하였다. 그 도량 앞에는 큰 바다가 하나 있으니, 이름이 '향마니금강(香摩尼金剛)'이며, 큰 연꽃이 났으니, 이름이 '화예염륜(華蕊焰輪)'이다. 그 꽃이 광대해서 백억 유순이며, 줄기와 잎과 꽃술과 좌대가 모두 빼어난 보배로 되어있고 열 가지 말로서 이를 수 없는 백 천억 나유타 연꽃이 함께 둘러쌌으며, 항상 밝은 빛을 놓고 늘 빼어난 소리를 내어 시방에 두루두루 미쳤다."

諸佛子 此寶華枝輪大林之中 有一道場 名 寶華徧照 以衆大寶分布莊嚴 摩尼華輪徧滿開敷 燃以香燈 具衆寶色焰雲彌復 光網普照 諸莊嚴具常出妙寶 一切樂中恒奏雅音 摩尼寶王現菩薩身 種種妙華周徧十方 其道場前 有一大海 名 香摩尼金剛 出

大蓮華 名 華蕊焰輪 其華廣大百億由旬 莖 葉 鬚 臺皆是妙寶 十不可說百萬億那由他蓮華所共圍遶 常放光明 恒出妙音 周徧十方

"모든 불자여! 저 승음세계 최초의 겁 가운데 수미산 열 개의 티끌 수와 같은 여래가 세상에 나오시니, 그 첫 부처님의 명호는 '일체공덕산수미승운(一切功德山須彌勝雲)'이다."

"모든 불자여! 마땅히 알아야 하는 일이니, 저 부처님이 출현하시기 일 백 년 전에 이 마니꽃가지 바퀴의 숲 가운데 모든 장엄이 두루두루 청정하였으며, 이른바 생각으로 미루어 알 수 없는 보배 불꽃 구름을 내어 부처님의 높은 덕을 찬탄하는 소리를 일으키며, 무수한 부처님의 음성을 널리 펴고 빛을 열어 그물을 펴서 시방을 덮으며, 궁전과 누각이 서로를 비추어 보고 보배 꽃의 밝은 빛이 높이 올라 모여서 구름을 이루며, 차례를 따라 빼어난 음성을 내어 모든 중생이 이전의 세상에서 행하던 광대한 선근을 말하고 삼세의 일체 모든 부처님의 명호를 말하며, 보살들이 수행하던 모든 원과 행하던 궁극의 도를 말하고 모든 여래께서 굴리던 빼어난 바퀴의 갖가지 말씀을 설하신다. 이와 같음을 마주 본 장엄한 모양이나 상태를 나타내서 여래께서 앞으로 세상에 나오실 것을 나타내 보였다."

"그 세계 가운데 일체 모든 왕이 이러한 마주 본 모양이나 상태를 본 까닭에 선근이 성숙하고 부처님을 보고자 도량으로 모였다. 그때 '일체공덕산수미승운(一切功德山須彌勝雲)' 부처님이 이 도량의 큰 연꽃 가운데 홀연히 출현하시니, 참된 법계와 같은 그 몸이 두루 펴져서 모든 부처님의 세계에 빠짐없이 출생함을 보이고 모든 도량에 빠짐없이 나아가 끝없이 빼어난 빛깔을 청정하게 갖추었으며, 일체 세간에서 이 밝은 빛을 잃지 않았고 많은 보배로 마주 본 모양이나 상태를 갖추어 하나하나 나누어 밝게 하였으며, 모든 궁전에 빠짐없이 그 영상을 나타내서 모든 중생이 다 함께 눈으로 볼 수 있고 화신 부처님이 그 몸을 쫓아 끝없이 나오시니, 가지각색의 빛이 세계에 가득하게 찼다. 이 같은 청정하고 밝은 빛 향수 해의 불꽃 장엄 당기 수미산 정상 마니꽃 가지 바퀴 큰 숲 가운데 그 몸을 나타내어 자리에 앉으셨으며, 그 승음 세계 68 천억 수미산 정상에도 빠짐없이 저 몸(五蘊清淨調伏)을 나타내어 앉으셨다."

"그때 저 부처님의 미간에서 큰 광명을 놓으시니, 그 광명의 이름이 '발기일체선근음(發起一切善根音)'이며, 열 부처 세계의 티끌 수와도 같은 광명을 권속으로 삼아 모든 시방의 국토에 가득하였다. 만일 중생 중에서 조복시킬 만한 이가 있다면 그 광명이 비치어 곧바로 스스로 깨우침을 깨달아 얻게 하며, 모든 의혹을 놓고 두텁게 있는 모든 그물을 찢으며, 막힘이나 걸림이 되는 모든 산을 누르고 더러움에 탁해진 모든 것을 청정하게 하고 큰 신심과 이해를 일으켜서 뛰어난 선근을 내게 하며, 일체 모든 어려움과 공포에서 멀리 영원히 벗어나고 몸과 마음의 괴로움을 모두 없애버리며, 부처님을 뵐 수 있는 마음을 일으켜 일체 지혜로 나아가게 된다."

"이때 모든 세간의 주인과 그에 따르는 권속들이 헤아릴 수 없이 많은 백천의 무리가 부처님의 광명으로 깨우침을 깨달아 얻은 까닭에 모두 부처님 계신 곳에 나아가 머리를 조아려 예를 갖추었다."

諸佛子 彼勝音世界 最初劫中 有十須彌山微塵數如來出興於世 其第一佛 號 一切功德山須彌勝雲 諸佛子 應知彼佛將出現時 一百年前 此摩尼華枝輪大林中 一切莊嚴周徧淸淨 所謂 出不思議寶焰雲 發歎佛功德音 演無數佛音聲 舒光布網 彌覆十方宮殿樓閣 互相照耀 寶華光明 騰聚成雲 復出妙音 說一切衆生前世所行廣大善根 說三世一切諸佛名號 說諸菩薩所修願行究竟之道 說諸如來轉妙法輪種種言辭 現如是等莊嚴之相 顯示如來當出於世 其世界中 一切諸王見此相故 善根成熟 悉欲見佛 而來道場 爾時 一切功德山須彌勝雲佛 於其道場大蓮華中忽然出現 其身周普等眞法界 一切佛刹皆示出生 一切道場悉詣其所 無邊妙色 具足淸淨 一切世間 無能映奪 具衆寶相 一一分明 一切宮殿悉現其像 一切衆生咸得目見無變化佛從其身出 種種色光充滿世界 如於此淸淨光明香水海 華焰莊嚴幢須彌頂上 摩尼華枝輪大林中 出現其身 而坐於座 其勝音世界 有六十八千億須彌山頂 悉亦於彼現身而坐 爾時 彼佛卽於眉間放大光明 其光名 發起一切善根音 十佛刹微塵數光明而爲眷屬 充滿一切十方國土 若有衆生應可調伏 其光照觸 卽自開悟 息諸惑熱 裂諸蓋網 摧諸障山 淨諸垢濁 發大信解 生勝善根 永離一切諸難恐怖 滅除一切身心苦惱 起見佛心 趣一切智 時 一切世間主 幷其眷屬 無量百千 蒙佛光明所開覺故 悉詣佛所 頭面禮足

"모든 불자여! 저 염광명 큰 성 가운데 왕이 있으니, 이름이 '희견선혜(喜見善慧)'이며, 백만 나유타 성을 거느렸고 부인과 채녀가 삼만 칠천 인이며, 복길상(福吉祥)이 상수가 되고 왕자가 오백 인이니 대위광(大威光)이 상수이다. 이 대위광 태자에게도 십 천의 부인이 있으며, 묘견(妙見)이 상수이다."

"그때 대위광 태자가 부처님의 광명을 보고 오래전에 닦았던 선근의 힘을 씀으로 인하여 곧바로 열 가지 법을 증득(證得)하였다. 무엇을 일러 열이라 하는가? 이른바 모든 부처님의 공덕 바퀴 삼매를 증득하고 모든 불법의 보문 다라니를 증득하고 광대한 방편의 장인 반야바라밀을 증득하고 모든 중생을 조복시키는 대 장엄 대자를 증득하고 널리 미치는 구름 소리의 대비를 증득하고 끝이 없는 공덕과 가장 뛰어난 마음을 내는 대희를 증득하고 모든 법을 두루 다 버리는 것이 실질적 깨우침을 깨달아 마치는 것과 같음을 증득하고 광대한 방편과 평등 장의 대 신통을 증득하고 믿음과 이해하는 힘을 늘리고 키우는 대원을 증득하고 모든 지혜의 광명으로 두루 들어가는 변재의 문을 증득함을 이른다."

諸佛子 彼焰光明大城中 有王 名 喜見善慧 統領百萬億那由他城 夫人 采女三萬七千人 福吉祥爲上首 王子五百人 大威光爲上首 大威光太子有十千夫人 妙見爲上首 爾時 大威光太子見佛光明已 以昔所修善根力故 卽時證得十種法門 何謂爲十 所謂 證得一切諸佛功德輪三昧 證得一切佛法普門陀羅尼 證得廣大方便藏般若波羅蜜 證得調伏一切衆生大莊嚴大慈 證得普雲音大悲 證得生無邊功德最勝心大喜 證得如實覺悟一切法大捨 證得廣大方便平等藏大神通 證得增長信解力大願 證得普入一切智光明辯才門

그때 대위광 태자가 이와 같은 법의 광명을 얻고는 부처님의 위신력(威神力)을 받들어 대중을 두루 자세하게 살펴보고 말했다.

爾時 大威光太子 獲得如是法光明已 承佛威力 普觀大衆 而說頌言

世尊坐道場 세존께서 도량에 앉아계시니
淸淨大光明 청정하고 큰 광명이
譬如千日出 비유하자면 천 개의 태양이 떠서
普照虛空界 허공계를 두루 비추는 것과 같다네.

無量億千劫 헤아릴 수 없이 많은 억 천년이라는 겁 동안에
導師時乃現 어쩌다 한 번 도사가 나타난다네.
佛今出世間 부처님이 지금 세간에 나오시니
一切所瞻奉 모든 중생이 우러러 받든다네.

汝觀佛光明 자네는 부처님의 광명을 자세하게 살펴보아야 할 것이니
化佛難思議 화신불은 생각으로 미루어 알 수가 어렵다네.
一切宮殿中 모든 궁전 가운데
寂然而正受 고요한 선정에 들어가 계신다네.

汝觀佛神通 자네는 부처님의 신통력을 자세하게 살펴보아야 할 것이니

毛孔出焰雲 털구멍에서 불꽃 구름이 나와

照耀於世間 세간을 환하게 비치니

光明無有盡 다함이 없는 광명이라네.

汝應觀佛身 자네는 부처님의 몸을 자세하게 살펴보아야 할 것이니

光網極清淨 빛의 그물이 지극히 청정하기에

現形等一切 드러난 형상을 나타냄이 일체와 가지런하고

徧滿於十方 시방에 두루 가득하다네.

妙音徧世間 빼어난 음성은 세간에 두루 미치고

聞者皆欣樂 듣는 이는 빠짐없이 기뻐하며 즐거워한다네.

隨諸衆生語 중생이 하는 모든 말이

讚歎佛功德 부처님의 공덕을 찬탄하는 것이라네.

世尊光所照 세존의 빛이 비치는 곳은

衆生悉安樂 중생들이 다 편안하고 즐거우니

有苦皆滅除 있던 괴로움을 다 없애서

心生大歡喜 크게 기쁘고 즐거워하는 마음을 내게 하기 때문이라네.

觀諸菩薩衆 모든 보살의 대중을 보라.

十方來箪止 시방으로부터 와서 다 함께 모여 머무르며

悉放摩尼雲 마니구름을 남김없이 놓고

現前俙讚佛 눈앞에서 부처님을 칭찬한다네.

道場出妙音 도량에서 빼어난 음성을 내니

其音極深遠 그 음성이 지극히 깊으며 넓고 아득하기에

能滅衆生苦 능히 중생들의 괴로움을 없애준다네.

此是佛神力 이는 부처님의 신력이라네.

一切咸恭敬 모두 다 함께 공경하며

心生大歡喜 큰 기쁨과 즐거움의 마음을 내고
共在世尊前 함께 세존 앞으로 나아가
瞻仰於法王 법왕을 우러러본다네.

"모든 불자여! 저 대위광 태자가 이 게송을 말할 때 부처님의 위신력으로 그 음성이 승음(勝音) 세계에 두루 미쳤다."

그때 희견선혜 왕이 이 게송을 듣고 마음으로 크게 환희하여 모든 권속을 자세하게 살펴보고 게송으로 말했다.

諸佛子 彼大威光太子說此頌時 以佛神力 其聲普徧勝音世界 時 喜見善慧王聞此頌已 心大歡喜 觀諸眷屬而說頌言

汝應速召集 자네들은 속히
一切諸王衆 일체 모든 왕의 무리와
王子及大臣 왕자와 대신과
城邑宰官等 성읍의 재상과 관리들을 불러 모아라.

普告諸城內 모든 성에 알려서
疾應擊大鼓 큰 북을 치게 하고
其集所有人 있는 사람들을 모아
俱行往見佛 함께 가서 부처님을 뵙자.

一切四衢道 모든 사거리의 길마다
悉應鳴寶鐸 보배방울을 울리고
妻子眷屬俱 처자 권속과 손잡고
共往觀如來 다 함께 가서 부처님을 가까이 뵙자.

一切諸城郭 일체 모든 성곽을
宜令悉淸淨 마땅히 다 청정하게 해야 할 것이며
普建勝妙幢 뛰어나고 빼어난 당기를 널리 세우고
摩尼以嚴飾 마니로 장엄하게 꾸며라.

寶幢羅衆網 보배 휘장에 많은 그물을 벌리고
妓樂如雲布 흥겨움을 구름같이 깔아서
嚴備在虛空 허공에 장엄을 갖추어 두고
處處令充滿 곳곳을 충만하게 하라.

道路皆嚴淨 도로를 다 청정히 하고
普雨妙衣服 좋은 의복을 입고
巾馭汝寶乘 너는 보배 수레를 부려서
與我同觀佛 나와 함께 부처님을 뵈러 가자.

各各隨自力 각각 스스로 힘으로
普雨莊嚴具 장엄 기물을 두루 걸치되
一切如雲布 모든 것이 구름을 펼치듯
徧滿虛空中 허공 가운데 가득하게 하라.

香焰蓮華蓋 향 불꽃과 연꽃 우산
半月寶瓔珞 반월의 보배 영락과
及無數妙衣 수없이 많은 빼어난 옷을
汝等皆應雨 너희에게 빠짐없이 넉넉하게 내릴 것이다.

須彌香水海 수미산 향수 바다에
上妙摩尼輪 위 없는 빼어난 마니 바퀴와
及淸淨栴檀 청정한 전단을
悉應雨滿空 남김없이 내려 허공을 가득하게 할 것이다.

衆寶華瓔珞 많은 보배 꽃과 영락으로
莊嚴淨無垢 허물없이 깨끗하게 장엄하고
及以摩尼燈 마니 등을 밝혀서
皆令在空住 빠짐없이 허공에 머물게 할 것이다.

一切持向佛 모든 것을 가지고 부처님을 향해

心生大歡喜 마음으로부터 대 환희를 내고
妻子眷屬俱 처자와 권속들과 함께
往見世所尊 세상의 존귀한 분을 뵈러 가자.

그때 희견혜왕이 삼만 칠천의 부인과 채녀와 함께 하였으며, 복 길상이 가장 윗자리가 되고 오백의 왕자와 하니, 대위광이 가장 윗자리가 되어 육만 대신이 함께하였으며, 지혜의 힘이 가장 윗자리가 되었다. 이와 같은 가지런한 칠십 칠백 천억 나유타의 대중을 앞뒤로 둘러싸고 염광명 큰 성을 나와 왕이 힘을 쓰는 까닭에 모든 대중이 허공을 타고 가면서 모든 공양 기물로 허공을 가득 채우고 부처님 계신 곳에 이르러 부처님 발에 정례하고 한편에 물러가 앉았다.

차례를 따라(復) 묘화성의 선화당 천왕은 십억의 나유타 권속과 더불어 하고 차례를 따라 구경대성의 정광 용왕은 이십 오억의 권속과 함께 더불어 하고 차례를 따라 금강승당성의 맹건야차 왕은 칠십 칠억의 권속과 함께 하고 차례를 따라 무구성의 희견건달바 왕은 구십 칠억의 권속과 함께 더불어 하고 차례를 따라 묘륜성의 정색사유아수라 왕은 오십 팔억의 권속과 함께 더불어 하고 차례를 따라 묘장엄성의 십력행가루라 왕은 구십 구억의 권속과 함께 더불어 하고 차례를 따라 우희쾌락성의 금강덕긴나라 왕은 십팔억의 권속과 함께 더불어 하고 차례를 따라 금강당성의 보칭당마후라가 왕은 삼억 백천 나유타 권속과 함께 더불어 하고 차례를 따라 정묘장엄성의 최승범 왕은 팔십억 권속과 함께 더불어 하고 이와 같은 가지런한 백만 억 나유타의 큰 성 가운데 모든 왕과 그에 따르는 권속들이 모두 함께 일체공덕산수미승운 여래가 계신 곳에 나아가서 머리를 숙여 예를 올리고 한편으로 물러나 앉았다.

爾時 喜見善慧王 與三萬七千夫人 采女俱 福吉祥爲上首 五百王子俱 大威光爲上首 六萬大臣俱 慧力爲上首 如是等七十七百千億那由他衆 前後圍遶 從焰光明大城出 以王力故 一切大衆乘空而往 諸供養具徧滿虛空 至於佛所 頂禮佛足 卻坐一面 復有妙華城善化幢天王 與十億那由他眷屬俱 復有究竟大城淨光龍王 與二十五億眷屬俱 復有金剛勝幢城猛健夜叉王 與七十七億眷屬俱 復有無垢城喜見乾闥婆王 與九十七億眷屬俱 復有妙輪城淨色思惟阿修羅王 與五十八億眷屬俱 復有妙莊嚴城十力行迦樓羅王 與九十九千眷屬俱 復有遊戲快樂城金剛德緊那羅王 與十八億眷屬俱 復有金剛幢城寶稱幢摩睺羅伽王 與三億百千那由他眷屬俱 復有淨妙莊嚴城最勝梵王 與十八億眷屬俱 如是等百萬億那由他大城中 所有諸王 幷其眷屬 悉共往詣一切

功德須彌勝雲如來所 頂禮佛足 卻坐一面

　그때 수미승운 여래께서 모든 중생을 조복시키고자 대중이 모인 도량 바다 가운데서
일체 삼세 부처님의 자재한 법을 두루 모은 수다라를 설하셨다. 세계의 티끌 수와도 같은
수다라를 권속으로 삼았으며, 중생들의 마음을 따라 빠짐없이 모두 이익을 얻게 하였다.
　이때 대위광 보살이 법문을 듣는 즉시 일체공덕수미승운 부처님께서 지난 세상에서 모
으신 법 바다의 광명을 얻었으니, 이른바 모든 법을 모은 평등 삼매의 지혜 광명을 얻었
으며, 모든 법이 최초의 보리심 가운데로 남김없이 들어가 머무는 지혜 광명을 얻었으며,
시방 법계에 두루 한 광명 장의 청정한 눈, 이 눈의 지혜 광명을 얻었으며, 모든 불법의
큰 원력, 이 원력의 바다를 자세하게 살펴보는 지혜 광명을 얻었으며, 끝이 없는 공덕의
바다에 들어가는 청정한 행, 이 행의 지혜 광명을 얻었으며, 물러남이 없이 큰 힘으로 빠
르게 장을 향해 나아가는 지혜 광명을 얻었으며, 법계 가운데 헤아릴 수 없이 변화하는
힘에서 벗어난 바퀴의 지혜 광명을 얻었으며, 헤아릴 수 없는 공덕의 두루 원만한 바다에
도장을 찍고 들어가는 지혜 광명을 얻었으며, 모든 부처님이 도장을 찍은 이해로 장엄하
고 성취한 바다, 이 바다를 분명하게 깨우쳐 알고 마친 지혜 광명을 얻었으며, 법계의 끝
없는 부처님이 일체중생의 앞에 나타나는 신통 바다를 분명하게 깨우쳐 알고 마친 지혜
광명을 얻었으며, 모든 부처님의 힘과 두려움이 없는 법을 분명하게 깨우쳐 알고 마친 지
혜 광명을 얻었다.

　時 彼如來爲欲調伏諸衆生故 於衆會道場海中 說普集一切三世佛自在法修多羅 世
界微塵數修多羅而爲眷屬 隨衆生心 悉令獲益 是時 大威光菩薩 聞是法已 卽獲一切
功德須彌勝雲 佛宿世所集法海光明 所謂 得一切法聚平等三昧智光明 一切法悉入
最初菩提心中住智光明 十方法界普光明藏淸淨眼智光明 觀察一切佛法大願海智光
明 入無邊功德海淸淨行智光明 趣向不退轉大力速疾藏智光明 法界中無量變化力
出離輪智光明 決定入無量功德圓滿海智光明 了知一切佛決定解莊嚴成就海智光明
了知法界無邊佛現一切衆生前神通海智光明 了知一切佛力無所畏法智光明

　그때 대위광 보살이 이와 같은 헤아릴 수 없는 지혜 광명을 얻고 부처님의 위신력을 받
들어 게송으로 말했다.

　爾時 大威光菩薩 得如是無量智光明已 承佛威力而說頌言

我聞佛妙法 나는 부처님의 빼어난 법을 들었으며
而得智光明 지혜의 밝은 빛을 얻었기에
以是見世尊 이것으로 세존이
往昔所行事 지난 세월에 행하시던 일을 본다네.

一切所生處 모든 곳에 나시던 일과
名號身差別 명호와 몸의 차별과
及供養於佛 부처님께 공양하시던 일에 이르기까지
如是我咸見 이와 같음을 나는 모두 보았다네.

往昔諸佛所 지난 옛적 모든 부처님이 계신 곳을
一切皆承事 모두 다 받들어 섬기고
無量劫修行 헤아릴 수 없는 겁을 두고 닦고 행하여
嚴淨諸刹海 모든 세계바다를 장엄하고 청정하게 하였다네.

捨施於自身 스스로 몸을 버려 보시한 것이
廣大無涯際 광대하고 그 끝이 없으며
修治最勝行 가장 뛰어난 행을 닦고 다스려서
嚴淨諸刹海 모든 세계바다를 장엄하고 청정하게 하였다네.

耳鼻頭手足 귀, 코, 머리, 손, 발과
及以諸宮殿 모든 궁전에 이르기까지
捨之無有量 헤아릴 수 없이 많은 것을 버려서
嚴淨諸刹海 모든 세계바다를 장엄하고 청정하게 하였다네.

能於一一刹 하나하나의 세계를
億劫不思議 생각으로 미루어 알 수 없는 억천 겁 동안
修習菩提行 보리 행을 닦고 익혀서
嚴淨諸刹海 모든 세계바다를 장엄하고 청정하게 하였다네.

普賢大願力 보현보살의 큰 원력의 힘으로

一切佛海中 모든 부처님의 바다 가운데서
修行無量行 헤아릴 수 없는 행을 수행해서
嚴淨諸剎海 모든 세계바다를 장엄하고 청정하게 하였다네.

如因日光照 태양의 빛이 비침으로 인하여
還見於日輪 되돌려 일륜을 보는 것과 같기에
我以佛智光 나는 부처님의 지혜 광명으로
見佛所行道 부처님이 행하시던 길을 본다네.

我觀佛剎海 내가 자세하게 살펴보니 부처님의 세계바다는
淸淨大光明 청정하고 큰 광명이라네.
寂靜證菩提 적정으로 증득한 보리의 도가
法界悉周徧 법계에 빠짐없이 두루두루 하다네.

我當如世尊 나는 마땅히 세존과 같이
廣淨諸剎海 모든 세계바다를 청정히 하고
以佛威神力 부처님의 위신력으로
修習菩提行 보리의 행을 닦아 익힐 것이라네.

"모든 불자여! 때를 맞춰 대위광 보살이 일체공덕수미승운 부처님을 뵙고 받들어 섬기며 공양한 까닭으로 여래의 처소에서 마음으로 분명하게 깨우침을 깨달아 얻고 마쳤으며, 모든 세간을 위해 여래께서 옛적에 행하신 바다를 나타내 보이며, 옛적에 행하던 보살행 방편을 나타내 보이며, 모든 부처님의 공덕 바다를 나타내 보이며, 모든 법계에 널리 들어가는 청정한 지혜를 나타내 보이며, 모든 도량 가운데 부처를 이루는 자재한 힘을 나타내 보이며, 부처님의 힘과 두려움이 없고 차별이 없는 지혜를 나타내 보이며, 두루 나타나는 여래의 몸을 나타내 보이며, 사람의 생각으로는 미루어 알 수 없는 부처님의 신통변화를 나타내 보이며, 헤아릴 수 없이 많은 청정한 불국토의 장엄함을 나타내 보이며, 보현보살이 가지고 있는 행과 원을 보여서 수미산의 티끌 수와도 같은 중생들이 보리심을 일으키게 하며, 부처 세계의 티끌 수와도 같은 중생들이 여래의 청정한 국토를 성취하게 하였다."

諸佛子 時 大威光菩薩 以見一切功德山須彌勝雲佛 承事供養故 於如來所心得悟
了 爲一切世間 顯示如來往昔行海 顯示往昔菩薩行方便 顯示一切佛功德海 顯示普
入一切法界淸淨智 顯示一切道場中成佛自在力 顯示佛力無畏無差別智 顯示普示現
如來身 顯示不可思議佛神變 顯示莊嚴無量淸淨佛土 顯示普賢菩薩所有行願 令如
須彌山微塵數衆生發菩提心 佛刹微塵數衆生成就如來淸淨國土

그때 일체공덕산수미승운 부처님이 대위광 보살을 위해 게송으로 말씀하셨다.
爾時 一切功德山須彌勝雲佛 爲大威光菩薩而說頌言

善哉大威光 선근이로다. 대위광의
福藏光名稱 명칭이 복장광(般若智方便의 福)이라.
爲利衆生故 중생의 이익을 위한 까닭으로
發趣菩提道 보리의 도를 일으키고 향한다네.

汝獲智光明 그대가 지혜의 광명을 얻으니
法界悉充徧 남음이 없이 법계에 두루 가득하고
福慧咸廣大 복덕의 지혜가 광대하니
當得深智海 마땅히 깊은 지혜의 바다를 얻을 것이네.

一刹中修行 하나의 세계 가운데서 닦고 행하며
經於刹塵劫 세계의 티끌 수와도 같은 겁을 지내면서
如汝見於我 그대가 나를 본 것과 같이
當獲如是智 당연히 이와 같은 지혜를 얻을 것이라네.

非諸劣行者 많지 않은 행을 닦은 자는
能知此方便 모두 이 방편을 알지 못하지만
獲大精進力 큰 정진의 힘을 얻는다면
乃能淨刹海 능히 세계바다를 청정하게 할 것이라네.

一一微塵中 하나하나의 티끌 가운데서

無量劫修行 헤아릴 수 없이 많은 겁을 수행하면
彼人乃能得 저 사람은 능히
莊嚴諸佛刹 모든 부처의 세계를 장엄할 것이라네.

爲一一衆生 하나하나의 중생들을 위해
輪迴經劫海 윤회하면서 겁 바다를 지나더라도
其心不疲懈 그 마음이 피곤하거나 게으르지 않으면
當成世導師 당연히 세상에서 도사를 이룰 것이라네.

供養一一佛 한분 한분의 부처님을 공양하면서
悉盡未來際 모든 오는 세상이 끝날 때까지
心無暫疲厭 피로하거나 싫어하는 마음이 잠시도 없어야만
當成無上道 당연히 위 없는 도를 이룰 것이라네.

三世一切佛 삼세의 부처님들이
當共滿汝願 다 함께 그대의 원을 넉넉하게 채울 것이며
一切佛會中 모든 부처님의 모임 가운데서
汝身安住彼 그대의 몸에 저(般若智)가 편안히 머물 것이라네.

一切諸如來 일체 모든 여래의
誓願無有邊 서원은 끝이 없으니
大智通達者 큰 지혜(如來智)를 통달한 자는
能知此方便 능히 이 방편을 알 것이라네.

大光供養我 그대가 나를 공양한
故獲大威力 까닭으로 큰 위력을 얻었으니
令塵數衆生 티끌 수와도 같은 중생들을
成熟向菩提 푹 익게 하여 보리로 향하게 하라.

諸修普賢行 보리의 행을 수행하는
大名稱菩薩 대명칭의 보살들이

莊嚴佛刹海 부처님의 세계바다를 장엄하려고

法界普周徧 법계에 두루두루 가득하다네.

"모든 불자여! 너희들은 마땅히 알아야 할 것이다. 저 대 장엄의 겁 가운데 항하의 모래 알 수와 같은 작은 겁이 있으니, 사람들의 수명은 2 소겁이며, 저 일체공덕수미승운 부처님의 수명은 56 억세다. 이 부처님이 열반하신 뒤에 부처님이 출현하시니, 이름이 '바라밀선안장엄(波羅蜜善眼莊嚴王)'이며, 이분도 또한 저 마니꽃 가지 바퀴의 큰 숲 가운데서 정각을 이루었다."

"그때 대위광 동자가 저 여래께서 등정각을 이루어 신통한 힘을 나타내심을 보고 곧바로 염불삼매를 얻으니, 이름이 '끝없는 바다의 장문(無邊海藏門)'이며, 곧바로 다라니를 얻으니, 이름이 '큰 지혜의 힘인 법 못(大智力法淵)'이며, 곧바로 대자를 얻으니, 이름이 '널리 중생을 따라 조복 하여 해탈하게 함(普隨衆生調伏度脫)'이며, 곧바로 대비를 얻으니, 이름이 '모든 경계를 두루 덮은 구름(徧覆一切境界雲)'이며, 곧바로 큰 기쁨을 얻으니, 이름이 '모든 부처님의 공덕 바다 위신력의 장(一切佛功德海威力藏)'이며, 곧바로 크게 버리는 것을 얻으니, 이름이 '법의 성품과 허공이 평등하고 청정(法性虛空平等淸淨)'하다는 것이며, 곧바로 반야바라밀을 얻으니, 이름이 '자신의 성품이 허물을 벗어난 청정한 몸(自性離垢法界淸淨身)'이며, 곧바로 신통을 얻으니, 이름이 '막힘이나 걸림 없는 광명이 널리 따라 나타남(無礙光普隨現)'이며, 곧바로 변재를 얻으니, 이름이 '허물을 벗어난 연못의 선근으로 들어감(善入離垢淵)'이며, 곧바로 지혜의 빛을 얻으니, 이름이 '모든 불법의 청정한 장(一切佛法淸淨藏)'이다. 이와 같은 등등의 십 천의 법문을 빠짐없이 통달함을 얻었다."

諸佛子 汝等應知彼大莊嚴劫中 有恒河沙數小劫 人壽命二小劫 諸佛子 彼一切功德須彌勝雲佛 壽命五十億歲 彼佛滅度後 有佛出世 名 波羅蜜善眼莊嚴王 亦於彼摩尼華枝輪大林中而成正覺 爾時 大威光童子 見彼如來成等正覺 現神通力 即得念佛三昧 名 無邊海藏門 即得陀羅尼 名 大智力法淵 即得大慈 名 普隨衆生調伏度脫 即得大悲 名 徧覆一切境界雲 即得大喜 名 一切佛功德海威力藏 即得大捨 名 法性虛空平等淸淨 即得般若波羅蜜 名 自性離垢法界淸淨身 即得神通 名 無礙光普隨現 即得辯才 名 善入離垢淵 即得智光 名 一切佛法淸淨藏 如是等十千法門 皆得通達

그때 대위광 동자가 부처님의 위신력을 받들고 모든 권속을 위하여 게송으로 말했다.

爾時 大威光童子 承佛威力 爲諸眷屬而說頌言

不可思議億劫中 사람의 생각으로 미루어 알 수 없는 억겁 가운데
導世明師難一遇 세상을 이끄는 밝은 스승을 한 번 만나기도 어렵거늘
此土衆生多善利 이 국토의 중생들은 선근의 이익이 많아서
而令得見第二佛 두 번째 부처님을 뵙는다네.

佛身普放大光明 부처님의 몸이 큰 광명을 널리 놓으시니
色相無邊極淸淨 마주한 모양이나 상태가 끝이 없고 지극히 청정하며
如雲充滿一切土 구름과 같이 모든 국토에 가득하고
處處偁揚佛功德 곳곳에서 부처님의 공덕을 칭찬한다네.

光明所照咸歡喜 광명이 비치니 다 함께 즐겁고 기쁘며
衆生有苦悉除滅 중생에게 괴로움이 있으면 모두 없애서
各令恭敬起慈心 제각기 공경하고 자비한 마음을 일으키게 하니
此是如來自在用 이것이 여래의 자재한 쓰임새라네.

出不思議變化雲 생각으로 미루어 알 수 없는 변화의 구름을 내고
放無量色光明網 헤아릴 수 없는 빛깔의 광명 그물을 놓아
十方國土皆充滿 시방 국토를 빠짐없이 가득 채우니
此佛神通之所現 이는 부처님의 신통으로 나타나는 것이라네.

一一毛孔現光雲 하나하나의 털구멍에 빛 구름을 나타내니
普徧虛空發大音 허공에 널리 큰소리를 두루 내고
所有幽冥靡不照 모든 어두운 곳을 두루 비추어
地獄衆苦咸令滅 지옥의 많은 고통을 모두 없앤다네.

如來妙音徧十方 여래의 빼어난 음성이 시방에 두루 미치고
一切言音咸具演 모든 말과 소리를 다 함께 갖추어 널리 펴시며
隨諸衆生宿善力 모든 중생의 오래된 선근의 힘을 따르시니
此是大師神變用 이것이 큰 스승의 신통 변화하는 쓰임새라네.

無量無邊大衆海 헤아릴 수 없고 끝이 없는 대중 바다에
佛於其中皆出現 부처님이 그 가운데 빠짐없이 출현해서
普轉無盡妙法輪 다함이 없는 빼어난 법륜을 두루 굴리시고
調伏一切諸衆生 일체 모든 중생을 조복시킨다네.

佛神通力無有邊 부처님의 신통력은 그 끝이 없으며
一切剎中皆出現 모든 세계 가운데 빠짐없이 출현하시고
善逝如是智無礙 선서의 이와 같은 막힘이나 걸림 없는 지혜로
爲利衆生成正覺 중생들에게 이익을 주기 위해 정각을 이루신 것이라네.

汝等應生歡喜心 너희들은 마땅히 환희심을 내어
踊躍愛樂極尊重 뛸 듯이 기뻐하고 사랑하며 즐거워하면서 지극히 존중하라.
我當與汝同詣彼 나는 마땅히 너희들과 함께 갈 것이니
若見如來衆苦滅 그와 같은 여래를 보면 많은 고통이 없어질 것이라네.

發心迴向趣菩提 보리로 되돌려 향하는 마음을 일으키고
慈念一切諸衆生 일체 모든 중생을 가엾이 생각하여
悉住普賢廣大願 남김없이 보현의 광대한 원에 머물면
當如法王得自在 마땅히 법왕과 같은 자재함을 얻게 될 것이라네.

"모든 불자여! 대위광 동자가 이 게송을 말할 때 부처님의 위신력으로 그 소리가 막힘이나 걸림이 없어 모든 세계가 빠짐없이 모두 들음을 얻고 헤아릴 수 없이 많은 중생이 보리심을 일으켰다."

"그때 대위광 왕자를 그 부모와 아울러 모든 권속과 헤아릴 수 없는 백 천억 나유타 중생들이 앞뒤로 둘러싸고 구름과 같은 보배 양산으로 허공을 덮고 바라밀선암장엄 여래의 처소로 나아가니, 그 부처님이 법계체성청정장엄수다라를 말씀하셨으며, 세계바다의 티끌 수와 같은 수다라가 권속이 되었다."

"저 모든 대중이 이 경을 듣고 청정한 지혜를 얻었으니, 이름이 '일체에 들어가는 깨끗한 방편(入一切淨方便)'이며, 지위를 얻으니, 이름이 '허물을 벗어난 광명(離垢光明)'이며, 바라밀 바퀴를 얻으니, 이름이 '일체 세간이 사랑하고 즐기는 장엄을 나타내 보임(示現一

切世間愛樂莊嚴)'이며, 광대하게 늘리는 행의 바퀴를 얻으니, 이름이 '일체 세계에 두루 들어가는 끝없는 광명의 청정한 견해(普入一切刹土無邊光明淸淨見)'이며, 향해 나아가는 행의 바퀴를 얻으니, 이름이 '허물을 벗어난 복덕 구름의 광명 당기(離垢福德雲光明幢)'이며, 따라 들어가 증득하는 바퀴를 얻으니, 이름이 '모든 법 바다의 광대한 광명(一切法海廣大光明)'이며, 차츰 깊게 나아가는 행을 얻으니, 이름이 '큰 지혜장엄(大智莊嚴)'이며, 관정의 지혜 바다를 얻으니, 이름이 '공들인 보람이나 효과는 없지만, 끝까지 닦는 빼어난 견해(無功用修極妙見)'이며, 깨우침을 분명하게 깨달아 아는 큰 광명을 얻으니, 이름이 '여래 공덕 바다를 마주 본 광명의 그림자가 두루 비침(如來功德海相光影徧照)'이며, 원력을 출생하는 청정한 지혜를 얻으니, 이름이 '헤아릴 수 없는 원력을 믿고 이해하는 장(無量願力信解藏)'이다."

諸佛子 大威光童子說此頌時 以佛神力 其聲無礙 一切世界皆悉得聞 無量衆生發菩提心 時 大威光王子 與其父母 幷諸眷屬 及無量百千億那由他衆生 前後圍遶 寶蓋如雲 徧覆虛空 共詣波羅蜜善眼莊嚴王如來所 其佛爲說法界體性淸淨莊嚴修多羅 世界海微塵等修多羅而爲眷屬 彼諸大衆 聞此經已 得淸淨智 名 入一切淨方便 得於地 名 離垢光明 得波羅蜜輪 名 示現一切世間愛樂莊嚴 得增廣行輪 名 普入一切刹土無邊光明淸淨見 得趣向行輪 名 離垢福德雲光明幢 得隨入證輪 名 一切法海廣大光明 得轉深發趣行 名 大智莊嚴 得灌頂智慧海 名 無功用修極妙見 得顯了大光明 名 如來功德海相光影徧照 得出生願力淸淨智 名 無量願力信解藏

때맞추어 저 부처님이 대위광 보살을 위하여 게송으로 말했다.
時 彼佛爲大威光菩薩而說頌言

善哉功德智慧海 선근이로다. 공덕과 지혜의 바다로
發心趣向大菩提 마음을 일으켜 큰 보리로 향해 나아가니
汝當得佛不思議 그대는 마땅히 부처님의 헤아릴 수 없음을 얻고
普爲衆生作依處 중생들을 위해 널리 의지할 곳을 지을 것이라네.

汝已出生大智海 그대는 이미 큰 지혜의 바다에 출생하고
悉能徧了一切法 모든 법을 남김없이 분명하게 깨우쳐 알고
當以難思妙方便 마땅히 생각으로는 어려운 빼어난 방편으로

入佛無盡所行境 다함이 없는 부처님이 행한 경계에 들어갈 것이라네.

已見諸佛功德雲 모든 부처님의 공덕 구름을 이미 보았고
已入無盡智慧地 다함이 없는 지혜의 지위에 이미 들어갔으니
諸波羅蜜方便海 모든 바라밀의 방편 바다를
大名稱者當滿足 대명칭자(佛)가 매우 만족해할 것이라네.

已得方便摠持門 이미 방편으로서의 총지문을 얻었으며
及以無盡辯才門 다함이 없는 변재의 문으로
種種行願皆修習 가지가지의 행과 원을 모두 닦고 익혀서
當成無等大智慧 마땅히 견줄 것이 없는 큰 지혜를 이루었다네.

汝已出生諸願海 그대는 이미 모든 원의 바다에 출생하였고
汝已入於三昧海 그대는 이미 삼매의 바다에 들어갔으니
當具種種大神通 마땅히 가지가지의 큰 신통과
不可思議諸佛法 생각으로는 미루어 헤아릴 수 없는 모든 불법을 갖출 것이라네.

究竟法界不思議 생각으로 헤아려 이를 수 없는 법계를 끝까지 추구해서
廣大深心已清淨 광대하고 깊은 마음이 이미 청정하니
普見十方一切佛 시방의 모든 부처님과
離垢莊嚴衆刹海 허물을 벗어난 많은 세계바다의 장엄함을 두루 볼 것이라네.

汝已入我菩提行 그대는 이미 나의 보리 행과
昔時本事方便海 지난 옛날 본사(本事.보리智)와 방편의 바다를 들어갔으니
如我修行所淨治 내가 깨끗하게 다스려 닦고 행하던 것과 같이
如是妙行汝皆悟 이와 같은 빼어난 행을 그대가 다 깨달아 알 것이라네.

我於無量一一刹 나는 헤아릴 수 없이 많은 하나하나의 세계, 이 세계의
種種供養諸佛海 모든 부처님 바다에 갖가지로 공양하였고
如彼修行所得果 그(彼)와 같은 수행으로 얻은 결과와 같이
如是莊嚴汝咸見 이와 같은 장엄함을 그대는 모두 볼 것이라네.

廣大劫海無有盡 광대한 겁의 바다는 다함이 없고

一切刹中修淨行 그 모든 세계 가운데서 청정한 행을 닦으며

堅固誓願不可思 견고하게 세워진 서원은 생각으로 헤아려 알 수 없는 것과 같이

當得如來此神力 여래의 이러한 신력을 마땅히 얻을 것이라네.

諸佛供養盡無餘 모든 부처님을 공양하는 일에 남음이 없이 다하고

國土莊嚴悉清淨 국토(思惟)를 모두 청정하게 장엄하며

一切劫中修妙行 일체 겁 가운데 빼어난 행을 닦으니

汝當成佛大功德 그대는 마땅히 부처님의 큰 공덕을 이룰 것이네.

"모든 불자여! 바라밀선안장엄왕 여래께서 열반에 들고 희견선혜왕도 또한 뒤를 따르시니, 대위광 동자가 전륜왕의 자리를 받았다. 저 마니꽃 가지 바퀴의 큰 숲 가운데 세 번째 여래가 세간에 출현하시니, 이름이 '최승공덕해(最勝功德海)'이며, 그때 대위광 전륜성왕이 저 여래께서 성불하는 모양이나 상태를 보고 권속과 많은 사병과 성읍 취락의 모든 사람과 함께 더불어 칠보를 가지고 그 부처님이 계신 곳으로 가서 모든 향 마니로 장엄한 큰 누각을 부처님께 받들어 올렸다. 이때 저 여래가 그 숲 가운데서 보살보안광명행수다라(菩薩普眼光明行修多羅)를 말씀하시니, 세계의 티끌 수와 같은 수다라가 권속이 되었다. 그때 대위광 보살이 이 법을 듣고 삼매를 얻으니, 이름이 '대복덕보광염(大福德普光明)'이며, 이 삼매를 얻은 까닭에 능히 모든 보살과 모든 중생의 과거, 현재, 미래의 복과 복이 아닌 바다를 남김없이 다 분명하게 깨우쳐 알고 마쳤다."

諸佛子 波羅蜜善眼莊嚴王如來入涅槃已 喜見善慧王尋亦去世 大威光童子受轉輪王位 彼摩尼華枝輪大林中第三如來出現 於世 名 最勝功德海 時 大威光轉輪聖王 見彼如來成佛之相 與其眷屬 及四兵衆 城邑 聚落一切人民 幷持七寶 俱往佛所 以一切香摩尼莊嚴大樓閣奉上於佛 時 彼如來於其林中 說菩薩普眼光明行修多羅 世界微塵數修多羅而爲眷屬 爾時 大威光菩薩 聞此法已 得三昧 名 大福德普光明 得此三昧故 悉能了知一切菩薩 一切衆生 過 現 未來 福 非福海

이때 저 부처님이 대위광보살을 위해서 게송으로 말했다.

時 彼佛爲大威光菩薩而說頌言

善哉福德大威光 복덕이 많은 대위광이 선근이로다.

汝等今來至我所 그대들은 지금 나의 처소에 이르러

愍念一切衆生海 모든 중생의 바다를 가엾이 여기는 생각에

發勝菩提大願心 보리의 뛰어난 큰 원심을 일으키는구나.

汝爲一切苦衆生 그대가 괴로워하는 모든 중생을 위하여

起大悲心令解脫 해탈케 하려는 대비심을 내니

當作群迷所依怙 마땅히 중생들이 믿고 의지할 바를 지음이라

是名菩薩方便行 이 이름을 보살의 방편 행이라 부른다네.

若有菩薩能堅固 보살이 그와 같은 견고한 마음으로

修諸勝行無厭怠 모든 빼어난 행을 닦아서 싫어하거나 게으름이 없으면

最勝最上無礙解 가장 높고 뛰어나며 막힘이나 걸림 없이 이해하는

如是妙智彼當得 이와 같음의 빼어난 지혜를 마땅히 얻을 것이라네.

福德光者福幢者 복과 덕의 빛으로서 복의 깃발이며

福德處者福海者 복과 덕의 처소로서 복의 바다인

普賢菩薩所有願 보현보살이 마음에 품고 있는 원에

是汝大光能趣入 그대는 능히 들어갈 것이라네.

汝能以此廣大願 그대가 이 같은 광대한 원으로

入不思議諸佛海 생각으로 미루어 알 수 없는 모든 부처님의 바다에 들어갔으니

諸佛福海無有邊 끝이 없는 모든 부처님의 복 바다를

汝以妙解皆能見 그대의 빼어난 이해로 모든 것을 능히 볼 것이라네.

汝於十方國土中 그대가 시방세계의 국토 가운데

悉見無量無邊佛 헤아릴 수 없고 끝이 없는 모든 부처님을 보았으니

彼佛往昔諸行海 저 부처님의 지난 옛적 모든 수행의 바다를

如是一切汝咸見 이와 같은 모든 것을 그대가 다 볼 것이네.

若有住此方便海 그와 같이 이 방편의 바다에 머문다면

必得入於智地中 반드시 지혜의 지위 가운데 들어감을 얻을 것이니
此是隨順諸佛學 이는 모든 부처님을 좇아 따른 배움이기에
決定當成一切智 도장 찍고 마땅히 모든 지혜를 이룰 것이라네.

汝於一切刹海中 그대가 일체 세계바다에서
微塵劫海修諸行 티끌 수와 같은 겁 바다의 모든 행을 닦으니
一切如來諸行海 일체 여래의 모든 행의 바다를
汝皆學已當成佛 그대가 빠짐없이 배워 마치고 마땅히 부처를 이룰 것이라네.

如汝所見十方中 그대가 보는 바대로 시방 가운데의
一切刹海極嚴淨 모든 세계바다가 지극히 청정하게 장엄이 된 것과 같이
汝刹嚴淨亦如是 그대의 세계를 청정하게 장엄함도 또한 이와 같을 것이니
無邊願者所當得 끝없는 원을 세운 자가 마땅히 얻은 것이라네.

今此道場衆會海 지금 이 도량에 모인 대중의 바다가
聞汝願已生欣樂 그대의 원을 듣고 기쁜 마음으로 받드니
皆入普賢廣大乘 보현의 광대한 법 수레에 빠짐없이 들어가
發心迴向趣菩提 회향의 마음을 일으켜 보리로 향한다네.

無邊國土一一中 끝없는 하나하나의 국토 가운데
悉入修行經劫海 모두 들어가 수행하기를 겁 바다라네.
以諸願力能圓滿 모든 원력으로 원만하게 하니
普賢菩薩一切行 보현보살의 모든 행이라네.

"모든 불자여! 저 마니꽃 가지 바퀴의 큰 숲 가운데 차례를 따라(復) 부처님이 출현하시니, 명호는 '명칭보문연화안당(名稱普聞蓮華眼幢)'이다. 이때 대위광 보살이 이곳에서 목숨을 마치고 수미산 위의 고요한 보배 궁전 하늘의 성 가운데서 태어나 대 천왕이 되니, 이름이 '이구복덕당(離垢福德幢)'이며, 모든 하늘의 무리와 함께 부처님 처소로 나아가 보배 꽃구름을 내려서 공양하였다. 이때 저 여래께서 광대한 방편의 두루두루 한 문을 널리 비치는 수다라를 설하시고 세계바다의 티끌 수와 같은 수다라를 권속으로 삼았다. 이

때 천왕의 무리가 이 경을 듣고 삼매를 얻었으니, 이름이 '보문환희장(普門歡喜藏)'이며, 이 삼매의 힘으로 모든 법의 실질적인 마주한 모양이나 상태의 바다에 들어갔다. 이러한 이익을 얻고 도량을 좇아 나와서 본처로 돌아갔다."

諸佛子 彼摩尼華枝輪大林中 復有佛出 號 名稱普聞蓮華眼幢 是時 大威光於此命終 生須彌山上寂靜寶宮天城中 爲大天王 名 離垢福德幢 共諸天衆俱詣佛所 雨寶華雲以爲供養 時 彼如來爲說廣大方便普門徧照修多羅 世界海微塵數修多羅而爲眷屬 時 天王衆聞此經已 得三昧 名 普門歡喜藏 以三昧力 能入一切法實相海 獲是益已 從道場出 還歸本處

대방광불화엄경 제12권

7. 여래명호품
如來名號品第七

이때 세존께서 마갈제국 아란야 법 보리도량 가운데 계시면서 비로소 정각을 이루시고 보광명전의 연화장 사자좌에 앉으셨다. 말할 수 없이 빼어난 깨우침이 원만하시니, 두 가지 행이 영원히 끊어졌고 위 없는 법을 통달하여 부처님이 머무는 곳에 머물며, 부처님의 평등함을 얻으시고 막힘이나 걸림이 없는 곳에 이르러 굴릴 수 없는 법을 행하는 것이 걸림이나 막힘이 없으며, 생각으로 미루어 헤아릴 수 없는 법을 세우시고 삼세를 두루 보셨다.

열 부처 세계의 티끌 수와 같은 보살과 함께 더불어 하시니, 모두 일생보처(一生補處)이며, 다른 세계에서 와 모인 이들이었다. 모든 중생계와 법계와 세계와 열반계와 모든 업의 과보와 마음으로 행하는 차례와 모든 글의 뜻과 세간과 출세간과 유위와 무위, 과거와 현재, 미래를 선근으로 두루 자세하게 살펴보는 이들이었다.

爾時 世尊在摩竭提國阿蘭若法菩提場中 始成正覺 於普光明殿坐蓮華藏師子之座 妙悟皆滿 二行永絶 達無上法 住於佛住 得佛平等 到無障處 不可轉法 所行無礙 立不思議 普見三世 與十佛刹微塵數諸菩薩俱 莫不皆是一生補處 悉從他方而共來集 普善觀察諸衆生界 法界 世界 涅槃界 諸業果報 心行次第 一切文義 世 出世間 有爲 無爲 過 現 未來

때맞추어 모든 보살이 이러한 생각을 하였다.

"그와 같이 세존께서 우리를 불쌍히 여기신다면 소원이오니 저희가 원하는 즐거움을 따라 부처님의 세계와 부처님의 머무심과 부처님 세계의 장엄과 부처님 법의 성품과 부처님 세계의 청정함과 부처님이 말씀하신 법과 부처님 세계의 체와 성과 부처님의 위덕과 부처님 세계의 성취와 부처님의 큰 보리를 열어 보여주시길 바랍니다. 이는 시방의 모든 세계, 이 세계의 모든 부처님 세존과 같이 모든 보살이 성취하기를 바라는 까닭이며, 여래의 종성(種性)이 끊어지지 않게 하려는 까닭이며, 모든 중생을 구하고 보호하려는 까닭이며, 모든 중생이 모든 번뇌로부터 영원히 벗어나게 하려는 까닭이며, 일체 모든 행을 분명하게 깨우쳐 알고자 하는 까닭이며, 일체 모든 법을 말씀으로 두루 펼치려는 까닭이며, 물들고 섞인 더러움을 없애고 깨끗이 하려는 까닭이며, 모든 의심의 그물을 영원히 끊어내려는 까닭이며, 모든 희망을 없애고 뽑아버리려는 까닭이며, 사랑으로 집착하는 모든 곳을 없애고 무너뜨리려는 까닭입니다. 또 모든 보살의 10주와 10행과 10회향과 10장과 10지와 10원과 10통과 10정을 말씀해주시길 바랍니다. 그리고 여래의 지위와 여래의 경계와 여래의 신력과 여래의 행하심과 여래의 힘과 여래의 두려움 없음과 여래의 자재함과 여래의 막힘이나 걸림 없음과 여래의 눈과 여래의 귀와 여래의 코와 여래의 혀와 여래의 몸과 여래의 뜻과 여래의 변재와 여래의 지혜와 여래의 가장 뛰어남을 말씀하신 것과 같이, 소원이니 세존께서도 또한 우리를 위해서 말씀해주시길 바랍니다.”

時 諸菩薩作是思惟 若世尊見愍我等 願隨所樂 開示佛刹 佛住 佛刹莊嚴 佛法性 佛刹淸淨 佛所說法 佛刹體性 佛威德 佛刹成就 佛大菩提 如十方一切世界諸佛世尊 爲成就一切菩薩故 令如來種性不斷故 救獲一切衆生故 令諸衆生永離一切煩惱故 了知一切諸行故 演說一切諸法故 淨除一切雜染故 永斷一切疑網故 拔除一切希望 故 滅壞一切愛著處故 說諸菩薩十住 十行 十迴向 十藏十地 十願 十定 十通 十頂 及說如來地 如來境界 如來神力 如來所行 如來力 如來無畏 如來三昧 如來神通 如 來自在 如來無礙 如來眼 如來耳 如來鼻 如來舌 如來身 如來意 如來辯才 如來智慧 如來最勝 願佛世尊 亦爲我說

그때 세존께서 모든 보살이 가진 마음의 생각들을 아시고 제각기 그 종류를 따라 신통을 나타내셨다. 신통을 나타내신 후 동방으로 열 부처 세계의 티끌 수와 같은 세계를 지나서 세계가 있으니, 외형은 금색(金色)이며, 부처님 명호는 '부동지(不動智)'이며, 그 세계 가운데 보살이 있으니, 이름이 '문수사리'이다. 열 부처 세계의 티끌 수와 같은 보살들과 함께 부처님 처소로 나아가 예배하고 즉시 동방에 연화장 사자좌를 변화시켜 만들고 결가부좌 하였다.

남방으로 열 부처 세계의 티끌 수와 같은 세계를 지나서 세계가 있으니, 외형은 묘색(妙色)이며, 부처님 명호는 '무애지(無礙智)'이며, 그 세계에 보살이 있으니, 이름이 '각수(覺首)'였다. 열 부처 세계의 티끌 수와 같은 보살들과 함께 부처님 처소로 나아가 예배하고 즉시 남방에 연화장 사자좌를 변화시켜 만들고 결가부좌 하였다.

서방으로 열 부처 세계의 티끌 수와 같은 세계를 지나서 세계가 있으니, 외형은 연화색이며, 부처님 명호는 '멸암지(滅暗智)'이며, 그 세계에 보살이 있으니, 이름이 '재수(財首)'였다. 열 부처 세계의 티끌 수와 같은 보살들과 함께 부처님 처소로 나아가 예배하고 즉시 서방에 연화장 사자좌를 변화시켜 만들고 결가부좌 하였다.

북방으로 열 부처 세계의 티끌 수와 같은 세계를 지나서 세계가 있으니, 외형은 담복화색(薝蔔華色.치자꽃색)이며, 부처님 명호는 '위의지(威儀智)'이며, 그 세계에 보살이 있으니, 이름이 '보수(寶首)'였다. 열 부처 세계의 티끌 수와 같은 보살들과 함께 부처님 처소로 나아가 예배하고 즉시 북방에 연화장 사자좌를 변화시켜 만들고 결가부좌 하였다.

동북방으로 열 부처 세계의 티끌 수와 같은 세계를 지나서 세계가 있으니, 외형은 우발라화색(優鉢羅華色)이며, 부처님 명호는 '명상지(明相智)'이며, 그 세계에 보살이 있으니, 이름이 '공덕수(功德首)'였다. 열 부처 세계의 티끌 수와 같은 보살들과 함께 부처님 처소로 나아가 예배하고 즉시 동북방에 연화장 사자좌를 변화시켜 만들고 결가부좌 하였다.

동남방으로 열 부처 세계의 티끌 수와 같은 세계를 지나서 세계가 있으니, 외형은 금색(金色)이며, 부처님 명호는 '구경지(究竟智)'이며, 그 세계에 보살이 있으니, 이름이 '목수(目首)'였다. 열 부처 세계의 티끌 수와 같은 보살들과 함께 부처님 처소로 나아가 예배하고 즉시 동남방에 연화장 사자좌를 변화시켜 만들고 결가부좌 하였다.

서남방으로 열 부처 세계의 티끌 수와 같은 세계를 지나서 세계가 있으니, 외형은 보색(寶色)이며, 부처님 명호는 '최승지(最勝智)'이며, 그 세계에 보살이 있으니, 이름이 '정진수(精進首)'였다. 열 부처 세계의 티끌 수와 같은 보살들과 함께 부처님 처소로 나아가 예배하고 즉시 서남방에 연화장 사자좌를 변화시켜 만들고 결가부좌 하였다.

서북방으로 열 부처 세계의 티끌 수와 같은 세계를 지나서 세계가 있으니, 외형은 금강색(金剛色)이며, 부처님 명호는 '자재지(自在智)'이며, 그 세계에 보살이 있으니, 이름이 '법수(法首)'였다. 열 부처 세계의 티끌 수와 같은 보살들과 함께 부처님 처소로 나아가 예배하고 즉시 서북방에 연화장 사자좌를 변화시켜 만들고 결가부좌 하였다.

하방으로 열 부처 세계의 티끌 수와 같은 세계를 지나서 세계가 있으니, 외형은 파려색(玻瓈色)이며, 부처님 명호는 '범지(梵智)'이며, 그 세계에 보살이 있으니, 이름이 '지수(智首)'였다. 열 부처 세계의 티끌 수와 같은 보살들과 함께 부처님 처소로 나아가 예배하고 즉시 하방에 연화장 사자좌를 변화시켜 만들고 결가부좌 하였다.

상방으로 열 부처 세계의 티끌 수와 같은 세계를 지나서 세계가 있으니, 외형은 평등색(平等色)이며, 부처님 명호는 '관찰지(觀察智)'이며, 그 세계에 보살이 있으니, 이름이 '현수(賢首)'였다. 열 부처 세계의 티끌 수와 같은 보살들과 함께 부처님 처소로 나아가 예배하고 즉시 상방에 연화장 사자좌를 변화시켜 만들고 결가부좌 하였다.

爾時 世尊知諸菩薩心之所念 各隨其類 爲現神通 現神通已 東方過十佛剎微塵數
世界 有世界 名 金色 佛號 不動智 彼世界中 有菩薩 名 文殊師利 與十佛剎微塵數
諸菩薩俱 來詣佛所 到已作禮 即於東方 化作蓮華藏師子之座 結跏趺坐 南方過十佛
剎微塵數世界 有世界 名 妙色 佛號 無礙智 彼有菩薩 名曰 覺首 與十佛剎微塵數諸
菩薩俱 來詣佛所 到已作禮 即於南方 化作蓮華藏師子之座 結跏趺坐 西方過十佛剎
微塵數世界 有世界 名 蓮華色 佛號 滅暗智 彼有菩薩 名曰 財首 與十佛剎微塵數諸
菩薩俱 來詣佛所 到已作禮 即於西方 化作蓮華藏師子之座 結跏趺坐 北方過十佛剎
微塵數世界 有世界 名 薝蔔華色 佛號 威儀智 彼有菩薩 名曰 寶首 與十佛剎微塵數
諸菩薩俱 來詣佛所 到已作禮 即於北方 化作蓮華藏師子之座 結跏趺坐 東北方過十
佛剎微塵數世界 有世界 名 優鉢羅華色 佛號 明相智 彼有菩薩 名 功德首 與十佛剎
微塵數諸菩薩俱 來詣佛所 到已作禮 即於東北方 化作蓮華藏師子之座 結跏趺坐 東
南方過十佛剎微塵數世界 有世界 名 金色 佛號 究竟智 彼有菩薩 名 目首 與十佛剎
微塵數諸菩薩俱 來詣佛所 到已作禮 即於東南方　化作蓮華藏師子之座 結跏趺坐
西南方過十佛剎微塵數世界 有世界 名 寶色 佛號 最勝智 彼有菩薩 名 精進首 與十
佛剎微塵數諸菩薩俱 來詣佛所 到已作禮 即於西南方 化作蓮華藏師子之座 結跏趺
坐 西北方過十佛剎微塵數世界 有世界 名 金剛色 佛號 自在智 彼有菩薩 名 法首
與十佛剎微塵數諸菩薩俱 來詣佛所 到已作禮 即於西北方 化作蓮華藏師子之座 結
跏趺坐 下方過十佛剎微塵數世界 有世界 名 玻瓈色 佛號 梵智 彼有菩薩 名 智首
與十佛剎微塵數諸菩薩俱 來詣佛所 到已作禮 即於下方 化作蓮華藏師子之座 結跏
趺坐 上方過十佛剎微塵數世界 有世界 名 平等色 佛號 觀察智 彼有菩薩 名 賢首
與十佛剎微塵數諸菩薩俱 來詣佛所 到已作禮 即於上方 化作蓮華藏師子之座 結跏
趺坐

그때 문수사리 보살마하살이 부처님의 위신력을 받들어 모든 보살 대중을 두루 자세하
게 살펴보고 이렇게 말했다.
爾時 文殊師利菩薩摩訶薩 承佛威力 普觀一切菩薩衆會而作是言

"이 모든 보살은 매우 희유하다."
"모든 불자여! 부처님의 국토는 사람의 생각으로 미루어 헤아릴 수 없으며, 부처님의 머

무심과 부처님 세계의 장엄과 부처님의 법성과 부처님 세계의 청정과 부처님의 설법과 부처님의 출현과 부처님 세계의 성취와 부처님의 아누다라삼막삼보리도 다 헤아릴 수 없다. 무슨 까닭인가 하면, 모든 불자여! 시방세계의 일체 모든 부처님이 여러 중생의 즐거워하는 것과 욕망이 같지 않음을 아시고 그들이 응하는 바를 따라 법을 말씀하여 조복시키며, 이와 같이 법계와 허공계(虛空界)까지도 같다."

此諸菩薩甚爲希有 諸佛子 佛國土不可思議 佛住 佛刹莊嚴 佛法性 佛刹淸淨 佛說法 佛出現 佛刹成就 佛阿耨多羅三藐三菩提皆不可思議 何以故 諸佛子 十方世界一切諸佛 知諸衆生樂欲不同 隨其所應 說法調伏 如是乃至等法界 虛空界

"모든 불자여! 여래께서 이 사바세계의 모든 사천하에서 가지가지의 몸과 가지가지의 이름과 가지가지의 마주 본 모양이나 상태와 가지가지의 길고 짧은 것과 가지가지의 수량과 가지가지의 처소와 가지가지의 모든 근과 가지가지의 태어난 곳과 가지가지의 말씀과 가지가지로 자세하게 살펴보고 모든 중생을 제각기 구별 지어 알아보게 한다."

諸佛子 如來於此娑婆世界諸四天下 種種身 種種名 種種色相 種種脩短 種種壽量 種種處所 種種諸根 種種生處 種種語業 種種觀察 令諸衆生各別知見

"모든 불자여! 여래는 이 사천하 가운데서 어떤 경우에는 '일체의성'이라 이름하고 어떤 경우에는 '원만월'이라 이름하고 어떤 경우에는 '사자후'라 이름하고 어떤 경우에는 '석가모니'라 이름하고 어떤 경우에는 '제7선'이라 이름하고 어떤 경우에는 '비로자나'라 이름하고 어떤 경우에는 '구담씨'라 이름하고 어떤 경우에는 '대사문'이라 이름하고 어떤 경우에는 '최승'이라 이름하고 어떤 경우에는 '도사'라 이름한다. 이와 같은 등등의 그 수가 열 가지 천 가지이며, 중생이 제각기 구별 지어 알아보게 한다."

諸佛子 如來於此四天下中 或名 一切義成 或名 圓滿月 或名 師子吼 或名 釋迦牟尼 或名 第七仙 或名 毘盧遮那 或名 瞿曇氏 或名 大沙門 或名 最勝 或名 導師 如是等 其數十千 令諸衆生各別知見

"모든 불자여! 이 사천하 동쪽에 다음 세계가 있으니, 이름이 '선호(善護)'이지만 여래가 어떤 경우에는 '금강'이라 이름하고 어떤 경우에는 '자재'라 이름하고 어떤 경우에는 '유지혜'라 이름하고 어떤 경우에는 '난승'이라 이름하고 어떤 경우에는 '운왕'이라 이름하고 어떤 경우에는 '무쟁'이라 이름하고 어떤 경우에는 '능위주'라 이름하고 어떤 경우에는 '심환희'라 이름하고 어떤 경우에는 '무여등'이라 이름하고 어떤 경우에는 '단언론'이라 이름한다. 이와 같은 등등의 그 수가 열 가지 천 가지이며, 중생이 제각기 구별 지어 알아보게 한다."

諸佛子 此四天下東 次有世界 名爲 善護 如來於彼 或名 金剛 或名 自在 或名 有智慧 或名 難勝 或名 雲王 或名 無諍 或名 能爲主 或名 心歡喜 或名 無與等 或名 斷言論 如是等 其數十千 令諸衆生各別知見

"모든 불자여! 이 사천하 남쪽에 다음 세계가 있으니, 이름이 '난인(難忍)'이지만 여래가 어떤 경우에는 '제석'이라 이름하고 어떤 경우에는 '보칭'이라 이름하고 어떤 경우에는 '이구'라 이름하고 어떤 경우에는 '보어'라 이름하고 어떤 경우에는 '능조복'이라 이름하고 어떤 경우에는 '구족희'라 이름하고 어떤 경우에는 '대명칭'이라 이름하고 어떤 경우에는 '능이익'이라 이름하고 어떤 경우에는 '무변'이라 이름하고 어떤 경우에는 '최승'이라 이름한다. 이와 같은 등등의 그 수가 열 가지 천 가지이며, 중생들이 제각기 구별 지어 알아보게 한다."

諸佛子 此四天下南 次有世界 名爲 難忍 如來於彼 或名 帝釋 或名 寶稱 或名 離垢 或名 寶語 或名 能調伏 或名 具足喜 或名 大名稱 或名 能利益 或名 無邊 或名 最勝 如是等 其數十千 令諸衆生各別知見

"모든 불자여! 이 사천하 서쪽에 다음 세계가 있으니, 이름이 '친혜(親慧)'이지만 여래가 어떤 경우에는 '수천'이라 지칭하고 어떤 경우에는 '희견'이라 지칭하고 어떤 경우에는 '최승왕'이라 지칭하고 어떤 경우에는 '조복천'이라 지칭하고 어떤 경우에는 '진실혜'라 지칭하고 어떤 경우에는 '도구경'이라 지칭하고 어떤 경우에는 '환희'라 지칭하고 어떤 경우에는 '법혜'라 지칭하고 어떤 경우에는 '소작이판'이라 지칭하고 어떤 경우에는 '선주'라 지칭한다. 이와 같은 등등의 그 수가 열 가지 천 가지이며, 중생들이 제각기 구별 지어 알아보게 한다."

諸佛子 此四天下西 次有世界 名爲 親慧 如來於彼 或名 水天 或名 喜見 或名 最勝王 或名 調伏天 或名 眞實慧 或名 到究竟 或名 歡喜 或名 法慧 或名 所作已辦

或名 善住 如是等 其數十千 令諸衆生各別知見

"모든 불자여! 이 사천하 북쪽에 다음 세계가 있으니, 이름이 '사자'이지만 여래가 어떤 경우에는 '대모니'라 지칭하고 어떤 경우에는 '고행'이라 지칭하고 어떤 경우에는 '세소존'이라 지칭하고 어떤 경우에는 '최승전'이라 지칭하고 어떤 경우에는 '일체지'라 지칭하고 어떤 경우에는 '선의'라 지칭하고 어떤 경우에는 '청정'이라 지칭하고 어떤 경우에는 '예라발나'라 지칭하고 어떤 경우에는 '최강시'라 지칭하고 어떤 경우에는 '고행득'라 지칭한다. 이와 같은 등등의 그 수가 열 가지 천 가지이며, 중생들이 제각기 구별 지어 알아보게 한다."

諸佛子 此四天下北 次有世界 名 有師子 如來於彼 或名 大牟尼 或名 苦行 或名 世所尊 或名 最勝田 或名 一切智 或名 善意 或名 淸淨 或名 瑿羅跋那 或名 最上施 或名 苦行得 如是等 其數十千 令諸衆生各別知見

"모든 불자여! 이 사천하 동북쪽에 다음 세계가 있으니, 이름이 '묘관찰'이지만, 여래가 어떤 경우에는 '조복마'라 지칭하고 어떤 경우에는 '성취'라 지칭하고 어떤 경우에는 '식멸'이라 지칭하고 어떤 경우에는 '현천'이라 지칭하고 어떤 경우에는 '이탐'이라 지칭하고 어떤 경우에는 '승혜'라 지칭하고 어떤 경우에는 '심평등'이라 지칭하고 어떤 경우에는 '무능승'이라 지칭하고 어떤 경우에는 '지혜음'이라 지칭하고 어떤 경우에는 '난출현'이라 지칭한다. 이와 같은 등등의 그 수가 열 가지 천 가지이며, 중생들이 제각기 구별 지어 알아보게 한다."

諸佛子 此四天下東北方 次有世界 名 妙觀察 如來於彼 或名 調伏魔 或名 成就 或名 息滅 或名 賢天 或名 離貪 或名 勝慧 或名 心平等 或名 無能勝 或名 智慧音 或名 難出現 如是等 其數十千 令諸衆生各別知見

"모든 불자여! 이 사천하 동남쪽에 다음 세계가 있으니, 이름이 '희락'이지만 여래가 어떤 경우에는 '극위엄'이라 지칭하고 어떤 경우에는 '광염추'라 지칭하고 어떤 경우에는 '변지'라 지칭하고 어떤 경우에는 '비밀'이라 지칭하고 어떤 경우에는 '해탈'이라 지칭하고 어떤 경우에는 '성안주'라 지칭하고 어떤 경우에는 '여법행'이라 지칭하고 어떤 경우에는 '정안왕'이라 지칭하고 어떤 경우에는 '대용건'이라 지칭하고 어떤 경우에는 '정진력'이라 지칭한다. 이와 같은 등등의 그 수가 열 가지 천 가지이며, 중생들이 제각기 구별 지어 알아보게 한다."

諸佛子 此四天下東南方 次有世界 名爲 喜樂 如來於彼 或名 極威嚴 或名 光焰聚 或名 徧知 或名 祕密 或名 解脫 或名 性安住 或名 如法行 或名 淨眼王 或名 大勇健 或名 精進力 如是等 其數十千 令諸衆生各別知見

"모든 불자여! 이 사천하 서남쪽에 다음 세계가 있으니, 이름이 '심견뢰'이지만 여래가 어떤 경우에는 '안주'라 지칭하고 어떤 경우에는 '지왕'이라 지칭하고 어떤 경우에는 '원만'이라 지칭하고 어떤 경우에는 '부동'이라 지칭하고 어떤 경우에는 '묘안'이라 지칭하고 어떤 경우에는 '정왕'이라 지칭하고 어떤 경우에는 '자재음'이라 지칭하고 어떤 경우에는 '일체시'라 지칭하고 어떤 경우에는 '지중선'이라 지칭하고 어떤 경우에는 '승수미'라 지칭한다. 이와 같은 등등의 그 수가 열 가지 천 가지이며, 중생들이 제각기 구별 지어 알아보게 한다."

諸佛子 此四天下西南方 次有世界 名 甚堅牢 如來於彼 或名 安住 或名 智王 或名 圓滿 或名 不動 或名 妙眼 或名 頂王 或名 自在音 或名 一切施 或名 持衆仙 或名 勝須彌 如是等 其數十千 令諸衆生各別知見

"모든 불자여! 이 사천하 서북쪽에 다음 세계가 있으니, 이름이 '미묘지'이지만 여래가 어떤 경우에는 '보변'이라 지칭하고 어떤 경우에는 '광염'이라 지칭하고 어떤 경우에는 '마니계'라 지칭하고 어떤 경우에는 '가억념'이라 지칭하고 어떤 경우에는 '무상의'라 지칭하고 어떤 경우에는 '상희락'이라 지칭하고 어떤 경우에는 '성청정'이라 지칭하고 어떤 경우에는 '원만광'이라 지칭하고 어떤 경우에는 '수비'라 지칭하고 어떤 경우에는 '주본'이라 지칭한다. 이와 같은 등등의 그 수가 열 가지 천 가지이며, 중생들이 제각기 구별 지어 알아보게 한다."

諸佛子 此四天下西北方 次有世界 名爲 微妙地 如來於彼 或名 普徧 或名 光焰 或名 摩尼髻 或名 可憶念 或名 無上義 或名 常喜樂 或名 性淸淨 或名 圓滿光 或名 脩臂 或名 住本 如是等 其數十千 令諸衆生各別知見

"모든 불자여! 이 사천하 아래쪽에 다음 세계가 있으니, 이름이 '염혜'이지만 여래가 어떤 경우에는 '집선근'이라 지칭하고 어떤 경우에는 '사자상'이라 지칭하고 어떤 경우에는 '맹리혜'라 지칭하고 어떤 경우에는 '금색염'이라 지칭하고 어떤 경우에는 '일체지식'이라 지칭하고 어떤 경우에는 '도구경'이라 지칭하고 어떤 경우에는 '진실천'이라 지칭하고 어떤 경우에는 '보변승'이라 지칭한다. 이와 같은 등등의 그 수가 열 가지 천 가지이며, 중생들이 제각기 구별 지어 알아보게 한다."

諸佛子 此四天下 次下方 有世界 名爲 焰慧 如來於彼 或名 集善根 或名 師子相 或名 猛利慧 或名 金色焰 或名 一切知識 或名 究竟音 或名 作利益 或名 到究竟 或名 眞實天 或名 普徧勝 如是等 其數十千 令諸衆生各別知見

"모든 불자여! 이 사천하 위쪽에 다음 세계가 있으니, 이름이 '지지'이지만 여래가 어떤 경우에는 '유지혜'라 지칭하고 어떤 경우에는 '청정면'이라 지칭하고 어떤 경우에는 '각혜'라 지칭하고 어떤 경우에는 '상수'라 지칭하고 어떤 경우에는 '행장엄'이라 지칭하고 어떤 경우에는 '발환희'라 지칭하고 어떤 경우에는 '의성만'이라 지칭하고 어떤 경우에는 '여성화'라 지칭하고 어떤 경우에는 '지계'라 지칭하고 어떤 경우에는 '일도'라 지칭한다. 이와 같은 등등의 그 수가 열 가지 천 가지이며, 중생들이 제각기 구별 지어 알아보게 한다."

諸佛子 此四天下 次上方 有世界 名曰 持地 如來於彼 或名 有智慧 或名 淸淨面 或名 覺慧 或名 上首 或名 行莊嚴 或名 發歡喜 或名 意成滿 或名 如盛火 或名 持戒 或名 一道 如是等 其數十千 令諸衆生各別知見

"모든 불자여! 이 사바세계에 백억 사천하가 있으며, 여래가 그 가운데서 백억만의 가지가지 명호로 지칭해서 중생들이 제각기 구별 지어 알아보게 한다."

諸佛子 此娑婆世界有百億四天下 如來於中 有百億萬種種名號 令諸衆生各別知見

"모든 불자여! 이 사바세계의 동쪽에 다음 세계가 있으니, 이름이 '밀훈'이지만 여래가 어떤 경우에는 '평등'이라 지칭하고 어떤 경우에는 '수승'이라 지칭하고 어떤 경우에는 '안위'라 지칭하고 어떤 경우에는 '개효의'라 지칭하고 어떤 경우에는 '문혜'라 지칭하고 어떤 경우에는 '진실'이라 지칭하고 어떤 경우에는 '득자재'라 지칭하고 어떤 경우에는 '최승신'

이라 지칭하고 어떤 경우에는 '대용맹'이라 지칭하고 어떤 경우에는 '무등지'라 지칭한다. 이와 같은 등등으로 백억만의 가지가지 명호를 두어 중생들이 제각기 알아보게 한다."

諸佛子 此娑婆世界東 次有世界 名爲 密訓 如來於彼 或名 平等 或名 殊勝 或名 安慰 或名 開曉意 或名 聞慧 或名 眞實語 或名 得自在 或名 最勝身 或名 大勇猛 或名 無等智 如是等百億萬種種名號 令諸衆生各別知見

"모든 불자여! 이 사바세계의 남쪽에 다음 세계가 있으니, 이름이 '풍일'이지만 여래가 어떤 경우에는 '본성'이라 지칭하고 어떤 경우에는 '근의'라 지칭하고 어떤 경우에는 '무상존'이라 지칭하고 어떤 경우에는 '대지거'라 지칭하고 어떤 경우에는 '무소의'라 지칭하고 어떤 경우에는 '광명장'이라 지칭하고 어떤 경우에는 '지혜장'이라 지칭하고 어떤 경우에는 '복덕장'이라 지칭하고 어떤 경우에는 '천중천'이라 지칭하고 어떤 경우에는 '대자재'라 지칭한다. 이와 같은 등등으로 백억만의 가지가지 명호를 두어 중생들이 제각기 알아보게 한다."

諸佛子 此娑婆世界南 次有世界 名爲 豊溢 如來於彼 或名 本性 或名 勤意 或名 無上尊 或名 大智炬 或名 無所依 或名 光明藏 或名 智慧藏 或名 福德藏 或名 天中天 或名 大自在 如是等百億萬種種名號 令諸衆生各別知見

"모든 불자여! 이 사바세계의 서쪽에 다음 세계가 있으니, 이름이 '이구'지만 여래가 어떤 경우에는 '의성'이라 지칭하고 어떤 경우에는 '지도'라 지칭하고 어떤 경우에는 '안주본'이라 지칭하고 어떤 경우에는 '능해박'이라 지칭하고 어떤 경우에는 '통달의'라 지칭하고 어떤 경우에는 '요분별'이라 지칭하고 어떤 경우에는 '최승견'이라 지칭하고 어떤 경우에는 '조복행'이라 지칭하고 어떤 경우에는 '중고행'이라 지칭하고 어떤 경우에는 '구족력'이라 지칭한다. 이와 같은 등등으로 백억만의 가지가지 명호를 두어 중생들이 제각기 알아보게 한다."

諸佛子 此娑婆世界西 次有世界 名爲 離垢 如來於彼 或名 意成 或名 知道 或名 安住本 或名 能解縛 或名 通達義 或名 樂分別 或名 最勝見 或名 調伏行 或名 衆苦行 或名 具足力 如是等百億萬種種名號 令諸衆生各別知見

"모든 불자여! 이 사바세계의 북쪽에 다음 세계가 있으니, 이름이 '풍락'이지만 여래가 어떤 경우에는 '담복화색'이라 지칭하고 어떤 경우에는 '일장'이라 지칭하고 어떤 경우에는 '선주'라 지칭하고 어떤 경우에는 '현신통'이라 지칭하고 어떤 경우에는 '성초매'라 지칭하고 어떤 경우에는 '혜일'이라 지칭하고 어떤 경우에는 '무애'라 지칭하고 어떤 경우에는 '여월현'이라 지칭하고 어떤 경우에는 '신질풍'이라 지칭하고 어떤 경우에는 '청정신'이라 지칭한다. 이와 같은 등등으로 백억만의 가지가지 명호를 두어 중생들이 제각기 알아보게 한다.”

諸佛子 此娑婆世界北 次有世界 名曰 豐樂 如來於彼 或名 薝蔔華色 或名 日藏 或名 善住 或名 現神通 或名 性超邁 或名 慧日 或名 無礙 或名 如月現 或名 迅疾風 或名 淸淨身 如是等百億萬種種名號 令諸衆生各別知見

“모든 불자여! 이 사바세계의 동북쪽에 다음 세계가 있으니, 이름이 '섭취'지만 여래가 어떤 경우에는 '영리고'라 지칭하고 어떤 경우에는 '보해탈'이라 지칭하고 어떤 경우에는 '대복장'이라 지칭하고 어떤 경우에는 '해탈지'라 지칭하고 어떤 경우에는 '과거장'이라 지칭하고 어떤 경우에는 '보광명'이라 지칭하고 어떤 경우에는 '이세간'이라 지칭하고 어떤 경우에는 '무애지'라 지칭하고 어떤 경우에는 '정신장'이라 지칭하고 어떤 경우에는 '심부동'이라 지칭한다. 이와 같은 등등으로 백억만의 가지가지 명호를 두어 중생들이 제각기 알아보게 한다.”

諸佛子 此娑婆世界東北方 次有世界 名爲 攝取 如來於彼 或名 永離苦 或名 普解脫 或名 大伏藏 或名 解脫智 或名 過去藏 或名 寶光明 或名 離世間 或名 無礙地 或名 淨信藏 或名 心不動 如是等百億萬種種名號 令諸衆生各別知見

“모든 불자여! 이 사바세계의 동남쪽에 다음 세계가 있으니, 이름이 '요익'이지만 여래가 어떤 경우에는 '현광명'이라 지칭하고 어떤 경우에는 '진지'라 지칭하고 어떤 경우에는 '미음'이라 지칭하고 어떤 경우에는 '승근'이라 지칭하고 어떤 경우에는 '장엄개'라 지칭하고 어떤 경우에는 '정진근'이라 지칭하고 어떤 경우에는 '도분별피안'이라 지칭하고 어떤 경우에는 '승정'이라 지칭하고 어떤 경우에는 '간언사'라 지칭하고 어떤 경우에는 '지혜해'라 지칭한다. 이와 같은 등등으로 백억만의 가지가지 명호를 두어 중생들이 제각기 알아보게 한다.”

諸佛子 此娑婆世界東南方 次有世界 名爲 饒益 如來於彼 或名 現光明 或名 盡智 或名 美音 或名 勝根 或名 莊嚴蓋 或名 精進根 或名 到分別彼岸 或名 勝定 或名 簡言辭 或名 智慧海 如是等百億萬種種名號 令諸衆生各別知見

"모든 불자여! 이 사바세계의 서남쪽에 다음 세계가 있으니, 이름이 '선소'지만 여래가 어떤 경우에는 '모니주'라 지칭하고 어떤 경우에는 '구중보'라 지칭하고 어떤 경우에는 '세해탈'이라 지칭하고 어떤 경우에는 '변지근'이라 지칭하고 어떤 경우에는 '승언사'라 지칭하고 어떤 경우에는 '명료견'이라 지칭하고 어떤 경우에는 '근자재'라 지칭하고 어떤 경우에는 '대선사'라 지칭하고 어떤 경우에는 '개도업'이라 지칭하고 어떤 경우에는 '금강사자'라 지칭한다. 이와 같은 등등으로 백억만의 가지가지 명호를 두어 중생들이 제각기 알아보게 한다."

諸佛子 此娑婆世界西南方 次有世界 名爲 鮮少 如來於彼 或名 牟尼主 或名 具衆寶 或名 世解脫 或名 徧知根 或名 勝言辭 或名 明了見 或名 根自在 或名 大仙師 或名 開導業 或名 金剛師子 如是等百億萬種種名號 令諸衆生各別知見

"모든 불자여! 이 사바세계의 서북쪽에 다음 세계가 있으니, 이름이 '환희'지만 여래가 어떤 경우에는 '묘화취'라 지칭하고 어떤 경우에는 '전단개'라 지칭하고 어떤 경우에는 '연화장'이라 지칭하고 어떤 경우에는 '초월제법'이라 지칭하고 어떤 경우에는 '법보'라 지칭하고 어떤 경우에는 '차례를 좇아 출생함'이라 지칭하고 어떤 경우에는 '정묘개'라 지칭하고 어떤 경우에는 '광대안'이라 지칭하고 어떤 경우에는 '유선법'이라 지칭하고 어떤 경우에는 '전념법'이라 지칭하고 어떤 경우에는 '망장'이라 지칭한다. 이와 같은 등등으로 백억만의 가지가지 명호를 두어 중생들이 제각기 알아보게 한다."

諸佛子 此娑婆世界西北方 次有世界 名爲 歡喜 如來於彼 或名 妙華聚 或名 栴檀蓋 或名 蓮華藏 或名 超越諸法 或名 法寶 或名 復出生 或名 淨妙蓋 或名 廣大眼 或名 有善法 或名 專念法 或名 網藏 如是等百億萬種種名號 令諸衆生各別知見

"모든 불자여! 이 사바세계의 아래쪽에 다음 세계가 있으니, 이름이 '관약'이지만 여래가 어떤 경우에는 '발기염'이라 지칭하고 어떤 경우에는 '조복독'이라 지칭하고 어떤 경우에는 '제석궁'이라 지칭하고 어떤 경우에는 '무상소'라 지칭하고 어떤 경우에는 '각오본'이라 지칭하고 어떤 경우에는 '단증장'이라 지칭하고 어떤 경우에는 '대속질'이라 지칭하고 어떤 경우에는 '당락시'라 지칭하고 어떤 경우에는 '분별도'라 지칭하고 어떤 경우에는 '최복당'이라 지칭한다. 이와 같은 등등으로 백억만의 가지가지 명호를 두어 중생들이 제각기 알아보게 한다."

諸佛子 此娑婆世界次下方 有世界 名爲 關鑰 如來於彼 或名 發起焰 或名 調伏毒 或名 帝釋弓 或名 無常所 或名 覺悟本 或名 斷增長 或名 大速疾 或名 常樂施 或名 分別道 或名 摧伏幢 如是等百億萬種種名號 令諸衆生各別知見

"모든 불자여! 이 사바세계의 위쪽에 다음 세계가 있으니, 이름이 '진음'이지만 여래가 어떤 경우에는 '용맹당'이라 지칭하고 어떤 경우에는 '무량보'라 지칭하고 어떤 경우에는 '낙대시'라 지칭하고 어떤 경우에는 '천광'이라 지칭하고 어떤 경우에는 '길흥'이라 지칭하고 어떤 경우에는 '초경계'라 지칭하고 어떤 경우에는 '일체주'라 지칭하고 어떤 경우에는 '불퇴륜'이라 지칭하고 어떤 경우에는 '이중악'이라 지칭하고 어떤 경우에는 '일체지'라 지칭한다. 이와 같은 등등으로 백억만의 가지가지 명호를 두어 중생들이 제각기 알아보게 한다."

諸佛子 此娑婆世界次上方 有世界 名曰 振音 如來於彼 或名 勇猛幢 或名 無量寶 或名 樂大施 或名 天光 或名 吉興 或名 超境界 或名 一切主 或名 不退輪 或名 離 衆惡 或名 一切智 如是等百億萬種種名號 令諸衆生各別知見

"모든 불자여! 사바세계와 같이 이와 같음은 동쪽의 백 천억에 달하는 셀 수 없고 헤아릴 수 없고 끝이 없고 같은 것이 없으며, 수로서는 이를 수 없고 칭할 수 없고 생각할 수 없고 생각으로 미루어 헤아릴 수 없고 말로서 이를 수 없으며, 다함이 없는 법계와 허공계 가운데 여래의 명호가 갖가지로 같지 않은 것처럼 남서 북방과 사유 상하 역시 차례를 따라(復) 이와 같다."

"세존께서 옛날에 보살로 계실 때 가지가지의 담론과 가지가지의 언어와 가지가지의 음성과 가지가지의 업과 가지가지의 과보와 가지가지의 처소와 가지가지의 방편과 가지가지의 근과 가지가지의 신해와 가지가지의 지위로 성숙함을 얻었으며, 또한 중생도 이와 같음을 알고 보게 하려고 법을 설하신다."

諸佛子 如娑婆世界 如是東方百千億無數無量 無邊無等 不可數 不可稱 不可思 不可量 不可說 盡法界 虛空界 諸世界中 如來名號 種種不同 南西 北方 四維 上 下 亦復如是 如世尊昔爲菩薩時 以種種談論 種種語言 種種音聲 種種業 種種報 種種處 種種方便 種種根 種種信解 種種地位而得成熟 亦令衆生如是知見而爲說法

8. 사성제품
大方廣佛華嚴經四聖諦品第八

그때 문수사리 보살마하살이 깨우침을 주기 위해 모든 보살에게 말했다.

爾時 文殊師利菩薩摩訶薩告諸菩薩言

"모든 불자여! 고(苦)의 성제(聖諦.진실)를 두고 이 사바세계에서는 경우를 따라 죄라 하고 어떤 경우에는 핍박이라 하고 어떤 경우에는 변이(변하여 다르게 바뀜)라 하고 어떤 경우에는 반연(속된 인연에 끌림)이라 하고 어떤 경우에는 취(절름발이)라 하고 어떤 경우에는 자(날카로운 가시)라 하고 어떤 경우에는 의근(뿌리를 의지함)이라 하고 어떤 경우에는 허광(허망한 속임수)라 하고 어떤 경우에는 옹창처(지독한 부스럼이 나는 곳)이라 하고 어떤 경우에는 우부(어리석은 사람)이라고 한다."

"모든 불자여! 고(苦)의 집(集) 성제(聖諦.진실)를 두고 이 사바세계에서는 경우를 따라 계박(얽매임)이라 하고 어떤 경우에는 멸괴(무너져 없어짐)라 하고 어떤 경우에는 애착의(사랑에 집착하는 뜻)라 하고 어떤 경우에는 망각념(깨우침에 대한 망령된 생각)이라 하고 어떤 경우에는 취입(향하고 이르러 들어감)이라 하고 어떤 경우에는 결정이라 하고 어떤 경우에는 그물이라 하고 어떤 경우에는 희론이라 하고 어떤 경우에는 수행(행을 따름)이라 하고 어떤 경우에는 전도근(위치나 차례가 뒤바뀌어 거꾸로 된 뿌리)이라 한다."

"모든 불자여! 고(苦)를 멸(滅)한 성제(聖諦.진실)를 두고 이 사바세계에서는 경우를 따라 다툼이 없음이라 하고 어떤 경우에는 티끌을 벗어남이라 하고 어떤 경우에는 적정(오온을 세우지 아니한 고요함)이라 하고 마주할 모양이나 상태가 없음이라 하고 어떤 경우에는 없어짐이 없음이라 하고 어떤 경우에는 자신의 성품이 없음이라 하고 어떤 경우에는 막힘이나 걸림이 없음이라 하고 어떤 경우에는 멸함이라 하고 어떤 경우에는 체의 진실이라 하고 어떤 경우에는 자신의 성품에 주 한다고 한다."

"모든 불자여! 고(苦)를 멸(滅)한 도(道)의 성제(聖諦.진실)를 두고 이 사바세계에서는 경우를 따라 일승(不立五蘊不離證得.般若智)이라 하고 어떤 경우에는 취적(오온을 세우지 아니한 데로 나아감)이라 하고 도인(바른 궤적으로 인도함)이라 하고 구경무분별(五蘊이 淸淨한 妙覺과 이를 항복 받은 일을 분별함이 없음)이라 하고 어떤 경우에는 평등이라 하고 어떤 경우에는 사담(五蘊이 淸淨하다는 것마저 벗어버림)이라 하고 어떤 경우에는 무소취(향해 나아갈 바가 없음)이라 하고 어떤 경우에는 수성의(더할 수 없이 뛰어난 이를 따름)이라 하고 어떤 경우에는 선인의 행이라 하고 어떤 경우에는 십장이라 한다."

"모든 불자여! 이 사바세계에서 말하는 사성제가 이와 같이 사백억 십 천 가지의 이름이 있으며, 중생들의 마음을 따라 남김없이 조복시킨다."

諸佛子 苦聖諦 此娑婆世界中 或名 罪 或名 逼迫 或名 變異 或名 攀緣 或名 聚 或名 刺 或名 依根 或名 虛誑 或名 癰瘡處 或名 愚夫行 諸佛子 苦集聖諦 此娑婆世界中 或名 繫縛 或名 滅壞 或名 愛著義 或名 妄覺念 或名 趣入 或名 決定 或名 網 或名 戲論 或名 隨行 或名 顚倒根 諸佛子 苦滅聖諦 此娑婆世界中 或名 無諍 或名 離塵 或名 寂靜 或名 無相 或名 無沒 或名 無自性 或名 無障礙 或名 滅 或名 體眞實 或名 住自性 諸佛子 苦滅道聖諦 此娑婆世界中 或名 一乘 或名 趣寂 或名 導引 或名 究竟無分別 或名 平等 或名 捨擔 或名 無所趣 或名 隨聖意 或名 仙人行 或名 十藏 諸佛子 此娑婆世界說四聖諦 有如是等四百億十千名 隨眾生心 悉令調伏

"모든 불자여! 이 사바세계에서 말하는 고의 성제(聖諦.진실)를 두고 저 밀훈 세계에서는 경우를 따라 영구근(선근을 구하는 다스림)이라 하고 어떤 경우에는 벗어나지 못함이라 하고 어떤 경우에는 얽매임의 본질이라 하고 어떤 경우에는 작소불응작(하지 말아야 할 것을 함)이라 하고 어떤 경우에는 두루 투쟁함이라 하고 어떤 경우에는 분석실무력(얽혀있거나 복잡한 것을 푸는 일에 힘이 없음)이라 하고 어떤 경우에는 의지할 바를 지음이라 하고 어떤 경우에는 지극한 고통이라 하고 어떤 경우에는 조급하게 움직이는 것이라 하고 어떤 경우에는 모양이나 상태가 있는 물건이라 한다."

"모든 불자여! 이 사바세계에서 말하는 고(苦)의 집(集) 성제(聖諦.진실)를 두고 저 밀훈 세계에서는 경우를 따라 생사를 따름이라 하고 어떤 경우에는 집착에 물이 들음이라 하고 어떤 경우에는 불길이 매우 성하다고 하고 어떤 경우에는 흘러서 구른다 하고 어떤 경우에는 다치고 무너지는 뿌리라 하고 어떤 경우에는 중생이 계속 이어간다고 하고 어떤 경우에는 악행이라 하고 어떤 경우에는 사랑에 집착하는 것이라 하고 어떤 경우에는 병의 근원이라 하고 어떤 경우에는 분수라고 한다."

"모든 불자여! 이 사바세계에서 말하는 고(苦)의 집(集) 성제(聖諦.진실)를 두고 저 밀훈 세계에서는 제일의라 하고 어떤 경우에는 벗어남이라 하고 어떤 경우에는 가히 찬탄할만함이라 하고 어떤 경우에는 편안함이라 하고 어떤 경우에는 선근으로 들어갔음이라 하고 어떤 경우에는 조복이라 하고 어떤 경우에는 일 부분이라 하고 어떤 경우에는 죄가 없다고 하고 어떤 경우에는 탐욕을 벗어났음이라 하고 어떤 경우에는 결정이라고 한다.”

“모든 불자여! 이 사바세계에서 말하는 고(苦)를 멸(滅)한 도(道) 성제(聖諦.진실)를 두고 저 밀훈 세계에서는 경우를 따라 맹장이라 하고 어떤 경우에는 위로 향함이라 하고 어떤 경우에는 뛰어넘음이라 하고 어떤 경우에는 방편이 있음이라 하고 어떤 경우에는 평등한 눈이라 하고 어떤 경우에는 끝을 벗어남이라 하고 어떤 경우에는 깨우침을 분명하게 깨달아 얻고 마침이라 하고 어떤 경우에는 끌어당겨 확실하게 쥠이라 하고 어떤 경우에는 최고로 뛰어난 눈이라 하고 어떤 경우에는 방위를 자세히 살펴봄이라 한다.”

“모든 불자여! 밀훈 세계에서 말하는 사성제가 이와 같이 사백억 십 천 가지의 이름이 있으며, 중생들의 마음을 따라 남김없이 조복시킨다.”

諸佛子 此娑婆世界所言苦聖諦者 彼密訓世界中 或名 營求根 或名 不出離 或名 繫縛本 或名 作所不應作 或名 普鬪爭 或名 分析悉無力 或名 作所依 或名 極苦 或名 躁動 或名 形狀物 諸佛子 所言苦集聖諦者 彼密訓世界中 或名 順生死 或名 染著 或名 熾然 或名 流轉 或名 敗壞根 或名 續諸有 或名 惡行 或名 愛著 或名 病源 或名 分數 諸佛子 所言苦滅聖諦者 彼密訓世界中 或名 第一義 或名 出離 或名 可讚歎 或名 安隱 或名 善入處 或名 調伏 或名 一分 或名 無罪 或名 離貪 或名 決定 諸佛子 所言苦滅道聖諦者 彼密訓世界中 或名 猛將 或名 上行 或名 超出 或名 有方便 或名 平等眼 或名 離邊 或名 了悟 或名 攝取 或名 最勝眼 或名 觀方 諸佛子 密訓世界說四聖諦 有如是等四百億十千名 隨衆生心 悉令調伏

“모든 불자여! 이 사바세계에서 말하는 고의 성제(聖諦)를 두고 저 최승 세계에서는 경우를 따라 공포라 하고 어떤 경우에는 분단이라 하고 어떤 경우에는 악을 싫어함이라 하고 어떤 경우에는 받들어 섬김을 따름이라 하고 어떤 경우에는 변하여 달라짐이라 하고 어떤 경우에는 원수를 불러옴이라 하고 어떤 경우에는 속여서 빼앗음이라 하고 어떤 경우에는 함께 하기 어렵다고 하고 어떤 경우에는 망령된 분별이라 하고 어떤 경우에는 세력이 있다고 이른다.”

“모든 불자여! 이 사바세계에서 말하는 고의 집이라는 성제(聖諦)를 두고 저 최승 세계에서는 경우를 따라 깨지고 무너짐이라 하고 어떤 경우에는 어리석음의 뿌리라 하고 어떤 경우에는 큰 원수라 하고 어떤 경우에는 날카로운 칼이라 하고 어떤 경우에는 없어지는 맛이라 하고 어떤 경우에는 원수를 마주 대함이라 하고 어떤 경우에는 내 몸이 아니라 하고 어떤 경우에는 악한 길잡이라 하고 어떤 경우에는 캄캄한 어둠이 더해짐이라 하고 어떤 경우에는 선근의 이익을 무너뜨린다고 이른다."

"모든 불자여! 이 사바세계에서 말하는 고가 멸한 성제(聖諦)를 두고 저 최승 세계에서는 경우를 따라 대의라 하고 어떤 경우에는 요익(이익을 더함)이라 하고 어떤 경우에는 이치 가운데 이치라 하고 어떤 경우에는 헤아릴 수 없이 많음이라 하고 어떠한 경우에는 마땅히 볼 것이라 하고 어떠한 경우에는 분별을 벗어났음이라 하고 어떤 경우에는 최상의 조복이라 하고 어떤 경우에는 위와 평등하다 하고 어떤 경우에는 함께 머물만하다 하고 어떤 경우에는 무위라 한다."

"모든 불자여! 이 사바세계에서 말하는, 고를 멸한 도의 성제를 두고 저 최승 세계에서는 경우를 따라 능소연(능히 불타오르는 것)이라 하고 어떤 경우에는 최상품이라 하고 어떤 경우에는 결정이라 하고 어떤 경우에는 깨트릴 수 없다 하고 어떤 경우에는 깊은 방편이라 하고 어떤 경우에는 벗어남이라 하고 어떤 경우에는 졸렬하지 않다고 하고 어떤 경우에는 통달이라 하고 어떤 경우에는 해탈의 성품이라 하고 어떤 경우에는 능도탈(능히 중생들을 깨우침으로 이끔)이라 이른다."

"모든 불자여! 최승 세계에서 말하는 사성제가 이와 같이 사백억 십 천 가지의 이름이 있으며, 중생들의 마음을 따라 남김없이 조복시킨다."

諸佛子 此娑婆世界所言苦聖諦者 彼最勝世界中 或名 恐怖 或名 分段 或名 可厭惡 或名 須承事 或名 變異 或名 招引怨 或名 能欺奪 或名 難共事 或名 妄分別 或名 有勢力 諸佛子 所言苦集聖諦者 彼最勝世界中 或名 敗壞 或名 癡根 或名 大怨 或名 利刃 或名 滅味 或名 仇對 或名 非己物 或名 惡導引 或名 增黑闇 或名 壞善利 諸佛子 所言苦滅聖諦者 彼最勝世界中 或名 大義 或名 饒益 或名 義中義 或名 無量 或名 所應見 或名 離分別 或名 最上調伏 或名 上平等 或名 可同住 或名 無爲 諸佛子 所言苦滅道聖諦者 彼最勝世界中 或名 能熾然 或名 最上品 或名 決定 或名 無能破 或名 深方便 或名 出離 或名 不下劣 或名 通達 或名 解脫性 或名 能度脫 諸佛子 最勝世界說四聖諦 有如是等四百億十千名 隨衆生心 悉令調伏

"모든 불자여! 이 사바세계에서 말하는 고(苦)의 성제(聖諦.진실)를 두고 저 이구 세계에서는 경우를 따라 회한(뉘우치고 한탄함)이라 하고 어떤 경우에는 자대(의지해서 기다림)라 하고 어떤 경우에는 전전(이랬다저랬다 하며 자꾸 반복함)이라 하고 어떤 경우에는 성에 머문다 하고 어떤 경우에는 한 가지 맛이라 하고 어떤 경우에는 거짓된 법이라 하고 어떤 경우에는 사는 집이라 하고 어떤 경우에는 망령되게 집착하는 곳이라 하고 어떤 경우에는 허망한 소견이라 하고 어떤 경우에는 무유수(수가 없음)라 이른다."

"모든 불자여! 이 사바세계에서 말하는 고(苦)의 집(集)이라는 성제(聖諦.진실)를 두고 저 이구 세계에서는 경우를 따라 실물이 없다 하고 어떤 경우에는 단지 말뿐이라고 하고 어떤 경우에는 결백하지 않다고 하고 어떤 경우에는 생하는 땅이라 하고 어떤 경우에는 집취(모아서 의지함)라 하고 어떤 경우에는 더럽고 비천하다 하고 어떤 경우에는 늘려서 키움이라 하고 어떤 경우에는 무거운 짐이라 하고 어떤 경우에는 능히 생함이라 하고 어떤 경우에는 거칠고 사나움이라 이른다."

"모든 불자여! 이 사바세계에서 말하는 고(苦)가 멸(滅)한 성제(聖諦.진실)를 두고 저 이구 세계에서는 경우를 따라 무등등이라 하고 어떤 경우에는 빠짐없이 다 없앤다 하고 어떤 경우에는 허물을 벗어남이라 하고 어떤 경우에는 가장 뛰어난 근본이라 하고 어떤 경우에는 모임이라 칭하고 어떤 경우에는 기다림이 없음이라 하고 어떤 경우에는 의혹을 없앤다 하고 어떤 경우에는 최상이라 하고 어떤 경우에는 필경(마치내.결국)이라 하고 어떤 경우에는 인(印)을 깨트림이라 이른다."

"모든 불자여! 이 사바세계에서 말하는 고(苦)를 멸(滅)한 도(道)의 성제(聖諦.진실)를 두고 저 이구 세계에서는 경우를 따라 견고한 물건이라 하고 어떤 경우에는 방편의 나눔이라 하고 어떤 경우에는 해탈의 근본이라 하고 어떤 경우에는 본 성품의 실재라 하고 어떤 경우에는 헐어버릴 수 없다 하고 어떤 경우에는 가장 청정함이라 하고 어떤 경우에는 모든 있음의 끝이라 하고 어떤 경우에는 온전하게 받아들이고 붙어있음이라 하고 어떤 경우에는 궁극에 이르렀음이라 하고 어떤 경우에는 깨끗한 분별이라 이른다."

"모든 불자여! 이구 세계에서 말하는 사성제가 이와 같이 사백억 십 천 가지의 이름이 있으며, 중생들의 마음을 따라 남김없이 조복시킨다."

諸佛子 此娑婆世界所言苦聖諦者 彼離垢世界中 或名 悔恨 或名 資待 或名 展轉 或名 住城 或名 一味 或名 非法 或名 居宅 或名 妄著處 或名 虛妄見 或名 無有數 諸佛子 所言苦集聖諦者 彼離垢世界中 或名 無實物 或名 但有語 或名 非潔白 或名 生地 或名 執取 或名 鄙賤 或名 增長 或名 重擔 或名 能生 或名 麤獷 諸佛子 所言 苦滅聖諦者 彼離垢世界中 或名 無等等 或名 普除盡 或名 離垢 或名 最勝根 或名 稱會 或名 無資待 或名 滅惑 或名 最上 或名 畢竟 或名 破印 諸佛子 所言苦滅道聖 諦者 彼離垢世界中 或名 堅固物 或名 方便分 或名 解脫本 或名 本性實 或名 不可 毀 或名 最淸淨 或名 諸有邊 或名 受寄全 或名 作究竟 或名 淨分別 諸佛子 離垢世

界說四聖諦 有如是等四百億十千名 隨衆生心 悉令調伏

"모든 불자여! 이 사바세계에서 말하는 고(苦)의 성제(聖諦.진실)를 두고 저 풍일 세계에서는 경우를 따라 사랑에 물드는 곳이라 하고 어떤 경우에는 험하고 해로운 근본이라 하고 어떤 경우에는 바다의 분이라 하고 어떤 경우에는 쌓고 모아서 이룸이라 하고 어떤 경우에는 차별의 근본이라 하고 어떤 경우에는 늘리고 키움이라 하고 어떤 경우에는 생하고 멸함이라 하고 어떤 경우에는 막힘이나 걸림이라 하고 어떤 경우에는 칼과 검의 근본이라 하고 어떤 경우에는 수로 이룬 것이라 이른다."

"모든 불자여! 이 사바세계에서 말하는 고(苦)의 집(集)이라는 성제(聖諦.진실)를 두고 저 풍일 세계에서는 경우를 따라 악한 것이라 하고 어떤 경우에는 이름과 글자라 하고 어떤 경우에는 다함이 없음이라 하고 어떤 경우에는 구별되는 수라 하고 어떤 경우에는 사랑할 수 없음이라 하고 어떤 경우에는 능히 움켜잡아 씹을 수 있음이라 하고 어떤 경우에는 꺼려지고 거칠고 때가 묻은 물건이라 하고 어떤 경우에는 사랑에 집착함이라 하고 어떤 경우에는 그릇이라 하고 어떤 경우에는 움직임이라 이른다."

"모든 불자여! 이 사바세계에서 말하는 고(苦)가 멸(滅)한 성제(聖諦.진실)를 두고 저 풍일 세계에서는 경우를 따라 상속이 끊어졌음이라 하고 어떤 경우에는 열어서 나타내 보임이라 하고 어떤 경우에는 문자가 없음이라 하고 어떤 경우에는 닦을 것이 없음이라 하고 어떤 경우에는 볼 것이 없음이라 하고 어떤 경우에는 지을 것이 없음이라 하고 어떤 경우에는 적멸이라 하고 어떤 경우에는 이미 다 타버렸다 하고 어떤 경우에는 무거운 짐을 버렸다 하고 어떤 경우에는 무너뜨려 없앴다 이른다."

"모든 불자여! 이 사바세계에서 말하는 고(苦)를 멸(滅)한 도(道)의 성제(聖諦.진실)를 두고 저 풍일 세계에서는 경우를 따라 적멸의 행이라 하고 어떤 경우에는 어려움을 벗어난 행이라 하고 어떤 경우에는 부지런히 닦아 증득함이라 하고 어떤 경우에는 편안하게 간다 하고 어떤 경우에는 헤아릴 수 없이 많은 수명이라 하고 어떤 경우에는 선근으로 깨우침을 분명하게 깨달아 마침이라 하고 어떤 경우에는 마지막까지 이르는 길이라 하고 어떤 경우에는 닦고 익히기 어렵다 하고 어떤 경우에는 저 언덕에 이르렀다 하고 어떤 경우에는 뛰어남이 없다 이른다."

"모든 불자여! 풍일 세계에서 말하는 사성제가 이와 같이 사백억 십 천 가지의 이름이 있으며, 중생들의 마음을 따라 남김없이 조복시킨다."

諸佛子 此娑婆世界所言苦聖諦者 彼豐溢世界中 或名 愛染處 或名 險害根 或名

有海分 或名 積集成 或名 差別根 或名 增長 或名 生滅 或名 障礙 或名 刀劍本 或名 數所成 諸佛子 所言苦集聖諦者 彼豐溢世界中 或名 可惡 或名 名字 或名 無盡 或名 分數 或名 不可愛 或名 能攫噬 或名 麤鄙物 或名 愛著 或名 器 或名 動 諸佛子 所言苦滅聖諦者 彼豐溢世界中 或名 相續斷 或名 開顯 或名 無文字 或名 無所修 或名 無所見 或名 無所作 或名 寂滅 或名 已燒盡 或名 捨重擔 或名 已除壞 諸佛子 所言苦滅道聖諦者 彼豐溢世界中 或名 寂滅行 或名 出離行 或名 勤修證 或名 安隱去 或名 無量壽 或名 善了知 或名 究竟道 或名 難修習 或名 至彼岸 或名 無能勝 諸佛子 豐溢世界說四聖諦 有如是等四百億十千名 隨眾生心 悉令調伏

"모든 불자여! 이 사바세계에서 말하는 고(苦)의 성제(聖諦.진실)를 두고 저 섭취세계에서는 경우를 따라 폭력으로 빼앗음이라 하고 어떤 경우에는 좋은 벗이 아니라 하고 어떤 경우에는 많은 공포라 하고 어떤 경우에는 갖가지의 희론이라 하고 어떤 경우에는 지옥의 성품이라 하고 어떤 경우에는 진실한 뜻이 아니라 하고 어떤 경우에는 탐욕의 짐이라 하고 어떤 경우에는 깊고 무거운 뿌리라 하고 어떤 경우에는 마음을 따라 구른다 하고 어떤 경우에는 근본이 공하다고 이른다."

"모든 불자여! 이 사바세계에서 말하는 고(苦)의 집(集)이라는 성제(聖諦.진실)를 두고 저 섭취세계에서는 경우를 따라 탐에 집착함이라 하고 어떤 경우에는 악을 이루기 위해 힘쓴다 하고 어떤 경우에는 지난날의 악이라 하고 어떤 경우에는 빠르다 하고 어떤 경우에는 능히 움켜쥐고 취한다 하고 어떤 경우에는 생각함이라 하고 어떤 경우에는 결과가 있다 하고 어떤 경우에는 말로 할 수 없다 하고 어떤 경우에는 취할 것이 없다 하고 어떤 경우에는 흐르고 굴러서 옮김이라 이른다."

"모든 불자여! 이 사바세계에서 말하는 고(苦)가 멸(滅)한 성제(聖諦.진실)를 두고 저 섭취세계에서는 경우를 따라 물러서지 않는다 하고 어떤 경우에는 말로 설명함을 떠났다 하고 어떤 경우에는 마주할 모양이나 상태가 없음이라 하고 어떤 경우에는 기쁘고 즐겁다 하고 어떤 경우에는 견고함이라 하고 어떤 경우에는 매우 빼어남이라 하고 어떤 경우에는 어리석음을 벗어남이라 하고 어떤 경우에는 다함을 멸했다 하고 어떤 경우에는 악을 멀리함이라 하고 어떤 경우에는 벗어남이라 이른다."

"모든 불자여! 이 사바세계에서 말하는 고(苦)를 멸(滅)한 도(道)의 성제(聖諦.진실)를 두고 저 섭취세계에서는 경우를 따라 말을 떠났다 하고 어떤 경우에는 다툼이 없다 하고 어떤 경우에는 가르쳐 지도함이라 하고 어떤 경우에는 선근으로 회향함이라 하고 어떤 경우에는 큰 선근이 섬세하고 능숙하다 하고 어떤 경우에는 차별된 방편이라 하고 어떤 경우에는 허공과 같다 하고 어떤 경우에는 고요한 행이라 하고 어떤 경우에는 뛰어난 지혜라 하고 어떤 경우에는 뜻을 분명하게 깨달아 알고 마침이라 이른다."

"모든 불자여! 섭취세계에서 말하는 사성제가 이와 같이 사백억 십 천 가지의 이름이 있으며, 중생들의 마음을 따라 남김없이 조복시킨다."

諸佛子 此娑婆世界所言苦聖諦者 彼攝取世界中 或名 能劫奪 或名 非善友 或名 多恐怖 或名 種種戲論 或名 地獄性 或名 非實義 或名 貪欲擔 或名 深重根 或名 隨心轉 或名 根本空 諸佛子 所言苦集聖諦者 彼攝取世界中 或名 貪著 或名 惡成辦 或名 過惡 或名 速疾 或名 能執取 或名 想 或名 有果 或名 不可說 或名 不可取 或名 流轉 諸佛子 所言苦滅聖諦者 彼攝取世界中 或名 不退轉 或名 離言說 或名 無相狀 或名 可欣樂 或名 堅固 或名 上妙 或名 離癡 或名 滅盡 或名 遠惡 或名 出離 諸佛子 所言苦滅道聖諦者 彼攝取世界中 或名 離言 或名 無諍 或名 教導 或名 善迴向 或名 大善巧 或名 差別方便 或名 如虛空 或名 寂靜行 或名 勝智 或名 能了義 諸佛子 攝取世界說四聖諦 有如是等四百億十千名 隨衆生心 悉令調伏

"모든 불자여! 이 사바세계에서 말하는 고(苦)의 성제(聖諦.진실)를 두고 저 요익(饒益) 세계에서는 경우를 따라 무거운 짐이라 하고 어떤 경우에는 단단하지 않다고 하고 어떤 경우에는 도둑 같다 하고 어떤 경우에는 늙고 죽음이라 하고 어떤 경우에는 사랑으로 이루어졌다 하고 어떤 경우에는 흘러서 구른다 하고 어떤 경우에는 피로하다 하고 어떤 경우에는 마주한 악한 모양이나 상태라 하고 어떤 경우에는 생장한다 하고 어떤 경우에는 날카로운 칼이라 이른다."

"모든 불자여! 이 사바세계에서 말하는 고(苦)의 집(集)이라는 성제(聖諦.진실)를 두고 저 요익 세계에서는 경우를 따라 깨지고 무너짐이라 하고 어떤 경우에는 혼탁함이라 하고 어떤 경우에는 물러나고 잃는다 하고 어떤 경우에는 힘이 없음이라 하고 어떤 경우에 없어지거나 사라짐이라 하고는 어떤 경우에는 어그러지고 위반함이라 하고 어떤 경우에는 화합하지 않음이라 하고 어떤 경우에는 만들어 가는 것이라 하고 어떤 경우에는 취한 것이라 하고 어떤 경우에는 의욕이라 이른다."

"모든 불자여! 이 사바세계에서 말하는 고(苦)가 멸(滅)한 성제(聖諦.진실)를 두고 저 요익 세계에서는 경우를 따라 지옥에서 나왔다 하고 어떤 경우에는 진실이라 하고 어떤 경우에는 어려움에서 떠났다 하고 어떤 경우에는 덮어서 보호함이라 하고 어떤 경우에는 악을 떠났다 하고 어떤 경우에는 순하게 따름이라 하고 어떤 경우에는 근본이라 하고 어떤 경우에는 원인을 버렸음이라 하고 어떤 경우에는 무위라 하고 어떤 경우에는 상속함이 없다 이른다."

"모든 불자여! 이 사바세계에서 말하는 고(苦)를 멸(滅)한 도(道)의 성제(聖諦.진실)를 두고 저 요익 세계에서는 경우를 따라 이르렀지만 있는 것이 없다 하고 어떤 경우에는 모든 인(印)이라 하고 어떤 경우에는 삼매의 장이라 하고 어떤 경우에는 광명을 얻었음이라 하고 어떤 경우에는 물러섬이 없는 법이라 하고 경우를 따라 있는 것을 다함이라 하고 어떤 경우에는 광대한 길이라 하고 어떤 경우에는 능히 조복시킨다 하고 어떤 경우에는 편안함이 있다 하고 어떤 경우에는 흘러서 구르지 않은 근본이라 이른다."

"모든 불자여! 요익 세계에서 말하는 사성제가 이와 같이 사백억 십 천 가지의 이름이 있으며, 중생들의 마음을 따라 남김없이 조복시킨다."

諸佛子 此娑婆世界所言苦聖諦者 彼饒益世界中 或名 重擔 或名 不堅 或名 如賊 或名 老死 或名 愛所成 或名 流轉 或名 疲勞 或名 惡相狀 或名 生長 或名 利刃 諸佛子 所言苦集聖諦者 彼饒益世界中 或名 敗壞 或名 渾濁 或名 退失 或名 無力 或名 喪失 或名 乖違 或名 不和合 或名 所作 或名 取 或名 意欲 諸佛子 所言苦滅聖諦者 彼饒益世界中 或名 出獄 或名 眞實 或名 離難 或名 覆護 或名 離惡 或名 隨順 或名 根本 或名 捨因 或名 無爲 或名 無相續 諸佛子 所言苦滅道聖諦者 彼饒益世界中 或名 達無所有 或名 一切印 或名 三昧藏 或名 得光明 或名 不退法 或名 能盡有 或名 廣大路 或名 能調伏 或名 有安隱 或名 不流轉根 諸佛子 饒益世界說四聖諦 有如是等四百億十千名 隨衆生心 悉令調伏

"모든 불자여! 이 사바세계에서 말하는 고(苦)의 성제(聖諦.진실)를 두고 저 선소(鮮少) 세계에서는 경우를 따라 위험한 욕락이라 하고 어떤 경우에는 얽매이는 곳이라 하고 어떤 경우에는 삿된 행이라 하고 어떤 경우에는 받아들임을 따른다 하고 어떤 경우에는 수치심이 없다 하고 어떤 경우에는 탐욕의 근본이라 하고 어떤 경우에는 항하의 흐름이라 하고 어떤 경우에는 항상 파괴한다 하고 어떤 경우에는 횃불의 성품이라 하고 어떤 경우에는 많은 근심과 괴로움이라 이른다."

"모든 불자여! 이 사바세계에서 말하는 고(苦)의 집(集)이라는 성제(聖諦.진실)를 두고 저 선소 세계에서는 경우를 따라 넓은 땅이라 하고 어떤 경우에는 능히 향해 나아감이라 하고 어떤 경우에는 지혜를 멀리함이라 하고 어떤 경우에는 어려움에 머문다 하고 어떤 경

우에는 공포라 하고 어떤 경우에는 멋대로 거리낌이 없음이라 하고 어떤 경우에는 거두
어 가짐이라 하고 어떤 경우에는 집착하는 곳이라 하고 어떤 경우에는 집주인이라 하고
어떤 경우에는 계속해서 묶어버림이라 이른다."

"모든 불자여! 이 사바세계에서 말하는 고(苦)가 멸(滅)한 성제(聖諦.진실)를 두고 저 선
소 세계에서는 경우를 따라 가득하게 차 있음이라 하고 어떤 경우에는 죽지 않는다 하고
어떤 경우에는 내가 없다 하고 어떤 경우에는 자신의 성품이 없다 하고 어떤 경우에는
분별을 다 한 것이라 하고 어떤 경우에는 안락하게 머문다 하고 어떤 경우에는 한량이 없
다 하고 어떤 경우에는 흐르고 구르는 일을 끊었다 하고 어떤 경우에는 행이 끊어진 곳
이라 하고 어떤 경우에는 둘이 아니라 이른다."

"모든 불자여! 이 사바세계에서 말하는 고(苦)를 멸(滅)한 도(道)의 성제(聖諦.진실)를 두
고 저 선소 세계에서는 경우를 따라 큰 광명이라 하고 어떤 경우에는 말로서 널리 펴는
바다라 하고 어떤 경우에는 간택하는 뜻이라 하고 어떤 경우에는 화합하는 법이라 하고
어떤 경우에는 가지고 집착함을 벗어났다 하고 어떤 경우에는 상속을 끊었다 하고 어떤
경우에는 광대한 길이라 하고 어떤 경우에는 평등한 까닭이라 하고 어떤 경우에는 깨끗
한 방편이라 하고 어떤 경우에는 가장 뛰어난 견해라 이른다."

"모든 불자여! 선소 세계에서 말하는 사성제가 이와 같이 사백억 십 천 가지의 이름이
있으며, 중생들의 마음을 따라 남김없이 조복시킨다."

諸佛子 此娑婆世界所言苦聖諦者 彼鮮少世界中 或名 嶮樂欲 或名 繫縛處 或名
邪行 或名 隨受 或名 無慚恥 或名 貪欲根 或名 恒河流 或名 常破壞 或名 炬火性
或名 多憂惱 諸佛子 所言苦集聖諦者 彼鮮少世界中 或名 廣地 或名 能趣 或名 遠
慧 或名 留難 或名 恐怖 或名 放逸 或名 攝取 或名 著處 或名 宅主 或名 連縛 諸佛
子 所言苦滅聖諦者 彼鮮少世界中 或名 充滿 或名 不死 或名 無我 或名 無自性 或
名 分別盡 或名 安樂住 或名 無限量 或名 斷流轉 或名 絶行處 或名 不二 諸佛子
所言苦滅道聖諦者 彼鮮少世界中 或名 大光明 或名 演說海 或名 揀擇義 或名 和合
法 或名 離取著 或名 斷相續 或名 廣大路 或名 平等因 或名 淨方便 或名 最勝見
諸佛子 鮮少世界說四聖諦 有如是等四百億十千名 隨衆生心 悉令調伏

"모든 불자여! 이 사바세계에서 말하는 고(苦)의 성제(聖諦.진실)를 두고 저 환희세계에
서는 경우를 따라 흐르고 구른다 하고 어떤 경우에는 출생이라 하고 어떤 경우에는 집착
에 물이 든다 하고 어떤 경우에는 무거운 짐이라 하고 어떤 경우에는 차별이라 하고 어떤

경우에는 속내가 험하다 하고 어떤 경우에는 모임에 이르다 하고 어떤 경우에는 악한 집이라 하고 어떤 경우에는 고뇌의 성품이라 이른다."

"모든 불자여! 이 사바세계에서 말하는 고(苦)의 집(集)이라는 성제(聖諦.진실)를 두고 저 환희세계에서는 경우를 따라 땅이라 하고 어떤 경우에는 방편이라 하고 어떤 경우에는 때가 아니라 하고 어떤 경우에는 실질적인 법이 아니라 하고 어떤 경우에는 밑이 없다 하고 어떤 경우에는 거두어 취함이라 하고 어떤 경우에는 계를 떠났다 하고 어떤 경우에는 번뇌의 법이라 하고 어떤 경우에는 못나고 좁은 소견이라 하고 어떤 경우에는 허물 덩어리라 이른다."

"모든 불자여! 이 사바세계에서 말하는 고(苦)가 멸(滅)한 성제(聖諦.진실)를 두고 저 환희세계에서는 경우를 따라 의지를 깨뜨린다 하고 어떤 경우에는 방일하지 않다고 하고 어떤 경우에는 진실이라 하고 어떤 경우에는 평등이라 하고 어떤 경우에는 선근이 깨끗하다 하고 어떤 경우에는 병이 없다 하고 어떤 경우에는 굽는 것이 없다 하고 어떤 경우에는 마주할 모양이나 상태가 없다 하고 어떤 경우에는 자재하다 하고 어떤 경우에는 생이 없다 이른다."

"모든 불자여! 이 사바세계에서 말하는 고(苦)를 멸(滅)한 도(道)의 성제(聖諦.진실)를 두고 저 환희세계에서는 경우를 따라 뛰어난 세계에 들어간다 하고 어떤 경우에는 집(集)을 끊었다 하고 어떤 경우에는 가지런한 평등함을 뛰어넘었다 하고 어떤 경우에는 광대한 성품이라 하고 어떤 경우에는 분별을 다 한 것이라 하고 어떤 경우에는 신력의 도라 하고 어떤 경우에는 많은 방편이라 하고 어떤 경우에는 바르게 생각하는 행이라 하고 어떤 경우에는 항상 고요한 길이라 하고 어떤 경우에는 해탈을 굳건하게 잡다 이른다."

"모든 불자여! 환희세계에서 말하는 사성제가 이와 같이 사백억 십 천 가지의 이름이 있으며, 중생들의 마음을 따라 남김없이 조복시킨다."

諸佛子 此娑婆世界所言苦聖諦者 彼歡喜世界中 或名 流轉 或名 出生 或名 染著 或名 重擔 或名 差別 或名 內險 或名 集會 或名 惡舍宅 或名 苦惱性 諸佛子 所言 苦集聖諦者 彼歡喜世界中 或名 地 或名 方便 或名 非時 或名 非實法 或名 無底 或名 攝取 或名 離戒 或名 煩惱法 或名 狹劣見 或名 垢聚 諸佛子 所言苦滅聖諦者 彼歡喜世界中 或名 破依止 或名 不放逸 或名 眞實 或名 平等 或名 善淨 或名 無病 或名 無曲 或名 無相 或名 自在 或名 無生 諸佛子 所言苦滅道聖諦者 彼歡喜世界中 或名 入勝界 或名 斷集 或名 超等類 或名 廣大性 或名 分別盡 或名 神力道 或名 眾方便 或名 正念行 或名 常寂路 或名 攝解脫 諸佛子 歡喜世界說四聖諦 有如是等四百億十千名 隨眾生心 悉令調伏

"모든 불자여! 이 사바세계에서 말하는 고(苦)의 성제(聖諦.진실)를 두고 저 관약(關鑰) 세계에서는 경우를 따라 깨지고 무너지는 모양이나 상태라 하고 어떤 경우에는 깨지기 쉬운 질그릇 같다 하고 어떤 경우에는 내가 이룬 것이라 하고 어떤 경우에는 모든 곳을 향해 이르는 몸이라 하고 어떤 경우에는 수없이 흐르고 구른다 하고 어떤 경우에는 많은 악의 문이라 하고 어떤 경우에는 성품의 고통이라 하고 어떤 경우에는 버리고 버려야 할 것이라 하고 어떤 경우에는 맛이 없다 하고 어떤 경우에는 오고 가는 것이라 이른다."

　　"모든 불자여! 이 사바세계에서 말하는 고(苦)의 집(集)이라는 성제(聖諦.진실)를 두고 저 관약 세계에서는 경우를 따라 행이라 하고 어떤 경우에는 성내는 독이라 하고 어떤 경우에는 화합이라 하고 어떤 경우에는 여러 가지에서 받아들임이라 하고 어떤 경우에는 내 마음이라 하고 어떤 경우에는 뒤섞인 독이라 하고 어떤 경우에는 헛되게 칭함이라 하고 어떤 경우에는 어그러지고 위배함이라 하고 어떤 경우에는 뜨거운 번뇌라 하고 어떤 경우에는 매우 놀람이라 이른다."

　　"모든 불자여! 이 사바세계에서 말하는 고(苦)가 멸(滅)한 성제(聖諦.진실)를 두고 저 관약 세계에서는 경우를 따라 쌓아서 모인 것이 없다 하고 어떤 경우에는 얻을 수 있는 것이 아니라 하고 어떤 경우에는 빼어난 약이라 하고 어떤 경우에는 무너뜨릴 수 있는 것이 아니라 하고 어떤 경우에는 집착이 없다 하고 어떤 경우에는 헤아릴 수 없이 많음이라 하고 어떤 경우에는 광대하다 하고 어떤 경우에는 깨달음의 분이라 하고 어떤 경우에는 물이 드는 일을 떠났다 하고 어떤 경우에는 막힘이나 걸림이 없다 이른다."

　　"모든 불자여! 이 사바세계에서 말하는 고(苦)를 멸(滅)한 도(道)의 성제(聖諦.진실)를 두고 저 관약 세계에서는 경우를 따라 편안한 행이라 하고 어떤 경우에는 욕심을 벗어났다 하고 어떤 경우에는 마지막까지 진실하다 하고 어떤 경우에는 옳고 바른 것에 들어간다 하고 어떤 경우에는 성품의 마지막이라 하고 깨끗이 나타남이라 하고 어떤 경우에는 생각을 거둔다 하고 어떤 경우에는 해탈로 향해 나아간다 하고 어떤 경우에는 구제라 하고 어떤 경우에는 뛰어난 행이라 이른다."

　　"모든 불자여! 관약 세계에서 말하는 사성제가 이와 같이 사백억 십 천 가지의 이름이 있으며, 중생들의 마음을 따라 남김없이 조복시킨다."

　　諸佛子 此娑婆世界所言苦聖諦者 彼關鑰世界中 或名 敗壞相 或名 如坏器 或名 我所成 或名 諸趣身 或名 數流轉 或名 衆惡門 或名 性苦 或名 可葉捨 或名 無味 或名 來去 諸佛子 所言苦集聖諦者 彼關鑰世界中 或名 行 或名 憤毒 或名 和合 或名 受支 或名 我心 或名 雜毒 或名 虛稱 或名 乖違 或名 熱惱 或名 驚駭 諸佛子 所言苦滅聖諦者 彼關鑰世界中 或名 無積集 或名 不可得 或名 妙藥 或名 不可壞 或

名 無著 或名 無量 或名 廣大 或名 覺分 或名 離染 或名 無障礙 諸佛子 所言苦滅
道聖諦者 彼關鑰世界中 或名 安隱行 或名 離欲 或名 究竟實 或名 入義 或名 性究
竟 或名 淨現 或名 攝念 或名 趣解脫 或名 救濟 或名 勝行 諸佛子 關鑰世界說四聖
諦 有如是等四百億十千名 隨衆生心 悉令調伏

"모든 불자여! 이 사바세계에서 말하는 고(苦)의 성제(聖諦.진실)를 두고 저 진음(振音)
세계에서는 경우를 따라 흠이나 결점, 병을 숨기는 방이라 하고 어떤 경우에는 세간이라
하고 어떤 경우에는 의지하는 곳이라 하고 어떤 경우에는 건방지고 거만하다 하고 어떤
경우에는 더러움에 물들게 하는 성품이라 하고 어떤 경우에는 빠르게 흐른다 하고 어떤
경우에는 즐겁지 않다고 하고 어떤 경우에는 덮어서 감춘다 하고 어떤 경우에는 빠르게
없어진다 하고 어떤 경우에는 조복시키기 어렵다 이른다."

"모든 불자여! 이 사바세계에서 말하는 고(苦)의 집(集)이라는 성제(聖諦.진실)를 두고 저
진음 세계에서는 경우를 따라 모름지기 제대로 굴복시킴이라 하고 어떤 경우에는 마음으
로 향해 나아감이라 하고 어떤 경우에는 능히 묶는다 하고 어떤 경우에는 생각을 따라
일어남이라 하고 어떤 경우에는 마지막까지 이른다 하고 어떤 경우에는 함께 화합함이라
하고 어떤 경우에는 분별이라 하고 어떤 경우에는 들어가고 나오는 문이라 하고 어떤 경
우에는 움직임이라 하고 어떤 경우에는 덮어서 숨김이라 이른다."

"모든 불자여! 이 사바세계에서 말하는 고(苦)가 멸(滅)한 성제(聖諦.진실)를 두고 저 진
음 세계에서는 경우를 따라 의지하고 처할 곳이 없다고 하고 어떤 경우에는 취할 수 없
는 것이라 하고 어떤 경우에는 되돌아간다 하고 어떤 경우에는 다툼을 벗어났음이라 하
고 어떤 경우에는 작다 하고 어떤 경우에는 크다 하고 어떤 경우에는 선근이 깨끗하다
하고 어떤 경우에는 다함이 없음이라 하고 어떤 경우에는 넓고 평탄하다 하고 어떤 경우
에는 가치가 비교할 것이 없음이라 이른다."

"모든 불자여! 이 사바세계에서 말하는 고(苦)를 멸(滅)한 도(道)의 성제(聖諦.진실)를 두
고 저 진음 세계에서는 경우를 따라 자세하게 살펴봄이라 하고 어떤 경우에는 능히 적을
꺾어버린다 하고 어떤 경우에는 인(印)을 분명하게 깨달아 알고 마친다 하고 어떤 경우에
는 능히 성품에 들어간다 하고 어떤 경우에는 적을 대적하기 어렵다 하고 어떤 경우에는
한계가 없는 뜻이라 하고 어떤 경우에는 능히 지혜에 들어감이라 하고 어떤 경우에는 화
합하는 길이라 하고 어떤 경우에는 항상 움직이지 않는다 하고 어떤 경우에는 특히나 뛰
어난 뜻이라 이른다."

"모든 불자여! 진음 세계에서 말하는 사성제가 이와 같이 사백억 십 천 가지의 이름이 있으며, 중생들의 마음을 따라 남김없이 조복시킨다."

諸佛子 此娑婆世界所言苦聖諦者 彼振音世界中 或名 匪疵 或名 世間 或名 所依 或名 傲慢 或名 染著性 或名 馳流 或名 不可藥 或名 覆藏 或名 速滅 或名 難調 諸佛子 所言苦集聖諦者 彼振音世界中 或名 須制伏 或名 心趣 或名 能縛 或名 隨念起 或名 至後邊 或名 共和合 或名 分別 或名 門 或名 動 或名 隱覆 諸佛子 所言苦滅聖諦者 彼振音世界中 或名 無依處 或名 不可取 或名 轉還 或名 離諍 或名 小 或名 大 或名 善淨 或名 無盡 或名 廣博 或名 無等價 諸佛子 所言苦滅道聖諦者 彼振音世界中 或名 觀察 或名 能摧敵 或名 了知印 或名 能入性 或名 難敵對 或名 無限義 或名 能入智 或名 和合道 或名 恒不動 或名 殊勝義 諸佛子 振音世界說四聖諦 有如是等四百億十千名 隨眾生心 悉令調伏

"모든 불자여! 이 사바세계에서 말한 사성제가 사백억 십 천 가지의 이름이 있으며, 이와 같이 동방 백 천억의 수 없고 헤아릴 수 없이 많고 끝없고 같은 것이 없으며, 가히 셀 수 없고 가히 칭할 수 없고 가히 생각할 수 없고 가히 헤아릴 수 없고 가히 말할 수 없는 모든 법계와 허공계에 있는 저 하나하나의 세계 가운데서 말하는 사성제가 또한 제각기 사백억 십 천 가지의 이름이 있고 중생들의 마음을 따라 남김없이 조복시키며, 동방과 같이 남, 서, 북방, 사유, 상, 하방도 역시 차례를 따라(復) 이와 같다."

"모든 불자여! 사바세계에서 위에 말한 것과 같이 시방세계에도 있는 것처럼 저 일체 세계 또한 각각 이와 같은 시방세계가 있으며, 하나하나의 세계 가운데 고(苦)의 성제(聖諦.진실)를 말하는 백억만 가지의 이름이 있고 집(集)의 성제(聖諦.진실)와 멸(滅)의 성제(聖諦.진실)와 도(道)의 성제(聖諦.진실)도 또한 제각기 백억만 가지의 이름이 있다. 빠짐없이 다 중생들이 좋아하는 마음을 따라 조복시킨다."

諸佛子 如此娑婆世界中 說四聖諦 有四百億十千名 如是 東方百千億無數無量 無邊無等 不可數 不可稱 不可思 不可量 不可說 盡法界 虛空界 所有世界 彼一一世界中 說四聖諦 亦各有四百億十千名 隨眾生心 悉令調伏 如東方 南 西 北方 四維 上下 亦復如是 諸佛子 如娑婆世界 有如上所說 十方世界 彼一切世界亦各有如是 十方世界 一一世界中 說苦聖諦百億萬種名 說集聖諦 滅聖諦 道聖諦 亦各有百億萬種名 皆隨眾生心之所樂 令其調伏

대방광불화엄경 제13권

9. 광명각품
光明覺品第九

　　그때 세존께서 양쪽 발바닥의 바퀴로 백억 광명을 놓아 이 삼천대천세계를 비추니, 백억의 염부제와 백억의 불파제와 백억의 구야니와 백억의 울단월과 백억의 큰 바다와 백억의 윤위산과 백억의 보살이 생함을 받음과 백억의 보살이 출가함과 백억의 여래가 정각을 이룸과 백억의 여래가 법륜을 굴리는 것과 백억의 여래가 열반에 드시는 것과 백억의 수미산 왕과 백억의 사천왕천과 백억의 삼십삼천과 백억의 야마천과 백억의 도솔천과 백억의 화락천과 백억의 타화자재천과 백억의 범중천과 백억의 광음천과 백억의 변정천과 백억의 광과천과 백억의 색구경천과 그 가운데 있는 것들이 남김없이 다 분명하게 나타났다.

　　이 같은 처소에 부처님 세존이 연화장 사자좌에 앉으시고 열 부처 세계의 티끌 수와 같은 보살들이 둘러싸고 있는 것처럼 그 백억 염부제 가운데 백억의 여래께서도 또한 이와 같이 앉으시었고 모든 분이 부처님의 신통력으로써 시방에 각각 큰 보살로 계시면서 한 분 한 분 열 부처 세계의 티끌 수와 같은 보살들과 함께 부처님 계신 곳으로 나아갔다.

　　그 이름은 문수사리보살, 각수보살, 재수보살, 보수보살, 공덕수보살, 목수보살, 정진수보살, 법수보살, 지수보살, 현수보살들이다. 이 보살들을 좇아 나온 국토는 이른바 금색의 세계, 묘색의 세계, 연화색의 세계, 담복화색의 세계, 우발라화색의 세계, 금색의 세계와 보색의 세계, 금강색의 세계, 파려색의 세계, 평등색의 세계다. 이 모든 보살이 각각 부처님의 처소에서 청정한 범행을 닦으시니, 이른바 부동지불(不動智佛) 무애지불(無礙智佛) 해탈지불(解脫智佛) 위의지불(威儀智佛) 명상지불(明相智佛) 구경지불(究竟智佛) 최승지불(最勝智佛) 자재지불(自在智佛) 범지불(梵智佛) 관찰지불(觀察智佛)이다.

爾時 世尊從兩足輪下放百億光明 照此三千大千世界百億閻浮提 百億弗波提 百億瞿耶尼 百億鬱單越 百億大海 百億輪圍山 百億菩薩受生 百億菩薩出家 百億如來成正覺 百億如來轉法輪 百億如來入涅槃 百億須彌山王 百億四天王衆天 百億三十三天 百億夜摩天 百億兜率天 百億化樂天 百億他化自在天 百億梵衆天 百億光音天 百億徧淨天 百億廣果天 百億色究竟天 其中所有 悉皆明現 如此處 見佛世尊坐蓮華藏師子之座 十佛刹微塵數菩薩所共圍遶 其百億閻浮提中 百億如來亦如是坐 悉以

佛神力故 十方各有一大菩薩 ――各與十佛刹微塵數諸菩薩俱 來詣佛所 其名曰 文殊師利菩薩 覺首菩薩 財首菩薩 寶首菩薩 功德首菩薩 目首菩薩 精進首菩薩 法首菩薩 智首菩薩 賢首菩薩 是諸菩薩所從來國 所謂 金色世界 妙色世界 蓮華色世界 薝蔔華色世界 優鉢羅華色世界 金色世界 寶色世界 金剛色世界 玻瓈色世界 平等色世界 此諸菩薩各於佛所淨修梵行 所謂 不動智佛 無礙智佛 解脫智佛 威儀智佛 明相智佛 究竟智佛 最勝智佛 自在智佛 梵智佛 觀察智佛

그때 일체 처에 계신 문수사리 보살이 각각 부처님이 계신 처소에서 동시에 음성을 내어 게송으로 말했다.
爾時 一切處文殊師利菩薩 各於佛所 同時發聲 說此頌言

若有見正覺 그와 같은 바른 깨우침을 보면서
解脫離諸漏 해탈하여 모든 누(漏)에서 벗어나고
不著一切世 모든 세간에 집착하지 않는다 하더라도
彼非證道眼 바른 도의 눈을 증득한 것은 아니라네.

若有知如來 그와 같이 여래의
體相無所有 체와 마주할 모양이나 상태가 없음을 알고 있으며
修習得明了 이를 닦고 익혀서 분명하게 깨달아 얻으면
此人疾作佛 이 사람은 빠르게 부처를 이룰 것이라네.

能見此世界 능히 이 세계를 보면서도
其心不搖動 그 마음이 흔들리어 움직이지 않고
於佛身亦然 부처의 몸을 보더라도 또한 그러하다면
當成勝智者 마땅히 빼어난 지혜를 이룬 자라네.

若於佛及法 그와 같은 부처님과 법에 이르기까지
其心了平等 그 마음이 평등한 것임을 깨달아 마치고
二念不現前 두 생각이 눈앞에 나타나지 않으면
當踐難思位 마땅히 생각하기 어려운 지위에 오를 것이라네.

若見佛及身 그와 같은 부처님과 더불어 몸을 보고
平等而安住 평등하게 편안히 머무르면서
無住無所入 머무름도 없고 들어갈 곳도 없음을 본다면
當成難遇者 마땅히 만나기 어려운 이를 만날 것이라네.

色受無有數 색과 수는 셀 수가 없고
想行識亦然 상과 행과 식 또한 그러하니
若能如是知 만일 이와 같이 알면
當作大牟尼 마땅히 대모니가 될 것이라네.

世及出世間 세간과 출세간에 이르기까지
一切皆超越 일체 모든 것을 초월하고
而能善知法 능히 선근의 법을 알면
當成大光耀 마땅히 큰 빛의 비춤을 이룰 것이라네.

若於一切智 그와 같이 모든 지혜로
發生迴向心 회향하는 마음을 생하여 일으키되
見心無所生 생할 바 없는 마음을 보면
當獲大名稱 마땅히 큰 명칭을 얻을 것이라네.

衆生無有生 중생은 생함이 없으며
亦復無有壞 또 차례를 좇아 무너짐도 없으니
若得如是智 만일 이와 같은 지혜를 얻으면
當成無上道 마땅히 위 없는 도를 이룰 것이라네.

一中解無量 하나 가운데 헤아릴 수 없이 많음을 깨우치고
無量中解一 헤아릴 수 없이 많은 가운데 하나를 깨우쳐
了彼互生起 서로 생하면서 일으킴을 분명하게 알고 깨달아 마치면
當成無所畏 마땅히 두려워하지 않음을 이룰 것이라네.

이때 밝은 빛이 이 세계를 지나 동쪽으로 열 부처 세계에 두루 비치니, 남, 서, 북방, 사유, 상, 하의 차례를 좇아(復) 또한 이와 같았다. 그 하나하나의 세계 가운데 모든 백억 염부제뿐만 아니라 백억 색구경천에 이르기까지 그러하며, 그 가운데 있는 것들이 남김없이 다 밝게 나타났다.

이곳에 부처님 세존이 연화장 사자좌에 앉으셨으며, 열 부처 세계의 티끌 수와 같은 보살들이 둘러싸고 있는 것과 같이 저 하나하나의 세계 가운데 각각 백억의 염부제에 백억의 여래께서 또한 이와 같이 앉으셨다. 모두 부처님의 신통력으로 시방에 각각 한 분의 큰 보살이 있고 한 분 한 분의 보살이 각각 열 부처 세계의 티끌 수와 같은 보살들과 함께 부처님 계신 곳에 나아갔다. 그 큰 보살들을 이르면 문수사리 등이며, 좇아 나온 국토를 이르자면 금색세계 등이고 본래부터 섬기던 부처님은 부동지 여래 등이었다.

爾時 光明過此世界 徧照東方十佛國土 南 西 北方 四維 上 下 亦復如是 彼一一世界中 皆有百億閻浮提 乃至百億色究竟天 其中所有 悉皆明現 如此處 見佛世尊坐蓮華藏師子之座 十佛刹微塵數菩薩所共圍遶 彼一一世界中 各有百億閻浮提 百億如來 亦如是坐 悉以佛神力故 十方各有一大菩薩 一一各與十佛刹微塵數諸菩薩俱 來詣佛所 其大菩薩 謂 文殊師利等 所從來國 謂 金色世界等 本所事佛 謂 不動智如來等

그때 모든 곳에 계신 문수사리 보살이 각각 부처님이 계신 처소에서 동시에 음성을 내어 게송으로 말했다.

爾時 一切處文殊師利菩薩 各於佛所 同時發聲 說此頌言

衆生無智慧 중생들이 지혜가 없고
愛刺所傷毒 사랑의 가시에 독한 상처를 입기에
爲彼求菩提 그들을 위해 보리를 구하시니
諸佛法如是 모든 부처님의 법이 이와 같다네.

普見於諸法 모든 법을 두루 보고
二邊皆捨離 있음과 없음의 두 가지 끝을 다 버리고 또 벗어나
道成永不退 도를 이루고 영원히 물러서지 않으니
轉此無等輪 차별이 없는 이 바퀴를 굴린다네.

不可思議劫 생각으로는 미루어 헤아릴 수 없는 겁 동안
精進修諸行 정진해서 모든 행을 닦음은
爲度諸衆生 모든 중생을 제도하기 위해서라네.
此是大仙力 이는 대선의 힘이라네.

導師降衆魔 도사가 많은 마군을 항복 받는 것은
勇健無能勝 용맹하고 단단하기에 이길 수 없으며
光中演妙義 빛 가운데 빼어난 뜻을 널리 펴시니
慈悲故如是 자비로운 까닭으로 이와 같다네.

以彼智慧心 저 지혜의 마음으로
破諸煩惱障 번뇌로 인한 모든 막힘이나 걸림을 깨뜨리고
一念見一切 한 생각에 일체를 보니
此是佛神力 이는 부처님의 신력이라네.

擊于正法鼓 바른 법의 북을 쳐서
覺寤十方刹 시방세계를 꿈에서라도 깨닫게 하여
咸令向菩提 다 함께 보리로 향하게 하니
自在力能爾 자재한 힘은 이러하다네.

不壞無邊境 끝이 없는 경계를 무너뜨리지 않고
而遊諸億刹 모든 억만의 세계를 돌아다녀도
於有無所著 어느 곳이든 집착함이 없으니
彼自在如佛 그 자재함이 부처님과 같다네.

諸佛如虛空 모든 부처님은 허공과 같고
究竟常淸淨 궁극의 깨우침이 항상 청정하시니
憶念生歡喜 단단히 기억해서 잊지 않고 환희를 내면
彼諸願具足 모든 소망을 온전하게 갖출 것이라네.

一一地獄中 하나하나의 지옥 가운데서

經於無量劫 헤아릴 수 없이 많은 겁을 지내시니
爲度衆生故 중생들을 제도하기 위한 까닭이기에
而能忍是苦 능히 이러한 고통을 참으신다네.

不惜於身命 신명을 아끼지 않고
常護諸佛法 항상 모든 불법을 보호하며
無我心調柔 내가 없음의 마음을 조복시키고 좇으니
能得如來道 능히 여래의 도를 얻을 것이라네.

그때 밝은 빛이 열 세계를 지나 동쪽의 백 세계를 두루 비추었으며, 남, 서, 북방, 사유, 상, 하도 역시 차례를 따라(復) 이와 같았다. 저 모든 세계 가운데 백억 염부제뿐만 아니라 백억 색구경천에 이르기까지 모두 있었으며, 그 가운데 있는 것들이 남김없이 다 밝게 나타났다. 저 하나하나의 염부제 가운데 연화장 사자좌에 앉아계신 여래를 보니, 열 부처 세계의 티끌 수와 같은 보살들이 함께 둘러싸고 있었으며, 모든 부처님의 신력으로 시방에 각각 큰 보살이 한 분씩 계시고 각각 한 분 한 분이 열 부처 세계의 티끌 수와 같은 보살들과 함께 부처님이 계신 곳에 나아갔으며, 그 큰 보살들을 이르면 문수사리 등이며, 좇아 나온 국토를 이르면 금색세계 등이며, 본래부터 섬기던 부처님은 부동지 여래 등이었다.

爾時 光明過十世界 徧照東方百世界 南 西 北方 四維 上 下 亦復如是 彼諸世界 中 皆有百億閻浮提 乃至百億色究竟天 其中所有 悉皆明現 彼一一閻浮提中 悉見 如來坐蓮華藏師子之座 十佛刹微塵數菩薩所共圍遶 悉以佛神力故 十方各有一大 菩薩 一一各與十佛刹微塵數諸菩薩俱 來詣佛所 其大菩薩 謂 文殊師利等 所從來 國 謂 文殊師利等 所從來國 謂 金色世界等 本所事佛 謂 不動智如來等

그때 일체 처에 계신 문수사리보살이 각각 부처님이 계신 처소에서 동시에 음성을 내어 게송으로 말했다.

爾時 一切處文殊師利菩薩 各於佛所 同時發聲 說此頌言

佛了法如幻 부처님은 법이 허깨비와 같음을 밝게 깨우쳐 마치시고
通達無障礙 통달해서 막힘이나 걸림이 없으시며

心淨離衆著 많은 집착을 벗어나 마음이 청정하시니
調伏諸群生 모든 중생을 조복시킨다네.

或有見初生 늘 처음 태어나는 것을 볼 때
妙色如金山 빼어난 색이 금산과 같으며
住是最後身 맨 마지막까지 이 몸에 머무시며
永作人中月 사람 가운데 영원한 달이 되신다네.

或見經行時 늘 경우를 따라서 보니 경행하실 때
具無量功德 헤아릴 수 없이 많은 공덕을 갖추시고
念慧皆善巧 생각이나 지혜 모두 선근의 섬세하고 능숙함으로
丈夫師子步 장부의 사자 걸음이라네.

或見紺靑目 늘 경우를 따라서 보니 짙고 산뜻한 남빛의 눈으로
觀察於十方 시방세계를 자세하게 살펴보시면서
有時現戲笑 때를 따라 빙그레 웃음을 나타내시는 것은
爲順衆生欲 중생이 하고자 하는 바를 따라주기 위함이라네.

或見師子吼 언제나 경우를 따라서 보니 사자후와
殊勝無比身 비할 데 없는 매우 뛰어난 몸으로
示現最後生 맨 마지막에 생함을 나타내 보이시면서
所說無非實 하신 말씀이 진실 아닌 것이 없다네.

或有見出家 늘 출가하시는 것을 보니
解脫一切縛 모든 얽매임에서 해탈하시고
修治諸佛行 모든 부처님의 행을 닦고 다스려서
常樂觀寂滅 항상 즐거움으로 적멸을 자세하게 살펴보신다네.

或見坐道場 늘 경우를 따라서 보니 도량에 앉아계시면서
覺知一切法 모든 법을 깨달아 아시고
到功德彼岸 공덕의 저 언덕에 이르시어

癡暗煩惱盡 어리석은 번뇌를 다 하신다네.

或見勝丈夫 언제나 경우를 따라서 보니 뛰어난 장부로서
具足大悲心 대비심을 온전하게 갖추시고
轉於妙法輪 빼어난 법륜을 굴려서
度無量衆生 헤아릴 수 없이 많은 중생을 제도하신다네.

或見師子吼 언제나 경우를 따라서 보니 사자후가
威光最殊特 감히 범하기 어려운 위엄과 권위의 빛으로 가장 특별하시며
超一切世間 일체 세간을 뛰어넘으시니
神通力無等 이 신통한 힘을 같이 할 자가 없다네.

或見心寂靜 늘 경우를 따라서 보니 적정의 마음과
如世燈永滅 세간의 등불이 영원히 없어지는 것과 같아서
種種現神通 가지가지의 신통을 나타내시니
十力能如是 십력은 능히 이와 같다네.

그때 밝은 빛이 백 세계를 지나 동쪽으로 천 세계에 두루 비치었으며, 남, 서, 북방, 사유, 상, 하도 역시 차례를 따라(復) 이와 같았다. 그 하나하나의 세계 가운데 백억 염부제뿐만 아니라 백억 색구경천에 이르기까지 모두 있었으며, 그 가운데 있는 것들이 남김없이 다 밝게 나타났다.

저 하나하나의 염부제 가운데 연화장 사자좌에 앉아계신 여래를 보니, 열 부처 세계의 티끌 수와 같은 보살들이 함께 둘러싸고 있었으며, 모든 부처님의 신력으로 시방에 각각 큰 보살이 한 분씩 계시고 각각 한 분 한 분이 열 부처 세계의 티끌 수와 같은 보살들과 함께 부처님이 계신 곳에 나아갔으며, 그 큰 보살들을 이르면 문수사리 등이며, 좇아 나온 국토를 이르면 금색세계 등이며, 본래부터 섬기던 부처님은 부동지 여래 등이었다.

爾時 光明過百世界 徧照東方千世界 南 西 北方 四維 上 下 亦復如是 彼一一世界中 皆有百億閻浮提 乃至百億色究竟天 其中所有 悉皆明現 彼一一閻浮提中 悉見如來坐蓮華藏師子之座 十佛剎微塵數菩薩所共圍遶 悉以佛神力故 十方各有一大菩薩 一一各與十佛剎微塵數諸菩薩俱 來詣佛所 其大菩薩 謂 文殊師利等 所從來國 謂

金色世界等 本所事佛 謂 不動智如來等

　그때 일체 처에 계신 문수사리 보살이 각각 부처님이 계신 처소에서 동시에 음성을 내어 게송으로 말했다.
　爾時 一切處文殊師利菩薩 各於佛所 同時發聲 說此頌言

佛於甚深法 부처님의 깊고도 깊은 법을
通達無與等 막힘없이 환하게 통하여 같이 할 자가 없고
衆生不能了 중생이 분명하게 알거나 깨우치지 못하기에
次第爲開示 차례를 따라 그들을 위해 열어 보이는 것이라네.

我性未曾有 나의 성품이란 일찍이 있지 않고
我所亦空寂 내 것이란 것들도 또한 텅 비고 고요하니
云何諸如來 어떻게 모든 여래께서는
而得有其身 그 몸이 있음을 얻었겠는가?

解脫明行者 해탈을 밝게 행하는 자는
無數無等倫 셀 수 없고 그 이상 함께 할 무리도 없고
世間諸因量 세간의 모든 인량(인연에 따른 중생들의 모든 생각)으로
求過不可得 허물을 구하려 해도 얻을 수가 없다네.

佛非世間蘊 부처님은 세간의 오온과
界處生死法 계와 처, 생사의 법도 아니며
數法不能成 셈법으로는 이루어질 수가 없기에
故號人師子 이러한 까닭으로 별호가 사자라네.

其性本空寂 그 성품이 본래 텅 비고 고요하며
內外俱解脫 안과 밖을 함께 해탈해서
離一切妄念 모든 망령된 생각으로부터 떠났으니
無等法如是 그 이상 더 할 수 없는 법은 이와 같다네.

體性常不動 체의 성품은 항상 움직이지 않고
無我無來去 내가 없으며 오고 감이 없지만
以能寤世間 세간을 능히 깨우치게 함으로
無邊悉調伏 끝없이 또 남김없이 조복시킨다네.

常樂觀寂滅 항상 즐거운 마음으로 적멸을 자세하게 살펴보니
一相無有二 하나의 마주 본 모양이나 상태이며 둘이란 없고
其心不增減 그 마음이 늘고 줄어드는 일은 없지만
現無量神力 헤아릴 수 없는 신력을 나타낸다네.

不作諸衆生 모든 중생의
業報因緣行 업보와 인연을 따른 행을 짓지 않지만
而能了無礙 능히 막힘이나 걸림 없이 분명하게 깨달아 아시니
善逝法如是 선근으로 가신 이의 법이 이와 같다네.

種種諸衆生 모든 중생이 가지가지로
流轉於十方 시방세계에 흐르고 굴러 넘어지지만
如來不分別 여래는 분별하지 않고
度脫無邊類 끝없는 온갖 것에서 생사를 초월하고 번뇌에서 해탈하게 한다네.

諸佛眞金色 모든 부처님의 진금의 색신은
非有徧諸有 있음이 아니며 중생에게 두루 하고
隨衆生心樂 중생의 마음을 따라
爲說寂滅法 그들을 위해서 적멸의 법을 설 하신다네.

  그때 밝은 빛이 천 세계를 지나 동쪽으로 십 천 세계에 두루 비치었으며, 남, 서, 북방, 사유, 상, 하도 역시 차례를 좇아(復) 이와 같았다. 그 하나하나의 세계 가운데 백억 염부 제뿐만 아니라 백억 색구경천에 이르기까지 모두 있었으며, 그 가운데 있는 것들이 남김 없이 다 밝게 나타났다.
  저 하나하나의 염부제 가운데 연화장 사자좌에 앉아계신 여래를 보니, 열 부처 세계의

티끌 수와 같은 보살들이 함께 둘러싸고 있었으며, 모든 부처님의 신력으로 시방에 각각 큰 보살이 한 분씩 계시고 각각 한 분 한 분이 열 부처 세계의 티끌 수와 같은 보살들과 함께 부처님이 계신 곳에 나아갔으며, 그 큰 보살들을 이르면 문수사리 등이며, 좇아 나온 국토를 이르면 금색세계 등이며, 본래부터 섬기던 부처님은 부동지 여래 등이었다.

爾時 光明過千世界 徧照東方十千世界 南 西 北方 四維 上 下 亦復如是 彼一一世界中 皆有百億閻浮提 乃至百億色究竟天 其中所有 悉皆明現 彼一一閻浮提中 悉見如來坐蓮華藏師子之座 十佛刹微塵數菩薩所共圍遶 悉以佛神力故 十方各有一大菩薩 一一各與十佛刹微塵數諸菩薩俱 來詣佛所 其大菩薩 謂 文殊師利等 所從來國 謂 金色世界等 本所事佛 謂 不動智如來等

그때 일체 처에 계신 문수사리 보살이 각각 부처님이 계신 처소에서 동시에 음성을 내어 게송으로 말했다.

爾時 一切處文殊師利菩薩 各於佛所 同時發聲 說此頌言

發起大悲心 가엾이 여기는 큰마음을 일으켜
救護諸衆生 모든 중생을 구하고 보호하여
永出人天衆 많은 사람과 하늘을 영원히 나게 하니
如是業應作 이와 같은 업을 마땅히 지어야 할 것이라네.

意常信樂佛 생각으로 항상 부처님을 믿고 즐거워하며
其心不退轉 그 마음에서 물러섬이 없고
親近諸如來 모든 여래를 친근히 하니
如是業應作 이와 같은 업을 마땅히 지어야 할 것이라네.

志樂佛功德 본심으로 부처님의 공덕을 좋아하고
其心永不退 그 마음에서 물러섬이 없으며
住於淸涼慧 청량한 지혜에 머무니
如是業應作 이와 같은 업을 마땅히 지어야 할 것이라네.

一切威儀中 모든 위엄 있고 엄숙한 몸가짐(戒律) 가운데

常念佛功德 항상 부처님의 공덕을 생각하고
晝夜無暫斷 낮과 밤으로 잠시라도 잊지 않으니
如是業應作 이와 같은 업을 마땅히 지어야 할 것이라네.

觀無邊三世 끝이 없는 삼세를 자세하게 살펴보고
學彼佛功德 부처님의 공덕을 배움에
常無厭倦心 항상 싫어하고 게으른 마음이 없으니
如是業應作 이와 같은 업을 마땅히 지어야 할 것이라네.

觀身如實相 있는 그대로의 참된 몸을 자세하게 살펴보고
一切皆寂滅 일체 모든 것이 적멸이며
離我無我著 나를 벗어나 나에 대한 집착이 없으니
如是業應作 이와 같은 업을 마땅히 지어야 할 것이라네.

等觀衆生心 중생의 마음과 가지런히 해서 자세하게 살펴보고
不起諸分別 모든 분별을 일으키지 않으며
入於眞實境 진실의 경계에 들어가니
如是業應作 이와 같은 업을 마땅히 지어야 할 것이라네.

悉擧無邊界 끝없는 세계를 남김없이 집어 들어서
普飮一切海 온 바닷물을 다 마시니
此神通智力 이는 신통한 지혜의 힘이며
如是業應作 이와 같은 업을 마땅히 지어야 할 것이라네.

思惟諸國土 모든 국토가
色與非色相 색과 색이 아닌 모양이나 상태인 것을 두루 사유하여
一切悉能知 모든 것을 남김없이 다 아니
如是業應作 이와 같은 업을 마땅히 지어야 할 것이라네.

十方國土塵 시방 국토의 티끌
一塵爲一佛 그 하나의 티끌을 한 분의 부처님으로 삼아

悉能知其數 남김없이 그 수를 다 아니

如是業應作 이와 같은 업을 마땅히 지어야 할 것이라네.

그때 밝은 빛이 십 천 세계를 지나 동쪽으로 백천 세계에 두루 비치었으며, 남, 서, 북방, 사유, 상, 하도 역시 차례를 좇아(復) 이와 같았다. 그 하나하나의 세계 가운데 백억 염부제뿐만 아니라 백억 색구경천에 이르기까지 모두 있었으며, 그 가운데 있는 것들이 남김없이 다 밝게 나타났다.

저 하나하나의 염부제 가운데 연화장 사자좌에 앉아계신 여래를 보니, 열 부처 세계의 티끌 수와 같은 보살들이 함께 둘러싸고 있었으며, 모든 부처님의 신력으로 시방에 각각 큰 보살이 한 분씩 계시고 각각 한 분 한 분이 열 부처 세계의 티끌 수와 같은 보살들과 함께 부처님이 계신 곳에 나아갔으며, 그 큰 보살들을 이르면 문수사리 등이며, 좇아 나온 국토를 이르면 금색세계 등이며, 본래부터 섬기던 부처님은 부동지 여래 등이었다.

爾時 光明過十千世界 徧照東方百千世界 南 西 北方 四維 上 下 亦復如是 彼一一世界中 皆有百億閻浮提 乃至百億色究竟天 其中所有 悉皆明現 彼一一閻浮提中 悉見如來坐蓮華藏師子之座 十佛刹微塵數菩薩所共圍遶 悉以佛神力故 十方各有一大菩薩 一一各與十佛刹微塵數諸菩薩俱 來詣佛所 其大菩薩 謂 文殊師利等 所從來國 謂 金色世界等 本所事佛 謂 不動智如來等

그때 일체 처에 계신 문수사리 보살이 각각 부처님이 계신 처소에서 동시에 음성을 내어 게송으로 말했다.

爾時 一切處文殊師利菩薩 各於佛所 同時發聲 說此頌言

若以威德色種族 그와 같은 위엄과 덕망의 모습이나 종족으로

而見人中調御師 사람 가운데서 조어사(佛)를 본다고 한다면

是爲病眼轉倒見 이는 병이 든 눈으로 위치나 차례를 뒤바꾸어 거꾸로 보게 되는 일이니

彼不能知最勝法 가장 뛰어난 법을 알지 못하는 것이라네.

如來色形諸相等 여래의 빛과 몸, 모든 모양이나 상태 등을

一切世間莫能測 세간의 모든 중생은 헤아려 알지 못하며

億那由劫共思量 억 나유타 겁을 두고 생각하여 헤아린다 해도
色相威德轉無邊 색상(육안으로 볼 수 있는 모든 물질의 형상)의 위엄과 덕망은 끝이 없다네.

如來非以相爲體 여래는 모양이나 상태로 만든 체가 아니며
但是無相寂滅法 다만 모양이나 상태가 없는 적멸의 법이니
身相威儀悉具足 몸의 모양이나 상태로 몸가짐을 남김없이 갖추고 있기에
世間隨樂皆得見 세간에서는 좋아하는 것을 따라 다 보고 얻었다 한다네.

佛法微妙難可量 부처님의 법은 미묘해서 헤아리기 어려우며
一切言說莫能及 모든 말로써도 미칠 수 없고
非是和合非不合 화합도 화합 아님도 둘 다 아니니
體性寂滅無諸相 체와 성은 적멸하기에 모든 모양이나 상태란 없다네.

佛身無生超戲論 부처님의 몸은 생이 없고 희론을 뛰어넘은 것이니
非是蘊聚差別法 오온을 모아놓은 차별법이 아니며
得自在力決定見 자재한 힘을 얻고서야 도장을 찍고 보는 것이고
所行無畏離言道 두려움 없이 행하는 말뿐인 도를 벗어난 것이라네.

身心悉平等 몸과 마음이 모두 평등하며
內外皆解脫 안으로나 밖으로나 다 해탈하고
永劫住正念 영원한 겁 동안 바른 생각에 머물러
無著無所繫 집착도 없고 얽히는 것도 없다네.

意淨光明者 마음이 청정하고 빛이 밝은 자는
所行無染著 행하는 모든 것이 집착에 물드는 일이 없으며
智眼靡不周 지혜의 눈으로 두루두루 미치지 않은 곳이 없으니
廣大利衆生 광대하게 중생들에게 이로움이 된다네.

一身爲無量 하나의 몸이 헤아릴 수 없이 많은 몸이 되었다가
無量復爲一 헤아릴 수 없는 몸이 차례를 좇아 하나의 몸이 되니
了知諸世間 모든 세간을 분명하게 깨우쳐 알고

現形徧一切 모양을 나타내어 일체에 두루두루 하다네.

此身無所從 이 몸은 쫓을 것도 없고
亦無所積聚 또한 쌓아서 모은 바도 없지만
衆生分別故 중생들이 분별하는 마음을 내는 까닭으로
見佛種種身 가지가지 부처님의 몸을 본다네.

心分別世間 마음으로 세간을 분별한다지만
是心無所有 이 마음은 본래부터 있지 않다네.
如來知此法 여래께서는 이러한 법을 아시니
如是見佛身 이와 같음을 보아야 부처님의 몸을 볼 것이라네.

그때 밝은 빛이 백천 세계를 지나 동쪽으로 백만 세계에 두루 비치었으며, 남, 서, 북방, 사유, 상, 하도 역시 차례를 좇아(復) 이와 같았다. 그 하나하나의 세계 가운데 백억 염부제뿐만 아니라 백억 색구경천에 이르기까지 모두 있었으며, 그 가운데 있는 것들이 남김없이 다 밝게 나타났다.

저 하나하나의 염부제 가운데 연화장 사자좌에 앉아계신 여래를 보니, 열 부처 세계의 티끌 수와 같은 보살들이 함께 둘러싸고 있었으며, 모든 부처님의 신력으로 시방에 각각 큰 보살이 한 분씩 계시고 각각 한 분 한 분이 열 부처 세계의 티끌 수와 같은 보살들과 함께 부처님이 계신 곳에 나아갔으며, 그 큰 보살들을 이르면 문수사리 등이며, 좇아 나온 국토를 이르면 금색세계 등이며, 본래부터 섬기던 부처님은 부동지 여래 등이었다.

爾時 光明過百千世界 徧照東方百萬世界 南 西 北方 四維 上 下 亦復如是 彼一一世界中 皆有百億閻浮提 乃至百億色究竟天 其中所有 悉皆明現 彼一一閻浮提中 悉見如來坐蓮華藏師子之座 十佛剎微塵數菩薩所共圍遶 悉以佛神力故 十方各有一大菩薩 一一各與十佛剎微塵數諸菩薩俱 來詣佛所 其大菩薩 謂 文殊師利等 所從來國 謂 金色世界等 本所事佛 謂 不動智如來等

그때 일체 처에 계신 문수사리 보살이 각각 부처님이 계신 처소에서 동시에 음성을 내어 게송으로 말했다.

爾時 一切處文殊師利菩薩 各於佛所 同時發聲 說此頌言

如來最自在 여래는 최고로 자재하시니
超世無所依 세간을 뛰어넘어 의지할 것이 없으며
具一切功德 모든 공과 덕을 갖추고
度脫於諸有 제유(삼계의 중생)를 해탈로 이끄신다네.

無染無所著 물들지도 않고 집착하는 바도 없으며
無想無依止 생각도 없고 의지할 머물 것도 없기에
體性不可量 체와 성을 헤아려 알 수는 없지만
見者咸偁歎 보는 모든 이들은 칭찬하고 감탄한다네.

光明徧淸淨 광명이 두루 청정하고
塵累悉蠲滌 번거로운 티끌을 남김없이 깨끗하게 씻어내어
不動離二邊 두 끝을 벗어나 움직이지 않으니
此是如來智 이를 여래의 지혜라 한다네.

若有見如來 그와 같은 여래를 뵙게 되어
身心離分別 몸과 마음이 분별에서 벗어나면
則於一切法 곧바로 일체 법을
永出諸疑滯 의심하는 모든 굴레에서 영원히 나갈 것이라네.

一切世間中 모든 세간 가운데
處處轉法輪 곳곳마다 법륜을 굴린다지만
無性無所轉 성품도 없고 법륜을 굴릴 일도 없으니
導師方便說 도사가 방편으로 말한 것이라네.

於法無疑惑 법을 의심해서 수상하게 여기는 일도 없으며
永絶諸戲論 모든 왈가불가한 말장난을 영원히 끊어내고
不生分別心 분별하는 마음을 내지 않으면
是念佛菩提 이것이 부처님의 보리를 생각하는 일이라네.

了知差別法 차별법을 분명하게 깨달아 알고
不著於言說 말과 말에 집착하지 않으며
無有一與多 하나와 많음이 없으면
是名隨佛教 이를 일러 부처님의 가르침을 따르는 것이라네.

多中無一性 많은 가운데 하나의 성품이 없으며
一亦無有多 하나 가운데 또한 많음이 없고
如是二俱捨 이와 같이 두 가지를 함께 버리면
普入佛功德 부처님의 공덕에 두루 들어간다네.

衆生及國土 중생과 국토
一切皆寂滅 일체 모든 것이 적멸이며
無依無分別 의지할 곳 없고 분별이 없으면
能入佛菩提 부처님의 보리에 능히 들어갈 것이네.

衆生及國土 중생과 국토를 두고
一異不可得 하나라 할 수 없고 다르다 할 수 없으니
如是善觀察 이와 같은 선근으로 자세하게 살펴본다면
名知佛法義 이를 부처님의 법과 뜻을 안다 이른다네.

그때 밝은 빛이 백만 세계를 지나 동쪽으로 일억 세계에 두루 비치었으며, 남, 서, 북방, 사유, 상, 하도 역시 차례를 좇아(復) 이와 같았다. 그 하나하나의 세계 가운데 백억 염부제뿐만 아니라 백억 색구경천에 이르기까지 모두 있었으며, 그 가운데 있는 것들이 남김없이 다 밝게 나타났다.

저 하나하나의 염부제 가운데 연화장 사자좌에 앉아계신 여래를 보니, 열 부처 세계의 티끌 수와 같은 보살들이 함께 둘러싸고 있었으며, 모든 부처님의 신력으로 시방에 각각 큰 보살이 한 분씩 계시고 각각 한 분 한 분이 열 부처 세계의 티끌 수와 같은 보살들과 함께 부처님이 계신 곳에 나아갔으며, 그 큰 보살들을 이르면 문수사리 등이며, 좇아 나온 국토를 이르면 금색세계 등이며, 본래부터 섬기던 부처님은 부동지 여래 등이었다.

爾時 光明過百萬世界 徧照東方一億世界 南 西 北方 四維 上 下 亦復如是 彼一一

世界中 皆有百億閻浮提 乃至百億色究竟天 其中所有 悉皆明現 彼一一閻浮提中 悉
見如來坐蓮華藏師子之座 十佛刹微塵數菩薩所共圍遶 悉以佛神力故 十方各有一大
菩薩 一一各與十佛刹微塵數諸菩薩俱 來詣佛所 其大菩薩 謂 文殊師利等 所從來國
謂 金色世界等 本所事佛 謂 不動智如來等

그때 일체 처에 계신 문수사리 보살이 각각 부처님이 계신 처소에서 동시에 음성을 내어 게송으로 말했다.
爾時 一切處文殊師利菩薩 各於佛所 同時發聲 說此頌言

智慧無等法無邊 비교할 수 없는 지혜와 끝이 없는 법문으로
超諸有海到彼岸 모든 생사의 바다를 뛰어넘어 피안에 이르고
壽量光明悉無比 헤아릴 수 없는 수명과 광명은 비할 것이 없으니
此功德者方便力 이는 공덕 자가 지닌 방편의 힘이라네.

所有佛法皆明了 가지고 있는 불법을 모두 분명하게 깨달아 마치고
常觀三世無厭倦 항상 삼세를 자세하게 살펴보는 일에 싫어하거나 게으르지 않으며
雖緣境界不分別 비록 경계의 속된 인연에 끌리기는 하지만 분별하지 않으니
此難思者方便力 이는 생각하기 어려운 이가 지닌 방편의 힘이라네.

樂觀衆生無生想 편안히 중생을 자세하게 살펴보니 중생이라는 생각이 들지 않고
普見諸趣無趣想 이르고자 하는 모든 곳을 두루 보니 이르고자 하는 생각이 없으며
恒住禪寂不繫心 선정의 고요함에 항상 머물고는 있지만, 선정이란 마음에 매이지 않으니
此無礙慧方便力 이는 막힘이나 걸림이 없는 지혜를 지닌 방편의 힘이라네.

善巧通達一切法 선근의 섬세하고 능숙한 솜씨로 모든 법을 통달하며
正念勤修涅槃道 바른 생각으로 열반의 도를 부지런히 닦고
樂於解脫離不平 편치 않은 마음에서 벗어나 편안하게 해탈하니
此寂滅人方便力 이는 적멸을 얻은 이가 지닌 방편의 힘이라네.

有能勸向佛菩提 부처님의 보리로 향하도록 능히 권하며

趣如法界一切智 법계의 모든 지혜에 이르고
善化衆生入於諦 중생을 선근으로 이끌어 진실에 들게 하니
此住佛心方便力 이는 불심에 머문 이가 지닌 방편의 힘이라네.

佛所說法皆隨入 부처님이 설한 모든 법을 따라 들어가고
廣大智慧無所礙 광대한 지혜로 막힘이나 걸림이 없으며
一切處行悉已臻 일체 처를 행함에 있어 남김없이 이미 이르니
此自在修方便力 이는 자재함을 닦은 이가 지닌 방편의 힘이라네.

恒住涅槃如虛空 늘 열반에 머무는 것이 허공과 같고
隨心化現靡不周 마음을 따라 나타남이 미치지 않은 곳이 없으며
此依無相而爲相 마주 볼 모양이나 상태가 없는 것을 의지해서 모양이나 상태로 삼으니
到難到者方便力 이르기 어려운 곳에 이른 자가 지닌 방편의 힘이라네.

晝夜日月及年劫 낮과 밤과 해와 달과 겁이라는 세월 동안
世界始終成壞相 세계의 시작과 끝남이 이루어지고 무너지는 모양이나 상태를
如是憶念悉了知 이와 같이 기억해서 잊지 않고 남김없이 분명하게 깨달아 알고 마치니
此時數智方便力 이는 때와 수의 지혜를 얻은 이의 방편력이라네.

一切衆生有生滅 모든 중생이 생하고 멸하는 일과
色與非色想非想 색과 색이 아님과 생각과 생각이 아님을
所有名字悉了知 이름이 있는 모든 것을 남김없이 분명하게 깨달아 알고 마치니
此住難思方便力 이는 생각하기 어려운 곳에 머무는 이의 방편력이라네.

過去現在未來世 과거 현재 미래 세상에
所有言說皆能了 있는 말들을 빠짐없이 분명하게 깨달아 알고
而知三世悉平等 삼세가 모두 평등한 것임을 아니
此無比解方便力 이는 비할 데 없는 깨달음을 얻은 이의 방편력이라네.

그때 밝은 빛이 일억 세계를 지나 동쪽으로 십억 세계에 두루 비치었으며, 남, 서, 북방,

사유, 상, 하도 역시 차례를 좇아(復) 이와 같았다. 그 하나하나의 세계 가운데 백억 염부제뿐만 아니라 백억 색구경천에 이르기까지 모두 있었으며, 그 가운데 있는 것들이 남김없이 다 밝게 나타났다.

저 하나하나의 염부제 가운데 연화장 사자좌에 앉아계신 여래를 보니, 열 부처 세계의 티끌 수와 같은 보살들이 함께 둘러싸고 있었으며, 모든 부처님의 신력으로 시방에 각각 큰 보살이 한 분씩 계시고 각각 한 분 한 분이 열 부처 세계의 티끌 수와 같은 보살들과 함께 부처님이 계신 곳에 나아갔으며, 그 큰 보살들을 이르면 문수사리 등이며, 좇아 나온 국토를 이르면 금색세계 등이며, 본래부터 섬기던 부처님은 부동지 여래 등이었다.

爾時 光明過一億世界 徧照東方十億世界 南 西 北方 四維 上 下 亦復如是 彼一一世界中 皆有百億閻浮提 乃至百億色究竟天 其中所有 悉皆明現 彼一一閻浮提中 悉見如來坐蓮華藏師子之座 十佛剎微塵數菩薩所共圍遶 悉以佛神力故 十方各有一大菩薩 一一各與十佛剎微塵數諸菩薩俱 來詣佛所 其大菩薩 謂 文殊師利等 所從來國謂 金色世界等 本所事佛 謂 不動智如來等

그때 일체 처에 계신 문수사리 보살이 각각 부처님이 계신 처소에서 동시에 음성을 내어 게송으로 말했다.

爾時 一切處文殊師利菩薩 各於佛所 同時發聲 說此頌言

廣大苦行皆修習 광대한 고행을 모두 닦아 익히고
日夜精勤無厭怠 밤낮으로 부지런히 정진하는 일을 싫어하거나 게을리하지 않으며
已度難度師子吼 제도하기 어려운 것을 이미 제도한 사자 후로
普化衆生是其行 모든 중생을 가르쳐 이끄는 것이 그 행이라네.

衆生流轉愛欲海 중생이 애욕의 바다에서 이리저리 구르며
無明網覆大憂迫 어두운 그물에 덮이어 큰 근심에 부닥치니
至仁勇猛悉斷除 지극히 어질고 용맹한 이가 남김없이 끊어서 없애준다네.
誓亦當然是其行 중생을 제도하려는 맹세 또한 마땅히 이러함이 그 행이라네.

世間放逸著五欲 세상 사람이 방일하고 오욕에 집착하며
不實分別受衆苦 바르게 분별하지 못하고 많은 고통을 받기에

奉行佛教常攝心 부처님의 가르침을 받들어 행하면서 늘 마음을 거두어
誓度於斯是其行 경계를 넘게 하려는 이것이 곧 그 행이라네.

衆生著我入生死 중생들이 나에 집착하고 생사에 들어서는 것을
求其邊際不可得 그 끝닿는 데를 구하려 해도 얻을 수 없더니
普事如來獲妙法 여래의 빼어난 법을 얻어 두루 섬기어
爲彼宣說是其行 그들을 위해 말로 베푸는 것이 그 행이라네.

衆生無怙病所纏 중생들이 믿고 의지할 곳이 없어 병에 얽히고
常淪惡趣起三毒 늘 나쁜 길로 들어서서 삼독을 일으키며
大火猛焰恒燒熱 맹렬하게 타오르는 큰 불길에 늘 타고 있기에
淨心度彼是其行 청정한 마음으로 제도하는 것이 그 행이라네.

衆生迷惑失正道 중생들이 미혹하여 바른길을 잃고
常行邪徑入闇宅 삿된 길과 캄캄한 집으로 늘 들어서기에
爲彼大然正法燈 그들을 위해 바른 법의 등불을 높이 들고서
永作照明是其行 영원히 밝게 비추어주는 것이 그 행이라네.

衆生漂溺諸有海 중생들이 생사의 바다에서 떠돌다 빠지고
憂難無涯不可處 근심과 어려움이 끝이 없으며 처할 곳이 없기에
爲彼興造大法船 그들을 위해 큰 법의 배를 만들어서
皆令得度是其行 빠짐없이 다 제도하는 것이 그 행이라네.

衆生無知不見本 중생들이 알지 못해서 근본을 보지 못하고
迷惑癡狂險難中 미혹하고 어리석어 험난한 가운데 사리 분별을 하지 못하기에
佛哀愍彼建法橋 부처님이 가엾이 여겨 법의 다리를 세워
正念令昇是其行 바른 생각으로 오르게 하는 것이 그 행이라네.

見諸衆生在險道 모든 중생이 험한 길에 있으면서
⊠病死苦常逼迫 늙고 병들고 죽은 괴로움에 늘 절박하게 바짝 몰리기에
修諸方便無限量 헤아릴 수 없이 많은 모든 방편을 닦아서

誓當悉度是其行 그들을 모두 제도하고자 하는 것이 그 행이라네.

聞法信解無疑惑 법을 들어 믿고 이해하고 의혹이 없으며
了性空寂不驚怖 성품이 공적함을 분명하게 깨달아 알아서 놀라거나 두려워하지 않기에
隨形六道徧十方 육도의 몸을 따라 시방세계에 두루 하고
普敎群迷是其行 미혹한 중생들을 두루 가르쳐 이끄는 것이 그 행이라네.

그때 밝은 빛이 십억 세계를 지나 동쪽으로 백억 세계, 천억 세계, 백 천억 세계, 나유타 억 세계, 백 나유타 억 세계, 천 나유타 억 세계, 백 천억 나유타 억 세계와 이와 같은 무수무량 무변무등과 셀 수 없으며, 칭할 수 없으며, 생각할 수 없으며, 헤아릴 수 없으며, 설할 수 없는 온 법계와 허공계에 있는 세계를 두루 비치었고 남, 서, 북방, 사유, 상, 하방도 역시 차례를 좇아(復) 이와 같았다. 그 하나하나의 세계 가운데 백억 염부제뿐만 아니라 백억 색구경천에 이르기까지 모두 있었으며, 그 가운데 있는 것들이 남김없이 다 밝게 나타났다.

저 하나하나의 염부제 가운데 연화장 사자좌에 앉아계신 여래를 보니, 열 부처 세계의 티끌 수와 같은 보살들이 함께 둘러싸고 있었으며, 모든 부처님의 신력으로 시방에 각각 큰 보살이 한 분씩 계시고 각각 한 분 한 분이 열 부처 세계의 티끌 수와 같은 보살들과 함께 부처님이 계신 곳에 나아갔으며, 그 큰 보살들을 이르면 문수사리 등이며, 좇아 나온 국토를 이르면 금색세계 등이며, 본래부터 섬기던 부처님은 부동지 여래 등이었다.

爾時 光明過十億世界 徧照東方百億世界 千億世界 百千億世界 那由他億世界 百那由他億世界 千那由他億世界 百千那由他億世界 如是無數無量 無邊無等 不可數 不可稱 不可思 不可量 不可說 眞法界 虛空界 所有世界 南 西 北方 四維 上 下 亦復如是 彼一一世界中 皆有百億閻浮提 乃至百億色究竟天 其中所有 悉皆明現 彼一一閻浮提中 悉見如來坐蓮華藏師子之座 十佛刹微塵數菩薩所共圍遶 悉以佛神力故 十方各有一大菩薩 一一各與十佛刹微塵數諸菩薩俱 來詣佛所 其大菩薩 謂 文殊師利等 所從來國 謂 金色世界等 本所事佛 謂 不動智如來等

그때 일체 처에 계신 문수사리 보살이 각각 부처님이 계신 처소에서 동시에 음성을 내어 게송으로 말했다.

爾時 一切處文殊師利菩薩 各於佛所 同時發聲 說此頌言

一念普觀無量劫 한 번의 생각으로 헤아릴 수 없는 겁을 두루 자세하게 살펴보고
無去無來亦無住 가지도 않고 오지도 않으며 또한 머무름도 없으니
如是了知三世事 이와 같은 삼세의 일들을 분명하게 깨달아 알고 마치면
超諸方便成十力 모든 방편을 뛰어넘어 십력을 이룬다네.

十方無比善名稱 시방세계에 비할 데 없는 선근의 명칭은
永離諸難常歡喜 영원히 모든 어려움에서 벗어나 늘 즐겁고 기쁘며
普詣一切國土中 널리 모든 국토 가운데로 나아가
廣爲宣揚如是法 이와 같은 법을 시방 국토를 위해 널리 편다네.

爲利衆生供養佛 중생들의 이익을 위해 부처님께 공양하고
如其意獲相似果 뜻한 대로 모양이나 상태가 서로 같은 결과를 얻고
於一切法悉順知 모든 법을 거스르지 않고 좇아 남김없이 알아서
徧十方中現神力 시방세계 가운데 신력을 두루 나타낸다네.

從初供佛意柔忍 처음 부처님에게 공양하는 마음을 좇아 생각을 편안히 하고
入深禪定觀法性 깊은 선정에 들어가 법의 성품을 자세하게 살펴보며
普勤衆生發道心 중생들에게 도심을 일으키도록 두루 권하니
以此速成無上果 이로써 빠르게 위 없는 과를 이룬다네.

十方求法情無異 시방에서 법을 구하려고 하지만 본성과 다름이 없으며
爲修功德令滿足 공덕을 닦아 이들을 만족하게 하고
有無二相悉滅除 있다. 없다. 이 둘의 모양이나 상태를 남김없이 멸해서 없애면
此人於佛爲眞見 이 사람은 부처님을 참으로 볼 것이라네.

普往十方諸國土 시방의 모든 국토를 두루 다니며
廣說妙法興義利 바른 이치와 이익을 일으키는 광대하고 빼어난 법을 설하여
住於實際不動搖 실상의 경계에 머물면서 움직이거나 흔들리지 않으면
此人功德同於佛 이 사람의 공덕은 부처와 같다네.

如來所轉妙法輪 여래께서 빼어난 법륜을 굴림은
一切皆是菩提分 일체 모든 것이 보리를 나누는 것이니
若能聞已悟法性 그와 같음을 듣고 법의 성품을 깨달아 체득하면
如是之人常見佛 이와 같은 사람은 늘 부처를 볼 것이라네.

不見十力空如幻 십력이 공하고 허깨비와 같음을 보지 못하면
雖見非見如盲睹 비록 본다고는 하지만 눈먼 장님이 보는 것과 같이 보지 못함이니
分別取相不見佛 모양이나 상태를 따라 분별을 취하면 부처를 못 볼 것이라네.
畢竟離著乃能見 집착을 벗어나야 마침내 볼 것이라네.

衆生隨業種種別 중생들이 업을 따라 갖가지로 나누기에
十方內外難盡見 시방세계의 안과 밖을 다 보기는 어려우며
佛身無礙徧十方 시방에 두루 하지만 막힘이나 걸림 없는 부처님의 몸을
不可盡見亦如是 다 보지 못함도 또한 이와 같다네.

譬如空中無量刹 비유를 들자면 공 가운데 헤아릴 수 없는 많은 세계가
無來無去徧十方 오는 일도 없으며, 가는 일도 없지만, 시방에 두루두루 하듯이
生成滅壞無所依 생기고 이루어짐과 멸하고 무너짐은 의지할 곳이 없는 것과 같아서
佛徧虛空亦如是 허공에 두루두루 한 부처님 또한 이와 같다네.

10. 보살문명품
大方廣佛華嚴經菩薩問明品第十

그때 문수사리 보살이 각수 보살에게 물었다.

"불자여! 마음의 성품은 하나인 것을 어찌하여 갖가지로 차별이 있음을 보는가? 이른바 선한 곳에 이르기 위해 가기도 하고 악한 곳을 향해 가기도 하고 모든 근이 원만하기도 하지만 이지러지기도 하고 생함을 받아들임이 같고 다르기도 하며, 단정하기도 하고 추하고 천하기도 하며, 괴로움이나 즐거움이 같지 않은가? 업은 마음을 알지 못하고 마음은 업을 알지 못하며, 받아들여 이익을 누림은 과보를 알지 못하고 인과응보는 받아들여 이익을 누림을 알지 못하며, 마음은 받아들여 누림을 알지 못하고 받아들여 누림은 마음을 알지 못하며, 인은 연을 알지 못하고 연은 인을 알지 못하며, 지혜는 경계를 알지 못하고 경계는 지혜를 알지 못하는가?"

爾時 文殊師利菩薩 問覺首菩薩言 佛子 心性是一 云何見有種種差別 所謂 往善趣 惡趣 諸根滿 缺 受生同 異 端正 醜陋 苦 藥不同 業不知心 心不知業 受不知報 報不知受 心不知受 受不知心 因不知緣 緣不知因 智不知境 境不知智

때맞추어 각수 보살이 게송으로 답했다.

時 覺首菩薩以頌答曰

仁今問是義 어진 이가 지금 이 뜻을 묻는 것은
爲曉悟群蒙 군몽(衆生)이 밝게 깨우쳐 얻기를 바라기 때문이며
我如其性答 제가 그 성품과 같이 답할 것이니
惟仁應諦聽 어진 이는 응당 자세하게 살펴서 들어주시길 바랍니다.

諸法無作用 모든 법은 작용이 없고
亦無有體性 체성이라 이를 만한 것도 또한 없으며

是故彼一切 이러한 까닭으로 이러저러한 모든 것이
各各不相知 제각기 서로를 알지 못합니다.

譬如河中水 비유하자면 강 가운데 흐르는 물이
湍流競奔逝 빠르게 흐르면서 다투듯 내달리지만
各各不相知 각각 서로를 알지 못하는 것과 같이
諸法亦如是 모든 법 또한 이와 같습니다.

亦如大火聚 또 이를테면 큰불이 모여
猛焰同時發 맹렬한 불꽃을 동시에 일으키지만
各各不相知 제각기 서로를 알지 못하는 것과 같이
諸法亦如是 모든 법 또한 이와 같습니다.

又如長風起 또 말하자면 바람이 일어나 오래도록 불 때
遇物咸鼓扇 물건들을 만나면 다 두드리고 흔들지만
各各不相知 각각 서로를 알지 못함과 같이
諸法亦如是 모든 법 또한 이와 같습니다.

又如衆地界 또 이르자면 많은 땅의 세계가
展轉因依住 이러니저러니 반복하는 까닭에 머무름에 의지하지만
各各不相知 각각 서로가 알지 못하는 것과 같이
諸法亦如是 모든 법 또한 이와 같습니다.

眼耳鼻舌身 눈과 귀, 코와 혀와 몸과
心意諸情根 마음의 뜻이나 모든 정과 근 등
以此常流轉 이런 것으로 늘 흘러서 구르며 헤매지만
而無能轉者 구르게 하는 자는 없습니다.

法性本無生 법의 성품은 본래 생하지 않지만
示現而有生 나타내 보이므로 생함이 있는 것이니
是中無能現 이 가운데 능히 나타낼 것이 없으며

亦無所現物 또한 나타낼 물건도 없습니다.

眼耳鼻舌身 눈과 귀, 코와 혀와 몸과
心意諸情根 마음의 뜻이나 모든 정과 근 등
一切空無性 모든 것이 공하기에 성품은 없지만
妄心分別有 망령된 마음으로 분별이 있습니다.

如理而觀察 이치대로 자세하게 살펴보면
一切皆無性 모든 것이 다 성품이 없습니다.
法眼不思議 법의 눈은 생각으로 미루어 헤아릴 수 없기에
此見非顚倒 이렇게 보는 것은 거꾸로 뒤바뀐 것이 아닙니다.

若實若不實 진실하거나 아니면 진실하지 않거나
若妄若非妄 허망하거나 아니면 허망하지 않거나
世間出世間 세간이나 출세간이나
但有假言說 단지 말을 빌려서 있는 것입니다.

그때 문수사리 보살이 재수 보살에게 물었다.
"불자여! 일체중생은 중생이 아니다. 그런데 어찌하여 여래께서는 그때를 따르고 그 목숨을 따르고 그 몸을 따르고 그 행을 따르고 그 이해를 따르고 그 언론을 따르고 그 마음의 좋아함을 따르고 그 방편을 따르고 그 사유를 따르고 그 관찰을 따라서 이와 같은 모든 중생 가운데 이들을 위해서 그 몸을 나타내어 가르쳐서 이끌고 조복시키는가?"
爾時 文殊師利菩薩問財首菩薩言 佛子 一切衆生非衆生 云何如來隨其時 隨其命 隨其身 隨其行 隨其解 隨其言論 隨其心樂 隨其方便 隨其思惟 隨其觀察 於如是諸衆生中 爲現其身 敎化調伏

때맞추어 재수 보살이 게송으로 답했다.
時 財首菩薩以頌答曰

此是樂寂滅 이 일은 적멸을 즐기는

多聞者境界 많은 가르침을 받은 자의 경계이니

我爲仁宣說 제가 어진 이를 위해 말로 펼칠 터이니

仁今應聽受 어진 이는 응당 자세하게 들어주시고 인정해주시길 바랍니다.

分別觀內身 몸 안을 분별해서 자세하게 살펴보면

此中誰是我 이 가운데 무엇을 두고 나라 할 것이며

若能如是解 그와 같이 능히 이와 같음을 이해하면

彼達我有無 내가 있고 없음을 깨닫게 될 것입니다.

此身假安立 이 몸은 임시로 빌려 세운 것이기에

住處無方所 머무를 곳과 동서남북 사유 상하도 없으니

諦了是身者 진실하게 이 몸을 분명하게 깨달아 아는 이는

於中無所著 이 가운데 집착하지 않을 것입니다.

於身善觀察 이 몸을 선근으로 자세하게 살펴보면

一切皆明見 일체 모든 것을 밝게 볼 것이니

知法皆虛妄 알고 있다는 법이 모두 허망한 줄 알아서

不起心分別 마음으로 분별을 일으키지 않을 것입니다.

壽命因誰起 수명은 어찌 된 까닭으로 일어난 것이며

復因誰退滅 차례를 따라 무슨 까닭으로 물러나 없어지는가?

猶如旋火輪 마치 회전하는 불의 바퀴와 같아서

初後不可知 처음과 뒤를 알지 못할 것입니다.

智者能觀察 지혜로운 자는 능히 자세하게 살펴보고

一切有無常 모든 있음이란 항상 함이 없으며

諸法空無我 모든 법이 공하고 내가 없기에

永離一切相 영원히 모든 모양이나 상태를 벗어날 것입니다.

衆報隨業生 많은 과보가 업을 따라 생하는 것이라

如夢不眞實 꿈과 같아 진실하지 않고
念念常滅壞 생각과 생각 가운데 늘 없어지고 무너지는 것이니
如前後亦爾 전과 같이 후도 또한 이렇습니다.

世間所見法 세간에서 보는 법들은
但以心爲主 단지 마음을 주인으로 삼은 것이라
隨解取衆相 이해하는 일을 따라 많은 모양이나 상태를 취하면
顚倒不如實 거꾸로 뒤바뀌어 실제와 같지 않습니다.

世間所言論 세간에서 말로서 왈가불가하는 것은
一切是分別 모든 것이 분별이니
未曾有一法 지금까지 한 번도 있어 본 적이 없는 법이라도
得入於法性 법의 성품에 들어감을 얻지 못할 것입니다.

能緣所緣力 능연과 소연의 힘으로
種種法出生 가지가지의 법이 생하여 나오니
速滅不暫停 빨리 없애고 잠시라도 머물지 않으려고 하는 것은
念念悉如是 순간순간이 모두 이와 같기 때문입니다.

그때 문수사리 보살이 보수 보살에게 물었다.

"불자여! 모든 중생이 다 같이 사대가 있지만 나도 없고 내 것이라 할 것도 없다. 그런데 어찌해서 괴로움을 받고 즐거움을 받으며, 단정하기도 하고 추하고 천하기도 하며, 안이 옳다 하고 밖이 옳다 하며, 적게 받아들이고 많게 받아들이며, 이생에 보를 받기도 하고 후생에 보를 받기도 하는가? 그래서 법계 중에는 아름다움도 없고 추함도 없는 것이로구나."

爾時 文殊師利菩薩問寶首菩薩言 佛子 一切衆生 等有四大 無我 無我所 云何而有 受苦 受樂 端正 醜陋 內好 外好 少受 多受 或受現報 或受後報 然法界中 無美 無惡

때맞춰 보수 보살이 게송으로 답했다.

時 寶首菩薩以頌答曰

隨其所行業 그 행하는 업을 따라
如是果報生 이와 같은 과보가 생하는 것이니
作者無所有 업을 짓는 자와 가지고 있는 업도 없기에
諸佛之所說 모든 부처님이 설하시는 것일 뿐입니다.

譬如淨明鏡 비유하자면 깨끗하고 밝은 거울이
隨其所對質 마주 대할 바탕을 따라
現像各不同 형상을 나타내는 것이 각각 같지 않듯이
業性亦如是 업의 성품 또한 이와 같습니다.

亦如田種子 또한 밭에 뿌린 씨앗이
各各不相知 제각기 서로 알지 못하지만
自然能出生 자연히 싹을 틔우듯
業性亦如是 업의 성품 또한 이와 같습니다.

又如巧幻師 또 솜씨 좋은 마술사가
在彼四衢道 사거리에서
示現衆色相 많은 색의 모양이나 상태를 나타내 보이듯
業性亦如是 업의 성품 또한 이와 같습니다.

如機關木人 장치를 연결한 나무로 만든 인형이
能出種種聲 갖가지 소리를 내기는 하지만
彼無我非我 나도 없고 나 아님도 없듯이
業性亦如是 업의 성품 또한 이와 같습니다.

亦如衆鳥類 또한 새들의 많은 종류가
從殼而得出 알을 깨고 나왔지만
音聲各不同 소리는 각각 같지 않듯이
業性亦如是 업의 성품 또한 이와 같습니다.

譬如胎藏中 비유하자면 태가 뱃속에서
諸根悉成就 모든 근이 다 이루어지지만
體相無來處 체의 모양이나 상태는 오는 곳이 없듯이
業性亦如是 업의 성품 또한 이와 같습니다.

又如在地獄 또 지옥에 있는 것과 같이
種種諸苦事 가지가지의 모든 고통스러운 일들은
彼悉無所從 그 어디서든 다 좇아 나온 바가 없듯이
業性亦如是 업의 성품 또한 이와 같습니다.

譬如轉輪王 비유를 들자면 전륜왕이
成就勝七寶 뛰어난 일곱 가지 보배를 성취하지만
來處不可得 온 곳을 구하려 해도 얻지 못하듯
業性亦如是 업의 성품 또한 이와 같습니다.

又如諸世界 또 모든 세계가
大火所燒然 큰불이 나서 탄다지만
此火無來處 이 불은 온 곳이 없듯이
業性亦如是 업의 성품 또한 이와 같습니다.

그때 문수사리 보살이 덕수 보살에게 물었다.

"불자여! 여래가 깨달아 증득했다는 것은 오로지 한 가지 법뿐이다. 그런데 어찌해서 헤아릴 수 없는 온갖 법을 말하며, 헤아릴 수 없이 많은 세계를 나타내며, 헤아릴 수 없이 많은 중생을 가르쳐 이끌며, 헤아릴 수 없이 많은 소리를 널리 펴는 것이며, 헤아릴 수 없이 많은 몸을 보이며, 헤아릴 수 없이 많은 마음을 아시며, 헤아릴 수 없이 많은 신통을 나타내며, 헤아릴 수 없이 많은 세계를 두루 진동하며, 헤아릴 수 없이 많은 매우 뛰어난 장엄을 나타내 보이며, 끝이 없는 가지가지의 경계를 드러내어 보이는가? 그러나 법의 성품 가운데서는 이같이 차별되는 모양이나 상태를 얻으려 해도 얻을 수가 없다."

爾時 文殊師利菩薩問德首菩薩言 佛子 如來所悟 唯是一法 云何乃說無量諸法 現無量刹 化無量衆 演無量音 示無量身 知無量心 現無量神通 普能震動無量世界 示

現無量殊勝莊嚴 顯示無邊種種境界 而法性中 此差別相 皆不可得

때맞춰 덕수 보살이 게송으로 말했다.
時 德首菩薩以頌答曰

佛子所問義 불자가 물은 일과 뜻이
甚深難可了 매우 깊고 깊어서 분명하게 깨우쳐 알기에는 어렵지만
智者能知此 지혜로운 자는 능히 이를 알고
常樂佛功德 늘 부처님의 공덕을 좋아합니다.

譬如地性一 비유하자면 땅의 성품은 하나이고
衆生各別住 중생들은 제각기 달리 머물지만
地無一異念 땅은 하나의 성품 외에 다른 생각이 없는 것과 같으니
諸佛法如是 모든 부처님의 법은 이와 같습니다.

亦如火性一 또한 불의 성품은 하나이고
能燒一切物 모든 물건을 불태우지만
火焰無分別 불꽃은 분별이 없는 것이니
諸佛法如是 모든 부처님의 법은 이와 같습니다.

亦如大海一 또한 큰 바닷물은 하나이고
波濤千萬異 파도는 천만 가지로 다르지만
水無種種殊 물은 가지가지로 다름이 없는 것이니
諸佛法如是 모든 부처님의 법은 이와 같습니다.

亦如風性一 또한 바람의 성품은 하나이고
能吹一切物 모든 만물에 불지만
風無一異念 바람은 하나의 성품 외에 다름이 없는 것이니
諸佛法如是 모든 부처님의 법은 이와 같습니다.

亦如大雲雷 또한 큰 구름과 천둥소리와 함께
普雨一切地 모든 땅에 두루두루 비를 내리지만
雨滴無差別 빗방울은 차등 있게 구별 지음이 없는 것이니
諸佛法如是 모든 부처님의 법은 이와 같습니다.

亦如地界一 또한 땅의 경계가 하나이고
能生種種芽 가지가지의 싹을 능히 낳지만
非地有殊異 땅은 이러니저러니 달리하지 않은 것이니
諸佛法如是 모든 부처님의 법은 이와 같습니다.

如日無雲曀 구름이 해를 가리지 않기에
普照於十方 시방에 두루두루 비치지만
光明無異性 광명은 다른 성품이 없는 것이니
諸佛法如是 모든 부처님의 법은 이와 같습니다.

亦如空中月 또한 허공 가운데 떠 있는 달이
世間靡不見 세간에서 보지 못하는 곳이 없지만
非月往其處 달이 그곳에 가지 않은 것이니
諸佛法如是 모든 부처님의 법은 이와 같습니다.

譬如大梵王 비유하자면 대범천의 왕이
應現滿三千 삼천세계에 가득하게 응하지만
其身無別異 그 몸은 달리 다름이 없는 것이니
諸佛法如是 모든 부처님의 법은 이와 같습니다.

이때 문수사리 보살이 목수 보살에게 물었다.

"불자여! 여래의 복 밭은 가지런해서 하나와 다름이 없는데 어찌하여 중생들이 보시한 일에 대한 과보가 같지 않음을 보는가? 이른바 가지가지의 빛과 가지가지의 모양과 가지가지의 집과 가지가지의 근과 가지가지의 재물과 가지가지의 주인과 가지가지의 권속과 가지가지의 관직에 따른 지위와 가지가지의 공덕과 가지가지의 지혜를 이른다. 그러나 부

처님은 그 마음이 평등해서 다른 생각이 없다."

爾時 文殊師利菩薩問目首菩薩言 佛子 如來福田 等一無異 云何而見衆生布施果
報不同 所謂 種種色 種種形 種種家 種種根 種種財 種種主 種種眷屬 種種官位 種
種功德 種種智慧 而佛於彼 其心平等 無異思惟

때맞춰 목수 보살이 게송으로 말했다.
時 目首菩薩以頌答曰

譬如大地一 비유하자면 대지는 하나이고
隨種各生芽 씨앗에 따라 제각기 싹을 틔우지만
於彼無怨親 대지는 원망하거나 친함이 없는 것이니
佛福田亦然 부처님의 복 밭도 역시 그러합니다.

又如水一味 또 물의 맛은 하나이고
因器有差別 그릇으로 인하여 맛에 차별이 있는 것과 같이
佛福田亦然 부처님의 복 밭도 역시 그러하기에
衆生心故異 중생의 마음으로 인하여 달리 차별함이 있습니다.

亦如巧幻師 또한 재주가 뛰어난 마술사가
能令衆歡喜 많은 사람을 즐겁고 기쁘게 하는 것과 같이
佛福田如是 부처님의 복 밭도 이와 같기에
令衆生敬悅 중생들이 공경하고 기뻐합니다.

如有才智王 또 재주 있고 지혜로운 왕이
能令大衆喜 대중을 기쁘게 하는 것과 같이
佛福田如是 부처님의 복 밭도 이와 같기에
令衆悉安樂 많은 사람을 모두 편안하고 즐겁게 합니다.

譬如淨明鏡 비유하자면 깨끗하고 밝은 거울이
隨色而現像 빛을 따라 그림자를 나타내는 것과 같이

佛福田如是 부처님의 복 밭도 이와 같기에
隨心獲衆報 마음을 따라 많은 과보를 얻게 합니다.

如阿竭陀藥 또 아가다 약이
能療一切毒 모든 독을 치료하는 것과 같이
佛福田如是 부처님의 복 밭도 이와 같기에
滅諸煩惱患 모든 번뇌로 인한 근심을 없애줍니다.

亦如日出詩 또한 해가 떠오를 때
照曜於世間 세간을 환하게 비추어주는 것과 같이
佛福田如是 부처님의 복 밭도 이와 같기에
滅除諸黑闇 어리석은 마음에 닫힌 문을 모두 없애줍니다.

亦如淨滿月 또한 청정하고 가득 찬 둥근 달이
普照於大地 대지를 두루 비춰주는 것과 같이
佛福田亦然 부처님의 복 밭도 역시 그러하기에
一切處平等 모든 곳에 다 평등합니다.

譬如毘嵐風 비유하자면 맹렬하게 부는 미친바람이
普震於大地 대지를 널리 뒤흔드는 것과 같이
佛福田如是 부처님의 복 밭도 이와 같기에
動三有衆生 삼유의 중생들을 움직이게 합니다.

譬如大火起 비유하자면 큰불이 일어나서
能燒一切物 모든 만물을 능히 태우는 것과 같이
佛福田如是 부처님의 복 밭도 이와 같기에
燒一切有爲 모든 유위의 법을 불살라버립니다.

이때 문수사리 보살이 근수 보살에게 물었다.
"불자여! 부처님의 가르침은 하나인데 중생들은 보는 일을 얻는 즉시 어찌해서 일체 모든 번뇌의 속박을 끊어내지 못하고 벗어나지 못하는 것인가? 그러나 색온, 수온, 상온, 행온, 식온과 욕계, 색계, 무색계와 탐애에 대한 차별은 없으니, 이는 곧 부처님의 가르침이 모든 중생에게 있어서 어떤 경우에는 이익이 있거나 어떤 경우에는 이익이 없기도 하기 때문이다."

爾時 文殊師利菩薩問勤首菩薩言 佛子 佛敎是一 衆生得見 云何不卽悉斷一切諸煩惱縛而得出離 然其色蘊 受蘊 想蘊 行蘊 識蘊 欲界 色界 無色界 無明 貪愛 無有差別 是則佛敎 於諸衆生 或有利益 或無利益

때맞춰 근수 보살이 게송으로 답했다.
時 勤首菩薩以頌答曰

佛子善諦聽 선근의 불자여! 참으로 들어주십시오.
我今如實答 내 지금 얻는 대로 답하겠습니다.
或有速解脫 어떤 경우에는 빠르게 해탈을 얻기도 하고
或有難出離 어떤 경우에는 벗어남이 어려울 때도 있습니다.

若欲求除滅 그와 같은 헤아릴 수 없이 많은 추악한 허물을 없애기 위해
無量諸過惡 법을 구하고자 한다면
當於佛法中 마땅히 부처님의 법 가운데서
勇猛常精進 늘 용맹하게 정진해야 할 것입니다.

譬如微少火 비유하자면 작고 미미한 불씨와 같이
樵濕速令滅 땔나무가 축축하면 빠르게 없어지는 것과 같이
於佛敎法中 부처님의 법 가운데서
懈怠者亦然 게으름을 피우는 자들 또한 그러합니다.

如鑽燧求火 부싯돌을 부딪쳐 불을 구할 때
未出而數息 불이 붙지 않아서 마냥 쉰다면
火勢隨止滅 불의 기운이 따라서 없어지는 것과 같이
懈怠者亦然 게으름을 피우는 자들 또한 그러합니다.

如人持日珠 사람이 일주(돋보기)를 가지고
不以物承影 부싯돌 깃이 햇빛을 받지 않으면
火終不可得 불을 얻지 못하는 것과 같으니
懈怠者亦然 게으름을 피우는 자들 또한 그러합니다.

譬如赫日照 비유하면 붉은 해가 비칠 때
孩稚閉其目 어린아이가 그 눈을 꼭 감고
怪言何不睹 의뭉스러운 말로 '어째 보이지 않지?' 하는 것과 같이
懈怠者亦然 게으름을 피우는 자들 또한 그러합니다.

如人無手足 사람이 손과 발 없이
欲以芒草箭 망초로 만든 화살을
徧射破大地 쏴서 대지를 깨뜨리려는 것과 같이
懈怠者亦然 게으름을 피우는 자들 또한 그러합니다.

如以一毛端 하나의 털끝으로
而取大海水 큰 바다의 물을 취해서
欲令盡乾竭 모두 다 말리려고 욕심을 부리는 것과 같이
懈怠者亦然 게으름을 피우는 자들 또한 그러합니다.

又如劫火起 또 겁화(끝없이 타오르는 번뇌 불꽃)가 일어날 때
欲以少水滅 매우 적은 물로써없애고자 욕심을 부리는 것과 같이
於佛教法中 부처님이 가르친 법 가운데서
懈怠者亦然 게으름을 피우는 자들 또한 그러합니다.

如有見虛空 허공을 보고 있으면서
端居不搖動 단정히 앉아 흔들리거나 움직이지 않지만
而言普騰躍 어디서든 밟고 올라선다고 말하는 것과 같이
懈怠者亦然 게으름을 피우는 자들 또한 그러합니다.

그때 문수사리 보살이 법수 보살에게 물었다.

"불자여! 부처님의 말씀과 같이 그와 같은 중생이 바른 법을 받아 지니면 모든 번뇌를 남김없이 끊어서 없애버린다고 한다. 그런데 어찌 된 까닭으로 차례를 따라(復) 바른 법을 받아 지니고도 끊어내지 못한 자가 있으며, 탐을 따르고 진과 치를 따르며, 오만함을 따르고 덮어씌움을 따르고 분한 마음을 따르고 원통함을 따르고 미워함을 따르고 아끼려는 마음을 따르고 속임수를 따르고 아첨을 따르며 기세와 힘에 전전하면서 벗어나려는 마음이 없는가? 능히 바른 법을 받아 지니면서도 어찌 된 까닭으로 마음속에 다시금 모든 번뇌를 일으키고 있는가?"

爾時 文殊師利菩薩問法首菩薩言 佛子 如佛所說 若有衆生 受持正法 悉能除斷一切煩惱 何故復有受持正法而不斷者 隨貪 瞋 癡 隨慢 隨覆 隨忿 隨恨 隨嫉 隨慳 隨誑 隨諂 勢力所轉 無有離心 能受持法 何故復於心行之內起諸煩惱

때맞춰 법수 보살이 게송으로 답했다.

時 法首菩薩以頌答曰

佛子善諦聽 선근의 불자여! 참되게 들어주십시오.
所問如實義 당신이 물은 뜻은 사실
非但以多聞 단지 많이 들었다는 것만으로는
能入如來法 여래의 법에 들어갈 수 있다는 것이 아닙니다.

如人水所漂 사람이 물 위를 유랑하면서
懼溺而渴死 빠질까 두려워하거나 목이 말라 죽은 것과 같이
於法不修行 법을 수행하지 않으면서
多聞亦如是 많이 듣기만 한다면 역시 이와 같습니다.

如人設美膳 사람이 맛있는 반찬을 벌여놓고
自餓而不食 스스로 굶으면서도 먹지 않는 것과 같이
於法不修行 법을 수행하지 않으면서
多聞亦如是 많이 듣기만 한다면 역시 이와 같습니다.

如人善方藥 사람이 약제를 조합하는 일은 잘 알면서
自疾不能救 자신의 병은 치료하지 못하는 것과 같이
於法不修行 법을 수행하지 않으면서
多聞亦如是 많이 듣기만 한다면 역시 이와 같습니다.

如人數他寶 사람이 타인의 보물을 세면서도
自無半錢分 자기 것은 엽전 열 푼 가운데 반에 반푼도 없는 것과 같이
於法不修行 법을 수행하지 않으면서
多聞亦如是 많이 듣기만 한다면 역시 이와 같습니다.

如有生王宮 왕궁에서 태어났지만
而受餧與寒 배고픔과 추위를 받은 것과 같이
於法不修行 법을 수행하지 않으면서
多聞亦如是 많이 듣기만 한다면 역시 이와 같습니다.

如聾奏音樂 귀 먼 자가 음악을 하지만
悅彼不自聞 다른 사람은 즐겨도 자기는 듣지 못하는 것과 같이
於法不修行 법을 수행하지 않으면서
多聞亦如是 많이 듣기만 한다면 역시 이와 같습니다.

如盲績衆像 눈이 먼 사람이 많은 형상을 그려내지만
示彼不自見 다른 이는 보고 자신은 볼 수 없는 것과 같이
於法不修行 법을 수행하지 않으면서
多聞亦如是 많이 듣기만 한다면 역시 이와 같습니다.

譬如海船師 비유하자면 뱃사공들이
而於海中死 바다 가운데서 죽어가는 것과 같이
於法不修行 법을 수행하지 않으면서
多聞亦如是 많이 듣기만 한다면 역시 이와 같습니다.

如在四衢道 사거리에 있으면서

廣說衆好事 좋은 일과 말을 많이 하기는 하지만
內自無實德 본인에게는 실질적인 덕이 없는 것과 같이
不行亦如是 행하지 않음도 또한 이와 같습니다.

그때 문수사리 보살이 지수 보살에게 물었다.

"불자여! 불법 가운데 지혜를 으뜸으로 한다. 그런데 여래는 무슨 까닭으로 경우를 따라 중생을 위해 은혜를 베풀어 칭찬하고 때로는 계행을 지킴을 칭찬하고 때로는 인욕을 칭찬하고 늘은 정진을 칭찬하고 늘 선정을 칭찬하고 늘 지혜를 칭찬하고 언제나 차례를 따라 자, 비 희, 사를 칭찬하는가? 끝내는 있음이 없기에 오로지 하나의 법으로 아뇩다라삼먁삼보리를 이루고 벗어남을 얻는다."

爾時 文殊師利菩薩問智首菩薩言 佛子 於佛法中 智爲上首 如來何故 或爲衆生讚歎布施 或讚持戒 或讚堪忍 或讚精進 或讚禪定 或讚智慧 或復讚歎慈 悲 喜 捨 以終無有唯以一法 而得出離成阿耨多羅三藐三菩提者

때맞춰 지수 보살이 게송으로 답했다.
時 智首菩薩以頌答曰

佛子甚希有 불자여! 매우 희유하십니다.
能知衆生心 중생의 마음을 능히 아시듯
如仁所問義 어진 이의 물은 것은 이치와 같으니
諦聽我今說 제가 지금 말하겠으니 귀 기울여 들어주십시오.

過去未來世 지난 세상이나 오는 세상이나
現在諸導師 현재의 모든 도사께서
無有說一法 하나의 법만을 가지고
而得於道者 도를 얻을 수 있다고 말한 이는 없습니다.

佛知衆生心 부처님이 중생의 마음과
性分各不同 성품이 구별되기에 제각기 다른 것을 아시고

隨其所應度 응당 가르쳐 이끌 수 있는 그들을 따라
如是而說法 이와 같은 법을 말씀하셨습니다.

慳者爲讚施 인색하고 쩨쩨하게 구는 자를 위해서는 보시를 칭찬하고
毀禁者讚戒 규칙을 훼손하는 자에게는 계행을 칭찬하며
多瞋爲讚忍 성을 많이 내는 이를 위해서는 인욕을 칭찬하고
好懈讚精進 게으름을 좋아하는 이에게는 정진을 칭찬합니다.

亂意讚禪定 본심이 어지러우면 선정을 칭찬하고
愚癡讚智慧 어리석고 못나면 지혜를 칭찬하며
不仁讚慈愍 어질지 않으면 인자함을 칭찬하고
怒害讚大悲 남을 해하면 큰 자비를 칭찬합니다.

憂慼爲讚喜 근심이 많은 이를 위해서는 기쁨을 칭찬하고
曲心讚歎捨 마음이 굽은 이에게는 버림을 칭찬하며
如是次第修 이와 같은 차례를 따라 닦으면
漸具諸佛法 점차로 모든 불법을 갖추게 될 것입니다.

如先立基堵 먼저 집터를 닦고
而後造宮室 그런 후에 집을 지을 수 있는 것과 같이
施戒亦復然 보시와 계행도 역시 차례를 좇아 그러하며
菩薩衆行本 보살의 많은 행으로서의 근본입니다.

譬如建城郭 비유하자면 성곽을 세우는 것은
爲護諸人衆 모든 백성을 보호하려는 것과 같이
忍進亦如是 인욕과 정진도 또한 이와 같아서
防護諸菩薩 모든 보살을 막아서 보호합니다.

譬如大力王 비유하면 큰 힘이 있는 왕을
率土咸戴仰 온 천하가 우러러 받드는 것과 같이
定慧亦如是 선정과 지혜도 또한 이와 같아서

菩薩所依賴 보살들이 의지할 곳이 됩니다.

亦如轉輪王 또한 전륜성왕이
能與一切樂 모든 즐거움을 능히 주는 것과 같이
四等亦如是 사등((慈, 悲, 喜, 捨)도 또한 이와 같아서
與諸菩薩樂 모든 보살에게 즐거움을 줍니다.

그때 문수사리 보살이 현수 보살에게 물었다.

"불자여! 모든 부처님과 세존께서는 오로지 하나의 도로 세간을 벗어나는 도를 얻었다. 그런데 어찌해서 지금 모든 부처님의 국토를 보면 많은 일이 가지가지로 다른가?"

이른바 세계와 중생계와 법을 설하여 조복시킴과 수량과 광명과 신통과 많은 모임과 가르침의 전통과 법이 머무는 것에 각각 차별이 있으니, 모든 불법을 갖추지 않고서는 아뇩다라삼먁삼보리를 이루는 자는 없다."

爾時 文殊師利菩薩問賢首菩薩言 佛子 諸佛世尊 唯以一道 而得出離 云何今見一切佛土 所有衆事 種種不同 所謂 世界 衆世界 說法調伏 壽量 光明 神通 衆會 教儀 法住 各有差別 無有不具一切佛法 而成阿耨多羅三藐三菩提者

때맞춰 현수 보살이 게송으로 답했다.
時 賢首菩薩以頌答曰

文殊法常爾 문수여! 법은 늘 그러하기에
法王唯一法 법왕께서는 오로지 하나의 법일 뿐이니
一切無礙人 모든 것에 막힘이나 걸림이 없는 사람이
一道出生死 하나의 도로서 생사를 벗어납니다.

一切諸佛身 일체 모든 부처님의 몸은
唯是一法身 오로지 하나의 법신뿐이며
一心一智慧 마음도 하나, 지혜도 하나이고
力無畏亦然 십력과 두려움이 없음도 또한 그러합니다.

如本趣菩提 본래 보리에 이르는 것은
所有迴向心 가지고 있는 회향하는 마음과 같기에
得如是刹土 이와 같은 세계의 국토와
衆會及說法 많은 모임에 이르기까지 법을 설하기에 얻게 됩니다.

一切諸佛刹 일체 모든 부처님의 세계를
莊嚴悉圓滿 장엄하는 일이 모두 원만하지만
隨衆生行異 중생이 행하는 일이 다름을 따라
如是見不同 이와 같음으로 보는 것이 같지 않습니다.

佛刹與佛身 부처님의 세계와 부처님의 몸과
衆會及言說 대중의 모임에서 말로서 설하는데 이르기까지
如是諸佛法 이와 같은 모든 불법을
衆生莫能見 중생들은 보지를 못합니다.

其心已淸淨 그 마음은 이미 청정하고
諸願皆具足 모든 원하는 것을 다 온전하게 갖추고
如是明達人 이와 같음을 밝게 통하는 사람이어야
於此乃能睹 이를 능히 보게 될 것입니다.

隨衆生心樂 중생들이 마음으로 즐거워함과
及以業果力 업과의 힘을 따르는 일에 이르기까지
如是見差別 이와 같음으로 차별되는 것을 보게 되니
此佛威神故 이는 부처님의 위신력이기 때문입니다.

佛刹無分別 부처님의 세계는 분별이 없으며
無憎無有愛 미워함도 없고 사랑도 없지만
但隨衆生心 단지 중생의 마음을 따라
如是見有殊 이와 같음으로 보는 일에 다름이 있습니다.

以是於世界 이로써 세계를

所見各差別 보는 일에 있어서 각각 차별이 있지만
非一切如來 모든 여래와
大仙之過咎 대선의 잘못이나 허물이 아닙니다.

一切諸世界 일체 모든 세계에서
所應受化者 가르침을 받아들이고 응하는 자는
常見人中雄 사람 가운데 뛰어난 분을 항상 볼 것이니
諸佛法如是 모든 불법은 이와 같습니다.

그때 모든 보살이 문수사리 보살에게 말했다.
"불자여! 우리가 아는 바를 각각 말하고 마쳤으니, 어진이여! 오로지 원하는 것은 빼어난 변재로 여래께서 가지고 있는 경계를 널리 펴서 말해주십시오. 어떤 것이 부처님의 경계이며, 어떤 것이 부처님의 경계, 이 경계의 인이며, 어떤 것이 부처님의 경계, 이 경계의 법도이며, 어떤 것이 부처님의 경계로 들어감이며, 어떤 것이 부처님의 경계, 이 경계의 지혜이며, 어떤 것이 부처님의 경계, 이 경계의 법이며, 어떤 것이 부처님 경계, 이 경계의 말씀이며, 어떤 것이 부처님의 경계를 아는 것이며, 어떤 것이 부처님의 경계를 증득함이며, 어떤 것이 부처님의 경계를 나타냄이며, 어떤 것이 부처님의 경계, 이 경계의 광대함입니까?"
爾時 諸菩薩謂文殊師利菩薩言 佛子 我等所解 各自說已 唯願仁者 以妙辯才 演暢如來所有境界 何等是佛境界 何等是佛境界因 何等是佛境界度 何等是佛境界入 何等是佛境界智 何等是佛境界法 何等是佛境界說 何等是佛境界知 何等是佛境界證 何等是佛境界現 何等是佛境界廣

때맞춰 문수사리 보살이 게송으로 답했다.
時 文殊師利菩薩以頌答曰

如來深境界 여래의 깊은 경계는
其量等虛空 그 헤아릴 수 있는 양이 허공과 같으며
一切衆生入 모든 중생이 들어가지만

而實無所入 실질적으로는 들어간 일이 없다네.

如來深境界 여래의 깊은 경계가
所有勝妙因 뛰어나고 빼어난 까닭은
億劫常宣說 억겁을 두고 항상 말해도 다할 수 없고
亦復不能盡 역시 차례를 좇아도 다 할 수가 없다네.

隨其心智慧 그 마음이 지혜를 따라
誘進咸令益 권하여 가르치고 나아가게 하여 다 이익이 되게 하며
如是度衆生 이와 같음으로 중생을 제도하는 일이
諸佛之境界 모든 부처님의 경계라네.

世間諸國土 세간의 모든 국토에
一切皆隨入 모든 곳에 다 따라 들어가지만
智身無有色 지혜의 몸은 색이 있지 않기에
非彼所能見 그들이 볼 수 있는 것이 아니라네.

諸佛智自在 모든 부처님의 지혜는 자재하기에
三世無所礙 삼세를 두고 막힘이나 걸림이 없으며
如是慧境界 이와 같은 부처님의 지혜 경계란
平等如虛空 평등하여 허공과 같다네.

法界衆生界 법계와 중생계는
究竟無差別 궁극적으로는 차별이 없는 것이니
一切悉了知 모든 것을 빠짐없이 분명하게 깨달아 아는 일
此是如來境 이것이 부처님의 경계라네.

一切世間中 모든 세간 가운데
所有諸音聲 가지고 있는 모든 음성을
佛智皆隨了 지혜로 빠짐없이 분명하게 알고 따라주는 부처님이지만
亦無有分別 모든 것을 분별하지 않는다네.

非識所能識 식으로 능히 알 수 있는 것이 아니며
亦非心境界 또한 마음이 아니고
其性本淸淨 그 성품은 본래부터 청정하기에
開示諸群生 모든 중생에게 열어 보이는 것이라네.

非業非煩惱 업도 아니고 번뇌도 아니며
無物無住處 물건도 없지만 머물러 처할 곳도 없고
無照無所行 비치는 일도 없고 행할 일이 없기에
平等行世間 평등하게 세간에서 행한다네.

一切衆生心 모든 중생의 마음이
普在三世中 삼세 가운데 두루 있지만
如來於一念 여래께서는 한 생각에
一切悉明達 일체 모든 것을 밝게 통달하신다네.

　그때 이 사바세계 가운데 일체중생이 지닌 법의 차별과 업의 차별과 세간의 차별과 몸의 차별과 근의 차별과 받은 생의 차별과 계를 지킨 과보의 차별과 계를 범한 과보의 차별과 국토에 따른 과보의 차별 등이 부처님의 위신력으로 모든 것이 다 밝게 나타났다. 이와 같은 동방의 백 천억 나유타의 무수, 무량, 무변, 무등 한 것을 셀 수 없으며, 이름을 붙일 수 없으며, 생각으로 알 수 없으며, 헤아릴 수 없이 많으며, 말로서 이를 수 없는 진법계, 허공계의 모든 세계 가운데 중생이 가진 법의 차별과 국토의 과보에 따른 차별에 이르기까지 부처님의 위신력 때문에 분명하게 모두 다 밝게 나타났다. 남방, 서방, 북방. 사유, 상방, 하방도 또한 이와 같았다.

　爾時 此娑婆世界中 一切衆生所有法差別 業差別 世間差別 身差別 根差別 受生差別 持戒果差別 犯戒果差別 國土果差別 以佛神力 悉皆明現 如是 東方百千億那由他無數無量 無邊無等 不可數 不可稱 不可思 不可量 不可說 眞法界 虛空界 一切世界中 所有衆生差別法 乃至國土果差別 悉以佛神力故 分明顯現 南 西 北方 四維 上下 亦復如是

대방광불화엄경 제14권

11. 정행품
淨行品第十一

그때 지수 보살이 문수사리 보살에게 물었다.

"불자여! 보살은 어떻게 잘못이나 허물이 없는 몸과 말과 생각의 업을 얻으며, 어떻게 훼손되지 않은 몸과 말과 생각의 업을 얻으며, 어떻게 무너지지 않은 몸과 말과 생각의 업을 얻으며, 어떻게 이리저리 물러서지 않은 몸과 말과 생각의 업을 얻으며, 어떻게 움직이지 않은 몸과 말과 생각의 업을 얻으며, 어떻게 특히 뛰어난 몸과 말과 생각의 업을 얻으며, 어떻게 청정한 몸과 말과 생각의 업을 얻으며, 어떻게 물들지 않은 몸과 말과 생각의 업을 얻으며, 어떻게 지혜가 먼저 인도하는 몸과 말과 생각의 업을 얻습니까?"

"어떻게 해야 태어난 곳이 온전하게 갖추어지고 종족이 온전하게 갖추어지고 가문이 온전하게 갖추어지고 색이 온전하게 갖추어지고 상이 온전하게 갖추어지고 생각이 온전하게 갖추어지고 지혜가 온전하게 갖추어지고 행이 온전하게 갖추어지고 두려움 없음이 온전하게 갖추어지고 깨우침을 깨달아 증득하는 것이 온전하게 갖추어짐을 얻습니까?"

"어떻게 해야 뛰어난 지혜와 제일가는 지혜와 가장 높은 지혜와 가장 뛰어난 지혜와 헤아릴 수 없는 지혜와 수가 없는 지혜와 생각으로 미루어 알 수 없는 지혜와 더불어 가지런히 할 수 없는 지혜와 양으로 헤아릴 수 없는 지혜와 말할 수 없는 지혜를 얻습니까?"

"어떻게 인의 힘과 욕의 힘과 방편의 힘과 서로 관계를 맺게 되는 인연의 힘과 서로 관계를 맺은 인연을 돌이켜 생각하는 힘과 근의 힘과 자세하게 살펴보는 힘과 사마타의 힘과 비바사나의 힘과 사유하는 힘을 얻을 수 있습니까?"

"어떻게 해야 온을 다스리는 가르침의 빼어난 선근과 계를 다스리는 가르침의 빼어난 선근과 처를 다스리는 가르침의 빼어난 선근과 연기를 다스리는 가르침의 빼어난 선근과 욕계를 다스리는 가르침의 빼어난 선근과 색계를 다스리는 가르침의 빼어난 선근과 무색계를 다스리는 가르침의 빼어난 선근과 과거를 다스리는 가르침의 빼어난 선근과 미래를 다스리는 가르침의 빼어난 선근과 현재를 다스리는 가르침의 빼어난 선근을 얻을 수 있습니까?"

"어떻게 해야만 생각의 각분과 법을 가리는 각분과 정진의 각분과 기뻐하는 각분과 불경을 이해하는 안목의 각분과 선정의 각분과 마음이 언제나 평온하고 집착이 없는 각분과 공하고 마주할 모양이나 상태도 없고 원이 없는 각분의 선근을 배우고 익힐 수 있습니까?"

"어떻게 해야 원만한 단(布施)바라밀과 시(持戒)바라밀과 찬제(忍辱)바라밀과 비리야(精進)바라밀과 선나(禪定)바라밀과 반야바라밀을 얻어서 자, 비, 희, 사를 원만히 할 수 있습니까?"

"어떻게 처와 처가 아님을 아는 지혜의 힘과 과거, 현재, 미래의 업과 보를 아는 지혜의 힘과 근기가 뛰어나고 못남을 아는 지혜의 힘과 가지가지의 경계를 아는 지혜의 힘과 가지가지의 깨우침을 이해하는 지혜의 힘과 이르러야 할 모든 곳을 아는 지혜의 힘과 선정, 해탈, 삼매가 물들고 깨끗함을 아는 지혜의 힘과 지난 세상에 머물러 있는 생각을 아는 지혜의 힘과 막힘이나 걸림이 없는 천안을 아는 지혜의 힘과 배워 익힌 모든 습의를 끊어내는 지혜의 힘을 얻을 수 있습니까?"

"어떻게 해야 천왕, 용왕, 야차왕, 건달바왕, 아수라왕, 가루라왕, 긴나라왕, 마후라가왕, 인왕과 범왕으로부터 지킴과 보호를 받을 수 있으며, 공경하고 공양함을 얻을 수 있습니까?"

"어떻게 해야 일체중생의 의지가 되고 구원함이 되고 나아감이 되고 횃불이 되고 광명이 되고 비춤이 되고 인도함이 되고 뛰어나게 인도함이 되고 두루 인도하는 이가 되는 것을 얻겠습니까?"

"어떻게 해야 모든 중생 가운데 제일이 되며, 대가 되며, 뛰어남이 되며, 가장 뛰어남이 되며, 빼어남이 되며, 지극히 빼어남이 되며, 위가 되며, 위가 없음이 되며, 무등이 되며, 무등등이 될 수 있겠습니까?"

爾時 智首菩薩問文殊師利菩薩言 佛子 菩薩云何得無過失身 語 意業 云何得不害身 語 意業 云何得不可毀身 語 意業 云何得不可壞身 語 意業 云何得不退轉身 語 意業 云何得不可動身 語 意業 云何得殊勝身 語 意業 云何得淸淨身 語 意業 云何得無染身 語 意業 云何得智爲先導身 語 意業 云何得生處具足 種族具足 家具足 色具足 相具足 念具足 慧具足 行具足 無畏具足 覺悟具足 云何得勝慧 第一慧 最上慧 最勝慧 無量慧 無數慧 不思議慧 無與等慧 不可量慧 不可說慧 云何得因力 欲力 方便力 緣力 所緣力 根力 觀察力 奢摩他力 毘鉢舍那力 思惟力 云何得蘊善巧 界善巧 處善巧 緣起善巧 欲界善巧 色界善巧 無色界善巧 過去善巧 未來善巧 現在善巧 云何善修習念覺分 擇法覺分 精進覺分 喜覺分 猗覺分 定覺分 捨覺分 空 無相 無願 云何得圓滿檀波羅蜜 尸波羅蜜 羼提波羅蜜 毘梨耶波羅蜜 禪那波羅蜜 般若波羅蜜

及以圓滿慈 悲 喜 捨 云何得處非處智力 過未現在業報智力 根勝劣智力 種種界智力 種種解智力 一切至處道智力 禪解脫三昧染淨智力 宿住念智力 無障礙天眼智力 斷諸習智力 云何常得天王 龍王 夜叉王 乾闥婆王 阿修羅王 迦樓羅王 緊那羅王 摩睺羅伽王 人王 梵王之所守護 恭敬供養 云何得與一切衆生爲依 爲救 爲歸 爲趣 爲炬 爲明 爲照 爲導 爲勝導 爲普導 云何於一切衆生中 爲第一 爲大 爲勝 爲最勝 爲妙 爲極妙 爲上 爲無上 爲無等 爲無等等

그때 문수사리 보살이 가르침을 주기 위해 지수 보살에게 말했다.
爾時 文殊師利菩薩告智首菩薩言

"선근이로다. 불자여! 자네가 지금 많은 이익이 되게 하고 많이 안락하게 하고 세간을 불쌍히 여겨 하늘과 사람을 이롭고 즐겁게 하고자 하는 뜻으로 물었다."

"불자여! 그와 같은 모든 보살이 선근으로 그 마음을 쓰면 뛰어나고 빼어난 모든 공덕을 얻어서 모든 부처님의 법에 마음이 막히거나 걸림이 없으며, 과거, 미래, 현재의 모든 부처님의 도에 머물고 중생을 따라 머물면서 늘 버리거나 떠나지 않으며, 모든 법의 모양이나 상태와 같이 남김없이 다 통달하고 모든 악을 끊고 모든 선한 것을 온전하게 갖추며, 당연히 보현과 같이 색상이 제일이며, 모든 행과 원을 다 온전하게 갖추고 얻어서 모든 법에 자재하기에 중생을 위해 제2의 도사가 된다."

"불자여! 어떻게 마음을 써야 뛰어나고 빼어난 모든 공덕을 능히 얻을 수 있겠는가?"

善哉 佛子 汝今爲欲多所饒益 多所安隱 哀愍世間 利樂天人 問如是義 佛子 若諸菩薩善用其心 則獲一切勝妙功德 於諸佛法 心無所礙 住去 來 今諸佛之道 隨衆生住 恒不捨離 如諸法相 悉能通達 斷一切惡 具足衆善 當如普賢 色像第一 一切行願 皆得具足 於一切法 無不自在 而爲衆生第二導師 佛子 云何用心能獲一切勝妙功德

佛子 불자여!

菩薩在家 보살이 집에 머물러 있을 때는
當願衆生 중생은 마땅히
知家性空 집의 성품이 공함을 알고

免其逼迫 그 핍박을 면하길 소원해야 한다네.

孝事父母 부모를 효로 섬길 때는
當願衆生 중생은 마땅히
善事於佛 선근으로 부처님을 섬기듯
護養一切 모든 것을 보호하고 공양하기를 소원해야 한다네.

妻子集會 처자가 모여 있을 때는
當願衆生 중생은 마땅히
怨親平等 원수거나 친하거나 평등하게 하여
永離貪著 탐내고 집착하는 일에서 영원히 벗어나기를 소원해야 한다네.

若得五欲 그와 같이 오욕을 얻었을 때는
當願衆生 중생은 마땅히
拔除欲箭 욕심의 화살을 빼서 없애버리고
究竟安隱 마지막까지 안락함을 소원해야 한다네.

妓樂聚會 즐거운 놀이로 모였을 때는
當願衆生 중생은 마땅히
以法自娛 법으로 스스로가 즐기고
了妓非實 놀이가 진실이 아님을 분명하게 깨달아 알기를 소원해야 한다네.

若在宮室 그와 같이 궁실에 있을 때는
當願衆生 중생은 마땅히
入於聖地 성인의 지위에 들어가서
永除穢欲 더러운 욕심을 영원히 없애길 소원해야 한다네.

著瓔珞時 옥구슬 목걸이를 걸칠 때는
當願衆生 중생은 마땅히
捨諸僞飾 거짓으로 꾸민 모습을 모두 버리고
到眞實處 진실한 곳에 이르기를 소원해야 한다네.

上昇樓閣 누각에 높게 오를 때는
當願衆生 중생은 마땅히
昇正法樓 바른 법의 누각에 올라가서
徹見一切 모든 것을 환하게 보길 소원해야 한다네.

若有所施 그와 같이 보시할 때는
當願衆生 중생은 마땅히
一切能捨 모든 것을 능히 버리고
心無愛著 마음에 막힘이나 걸림이 없음을 소원해야 한다네.

衆會聚集 많은 대중이 모일 때는
當願衆生 중생은 마땅히
捨衆聚法 많은 무리의 법을 버리고
成一切智 일체 지혜를 이루길 소원해야 한다네.

若在厄難 그와 같이 어려운 액을 만날 때는
當願衆生 중생은 마땅히
隨意自在 본심을 따라 자재하게 되어
所行無礙 행하는 것이 막힘이나 걸림이 없기를 소원해야 한다네.

捨居家時 살던 집을 버릴 때는
當願衆生 중생은 마땅히
出家無礙 출가하여 막힘이나 걸림이 없어지고
心得解脫 마음의 해탈 얻기를 소원해야 한다네.

入僧伽藍 승이 되어 절에 들어갈 때는
當願衆生 중생은 마땅히
演說種種 어기거나 다툼이 없는 가지가지의 법을
無乖諍法 널리 펴서 설하길 소원해야 한다네.

詣大小師 대소의 스승께 나아갈 때는

當願衆生 중생은 마땅히
巧事師長 제대로 스승을 섬기고
習行善法 선근의 법을 배우고 익히길 소원해야 한다네.

求請出家 출가하기를 청하여 구할 때는
當願衆生 중생은 마땅히
得不退法 물러서지 않은 법을 얻어서
心無障礙 마음에 막힘이나 걸림이 없음을 소원해야 한다네.

脫去俗服 세속의 옷을 벗을 때는
當願衆生 중생은 마땅히
勤修善根 선근을 부지런히 닦아서
捨諸罪軛 모든 죄의 멍에를 버리길 소원해야 한다네.

剃除鬚髮 머리털과 수염을 깎을 때는
當願衆生 중생은 마땅히
永離煩惱 영원히 번뇌에서 벗어나
究竟寂滅 마침내는 적멸에 이르기를 소원해야 한다네.

著袈裟衣 가사와 승복을 입을 때는
當願衆生 중생은 마땅히
心無所染 마음이 물들지 않고
具大仙道 큰 신선의 도를 갖추길 소원해야 한다네.

正出家時 때를 맞춰 바르게 출가할 때는
當願衆生 중생은 마땅히
同佛出家 부처님과 같이 출가해서
救護一切 모든 것을 구하고 보호하길 소원해야 한다네.

自歸於佛 스스로 부처님께 귀의할 때는
當願衆生 중생은 마땅히

紹隆佛種 부처님의 큰 종자를 이어서
發無上意 위 없는 뜻을 일으키길 소원해야 한다네.

自歸於法 스스로 법에 귀의할 때는
當願衆生 중생은 마땅히
深入經藏 경전의 장에 깊이 들어가
智慧如海 지혜가 바다와 같아지기를 소원해야 한다네.

自歸於僧 스스로 승보에 귀의할 때는
當願衆生 중생은 마땅히
統理大衆 대중을 거느려 다스리고
一切無礙 모든 막힘이나 걸림이 없기를 소원해야 한다네.

受學戒時 계율을 받아 배울 때는
當願衆生 중생은 마땅히
善學於戒 선근으로 계를 배워서
不作衆惡 많은 악을 짓지 않길 소원해야 한다네.

受闍梨敎 아사리의 가르침을 받을 때는
當願衆生 중생은 마땅히
具足威儀 위의를 온전하게 갖추어서
所行眞實 행하는 일이 진실하기를 소원해야 한다네.

受和尙敎 화상의 가르침을 받을 때는
當願衆生 중생은 마땅히
入無生智 생함이 없는 지혜에 들어가서
到無依處 의지할 데 없는 곳에 이르기를 소원해야 한다네.

受具足戒 구족계를 받을 때는
當願衆生 중생은 마땅히
具諸方便 모든 방편을 갖추고

得最勝法 가장 뛰어난 법을 얻길 소원해야 한다네.

若入堂宇 그와 같이 큰 집과 작은 집에 들어갈 때는
當願衆生 중생은 마땅히
昇無上堂 위 없는 집에 올라가서
安住不動 편안히 머물며 움직이지 않음을 소원해야 한다네.

若敷牀座 그와 같이 평상 펴고 앉을 때는
當願衆生 중생은 마땅히
開敷善法 선근의 법을 널리 펴서
見眞實相 진실한 모양이나 상태를 보일 수 있도록 소원해야 한다네.

正身端坐 몸을 바르게 하고 단정하게 앉을 때는
當願衆生 중생은 마땅히
坐菩提座 보리의 자리에 앉아서
心無所著 마음에 집착이 없길 소원해야 한다네.

結跏趺坐 결가부좌 할 때는
當願衆生 중생은 마땅히
善根堅固 선근을 견고하게 하여
得不動地 흔들리지 않은 자리를 얻길 소원해야 한다네.

修行於定 선정을 닦고 행할 때는
當願衆生 중생은 마땅히
以定伏心 선정으로 마음을 조복시키고
究竟無餘 끝에 가서는 남은 것이 없음을 소원해야 한다네.

若修於觀 그와 같이 자세하게 살펴보는 법을 닦을 때는
當願衆生 중생은 마땅히
見如實理 실질적인 이치를 보고
永無乖諍 영원히 어그러지거나 다툼이 없음을 소원해야 한다네.

捨跏趺坐 가부좌를 버릴 때는
當願衆生 중생은 마땅히
觀諸行法 모든 행과 법이 남김없이 흩어져 없어짐으로 돌아가는 것을
悉歸散滅 자세하게 살펴보기를 소원해야 한다네.

下足住時 발을 내려놓고 머무를 때는
當願衆生 중생은 마땅히
心得解脫 마음의 해탈을 얻고
安住不動 편안히 머물러 움직이지 않음을 소원해야 한다네.

若擧於足 그와 같이 발을 들어 올릴 때는
當願衆生 중생은 마땅히
出生死海 생과 사의 바다를 나와
具衆善法 많은 선근의 법을 갖추길 소원해야 한다네.

著下裙時 아랫도리를 입을 때는
當願衆生 중생은 마땅히
服諸善根 모든 선근을 입고
具足慚愧 스스로 부끄러움을 갖추길 소원해야 한다네.

整衣束帶 옷을 정리하고 띠를 맬 때는
當願衆生 중생은 마땅히
檢束善根 선근을 살피고 묶어 매서
下令散失 흩어지거나 잃지 않기를 소원해야 한다네.

若著上衣 그와 같이 윗옷을 입을 때는
當願衆生 중생은 마땅히
獲勝善根 뛰어난 선근을 얻어서
至法彼岸 저 언덕의 법계에 이르기를 소원해야 한다네.

著僧伽梨 대가사를 입을 때는

當願衆生 중생은 마땅히
入第一位 제일의 자리에 들어가
得不動法 움직이지 않은 법을 얻길 소원해야 한다네.

手執楊枝 손으로 버드나무 가지를 잡을 때는
當願衆生 중생은 마땅히
皆得妙法 빼어난 모든 법을 얻어서
究竟淸淨 끝내는 청정해지기를 소원해야 한다네.

嚼楊枝時 버드나무 가지를 씹을 때는
當願衆生 중생은 마땅히
其心調淨 그 마음을 조복시키고 청정하게 하여
噬諸煩惱 모든 번뇌에 영향을 미치도록 소원해야 한다네.

大小便時 대소변을 볼 때는
當願衆生 중생은 마땅히
棄貪瞋癡 탐, 진, 치를 버리고
蠲除罪法 허물이 되는 법을 깨끗하게 없애버리길 소원해야 한다네.

事訖就水 일을 마치고 물을 좇아 나갈 때는
當願衆生 중생은 마땅히
出世法中 출세법 가운데
速疾而往 빨리 가기를 소원해야 한다네.

洗滌形穢 더러운 몸을 씻을 때는
當願衆生 중생은 마땅히
淸淨調柔 청정하고 부드럽기에
畢竟無垢 마침내는 허물이 없기를 소원해야 한다네.
以水盥掌 물로써 손을 씻을 때는
當願衆生 중생은 마땅히
得淸淨手 청정한 손을 얻어서

受持佛法 부처님 법을 받아 지니길 소원해야 한다네.

以水洗面 물로써 얼굴을 씻을 때는
當願衆生 중생은 마땅히
得淨法門 청정한 법의 문을 얻어서
永無垢染 영원히 허물에 물들지 않기를 소원해야 한다네.

手執錫杖 손으로 석장을 잡을 때는
當願衆生 중생은 마땅히
設大施會 크게 보시하는 모임을 베풀고
示如實道 실질적인 도를 보이길 소원해야 한다네.

執持應器 발우를 잡아 들 때는
當願衆生 중생은 마땅히
成就法器 법 그릇을 성취해서
受天人供 하늘과 사람의 공양을 받길 소원해야 한다네.

發趾向道 발을 들어 길을 향할 때는
當願衆生 중생은 마땅히
趣佛所行 부처님이 행하시던 곳으로 나아가
入無依處 의지할 처가 없는 데로 들어가길 소원해야 한다네.

若在於道 그와 같이 길에 있을 때는
當願衆生 중생은 마땅히
能行佛道 능히 부처님의 도를 행하여
向無餘法 남음이 없는 법으로 향하길 소원해야 한다네.

涉路而去 길을 걸어갈 때는
當願衆生 중생은 마땅히
履淨法界 깨끗한 법계를 밟아서
心無障礙 마음에 막힘이나 걸림이 없음을 소원해야 한다네.

見昇高路 높이 올라가는 길을 볼 때는
當願衆生 중생은 마땅히
永出三界 영원히 삼계에서 나아가
心無怯弱 마음에 겁내고 약함이 없기를 소원해야 한다네.

見趣下路 아래로 내려가는 길을 볼 때는
當願衆生 중생은 마땅히
其心謙下 그 마음을 겸손하게 하심하고
長佛善根 부처님의 선근을 기르길 소원해야 한다네.

見斜曲路 순서를 따라 굽은 길을 볼 때는
當願衆生 중생은 마땅히
捨不正道 바르지 않은 길을 버리고
永除惡見 나쁜 소견을 영원히 없애길 소원해야 한다네.

若見直路 그와 같이 곧은 길을 볼 때는
當願衆生 중생은 마땅히
其心正直 그 마음이 바르고 곧아서
無諂無誑 아첨도 속임도 없기를 소원해야 한다네.

見路多塵 티끌이 많은 길을 볼 때는
當願衆生 중생은 마땅히
遠離塵坌 티끌로부터 멀리 벗어나
獲淸淨法 청정한 법을 얻길 소원해야 한다네.

見路無塵 티끌이 없는 길을 볼 때는
當願衆生 중생은 마땅히
常行大悲 항상 큰 자비를 행하여
其心潤澤 그 마음이 윤택해지길 소원해야 한다네.

若見險道 그와 같이 험한 길을 볼 때는

當願衆生 중생은 마땅히
住正法界 바른 법계에 머물며
離諸罪難 모든 죄의 어려움에서 벗어나길 소원해야 한다네.

若見衆會 그와 같이 대중의 모임을 볼 때는
當願衆生 중생은 마땅히
說甚深法 깊고 깊은 법을 말해서
一切和合 모두 화합하기를 소원해야 한다네.

若見大柱 그와 같이 큰 기둥을 볼 때는
當願衆生 중생은 마땅히
離我諍心 나라는 다툼의 마음을 벗어나
無有忿恨 분한 원한이 없어지길 소원해야 한다네.

若見叢林 그와 같이 우거진 숲을 볼 때는
當願衆生 중생은 마땅히
諸天及人 모든 하늘과 사람들이
所應敬禮 응하여 공경하고 예를 올리길 소원해야 한다네.

若見高山 그와 같이 높은 산을 볼 때는
當願衆生 중생은 마땅히
善根超出 선근이 뛰어넘어 나아가
無能至頂 그 이상 정상이 없음에 이르길 소원해야 한다네.

見棘刺樹 가시가 있는 나무를 볼 때는
當願衆生 중생은 마땅히
疾得翦除 빨리 끊어서 없애버려야 할
三毒之刺 세 가지 독한 가시를 소원해야 한다네.

見樹葉茂 나뭇잎이 무성함을 볼 때는
當願衆生 중생은 마땅히

以定解脫 선정과 해탈로
而爲蔭映 그늘이 되어 덮어주기를 소원해야 한다네.

若見華開 그와 같이 꽃이 피는 것을 볼 때는
當願衆生 중생은 마땅히
神通等法 신통과 법이
如華開敷 꽃과 같이 활짝 피기를 소원해야 한다네.

若見樹華 그와 같이 꽃이 핀 나무를 볼 때는
當願衆生 중생은 마땅히
衆相如華 마주 대한 많은 모양이나 상태가 꽃과 같아서
具三十二 삼십이상이 갖추어지길 소원해야 한다네.

若見果實 그와 같이 열매를 맺은 것을 볼 때는
當願衆生 중생은 마땅히
獲最勝法 가장 뛰어난 법을 얻어서
證菩提道 보리의 도를 증득하길 소원해야 한다네.

若見大河 그와 같이 큰 강을 볼 때는
當願衆生 중생은 마땅히
得預法流 법의 흐름에 참여함을 얻어서
入佛智海 부처님의 지혜 바다에 들기를 소원해야 한다네.

若見陂澤 그와 같이 물을 막아 만든 늪을 볼 때는
當願衆生 중생은 마땅히
疾悟諸佛 모든 부처님의
一味之法 본래 한 맛을 빨리 깨달아 얻기를 소원해야 한다네.

若見池沼 그와 같이 연못과 늪을 볼 때는
當願衆生 중생은 마땅히
語業滿足 말씀의 업이 마음에 흡족하여

巧能演說 능히 재주껏 널리 베풀어 설할 수 있음을 소원해야 한다네.

若見汲井 그와 같이 물을 긷는 우물을 볼 때는
當願衆生 중생은 마땅히
具足辯才 변재를 온전하게 갖추고
演一切法 일체 법을 널리 펴길 소원해야 한다네.

若見涌泉 그와 같이 솟아오르는 샘을 볼 때는
當願衆生 중생은 마땅히
方便增長 방편을 늘려서 더하고
善根無盡 선근이 다함이 없도록 소원해야 한다네.

若見橋道 그와 같이 다리가 놓인 길을 볼 때는
當願衆生 중생은 마땅히
廣度一切 일체를 널리 제도하기를
猶如橋梁 마치 다리와 똑같이 할 수 있길 소원해야 한다네.

若見流水 그와 같이 흐르는 물을 볼 때는
當願衆生 중생은 마땅히
得善意欲 선근의 본심과 하고자 함을 얻어서
洗除惑垢 의심의 허물을 씻어 없애길 소원해야 한다네.

見修園圃 과수원 매는 것을 볼 때는
當願衆生 중생은 마땅히
五欲圃中 오욕의 밭 가운데
耘除愛草 애욕의 풀을 뽑아 없애길 소원해야 한다네.

見無憂林 근심이 없는 숲을 볼 때는
當願衆生 중생은 마땅히
永離貪愛 탐욕과 애정을 영원히 벗어나
不生憂怖 근심과 두려움이 생하지 않음을 소원해야 한다네.

若見園苑 그와 같이 정원을 볼 때는
當願衆生 중생은 마땅히
勤修諸行 모든 행을 부지런히 닦아서
趣佛菩提 부처님의 보리로 나아감을 소원해야 한다네.

見嚴飾人 장엄하게 꾸민 사람을 볼 때는
當願衆生 중생은 마땅히
三十二相 삼십이상으로
以爲嚴好 보기 좋게 장엄이 되기를 소원해야 한다네.

見無嚴飾 꾸밈이 없는 이를 볼 때는
當願衆生 중생은 마땅히
捨諸飾好 보기 좋게 꾸며진 모든 것을 버리고
具頭陀行 두타의 행을 갖추어지길 소원해야 한다네.

見樂著人 즐거움에 집착하는 사람을 볼 때는
當願衆生 중생은 마땅히
以法自娛 법으로써 스스로 즐기며
歡愛不捨 기뻐하고 사랑하며 버리지 않음을 소원해야 한다네.

見無樂著 즐거워하지 않은 사람을 볼 때는
當願衆生 중생은 마땅히
有爲事中 인위적으로 만들어진 일 가운데
心無所樂 즐거워하는 마음이 없기를 소원해야 한다네.

見歡樂人 기뻐하고 즐거워하는 사람을 볼 때는
當願衆生 중생은 마땅히
常得安樂 늘 편안함과 즐거움을 얻어서
樂供養佛 부처님께 공양하길 즐겨함을 소원해야 한다네.

見苦惱人 고뇌하는 사람을 볼 때는

當願衆生 중생은 마땅히
獲根本智 근본이 되는 지혜를 얻어서
滅除衆苦 많은 고통을 없애길 소원해야 한다네.

見無病人 병이 없는 사람을 볼 때는
當願衆生 중생은 마땅히
入眞實慧 진실한 지혜에 들어가
永無病惱 병과 괴로움이 영원히 없기를 소원해야 한다네.

見疾病人 병이 난 사람을 볼 때는
當願衆生 중생은 마땅히
知身空寂 이 몸이 공하고 고요함을 알아
離乖諍法 어그러지거나 다투는 법을 벗어나길 소원해야 한다네.

見端正人 단정하고 바른 사람을 볼 때는
當願衆生 중생은 마땅히
於佛菩薩 부처님과 보살에 대한
常生淨信 항상 깨끗한 믿음이 생하도록 소원해야 한다네.

見醜陋人 추하고 천한 사람을 볼 때는
當願衆生 중생은 마땅히
於不善事 선근의 일이 아니라면
不生樂著 즐거움과 집착이 생하지 않도록 소원해야 한다네.

見報恩人 은혜를 갚은 사람을 볼 때는
當願衆生 중생은 마땅히
於佛菩薩 부처님과 보살의
能知恩德 은덕을 알길 소원해야 한다네.

見背恩人 은혜에 등 돌리는 사람을 볼 때는
當願衆生 중생은 마땅히

於有惡人 악인이
不加其報 그 과보를 더하지 않기를 소원해야 한다네.

若見沙門 그와 같이 사문을 볼 때는
當願衆生 중생은 마땅히
調柔寂靜 조화롭고 부드러우며 적정하여
畢竟第一 마침내는 제일이 되기를 소원해야 한다네.

見婆羅門 바라문을 볼 때는
當願衆生 중생은 마땅히
永持梵行 영원히 범행(淸淨한 行)을 지니고
離一切惡 일체의 악에서 벗어나길 소원해야 한다네.

見苦行人 고행을 하는 사람을 볼 때는
當願衆生 중생은 마땅히
依於苦行 고행을 의지해서
至究竟處 끝나는 곳에 이르기를 소원해야 한다네.

見操行人 깨끗한 몸과 굳게 잡은 마음으로 행하는 사람을 볼 때는
當願衆生 중생은 마땅히
堅持志行 뜻과 행을 견고하게 가지고
不捨佛道 부처님의 도를 버리지 않길 소원해야 한다네.

見著甲胄 갑옷을 갖춰 입은 사람을 볼 때는
當願衆生 중생은 마땅히
常服善鎧 항상 선근의 갑옷을 입고
趣無師法 스승이 없는 법에 나아가기를 소원해야 한다네.

見無鎧仗 갑옷과 무기가 없는 사람을 볼 때는
當願衆生 중생은 마땅히
永離一切 선근이 아닌 모든 법에서

不善之業 영원히 벗어나길 소원해야 한다네.

見論議人 논의하는 사람을 볼 때는
當願衆生 중생은 마땅히
於諸異論 다른 모든 논란을
悉能摧伏 남김없이 꺾어 항복 받음을 소원해야 한다네.

見正命人 불법을 따라 바르게 살아가는 사람을 볼 때는
當願衆生 중생은 마땅히
得淸淨命 청정한 목숨을 얻어서
不矯威儀 거짓으로 위의(戒律)를 지키지 않기를 소원해야 한다네.

若見於王 그와 같이 왕을 볼 때는
當願衆生 중생은 마땅히
得爲法王 법왕이 됨을 얻어서
恒轉正法 항상 바른 법을 굴리길 소원해야 한다네.

若見王子 그와 같이 왕자를 볼 때는
當願衆生 중생은 마땅히
從法化生 법으로 바뀌어 생하는 것을 좇아
而爲佛子 부처님의 자식이 되길 소원해야 한다네.

若見長子 그와 같이 장자를 볼 때는
當願衆生 중생은 마땅히
善能明斷 선근으로 분명하게 판단해서
不行惡法 나쁜 법을 행하지 말길 소원해야 한다네.

若見大臣 그와 같이 대신들을 볼 때는
當願衆生 중생은 마땅히
恒守正念 늘 바른 생각을 지키고
習行衆善 많은 선근을 익혀 행하길 소원해야 한다네.

若見城郭 그와 같이 성곽을 볼 때는
當願衆生 중생은 마땅히
得堅固身 견고한 몸을 얻어서
心無所屈 마음이 굴복함이 없길 소원해야 한다네.

若見王都 그와 같이 왕도를 볼 때는
當願衆生 중생은 마땅히
功德共聚 공덕을 하나로 모아서
心恒喜樂 마음이 항상 기쁘고 즐거워지길 소원해야 한다네.

見處林藪 숲 깊숙한 곳에 있음을 보면
當願衆生 중생은 마땅히
應爲天人 응당 하늘과 사람들이
之所歎仰 칭찬하고 우러러보게 소원해야 한다네.

入里乞食 마을에 들어가 걸식할 때는
當願衆生 중생은 마땅히
入深法界 깊은 법계에 들어가
心無障礙 마음에 막힘이나 걸림이 없기를 소원해야 한다네.

到人門戶 사람이 드나드는 문 앞에 이르렀을 때는
當願衆生 중생은 마땅히
入於一切 모두
佛法之門 불법의 문에 들어가기를 소원해야 한다네.

入其家已 그 집에 들어갔을 때는
當願衆生 중생은 마땅히
得入佛乘 부처님의 승법에 들어가
三世平等 삼세의 평등함을 얻길 소원해야 한다네.

見不捨人 버리지 못하는 사람을 볼 때는

當願衆生 중생은 마땅히
勝功德法 뛰어난 공덕의 법을
常不捨離 항상 버리지 않기를 소원해야 한다네.

見能捨人 능히 버리는 사람을 볼 때는
當願衆生 중생은 마땅히
永得捨離 영원히
三惡道苦 삼악도의 괴로움에서 벗어나기를 소원해야 한다네.

若見空鉢 발우가 빈 것을 볼 때는
當願衆生 중생은 마땅히
其心淸淨 그 마음을 청정히 해서
空無煩惱 텅 비고 번뇌가 없기를 소원해야 한다네.

若見滿鉢 그와 같이 발우가 가득 찬 것을 볼 때는
當願衆生 중생은 마땅히
具足成滿 모든 선근의 법이
一切善法 온전하게 갖추어지고 원만하게 이루어지길 소원해야 한다네.

若得恭敬 그와 같이 공경을 받을 때는
當願衆生 중생은 마땅히
一切佛法 모든 부처님의 법을
恭敬修行 공경하고 닦기를 소원해야 한다네.

不得恭敬 공경을 받지 못할 때는
當願衆生 중생은 마땅히
不善之法 선근의 법이 아니라면
不行一切 모두 행하지 않기를 소원해야 한다네.

見慚恥人 도에 어긋남을 부끄럽게 생각하는 사람을 볼 때는
當願衆生 중생은 마땅히

具慚恥行 부끄러워할 줄 아는 행을 갖추고
藏護諸根 모든 근을 감추고 보호하길 소원해야 한다네.

見無慚恥 도에 어긋남을 부끄럽게 생각하지 않은 사람을 볼 때는
當願衆生 중생은 마땅히
捨離無慚 부끄러워할 줄 모르는 마음을 멀리 벗어나
住大慈道 큰 자비의 도에 머물길 소원해야 한다네.

若得美食 그와 같이 맛있는 음식을 얻을 때는
當願衆生 중생은 마땅히
滿足其願 바라는 그 소원이 만족해지고
心無羨欲 마음으로 부러워하며 욕심이 없기를 소원해야 한다네.

得不美食 맛없는 음식을 얻었을 때는
當願衆生 중생은 마땅히
諸三昧味 모든 삼매의 맛을
莫不獲得 빠짐없이 얻기를 소원해야 한다네.

得柔軟食 순하고 부드러운 음식을 얻었을 때는
當願衆生 중생은 마땅히
大悲所熏 중생의 고통을 구제하려는 부처님의 큰마음을 닦아서
心意柔軟 마음과 생각이 순하고 부드러워지길 소원해야 한다네.

得麤澁食 거칠고 껄끄러운 음식을 얻을 때는
當願衆生 중생은 마땅히
心無染著 마음이 물들어 집착함이 없고
絶世貪愛 세상의 탐애를 끊길 소원해야 한다네.

若飯食時 그와 같이 밥을 먹을 때는
當願衆生 중생은 마땅히
禪悅爲食 선정의 기쁨을 밥으로 삼아

法喜充滿 법의 기쁨이 가득 차도록 소원해야 한다네.

若受味時 그와 같이 좋은 맛을 받아들일 때는
當願衆生 중생은 마땅히
得佛上味 부처님의 가장 좋은 맛을 얻어서
甘露滿足 감로에 만족하기를 소원해야 한다네.

飯食已訖 밥을 먹고 끝마쳤을 때는
當願衆生 중생은 마땅히
所作皆辨 하고자 할 일을 모두 마치고
具諸佛法 부처님의 모든 법을 갖추길 소원해야 한다네.

若說法時 그와 같이 법을 설할 때는
當願衆生 중생은 마땅히
得無盡辯 다함이 없는 변재를 얻어서
廣宣法要 법의 요지를 광대하게 펼치길 소원해야 한다네.

從舍出時 집에서 나올 때는
當願衆生 중생은 마땅히
深入佛智 부처님의 지혜에 깊이 들어가
永出三界 영원히 삼계에서 벗어나기를 소원해야 한다네.

若入水時 그와 같이 물에 들어갈 때는
當願衆生 중생은 마땅히
入一切智 일체 지혜에 들어가서
知三世等 삼세가 평등한 것임을 알길 소원해야 한다네.

洗浴身體 목욕을 할 때는
當願衆生 중생은 마땅히
身心無垢 몸과 마음에 허물이 없고
內外光潔 안과 밖이 빛나고 깨끗해지기를 소원해야 한다네.

盛暑炎毒 여름철 더위가 지독하게 뜨거울 때는
當願衆生 중생은 마땅히
捨離衆惱 많은 번뇌에서 멀리 벗어나
一切皆盡 일체 모든 것이 없어지길 소원해야 한다네.

暑退涼初 더위가 물러가고 서늘한 기운이 처음 올 때는
當願衆生 중생은 마땅히
證無上法 위가 없는 법을 증득하여
究竟淸涼 마지막에는 청량해지길 소원해야 한다네.

諷誦經時 경을 읊을 때는
當願衆生 중생은 마땅히
順佛所說 부처님의 말씀을 이어받아서
摠持不忘 모두 지니고 잊지 않길 소원해야 한다네.

若得見佛 그와 같이 부처님을 뵙게 될 때는
當願衆生 중생은 마땅히
得無礙眼 막힘이나 걸림이 없는 눈을 얻어서
見一切佛 모든 부처님 뵙길 소원해야 한다네.

諦觀佛時 진실로 부처님을 자세하게 들여다볼 때는
當願衆生 중생은 마땅히
皆如普賢 모든 보현보살과 같이
端正嚴好 단정하고 엄숙하기를 소원해야 한다네.

見佛塔時 부처님의 탑을 볼 때는
當願衆生 중생은 마땅히
尊重如塔 존중하기를 탑과 똑같이 해서
受天人供 하늘과 사람의 공경을 받길 소원해야 한다네.

敬心觀塔 공경하는 마음으로 탑을 자세하게 살펴볼 때는

當願衆生 중생은 마땅히
諸天及人 모든 하늘과 사람에 이르기까지
所共瞻仰 한마음으로 우러러 사모하기를 소원해야 한다네.

頂禮於塔 이마가 땅에 닿도록 탑에 절을 할 때는
當願衆生 중생은 마땅히
一切天人 모든 하늘과 사람이
無能見頂 정수리를 볼 수 없기를 소원해야 한다네.

右遶於塔 탑을 오른쪽으로 돌 때는
當願衆生 중생은 마땅히
所行無逆 행하는 일을 거스르지 않고
成一切智 모든 지혜를 이루길 소원해야 한다네.

遶塔三帀 탑을 세 번 돌 때는
當願衆生 중생은 마땅히
勤求佛道 부처님의 도를 부지런히 구해서
心無懈歇 게으른 마음이 없어지기를 소원해야 한다네.

讚佛功德 부처님의 공덕을 기릴 때는
當願衆生 중생은 마땅히
衆德悉具 많은 덕을 남김없이 갖추고
稱歎無盡 다함이 없이 칭찬하고 감탄하기를 소원해야 한다네.

讚佛相好 부처님의 좋은 모양이나 상태를 기릴 때는
當願衆生 중생은 마땅히
成就佛身 부처님의 몸을 성취해서
證無上法 위가 없는 법을 증득하길 소원해야 한다네.

若洗足時 그와 같이 발을 씻을 때는
當願衆生 중생은 마땅히

具神足力 신족통의 힘을 갖추고서
所行無礙 행하는 일에 막힘이나 갈림이 없어지길 소원해야 한다네.

以時寢息 누워서 쉬고 있을 때는
當願衆生 중생은 마땅히
身得安樂 몸이 편안하고 즐거움을 얻어서
心無動亂 마음이 흔들림이 없기를 소원해야 한다네.

睡眠始寤 잠에서 처음 깰 때는
當願衆生 중생은 마땅히
一切智覺 모든 지혜의 성품을 보고서는
周顧十方 시방을 두루 살펴볼 수 있도록 소원해야 한다네.

"불자여!"

"그와 같은 모든 보살이 이와 같음을 마음으로 쓴다면 곧바로 뛰어나고 빼어난 모든 공덕을 얻을 것이며, 일체 세간의 모든 하늘이나 마군이나 범천이나 사문이나 바라문이나 건달바와 아수라 등과 모든 성문이나 연각에 이르기까지 능히 움직이지 않을 것이다."

佛子 若諸菩薩如是用心 則獲一切勝妙功德 一切世間諸天 魔 梵 沙門 婆羅門 乾闥婆 阿脩羅等 及以一切聲聞 緣覺 所不能動

12. 현수품(1)
大方廣佛華嚴經賢首品第十二之一

  그때 문수사리 보살이 흐리지 않고 어지럽지 않은 청정한 행으로서의 큰 공덕을 말하고 곧바로 보리심의 공덕을 말하려는 까닭으로 게송으로 현수 보살에게 물었다.
  爾時 文殊師利菩薩說無濁亂淸淨行大功德已 欲顯示菩提心功德故 以偈問賢首菩薩曰

我今已爲諸菩薩 내가 지금 모든 보살을 위해
說佛往修淸淨行 부처님이 옛적에 닦던 청정한 행을 말했으니
仁亦當於此會中 인자(賢首菩薩) 또한 이 모임 가운데서 마땅히
演暢修行勝功德 수행하던 뛰어난 공덕을 널리 펴길 바란다.

  그때 현수 보살이 게송으로 답했다.
  爾時 賢首菩薩以偈答曰

善哉仁者應諦聽 선근이면서 어진이여! 응당 진실하게 들어주셔야만 합니다.
彼諸功德不可量 모든 공덕을 헤아려 알 수는 없지만
我今隨力說少分 내가 지금 적으나마 이 힘을 따라 말하려 함이니
猶如大海一滴水 마치 큰 바다의 한 방울 물과 같습니다.

若有菩薩初發心 그와 같은 보살이 처음으로 마음을 내어
誓求當證佛菩提 부처님의 보리를 증거하고 바로 경계를 구한다면
彼之功德無邊際 그 공덕은 끝이 없고 한이 없어서
不可稱量無與等 칭량할 수 없으며 어깨를 나란히 할 것도 없습니다.

何況無量無邊劫 하물며 헤아릴 수 없고 끝이 없는 겁 동안
具修地度諸功德 바라밀을 닦아 갖춘 모든 지위의 공덕은
十方一切諸如來 시방의 일체 모든 여래가
悉共稱揚不能盡 남김없이 한꺼번에 칭찬해도 다 할 수 없습니다.

如是無邊大功德 이와 같은 끝이 없는 큰 공덕을
我今於中說少分 내가 지금 그 가운데서 적은 부분만을 말한 것이니
譬如鳥足所履空 비유하자면 허공을 새의 발로 밟은 것과 같으며
亦如大地一微塵 또한 대지의 가운데 티끌 하나와 같습니다.

菩薩發意求菩提 보살이 마음을 일으켜 보리를 구하려는 것은
非是無因無有緣 인이 없고 연이 없는 것도 아니며
於佛法僧生淨信 불, 법, 승에 대한 청정한 믿음을 생하기에
以是而生廣大心 이로써 광대한 마음을 낳게 합니다.

不求五欲及王位 오욕과 왕위와 부의 넉넉함과
富饒自樂大名稱 자신의 즐거움과 큰 이름을 구하려는 것이 아니며
但爲永滅衆生苦 단지 중생의 괴로움을 영원히 없애주고
利益世間而發心 세간의 이익을 위해 마음을 일으킵니다.

常欲利樂諸衆生 언제나 모든 중생의 즐거움과 이익을 바라고
莊嚴國土供養佛 국토를 장엄하며 부처님을 공양하고
受持正法修諸智 바른 법을 받아 지니고 모든 지혜를 닦아서
證菩提故而發心 보리를 증득하려는 까닭에 마음을 일으킵니다.

深心信解常清淨 믿음과 이해의 깊은 마음을 항상 청정히 하며
恭敬尊重一切佛 모든 부처님을 공경하고 존중하며
於法及僧亦如是 법과 스님께도 또한 이와 같이
至誠供養而發心 정성을 다하여 공양하려고 마음을 일으킵니다.

深信於佛及佛法 부처님과 부처님 법을 깊이 믿으며

亦信佛子所行道 또한 불자가 행할 바 도리를 믿고
及信無上大菩提 위 없는 큰 보리를 믿음으로
菩薩以是初發心 보살이 이로써 처음으로 마음을 일으킵니다.

信爲道元功德母 믿음은 도의 근본이며 공덕의 어미이고
長養一切諸善法 일체 모든 선근의 법을 기르며
斷除疑網出愛流 의심의 그물을 끊어 없애며
開示涅槃無上道 열반의 위 없는 도를 활짝 열어 보입니다.

信無垢濁心淸淨 믿음은 더럽고 탁함이 없기에 마음을 청정하게 하며
滅除憍慢恭敬本 교만함을 없애고 공경의 근본이 되며
亦爲法藏第一財 또한 법장의 첫 번째 재물로
爲淸淨手受衆行 청정한 손이 되어 많은 행을 받습니다.

信能惠施心無吝 믿음은 보시하는 마음이라 인색하지 않고
信能歡喜入佛法 믿음은 기쁘고 즐겁게 불법에 들어가게 하며
信能增長智功德 믿음은 지혜와 공덕을 더욱 늘리고 키우며
信能必到如來地 믿음은 반드시 여래의 지위에 이르도록 합니다.

信令諸根淨明利 믿음은 모든 근을 깨끗하고 밝고 이롭게 하며
信力堅固無能壞 믿음의 힘은 견고해서 무너뜨릴 수 없고
信能永滅煩惱本 믿음은 번뇌의 바탕을 영원히 없애며
信能專向佛功德 믿음은 부처님의 공덕으로 향하게 합니다.

信於境界無所著 믿음은 경계에 집착하지 않게 하며
遠離諸難得無難 모든 어려움에서 멀리 벗어나 어려움이 없는 것을 얻게 하고
信能超出衆魔路 믿음은 많은 마의 길을 뛰어넘어
示現無上解脫道 위 없는 해탈의 도를 나타내어 보입니다.

信爲功德不壞種 믿음은 무너지지 않은 공덕의 종자이고
信能生長菩提樹 믿음은 보리수를 낳고 기르며

信能增益最勝智 믿음은 가장 뛰어난 지혜를 늘리고 더하며
信能示現一切佛 믿음은 모든 부처님을 나타내어 보입니다.

是故依行說次第 이러한 까닭으로 행을 의지해서 차례를 따라 말하면
信樂最勝深難得 믿음의 즐거움은 가장 뛰어나지만 얻기는 매우 어려우니
譬如一切世間中 비유하자면 일체 세간 가운데
而有隨意妙寶珠 마음을 따르는 빼어난 보배 구슬이 있는 것과 같습니다.

若常信奉於諸佛 모든 부처님을 항상 믿고 받들면
則能持戒修學處 곧 계를 지니고 닦고 배우는 곳과 같으며
若常持戒修學處 항상 계를 지니고 닦고 배우는 곳이 같으면
則能具足諸功德 곧 모든 공덕을 온전하게 갖춥니다.

戒能開發菩提本 계는 보리의 근본을 열어 일으키며
學是勤修功德地 배움은 부지런히 공덕의 지위를 닦는 것이니
於戒及學常順行 계와 배움을 따라 항상 행하면
一切如來所俉美 모든 여래께서 칭찬합니다.

若常信奉於諸佛 그와 같이 모든 부처님을 항상 믿고 받들면
則能興集大供養 곧바로 큰 공양을 일으켜 모으고
若能興集大供養 그와 같은 큰 공양을 일으켜 모으면
彼人信佛不思議 부처님의 헤아릴 수 없음을 믿은 사람입니다.

若常信奉於尊法 그와 같이 항상 법을 소중하게 믿고 받들면
則聞佛法無厭足 곧 부처님 법을 듣고 싫어함이 없게 되며
若聞佛法無厭足 그와 같은 부처님의 법을 듣고 싫어함이 없으면
彼人信法不思議 법의 헤아릴 수 없음을 믿는 사람입니다.

若常信奉淸淨僧 그와 같이 스님들을 항상 믿고 받들면
則得信心不退轉 곧바로 믿는 마음으로 물러서지 않음을 얻으며
若得信心不退轉 그와 같이 믿는 마음으로 물러서지 않음을 얻으면

彼人信力無能動 그 사람의 믿는 힘을 움직일 수 없음과 같습니다.

若得信力無能動 그와 같이 움직이지 못할 믿는 힘을 얻으면
則得諸根淨明利 곧바로 모든 근이 깨끗하고 밝은 이익을 얻고
若得諸根淨明利 그와 같은 모든 근이 깨끗하고 밝은 이익을 얻으면
則能遠離惡知識 곧 악으로 알게 된 식견에서 멀리 벗어나게 됩니다.

若能遠離惡知識 그와 같이 악으로 알게 된 식견으로부터 멀리 벗어나면
則得親近善知識 곧바로 선지식을 친근하게 되고
若得親近善知識 그와 같은 선지식을 친근하게 되면
則能修集廣大善 곧바로 광대한 선근을 모아 닦게 됩니다.

若能修集廣大善 그와 같이 광대한 선근을 모아 닦으면
彼人成就大因力 그 사람은 큰 인의 힘을 성취하고
若人成就大因力 그와 같은 큰 인의 힘을 성취하면
則得殊勝決定解 곧바로 특히 뛰어난 도장 찍기를 이해하고 얻습니다.

若得殊勝決定解 그와 같이 특히 뛰어난 도장 찍기를 이해하고 얻으면
則爲諸佛所護念 곧바로 모든 부처님으로부터 보살핌을 받게 되며
若爲諸佛所護念 그와 같이 모든 부처님으로부터 보살핌을 받게 되면
則能發起菩提心 곧바로 능히 보리심을 일으킵니다.

若能發起菩提心 그와 같이 능히 보리심을 일으키면
則能勤修佛功德 곧바로 능히 부처님의 공덕을 부지런히 닦게 되고
若能勤修佛功德 그와 같이 능히 부처님의 공덕을 부지런히 닦게 되면
則得生在如來家 곧바로 여래의 집에 태어남을 얻습니다.

若得生在如來家 그와 같이 여래의 집에 태어남을 얻으면
則善修行巧方便 곧바로 선근의 좋은 방편을 닦아서 행하고
若善修行巧方便 그와 같이 선근의 좋은 방편을 닦아서 행하면
則得信樂心淸淨 곧바로 믿고 즐거워하는 마음이 청정해짐을 얻습니다.

若得信樂心淸淨 그와 같이 믿고 즐거워하는 마음이 청정해짐을 얻으면
則得增上最勝心 곧바로 가장 뛰어난 위 없는 마음을 더하게 됨을 얻으며
若得增上最勝心 그와 같이 가장 뛰어난 위 없는 마음을 더하게 됨을 얻으면
則常修習波羅蜜 곧바로 항상 바라밀을 닦고 익히게 됩니다.

若常修習波羅蜜 그와 같이 항상 바라밀을 닦고 익히면
則能具足摩訶衍 곧바로 마하연(大乘)을 온전하게 갖추게 되고
若能具足摩訶衍 그와 같은 마하연을 온전하게 갖추게 되면
則能如法供養佛 곧바로 여법하게 부처님께 공양하게 됩니다.

若能如法供養佛 그와 같이 여법하게 부처님께 공양하면
則能念佛心不動 곧바로 부처님을 생각하는 그 마음이 움직이지 않으며
若能念佛心不動 그와 같이 부처님을 생각하는 그 마음이 움직이지 않으면
則常睹見無量佛 곧바로 헤아릴 수 없이 많은 부처님을 뵙게 됩니다.

若常睹見無量佛 그와 같이 항상 헤아릴 수 없이 많은 부처님을 뵙게 되면
則見如來體常住 곧바로 여래의 몸이 항상 머무는 것을 보게 되고
若見如來體常住 그와 같은 여래의 몸이 항상 머무는 것을 보게 되면
則能知法永不滅 곧바로 영원히 없어지지 않은 법을 알게 됩니다.

若能知法永不滅 그와 같이 영원히 없어지지 않은 법을 알게 되면
則得辯才無障礙 곧바로 막힘이나 걸림이 없는 변재를 얻으며
若得辯才無障礙 그와 같이 막힘이나 걸림이 없는 변재를 얻으면
則能開演無邊法 곧바로 끝이 없는 법을 열어 두루 펼칠 것입니다.

若能開演無邊法 그와 같이 끝이 없는 법을 열어 두루 펼치면
則能慈愍度衆生 곧바로 자비와 연민으로 중생들을 고해에서 건져내어 극락으로 이끌 것
　　　　　　이며
若能慈愍度衆生 그와 같이 자비와 연민으로 중생들을 고해에서 건져내어 극락으로 이끌면
則得堅固大悲心 곧바로 큰 대비심이 견고해질 것입니다.

若得堅固大悲心 그와 같이 큰 대비심이 견고해짐을 얻으면
則能愛樂甚深法 곧바로 깊고도 깊은 법을 즐기고 사랑하게 되며
若能愛樂甚深法 그와 같은 깊고도 깊은 법을 즐기고 사랑하게 되면
則能捨離有爲過 곧바로 인위적인 허물을 멀리 벗어날 것입니다.

若能捨離有爲過 그와 같이 인위적인 허물을 멀리 벗어나면
則離憍慢及放逸 곧바로 교만하고 방일함을 벗어나며
若離憍慢及放逸 그와 같은 교만하고 방일함을 벗어나면
則能兼利一切衆 곧바로 모든 중생을 겸하여 이익이 될 것입니다.

若能兼利一切衆 그와 같이 모든 중생을 겸하여 이익이 되면
則處生死無疲厭 곧바로 생사에 처해도 피로하거나 싫어함이 없고
若處生死無疲厭 그와 같이 생사에 처해도 피로하거나 싫어함이 없으면
則能勇健無能勝 곧바로 용맹하고 건강하게 되어 이길 수 있는 이가 없게 됩니다.

若能勇健無能勝 그와 같이 용맹하고 건강하게 되어 이길 수 있는 이가 없게 되면
則能發起大神通 곧바로 큰 신통을 일으키게 되고
若能發起大神通 그와 같은 큰 신통을 일으키면
則知一切衆生行 곧바로 일체중생의 모든 행을 알게 됩니다.

若知一切衆生行 그와 같이 일체중생의 모든 행을 알게 되면
則能成就諸群生 곧바로 모든 중생을 성취할 수 있게 하고
若能成就諸群生 그와 같은 모든 중생이 성취하면
則得善攝衆生智 곧바로 중생들이 선근으로 거두어들이는 지혜를 얻게 됩니다.

若得善攝衆生智 그와 같이 중생들이 선근으로 거두어들이는 지혜를 얻으면
則能成就四攝法 곧바로 사섭법을 성취하며
若能成就四攝法 그와 같이 사섭법을 성취하면
則與衆生無限利 곧바로 중생에게 무한한 이익을 주게 됩니다.

若與衆生無限利 그와 같이 중생에게 무한한 이익을 주게 되면

則具最勝智方便 곧바로 가장 뛰어난 지혜 방편을 갖추며
若具最勝智方便 그와 같이 가장 뛰어난 지혜 방편을 갖추면
則住勇猛無上道 곧바로 용맹하게 위 없는 도에 머물게 됩니다.

若住勇猛無上道 그와 같이 용맹하게 위 없는 도에 머물게 되면
則能摧殄諸魔力 곧바로 모든 마군의 힘을 꺾어 버리고
若能摧殄諸魔力 그와 같이 모든 마군의 힘을 꺾어 버리면
則能超出四魔境 곧바로 네 가지 마의 경계를 뛰어넘을 것입니다.

若能超出四魔境 그와 같이 네 가지 마의 경계를 뛰어넘으면
則得至於不退地 곧바로 물러나지 않은 지위에 이르게 됨을 얻으며
若得至於不退地 그와 같이 물러나지 않은 지위에 이르게 됨을 얻으면
則得無生深法忍 곧바로 생함이 없는 깊은 법인을 얻게 됩니다.

若得無生深法忍 그와 같이 생함이 없는 깊은 법인을 얻게 되면
則爲諸佛所授記 곧바로 모든 부처님의 수기를 받으며
若爲諸佛所授記 그와 같은 모든 부처님의 수기를 받으면
則一切佛現其前 곧바로 모든 부처님이 눈앞에 나타날 것입니다.

若一切佛現其前 그와 같이 모든 부처님이 눈앞에 나타나면
則了神通深密用 곧바로 신통의 깊고도 비밀스러운 쓰임새를 분명하게 깨달아 알고
若了神通深密用 그와 같은 신통의 깊고도 비밀스러운 쓰임새를 분명하게 깨달아 알면
則爲諸佛所憶念 곧바로 모든 부처님이 기억하고 생각하는 이가 됩니다.

若爲諸佛所憶念 그와 같이 모든 부처님이 기억하고 생각하는 이가 되면
則以佛德自莊嚴 곧바로 부처님의 덕으로 자신을 장엄하게 되고
若以佛德自莊嚴 그와 같이 부처님의 덕으로 자신을 장엄하게 되면
則獲妙福端嚴身 곧바로 빼어난 복의 단정하고 엄숙한 몸을 얻게 됩니다.

若獲妙福端嚴身 그와 같이 빼어난 복의 단정하고 엄숙한 몸을 얻게 되면
則身晃耀如金山 곧바로 몸이 밝게 빛남이 금산과 같고

若身晃耀如金山 그와 같은 몸이 밝게 빛남이 금산과 같으면
則相莊嚴三十二 곧바로 삼십이상의 모양이나 상태로 장엄하게 됩니다.

若相莊嚴三十二 그와 같이 삼십이상의 모양이나 상태로 장엄하게 되면
則具隨好爲嚴飾 곧바로 좋아함을 따라 갖추어서 장엄하고 꾸미게 되며
若具隨好爲嚴飾 그와 같이 좋아함을 따라 갖추어서 장엄하고 꾸미게 되면
則身光明無限量 곧바로 몸의 광명이 한계가 없고 헤아릴 수 없게 됩니다.

若身光明無限量 그와 같이 몸의 광명이 한계가 없고 헤아릴 수 없게 되면
則不思議光莊嚴 곧바로 사유함으로 헤아릴 수 없는 빛으로 장엄하게 되고
若不思議光莊嚴 그와 같이 사유함으로 헤아릴 수 없는 빛으로 장엄하게 되면
其光則出諸蓮華 그 빛이 곧바로 모든 연꽃을 내게 됩니다.

其光若出諸蓮華 그 빛이 그와 같은 모든 연꽃을 내게 되면
則無量佛坐華上 곧바로 헤아릴 수 없이 많은 부처님이 꽃 위에 앉으시고
示現十方靡不徧 시방세계에 나타나지 않는 곳이 없이 두루 하시고
悉能調伏諸衆生 모든 중생을 남김없이 조복시킵니다.

若能如是調衆生 그와 같음으로 이와 같은 중생을 조복시키면
則現無量神通力 곧바로 헤아릴 수 없이 많은 신통력을 나타내게 되고
若現無量神通力 그와 같은 헤아릴 수 없이 많은 신통력을 나타내게 되면
則住不可思議土 곧바로 생각으로 미루어 헤아릴 수 없는 국토에 머물게 되고
演說不可思議法 생각으로 미루어 헤아릴 수 없는 법을 널리 펴고 설하여
令不思議衆歡喜 헤아릴 수 없이 많은 중생을 기쁘고 즐겁게 할 것입니다.

若說不可思議法 그와 같이 생각으로 미루어 헤아릴 수 없는 법을 설하여
令不思議衆歡喜 헤아릴 수 없이 많은 중생을 기쁘고 즐겁게 하면
則以智慧辯才力 곧바로 지혜와 변재의 힘으로
隨衆生心而化誘 중생의 마음을 따라 가르치고 바른길로 이끌 것입니다.

若以智慧辯才力 그와 같은 지혜와 변재의 힘으로

隨衆生心而化誘 중생의 마음을 따라 가르치고 바른길로 이끌면
則以智慧爲先導 곧바로 지혜가 먼저 앞서서 인도하게 되어
身語意業恒無失 몸과 말과 뜻의 업이 항상 잘못이 없게 됩니다.

若以智慧爲先導 그와 같은 지혜가 먼저 앞서서 인도하게 되어
身語意業恒無失 몸과 말과 뜻의 업이 항상 잘못이 없게 되면
則其願力得自在 곧바로 그 원력의 자재함을 얻게 되어
普隨諸趣而現身 모든 육도를 따라 두루두루 몸을 나타낼 것입니다.

若其願力得自在 그와 같은 그 원력의 자재함을 얻게 되어
普隨諸趣而現身 모든 육도를 따라 두루두루 몸을 나타나게 되면
則能爲衆說法時 곧바로 대중에게 법을 설할 때
音聲隨類難思議 종류를 따라 내는 음성이 사유로는 헤아릴 수 없습니다.

若能爲衆說法時 그와 같이 대중에게 법을 설할 때
音聲隨類難思議 종류를 따라 내는 음성이 사유로 헤아릴 수 없으면
則於一切衆生心 곧바로 모든 중생의 마음을
一念悉知無有餘 한 생각에 모두 남음이 없이 알게 됩니다.

若於一切衆生心 그와 같이 모든 중생의 마음을
一念悉知無有餘 한 생각에 모두 남음이 없이 알게 되면
則知煩惱無所起 곧바로 번뇌는 일어나는 것이 없음을 알고
永不沒溺於生死 영원히 생사에 빠지지 않을 것입니다.

若知煩惱無所起 그와 같이 번뇌는 일어나는 것이 없음을 알고
永不沒溺於生死 영원히 생사에 빠지지 않으면
則獲功德法性身 곧바로 공덕의 법성, 이 법성의 몸을 얻게 되어
以法威力現世間 법의 위력으로 세상에 나타납니다.

若獲功德法性身 그와 같은 공덕의 법성, 이 법성의 몸을 얻게 되어
以法威力現世間 법의 위력으로 세상에 나타나면

則獲十地十自在 곧바로 십지와 십 자재를 얻어서
修行諸度勝解脫 모든 바라밀과 뛰어난 해탈을 닦아 행할 것입니다.

若獲十地十自在 그와 같은 십지와 십 자재를 얻어서
修行諸度勝解脫 모든 바라밀과 뛰어난 해탈을 닦아 행하면
則獲灌頂大神通 곧바로 관정의 큰 신통을 얻으며
住於最勝諸三昧 가장 뛰어난 모든 삼매에 머물 것입니다.

若獲灌頂大神通 그와 같은 관정의 큰 신통을 얻고
住於最勝諸三昧 가장 뛰어난 모든 삼매에 머물면
則於十方諸佛所 곧바로 시방의 모든 부처님이 계신 곳에서
應受灌頂而昇位 응당 관정의 의식을 받고 자리에 오를 것입니다.

若於十方諸佛所 그와 같이 시방의 모든 부처님이 계신 곳에서
應受灌頂而昇位 응당 관정의 의식을 받고 자리에 오르면
則蒙十方一切佛 곧바로 시방의 모든 부처님이
手以甘露灌其頂 손수 감로를 정수리에 부어줌을 받게 됩니다.

若蒙十方一切佛 그와 같이 시방의 모든 부처님이
手以甘露灌其頂 손수 감로를 정수리에 부어줌을 받게 되면
則身充徧如虛空 곧바로 몸이 허공과 같이 두루 가득해지고
安住不動滿十方 편안히 머물며 움직이지 않아도 시방에 가득합니다.

若身充徧如虛空 그와 같은 몸이 허공과 같이 두루 가득해지고
安住不動滿十方 편안히 머물며 움직이지 않아도 시방에 가득해지면
則彼所行無與等 곧바로 행하는 일이 비교될 만한 이가 없기에
諸天世人莫能知 모든 하늘이나 세상 사람이 알지 못합니다.

菩薩勤修大悲行 보살이 부지런히 대비의 행을 닦은 것은
願度一切無不果 원으로서 일체를 극락으로 이끄는 일에 끝이 없음이니
見聞聽受若供養 보고 듣고 받아들여 배우거나 공양을 한다면

靡不皆令獲安樂 모두 편안하고 즐거움을 얻을 것입니다.

彼諸大士威神力 모든 대사의 위신력으로
法眼常全無缺減 법의 눈이 항상 온전하고 결함이 없기에
十善妙行等諸道 열 가지 선근과 빼어난 행 등으로 모두 도와서
無上勝寶皆令現 위 없이 뛰어난 보배를 빠짐없이 나타냅니다.

譬如大海金剛聚 비유하면 큰 바다의 금강 덩어리가
以彼威力生衆寶 그 위력으로 많은 보배를 생하지만
無減無增亦無盡 줄거나 늘지도 않고 또한 다함도 없듯이
菩薩功德聚亦然 보살의 공덕 덩어리 또한 그러합니다.

或有剎土無有佛 그와 같이 세계의 국토에 부처님이 계시지 않지만
於彼示現成正覺 정각을 이루어 나타내 보이시고
或有國土不知法 그와 같은 국토가 불법을 알지 못하면
於彼爲說妙法藏 그들을 위해 빼어난 법을 설하십니다.

無有分別無功用 분별도 없고 공들인 보람이나 효과도 없지만
於一念頃徧十方 한 생각에 시방세계에 두루 한 것은
如月光影靡不周 달빛이 비치지 않은 곳이 없듯이
無量方便化群生 헤아릴 수 없는 많은 방편으로 중생을 가르쳐 이끌기 위함입니다.

於彼十方世界中 시방의 세계 가운데
念念示現成佛道 생각마다 불도가 이루어짐을 나타내 보이며
轉正法輪入寂滅 바른 법의 바퀴를 굴려서 적멸에 들고
乃至舍利廣分布 부처님 법신의 자취로서 경전에 이르기까지 널리 퍼져 있음을 나타냅니다.

或現聲聞獨覺道 그와 같이 성문과 독각의 도를 나타내고
或現成佛普莊嚴 그와 같이 부처를 이루어 널리 장엄함을 나타내며
如是開闡三乘教 이와 같은 삼승의 가르침을 열어서
廣度衆生無量劫 널리 중생을 제도함이 헤아릴 수 없는 겁 동안입니다.

或現童男童女形 그와 같이 동남동녀의 모양을 나타내시고
天龍及以阿脩羅 천룡과 아수라
乃至摩睺羅伽等 마후라가 등에 이르기까지
隨其所樂悉令見 그들의 즐거워하는 바를 따라 나타냅니다.

衆生形狀各不同 중생의 형상이 제각기 다르고
行業音聲亦無量 행하는 업과 음성도 또한 헤아릴 수가 없지만
如是一切皆能現 이와 같은 일체 모든 것을 나타내시니
海印三昧威神力 해인삼매의 위신력입니다.

嚴淨不可思議刹 생각으로 미루어 헤아릴 수 없는 세계를 장엄해서 청정하게 하고
供養一切諸如來 일체 모든 여래께 공양하며
放大光明無有邊 큰 광명을 놓아 끝이 없으니
度脫衆生亦無限 중생을 제도하여 이끄는 일 또한 무한합니다.

智慧自在不思議 지혜가 자재하기에 생각으로 헤아릴 수 없으며
說法言辭無有礙 법을 설함에 언사가 막힘이나 걸림이 없고
施戒忍進及禪定 보시, 지계, 인욕, 정진, 선정과
智慧方便神通等 지혜와 방편이며 신통에 이르기까지
如是一切皆自在 이와 같은 일체 모든 것이 자재하시니
以佛華嚴三昧力 이는 부처님의 화엄삼매에 따른 힘입니다.

一微塵中入三昧 하나의 티끌 가운데 삼매에 들어
成就一切微塵定 모든 티끌의 선정을 성취하시지만
而彼微塵亦不增 그 티끌이 또한 거듭 더해짐이 아니며
於一普現難思刹 티끌 하나에 생각하기 어려운 세계를 나타내십니다.

彼一塵內衆多刹 그 하나의 티끌 속의 많은 세계에
或有有佛或無佛 어떤 곳에는 부처님이 있고 경우를 따라 계시지 않으며
或有雜染或淸淨 그와 같이 더러움에 물들고 때론 청정하고
或有廣大或狹小 그와 같이 광대하며 혹은 협소합니다.

或復有成或有壞 그와 같이 차례를 따라 이루어지기도 하고 그와 같이 무너짐도 있으며
或有正住或傍住 그와 같이 바르게 머물기도 하고 그와 같이 곁에 머물기도 하며
或如曠野熱時焰 그와 같이 광야가 뜨거울 때의 불꽃과 같으며
或如天上因陀網 그와 같이 천상의 인타라 그물과 같습니다.

如一塵中所示現 하나의 티끌 가운데 나타내는 것과 같이
一切微塵悉亦然 모든 티끌이 남김없이 또한 그러하며
此大名稱諸聖人 이토록 큰 이름으로 칭하는 것은 모든 성인이 이룬
三昧解脫神通力 삼매 해탈의 신통력 때문입니다.

若欲供養一切佛 그와 같이 모든 부처님께 공양을 올리고자 한다면
入于三昧起神變 삼매에 들어가 신통 변화를 일으켜서
能以一手徧三千 한 손으로 삼천세계에 두루 미쳐서
普供一切諸如來 일체 모든 여래께 공양을 올립니다.

十方所有勝妙華 시방세계에 있는 뛰어나고 빼어난 꽃과
塗香末香無價寶 바르는 향과 사르는 향과 값을 매길 수 없는 보배를
如是皆從手中出 이와 같이 다 손 가운데를 좇아 나와서
供養道樹諸最勝 가장 뛰어난 모든 도수께 공양합니다.

無價寶衣雜妙香 값을 치를 수 없는 보배로운 옷과 이것저것 섞인 빼어난 향과
寶幢幡蓋皆嚴好 보배 당기와 번과 양산으로 보기 좋게 다 장엄하고
眞金爲華寶爲帳 진금의 꽃과 보배 휘장이
莫不皆從掌中雨 모두 손바닥 가운데를 통해 내립니다.

十方所有諸妙物 시방에 있는 빼어난 물건들과
應可奉獻無上尊 응당 위 없는 존귀한 분에게 받들어 받치고
掌中悉雨無不備 손바닥 가운데를 통해 흘러 나와서 갖추어지고
菩提樹前持供佛 보리수 앞에서 부처님에게 공양을 올립니다.

十方一切諸妓樂 시방에 있는 일체 모든 기악과

鐘鼓琴瑟非一類 종과 북과 거문고 등 하나가 아닌 종류로
悉奏和雅妙音聲 화평하고 우아한 빼어난 모든 음악이
靡不從於掌中出 손바닥을 통해 흘러나옵니다.

十方所有諸讚頌 시방에 있는 미덕을 기리고 칭찬하는 모든 것이
偁歎如來實功德 여래의 참된 공덕을 칭찬하고 감탄하며
如是種種妙言辭 이와 같은 가지가지의 빼어난 말들이
皆從掌內而開演 손바닥 속을 좇아서 다 펼쳐집니다.

菩薩右手放淨光 보살이 오른손에 깨끗한 빛을 놓으니
光中香水從空雨 빛 가운데 향수가 허공을 따라 내리고
普灑十方諸佛土 시방의 모든 부처님 국토에 널리 뿌려지니
供養一切照世燈 모든 세간을 비추는 등불을 공양합니다.

又放光明妙莊嚴 또 광명을 놓아 빼어나게 장엄하고
出生無量寶蓮華 헤아릴 수 없이 많은 연꽃을 생하여 내어놓으니
其華色相皆殊妙 그 꽃의 빛과 모양이나 상태가 모두 빼어나고
以此供養於諸佛 이것으로 부처님께 공양합니다.

又放光明妙莊嚴 또 광명을 놓아 빼어나게 장엄하니
種種妙華集爲帳 가지가지의 묘한 꽃을 모아 휘장을 만들고
普散十方諸國土 시방의 모든 국토에 두루 흩뿌려서
供養一切大德尊 모든 대덕존께 공양합니다.

又放光明香莊嚴 또 광명을 놓아 향으로 장엄하니
種種妙香集爲帳 가지가지의 빼어난 향을 모아서 휘장을 만들고
普散十方諸國土 시방의 모든 국토에 두루 흩뿌려서
供養一切大德尊 모든 대덕존께 공양합니다.

又放光明末香嚴 또 광명을 놓아 바르는 향으로 장엄하니
種種末香聚爲帳 가지가지의 바르는 향을 모아 휘장을 만들고

普散十方諸國土 시방의 모든 국토에 두루 흩뿌려서
供養一切大德尊 모든 대덕존께 공양합니다.

又放光明衣莊嚴 또 광명을 놓아 옷으로 장엄하니
種種名衣集爲帳 가지가지의 이름 있는 옷을 모아서 휘장을 만들고
普散十方諸國土 시방의 모든 국토에 두루 흩뿌려서
供養一切大德尊 모든 대덕존께 공양합니다.

又放光明寶莊嚴 또 광명을 놓아 보배로 장엄하니
種種妙寶集爲帳 가지가지의 빼어난 보배를 모아서 휘장을 만들고
普散十方諸國土 시방의 모든 국토에 두루 흩뿌려서
供養一切大德尊 모든 대덕존께 공양합니다.

又放光明蓮莊嚴 또 광명을 놓아 연꽃으로 장엄하니
種種蓮華集爲帳 가지가지의 연꽃을 모아 휘장을 만들고
普散十方諸國土 시방의 모든 국토에 두루 흩뿌려서
供養一切大德尊 모든 대덕존께 공양합니다.

又放光明瓔莊嚴 또 광명을 놓아 옥구슬로 장엄하니
種種妙瓔集爲帳 가지가지의 옥구슬을 모아 휘장을 만들고
普散十方諸國土 시방의 모든 국토에 두루 흩뿌려서
供養一切大德尊 모든 대덕존께 공양합니다.

又放光明幢莊嚴 또 광명을 놓아 당기로 장엄하니
其幢絢煥備衆色 그 당기의 무늬가 아름답고 여러 가지 빛을 갖추어서
種種無量皆殊好 가지가지의 헤아릴 수 없는 모든 것이 특히나 좋기에
以此莊嚴諸佛土 이것으로 모든 부처님 국토를 장엄합니다.

種種雜寶莊嚴蓋 가지가지의 보배로 덮어서 장엄하니
衆妙繒幡空垂飾 빼어난 많은 비단 깃발이 드리워지고
摩尼寶鐸演佛音 마니 보배 풍경에서 퍼지는 부처님의 음성을

執持供養諸如來 잡아 지녀서 모든 여래께 공양합니다.

手出供具難思議 손이 내어놓은 공양 기물은 생각하기 어려운 것이기에
如是供養一導師 이와 같음을 한 부처님에게 공양하는 것이며
一切佛所皆如是 모든 부처님이 계신 곳에 다 이와 같이 하니
大士三昧神通力 대사의 삼매 신통력입니다.

菩薩住在三昧中 보살이 삼매 가운데 머물러 있으면서
種種自在攝衆生 가지가지의 자재함으로 중생을 거두어들일 때
悉以所行功德法 모두 행하는 공덕의 법으로
無量方便而開誘 헤아릴 수 없는 방편의 문을 열어 이끕니다.

或以供養如來門 늘 문이란 여래께 공양하는 문이며
或以離思布施門 늘 문이란 생각하기 어려운 보시의 문이며
或以頭陀持戒門 늘 문이란 두타로 계행을 지니는 문이며
或以不動堪忍門 늘 문이란 동요하지 않고 욕을 참는 문이며
或以苦行精進門 늘 문이란 고행으로 정진하는 문이며
或以寂靜禪定門 늘 문이란 적정한 선정의 문이며
或以決了智慧門 늘 문이란 결정을 분명하게 깨달아 아는 문이며
或以所行方便門 늘 문이란 행하는 방편의 문이며
或以梵住神通門 늘 문이란 법천이 머무는 신통의 문이며
或以四攝利益門 늘 문이란 네 가지로 거두어들여 이익을 주는 문이며
或以福智莊嚴門 늘 문이란 덕과 지혜로 장엄하는 문이며
或以因緣解脫門 늘 문이란 인연으로 해탈하는 문이며
或以根力正道門 늘 문이란 근의 힘으로써 바른 도의 문이며
或以聲聞解脫門 늘 문이란 성문의 해탈 문이며
或以獨覺淸淨門 늘 문이란 독각의 청정한 문이며
或以大乘自在門 늘 문이란 대승의 자재한 문이며
或以無常衆苦門 늘 문이란 무상하고 많은 괴로움의 문이며
或以無我壽者門 늘 문이란 내가 없고 수명도 없는 문이며
或以不淨離欲門 늘 문이란 청정하지 않고 욕심을 벗어나는 문이며

或以滅盡三昧門 늘 문이란 다하여 없어지는 삼매의 문입니다.

隨諸衆生病不同 모든 중생의 여러 가지 병을 따라
悉以法樂而對治 법의 약으로 치료도 하고
隨諸衆生心所樂 중생들이 좋아하는 마음을 따라
悉以方便而滿足 여러 가지 방편으로 모두 만족하게 하며
隨諸衆生行差別 모든 중생의 행이 제각기 다름을 따라
悉以善巧而成就 선근의 섬세하고 능숙한 방편으로 성취하게 합니다.

如是三昧神通相 이와 같은 삼매의 신통한 모양이나 상태를
一切天人莫能測 모든 하늘이나 사람이 측량하지를 못합니다.

有妙三昧名隨樂 빼어난 삼매가 있으니 이름이 '수락'이며
菩薩住此普觀察 보살이 이 삼매에 머물면서 두루 자세하게 살펴보고
隨宜示現度衆生 마땅함을 따라 나타내 보이고 중생을 제도하며
悉使歡心從法化 모든 이들이 기쁜 마음으로 법의 가르침을 좇게 합니다.

劫中饑饉災難時 겁 가운데 기근과 재난이 있을 때는
悉與世間諸樂具 세간의 모든 즐거운 일을 갖추어 주고
隨其所欲皆令滿 그들이 하고자 하는 바를 따라 모두 만족하게 하며
普爲衆生作饒益 중생들을 위해 넉넉하게 더하여 만들어 냅니다.

或以飮食上好味 그와 같이 맛있는 좋은 음식과
寶衣嚴具衆妙物 보배 옷과 장엄 기물과 빼어난 많은 물건과
乃至王位皆能捨 또는 왕의 지위까지 다 버리고
令好施者悉從化 보시를 즐기는 자로서 다 가르침을 좇게 합니다.

或以相好莊嚴身 그와 같이 좋아하는 모양이나 상태로 장엄한 몸과
上妙衣服寶瓔珞 가장 빼어난 의복과 보배 영락과
華鬘爲飾香塗體 꽃 화관으로 꾸미고 몸에 향을 발라서
威儀具足度衆生 위의를 온전하게 갖추고 중생을 제도합니다.

一切世間所好尚 모든 세간이 좋아하고 높이 받드는
色相顏容及衣服 빛과 모양이나 상태, 얼굴의 생김새며 좋은 의복에 이르기까지
隨應普現愜其心 마땅히 응하여 두루 나타내고 그 마음에 맞추어
俾樂色者皆從道 색을 즐겨 좋은 자는 모두 도를 따르게 합니다.

迦陵頻伽美妙音 가릉빈가의 아름답고 빼어난 소리와
俱枳羅等妙音聲 구지라 등의 빼어난 음성과
種種梵音皆具足 가지가지 범천의 음성을 온전하게 다 갖추고
隨其心樂爲說法 그들이 즐거워하는 마음을 따라 법을 설합니다.

八萬四千諸法門 팔만 사천 모든 법의 문으로
諸佛以此度衆生 모든 부처님이 이로써 중생을 제도하는 것이니
彼亦如其差別法 보살도 또한 그와 같은 차별의 법으로
隨世所宜而化度 세상의 마땅함을 따라 가르쳐 이끕니다.

衆生苦樂利衰等 중생의 고와 낙과 이롭고 쇠하는 일 등
一切世間所作法 세간에서 지어내는 모든 법에
悉能應現同其事 마땅히 응하고 그들이 하는 일과 함께하므로
以此普度諸衆生 모든 중생을 두루 제도합니다.

一切世間衆苦患 모든 세간의 많은 괴로움과 근심과 걱정의
深廣無涯如大海 깊고 넓음이 끝없는 바다와 같기에
與彼同事悉能忍 저들과 모든 일을 함께하면서 참고 견디어내게 하여
令其利益得安樂 그들이 이익과 안락을 얻도록 합니다.

若有不識出離法 그와 같이 벗어나는 법을 알지 못해서
不求解脫離諠憒 익숙함과 심란함을 벗어나 해탈을 구하지 않으면
菩薩爲現捨國財 보살이 이들을 위해 나라와 재물을 버리고
常樂出家心寂靜 늘 즐겁게 출가하여 마음의 적정함을 나타냅니다.

家是貪愛繫縛所 집이란 탐욕과 사랑과 즐거움이 얽히고설킨 처소이니

欲使衆生悉免離 중생이 이러한 모든 곳에서 벗어나 면하기를 바라기에
故示出家得解脫 출가함을 보여 해탈을 얻게 하는 것이며
於諸欲樂無所受 욕망에 따른 모든 즐거움은 받을 것이 없음을 보입니다.

菩薩示行十種行 보살이 열 가지 행해야 할 행을 보이고
亦行一切大人法 또한 모든 행으로서 모든 대인의 법과
諸仙行等悉無餘 모든 선인의 행을 남김없이 보이는 것은
爲欲利益衆生故 중생에게 이익이 되게 하려는 까닭입니다.

若有衆生壽無量 그와 같은 중생의 수명이 헤아릴 수 없고
煩惱微細樂具足 번뇌는 미세하며 이를 즐거움으로 알면
菩薩於中得自在 보살이 그 가운데 자재함을 얻어서
示受老病死衆患 노, 병, 사와 많은 근심을 받는 모습을 보입니다.

或有貪欲瞋恚癡 그와 같은 탐욕과 성냄과 어리석음으로
煩惱猛火常熾然 번뇌가 항상 맹렬한 불과 같이 성하면
菩薩爲現老病死 보살이 늙고 병들고 죽음을 나타내어
令彼衆生悉調伏 중생들을 남김없이 조복시킵니다.

如來十力無所畏 여래의 십력과 두려워할 만한 것이 없는 무외심과
及以十八不共法 열여덟 가지 함께 하지 않은 법과
所有無量諸功德 헤아릴 수 없이 많은 모든 공덕을
悉以示現度衆生 남김없이 나타내 보여서 중생을 제도합니다.

記心教誠及神足 마음으로 기억함과 가르침의 경계와 신통 변화는
悉是如來自在用 모두 여래의 자재한 쓰임새이며
彼諸大士皆示現 모든 대사가 다 나타내어 보여서
能使衆生盡調伏 중생을 빠짐없이 다 조복시킵니다.

菩薩種種方便門 보살이 가지가지 방편의 문으로
隨順世法度衆生 세상의 법을 거스르지 않고 따르면서 중생을 제도함은

譬如蓮華不著水 비유하면 연꽃에 물이 묻지 않듯이
如是在世令深信 이와 같음으로 세간에 있으면서 중생들의 믿음을 깊게 합니다.

雅思淵才文中王 바른 생각과 깊은 재주와 문장 가운데 최고이며
歌舞談說衆所欣 노래와 춤, 이야기로 대중을 기쁘게 하는
一切世間衆技術 모든 세간의 많은 기술이란
譬如幻師無不現 비유하면 마술사가 나타내어 보여주는 것과 같습니다.

或爲長者邑中主 늘 경우를 따라 장자로 읍 가운데 주인이 되기도 하며
或爲賈客商人導 늘 경우를 따라 상인과 손님의 인도자가 되기도 하며
或爲國王及大臣 늘 경우를 따라 나라의 왕이나 대신이 되기도 하며
或作良醫善衆論 늘 경우를 따라 양의가 되어 선근으로 많은 논의를 밝히기도 하며
或於曠野作大樹 늘 경우를 따라 광야에서 큰 나무가 되기도 하며
或爲良藥衆寶藏 늘 경우를 따라 좋은 약과 많은 보배의 장이 되기도 하며
或作寶珠隨所求 늘 경우를 따라 보주를 가지고 구하는 바를 따르기도 하며
或以正道示衆生 늘 경우를 따라 바른 도로써 중생에게 보이기도 합니다.

若見世界始成立 그와 같이 세계가 비롯되고 이루어지고 세워짐을 보면서
衆生未有資身具 중생이 몸을 갖출 재물이 넉넉하지 않으면
是時菩薩爲工匠 이때 보살이 장인이 되어
爲之示現種種業 이들을 위해 갖가지의 기예를 보입니다.

不作逼惱衆生物 중생을 핍박하는 물건을 만들지 않고
但說利益世間事 단지 세간에 이익이 되는 일만을 설하며
呪術藥草等衆論 주술이나 약초 등 많은 논의를
如是所有皆能說 이와 같이 있음을 다 설합니다.

一切仙人殊勝行 모든 선인의 특히 뛰어난 행을
人天等類同信仰 사람과 하늘 등의 같은 무리가 믿고 따르니
如是難行苦行法 이와 같은 행하기 어려운 고행의 법을
菩薩隨應悉能作 보살들이 응하고 따르면서 남김없이 만들어 갑니다.

或作外道出家人 늘 외도를 따라 출가하는 사람이 되기도 하고
或在山林自勤苦 늘 산림에서 스스로 부지런히 고행하기도 하며
或露形體無衣服 늘 의복을 입지 않는 채 형상을 드러내기도 하는
而於彼衆作師長 저러한 무리의 스승이나 어른이 되고자 합니다.

或現邪命種種行 늘 바르지 않은 도를 가지가지의 행으로 나타내며
習行非法以爲勝 법이 아닌 것을 배워 행하면서 뛰어난 것이라 하고
或現梵志諸威儀 경우를 따라서는 범지의 모든 위의를 나타내면서
於彼衆中爲上首 저 대중 가운데 상수가 되기도 합니다.

或受五熱隨日輪 늘 다섯 가지의 따스함을 받으면서 태양을 따라 회전하고
或持牛狗及鹿戒 늘 소와 개 및 사슴의 계를 지니기도 하며
或著壞衣奉事火 늘 낡은 옷을 입고 불을 받들어 섬기는
爲化是等作導師 이들을 가르치고 이끌기 위해 보살이 되기도 합니다.

或有示謁諸天廟 늘 모든 하늘의 사당에서 뵙는 것을 보이기도 하며
或復示入恒河水 늘 차례를 따라 항하의 물에 들어감을 보이기도 하고
食根果等悉示行 뿌리나 과일을 먹는 등 남김없이 행을 보이지만
於彼常思已勝法 항상 저들을 다스리는 뛰어난 법을 생각합니다.

或現蹲踞或翹足 늘 웅크리고 앉거나 때로는 발돋움하기도 하며
或臥草棘及灰上 늘 가시덤불이나 재위에 눕기도 하고
或復臥杵求出離 늘 차례를 따라 절구공이에 누워 벗어남을 구하려는
而於彼衆作師首 이러한 무리에서 스승으로서 우두머리가 되려 합니다.

如是等類諸外道 이와 같은 종류의 모든 외도와
觀其意解與同事 뜻을 자세하게 살펴보고 이해하면서 함께 일하며
所示苦行世靡堪 보이는 고통의 행을 세상에서는 참지 못하는 것을
令彼見已皆調伏 저들이 보고 또 마쳐서 다 조복시키게 합니다.

衆生迷惑稟邪教 중생이 미혹하기에 바르지 못한 가르침을 받고

住於惡見受衆苦 악한 견해에 머물며 많은 고통을 받기에
爲其方便說妙法 그들을 위해 방편으로 빼어난 법을 설하여
悉令得解眞實諦 모두 진실한 법을 이해하고 얻게 합니다.

或邊呪語說四諦 늘 끝없는 주문과 같은 말로 사제를 설하기도 하며
或善密語說四諦 늘 선근의 비밀스러운 말로 사제를 설하기도 하며
或人直語說四諦 늘 사람의 바른말로 사제를 설하기도 하며
或天密語說四諦 늘 하늘의 비밀스러운 말로 사제를 설하기도 하며
分別文字說四諦 분별하는 문자로 사제를 설하기도 하며
決定義理說四諦 결정한 뜻의 이치로 사제를 설하기도 하며
善破於他說四諦 선근으로 다름을 깨뜨리는 사제를 설하기도 하며
非外所動說四諦 밖으로 움직이지 않은 사제를 설하기도 하며
或八部語說四諦 늘 팔부신중의 말로 사제를 설하기도 하며
或一切語說四諦 늘 모든 말로 사제를 설하기도 하며
隨彼所解語言音 저들이 이해할 수 있는 말과 소리를 따라
爲說四諦令解脫 사제를 설하여 해탈하게 합니다.

所有一切諸佛法 일체 모든 부처님의 법을
皆如是說無不盡 이와 같이 빠짐없이 설하여 다하고
知語境界不思議 말로서 아는 경계가 생각으로는 헤아릴 수 없음을 알게 하니
是名說法三昧力 이름이 법을 설하는 삼매의 힘입니다.

대방광불화엄경 제15권

12. 현수품(2)
賢首品第十二之二

有勝三昧名安樂 뛰어난 삼매가 있으니 이름이 '안락'이며
能普救度諸群生 두루두루 모든 중생을 구하고 제도하며
放大光明不思議 사람의 생각으로는 헤아릴 수 없는 큰 광명을 놓아
令其見者悉調伏 보는 자 모두를 남김없이 조복시킵니다.

所放光明名善現 두루두루 놓은 광명의 이름은 '선현'이며
若有衆生遇此光 그와 같이 이 빛을 만나는 중생이 있으면
必令獲益不唐損 반드시 이익을 얻고 헛됨이 없으며
因是得成無上智 이로 인하여 위 없는 지혜를 이루고 얻습니다.

彼先示現於諸佛 먼저 모든 부처님을 나타내어 보이고
示法示僧示正道 법을 보이고 승을 보이고 바른 도를 보이며
亦示佛塔及形像 또한 부처님의 탑과 형상을 보이니
是故得成此光明 이러한 까닭으로 이러한 광명을 이루고 얻습니다.

又放光明名照耀 또 광명을 놓으니 이름이 '조요'이며
映蔽一切諸天光 일체 모든 하늘의 빛에 따른 그림자를 가리고
所有闇障靡不除 어둠으로 인한 막힘이나 걸림을 없애서
普爲衆生作饒益 중생들에게 두루두루 이익이 되도록 만듭니다.

此光覺悟一切衆 이 빛은 깨우침을 깨달아 체득한 모든 것으로서
令執燈明供養佛 밝은 등불을 잡아 부처님에게 공양하니
以燈供養諸佛故 등불로써 모든 부처님에게 공양한 까닭으로
得成世中無上燈 세상에 위 없는 등불을 이루고 얻습니다.

然諸油燈及酥燈 모든 기름 등불과 연유 등불을 밝히고
亦然種種諸明炬 또한 가지가지의 밝은 모든 횃불과
衆香妙藥上寶燭 많은 향과 빼어난 약과 보배 촛불을 켜서
以是供佛獲此光 부처님께 공양하고 이 빛을 얻습니다.

又放光明名濟度 또 광명을 놓으니 이름이 '제도'이며
此光能覺一切衆 이 빛은 일체 대중을 능히 깨닫게 하고
令其普發大誓心 그 대중이 두루 큰 서원을 일으켜
度脫欲海諸群生 욕심 바다의 모든 중생을 제도하여 해탈하게 합니다.

若能普發大誓心 그와 같은 큰 서원의 마음을 두루 일으켜
度脫欲海諸群生 욕심 바다의 모든 중생을 제도하여 해탈하게 하면
則能越度四瀑流 곧바로 네 가지의 폭포수를 능히 뛰어넘어
示導無憂解脫城 근심 없는 해탈의 성으로 통함을 보입니다.

放諸行路大水處 모든 사람이 오가는 길과 큰물이 흐르는 곳에
造立橋梁及船筏 건널 수 있는 다리와 배와 뗏목을 만들어 놓고
毀呰有爲讚寂靜 인위적인 꾸밈과 훼손해서 말하는 것을 꾸짖고 적정을 칭찬하니
是故得成此光明 이러한 까닭으로 이 광명을 이루고 얻습니다.

又放光明名滅愛 또 광명을 놓으니 이름이 '멸애'이며
此光能覺一切衆 이 빛은 일체 대중을 능히 깨닫게 하고
令其捨離於五欲 그 대중이 오욕에서 벗어나 버리게 하며 오욕
專思解脫妙法味 오로지 해탈의 빼어난 법의 맛을 사유하게 합니다.

若能捨離於五欲 그와 같이 오욕을 벗어나 버리고
專思解脫妙法味 오로지 해탈의 빼어난 법의 맛을 사유하면
則能以佛甘露雨 곧바로 부처님의 감로 비를 가지고
普滅世間諸渴愛 세간의 목마름에 애타는 모든 사랑을 두루 없앨 것입니다.

專施池井及泉流 오로지 못과 우물과 샘물만을 보시하고

專求無上菩提道 오로지 위 없는 보리의 도를 구하면서
毀讚五欲讚禪定 오욕의 훼손됨을 훈계하고 선정을 칭찬하니
是故得成此光明 이러한 까닭으로 이 광명을 이루고 얻습니다.

又放光明名歡喜 또 광명을 놓으니 이름이 '환희'이며
此光能覺一切衆 이 빛은 일체 대중을 능히 깨닫게 하고
令其愛慕佛菩提 그들이 부처님의 보리를 사랑하고 그리워하게 하며
發心願證無師道 원으로 스승이 없는 도를 일으키고 스승이 없는 도를 증명하게 합니다.

造立如來大悲像 여래가 크게 가엾이 여기는 모양이나 상태를 만들어
衆相莊嚴坐華座 마주 볼 모양이나 상태를 장엄해서 연화 좌에 모시고
恒歎最勝諸功德 가장 뛰어난 모든 공덕을 항상 찬탄하기에
是故得成此光明 이러한 까닭으로 이 광명을 이루고 얻습니다.

又放光明名愛樂 또 광명을 놓으니 이름이 '애락'이며
此光能覺一切衆 이 빛은 일체 대중을 능히 깨닫게 하고
令其心樂於諸佛 그들이 마음으로 모든 부처님을 좋아하게 하며
及以樂法樂衆僧 이로써 법을 좋아하고 승을 좋아하게 합니다.

若常心樂於諸佛 그와 같은 마음으로 항상 모든 부처님을 좋아하고
及以樂法樂衆僧 이로써 법을 좋아하고 승을 좋아하게 되면
則在如來衆會中 곧바로 여래의 모임 가운데 있게 되어
建成無上深法忍 위 없는 깊은 법인을 이루고 세웁니다.

開悟衆生無有量 헤아릴 수 없이 많은 중생을 깨달음으로 통하게 하고
普使念佛法僧寶 불보, 법보, 승보를 두루 생각하게 하며
及示發心功德行 공덕의 행을 발심해서 보였기에
是故得成此光明 이러한 까닭으로 이 광명을 이루고 얻습니다.

又放光明名福聚 또 광명을 놓으니 이름이 '복취'이며
此光能覺一切衆 이 빛은 일체 대중을 능히 깨닫게 하고

令行種種無量施 가지가지의 헤아릴 수 없이 많은 보시를 하게 하니
以此願求無上道 이로써 소망하는 위 없는 도를 구합니다.

設大施會無遮限 제한이 없는 큰 보시의 모임을 만들어
有來求者皆滿足 와서 구하는 자는 모두 만족하게 하고
不令其心有所乏 그 마음에 부족함이 없게 하니
是故得成此光明 이러한 까닭으로 이 광명을 이루고 얻습니다.

又放光明名具智 또 광명을 놓으니 이름이 '구지'이며
此光能覺一切衆 이 빛은 일체 대중을 깨닫게 하고
令於一法一念中 그들이 하나의 법과 한 생각, 한순간에
悉解無量諸法門 헤아릴 수 없는 모든 법의 문을 빠짐없이 이해하게 합니다.

爲諸衆生分別法 모든 중생을 위하여 법을 분별하고
及以決了眞實義 진실한 이치를 분명하게 깨달아 알고 결정해서 마치게 했으며
善說法義無虧減 선근의 법을 설하여 이치가 이지러지고 줄어드는 일을 없게 하니
是故得成此光明 이러한 까닭으로 이 광명을 이루고 얻습니다.

又放光明名慧燈 또 광명을 놓으니 이름이 '혜등'이며
此光能覺一切衆 이 빛은 일체 대중을 능히 깨닫게 하고
令知衆生性空寂 중생의 성품이란 텅 비고 고요해서
一切諸法無所有 일체 모든 법이 없음을 알게 합니다.

演說諸法空無主 모든 법이 텅 비고 주인이 없음을 설하며
如幻如焰水中月 허깨비와 같고 불꽃이나 물 가운데의 달과 같으며
乃至猶如夢影像 꿈속의 영상과 같다는 일에 이르기까지 그렇다 하니
是故得成此光明 이러한 까닭으로 이 광명을 이루고 얻습니다.

又放光名法自在 또 광명을 놓으니 이름이 '법 자재'이며
此光能覺一切衆 이 빛은 모든 대중을 능히 깨닫게 하고
令得無盡陀羅尼 다함이 없는 다라니를 얻게 하며

悉持一切諸佛法 남김없이 일체 모든 부처님의 법을 가지게 합니다.

恭敬供養持法者 법을 가진 이를 공경하고 공양하였으며
給侍守護諸賢聖 모든 어진 이와 성인을 모시고 수호했으며
以種種法施衆生 가지가지의 법으로 중생에게 보시하니
是故得成此光明 이러한 까닭으로 이 광명을 이루고 얻습니다.

又放光明名能捨 또 광명을 놓으니 이름이 '능사'이며
此光覺悟慳衆生 이 빛은 인색한 중생을 능히 깨닫게 하여
令知財寶悉非常 재물과 보배는 모두 항상 하지 않음을 알게 하고
恒樂惠施心無著 늘 즐거운 마음으로 은혜롭게 베풀고 집착이 없게 합니다.

慳心難調而能調 인색한 마음을 조복시키기 어렵겠지만 능히 조복시키고
解財如夢如浮雲 재물이란 꿈과 같고 뜬구름 같음을 깨닫도록 해서
增長惠施清淨心 은혜롭게 보시하는 청정한 마음을 늘리고 키우니
是故得成此光明 이러한 까닭으로 이 광명을 이루고 얻습니다.

又放光明名除熱 또 광명을 놓으니 이름이 '제열'이며
此光能覺毀禁者 이 빛은 계를 훼손한 자를 능히 깨닫게 하고
普使受持清淨戒 청정한 계를 두루 받아 지니게 하며
發心願證無師道 마음을 일으켜 스승이 없는 도를 얻길 소원하게 합니다.

勸引衆生受持戒 중생들에게 권하고 이끌어서 계를 받아 지니게 하고
十善業道悉清淨 열 가지 선근의 업과 도를 남김없이 청정하게 하며
又令發向菩提心 또 보리로 향하는 마음을 일으키게 하니
是故得成此光明 이러한 까닭으로 이 광명을 이루고 얻습니다.

又放光明名忍嚴 또 광명을 놓으니 이름이 '인엄'이며
此光覺悟瞋恚者 이 빛은 성내고 화내는 이를 깨닫게 하고
令彼除瞋離我慢 성냄을 없애고 스스로 오만함에서 벗어나게 하니
常樂忍辱柔和法 늘 인욕하고 부드럽게 화하는 법을 즐기게 합니다.

衆生暴惡難可忍 중생의 난폭하고 악함을 참기는 어렵지만
爲菩提故心不動 보리를 위하는 까닭에 마음이 움직이지 않으며
常樂稱揚忍功德 참은 공덕을 즐거운 마음으로 늘 칭찬하니
是故得成此光明 이러한 까닭으로 이 광명을 이루고 얻습니다.

又放光明名勇猛 또 광명을 놓으니 이름이 '용맹'이며
此光覺悟懶惰者 이 빛은 게으르고 나태한 자를 능히 깨닫게 하고
令彼常於三寶中 늘 삼보 가운데
恭敬供養無疲厭 공경하고 공양함을 피곤해하거나 싫어함이 없게 합니다.

若彼常於三寶中 그와 같이 늘 삼보 가운데
恭敬供養無疲厭 공경하고 공양함을 피곤해하거나 싫어함이 없게 되면
則能超出四魔境 곧바로 네 가지 마의 경계를 뛰어넘어
速成無上佛菩提 위 없는 부처님의 보리를 빠르게 이룹니다.

勸化衆生令進策 중생들에게 권하여 정진하도록 채찍질하고
常勤供養於三寶 항상 부지런히 삼보를 공경하게 하며
法欲滅時專守護 법이 없어지려 할 때 오로지 지키고 보호하려 하기에
是故得成此光明 이러한 까닭으로 이 광명을 이루고 얻습니다.

又放光明名寂靜 또 광명을 놓으니 이름이 '적정'이며
此光能覺亂意者 이 빛은 생각이 어지러운 자를 깨닫게 하고
令其遠離貪恚癡 탐내고 성내며 어리석음에서 멀리 벗어나게 하여
心不動搖而正定 마음이 동요하지 않고 정정하게 합니다.

捨離一切惡知識 모든 악의 지식을 버리고 벗어나
無義談說雜染行 무의미한 잡담과 잡스러움에 물든 행을 버리고
讚歎禪定阿蘭若 선정과 아란야를 칭찬하기에
是故得成此光明 이러한 까닭으로 이 광명을 이루고 얻습니다.

又放光明名慧嚴 또 광명을 놓으니 이름이 '혜엄'이며

此光覺悟愚迷者 이 빛은 어리석고 헤매는 자를 깨닫게 하며
令其證諦解緣起 진실한 법을 증명하고 연기를 깨달아서
諸根智慧悉通達 모든 근성의 지혜를 남김없이 통달하게 합니다.

若能證諦解緣起 그와 같이 진실한 법을 증명하고 연기를 깨달아서
諸根智慧悉通達 모든 근성의 지혜를 남김없이 통달하면
則得日燈三昧法 곧바로 일등 삼매 법을 얻어서
智慧光明成佛果 지혜의 광명으로 부처님의 과를 이룹니다.

國財及己皆能捨 국토의 재물과 내 몸까지도 능히 다 버리고
爲菩提故求正法 보리를 위하는 까닭에 바른 법을 구하며
聞已專勤爲衆說 듣는 일을 마치고 오로지 대중을 위해 부지런히 설하기에
是故得成此光明 이러한 까닭으로 이 광명을 이루고 얻습니다.

又放光明名佛慧 또 광명을 놓으니 이름이 '불혜'이며
此光覺悟諸含識 이 빛은 모든 함식(衆生)을 깨닫게 하고
令見無量無邊佛 헤아릴 수 없고 끝이 없는 부처님이
各各坐寶蓮華上 각각 보배 연꽃 위에 앉아계심을 보게 합니다.

讚佛威德及解脫 부처님의 위덕과 해탈을 칭찬하고 감탄하며
說佛自在無有量 부처님의 자재함이 헤아릴 수 없음을 설하고
顯示佛力及神通 부처님의 힘과 신통을 나타내 보이니
是故得成此光明 이러한 까닭으로 이 광명을 이루고 얻습니다.

又放光明名無畏 또 광명을 놓으니 이름이 '무외'이며
此光照觸恐怖者 이 빛은 무서움과 두려움을 느끼는 이를 비추어
非人所持諸毒害 사람이 아닌 것들이 가지고 있는 모든 독과 해로움을
一切皆令疾除滅 모두 다 빠르게 없애줍니다.

能於衆生施無畏 중생에게 두려움이 없는 법을 보시하고
遇有惱害皆勤止 괴로움과 해로움을 만나면 무외를 권하여 그치게 하며

拯濟厄難孤窮者 액난과 외로움에 어려워하는 이를 구하고 도우니
以是得成此光明 이로써 이 광명을 이루고 얻습니다.

又放光明名安隱 또 광명을 놓으니 이름이 '안은'이며
此光能照疾病者 이 빛은 병이 든 이들을 비추어
令除一切諸苦痛 일체 모든 고통을 없애주고
悉得正定三昧樂 모두 바른 선정의 삼매, 이 삼매의 즐거움을 얻습니다.

施以良藥救衆患 좋은 약을 보시해서 많은 병환을 치료하고
妙寶延命香塗體 빼어난 보배로는 명을 늘려주고 몸에 향을 바르며
酥油乳蜜充飲食 소젖과 기름과 꿀로 충분하게 마시고 먹게 하니
以是得成此光明 이로써 이 광명을 이루고 얻습니다.

又放光明名見佛 또 광명을 놓으니 이름이 '견불'이며
此光覺悟將歿者 이 빛은 장차 죽을 자를 깨닫게 하고
令隨憶念見如來 기억하고 생각함을 따라 여래를 뵈니
命終得生其淨國 마침내 명을 다하면 정토에 태어남을 얻습니다.

見有臨終勸念佛 임종하는 사람을 보면 염불하기를 권하고
又示尊像令瞻敬 또 존상을 보여 우러러 사모하게 하며
俾於佛所深歸仰 부처님의 처소에 깊이 귀의해서 따르게 하니
是故得成此光明 이러한 까닭으로 이 광명을 이루고 얻습니다.

又放光明名樂法 또 광명을 놓으니 이름이 '낙법'이며
此光能覺一切衆 이 빛은 일체 대중을 능히 깨닫게 하고
令於正法常欣樂 바른 법에 늘 기뻐하고 즐거워하며
聽聞演說及書寫 법을 청하여 듣고 말로서 널리 펴고 쓰게 합니다.

法欲盡時能演說 법이 다할 때 능히 말로서 널리 펴며
令求法者意充滿 법을 구하는 이들을 충만하게 하고
於法愛樂勤修行 법을 사랑하면서 좋아하며 부지런히 닦고 행하니

是故得成此光明 이러한 까닭으로 이 광명을 이루고 얻게 합니다.

又放光明名妙音 또 광명을 놓으니 이름이 '묘음'이며
此光開悟諸菩薩 이 빛은 모든 보살을 활짝 열어 깨닫게 하고
能令三界所有聲 능히 삼계에 있는 소리를
聞者皆是如來音 듣는 이가 모두 여래의 소리로 듣게 합니다.

以大音聲稱讚佛 큰 음성으로 부처님을 칭찬하며
及施鈴鐸諸音樂 요령, 목탁의 모든 음악을 보시해서
普使世間聞佛音 부처님의 음성을 세간에서 두루 듣게 하니
是故得成此光明 이러한 까닭으로 이 광명을 이루고 얻습니다.

又放光明施甘露 또 광명을 놓으니 이름이 '감로'이며
此光開悟一切衆 이 빛은 일체 대중을 활짝 열어 깨닫게 하고
令捨一切放逸行 모든 방일한 행을 버리고
具足修習諸功德 온전하게 갖추어서 모든 공덕을 배우고 익히게 합니다.

說有爲法非安隱 인위적인 유위의 법은 편안하지 않고
無量苦惱悉充徧 헤아릴 수 없는 고뇌가 두루 가득하다 설하며
恒樂稱揚寂滅樂 늘 적멸의 즐거움을 칭찬해서 좋아하게 하니
是故得成此光明 이러한 까닭으로 이 광명을 이루고 얻습니다.

又放光明名最勝 또 광명을 놓으니 이름이 '최승'이며
此光開悟一切衆 이 빛은 일체 대중을 활짝 열어 깨닫게 하고
令於佛所普聽聞 부처님이 두루 계신 곳에서
戒定智慧增上法 계, 정, 혜를 늘리는 상법을 청하여 듣게 합니다.

常樂稱揚一切佛 모든 부처님의
勝戒勝定殊勝慧 뛰어난 계, 뛰어난 정과 특히 뛰어난 혜를 늘 칭찬하고 좋아하게 하며
如是爲求無上道 이와 같은 위 없는 도를 구하게 하니
是故得成此光明 이러한 까닭으로 이 광명을 이루고 얻습니다.

又放光明名寶嚴 또 광명을 놓으니 이름이 '보엄'이며
此光能覺一切衆 이 빛은 모든 대중을 능히 깨닫게 하고
令得寶藏無窮盡 끝이 없고 다함이 없는 보배의 장을 얻어
以此供養諸如來 이것으로 모든 여래께 공양하게 합니다.

以諸種種上妙寶 모든 가지가지의 빼어난 상품의 보배로
奉施於佛及佛塔 부처님과 불탑을 받들어 보시하고
亦以惠施諸貧乏 또한 가난하고 고달픈 모든 이에게 은혜로서 보시하니
是故得成此光明 이러한 까닭으로 이 광명을 이루고 얻습니다.

又放光明名香嚴 또 광명을 놓으니 이름이 '향엄'이며
此光能覺一切衆 이 빛은 모든 대중을 능히 깨닫게 하고
令其聞者悅可意 듣는 이가 마음으로 기뻐하며
決定當成佛功德 반드시 보람 있는 결과로서 부처님의 공덕을 이루게 합니다.

人天妙香以塗地 사람과 하늘이 빼어난 향을 땅에 바르고
供養一切最勝王 일체 가운데 가장 뛰어난 왕에게 공양하며
亦以造塔及佛像 또한 탑과 부처님의 형상을 만들어서 이루니
是故得成此光明 이러한 까닭으로 이 광명을 이루고 얻습니다.

又放光名雜莊嚴 또 광명을 놓으니 이름이 '잡 장엄'이며
寶幢幡蓋無央數 보배 당기와 번과 일산 등이 헤아릴 수가 없고
焚香散華奏衆樂 향을 사르고 꽃을 흩뿌리고 음악을 울리니
城邑內外皆充滿 성읍 안과 밖 모든 곳을 충만하게 합니다.

本以微妙妓樂音 본래 미묘한 악기의 좋은 소리와
衆香妙華幢皆等 많은 향과 빼어난 꽃과 당기 등 모든
種種莊嚴供養佛 가지가지의 장엄을 부처님께 공양하니
是故得成此光明 이러한 까닭으로 이 광명을 이루고 얻습니다.

又放光明名嚴潔 또 광명을 놓으니 이름이 '엄결'이며

令地平坦猶如掌 땅이 평탄한 것이 마치 손바닥과 같고
莊嚴佛塔及其處 부처님의 탑과 그 처소를 장엄하니
是故得成此光明 이러한 까닭으로 이 광명을 이루고 얻습니다.

又放光明名大雲 또 광명을 놓으니 이름이 '대운'이며
能起香雲雨香水 향기 구름을 일으켜 향수를 내리고
以水灑塔及庭院 탑과 정원에 물을 뿌려 깨끗이 하니
是故得成此光明 이러한 까닭으로 이 광명을 이루고 얻습니다.

又放光明名嚴具 또 광명을 놓으니 이름이 '엄구'이며
令裸形者得上服 헐벗은 이들이 상품의 좋은 옷을 얻게 하고
嚴身妙物而爲施 몸을 꾸밀 수 있는 빼어난 물건을 보시하니
是故得成此光明 이러한 까닭으로 이 광명을 이루고 얻습니다.

又放光明名上味 또 광명을 놓으니 이름이 '상미'이며
能令飢者獲美食 굶주린 이들에게 맛있는 밥을 얻게 하고
種種珍饌而爲施 가지가지의 맛좋은 음식을 보시하니
是故得成此光明 이러한 까닭으로 이 광명을 이루고 얻습니다.

又放光明名大財 또 광명을 놓으니 이름이 '대재'이며
令貧乏者獲寶藏 가난한 이들에게 보배 창고를 얻게 하고
以無盡物施三寶 다함이 없는 물건을 삼보에 보시하게 하니
是故得成此光明 이러한 까닭으로 이 광명을 이루고 얻습니다.

又放光名眼清淨 또 광명을 놓으니 이름은 '안 청정'이며
能令盲者見衆色 눈이 먼 이들이 많은 빛깔을 보게 하고
以燈施佛及佛塔 밝은 등을 부처님과 불탑에 보시하니
是故得成此光明 이러한 까닭으로 이 광명을 이루고 얻습니다.

又放光名耳清淨 또 광명을 놓으니 '이 청정'이며
能令聾者悉善聽 귀먹은 이들이 모든 소리를 잘 듣게 하고

鼓樂娛佛及佛塔 북을 치고 부처님과 불탑을 즐겁게 하니
是故得成此光明 이러한 까닭으로 이 광명을 이루고 얻습니다.

又放光名鼻淸淨 또 광명을 놓으니 '비 청정'이며
昔未聞香皆得聞 맡지 못하는 향기를 모두 맡게 하고
以香施佛及佛塔 이 향을 부처님과 불탑에 보시하니
是故得成此光明 이러한 까닭으로 이 광명을 이루고 얻습니다.

又放光名舌淸淨 또 광명을 놓으니 이름이 '설 청정'이며
能以美音稱讚佛 아름다운 음성으로 부처님을 칭찬하고
永除麤惡不善語 추악하고 선근의 말이 아니면 영원히 제거해버리니
是故得成此光明 이러한 까닭으로 이 광명을 이루고 얻습니다.

又放光名身淸淨 또 광명을 놓으니 '신 청정'이며
諸根缺者令具足 모든 근이 결여된 이들을 온전하게 갖추도록 하고
以身禮佛及佛塔 몸으로 부처님과 불탑에 예를 올리니
是故得成此光明 이러한 까닭으로 이 광명을 이루고 얻습니다.

又放光名意淸淨 또 광명을 놓으니 이름이 '의 청정'이며
令失心者得正念 마음을 잃는 이들에게 바른 생각을 얻게 하고
修行三昧悉自在 삼매를 닦고 행하여 모두 자재하게 하니
是故得成此光明 이러한 까닭으로 이 광명을 이루고 얻습니다.

又放光名色淸淨 또 광명을 놓으니 이름이 '색 청정'이며
令見難思諸佛色 생각으로는 어려운 모든 부처님의 모습을 보게 하고
以衆妙色莊嚴塔 빼어난 많은 빛깔로 탑을 장엄하니
是故得成此光明 이러한 까닭으로 이 광명을 이루고 얻습니다.

又放光名聲淸淨 또 광명을 놓으니 이름이 '성 청정'이며
令知聲性本空寂 소리의 성품이 본래 공적함을 알게 하고
觀聲緣起如谷響 소리의 연기(생기소멸의 법칙)가 골짜기의 메아리와 같음을 관하니

是故得成此光明 이러한 까닭으로 이 광명을 이루고 얻습니다.

又放光名香清淨 또 광명을 놓으니 이름이 '향 청정'이며
令諸臭穢悉香潔 모든 구리고 더러운 냄새를 남김없이 향으로 깨끗하게 하고
香水洗塔菩提樹 향수로 탑과 보리수를 씻으니
是故得成此光明 이러한 까닭으로 이 광명을 이루고 얻습니다.

又放光名味清淨 또 광명을 놓으니 이름이 '미 청정'이며
能除一切味中毒 모든 맛 가운데 독을 제거하고
恒供佛僧及父母 늘 부처님과 승, 부모님에게 공양하니
是故得成此光明 이러한 까닭으로 이 광명을 이루고 얻습니다.

又放光名觸清淨 또 광명을 놓으니 '촉 청정'이며
能令惡觸皆柔軟 나쁜 촉감을 모두 부드럽게 하고
戈鋋劍戟從空雨 창과 검 끝이 허공을 쫓아내려도
皆令變作妙華鬘 모두 변화시켜 빼어난 화관으로 만듭니다.

以昔曾於道路中 지난 옛적 일찍이 길 가운데
塗香散華布衣服 향을 바르고 꽃을 흩뿌리고 의복을 깔아서
迎送如來令蹈上 여래를 맞이하고 보낼 때 위를 지나시게 하니
是故今獲光如是 이러한 까닭으로 지금 이와 같은 빛을 얻습니다.

又放光名法清淨 또 광명을 놓으니 '법 청정'이며
能令一切諸毛孔 일체 모든 털구멍으로 능히
悉演妙法不思議 생각으로 헤아릴 수 없는 빼어난 법을 남김없이 널리 펴니
衆生聽者咸欣悟 중생 가운데 듣는 이들이 다 함께 기뻐하고 깨닫습니다.

因緣所生無有生 인연으로 생 한 것은 생 한 것이 아니며
諸佛法身非是身 모든 부처님의 법신은 몸이 아니고
法性常住如虛空 법의 성품은 늘 머물기는 하지만 허공과 같으니
以說其義光如是 그 뜻을 설하자면 광명은 이와 같습니다.

如是等比光明門 이와 같이 가지런하게 견줄 수 있는 광명의 문은
如恒河沙無限數 항하의 모래알과 같아서 수를 헤아릴 수 없으며
悉從大仙毛孔出 모두 대선의 털구멍을 좇아 나와서
一一作業各差別 하나하나 업을 지음이 제각기 차별이 있습니다.

如一毛孔所放光 하나의 털구멍에서 놓은 빛은
無量無數如恒沙 헤아릴 수 없이 많은 항하의 모래알과 같으며
一切毛孔悉亦然 모든 털구멍의 빛 또한 그러하니
此是大仙三昧力 이는 대선의 삼매에 따른 힘(如來禪)입니다.

如其本行所得光 그 근본의 행으로 얻은 빛은
隨彼宿緣同行者 예전의 인연을 맺은 동행자를 따라
今放光明故如是 광명을 놓은 까닭에 이와 같으며
此是大仙智自在 이는 대선의 자재한 지혜입니다.

往昔同修於福業 지난 세월 다 함께 복된 업을 닦고
及有愛樂能隨喜 능히 친밀하고 좋아하기에 기쁘게 따랐으며
見其所作亦復然 성취해 가는 것을 보는 일도 역시 차례를 따라 그러하기에
彼於此光咸得見 그들이 이 빛을 함께 보고 얻습니다.

若有自修衆福業 그와 같이 스스로 많은 복된 업을 닦고
供養諸佛無央數 헤아릴 수 없이 많은 모든 부처님을 공양하며
於佛功德常願求 부처님의 공과 덕을 항상 소원하고 구하려 한다면
是此光明所開覺 이 광명으로 활짝 열어 깨닫게 합니다.

譬如生盲不見日 비유하면 눈이 먼 자는 해를 보지 못하지만
非爲無日出世間 세간에 해가 없는 것은 아니며
諸有目者悉明見 눈이 있는 모든 이들은 남김없이 밝게 보고서
各隨所務修其業 제각기 힘써 일하며 업을 닦는 것과 같습니다.

大士光明亦如是 대사의 광명도 또한 이와 같으며

有智慧者皆悉見 지혜가 있는 이들은 모두 다 보지만
凡夫邪信劣解人 범부와 삿된 믿음과 이해심이 적은 사람은
於此光明莫能睹 이 광명을 보지 못합니다.

摩尼宮殿及輦乘 마니 궁전과 수레와
妙寶靈香以塗瑩 빼어난 보배와 신령한 향으로 바르고 마음을 밝게 하지만
有福德者自然備 복덕이 있는 이들은 자연히 갖추는 것이며
非無德者所能處 복덕이 없는 자는 처할 것이 없습니다.

大士光明亦如是 대사의 광명도 역시 이와 같기에
有深智者咸照觸 깊은 지혜가 있는 이들은 다 비추어 느끼며
邪信劣解凡愚人 삿된 믿음과 이해심이 적은 어리석은 사람은
無有能見此光明 이 광명을 볼 수가 없습니다.

若有聞此光差別 그와 같이 이 빛을 듣고 차등 있게 구별 지우면
能生淸淨深信解 청정하고 깊은 믿음과 이해심을 생하고
永斷一切諸疑網 일체 모든 의심의 그물을 영원히 끊어서
速成無上功德幢 위 없는 공덕의 당기를 빠르게 이룰 것입니다.

有勝三昧能出現 뛰어난 삼매가 나타나서 보이면
眷屬莊嚴皆自在 권속의 장엄이 모두 자재하고
一切十方諸國土 일체 시방의 모든 국토에
佛子衆會無倫匹 불자의 많은 모임을 보면 맞설 무리가 없습니다.

有妙蓮華光莊嚴 빼어난 연꽃의 빛으로 장엄하니
量等三千大千界 헤아리는 양이 삼천대천세계와 가지런하고
其身端坐悉充滿 단정하게 앉은 몸이 남김없이 가득하니
是此三昧神通力 이는 삼매의 신통력입니다.

復有十刹微塵數 차례를 따라 열 세계의 티끌 수와 같은
妙好蓮華所圍遶 빼어나게 좋은 연꽃이 둘러쌓으며

諸佛子衆於中坐 모든 불자가 그 가운데 앉아 있으니
住此三昧威神力 이 삼매에 머무는 위신력입니다.

宿世成就善因緣 지난 세상에서 선근의 인연을 성취하고
具足修行佛功德 부처님의 공덕을 닦고 행하여 온전하게 갖춘
此等衆生遶菩薩 이와 같은 가지런한 중생들이 보살을 에워싸고
悉共合掌觀無厭 모두 함께 합장하고 관하지만 싫어함이 없습니다.

譬如明月在星中 비유하면 별 가운데 밝은 달이 있는 것과 같이
菩薩處衆亦復然 보살이 대중에 처함도 역시 차례를 따라 그러하고
大士所行法如是 대사의 행하는 법이 이와 같으니
入此三昧威神力 이 삼매에 들어간 위신력입니다.

如於一方所示現 한 방위에 이같이 나타내 보이니
諸佛子衆共圍遶 모든 불자가 다 함께 둘러싼 것과 같으며
一切方中悉如如 모든 방위 가운데도 남김없이 여여하니
住此三昧威神力 이 삼매에 머무는 위신력입니다.

有勝三昧名方網 뛰어난 삼매가 있으니 이름이 '방망'이며
菩薩住此廣開示 보살이 이곳에 머물며 활짝 열어 보이니
一切方中普現身 모든 방위 가운데 두루두루 몸을 나타내어
或現入定或從出 늘 정에 들어가고 늘 따라 나옴을 나타냅니다.

或於東方入正定 어떤 경우에는 늘 동방에서 바른 정에 들어갔다가
而於西方從定出 서방에서 정을 좇아 나오고
或於西方入正定 어떤 경우에는 늘 서방에서 바른 정에 들어갔다가
而於東方從定出 동방에서 정을 좇아 나오고
或於餘方入正定 어떤 경우에는 늘 남아있는 방에서 바른 정에 들어갔다가
而於餘方從定出 남아있는 방에서 정을 좇아 나오니
如是入出徧十方 이와 같이 들어가고 나옴이 시방에 두루 하며
是名菩薩三昧力 이를 이름 붙여 이르길 '보살의 삼매력'이라 합니다.

盡於東方諸國土 동방의 국토가 다하는 곳까지
所有如來無數量 무수 무량한 여래가 계시며
悉現其前普親近 모두가 그 앞에서 두루 친근하게 굴지만
住於三昧寂不動 삼매의 고요함에 머물며 움직이지 않으시고
而於西方諸世界 서방의 모든 세계에
一切諸佛如來所 일체 모든 부처와 여래가 계신 곳에
皆現從於三昧起 빠짐없이 나타내어 삼매를 일으키고 이를 따라서
廣修無量諸供養 헤아릴 수 없는 모든 공양을 넓게 닦습니다.

盡於西方諸國土 서방의 국토가 다하는 곳까지
所有如來無數量 무수 무량한 여래가 계시며
悉現其前普親近 모두 그 앞에서 두루 친근하게 굴지만
住於三昧寂不動 삼매의 고요함에 머물며 움직이지 않으시고
而於東方諸世界 동방의 모든 세계에
一切諸佛如來所 일체 모든 부처와 여래가 계신 곳에
皆現從於三昧起 빠짐없이 나타내어 삼매를 일으키고 이를 따라서
廣修無量諸供養 헤아릴 수 없는 모든 공양을 넓게 닦습니다.

如是十方諸世界 이와 같은 시방의 모든 세계에
菩薩悉入無有餘 보살이 빠짐없이 들어가 남음이 없으며
或現三昧寂不動 어떤 경우에는 늘 삼매를 나타내지만 고요하게 움직이지 않고
或現恭敬供養佛 어떤 경우에는 늘 공경함을 나타내어 부처님께 공양합니다.

於眼根中入正定 안근 가운데서 바른 정에 들어갔다가
於色塵中從定出 색진 가운데 정으로 좇아 나와
示現色性不思議 헤아릴 수 없는 색의 성품을 나타내 보이지만
一切天人莫能知 모든 하늘과 사람이 알지 못합니다.

於色塵中入正定 색진 가운데서 바른 정에 들어갔다가
於眼起定心不亂 안근이 정을 일으켜도 마음이 어지럽지 않으며
說眼無生無有起 안근은 생함도 없고 일으킴도 없음을 설하니

性空寂滅無所作 성품이 공하고 적멸하기에 인위적으로 만드는 것이 없습니다.

於耳根中入正定 이근 가운데서 바른 정에 들어갔다가
於聲塵中從定出 성진 가운데서 정으로 좇아 나와
分別一切語言音 모든 말과 소리를 분별하지만
諸天世人莫能知 모든 하늘과 사람이 알지 못합니다.

於聲塵中入正定 성진 가운데서 바른 정에 들어갔다가
於耳起定心不亂 이근이 정을 일으켜도 마음이 어지럽지 않으며
說耳無生無有起 이근은 생함도 없고 일으킴도 없음을 설하니
性空寂滅無所作 성품이 공하고 적멸하기에 인위적으로 만드는 것이 없습니다.

於鼻根中入正定 비근 가운데서 바른 정에 들어갔다가
於香塵中從定出 향진 가운데서 정으로 좇아 나와
普得一切上妙香 모든 상품의 빼어난 향을 두루 얻지만
諸天世人莫能知 모든 하늘과 사람이 알지 못합니다.

於香塵中入正定 향진 가운데서 바른 정에 들어갔다가
於鼻起定心不亂 비근이 정을 일으켜도 마음이 어지럽지 않으며
說鼻無生無有起 비근은 생함도 없고 일으킴도 없음을 설하니
性空寂滅無所作 성품이 공하고 적멸하기에 인위적으로 만드는 것이 없습니다.

於舌根中入正定 설근 가운데서 바른 정에 들어갔다가
於味塵中從定出 미진 가운데서 정으로 좇아 나와
普得一切諸上味 일체 모든 상품이 되는 맛을 두루 얻지만
諸天世人莫能知 모든 하늘과 사람이 알지 못합니다.

於味塵中入正定 미진 가운데서 바른 정에 들어갔다가
於舌起定心不亂 설근이 정을 일으켜도 마음이 어지럽지 않으며
說舌無生無有起 설근은 생함도 없고 일으킴도 없음을 설하니
性空寂滅無所作 성품이 공하고 적멸하기에 인위적으로 만드는 것이 없습니다.

於身根中入正定 신근 가운데서 바른 정에 들어갔다가
於觸塵中從定出 촉진 가운데서 정으로 좇아 나와
普能分別一切觸 모든 접촉하는 것을 두루 분별하지만
諸天世人莫能知 모든 하늘과 사람이 알지 못합니다.

於觸塵中入正定 촉진 가운데서 바른 정에 들어갔다가
於身起定心不亂 몸이 정을 일으켜도 마음이 어지럽지 않으며
說身無生無有起 몸은 생함도 없고 일으킴도 없음을 설하니
性空寂滅無所作 성품이 공하고 적멸하기에 인위적으로 만드는 것이 없습니다.

於意根中入正定 의근 가운데서 바른 정에 들어갔다가
於法塵中從定出 법진 가운데서 정으로 좇아 나와
分別一切諸法相 일체 모든 법의 모양이나 상태를 분별하지만
諸天世人莫能知 모든 하늘과 사람이 알지 못합니다.

於法塵中入正定 법진 가운데서 바른 정에 들어갔다가
從意起定心不亂 의근을 좇아 정을 일으켜도 마음이 어지럽지 않으며
說意無生無有起 의근은 생함도 없고 일으킴도 없음을 설하니
性空寂滅無所作 성품이 공하고 적멸하기에 인위적으로 만드는 것이 없습니다.

童子身中入正定 동자의 몸 가운데서 바른 정에 들어갔다가
壯年身中從定出 장정의 몸 가운데서 정으로 좇아 나오고
壯年身中入正定 장년의 몸 가운데서 바른 정에 들어갔다가
⊠年身中從定出 노년의 몸 가운데서 정으로 좇아 나오고
⊠年身中入正定 노년의 몸 가운데서 바른 정에 들어갔다가
善女身中從定出 선녀의 몸 가운데서 정으로 좇아 나오고
善女身中入正定 선녀의 몸 가운데서 바른 정에 들어갔다가
善男身中從定出 선남의 몸 가운데서 정으로 좇아 나오고
善男身中入正定 선남의 몸 가운데서 바른 정에 들어갔다가
比丘尼身從定出 비구니의 몸 가운데서 정으로 좇아 나오고
比丘尼身入正定 비구니의 몸 가운데서 바른 정에 들어갔다가

比丘身中從定出 비구의 몸 가운데서 정으로 좇아 나오고
比丘身中入正定 비구의 몸 가운데서 바른 정에 들어갔다가
學無學身從定出 학과 무학의 몸에서 정으로 좇아 나오고
學無學身入正定 학과 무학의 몸에서 바른 정에 들어갔다가
辟支佛身從定出 벽지불의 몸에서 정으로 좇아 나오고
辟支佛身入正定 벽지불의 몸에서 바른 정에 들어갔다가
現如來身從定出 여래의 몸에서 정으로 좇아 나옴을 나타내고
於如來身入正定 여래의 몸에서 바른 정에 들어갔다가
諸天身中從定出 모든 하늘의 몸 가운데서 정으로 좇아 나오고
諸天身中入正定 모든 하늘의 몸 가운데서 바른 정에 들어갔다가
大龍身中從定出 큰 용의 몸 가운데서 정으로 좇아 나오고
大龍身中入正定 큰 용의 몸 가운데서 바른 정에 들어갔다가
夜叉身中從定出 야차의 몸 가운데서 정으로 좇아 나오고
夜叉身中入正定 야차의 몸 가운데서 바른 정에 들어갔다가
鬼神身中從定出 귀신의 몸 가운데서 정으로 좇아 나오고
鬼神身中入正定 귀신의 몸 가운데서 바른 정에 들어갔다가
一毛孔中從定出 한 털구멍 가운데서 정으로 좇아 나오고
一毛孔中入正定 한 털구멍 가운데서 바른 정에 들어갔다가
一切毛孔從定出 모든 털구멍에서 정으로 좇아 나오고
一切毛孔入正定 모든 털구멍에서 바른 정에 들어갔다가
一毛端頭從定出 하나의 털끝에서 정으로 좇아 나오고
一毛端頭入正定 하나의 털끝에서 바른 정에 들어갔다가
一微塵中從定出 하나의 티끌 가운데서 정으로 좇아 나오고
一微塵中入正定 하나의 티끌 가운데서 바른 정에 들어갔다가
一切塵中從定出 모든 티끌 가운데서 정으로 좇아 나오고
一切塵中入正定 모든 티끌 가운데서 바른 정에 들어갔다가
金剛地中從定出 금강지 가운데서 정으로 좇아 나오고
金剛地中入正定 금강지 가운데서 바른 정에 들어갔다가
摩尼樹上從定出 마니 나무 위에서 정으로 좇아 나오고
摩尼樹上入正定 마니 나무 위에서 바른 정에 들어갔다가
佛光明中從定出 부처님의 광명 가운데서 정으로 좇아 나오고

佛光明中入正定 부처님의 광명 가운데서 바른 정에 들어갔다가

於河海中從定出 강과 바다 가운데서 정으로 좇아 나오고

於河海中入正定 강과 바다 가운데서 바른 정에 들어갔다가

於火大中從定出 큰불 가운데서 정으로 좇아 나오고

於火大中入正定 큰불 가운데서 바른 정에 들어갔다가

於風起定心不亂 바람이 정을 일으켜도 마음이 어지럽지 않으며

於風大中入正定 큰바람 가운데서 바른 정에 들어갔다가

於地大中從定出 큰 땅 가운데서 정으로 좇아 나오고

於地大中入正定 큰 땅 가운데서 바른 정에 들어갔다가

於天宮殿從定出 하늘의 궁전에서 정으로 좇아 나오고

於天宮殿入正定 하늘의 궁전에서 바른 정에 들어갔다가

於空起定心不亂 허공이 정을 일으켜도 마음이 어지럽지 않습니다.

是名無量功德者 이를 이름 붙여 이르길 '헤아릴 수 없는 공덕자'이며

三昧自在難思議 삼매에 자재하기에 생각으로 헤아리기 어려우며

十方一切諸如來 시방의 일체 모든 여래가

於無量劫說不盡 헤아릴 수 없는 겁 동안 설하여도 다 할 수 없습니다.

一切如來咸共說 모든 여래가 다 함께 말해도

衆生業報難思議 중생의 업보는 생각으로 헤아리기 어려우며

諸龍變化佛自在 모든 용의 변화와 부처님의 자재함과

菩薩信力亦難思 보살의 믿음의 힘도 역시 생각으로 헤아리기 어렵습니다.

欲以譬諭而顯示 비유로 나타내어 보이려 해도

終無有諭能諭此 결국에는 비유할 것이 없지만 비유할 것이 없는 것에 비유합니다.

然諸智慧聰達人 그렇지만 모든 지혜가 총명하고 통달한 사람은

因於譬故解其義 비유로 인한 까닭으로 그 뜻을 이해하게 됩니다.

聲聞心住八解脫 성문의 마음으로 팔 해탈에 머물면서

所有變現皆自在 변화를 나타내는 일에 다 자재하였으며

能以一身現多身 능히 하나의 몸으로 많은 몸을 나타내고

復以多身爲一身 차례를 따라 많은 몸을 하나의 몸으로 만들고
於虛空中入火定 허공 가운데서 불의 정에 들어가기도 하며
行住坐臥悉在空 행, 주, 좌, 와가 모두 공에 있습니다.

身上出水身下火 몸 위로는 물을 내고 몸 아래로는 불을 내며
身上出火身下水 몸 위로는 불을 내고 몸 아래로는 물을 내니
如是皆於一念中 이와 같은 모든 것이 한 생각 가운데
種種自在無邊量 가지가지의 자재함이 끝이 없고 헤아릴 수가 없습니다.

彼不具足大慈悲 대자비를 온전하게 갖추지도 못했고
不爲衆生求佛道 중생을 위해 불도를 구하지도 않지만
尙能現此難思事 오히려 이러한 헤아릴 수 없는 일을 나타내니
況大饒益自在力 하물며 이익을 더하고 더하는 자재한 힘을 어찌 헤아릴 수 있겠습니까.

譬如日月遊虛空 비유하면 해와 달이 허공에 나아가면
影像普徧於十方 형상의 그림자가 시방에 두루 하듯이
泉池陂澤器中水 못과 샘과 늪이나 그릇 가운데의 물이나
衆寶河海靡不現 많은 보배와 강과 바다에 다 나타나는 것과 같습니다.

菩薩色像亦復然 보살의 색상 역시 차례를 따라 그러하며
十方普現不思議 시방에 두루 나타내는 헤아릴 수 없음은
此皆三昧自在法 이 모든 것이 삼매의 자재한 법이며
唯有如來能證了 오직 여래만이 증명하고 분명하게 알고 마칠 수 있습니다.

如淨水中四兵像 깨끗한 물 가운데 사방의 군사 형상이
各各別異無交雜 제각기 다르지만 서로 섞이는 일이 없으며
劍戟弧矢類甚多 검과 창과 활과 화살의 종류가 매우 많으며
鎧胄車輿非一種 갑옷과 투구와 수레와 가마가 한 종류가 아닙니다.

隨其所有相差別 그 있는 것이 모양이나 상태의 차별을 따라
莫不皆於水中現 모두 물 가운데 나타나기는 하지만

而水本自無分別 물은 본래부터 스스로 분별이 없는 것과 같기에
菩薩三昧亦如是 보살의 삼매 역시 이와 같습니다.

海中有神名善音 바다 가운데 신이 있으니 이름이 '선음'이며
其音普順海衆生 그 음성이 바다의 중생을 두루 따르며
所有語言皆辯了 있는 모든 언어를 분명하게 판단해 알고
令彼一切悉歡悅 모든 이로 하여금 남김없이 기쁘게 합니다.

彼神具有貪恚癡 저 신은 탐, 진, 치를 갖추고 있지만
猶能善解一切音 오히려 선근으로 모든 소리를 이해하고 있으니
況復摠持自在力 하물며 차례를 따른 총지의 자재한 힘으로
而不能令衆歡喜 대중을 기쁘게 하지 못하겠습니까.

有一婦人名辯才 한 부인이 있으니 이름이 '변재'이며
父母求天而得生 부모가 하늘에서 구하여 얻었으니
若有離惡樂眞實 그와 같이 악을 벗어나 진실을 좋아하면
入彼身中生妙辯 그 몸에 들어가 빼어난 변재를 생합니다.

彼有貪欲瞋恚癡 부인이 탐욕과 성냄과 어리석음이 있지만
猶能修行與辯才 오히려 능히 수행을 따라 변재를 주니
何況菩薩具智慧 어찌 하물며 보살이 갖춘 지혜로
而不能與衆生益 중생에게 이익을 주지 못하겠습니까.

譬如幻師知幻法 비유하면 마술사가 마술의 법을 알고
能現種種無量事 능히 가지가지의 헤아릴 수 없는 일들을 나타내듯이
須臾示作日月歲 잠깐 사이에 일, 월, 세월과
城邑豐饒大安樂 성읍의 풍요하고 안락함을 나타내 보입니다.

幻師具有貪恚癡 마술사는 탐, 진, 치를 갖추고 있지만
猶能幻力悅世間 오히려 능히 마술의 힘으로 세간을 기쁘게 하니
況復禪定解脫力 하물며 차례를 따른 선정과 해탈의 힘으로

而不能令衆歡喜 능히 중생을 기쁘게 하지 못하겠습니까.

天阿脩羅鬪戰時 하늘이 아수라와 전쟁을 할 때
脩羅敗衄而退走 아수라가 패하여 달아날 적에
兵仗車輿及徒旅 병장기와 수레와 군대를
一時竄匿莫得見 일시에 쥐구멍에 숨기듯 볼 수 없게 합니다.

彼有貪欲瞋恚癡 그들이 탐욕과 성냄과 어리석음이 있지만
尙能變化不思議 오히려 그 변화가 사유로 헤아릴 수 없으니
況住神通無畏法 하물며 신통한 두려움 없는 법에 머무는 이가
云何不能現自在 어찌 자재함을 나타내지 못하겠습니까.

釋提桓因有象王 석제환인에게 코끼리의 왕이 있으니
彼知天主欲行時 그들은 천주가 행할 때를 알아
自化作頭三十三 스스로 머리를 변화시켜 서른둘로 만들고
一一六牙皆具足 하나하나의 머리마다 모두 여섯 개 상아를 온전하게 갖추고
一一牙上七池水 하나하나의 어금니 위에 일곱의 못에 물이 있으며
淸淨香潔湛然滿 청정한 향기가 깨끗하게 또 맑게 차 있고
一一淸淨池水中 하나하나의 청정한 못 물 가운데
各七蓮華妙嚴飾 각각 연꽃으로 빼어나게 장엄해서 꾸며져 있습니다.
彼諸嚴飾蓮華上 그 모든 장엄하여 꾸민 연꽃 위에
各各有七天玉女 제각기 일곱 명의 하늘 옥녀가 있고
悉善技藝奏衆樂 모두 기예로서 많은 음악을 들려주며
而與帝釋相娛樂 제석과 서로 함께 즐거움을 줍니다.

彼象或復捨本形 코끼리가 때로는 차례를 따라 본래의 모습을 버리고
自化其身同諸天 스스로 그 몸을 변화시켜 모든 하늘과 동일하고
威儀進止悉齊等 위의로 나아가고 멈춤이 모두 같으며
有此變現神通力 이러한 변화 신통력을 나타냅니다.

彼有貪欲瞋恚癡 코끼리 왕이 탐욕과 성냄과 어리석음이 있지만

尙能現此諸神通 오히려 이러한 모든 신통력을 능히 나타내니
何況具足方便智 어찌 하물며 방편의 지혜를 온전하게 갖춘 이가
而於諸定不自在 모든 정에 자재하지 못하겠습니까.

如阿脩羅變作身 아수라가 그 몸을 변화시켜 만들고
蹈金剛際海中立 금강의 경계를 밟고 바다 가운데 서면
海水至深僅其半 바닷물이 깊다 해도 그 반은 물에 잠기고
首共須彌正齊等 머리는 수미산과 가지런합니다.

彼有貪欲瞋恚癡 그들이 탐욕과 성냄과 어리석음이 있지만
尙能現此大神通 오히려 이러한 큰 신통을 내니
況伏魔怨照世燈 하물며 마군을 항복 받고 세상을 비추는 등불이
而無自在威神力 자재한 위신력이 없겠습니까.

天阿脩羅共戰時 하늘과 아수라가 함께 싸울 때
帝釋神力難思議 제석의 신력이 생각으로는 헤아리기 어려워
隨阿脩羅軍衆數 아수라의 많은 병사의 수를 따라
現身等彼而與敵 같은 수를 나타내어 그들과 대적합니다.

諸阿脩羅發是念 모든 아수라의 병사가 생각하기를
釋提桓因來向我 제석 환인이 나를 향해 와서는
必取我身五種縛 반드시 내 몸을 취해서 다섯 가지로 결박할 것이라 여깁니다.
由是彼衆悉憂悴 이러한 연유로 그들이 모두 많은 근심 걱정에 빠집니다.

帝釋現身有千眼 제석이 몸을 나타내니 천 개의 눈이 있고
手持金剛出火焰 손에 잡은 금강저에서는 불꽃이 나오며
被甲持仗極威嚴 갑옷을 입고 창을 든 모습이 위엄이 있기에
脩羅望見咸退伏 아수라가 바라보고 다 물러나 항복합니다.

彼以微小福德力 제석은 적은 복덕의 힘으로
猶能摧破大怨敵 오히려 큰 원수의 적을 능히 꺾어서 깨뜨리니

何況救度一切者 어찌 하물며 일체를 구하고 제도하는 이가
具足功德不自在 온전하게 갖춘 공덕으로 자재하지 못하겠습니까.

忉利天中有天鼓 도리천 가운데 하늘의 북이 있으니
從天業報而生得 하늘의 업보를 좇아 생함을 얻었으며
知諸天衆放逸時 모든 하늘의 대중이 방일할 때를 알아
空中自然出此音 허공 가운데서 자연스럽게 북소리를 냅니다.

一切五欲悉無常 모든 오욕은 다 항상 함이 없고
如水聚沫性虛僞 물거품과 같은 성품은 헛되고 거짓된 것이며
諸有如夢如陽焰 모든 있는 것은 꿈과 같고 아지랑이 같으며
亦如浮雲水中月 또한 뜬구름 같고 물 가운데 달과 같습니다.

放逸爲怨爲苦惱 방일함은 원수가 되고 고뇌가 되며
非甘露道生死徑 감로의 길이 아니고 생사의 길이니
若有作諸放逸行 그와 같은 모든 방일한 행을 짓게 되면
入於死滅大魚口 죽음마저도 없애는 큰 물고기의 입으로 들어갑니다.

世間所有衆苦本 세간에 있는 많은 고통의 근본을
一切聖人皆厭患 모든 성인이 다 싫어하고 근심하는 것이며
五欲功德滅壞性 오욕은 공덕을 무너뜨리고 없애는 성품이니
汝應愛樂眞實法 응당 진실한 법을 사랑하고 좋아해야 합니다.

三十三天聞此音 삼십 삼천이 이 북소리를 듣고
悉共來昇善法堂 모두 함께 선근으로 법당에 오르면
帝釋爲說微妙法 제석이 이들을 위하여 미묘한 법을 설하여
咸令順寂除貪愛 모두가 고요함을 따라서 탐애를 없애게 합니다.

彼音無形不可見 그 북소리는 모양이 없기에 보지는 못하지만
猶能利益諸天衆 오히려 모든 하늘의 대중을 능히 이익이 되게 하니
況隨心樂現色身 하물며 마음이 좋아함을 따라 색신을 나타내며

而不濟度諸群生 모든 중생을 제도하지 못하겠습니까.

天阿脩羅共鬪時 하늘과 아수라가 싸울 때
諸天福德殊勝力 하늘이 매우 뛰어난 모든 복덕의 힘으로
天鼓出音告其衆 하늘의 북이 소리를 내어 대중에게 알리니
汝等宜應勿憂怖 마땅히 근심하고 두려워하지 말아야 합니다.

諸天聞此所告音 모든 하늘이 이 북소리를 듣고
悉除憂畏增益力 모든 근심은 없어지고 두려워하지 않은 힘이 더욱 더해지면
時阿脩羅心震懼 이때 아수라의 마음은 두려움에 흔들리고
所將兵衆咸退走 함께 한 병사의 무리와 물러나 달아납니다.

甘露妙定如天鼓 감로의 빼어난 선정은 하늘의 북과 같이
恒出降魔寂靜音 항상 적정한 소리를 내어 마군을 항복시키고
大悲哀愍救一切 대자비로 가엾이 여기고 모두를 구하여
普使衆生滅煩惱 중생들의 번뇌를 두루 없애줍니다.

帝釋普應諸天女 제석이 모든 천녀를 두루 응함은
九十有二那由他 구십에 이 나유타가 있으며
令彼各各心自謂 그들이 제각기 마음으로 자신에게 이르기를
天王獨與我娛樂 천왕은 홀로 나하고만 즐긴다고 합니다.

如天女中身普應 천녀 가운데 제석의 몸이 두루 응하듯
善法堂內亦如是 선근의 법당 안에서도 역시 이와 같으며
能於一念現神通 능히 한 생각에 신통을 나타내어
悉至其前爲說法 남김없이 그 앞에 이르러 각각 이들을 위해 법을 설합니다.

帝釋具有貪恚癡 제석은 탐, 진, 치를 갖추고 있으면서도
能令眷屬悉歡喜 능히 권속들을 남김없이 즐겁고 기쁘게 하니
況大方便神通力 하물며 큰 방편과 신통력으로
而不能令一切悅 능히 일체를 기쁘게 하지 못하겠습니까.

他化自在六天王 타화자재천의 육 천왕이
於欲界中得自在 욕계 가운데 자재함을 얻고
以業惑苦爲羂網 업, 혹, 고로 잡아매는 그물이 되어
繫縛一切諸凡夫 일체 모든 범부를 얽어맵니다.

彼有貪欲瞋恚癡 그 마왕이 탐욕과 성냄과 어리석음이 있으면서도
猶於衆生得自在 오히려 중생들에게 자재를 얻게 하니
況具十種自在力 하물며 열 가지 자재력을 갖추었는데
而不能令衆同行 능히 대중과 함께 행하지 못하겠습니까.

三千世界大梵王 삼천세계의 대범왕이
一切梵天所住處 모든 범천이 머무는 곳마다
悉能現身於彼坐 그 자리에 남김없이 몸을 나타내어
演暢微妙梵音聲 미묘한 범(淸淨)의 음성을 널리 폅니다.

彼住世間梵道中 그 세간도 청정한 도 가운데 머물지만
禪定神通尙如意 선정과 신통으로 오히려 뜻이 같으니
況出世間無有上 하물며 출세간의 위가 없는 이가
於禪解脫不自在 선정 해탈에 자재하지 못하겠습니까.

摩醯首羅智自在 마혜수라의 자재한 지혜는
大海龍王降雨時 큰 바다의 용왕이 비를 내릴 때
悉能分別數其滴 그 빗방울의 수를 능히 분별해서
於一念中皆辨了 한 생각 가운데 모두 분명하게 나누어 알고 마칩니다.

無量億劫勤修學 헤아릴 수 없는 억겁 동안 부지런히 닦고 배워서
得是無上菩提智 위 없는 보리 지혜를 얻었으니
云何不於一念中 어찌 한 생각 가운데
普知一切衆生心 모든 중생의 마음을 두루 알지 못하겠습니까.

衆生業報不思議 중생들의 업보는 생각으로 헤아릴 수 없기에

以大風力起世間 큰바람의 힘으로 세간을 일으키고

巨海諸山天宮殿 거대한 바다와 모든 산과 하늘 궁전과

衆寶光明萬物種 많은 보배 광명과 만물의 종류를 만들어 냅니다.

亦能興雲降大雨 또한 능히 구름을 일으켜 큰비를 내리고

亦能散滅諸雲氣 또한 능히 모든 구름의 기운을 흩뿌려서 없애버리며

亦能成熟一切穀 또한 모든 곡식을 성숙하게 하며

亦能安樂諸群生 또한 모든 중생을 안락하게 합니다.

風不能學波羅蜜 바람은 바라밀을 배우지 않고

亦不學佛諸功德 또한 부처님의 모든 공덕을 배우지 않았지만

猶成不可思議事 오히려 생각으로는 헤아려 알 수 없는 일을 이루니

何況具足諸願者 하물며 모든 소원을 온전하게 갖춘 이는 어떠하겠습니까.

男子女人種種聲 남자와 여인들의 가지가지 음성과

一切鳥獸諸音聲 일체 새와 짐승의 모든 소리와

大海川流雷震聲 큰 바다와 하천의 흐름과 천둥과 벼락의 소리도

皆能稱悅衆生意 다 중생의 마음을 능히 기쁘게 하니

況復知聲性如響 하물며 차례를 따라 소리의 성품이 메아리와 같음을 알고

逮得無礙妙辯才 막힘이나 걸림이 없는 변재를 얻는 이가

普應衆生而說法 중생들에게 응하여 법을 두루 설하니

而不能令世間喜 세간 사람들을 기쁘게 하지 못하겠습니까.

海有希奇殊特法 바다에 드물고 기이하며 특히나 뛰어난 법이 있으니

能爲一切平等印 능히 일체 평등한 인이 되고

衆生寶物及川流 중생과 보물과 또한 하천의 흐름에 이르기까지

普悉包容無所拒 두루 다 포용해서 막거나 거부하지 않으니

無盡禪定解脫者 다함이 없는 선정 해탈을 한 이가

爲平等印亦如是 평등한 인이 됨도 역시 이와 같아서

福德智慧諸妙行 복덕과 지혜와 모든 빼어난 행 등을

一切普修無厭足 모두 또 두루 닦음을 싫어하거나 만족해함이 없습니다.

大海龍王遊戲時 큰 바다의 용왕이 유희할 때

普於諸處得自在 모든 곳에서 자재함을 두루 얻고

興雲充徧四天下 구름을 일으켜 사천하에 가득하며

其雲種種莊嚴色 그 구름이 가지가지의 색으로 장엄합니다.

第六他化自在天 여섯째의 타화자재천에서는

於彼雲色如眞金 그 구름의 색이 진금이며

化樂天上赤珠色 화락천의 위는 붉은 진주의 빛이며

兜率陀天霜雪色 도솔타천은 흰 눈의 빛이고

夜摩天上瑠璃色 야마천 하늘 위는 유리의 빛이며

三十三天碼瑙色 삼십 삼천은 마노의 빛이며

四天王上玻瓈色 사천왕 위로는 파려의 빛이고

大海水中金剛色 큰 바다의 물 가운데는 금강의 빛이며

緊那羅中妙香色 긴나라 가운데는 빼어난 향기의 빛이며

諸龍住處蓮華色 모든 용왕이 머무는 곳은 연화의 빛이며

夜叉住處白鵝色 야차가 머무는 곳은 흰 거위의 빛이며

阿脩羅中山石色 아수라 가운데는 산의 돌 빛이며

鬱單越處金焰色 울단월은 금의 불꽃 빛이며

閻浮提中靑寶色 염부제 가운데는 푸른 보배 빛이며

餘二天下雜莊嚴 나머지 두 천하(불바제와 구야니)는 잡색으로 장엄하며

隨衆所樂而應之 대중의 즐거워하는 바를 따라 응합니다.

又復他化自在天 또 차례를 따라 타화자재천에는

雲中電耀如日光 구름 가운데 번개 빛이 햇빛과 같고

化樂天上如月光 화락천 위에서는 달빛과 같으며

兜率天上閻浮金 도솔천 위에서는 염부단금이며

夜摩天上珂雪色 야마천 위에서는 하얀 눈의 색이며

三十三天金焰色 삼십 삼천은 금의 불꽃 빛이며

四天王上衆寶色 사천왕 하늘 위에서는 보배 빛이며

大海之中赤珠色 큰 바다 가운데서는 붉은 진주의 빛이며

緊那羅界瑠璃色 긴나라 세계는 유리 빛이며

龍王住處寶藏色 용왕이 머무는 곳에는 보배의 장 빛이며

夜叉所住玻瓈色 야차가 사는 곳은 파려의 색이며

阿脩羅中瑪瑙色 아수라 가운데는 마노의 빛이며

鬱單越境火珠色 울단월의 경계는 화주색이며

閻浮提中帝靑色 염부제 가운데는 제청색이고

餘二天下雜莊嚴 나머지 두 천하는 잡색으로 장엄하고

如雲色相電亦然 구름의 모양이나 상태와 같이 번개 역시 그러합니다.

他化雷震如梵音 타화천의 천둥과 벼락은 범음과 같고

化樂天中天鼓音 화락천 가운데는 하늘의 북소리이며

兜率天上歌唱音 도솔천 위에서는 노래 부르는 소리이며

夜摩天上天女音 야마천 위에서는 천녀의 소리이며

於彼三十三天上 삼십 삼천 위에서는

如緊那羅種種音 긴나라의 가지가지 소리와 같으며

護世四王諸天所 세상을 보호하는 사천왕과 모든 하늘은

如乾達婆所出音 건달바가 내는 소리와 같으며

海中兩山相擊聲 바다 가운데는 두 산이 서로 부딪치는 소리이며

緊那羅中簫笛聲 긴나라 가운데서는 피리 소리이며

諸龍城中頻伽聲 모든 용의 성 가운데서는 가릉빈가의 소리이며

夜叉住處龍女聲 야차가 머무는 곳에서는 용녀의 음성이며

阿脩羅中天鼓聲 아수라 가운데서는 하늘의 북소리이며

於人道中海潮聲 사람 사는 가운데서는 해조의 소리입니다.

他化自在雨妙香 타화자재천에는 빼어난 향비가 되어 내려

種種雜華爲莊嚴 가지가지의 꽃으로 장엄하였으며

化樂天雨多羅華 화락천은 다라 꽃과

曼陀羅華及澤香 만다라 꽃과 그리고 바르는 향이 비가 되어 내리고

兜率天上雨摩尼 도솔천 위에는 마니가 비가 되어 내려서

具足種種寶莊嚴 가지가지의 보배로 장엄하여 온전하게 갖추었으며

髻中寶珠如月光 상투 가운데 보배 구슬이 달빛과 같고

上妙衣服眞金色 상품의 의복은 진금의 빛입니다.

夜摩中雨幢幡蓋 야마천의 가운데는 당기와 번과 일산

華鬘塗香妙嚴具 꽃 화관과 바르는 향과 빼어난 장엄구와

赤眞珠色上好衣 붉은 진주의 빛으로 된 상품의 좋은 옷과

及以種種衆妓樂 가지가지의 많은 즐거움이 비가 되어 내립니다.

三十三天如意珠 삼십 삼천은 여의주와

堅黑沈水栴檀香 견고하고 검은 침수 향과 전단 향과

鬱金雞羅多摩等 울금 계라다마 등이

妙華香水相雜雨 빼어난 꽃 향수가 되어 섞여 내립니다.

護世城中雨美膳 세상을 보호하는 사천왕의 성 가운데는 좋은 음식이 비가 되어 내리며

色香味具增長力 색과 향과 맛을 갖추고 힘을 더하고 길러주며

亦雨難思衆妙寶 또한 생각하기 어려운 빼어나고 많은 보배가 비가 되어 내리니

悉是龍王之所作 이는 모두 용왕이 만든 것입니다.

又復於彼大海中 또 차례를 따라 그 바다 가운데는

霪雨不斷如車軸 장마 같은 비가 내려 끊어지지 않은 수레바퀴와 같으며

復雨無盡大寶藏 차례를 따라 다함이 없는 큰 보배 창고를 내리고

亦雨種種莊嚴寶 또한 가지가지로 장엄한 보배가 비가 되어 내립니다.

緊那羅界雨瓔珞 긴나라 세계는 영락이 비가 되어 내리고

衆色蓮華衣及寶 많은 색의 연꽃과 옷과 보배와

婆利師迦末利香 파리사가와 말리향과

種種樂音皆具足 가지가지의 즐거운 음악을 온전하게 모두 갖추었습니다.

諸龍城中雨赤珠 모든 용의 성 가운데는 붉은 진주가 비가 되어 내리고

夜叉城內光摩尼 야차의 성안에는 빛나는 마니가 내리며

阿脩羅中雨兵仗 아수라 가운데는 병장기가 내려서

摧伏一切諸怨敵 일체 모든 원수와 적을 꺾어서 굴복시킵니다.

鬱單越中妙瓔珞 울단월 가운데는 빼어난 영락과

亦雨無量上妙華 헤아릴 수 없이 많은 상품의 빼어난 꽃이 비가 되어 내리고

弗婆瞿耶二天下 불바제와 구야니 두 천하에는

悉雨種種莊嚴具 가지가지의 모든 장엄구가 비가 되어 내립니다.

閻浮提雨淸淨水 염부제에는 청정한 물이 비가 되어 내리며
微細悅澤常應時 아주 작지만 기쁨이 못이 되어 늘 때를 맞춰 응하여
長養衆華及果樂 많은 꽃과 열매와 약풀을 길러내며
成熟一切諸苗稼 일체 모든 곡식을 성숙시킵니다.

如是無量妙莊嚴 이와 같은 헤아릴 수 없이 빼어난 장엄과
種種雲電及雷雨 가지가지의 구름과 번개와 우레와 비를
龍王自在悉能作 용왕이 자재하게 모든 것을 만들어 내지만
而身不動無分別 몸은 동하지도 않고 분별도 없습니다.
彼於世界海中住 저 세계 바다 가운데 머물면서
尙能現此難思力 오히려 이러한 생각으로 어려운 힘을 능히 나타내니
況入法海具功德 하물며 법의 바다에 들어가 공덕을 갖추고
而不能爲大神變 큰 신통 변화를 만들어 내지 못하겠습니까.

彼諸菩薩解脫門 모든 보살의 해탈문은
一切譬諭無能顯 그 어떠한 비유로도 나타낼 수 없지만
我今以此諸譬諭 내가 지금 이러한 모든 비유로
略說於其自在力 그 자재한 힘을 대략 말합니다.

第一智慧廣大慧 제일의 지혜와 광대한 지혜와
眞實智慧無邊慧 진실한 지혜와 끝이 없는 지혜와
勝慧及以殊勝慧 뛰어난 지혜와 특이나 뛰어난 지혜로
如是法門今已說 이와 같은 법문을 지금 설하고 마칩니다.

此法希有甚奇特 이 법은 드물고 매우 뛰어나고 특이해서
若人聞已能忍可 그와 같이 사람이 듣고 마침내 스스로 인가하거나
能信能受能讚說 능히 믿고 능히 받아들이고 능히 밝혀서 설하는
如是所作甚爲難 이와 같음을 만들어 가기에는 매우 어려운 일입니다.

世間一切諸凡夫 세간의 일체 모든 범부 중에서
信是法者甚難得 이 법을 믿은 자를 얻기란 매우 어려우며

若有勤修淸淨福 그와 같이 부지런히 청정한 복을 닦는다면
以昔因力乃能信 옛적 인연의 힘으로 능히 믿게 됩니다.

一切世間諸群生 일체 세간의 모든 중생의 무리 가운데
少有欲求聲聞乘 성문승을 구하려는 이가 드물고
求獨覺者轉復少 독각을 구하려는 자는 더더욱 적으며
趣大乘者甚難遇 대승으로 나아가는 이는 만나기가 매우 어렵습니다.

趣大乘者猶爲易 대승으로 나아가는 자는 오히려 쉽지만
能信此法倍更難 이 법을 믿는 자는 배나 더 어려우니
況復持誦爲人說 하물며 차례를 따라 지니어 암송하고 사람을 위해 설하는 것이
如法修行眞實解 법을 수행해서 진실을 깨닫는 것과 같겠습니까.

有以三千大千界 삼천대천세계가 있고
頂戴一劫身不動 이를 정수리에 이고 일 겁 동안 몸을 움직이지 않은
彼之所作未爲難 이러한 일은 오히려 어려운 일이 아니지만
信是法者乃爲難 이 법을 믿기는 어려운 일입니다.

有以手擎十佛刹 손으로 열 부처 세계를 떠받치고 있고
盡於一劫空中住 이를 일 겁이 다하도록 허공중에 머무르는
彼之所作未爲難 이러한 일은 오히려 어려운 일이 아니지만
能信此法乃爲難 이 법을 믿기는 어려운 일입니다.

十刹塵數衆生所 열 세계의 티끌 수와 같은 중생들에게
悉施樂具經一劫 일 겁이 다하도록 모든 것을 즐겁게 보시를 한다 해도
彼之福德未爲勝 그 복덕은 그렇게 뛰어나지 않지만
信此法者爲最勝 이 법을 믿는 이를 가장 뛰어나게 만듭니다.

十刹塵數如來所 열 세계의 티끌 수와 같은 여래를
悉皆承事盡一劫 일 겁이 다하도록 남김없이 다 받들어 섬긴다 해도
若於此品能誦持 그와 같이 이 품을 능히 외워 지니면

其福最勝過於彼 그 복이 가장 뛰어나 믿는 이보다 더욱 뛰어납니다.

때맞춰 현수 보살이 이 게송을 마치니, 시방세계가 여섯 가지로 되돌려 가며 진동하고 마의 궁전은 숨어버리고 악도는 잠잠해졌습니다. 시방의 모든 부처님이 그 앞에 나타나시어 각각 오른손으로 정수리를 만지면서 한 소리로 칭찬하셨습니다.

"선근이로다. 선근이로다. 이 법을 시원하게 말하니, 우리도 모두 함께 따라서 기뻐한다네."

時 賢首菩薩說此偈已 十方世界 六返震動 魔宮隱蔽 惡道休息 十方諸佛普現其前 各以右手而摩其頂 同聲讚言 善哉 善哉 快說此法 我等一切 悉皆隨喜

대방광불화엄경 제16권

13. 승수미산정품
昇須彌山頂品第十三

그때 여래의 위신력으로 말미암아 시방 일체 세계의 하나하나 사천하의 염부제 가운데 보리수나무 아래에 여래가 앉아 계신 것을 보니, 각각의 보살들이 부처님의 신통한 힘을 받들어 법을 널리 펴고 말하면서 스스로 이르기를 "항상 부처님을 마주 대하고 있다."라고 생각하지 않는 보살이 없었다.

爾時 如來威神力故 十方一切世界 一一四天下閻浮提中 悉見如來坐於樹下 各有菩薩承佛神力而演說法 靡不自謂恒對於佛

그때 세존께서 보리수 아래를 일절 벗어나지 않으시고 수미산에 올라 제석천의 궁전으로 향하셨다.

爾時 世尊不離一切菩提樹下 而上昇須彌 向帝釋殿

때맞춰 하늘의 제석이 묘승전 앞에서 부처님이 오시는 것을 멀리서 보고 곧바로 신통한 힘으로 궁전을 장엄하고 보광명장 사자좌를 놓았으며, 그 사자좌는 전체가 다 빼어난 보배로 이루어졌고 십 천의 층과 계단을 빛으로 지극하게 장엄하였다. 십 천의 금 그물이 그 위를 덮었으며, 십 천 종의 휘장과 십 천 종의 일산이 두루두루 사이사이를 벌여놓았고 십 천의 비단 띠를 드리웠으며, 십 천의 진주 영락으로 서로 얽어맸으며, 십 천의 의복을 자리 위에 깔았다. 그리고 십 천의 천자와 십 천의 범왕이 주위를 둘러쌓으며, 십 천의 광명이 밝게 비추어서 빛났다.

그때 제석이 여래를 받들기 위해 자리를 편 다음에 몸을 굽혀 합장하고 공경하면서 부처님께 이렇게 말했다.

"선근으로 오신 세존이시여! 선근으로 오셔서 선근으로 가신 선근 여래와 응, 정등각이시여! 소원이니 오직 가엾이 여기시는 마음으로 이 궁전에 머물러주십시오."

時 天帝釋在妙勝殿前遙見佛來 卽以神力莊嚴此殿 置普光明藏師子之座 其座悉以 妙寶所成 十千層級迴極莊嚴 十千金網彌覆其上 十千種帳 十千種蓋周迴閒列 十千 繒綺以爲垂帶 十千珠瓔周徧交絡 十千衣服敷布座上 十千天子 十千梵王 前後圍遶 十千光明 而爲照耀 爾時 帝釋奉爲如來敷置座已 曲躬合掌 恭敬向佛而作是言 善來 世尊 善來善逝 善來如來 應 正等覺 唯願哀愍 處此宮殿

그때 세존이 곧바로 그 청을 받아들이시고 묘승전에 드시니, 시방의 일체 모든 세계도 또한 모두 이와 같았다.

그때 제석이 부처님의 신통력으로 모든 궁전에서 울리던 음악 소리를 자연스럽게 쉬게 하였으며, 즉시 과거에 부처님 계신 곳에서 있던 스스로 모든 종류의 선근을 기억하고 게 송으로 말했다.

爾時 世尊卽受其請 入妙勝殿 十方一切諸世界中 悉亦如是 爾時 帝釋以佛神力 諸 宮殿中所有樂音自然止息 卽自憶念過去佛所種諸善根而說頌言

迦葉如來具大悲 가섭 여래가 대비를 갖추셨기에
諸吉祥中最無上 모든 길상 중에서 제일이어서 위가 없으며
彼佛曾來入此殿 부처님의 부름에 이 궁전에 일찍 드셨기에
是故此處最吉祥 이러한 까닭으로 이곳이 최고의 길상입니다.

拘那牟尼見無礙 구나모니는 막힘이나 걸림 없이 보시기에
諸吉祥中最無上 모든 길상 가운데 제일이어서 위가 없으며
彼佛曾來入此殿 부처님의 부름에 이 궁전에 일찍 드셨기에
是故此處最吉祥 이러한 까닭으로 이곳이 최고의 길상입니다.

迦羅鳩馱如金山 가라구타 여래는 금산과 같으시기에
諸吉祥中最無上 모든 길상 가운데 제일이어서 위가 없으며
彼佛曾來入此殿 부처님의 부름에 이 궁전에 일찍 드셨기에
是故此處最吉祥 이러한 까닭으로 이곳이 최고의 길상입니다.

毘舍浮佛無三垢 비사부 부처님은 세 가지 허물이 없으시기에

諸吉祥中最無上 모든 길상 가운데 제일이어서 위가 없으며
彼佛曾來入此殿 부처님의 부름에 이 궁전에 일찍 드셨기에
是故此處最吉祥 이러한 까닭으로 이곳이 최고의 길상입니다.

尸棄如來離分別 시기 여래는 분별을 벗어나셨기에
諸吉祥中最無上 모든 길상 가운데 제일이어서 위가 없으며
彼佛曾來入此殿 부처님의 부름에 이 궁전에 일찍 드셨기에
是故此處最吉祥 이러한 까닭으로 이곳이 최고의 길상입니다.

毘婆尸佛如滿月 비바시 부처님은 가득 찬 달과 같으시기에
諸吉祥中最無上 모든 길상 가운데 제일이어서 위가 없으며
彼佛曾來入此殿 부처님의 부름에 이 궁전에 일찍 드셨기에
是故此處最吉祥 이러한 까닭으로 이곳이 최고의 길상입니다.

弗沙明達第一義 불사 여래는 제일 의를 밝게 통달하셨기에
諸吉祥中最無上 모든 길상 가운데 제일이어서 위가 없으며
彼佛曾來入此殿 부처님의 부름에 이 궁전에 일찍 드셨기에
是故此處最吉祥 이러한 까닭으로 이곳이 최고의 길상입니다.

提舍如來辯無礙 제사 여래는 변재가 막힘이나 걸림이 없으시기에
諸吉祥中最無上 모든 길상 가운데 제일이어서 위가 없으며
彼佛曾來入此殿 부처님의 부름에 이 궁전에 일찍 드셨기에
是故此處最吉祥 이러한 까닭으로 이곳이 최고의 길상입니다.

波頭摩佛淨無垢 파두마 부처님은 청정하여 허물이 없으시기에
諸吉祥中最無上 모든 길상 가운데 제일이어서 위가 없으며
彼佛曾來入此殿 부처님의 부름에 이 궁전에 일찍 드셨기에
是故此處最吉祥 이러한 까닭으로 이곳이 최고의 길상입니다.

然燈如來大光明 연등 여래는 광명이 크시기에
諸吉祥中最無上 모든 길상 가운데 제일이어서 위가 없으며

彼佛曾來入此殿 부처님의 부름에 이 궁전에 일찍 드셨기에
是故此處最吉祥 이러한 까닭으로 이곳이 최고의 길상입니다.

이러한 세계 가운데 도리천왕이 여래의 신력으로 또 이로 말미암아 게송으로 열 부처님의 공덕을 찬탄한 것과 같이 시방세계의 모든 제석천왕도 또한 모두 이와 같이 부처님의 공덕을 찬탄했다.

그때 세존이 묘승전에 드시어 결가부좌 하시자 이 궁전이 홀연히 크게 넓어져서 그 하늘의 대중을 너그럽게 받아들이니, 머무는 처소도 모두 같았으며, 시방세계도 또한 모두 이와 같았다.

如此世界中 忉利天王 以如來神力故 偈讚十佛所有功德 十方世界帝釋天王 悉亦如是讚佛功德 爾時 世尊入妙勝殿 結跏趺坐 此殿忽然廣博寬容 如其天衆諸所住處 十方世界 悉亦如是

14. 수미정상게찬품
大方廣佛華嚴經須彌頂上偈讚品第十四

　그때 부처님의 신력으로 시방에 각각 한 분의 큰 보살이 있고 한분 한분의 보살이 각각 부처 세계의 티끌 수와 같은 많은 보살과 함께 백 부처 세계의 티끌 수와 같은 국토 밖에 있는 세계에서 와서 모였다.

　그 이름을 이르면 법혜 보살, 일체혜 보살, 승혜 보살, 공덕혜 보살, 정진혜 보살, 선혜 보살, 지혜 보살, 진실혜 보살, 무상혜 보살, 견고혜 보살이다.

　각각의 보살들을 좇아 온 국토는 이른바 인다라화 세계, 파두마화 세계, 보화 세계, 우발라화 세계, 금강화 세계, 묘향화 세계, 열의화 세계, 아노나화 세계, 나라타화 세계, 허공화 세계이다.

　각각 부처님 처소에서 청정한 범행를 닦으시니, 이른바 수특월불, 무진월불, 부동월불, 풍월불, 수월불, 해탈월불, 무상월불, 성수월불, 청정월불, 명료월불이다.

　모든 보살이 부처님 처소에 이르러 부처님 발에 몸을 구부려 예를 올리고 떠나온 방위를 따라 제각기 비로자나 장 사자좌를 만들고 그 자리 위에 결가부좌하고 앉았다.

　이 세계 가운데 수미산 정상에 보살들이 와서 모인 것과 같이 일체 세계도 또한 역시 이와 같았으며, 모든 보살의 이름과 세계와 부처님의 명호가 모두 가지런해서 차별이 없었다.

　그때 세존께서 두 발의 발가락을 좇아 백 천억의 빼어난 색 광명을 놓았으며, 시방의 모든 세계, 이 세계의 수미산 정상 제석궁 가운데의 부처님과 대중을 두루 비추어서 모두 나타내었다.

　爾時 佛神力故 十方各有一大菩薩 一一各與佛刹微塵數菩薩俱 從百佛刹微塵數國土外諸世界中而來集會 其名曰 法慧菩薩 一切慧菩薩 勝慧菩薩 功德慧菩薩 精進慧菩薩 善慧菩薩 智慧菩薩 眞實慧菩薩 無上慧菩薩 堅固慧菩薩 所從來土 所謂 咽陀羅華世界 波頭摩華世界 寶華世界 優鉢羅華世界 金剛華世界 妙香華世界 悅意華世界 阿盧那華世界 那羅陀華世界 虛空華世界 各於佛所淨修梵行 所謂 殊特月佛 無盡月佛 不動月佛 風月佛 水月佛 解脫月佛 無上月佛 星宿月佛 清淨月佛 明了月佛

是諸菩薩至佛所已 頂禮佛足 隨所來方 各化作毘盧遮那藏師子之座 於其座上結跏趺坐 如此世界中 須彌頂上 菩薩來集 一切世界 悉亦如是 彼諸菩薩所有名字 世界佛號 悉等無別 爾時 世尊從兩足指放百千億妙色光明 普照十方一切世界須彌頂上帝釋宮中 佛及大衆靡不皆現

그때 법혜 보살이 부처님의 위신력을 받들어 시방을 두루 자세하게 살펴보고 게송으로 말했다.

爾時 法慧菩薩承佛威神 普觀十方而說頌言

佛放淨光明 부처님이 청정한 광명을 놓으시니
普見世導師 세상의 도사들이
須彌山王頂 수미산 정상의
妙勝殿中住 묘승전 가운데 머무는 것을 두루 봅니다.

一切釋天王 모든 제석천의 왕들이
請佛入宮殿 부처님을 청하여 궁전에 드시게 하니
悉以十妙頌 열 가지의 빼어난 게송으로 남김없이
稱讚諸如來 모든 여래를 칭찬합니다.

彼諸大會中 모든 큰 모임 가운데
所有菩薩衆 모여 있는 많은 보살이
皆從十方至 시방의 모든 세계에서 와서
化座而安坐 사자좌를 만들고 앉았습니다.

彼會諸菩薩 이 모임의 보살들이
皆同我等名 이름이 저뿐만 아니라 모두가 같고
所從諸世界 좇아 온 모든 세계의
名字亦如是 명호 또한 이와 같습니다.

本國諸世尊 본래의 나라에 계신 세존의

名號悉亦同 명호도 또한 모두 같으시지만
各於其佛所 각각 부처님의 처소에서
淨修無上行 위 없는 청정한 행을 닦으십니다.

佛子汝應觀 모든 불자와 저희는 응당
如來自在力 여래의 자재한 힘을 자세히 살펴보아야 할 것이니
一切閻浮提 모든 염부제에서
皆言佛在中 모두 말하기를 '부처님이 그 가운데 계신다'라고 합니다.

我等今見佛 저희 모두는 부처님이 지금
住於須彌頂 수미산 정상에 머무심을 보고 있으며
十方悉亦然 시방세계도 또한 모두 그러하니
如來自在力 이는 여래의 자재한 힘입니다.

一一世界中 하나하나의 세계 가운데서
發心求佛道 마음을 일으켜 부처님의 도를 구하니
依於如是願 이와 같은 원을 의지해서
修習菩提行 보리의 행을 닦고 익힙니다.

佛以種種身 부처님이 가지가지의 몸으로
遊行徧世間 세간에 두루 다니시고
法界無所礙 법계에 막힘이나 걸림이 없으신 것을
無能測量者 측량할 수 있는 이가 없습니다.

慧光恒普照 지혜의 광명이 늘 두루 비치어
世闇悉除滅 세계의 어둠을 남김없이 없애시니
一切無等倫 일체 모든 것이 짝할 수 없는 것을
云何可測知 어떻게 측량해서 알 수 있겠습니까.

그때 일체혜 보살이 부처님의 위신력을 받들어 시방을 자세하게 살펴보고 게송으로 말했다.

爾時 一切慧菩薩承佛威力 普觀十方而說頌言

假使百千劫 가령 백 겁 천 겁을 두고
常見於如來 언제나 여래를 본다고 하더라도
不依眞實義 진실한 이치를 의지하지 않고
而觀救世者 세상을 구원한다는 자를 자세히 보면
是人取諸相 이 사람은 마주한 모든 모양이나 상태를 취하기에
增長癡惑網 어리석고 의심의 그물만을 더하고 기르며
繫縛生死獄 생사의 지옥에 얽매이기에
盲冥不見佛 도리를 구별하지 못하는 어둠으로 부처님을 보지 못합니다.

觀察於諸法 모든 법을 자세하게 살펴보면
自性無所有 자신의 성품은 없으니
如其生滅相 그 생했다가 멸하는 마주한 모양이나 상태와 같기에
但是假名說 다만 임시로 이름을 빌려 말합니다.

一切法無生 모든 법은 생하지도 않고
一切法無滅 모든 법은 멸하지도 않는 것이니
若能如是解 그와 같이 이와 같음을 이해하면
諸佛常現前 모든 부처님이 늘 세상 앞에 나타나십니다.

法性本空寂 법의 성품은 본래 실체가 없어 생각하고 분별할 것이 없기에
無取亦無見 취할 것도 없고 볼 것도 없기에
性空卽是佛 성품이 공한 줄 알면 곧 부처이기에
不可得思量 사유로는 헤아려 얻을 수 있는 것이 아닙니다.

若知一切法 그와 같은 모든 법의
體性皆如是 체성이 모두 이와 같음을 알면
斯人則不爲 이 사람은
煩惱所染著 번뇌에 물들지 않을 것입니다.

凡夫見諸法 범부가 모든 법을 보는 일에 있어서
但隨於相轉 다만 마주한 모양이나 상태만을 따라 움직이면서
不了法無相 법이란 마주할 모양이나 상태가 없음을 분명하게 알지 못하기에
以是不見佛 이러한 까닭으로 부처님을 보지 못합니다.

牟尼離三世 모니는 삼세를 벗어나시고도
諸相悉具足 마주한 모양이나 상태를 온전하게 모두 갖추시고
住於無所住 머무를 수 없는 곳에 머무시며
普徧而不動 두루두루 하셔도 움직임이 없으십니다.

我觀一切法 내가 모든 법을 자세히 보고
皆悉得明了 모두 다 분명하게 깨달아 알고 마쳤기에
今見於如來 이제 여래를 보는 일에 있어서
決定無有疑 결단코 의심이 없습니다.

法慧先已說 법혜 보살이 저보다 먼저
如來眞實性 여래의 진실한 성품을 말하니
我從彼了知 제가 그를 좇아 분명하게 깨달아
菩提難思議 사유로서는 헤아리지 못할 보리를 알았습니다.

그때 승혜 보살이 부처님의 위신력을 받들어 시방세계를 두루 자세히 살펴보고는 게송으로 말했다.
爾時 勝慧菩薩承佛威力 普觀十方而說頌言

如來大智慧 여래의 큰 지혜는
希有無等倫 매우 드물고 어깨를 가지런히 할 짝이 없으며
一切諸世間 일체 모든 세간의
思惟莫能及 두루두루 한 사유로는 미칠 수가 없습니다.

凡夫妄觀察 범부는 자세하게 살펴보는 일이 망령되기에

取相不如理 마주한 모양이나 상태를 취함에 이치와 같지 않으며
佛離一切相 부처님은 마주한 모든 모양이나 상태를 벗어나셨지만
非彼所能見 저들은 보지를 못합니다.

迷惑無知者 미혹하여 아는 것이 없는 자는
妄取五蘊相 허망하게도 오온을 마주한 모양이나 상태를 취하고
不了彼眞性 참된 성품을 분명하게 깨달아 알지 못하니
是人不見佛 이 사람은 부처님을 보지 못합니다.

了知一切法 모든 법은
自性無所有 자신의 성품이 없음을 분명하게 깨우쳐 알아야 하니
如是解法性 이와 같은 법의 성품을 이해한다면
則見盧舍那 곧 노사나불을 볼 수 있습니다.

因前五蘊故 이전 오온의 인연으로 말미암아
後蘊相續起 이후에 오온이 다음을 이어 일어나는 것이니
於此性了知 이 성품을 분명하게 깨우쳐 알고 마치면
見佛難思議 사유로서 헤아리기 어려운 부처님을 볼 것입니다.

譬如闇中寶 비유하면 어둠 가운데 있는 보배도
無燈不可見 등불이 없으면 볼 수가 없듯이
佛法無人說 불법도 말하는 사람이 없으면
雖慧莫能了 비록 총명하더라도 깨우침을 얻을 수가 없습니다.

亦如目有翳 또한 눈에 병이 생기면
不見淨妙色 깨끗하고 빼어난 빛을 보지 못하니
如是不淨心 이와 같은 청정한 마음이 아니면
不見諸佛法 모든 불법을 보지 못합니다.

又如明淨日 또 밝고 깨끗한 태양이라도
瞽者莫能見 소경은 볼 수가 없는 것과 같이

無有智慧心 지혜의 마음이 없으면
終不見諸佛 마침내 모든 부처님을 볼 수 없습니다.

若能除眼瞖 그와 같이 눈에 덮인 것을 없애버리고
捨離於色想 빛이라는 생각까지도 벗어나 버려서
不見於諸法 모든 법을 보지 않으면
則得見如來 여래를 볼 것입니다.

一切慧先說 일체혜 보살이 저보다 먼저
諸佛菩提法 모든 부처님의 보리의 법(증득하는 법)을 말했고
我從於彼聞 저는 그에게서 들었으며
得見盧舍那 노사나불을 보게 되었습니다.

그때 공덕혜 보살이 부처님의 위신력을 받들어 시방을 두루 자세하게 살펴보고 게송으로 말했다.
爾時 功德慧菩薩承佛威力 普觀十方而說頌言

諸法無眞實 모든 법이란 진실이 없지만
妄取眞實相 망령되게 진실하다는 모양이나 상태를 취하니
是故諸凡夫 이러한 까닭으로 모든 범부가
輪迴生死獄 생사의 감옥에서 윤회합니다.

言辭所說法 말로 설하는 법을
小智妄分別 작은 지혜로 망령되게 분별하니
是故生障礙 이러한 까닭으로 막힘이나 걸림이 생겨
不了於自心 자신의 마음을 분명하게 깨우쳐 알지 못합니다.

不能了自心 자신의 마음을 분명하게 깨우쳐 알지 못하면
云何知正道 어찌 바른 도를 알겠으며
彼由顚倒慧 거꾸로 뒤바뀐 지혜로 말미암아

增長一切惡 모든 악만을 더하고 기르게 됩니다.

不見諸法空 모든 법이 공함을 보지 못하고
恒受生死苦 늘 생사의 고통을 받으니
斯人未能有 이 사람은
淸淨法眼故 청정한 법의 눈이 없는 까닭입니다.

我昔受衆苦 제가 예전에 받은 모든 고통은
由我不見佛 저로 말미암아 부처님을 보지 못한 탓이니
故當淨法眼 이러한 까닭에 마땅히 법의 눈을 깨끗이 해서
觀其所應見 응당 보아야 할 것을 자세히 볼 것입니다.

若得見於佛 그와 같이 부처님을 보고도
其心無所取 그 마음에 취하는 것이 없으면
此人則能見 이 사람은 곧
如佛所知法 부처님이 아는 법과 같이 능히 볼 것입니다.

若見佛眞法 그와 같은 부처님의 참된 법을 본다면
則名大智者 곧 큰 지혜가 있는 자라고 이름을 붙이니
斯人有淨眼 이 사람은 청정한 눈이 있기에
能觀察世間 능히 세간을 자세하게 살펴볼 것입니다.

無見卽是見 보는 것 없음이 곧 보는 것이기에
能見一切法 모든 법을 능히 보는 것이며
於法若有見 그와 같이 법이라고 보는 일이 있으면
此則無所見 이는 곧 보는 일이 없는 것입니다.

一切諸法性 일체 모든 법의 성품이
無生亦無滅 생도 없으며 또한 멸함도 없는 것이니
奇哉大導師 기이한 대 도사는
自覺能覺他 자신도 깨닫고 다른 이도 깨닫게 합니다.

勝慧先已說 승혜 보살이 저보다 먼저
如來所悟法 여래의 깨우친 얻은 법을 설했고
我等從彼聞 우리는 그에게서 듣고서
能知佛眞性 부처님의 참된 성품을 알았습니다.

그때 정진혜 보살이 부처님의 위신력을 받들어 시방을 두루 자세하게 살펴보고 게송으로 말했다.

爾時 精進慧菩薩承佛威力 普觀十方而說頌言

若住於分別 그와 같이 분별에 머물면
則壞淸淨眼 곧 청정한 눈이 무너지고
愚癡邪見增 어리석으며 삿된 견해만이 늘어서
永不見諸佛 영원히 모든 부처님을 보지 못합니다.

若能了邪法 그와 같이 분명하게 삿된 법인 줄을 알면서도
如實不顚倒 실질적으로 뒤바뀌지 않은 것과 같이
知妄本自眞 허망한 것이 본래 스스로 참된 것임을 알면
見佛則淸淨 곧 청정한 부처님을 볼 것입니다.

有見則爲垢 보는 것이 있으면 곧 허물이 되기에
此則未爲見 이는 곧 보는 것이 아니니
遠離於諸見 모든 보는 일에서 멀리 벗어나야지만
如是乃見佛 이와 같은 부처님을 볼 것입니다.

世間言語法 세간의 말과 글의 법을
衆生妄分別 중생들이 망령되게 분별하니
知世皆無生 세상이 모두 생함이 없음을 알면
乃是見世間 비로소 세간을 볼 것입니다.

若見見世間 그와 같이 세간을 보는 일을 본다면

見則世間相 보는 것이 곧 세간의 모양이나 상태이니
如實等無異 실상의 본바탕과 같이 다름이 없어야지만
此名眞見者 참으로 보는 이라고 이름 붙일 수 있습니다.

若見等無異 그와 같이 실상의 본바탕과 같은 다름이 없음을 보고
於物不分別 실재적 사물로서 느낄 수 없어도 사유할 수 있는 모든 것을 분별하지 않으면
是見離諸惑 이렇게 보는 일은 모든 의혹을 벗어난 것이기에
無漏得自在 틈이 없는 자재함을 얻을 것입니다.

諸佛所開示 모든 부처님이 활짝 열어 보이신
一切分別法 모든 분별하는 법은
是悉不可得 이는 다 얻을 수 있는 것이 아니니
彼性淸淨故 성품이 청정한 까닭입니다.

法性本淸淨 법의 성품이 본래 청정하기에
如空無有相 허공과 같이 모양이나 상태가 없으며
一切無能說 모든 것은 말로 할 수 없기에
智者如是觀 지혜로운 자는 이와 같이 자세하게 봅니다.

遠離於法想 법이라는 생각에서 멀리 벗어나
不樂一切法 모든 법을 좋아하지 않고
此亦無所修 이같이 또한 닦을 것이 없으면
能見大牟尼 능히 대모니를 볼 것입니다.

如德慧所說 덕혜 보살이 설함과 같이
此名見佛者 이는 이름으로 부처님을 보는 자이니
所有一切行 모든 행이라는 것은
體性皆寂滅 체성이 모두 적멸합니다.

그때 선혜 보살이 부처님의 위신력을 받들어 시방을 두루 자세하게 살펴보고 게송으로

말했다.

爾時 善慧菩薩承佛威力 普觀十方而說頌言

希有大勇健 매우 드물고 크게 용맹하고 튼튼하신
無量諸如來 헤아릴 수 없이 많은 모든 여래께서는
離垢心解脫 허물을 벗어난 마음의 해탈로
自度能度彼 스스로 제도하고 능히 중생을 깨우칩니다.

我見世間燈 제가 세간의 등불을 보니
如實不顚倒 실상의 본바탕과 같이 거꾸로 뒤바뀌지 않았기에
如於無量劫 헤아릴 수 없이 많은 겁 동안
積智者所見 지혜를 쌓은 이가 보는 것과 같습니다.

一切凡夫行 모든 범부의 행은
莫不速歸盡 빠르게 생에서 사로 돌아가 다함이 있지만
其性如虛空 그 성품은 허공과 같으니
故說無有盡 이러한 까닭으로 다함이 없다고 말합니다.

智者說無盡 지혜로운 이는 다함이 없다고 설하지만
此亦無所說 이 또한 설한 적이 없으니
自性無盡故 스스로 성품이 다함이 없는 까닭에
得有難思議 사유로서는 헤아리기 어려운 것을 얻습니다.

所說無盡中 다함이 없다고 말하는 가운데
無衆生可得 가히 얻을 만한 중생도 없으며
知衆生性爾 중생의 성품이 그러한 줄 알면
則見大名稱 곧 대명칭을 볼 것입니다.

無見說爲見 보는 일이 없지만 보는 일을 말하고
無生說衆生 생함이 없지만, 중생을 말하니
若見若衆生 그와 같이 보는 일이나 중생이나

了知無體性 체성이 없음을 분명하게 깨달아 알고
能見及所見 보는 것이나 볼 것이나
見者悉除遣 보는 이까지 모두 보내서 없애버리고
不壞於眞法 참된 법을 무너뜨리지 않아야만
此人了知佛 이 사람이 부처님을 분명하게 알고 깨달아 마친 것입니다.

若人了知佛 그와 같은 사람이 부처님과
及佛所說法 부처님이 설한 법을 분명하게 알고 깨달아 마치면
則能照世間 곧 세상을 밝게 비추는 일이
如佛盧舍那 노사나 부처님과 같게 될 것입니다.

正覺善開示 부처님께서는 선근으로
一法淸淨道 일법의 청정한 도를 열어 보이시고
精進慧大士 정진혜 보살은
演說無量法 헤아릴 수 없이 많은 법을 널리 펴서 말씀하십니다.

若有若無有 그와 같이 있다거나 있지 않다거나
彼想皆除滅 이러저러한 생각을 모두 없애버리면
如是能見佛 이와 같이 능히 부처님을 뵙고
安住於實際 실상의 본바탕, 이 경계에 편안히 머물게 될 것입니다.

그때 지혜 보살이 부처님의 위신력을 받들어 시방을 두루 자세하게 살펴보고 게송으로 말했다.
爾時 智慧菩薩承佛威力 普觀十方而說頌言

我聞最勝敎 제가 가장 빼어난 가르침을 듣고
卽生智慧光 곧바로 지혜의 빛을 내놓아
普照十方界 시방세계를 두루 비치어
悉見一切佛 남김없이 부처님을 모두 보았습니다.

此中無少物 이 가운데는 실재적 사물을 느낄 수 없고 사유할 만한 것이 없으며
但有假名字 다만 임시로 빌려 쓴 이름과 글자뿐이고
若計有我人 그와 같이 나와 남이 있다고 헤아리면
則爲入險道 곧 험한 길에 떨어질 것입니다.

諸取著凡夫 모든 것에 집착하고 취하는 범부는
計身爲實有 몸을 헤아려 참으로 있다고 하니
如來非所取 이는 여래가 취하는 것이 아니기에
彼終不得見 결국에는 보는 일의 본질을 얻을 수 없습니다.

此人無慧眼 이러한 사람은 지혜의 눈이 없기에
不能得見佛 능히 부처님을 보지 못하고
於無量劫中 헤아릴 수 없이 많은 겁 동안
流轉生死海 생사의 바다에서 헤매게 될 것입니다.

有諍說生死 다툼이 있으면 생사를 말하고
無諍卽涅槃 다툼이 없으면 곧 열반이니
生死及涅槃 생사와 열반을
一俱不可得 하나로 갖추어 얻을 수 있는 것이 아닙니다.

若逐假名字 그와 같이 임시로 빌려 쓴 이름과 글자만을 뒤좇아
取著此二法 이 두 법에 집착하고 취한다면
此人不如實 이 사람은 실상의 본바탕과 같지 않기에
不知聖妙道 성인의 빼어난 도를 알지 못할 것입니다.

若生如是想 그와 같이 이와 같은 생각을 내어서
此佛此最勝 이 부처님의 이것이 가장 뛰어난 것이라 하면
顚倒非實義 거꾸로 뒤바뀐 것이며 참 이치가 아니니
不能見正覺 바른 깨우침을 볼 수가 없습니다.

能知此實體 이러한 실체가

寂滅眞如相 적멸한 진여의 모양이나 상태인 것을 능히 알면

則見正覺尊 곧바로 바르게 깨우친 분이

超出語言道 음성이나 문자의 길을 뛰어넘은 것을 보게 될 것입니다.

言語說諸法 음성이나 문자로 모든 법을 설한다 하더라도

不能顯實相 있는 그대로의 참 모양이나 상태를 나타낼 수 없고

平等乃能見 평등함에 이르러야 능히 볼 수 있으니

如法佛亦然 법도 그렇고 부처님도 또한 그러합니다.

正覺過去世 바른 깨우침으로 지난 세상과

未來及現在 오는 세상과 현재의 세상을

永斷分別根 분별하는 뿌리를 영원히 끊어냈기에

是故說名佛 이러한 까닭으로 부처님이라 이름 지어 말합니다.

그때 진실혜 보살이 부처님의 위신력을 받들어 시방세계를 자세하게 살펴보고 게송으로 말했다.

爾時 眞實慧菩薩承佛威力 普觀十方而說頌言

寧受地獄苦 어찌 지옥의 고통을 받으면서

得聞諸佛名 모든 부처님의 이름을 들을 수 있겠으며

不受無量樂 헤아릴 수 없이 많은 즐거움을 받지 않으려고

而不聞佛名 부처님의 명호를 들으려 하지 않겠습니까.

所以於往昔 이러한 까닭은 지난 옛적에

無數劫受苦 수없이 많은 겁 동안 고통을 받으며

流轉生死中 나고 죽음 가운데 헤매면서

不聞佛名故 부처님의 이름을 듣지 못한 까닭입니다.

於法不顚倒 법의 위치나 차례가 뒤바뀌어 거꾸로 되지 않고

如實而現證 사실과 똑같이 증명해서 나타내면

離諸和合相 화목하게 어울리는 모든 모양이나 상태를 벗어나기에

是名無上覺 이 이름을 '위 없는 깨우침'이라 합니다.

現在非和合 현재도 화목하게 어울리지 않으며
去來亦復然 과거와 미래도 차례를 따라 또한 그러하니
一切法無相 모든 법의 모양이나 상태가 없으면
是則佛眞體 이것이 곧 부처님의 진실한 체입니다.

若能如是觀 그와 같이 이와 같은
諸法甚深義 모든 법의 깊고도 깊은 이치를 자세하게 살펴보면
則見一切佛 곧바로 모든 부처님의
法身眞實相 법신, 이 법신의 진실한 모양이나 상태를 볼 것입니다.

於實見眞實 사실과 똑같으므로 거짓 없이 참되게 보고
非實見不實 사실과 똑같지 않기에 사실이 아닌 것으로 보면서
如是究竟解 이와 같음을 마지막까지 깨우치면
是故名爲佛 이러한 까닭에 이름이 부처입니다.

佛法不可覺 불법은 깨우침이 아니며
了此名覺法 이를 분명하게 깨달아 알면 이름만 깨우침의 법이니
諸佛如是修 모든 부처님은 이와 같음을 닦으시며
一法不可得 단 하나의 법도 얻은 것이 없습니다.

知以一故衆 하나인 까닭에 많은 것을 알고
知以衆故一 많은 까닭으로 하나를 아는 것이니
諸法無所依 모든 법이란 의지하는 것이 없이
但從和合起 다만 화목하게 어울림을 좇아 일어나는 것입니다.

無能作所作 만들 것도 만든 것도 없고
唯從業想生 오직 생각의 업을 좇아 생하는 것이니
云何知如是 어찌 이와 같음을 알겠습니까?
異此無有故 이는 없음과 있음이 다른 까닭입니다.

一切法無住 모든 법은 머무름이 없기에
定處不可得 정해진 곳을 얻을 수 없지만
諸佛住於此 모든 부처님이 이곳에 머무시면서
究竟不動搖 마지막까지 동요하지 않습니다.

그때 무상혜 보살이 부처님의 위신력을 받들어 시방을 두루 자세하게 살펴보고 게송으로 말했다.
爾時 無上慧菩薩承佛威力 普觀十方而說頌言

無上摩訶薩 위 없는 보살마하살들은
遠離衆生想 중생이라는 생각을 멀리 벗어나
無有能過者 허물이 있는 이들이 없기에
故號爲無上 부르기를 '위 없음'이라 합니다.

諸佛所得處 모든 부처님이 얻으신 자리는
無作無分別 만든 것도 없고 분별도 없으며
麤者無所有 거친 곳도 없으니
微細亦復然 미세한 것도 차례를 따라 또한 그러합니다.

諸佛所行境 모든 부처님이 행하시는 경계의
於中無有數 가운데는 수를 헤아릴 수 없으며
正覺遠離數 정각은 헤아릴 수 없는 이 경계마저 멀리 벗어났으니
此是佛眞法 이것이 부처님의 진실한 법입니다.

如來光普照 여래의 광명이 두루 비치어
滅除衆暗冥 모든 어둠을 없애주지만
是光非有照 이 빛은 비치는 것도 아니고
亦復非無照 차례를 따라 또한 비치지 않는 것도 아닙니다.

於法無所著 법에 집착함이 없으며

無念亦無染 생각도 없고 물이 드는 일 또한 없으며
無住無處所 머무름도 없고 처할 것도 없지만
不壞於法性 법의 성품을 무너뜨리지 않습니다.

此中無有二 이 가운데는 둘이 없고
亦復無有一 역시 차례를 따라 하나도 없지만
大智善見者 큰 지혜의 선근(得見如來智)으로 보는 이는
如理巧安住 이치와 같이(不立五蘊不離證得) 섬세하고 능숙하게 편안히 머뭅니다.

無中無有二 없음 가운데는 둘이 없고(헤아릴 수 없고)
無二亦復無 둘이 없음도 역시 차례를 좇아 없으니
三界一切空 삼계의 모든 것은 공한 것이며
是則諸佛見 이것이 곧 모든 부처님을 보는 것입니다.

凡夫無覺解 범부는 깨우침을 깨달아 아는 일이 없기에
佛令住正法 부처님이 바른 법에 머물도록 이끌었지만
諸法無所住 모든 법은 머무는 것이 없음이니
悟此見自身 깨우침을 깨달아 증득해야 스스로 몸을 볼 것입니다.

非身而說身 몸 아닌 것이 몸을 말하고(般若智)
非起而現起 일어나는 것이 아니지만 일어나는 것을 나타내시니(如來智方便)
無身亦無見 몸도 없고 또한 보는 일도 없어야(菩提心)
是佛無上身 이것이 부처님의 위 없는 몸입니다.

如是實慧說 이와 같은 진실혜 보살이
諸佛妙法性 모든 부처님의 빼어난 법성을 설하니
若聞此法者 그와 같이 이 법을 듣는 이는
當得淸淨眼 당연히 청정한 눈을 얻을 것입니다.

그때 견고혜 보살이 부처님의 위신력을 받들어 시방을 두루 자세하게 살펴보고 게송으로 말했다.

爾時 堅固慧菩薩承佛威力 普觀十方而說頌言

偉哉大光明 훌륭하고 큰 광명과
勇健無上士 다부지고 용맹한 무상사께서
爲利群迷故 아둔한 중생들을 위한 까닭에
而興於世間 세간에 오셨습니다.

佛以大悲心 부처님의 큰 자비심은
普觀諸衆生 모든 중생이
見在三有中 삼유 가운데 있으면서
輪迴受衆苦 윤회로 인한 많은 고통을 받고 있음을 두루 보십니다.

唯除正等覺 오직 정등각의
具德尊導師 덕을 갖추신 도사를 제외하고는
一切諸天人 일체 모든 천인 중에서
無能救護者 구하고 보호할 자가 없습니다.

若佛菩薩等 그와 같은 부처님이나 보살들이
不出於世間 세간에 나오지 않으면
無有一衆生 단 한 명의 중생도
而能得安樂 안락을 얻을 수 없습니다.

如來等正覺 여래와 정각과
及諸賢聖衆 모든 현성들이
出現於世間 세간에 출현해야만
能與衆生樂 능히 중생에게 즐거움을 줄 수 있습니다.

若見如來者 그와 같이 여래를 보는 이는
爲得大善利 큰 선근의 이익을 얻게 되니
聞佛名生信 부처님의 이름을 듣고 믿음을 생하면

則是世間塔 이것이 곧 세간의 탑입니다.

我等見世尊 저희가 세존을 보기만 해도
爲得大利益 큰 이득을 얻게 되니
聞如是妙法 이와 같은 빼어난 법을 듣고
悉當成佛道 모두 부처의 도를 이룰 것입니다.

諸菩薩過去 모든 보살이 과거에
以佛威神力 부처님의 위신력으로
得淸淨慧眼 청정한 지혜의 눈을 얻어
了諸佛境界 모든 부처님의 경계를 깨우쳐 알고 마쳤습니다.

今見盧舍那 이제 노사나 부처님을 보았기에
重增淸淨信 청정한 신심을 거듭 더하고
佛智無邊際 부처님의 지혜는 끝이 없어
演說不可盡 말로 널리 펴도 다할 수 없습니다.

勝慧等菩薩 승혜 보살 등 여러 보살과
及我堅固慧 저와 견고혜 보살까지
無數億劫中 수 없는 억겁 동안
說亦不能盡 설하여도 다할 수 없습니다.

15. 십주품
大方廣佛華嚴經十住品第十五

그때 법혜 보살이 부처님의 위신력을 받들어 보살의 헤아릴 수 없는 방편 삼매에 들었다. 이 삼매의 힘으로 시방에 각각 일천 부처 세계의 티끌 수와 같은 세계 밖에 일천 부처 세계의 티끌 수와 같은 부처님이 계시며, 모두 함께 명호를 '법혜'라 하였고 그 앞(菩薩無量方便)에 두루 나타나서 가르침을 주기 위해 말했다.

"선근이로다. 선근이로다. 선남자여! 그대가 능히 보살의 헤아릴 수 없는 방편 삼매에 든 것은 선남자여! 시방에 각각 일천 부처 세계의 티끌 수와 같은 모든 부처님이 신력으로 그대를 돕고 지켜주기 위한 것이며, 또 비로자나 여래의 옛적 서원의 힘과 위신의 힘이며, 그대가 닦은 선근의 힘인 까닭으로 이 삼매에 들어가 그대가 법을 설하게 하려는 것이다. 이는 부처님의 지혜를 거듭 더하고 기르게 하려는 까닭이며, 법계에 깊이 들어가게 하려는 까닭이며, 중생계의 선근을 분명하게 깨우쳐 알게 하려는 까닭이며, 들어가는 일에 있어서 막힘이나 걸림이 없게 하려는 까닭이며, 행하는 모든 일에 막힘이나 걸림이 없게 하려는 까닭이며, 같은 것이 없는 방편을 얻게 하려는 까닭이며, 모든 지혜의 성품에 들어가게 하려는 까닭이며, 일체 모든 법을 깨닫게 하려는 까닭이며, 모든 근기를 알게 하려는 까닭이며, 모든 법을 지녀서 설하게 하려는 까닭이니, 이른바 모든 보살의 십종주(十種住)를 일으키려는 것이다."

"선남자여! 그대는 마땅히 부처님의 위신력을 받들어 이 법을 널리 펴야 할 것이다."

爾時 法慧菩薩承佛威力 入菩薩無量方便三昧 以三昧力 十方各千佛刹微塵數世界之外 有千佛刹微塵數諸佛 皆同一號 名曰法慧 普現其前 告法慧菩薩言 善哉 善哉 善男子 汝能入是菩薩無量方便三昧 善男子 十方各千佛刹微塵數諸佛 悉以神力共加於汝 又是毘盧遮那如來往昔願力 威神之力 及汝所修善根力故 入此三昧 令汝說法 爲增長佛智故 深入法界故 善了衆生界故 所入無礙故 所行無障故 得無等方便故 入一切智性故 覺一切法故 知一切根故 能持說一切法故 所謂 發起諸菩薩十種住 善男子 汝當承佛威神之力而演此法

이때 모든 부처님이 법혜 보살에게 막힘이나 걸림이 없는 지혜, 집착함이 없는 지혜, 끊이지 않는 지혜, 어리석지 않은 지혜, 다름이 없는 지혜, 잃거나 잘못됨이 없는 지혜, 헤아려 알 수 없는 지혜, 뛰어난 지혜, 게으르지 않은 지혜, 빼앗을 수 없는 지혜를 주셨으니, 왜냐하면 이 삼매의 힘, 이 힘의 법은 이와 같은 까닭이다.

이때 모든 부처님이 각각 오른손을 펴서 법혜 보살의 정수리를 만지니, 법혜 보살이 선정으로부터 일어나 가르침을 주기 위해 모든 보살에게 말했다.

是時 諸佛卽與法慧菩薩無礙智 無著智 無斷智 無癡智 無異智 無失智 無量智 無勝智 無懈智 無奪智 何以故 此三昧力 法如是故 是時 諸佛各申右手 摩法法慧菩薩頂 法慧菩薩卽從定起 告諸菩薩言

"불자들이여! 보살이 머무는 곳은 광대해서 법계와 허공 등과 같으며, 불자들이여! 보살이 삼세의 모든 부처님 집에 머무니, 보살이 머무는 곳을 내가 지금 말하겠습니다."

佛子 菩薩住處廣大 與法界虛空等 佛子 菩薩住三世諸佛家 彼菩薩住 我今當說

"모든 불자여! 보살이 머무는 곳은 열 가지가 있으니, 과거, 미래, 현재의 모든 부처님이 이미 설하셨고 앞으로도 설하시고 지금도 설하십니다."

"무엇이 열 가지인가? 이른바 초발심주, 치지주, 수행주, 생귀주, 구족방편주, 정심주, 불퇴주, 동진주, 법왕자주, 관정주를 이릅니다. 이를 보살의 십주라 이름 붙였으며, 과거, 미래, 현재의 모든 부처님이 설하시는 것입니다."

諸佛子 菩薩住有十種 過去 未來 現在諸佛 已說 當說 今說 何者爲十 所謂 初發心住 治地住 修行住 生貴住 具足方便住 正心住 不退住 童眞住 王子住 灌頂住 是名菩薩十住 去 來 現在諸佛所說

1) 발심주(發心住)

"불자들이여! 어떠한 것을 보살의 발심주라 하는가 하면, 이 보살이 부처님 세존의 용모가 단정하고 마주한 모양이나 상태가 원만해서 사람들이 좋게 보는 것과 같이 보기 좋아하며, 만나기 어렵고 큰 위력이 있음을 보며, 때로는 신족을 보며, 때로는 수기를 듣기도 하며, 때로는 가르침을 듣기도 하며, 혹은 중생들이 극심한 고통을 받은 것을 보기도 하며, 경우를 따라 여래의 광대한 불법을 듣기도 하면서 보리심을 일으켜 모든 지혜를 구하기도 합니다."

"이 보살이 열 가지의 얻기 어려운 법으로 말미암아 마음을 일으키니, 무엇이 열인가 하면, 이른바 옳은 것과 그른 것을 아는 지혜, 선악의 업보를 아는 지혜, 모든 근의 뛰어남과 용렬함을 아는 지혜, 가지가지 이해의 차별을 아는 지혜, 가지가지 경계의 차별을 아는 지혜, 모든 곳에 이르는 길을 아는 지혜, 모든 선정과 해탈과 삼매를 아는 지혜, 숙명에 막힘이나 걸림이 없는 지혜, 천안의 막힘이나 걸림이 없는 지혜, 삼세의 번뇌를 빠짐없이 다하는 지혜이니, 이것이 열 가지 어려운 법입니다."

"불자들이여! 이 보살이 마땅히 배우기를 권하는 열 가지의 법이 있으니, 무엇이 열인가 하면, 이른바 부지런히 부처님께 공양하고 생사에 머물기를 좋아하고 세간을 인도하는 주인이 되어 나쁜 업을 없애주고 뛰어나고 빼어난 법을 항상 가르치고 위 없는 법을 칭찬하고 부처님의 공덕을 배우고 모든 부처님 전에 태어나 항상 거두어 주심을 받고 방편으로 적정의 삼매를 널리 펴서 설하고 생사의 윤회로부터 멀리 벗어남을 칭찬하고 고통받은 중생들을 위해 귀의할 곳이 되어주는 것을 이릅니다. 왜 그런가 하면 보살들이 부처님 법 가운데서 마음을 더욱 크게 더하고 법을 듣고는 스스로 활짝 열어 이해하는 일이 다른 이의 가르침을 받지 않아도 이룰 수 있게 하려는 까닭입니다."

佛子 云何爲菩薩發心住 此菩薩見佛世尊形貌端嚴 色相圓滿 人所樂見 難可直遇 有大威力 或見神足 或聞記別 或聽敎誡 或見衆生受諸劇苦 或聞如來廣大佛法 發菩提心 求一切智 此菩薩緣十種難得法而發於心 何者爲十 所謂 是處非處智 善惡業報智 諸根勝劣智 種種解差別智 種種界差別智 一切至處道智 諸禪解脫三昧智 宿命無礙智 天眼無礙智 三世漏普盡智 是爲十 佛子 此菩薩應勸學十法 何者爲十 勤供養佛 樂住生死 主導世間令除惡業 以勝妙法常行敎誨 歎無上法 學佛功德 生諸佛前恒蒙攝受 方便演說寂靜三昧 讚歎遠離生死輪迴 爲苦衆生作歸依處 何以故 欲令菩薩於佛法中心轉增廣 有所聞法 卽自開解 不由他敎故

2) 치지주(治地住)

"불자들이여! 어떠한 것을 보살의 치지주라 하는가 하면, 이 보살이 모든 중생에 대하여 열 가지의 마음을 일으키니, 무엇이 열 가지인가 하면 이른바 이익을 주려는 마음, 크게 슬퍼해 주는 마음, 안락하게 하려는 마음, 편안히 머물게 하려는 마음, 가엾이 여기는 마음, 거두어 주려는 마음, 지키고 보호해주려는 마음, 내 마음과 같이 여기는 마음, 스승같이 여기는 마음, 도사같이 여기는 마음, 이 열 가지를 이릅니다."

"불자들이여! 이 보살이 마땅히 배우기를 권하는 열 가지의 법이 있으니, 무엇이 열인가 하면, 이른바 외우고 익히면서 많이 듣는 것과 마음을 비운 적정함과 선지식을 가까이하는 것과 서로 응하면서 기쁨을 일으키게 말하는 것과 반드시 때를 알고 말을 하는 것과 마음에 두려워함이 없는 것과 이치를 통해 분명하게 깨우침을 아는 것과 법과 같이 수행하는 것과 어리석은 미혹에 멀리 벗어나는 것과 편안히 머물며 움직이지 않은 것을 이릅니다."

"무슨 까닭인가 하면, 모든 보살이 모든 중생에 대하여 대비심을 거듭 더하고 기르게 하기 위함이며, 법을 듣고 스스로 이해하면서 다른 이의 가르침으로 말미암지 않게 하려는 까닭입니다."

佛子 云何爲菩薩治地住 此菩薩於諸衆生發十種心 何者爲十 所謂 利益心 大悲心 安樂心 安住心 憐愍心 攝受心 守護心 同己心 師心 導師心 是爲十 佛子 此菩薩應勸學十法 何者爲十 所謂 誦習多聞 虛閑寂靜 近善知識 發言和悅 語必知時 心無怯怖 了達於義 如法修行 遠離愚迷 安住不動 何以故 欲令菩薩於諸衆生增長大悲 有所聞法 卽自開解 不由他敎故

3) 수행주(修行住)

"불자들이여! 어떠한 것을 보살의 수행주라 하는가 하면, 이 보살은 열 가지의 행으로 모든 법을 자세하게 살펴보니, 무엇이 열 가지인가 하면 이른바 모든 법이 항상 함이 없음을 자세히 보고 모든 법의 괴로움을 자세히 보고 모든 법이 공함을 자세히 보고 모든 법이 내가 없음을 자세히 보고 모든 법이 만들어짐이 없음을 자세히 보고 모든 법이 맛이 없음을 자세히 보고 모든 법이 이름과 같지 않음을 자세히 보고 모든 법이 분별을 벗어난 것을 자세히 보고 모든 법이 튼튼한 실상의 본바탕이 없음을 자세히 보는 것이니, 이렇게 열 가지를 이릅니다."

"불자들이여! 이 보살이 마땅히 배우기를 권하는 열 가지의 법이 있으니, 무엇이 열인가 하면, 이른바 중생계와 법계와 세계를 자세하게 살펴보는 것이며, 지계, 수계, 화계, 풍계를 자세하게 살펴보는 것이며, 욕계, 색계, 무색계를 자세하게 살펴보는 것을 이릅니다."

"무슨 까닭인가 하면, 보살들이 지혜를 분명하게 깨달아 알고 마치게 하기 위함이며, 법을 듣고 스스로 이해하면서 다른 이의 가르침으로 말미암지 않게 하려는 까닭입니다."

佛子 云何爲菩薩修行住 此菩薩於十種行觀一切法 何者爲十 所謂 觀一切法無常 一切法苦 一切法空 一切法無我 一切法無作 一切法無味 一切法不如名 一切法無處所 一切法離分別 一切法無堅實 是爲十 佛子 此菩薩應勸學十法 何者爲十 所謂 觀察衆生界 法界 世界 觀察地界 水界 火界 風界 觀察欲界 色界 無色界 何以故 欲令菩薩智慧明了 有所聞法 卽自開解 不由他教故

4) 생귀주(生貴住)

"불자들이여! 어떠한 것을 보살의 생귀주라 하는가 하면, 이 보살이 성인의 교법을 좇아 생하여 열 가지의 법을 성취하니, 무엇이 열 가지인가 하면 이른바 영원히 물러서지 않은 법을 성취하며, 모든 부처님의 처소에서 깊고 청정한 믿음을 생하는 법을 성취하며, 법을 선근으로 자세하게 살펴보는 법을 성취하며, 중생과 국토와 세계와 업행과 과보와 생사와 열반을 분명하게 깨달아 알고 마침이니, 이 열 가지를 이릅니다."

"불자들이여! 이 보살이 마땅히 배우기를 권하는 열 가지의 법이 있으니, 무엇이 열인가 하면, 이른바 과거, 미래, 현재의 모든 불법을 분명하게 깨우쳐 아는 것이며, 과거, 미래, 현재의 모든 불법을 닦아 모으는 것이며, 과거, 미래, 현재의 모든 불법을 원만하게 하는 것이며, 과거, 미래, 현재의 모든 부처님이 평등하다는 것을 분명하게 아는 것을 이릅니다."

"무슨 까닭인가 하면, 모두 더욱 더하여 나아가 삼세 가운데서 마음의 평등을 얻고 하려는 것이며, 법을 듣고 스스로 이해하면서 다른 이의 가르침으로 말미암지 않게 하려는 까닭입니다."

佛子 云何爲菩薩生貴住 此菩薩從聖教中生 成就十法 何者爲十 所謂 永不退轉 於諸佛所深生淨信 善觀察法 了知衆生 國土 世界 業行 果報 生死 涅槃 是爲十 佛子 此菩薩 應勸學十法 何者爲十 所謂 了知過去 未來 現在一切佛法 修集過去 未來 現在一切佛法 圓滿過去 未來 現在一切佛法 了知一切諸佛平等 何以故 欲令增進於三世中 心得平等 有所聞法 卽自開解 不由他教故

5) 방편구족주(方便具足住)

"불자들이여! 어떠한 것을 보살의 구족방편주라 하는가 하면, 이 보살이 닦은 선근은 모든 중생을 구하고 보호하기 위함이며, 모든 중생에게 이익을 주려는 것이며, 모든 중생을 안락하게 하려는 것이며, 모든 중생을 가엾이 여기고자 함이며, 모든 중생을 제도하여 해탈하게 하려는 것이며, 모든 중생이 모든 재난에서 벗어나게 하려는 것이며, 모든 중생이 깨끗한 신심을 내게 하려는 것이며, 모든 중생을 조복시키려는 것이며, 모든 중생이 열반을 증득하게 하려는 것입니다."

"불자들이여! 이 보살이 마땅히 배우기를 권하는 열 가지의 법이 있으니, 무엇이 열인가 하면, 이른바 중생은 끝이 없음을 알고 중생은 헤아릴 수 없이 많음을 알고 중생은 수가 없음을 알고 중생은 사유로 알 수 없음을 알고 중생은 공함을 알고 중생은 지음이 없음을 알고 중생이 있는 것을 알고 중생은 제 성품이 없음을 아는 이 열 가지를 이릅니다."

"무슨 까닭인가 하면, 그 마음이 차례를 따라 거듭 더하여 뛰어나게 하고 물들지 않게 함이며, 법을 듣고 스스로 이해하면서 다른 이의 가르침으로 말미암지 않게 하려는 까닭입니다."

佛子 云何爲菩薩具足方便住 此菩薩所修善根 皆爲救護一切衆生 饒益一切衆生 安樂一切衆生 哀愍一切衆生 度脫一切衆生 令一切衆生離諸災難 令一切衆生生死苦 令一切衆生發生淨信 令一切衆生悉得調伏 令一切衆生咸證涅槃 佛子 此菩薩應勸學十法 何者爲十 所謂 知衆生無邊 知衆生無量 知衆生無數 知衆生不思議 知衆生量色 知衆生不可量 知衆生空 知衆生無所作 知衆生無所有 知衆生無自性 何以故 欲令其心轉復增勝 無所染著 有所聞法 卽自開解 不由他敎故

6) 정심주(正心住)

"불자들이여! 어떠한 것을 보살의 정심주라 하는가 하면, 이 보살이 열 가지 법을 듣고 마음이 정하여 흔들리지 않은 것이니, 무엇이 열 가지인가 하면, 이른바 부처님을 칭찬하거나 부처님을 훼방함을 듣고도 불법 가운데 마음이 정하여 흔들리지 않으며, 법을 칭찬하거나 법을 훼방함을 듣고도 불법 가운데 마음이 정하여 흔들리지 않으며, 보살을 칭찬하거나 보살을 훼방함을 듣고도 불법 가운데 마음이 정하여 흔들리지 않으며, 보살의 행하는 법을 칭찬하거나 훼방함을 듣더라도 불법 가운데 마음이 정하여 흔들리지 않으며,

중생이 한량이 있거나 한량이 없다고 말함을 듣더라도 불법 가운데 마음이 정하여 흔들리지 않으며, 중생이 때가 있다거나 없다는 말을 듣더라도 불법 가운데 마음이 정하여 흔들리지 않으며, 중생을 제도하기 쉽다거나 제도하기 어렵다는 말을 듣더라도 불법 가운데 마음이 정하여 흔들리지 않으며, 법계가 한량이 있다거나 한량이 없다는 말을 듣더라도 불법 가운데 마음이 정하여 흔들리지 않으며, 법계가 이루어진다거나 무너진다는 말을 듣더라도 불법 가운데 마음이 정하여 흔들리지 않으며, 법계가 있다거나 없다는 말을 듣더라도 불법 가운데 마음이 정하여 흔들리지 않은 이 열 가지를 이릅니다."

"불자들이여! 이 보살이 마땅히 배우기를 권하는 열 가지의 법이 있으니, 무엇이 열인가 하면, 이른바 모든 법은 모양이나 상태가 없고 모든 법은 체가 없고 모든 법은 닦을 수 없고 모든 법은 있는 것이 없고 모든 법은 진실이 없고 모든 법은 성품이 없고 모든 법은 허깨비와 같고 모든 법은 꿈과 같고 모든 법은 분별이 없는 것을 이릅니다."

"무슨 까닭인가 하면, 그 마음으로 차례를 따라 거듭 더하여 나아가 물러서지 않은 무생법인을 얻게 하려고 하는 것이며, 법을 듣고 스스로 이해하면서 다른 이의 가르침으로 말미암지 않게 하려는 까닭입니다."

佛子 云何爲菩薩正心住 此菩薩聞十種法 心定不動 何者爲十 所謂 聞讚佛 毀佛 於佛法中 心定不動 聞讚法 毀法 於佛法中 心定不動 聞讚菩薩 毀菩薩 於佛法中 心定不動 聞讚菩薩 毀菩薩所行法 於佛法中 心定不動 聞說衆生有量 無量 於佛法中 心定不動 聞說衆生有垢 無垢 於佛法中 心定不動 聞說衆生易度 難度 於佛法中 心定不動 聞說法界有量 無量 於佛法中 心定不動 聞說法界有成 有壞 於佛法中 心定不動 聞說法界若有 若無 於佛法中 心定不動 是爲十 佛子 此菩薩應勸學十法 何者爲十 所謂 一切法無相 一切法無體 一切法不可修 一切法無所有 一切法無眞實 一切法空 一切法無性 一切法如幻 一切法如夢 一切法無分別 何以故 欲令其心轉復增進 得不退轉無生法忍 有所聞法 卽自開解 不由他敎故

7) 불퇴주(不退住)

"불자들이여! 어떠한 것을 보살의 불퇴주라 하는가 하면, 이 보살이 열 가지 법을 듣고 견고해져 물러서지 않은 것이니, 무엇이 열인가 하면 이른바 부처님이 있다거나 부처님이 없다는 말을 듣더라도 불법 가운데 마음이 흔들리거나 물러서지 않으며, 법이 있다거나 법이 없다는 말을 듣더라도 불법 가운데 마음이 흔들리거나 물러서지 않으며, 보살이 있다거나 보살이 없다는 말을 듣더라도 불법 가운데 마음이 흔들리거나 물러서지 않으며, 보살의 행이 있다거나 보살의 행이 없다는 말을 듣더라도 불법 가운데 마음이 흔들리거나 물러서지 않으며, 보살의 행을 닦아 벗어났다거나 보살이 행을 닦지 않아 벗어나지 못했다는 말을 듣더라도 불법 가운데 마음이 흔들리거나 물러서지 않으며, 과거에 부처님이 있었다거나 과거에 부처님이 없었다는 말을 듣더라도 불법 가운데 마음이 흔들리거나 물러서지 않으며, 미래에 부처님이 있다거나 미래에 부처님이 없다는 말을 듣더라도 불법 가운데 마음이 흔들리거나 물러서지 않으며, 현재 부처님이 있다거나 없다는 말을 듣더라도 불법 가운데 마음이 흔들리거나 물러서지 않으며, 부처님의 지혜는 다함이 있다거나 부처님의 지혜는 다함이 없다는 듣더라도 불법 가운데 마음이 흔들리거나 물러서지 않으며, 삼세는 하나의 모양이나 상태거나 삼세는 하나의 모양이나 상태가 아니라는 말을 듣더라도 불법 가운데 마음이 흔들리거나 물러서지 않은 이 열 가지를 이릅니다."

"불자들이여! 이 보살이 마땅히 배우기를 권하는 열 가지의 법이 있으니, 무엇이 열인가 하면, 이른바 하나가 곧 많은 것이라 말하고 많은 것이 곧 하나인 것을 말하고 글이 뜻을 따르고 뜻이 글을 따르며, 있지 않은 것이 곧 있는 것이며, 있는 것이 곧 있지 않은 것이라 하고 모양이나 상태가 없는 것이 곧 모양이나 상태이며, 모양이나 상태가 곧 모양이나 상태가 없는 것이며, 성품이 없는 것이 곧 성품이며, 성품이 곧 성품이 없는 것을 이릅니다."

"무슨 까닭인가 하면 이들이 거듭 더하여 나아가 모든 법의 선근을 능히 뛰어넘게 하고자 하는 것이며, 법을 듣고 스스로 이해하면서 다른 이의 가르침으로 말미암지 않게 하려는 까닭입니다."

佛子 云何爲菩薩不退住 此菩薩聞十種法 堅固不退 何者爲十 所謂 聞有佛 無佛 於佛法中 心不退轉 聞有法 無法 於佛法中 心不退轉 聞有菩薩 無菩薩 於佛法中 心不退轉 聞有菩薩行 無菩薩行 於佛法中 心不退轉 聞菩薩修行出離 修行不出離 於佛法中 心不退轉 聞過去有佛 過去無佛 於佛法中 心不退轉 聞未來有佛 未來無佛 於佛法中 心不退轉 聞現在有佛 現在無佛 於佛法中 心不退轉 聞佛智有盡 佛智無盡 於佛法中 心不退轉 聞三世一相 三世非一相 於佛法中 心不退轉 是爲十 佛子 此菩薩應勸學十種廣大法 何者爲十 所謂 說一卽多 說多卽一 文隨於義 義隨於文 非有卽有 有卽非有 無相卽相 相卽無相 無性卽性 性卽無性 何以故 欲令增進 於一切法善能出離 有所聞法 卽自開解 不由他敎故

8) 동진주(童眞住)

"불자들이여! 어떠한 것을 보살의 동진주라 하는가 하면, 이 보살이 열 가지 업에 머무는 것을 말하니, 무엇이 열인가 하면 이른바 몸으로 행함에 잘못이 없으며, 말의 행함이 잘못됨이 없으며, 뜻으로 행함이 잘못됨이 없으며, 뜻을 따라 생을 받으며, 중생의 가지가지 욕망을 알며, 중생의 가지가지 이해함을 알며, 중생의 가지가지 경계를 알며, 중생의 가지가지 업을 알며, 세계가 이루어지고 무너짐을 알며, 신족이 자재하고 행하는 모든 것이 막힘이나 걸림이 없는 이 열 가지를 이룹니다."

"불자들이여! 이 보살이 마땅히 배우기를 권하는 열 가지의 법이 있으니, 무엇이 열인가 하면, 이른바 모든 부처님의 세계를 알고 모든 부처님의 세계를 움직이고 모든 부처님의 세계를 지니고 모든 부처님의 세계를 자세하게 살펴보고 모든 부처님의 세계로 나가고 수없는 세계를 다니고 수 없는 부처님의 법을 받고 변화에 자재한 몸을 나타내며, 광대하고 두루 가득 찬 음성을 내고 일 찰나 가운데 부처님을 섬기고 공양하는 이 열 가지를 이룹니다."

"무슨 까닭인가 하면 이들이 거듭 더하여 나아가 모든 법에 막힘이나 걸림 없는 선근 방편을 얻게 하려는 것이며, 모든 법을 듣고 스스로 이해하면서 다른 이의 가르침으로 말미암지 않게 하려는 까닭입니다."

佛子 云何爲菩薩童眞住 此菩薩住十種業 何者爲十 所謂 身行無失 語行無失 意行無失 隨意受生 知衆生種種欲 知衆生種種解 知衆生種種界 知衆生種種業 知世界成壞 信足自在 所行無礙 是爲十 佛子 此菩薩應勸學十種法 何者爲十 所謂 知一切佛刹 動一切佛刹 持一切佛刹 觀一切佛刹 詣一切佛刹 遊行無數世界 領受無數佛法 現變化自在身 出廣大徧滿音 一刹那中承事供養無數諸佛 何以故 欲令增進 於一切法能得善巧 有所聞法 卽自開解 不由他敎故

9) 법왕자주(法王子住)

"불자들이여! 어떠한 것을 보살의 법왕자주라 하는가 하면, 이 보살이 열 가지 법의 선근을 아는 것이니, 무엇이 열인가 하면 이른바 모든 중생이 생함을 받은 선근을 알며(不離證得), 모든 번뇌를 일으켜 나타내는 선근을 알며, 배워 익힌 기운이 서로 이어받아 계속되는 선근을 알며, 행할 방편의 선근을 알며, 헤아릴 수 없이 많은 법의 선근을 알며,

모든 계율(威儀)의 선근을 알며, 세계를 차별하는 선근을 알며, 전제(生의 境界)와 후제(死의 境界)의 선근을 알며, 세계의 진실을 널리 펴서 설하는 선근을 알며, 제일의 진실을 널리 펴서 설하는 선근을 아는 이 열 가지를 이릅니다.”

  “불자들이여! 이 보살이 마땅히 배우기를 권하는 열 가지의 법이 있으니, 무엇이 열인가 하면, 이른바 법왕이 분별하는 선근의 섬세하고 능숙함과 법왕이 분별하는 법도에 따른 제도와 법왕이 분별하는 궁전과 법왕이 분별하는 향함과 들어감과 법왕이 분별하는 관찰과 법왕의 관정과 법왕의 힘으로 지니는 것과 법왕의 두려움 없음과 법왕의 편안한 머무름과 법왕을 찬탄하는 이 열 가지를 이릅니다.”

  “무슨 까닭인가 하면 이들이 거듭 더하여 나아가 마음에 막힘이나 걸림이 없게 하려는 것이며, 법을 듣고 스스로 이해하면서 다른 이의 가르침으로 말미암지 않게 하려는 까닭입니다.”

  佛子 云何爲菩薩法王子住 此菩薩善知十種法 何者爲十 所謂 善知諸衆生受生 善知諸煩惱現起 善知習氣相續 善知所行方便 善知無量法 善知諸威儀 善知世界差別 善知前際後際事 善知演說世諦 善知演說第一義諦 是爲十 佛子 此菩薩應勸學十種法 何者爲十 所謂 法王處善巧 法王處軌度 法王處宮殿 法王處趣入 法王處觀察 法王灌頂 法王力持 法王無畏 法王宴寢 法王讚歎 何以故 欲令增進 心無障礙 有所聞法 卽自開解 不由他敎故

10) 관정주(灌頂住)

  “불자들이여! 어떠한 것을 보살의 관정주라 하는가 하면, 이 보살이 열 가지 지혜를 성취해서 얻는 것이니, 무엇이 열인가 하면 이른바 수 없는 세계를 진동시키고 수 없는 세계를 밝게 비쳐서 빛나게 하고 수 없는 세계를 지니어 머물고 수 없는 세계를 향해 나아가고 수 없는 세계를 청정하게 장엄하고 수 없는 중생에게 활짝 열어 보이고 수 없는 중생을 자세하게 살펴보고 수 없는 중생의 근기를 알고 수 없는 중생들이 향해서 들게 하고 수 없는 중생을 조복시키는 이 열 가지를 이릅니다.”

  “불자들이여! 이 보살의 몸과 몸으로 짓은 업과 신통의 변화를 나타냄과 과거의 지혜와 미래의 지혜와 현재의 지혜와 불국토를 성취함과 마음의 경계와 지혜의 경계는 모두 알 수가 없으며, 법왕자 보살들도 또한 알지 못합니다.”

  “불자들이여! 이 보살이 마땅히 배우기를 권하는 열 가지의 법이 있으니, 무엇이 열인가 하면, 이른바 삼세의 지혜와 불법의 지혜와 법계에 막힘이나 걸림이 없는 지혜와 법계의 끝이 없는 지혜와 모든 세계에 가득 찬 지혜와 모든 세계에 두루 비치는 지혜와 모든 세계를 지니고 머무는 지혜와 모든 중생을 아는 지혜와 모든 법을 아는 지혜와 끝이 없는 모든 부처님의 지혜를 아는 이 열 가지를 이릅니다."

"무슨 까닭인가 하면 이들이 가지가지의 지혜를 거듭 더하여 나아가게 하려는 것이며, 법을 듣고 스스로 이해하고 남의 가르침으로 말미암지 않게 하려는 까닭입니다."

佛子 云何爲菩薩灌頂住 此菩薩得成就十種智 何者爲十 所謂 震動無數世界 照耀無數世界 住持無數世界 往詣無數世界 嚴淨無數世界 開示無數衆生 觀察無數衆生 知無數衆生根 令無數衆生趣入 令無數衆生調伏 是爲十 佛子 此菩薩身及身業 神通變現 過去智 未來智 現在智成就佛土 心境界 智境界皆不可知 乃至法王子菩薩亦不能知 佛子 此菩薩應勸學諸佛十種智 何者爲十 所謂 三世智 佛法智 法界無礙智 法界無邊智 充滿一切世界智 普照一切世界智 住持一切世界智 知一切衆生智 知一切法智 知無邊諸佛智 何以故 欲令增進一切種智 有所聞法 卽自開解 不由他敎故

이때 부처님의 신통한 힘으로 인하여 시방에 각각 일만 부처 세계의 티끌 수와 같은 세계가 여섯 가지로 진동을 하니, 이른바 움직임, 두루두루 미치는 움직임, 모든 곳이 다 함께 움직임, 일으킴, 두루두루 일으킴, 모든 곳이 다 함께 일으킴, 성하게 일어남, 두루두루 성하게 일어남, 모든 곳이 다 함께 성하게 일어남, 흔들림, 두루두루 흔들림, 모든 곳이 다 함께 흔들림, 아우성침, 두루두루 아우성침, 모든 곳이 다 함께 아우성침, 부딪침, 두루두루 부딪침, 모든 곳이 다 함께 부딪침 이 열 가지를 이릅니다. 하늘의 빼어난 꽃과 하늘의 가루 향과 하늘의 꽃 화관과 하늘의 여러 가지 향과 하늘의 보배 옷과 하늘의 보배 구름과 하늘의 장엄구를 내리고 하늘의 모든 음악은 타지 않아도 스스로 울리며, 큰 광명과 빼어난 음성을 놓으니, 이 사천하 수미산 정상에 있는 제석천왕 궁전에서 십주(十住)의 법을 설하며, 모든 신통 변화를 나타내는 것처럼 시방에 있는 모든 세계에서도 모두 또한 이와 같았다.

또 부처님의 신통한 힘으로 시방으로 각각 일만 부처 세계의 티끌 수와 같은 세계를 지나서 있는 열 부처 세계의 티끌 수와 같은 보살들이 이곳에 와서 가득 채우고는 이와 같이 말했다.

"선근이십니다. 선근이십니다. 불자여! 선근으로 이 법을 말씀하셨습니다. 우리 다 같이 이름이 '법혜'이며, 우리가 떠나온 국토도 같은 이름으로 '법운'이며, 그 국토의 여래도 이름이 다 '묘법'입니다. 우리들의 부처님 처소에서도 십주의 법을 설하니, 모임의 권속들과 글월과 뜻도 모두 또한 이와 같아서 더하거나 덜함이 없습니다."

"불자여! 우리는 부처님을 받들고 이 모임에 들어와서 그대를 위해 증명하는 것이며, 이 모임처럼 시방의 모든 세계에서도 모두 또한 이와 같습니다."

爾時 佛神力故 十方各一萬佛刹微塵數世界 六種震動 所謂 動 徧動 等徧動 起 徧起 等徧起 涌 徧涌 等徧涌 震 徧震 等徧震 吼 徧吼 等徧吼 擊 徧擊 等徧擊 雨天妙華 天末香 天華鬘 天雜香 天寶衣 天寶雲 天莊嚴具 天諸音樂不鼓自鳴 放大光明及妙音聲 如此四天下須彌山頂帝釋殿上 說十住法 現諸神變 十方所有一切世界 悉亦如是 又以佛神力故 十方各過一萬佛刹微塵數世界 有十佛刹微塵數菩薩 來詣於此 充滿十方 作如是言 善哉 善哉 佛子善說此法 我等諸人 同名 法慧 所從來國 同名 法雲 彼土如來 皆名 妙法 我等佛所 亦說十住 衆會眷屬 文句義理 悉亦如是 無有增減 佛子 我等承佛神力來入此會 爲汝作證 如於此會 十方所有一切世界 悉亦如是

이때 법혜 보살이 부처님의 위신력을 받들어 시방을 자세하게 살펴보고 법계에 두루 미치도록 게송으로 말했다.

爾時 法慧菩薩承佛威力 普觀十方曁于法界而說頌言

見最勝智微妙身 가장 뛰어난 지혜와 섬세하고 빼어난 몸과
相好端嚴皆具足 단정한 모든 좋은 모습을 갖추었으니
如是尊重甚難遇 이와 같이 높고 귀중한 분은 만나 뵙기가 매우 어려움을 보고
菩薩勇猛初發心 보살이 용맹하게 비로소 처음으로 마음을 일으킵니다.

見無等比大神通 비교할 수 없는 큰 신통을 보고
聞說記心及敎誡 마음으로 기억하는 것과 가르침의 경계를 듣고
諸趣衆生無量苦 헤아릴 수 없는 고통을 향해 내달리는 모든 중생을 위하여
菩薩以此初發心 보살이 비로소 처음으로 마음을 일으킵니다.

聞諸如來普勝尊 모든 여래의 빼어나고 소중한 것을 두루 들어보니
一切功德皆成就 모든 공덕을 다 성취하시고
譬如虛空不分別 비유하자면 분별할 수 없는 허공과 같기에

菩薩以此初發心 보살이 비로소 처음으로 마음을 일으킵니다.

三世因果名爲處 삼세의 인과 과는 이름으로 분별한 것이며
我等自性爲非處 저희 스스로 성품은 분별이 아니니
欲悉了知眞實義 진실한 뜻을 분명하게 깨달아 알고자
菩薩以此初發心 보살이 비로소 처음으로 마음을 일으킵니다.

過去未來現在世 과거, 미래, 현재 세상에
所有一切善惡業 있는 선과 악의 모든 업보를
欲悉了知無不盡 마지막까지 분명하게 깨달아 알고자
菩薩以此初發心 보살이 비로소 처음으로 마음을 일으킵니다.

諸禪解脫及三昧 모든 선정과 해탈 및 삼매와
雜染淸淨無量種 물든 것과 청정한 헤아릴 수 없이 많은 종류에
欲悉了知入住出 들어가고 머물고 나아감을 모두 분명하게 깨우쳐 알고자
菩薩以此初發心 보살이 비로소 처음으로 마음을 일으킵니다.

隨諸衆生根利鈍 모든 중생의 근기가 통하고 무딤을 따라
如是種種精進力 이와 같이 가지가지로 정진하는 힘을
欲悉了達分別知 통달해서 분명하게 깨우치고 모두 분별해서 알고자
菩薩以此初發心 보살이 비로소 처음으로 마음을 일으킵니다.

一切衆生種種解 모든 중생이 가지가지로 이해하는 것과
心所好樂各差別 마음으로 즐거워하고 좋아하는 것이 제각기 차별이 있듯이
如是無量欲悉知 이와 같은 헤아릴 수 없이 많은 모든 것을 알고자
菩薩以此初發心 보살이 비로소 처음으로 마음을 일으킵니다.

衆生諸界各差別 중생의 모든 경계는 제각기 차별이 있으며
一切世間無有量 모든 세간이 헤아릴 수 없기에
欲悉了知其體性 그 체성을 분명하게 깨우쳐 알고자
菩薩以此初發心 보살이 비로소 처음으로 마음을 일으킵니다.

一切有爲諸行道 인위적으로 꾸며진 모든 행의 길은
一一皆有所至處 하나하나가 모두 이르러 처할 곳이 있기에
欲悉了知其實性 그 실상의 본바탕을 분명하게 모두 깨우쳐 알고자
菩薩以此初發心 보살이 비로소 처음으로 마음을 일으킵니다.

一切世界諸衆生 일체 세계의 모든 중생, 이 모든 중생의
隨業漂流無暫息 업을 따라 정처 없이 떠돌면서 잠시도 쉴 새가 없기에
欲得天眼皆明見 천안을 얻어서 빠짐없이 밝게 보고자
菩薩以此初發心 보살이 비로소 처음으로 마음을 일으킵니다.

過去世中曾所有 지난 세상 가운데
如是體性如是相 이와 같은 체성과 이와 같은 모양이나 상태가 이미 있었기에
欲悉了知其宿住 그렇듯 청정하게 오래도록 머무는 것을 분명하게 깨우쳐 알고자
菩薩以此初發心 보살이 비로소 처음으로 마음을 일으킵니다.

一切衆生諸結惑 일체중생에게 맺힌 모든 의심과
相續現起及習氣 상속되는 것과 현재 일어나는 것과 배워 익힌 모든 기운을
欲悉了知究竟盡 마지막까지 분명하게 깨우쳐 알고 다하고자
菩薩以此初發心 보살이 비로소 처음으로 마음을 일으킵니다.

隨諸衆生所安立 모든 중생의 편안함을 따라 세운
種種談論語言道 가지가지의 담론과 언어의 길을 따르기에
如其世諦悉欲知 그러한 세상의 진실과 같은 모든 것을 알고자
菩薩以此初發心 보살이 비로소 처음으로 마음을 일으킵니다.

一切諸法離言說 일체 모든 법은 말을 벗어나
性空寂滅無所作 성품이 공한 것마저 조복시킨 적멸이라 지을 것이 없기에
欲悉明達此眞義 이러한 진실을 밝게 통달하고자
菩薩以此初發心 보살이 비로소 처음으로 마음을 일으킵니다.

欲悉震動十方國 시방의 모든 국토를 흔들고

傾覆一切諸大海 일체 모든 큰 바다를 뒤집어버리는

具足諸佛大神通 모든 부처님의 큰 신통을 온전하게 갖추고자

菩薩以此初發心 보살이 비로소 처음으로 마음을 일으킵니다.

欲一毛孔放光明 하나의 털구멍에서 광명을 놓아

普照十方無量土 시방의 헤아릴 수 없는 국토를 두루 비추고

一一光中覺一切 하나하나의 빛 가운데서 일체를 깨닫고자

菩薩以此初發心 보살이 비로소 처음으로 마음을 일으킵니다.

欲以難思諸佛刹 사유로 헤아려 알기 어려운 모든 부처님의 세계를

悉置掌中而不動 남김없이 손바닥 가운데 두어도 움직이지 않을뿐더러

了知一切如幻化 모든 것이 허깨비와 같음을 분명하게 깨달아 알고자

菩薩以此初發心 보살이 비로소 처음으로 마음을 일으킵니다.

欲以無量刹衆生 헤아릴 수 없는 세계의 중생을

置一毛端不迫隘 하나의 털끝에 두어도 궁색하거나 비좁지 않기에

悉知無人無有我 사람도 없고 나도 없는 모든 것을 알고자

菩薩以此初發心 보살이 비로소 처음으로 마음을 일으킵니다.

欲以一毛滴海水 한 가닥의 털로 바닷물을 한 방울로 찍어내어

一切大海悉令竭 모든 큰 바다를 남김없이 말려버리니

而悉分別知其數 이 모든 것을 분별하고 그 수를 알고자

菩薩以此初發心 보살이 비로소 처음으로 마음을 일으킵니다.

不可思議諸國土 사유로 미루어 헤아릴 수 없는 모든 국토를

盡抹爲塵無遺者 다 부수어 티끌로 만들고 남음이 없게 하니

欲悉分別知其數 모든 것을 분별하고 그 수를 알고자

菩薩以此初發心 보살이 비로소 처음으로 마음을 일으킵니다.

過去未來無量劫 과거, 미래의 헤아릴 수 없는 겁 동안

一切世間成壞相 모든 세간이 이루어지고 무너지는 모양이나 상태를

欲悉了達窮其際 그 경계의 마지막까지 모두 통달해서 깨우쳐 알고자
菩薩以此初發心 보살이 비로소 처음으로 마음을 일으킵니다.

三世所有諸如來 삼세에 계신 모든 여래와
一切獨覺及聲聞 일체 독각 및 성문에 이르기까지
欲知其法盡無餘 그 모든 법을 남음이 없이 모두 알고자
菩薩以此初發心 보살이 비로소 처음으로 마음을 일으킵니다.

無量無邊諸世界 헤아릴 수 없고 끝이 없는 모든 세계를
欲以一毛悉稱擧 한 가닥 털로 남김없이 칭하여 들어버리니
如其體相悉了知 그 체상과 같이 모든 것을 깨우쳐 알고자
菩薩以此初發心 보살이 비로소 처음으로 마음을 일으킵니다.

無量無數輪圍山 헤아릴 수 없고 수가 없는 윤위산을
欲令悉入毛孔中 하나의 털구멍 가운데 모두 들여 넣어서
如其大小皆得知 그 크고 작은 모든 것을 알고 얻고자
菩薩以此初發心 보살이 비로소 처음으로 마음을 일으킵니다.

欲以寂靜一妙音 해탈 경계의 빼어난 한 음성이
普應十方隨類演 두루 시방에 응하여 종류를 따라 널리 펴고
如是皆令淨明了 이와 같은 청정한 모든 것을 밝게 깨우치고자
菩薩以此初發心 보살이 비로소 처음으로 마음을 일으킵니다.

一切衆生語言法 모든 중생이 말로 하는 법을
一言演說無不盡 하나의 말로 남김없이 널리 펴서 설하고
悉欲了知其自性 그들 스스로 성품을 분명하게 깨우쳐 모두 알고자
菩薩以此初發心 보살이 비로소 처음으로 마음을 일으킵니다.

世間言音靡不作 세간의 말과 소리로 지어서
悉令其解證寂滅 모두 이해하고 적멸을 증득하게 하는
欲得如是妙舌根 이와 같은 빼어난 설근을 얻고자

菩薩以此初發心 보살이 비로소 처음으로 마음을 일으킵니다.

欲使十方諸世界 시방의 모든 세계가
有成壞相皆得見 이루어지고 무너지는 모양이나 상태를 모두 보고
而悉知從分別生 이 모든 것이 분별을 좇아 생하는 것임을 알게 하고자
菩薩以此初發心 보살이 비로소 처음으로 마음을 일으킵니다.

一切十方諸世界 시방의 모든 세계에 빠짐없이
無量如來悉充滿 헤아릴 수 없는 많은 여래가 가득하시니
悉欲了知彼佛法 저 부처님들의 법을 분명하게 깨우쳐 알고자
菩薩以此初發心 보살이 비로소 처음으로 마음을 일으킵니다.

種種變化無量身 가지가지로 변화하는 헤아릴 수 없이 많은 몸은
一切世界微塵等 모든 세계의 티끌 수와 같기에
欲悉了達從心起 모든 것이 마음을 좇아 일어난 것임을 깨우쳐 통달하고자
菩薩以此初發心 보살이 비로소 처음으로 마음을 일으킵니다.

過去未來現在世 과거, 미래, 현재 세상의
無量無數諸如來 헤아릴 수 없이 많고 수가 없는 모든 여래를
欲於一念悉了知 한 생각에 남김없이 분명하게 깨달아 알고자
菩薩以此初發心 보살이 비로소 처음으로 마음을 일으킵니다.

欲具演說一句法 한 구절의 법을 갖추어 널리 펴서 설하면
阿僧祇劫無有盡 아승기겁을 하더라도 다할 수 없으며
而令文義各不同 글과 뜻이 제각기 같지 않기에
菩薩以此初發心 보살이 비로소 처음으로 마음을 일으킵니다.

十方一切諸衆生 시방의 일체 모든 중생이
隨其流轉生滅相 생멸하는 모양이나 상태를 따라 헤매는 것을
欲於一念皆明達 한 생각에 분명하게 통하여 모든 것을 깨닫고자
菩薩以此初發心 보살이 비로소 처음으로 마음을 일으킵니다.

欲以身語及意業 몸과 말과 뜻으로 짓은 업으로

普詣十方無所處 시방을 향해 두루 나아가도 처할 것이 없고

了知三世皆空寂 삼세가 모두 공하고 고요한 것임을 분명하게 깨달아 알고자

菩薩以此初發心 보살이 비로소 처음으로 마음을 일으킵니다.

菩薩如是發心已 보살이 이와 같은 마음을 일으키고 마치니

應令往詣十方國 응당 시방 국토에 나아가

恭敬供養諸如來 모든 여래를 공경 공양하고

以此使其無退轉 이것으로 물러남이 없게 합니다.

菩薩勇猛求佛道 보살이 용맹하게 부처님의 도를 구하며

住於生死不疲厭 생사에 머물더라도 피로하거나 싫어함이 없고

爲彼稱歎使順行 그들을 칭찬하며 순하게 따라 행하게 하니

如是令其無退轉 이와 같은 그들이 물러남이 없게 합니다.

十方世界無量刹 시방세계의 헤아릴 수 없이 많은 부처 세계에

悉在其中作尊主 모두가 그 가운데서 높은 주인이 되어

爲諸菩薩如是說 모든 보살을 위해 이와 같음을 널리 펴니

以此令其無退轉 이로써 그들을 물러섬이 없게 합니다.

最勝最上最第一 가장 뛰어나고 가장 위고 가장 제일인

甚深微妙清淨法 깊고도 깊은 미묘한 청정한 법을

勸諸菩薩說與人 모든 보살에게 권하여 사람들에게 설하게 하니

如是敎令離煩惱 이와 같은 가르침으로 번뇌에서 벗어나게 합니다.

一切世間無與等 모든 세간은 같은 것이 하나도 없고 함께 할 수도 없지만

不可傾動摧伏處 기울어지거나 꺾어서 굴복시킬 수 없는 곳을

爲彼菩薩常稱讚 보살들을 위해 늘 칭찬하니

如是敎令不退轉 이와 같음을 가르쳐서 물러섬이 없게 합니다.

佛是世間大力主 부처님은 세간에서 큰 힘을 가지신 주인이기에

具足一切諸功德 일체 모든 공덕을 온전하게 갖추시고
令諸菩薩住是中 모든 보살을 이 가운데 머물게 하니
以此教爲勝丈夫 이렇게 가르쳐서 뛰어난 장부가 되게 합니다.

無量無邊諸佛所 헤아릴 수 없고 끝이 없는 부처님이 계신 모든 곳에
悉得往詣而親近 모두 나아가 친근하게 하고
常爲諸佛所攝受 늘 모든 부처님으로부터 거두어 줌을 받기에
如是敎令不退轉 이와 같음을 가르쳐서 물러남이 없게 합니다.

所有寂靜諸三昧 적정한 삼매가 있고
悉皆演暢無有餘 모두 다 널리 펴서 남음이 없으며
爲彼菩薩如是說 보살들을 위해 이와 같음을 설하여
以此令其不退轉 이것으로 그들이 물러섬이 없게 합니다.

摧滅諸有生死輪 중생이 생사에 윤회함을 꺾어서 없애버리고
轉於淸淨妙法輪 청정하고 빼어난 법의 바퀴를 굴려서
一切世間無所著 일체 세간에 집착이 없게 하니
爲諸菩薩如是說 모든 보살을 위해서 이와 같음을 설합니다.

一切衆生墮惡道 모든 중생이 악도에 떨어져
無量重苦所纏迫 헤아릴 수 없는 무거운 고통에 얽혀서 핍박을 받기에
與作救護歸依處 구하고 보호해서 귀의할 곳을 만들어주니
爲諸菩薩如是說 모든 보살을 위해서 이와 같음을 설합니다.

此是菩薩發心住 이는 보살들이 마음을 일으켜 머무는 것이니
一向志求無上道 한결같은 마음으로 위 없는 도를 구하는 것이며
如我所說敎誨法 내가 말한 바의 가르침과 법의 가르침이 같고
一切諸佛亦如是 일체 모든 부처님도 또한 이와 같습니다.

第二治地住菩薩 제2 치지주에 이른 보살은
應當發起如是心 응당 이와 같은 마음을 일으켜서

十方一切諸衆生 시방의 일체 모든 중생을
願使悉順如來敎 소원한 대로 모두 여래의 가르침을 따르게 합니다.

利益大悲安樂心 이익이 되고 대비로 안락을 주는 마음과
安住憐愍攝受心 안주하고 가엾이 여기어 거두어 주는 마음과
守護衆生同己心 지키고 보호하는 중생을 스스로 마음과 동일시하는
師心及以導師心 스승의 마음이며 또한 도사의 마음입니다.

已住如是勝妙心 이와 같이 뛰어나고 빼어난 마음에 머물며
次令誦習求多聞 뒤를 이어 외우고 익히면서 많이 들음을 구하고
常樂寂靜正思惟 늘 즐거이 적정의 바른 생각으로
親近一切善知識 모든 선지식을 친근히 합니다.

發言和悅離麤獷 하는 말이 서로 응하여 기쁘게 하고 거칠고 황량함을 벗어나며
言必知時無所畏 말을 하더라도 반드시 때를 알아 두려움이 없고
了達於義如法行 이치를 분명하게 통하여 깨달았기에 법과 같이 행해서
遠離愚迷心不動 어리석고 미혹함에서 멀리 벗어나 마음이 움직이지 않습니다.

此是初學菩提行 이는 처음으로 보리의 행을 배우는 것이니
能行此行眞佛子 능히 행함에 있어 이렇게 행하는 것이 참 불자이며
我今說彼所應行 제가 지금 응당 행할 것을 설하는 것이니
如是佛子應勤學 이와 같음을 불자는 부지런히 배워야 합니다.

第三菩薩修行住 제3 수행주에 이른 보살은
當依佛敎勤觀察 당연히 부처님의 가르침에 의지해서 부지런히 자세하게 살펴보고
諸法無常苦及空 모든 법은 항상 함이 없고 괴로움과 또한 공함과
無有我人無動作 나도 사람도 없으며 움직여 지을 것도 없습니다.

一切諸法不可樂 일체 모든 법은 즐겁지 않으며
無如名字無處所 이름과 같음이 없고 처소가 없으며
無所分別無眞實 분별할 것도 없고 진실도 없는 것이니

如是觀者名菩薩 이와 같음을 자세하게 보는 자는 이름이 '보살'입니다.

次令觀察衆生界 뒤를 이어 중생계를 자세하게 살펴보고
及以勸觀於法界 또한 법계를 자세히 보라고 권하는 것이니
世界差別盡無餘 세계의 모든 차별을 다 하고 남음이 없도록
於彼咸應勤觀察 저들과 함께 부지런히 자세하게 살펴보는 것입니다.

十方世界及虛空 시방세계와 허공까지
所有地水與火風 지수와 더불어 화풍까지
欲界色界無色界 욕계, 색계, 무색계에 이르기까지
悉勸觀察咸令盡 남김없이 권하여 자세하게 살펴보기를 다하게 합니다.

觀察彼界各差別 저 세계가 각각 차별되는 것을
及其體性咸究竟 그 체성과 함께 마지막까지 자세하게 살펴보게 하니
得如是教勤修行 이와 같은 가르침을 얻어서 부지런히 수행하면
此則名爲眞佛子 이것이 곧 이름으로 '참된 불자'라 합니다.

第四生貴住菩薩 제4 생귀주에 이른 보살은
從諸聖教而出生 모든 성인의 가르침을 좇아 태어나기에
了達諸有無所有 모든 있음이 없는 것임을 분명하게 통하여 깨달아 알고
超過彼法生法界 저 법을 뛰어넘어 법계에 태어납니다.

信佛堅固不可壞 부처님에 대한 믿음이 견고해서 무너뜨릴 수 없으며
觀法寂滅心安住 적멸의 법을 보아 마음이 편안히 머물고
隨諸衆生悉了知 모든 중생을 따르는
體性虛妄無眞實 체성은 모두 허망하고 진실이 없음을 분명하게 깨달아 압니다.

世界刹土業及報 세계와 국토와 업과 보와
生死涅槃悉如是 생사나 열반이나 모두 이와 같고
佛子於法如是觀 불자가 법을 이와 같이 본다면
從佛親生名佛子 부처님을 친하게 좇아 태어났기에 이름이 '불자'입니다.

過去未來現在世 과거, 미래, 현재 세상

其中所有諸佛法 그 가운데 계신 모든 부처님의 법을

了知積集及圓滿 분명하게 깨달아 알고 쌓아서 모으고 또

如是修學令究竟 이와 같음을 닦고 배워서 마지막까지 원만하게 합니다.

三世一切諸如來 삼세의 일체 모든 여래를

能隨觀察悉平等 자세히 살펴보고 능히 따르니 모두 평등하기에

種種差別不可得 가지가지로 차별함을 얻지 못하니

如是觀者達三世 이와 같음을 보는 일은 삼세를 통한 자입니다.

如我稱揚讚歎者 저와 같이 칭찬하고 찬탄하는 자는

此是四住諸功德 4주 생귀주의 모든 공덕이며

若能依法勤修行 그와 같이 이 법을 의지해서 부지런히 수행하면

速成無上佛菩提 위 없는 부처님의 보리를 빠르게 이룰 것입니다.

從此第五諸菩薩 생귀주를 좇아 제5 모든 보살은

說名具足方便住 이름을 말하자면 '구족방편주'이며

深入無量巧方便 깊고도 헤아릴 수 없는 섬세하고 능숙한 방편(如來智方便)에 들어가서

發心究竟功德業 마음을 일으켜 공덕의 업을 마지막까지 추구합니다.

菩薩所修衆福德 보살이 닦은 많은 복덕은

皆爲救護諸群生 빠짐없이 모든 중생을 구제하고 보호하기 위함이며

專心利益與安樂 오로지 이익을 주고 안락을 주기 위한 마음뿐이고

一向哀愍令度脫 한결같이 가엾게 여기고 정해진 틀에서 벗어나게 합니다.

爲一切世除衆難 모든 세간을 위해 많은 어려움을 없애주고

引出諸有令歡喜 모든 있음에서 끌어내어 즐겁고 기쁘게 하며

一一調伏無所遺 하나하나 조복시키고 남은 것이 없게 해서

皆令具德向涅槃 모두 덕을 갖추고 열반으로 향하게 합니다.

一切衆生無有邊 모든 중생은 '끝이 없고

無量無數不思議 헤아릴 수 없고 수가 없으며 사유로 미루어 알 수 없음과

及以不可稱量等 또 가려내어 헤아릴 수 있는 것이 아니다.'라고 이르는 것까지

聽受如來如是法 여래의 이와 같은 법을 듣고 받습니다.

此第五住眞佛子 이는 제5주의 참된 불자가

成就方便度衆生 방편을 성취하고 중생을 제도하는 것이니

一切功德大智尊 모든 공덕의 대지존이

以如是法而開示 이와 같은 법을 활짝 열어 보입니다.

第六正心圓滿住 제6 정심주의 원만함이니

於法自性無迷惑 법의 성품이 미혹함이 없고

正念思惟離分別 바른 생각으로 사유해서 분별을 벗어났기에

一切天人莫能動 모든 하늘과 사람이 움직일 수 없습니다.

聞讚毀佛與佛法 부처님과 불법과

菩薩及以所行行 보살과 또 모든 행함을 찬탄하거나 훼방함을 듣더라도

衆生有量若無量 중생이 때가 있다거나 헤아릴 수 없다거나

有垢無垢難易度 더럽다거나 더러움이 없다거나 제도하기 어렵다거나 쉽다거나

法界大小及成壞 법계가 크다거나 작다거나 또 이루어진다거나 무너진다거나

若有若無心不動 있고 없음을 듣더라도 마음이 움직이지 않으며

過去未來今現在 과거, 미래, 지금 현재에 대한

諦念思惟恒決定 생각을 자세하게 살펴서 사유하고 변함이 없게 결정합니다.

一切諸法皆無相 일체 모든 법은 다 모양이나 상태가 없으며

無體無性空無實 체가 없고 성품도 공하여 실상의 본바탕이 없기에

如幻如夢離分別 허깨비와 같고 꿈과 같고 분별을 벗어났음이니

常樂聽聞如是義 늘 이와 같은 올바름을 듣기 좋아합니다.

第七不退轉菩薩 제7 불퇴주에 오른 보살은

於佛及法菩薩行 부처님과 법과 보살과 행이

若有若無出不出 같다 같지 않다 나감이 있다 나가지 못한다는

雖聞是說無退轉 비록 이러한 말을 듣더라도 물러섬이 없습니다.

過去未來現在世 과거, 미래, 현재 세상에
一切諸佛有以無 일체 모든 부처님이 있고 없음과
佛智有盡或無盡 부처님의 지혜는 다함이 있고 늘 다함이 없음과
三世一相種種相 삼세가 하나의 상이면서 가지가지의 상으로
一卽是多多卽一 하나가 곧 많은 것이며 많은 것이 곧 하나이고
文隨於義義隨文 글이 뜻을 따르고 뜻이 글을 따름이니
如是一切展轉成 이와 같은 모든 것이 이루어져 가는 일을
此不退人應爲說 물러남이 없는 사람에게 응하여 설합니다.

若法有相及無相 법의 모양이 있다. 또는 모양이 없다.
若法有性及無性 법의 성품이 있다. 또는 성품이 없다고 하는 등
種種差別互相屬 가지가지의 차별이 서로가 서로에게 이어짐을
此人聞已得究竟 이 사람이 듣고 구경(깨우침의 궁극적 본질인 묘각)을 얻습니다.

第八菩薩童眞住 제8 보살의 동진주는
身語意行皆具足 몸과 말과 뜻으로 행하는 모든 것을 온전하게 갖추고
一切淸淨無諸失 모두 청정하여 모든 잘못이 없으며
隨意受生得自在 생각을 따라 생을 받아서 자재함을 얻습니다.

知諸衆生心所樂 모든 중생이 즐거워하는 마음과
種種意解各差別 가지가지를 이해하는 마음과 각각 차별하는 것과
及其所有一切法 있는 모든 법과
十方國土成壞相 시방 국토가 이루어지고 무너지는 모양이나 상태를 압니다.

逮得速疾妙神通 빼어난 신통을 빠르게 다 얻고
一切處中隨念往 일체 처 가운데 생각의 움직임을 따라가며
於諸佛所聽聞法 모든 부처님에게서 들은 법을
讚歎修行無懈倦 칭찬하고 수행하는 일에 있어 게으르거나 쉬지 않습니다.

了知一切諸佛國 일체 모든 부처님의 국토를 분명하게 깨우쳐 알고
震動加持亦觀察 울려서 흔들리고 부처와 중생이 하나가 되고 자세하게 살펴보기도 하며
超過佛土不可量 헤아릴 수 없는 불국토를 지나쳐서
遊行世界無邊數 끝이 없고 수 없는 세계를 즐거이 다닙니다.

阿僧祇法悉諮問 아승기의 법을 부처님께 모두 묻고
所欲受身皆自在 받고자 하는 몸을 받아 다 자재하며
言音善巧靡不充 말과 선근의 섬세하고 능숙한 행이 충만하고
諸佛無數咸承事 부처님이 헤아릴 수 없이 많지만 모든 분을 받들어 섬깁니다.

第九菩薩王子住 제9주 법왕자주의 보살은
能見衆生受生別 중생들이 태어날 때 받는 차별을 능히 보며
煩惱現習靡不知 번뇌와 현재 드러나는 습기를 알고
所行方便皆善了 행할 바 모든 선근의 방편을 깨달아 알고 마쳤습니다.

諸法各異威儀別 모든 법이 각각 다르고 위의(계율) 또한 각각 차별이 있으며
世界不同前後際 세계가 같지 않음과 앞뒤의 경계가 같지 않은
如其世俗第一義 그와 같은 세속의 진실과 제일의 진실을
悉善了知無有餘 선근으로 분명하게 모두 깨달아 알고 남음이 없습니다.

法王善巧安立處 법왕이 선근의 행으로 편안히 세운 곳과
隨其處所所有法 그 처소를 따라 있는 법과
法王宮殿若趣入 법왕의 궁전과 궁전에 들어가고 나가는 일과
及以於中所觀見 그 가운데서 살펴보고 또 보는 일과
法王所有灌頂法 법왕이 가진 관정의 법과
神力加持無怯畏 신력과 가지와 두려움 없음과
宴寢宮室及歎譽 편안히 잠 잘 수 있는 궁전과 칭찬하며 기리는 일 등
以此教詔法王子 이같이 법왕자를 가르치고 신에게 고합니다.

如是爲說靡不盡 이와 같음을 다함이 없도록 설하시고
而令其心無所著 그 마음에 집착이 없게 하니

於此了知修正念 이 같음을 깨달아 알고 정념을 닦으면
一切諸佛現其前 일체 모든 부처님이 눈앞에 나타나십니다.

第十灌頂眞佛子 제10 관정주의 참 불자는
成滿最上第一法 최상 제일의 법을 원만하게 이루고
十方無數諸世界 시방의 무수한 모든 세계를
悉能震動光普照 빠짐없이 다 울려서 흔들고 광명으로 두루 비칩니다.

住持往詣亦無餘 머물러 지니고 나아가는 일 또한 부족함이 없으며
淸淨莊嚴皆具足 청정하게 장엄한 모든 것을 온전하게 갖추고
開示衆生無有數 수 없는 중생들에게 활짝 열어 보이며
觀察知根悉能盡 자세하게 살펴보고 근기를 알아서 남김없이 다합니다.

發心調伏亦無邊 마음을 일으켜 조복시킴도 또한 끝이 없고
咸令趣向大菩提 모두를 대 보리로 향해 나아가게 하며
一切法界咸觀察 모든 법계를 다 자세하게 살펴보고
十方國土皆往詣 시방 국토에 빠짐없이 다 나아갑니다.

其中身及身所作 그 가운데 있는 몸과 또 몸으로 짓은
神通變現難可測 신통과 변화하는 것을 헤아려 알기가 어려우며
三世佛土諸境界 삼세 불국토의 모든 경계를
乃至王子無能了 법왕자라 하더라도 능히 깨우쳐 알 수가 없습니다.

一切見者三世智 모든 것을 보는 자의 삼세의 지혜와
於諸佛法明了智 모든 부처님의 법을 밝고 분명하게 깨달아 아는 지혜와
法界無礙無邊智 법계에 막힘이나 갈림이 없는 끝없는 지혜와
充滿一切世界智 모든 세계를 충만하게 하는 지혜와
照耀世界住持智 세계를 밝게 비쳐서 빛나게 하고 지니어 머무는 지혜와
了知衆生諸法智 중생을 깨달아 아는 모든 법의 지혜와
及知正覺無邊智 정각을 아는 끝이 없는 지혜를
如來爲說咸令盡 여래께서 이들을 위해 마지막까지 설하십니다.

如是十住諸菩薩 이와 같은 십주의 모든 보살은
皆從如來法化生 모두 여래의 법을 좇아 변하여 태어나는 이들이며
隨其所有功德行 여래가 지닌 공과 덕의 행을 따르기에
一切天人莫能測 모든 하늘과 사람은 헤아려 알 수가 없습니다.

過去未來現在世 과거, 미래, 현재 세상에서
發心求佛無有邊 부처를 구하고자 마음을 일으킴이 끝이 없으며
十方國土皆充滿 시방 국토에 빠짐없이 충만하니
莫不當成一切智 당연히 모든 지혜를 이룹니다.

一切國土無邊際 모든 국토는 그 끝이 없으며
世界衆生法亦然 세계와 중생과 법도 또한 끝이 없고
惑業心樂各差別 미혹함의 업과 마음으로 즐거워하는 것들을 각각 차별하니
依彼而發菩提意 여래를 의지해 보리의 마음을 일으킵니다.

始求佛道一念心 비로소(초발심) 부처의 도를 구하고자 하는 잠깐 사이의 마음을
世間衆生及二乘 세간의 중생들과 또 성문과 연각도
斯等尙亦不能知 곧 평등하다 이르는 이들도 오히려 알지 못할 것이니
何況所餘功德行 하물며 나머지 공덕의 행을 알겠습니까.

十方所有諸世界 시방에 있는 모든 세계를
能以一毛悉稱擧 한 가닥의 털로써 능히 다 칭하여 드러낼 수 있다면
彼人能知此佛子 저 사람은 초발심의 불자가
趣向如來智慧行 여래의 지혜로운 행으로 향하고 이른다는 것을 압니다.

十方所有諸大海 시방에 있는 모든 큰 바다를
悉以毛端滴令盡 털끝으로 찍어내어 남김이 없이 다하면
彼人能知此佛子 저 사람은 이 불자가
一念所修功德行 한 생각에 닦은 공덕의 행을 알게 될 것입니다.

一切世界抹爲塵 모든 세계를 문질러서 티끌로 만들고

悉能分別知其數 남김없이 분별해서 그 수를 안다면

如是之人乃能見 이와 같은 사람은

此諸菩薩所行道 10주의 모든 보살이 행한 도를 보는 것입니다.

去來現在十方佛 과거, 미래, 현재 시방의 부처님과

一切獨覺及聲聞 모든 독각과 성문에 이르기까지

悉以種種妙辯才 가지가지의 모든 변재로

開示初發菩提心 처음 일으킨 보리의 마음을 활짝 열어 보인다 하더라도

發心功德不可量 처음 마음을 일으킨 공덕은 헤아릴 수 없으며

充滿一切衆生界 모든 중생계에 가득 찼기에

衆智共說無能盡 그 많은 지혜로 말한다 해도 다 할 수 없거늘

何況所餘諸妙行 하물며 나머지 모든 빼어난 행을 헤아릴 수 있겠습니까.

대방광불화엄경 제17권

16. 범행품
梵行品第十六

그때 정념 천자가 법혜 보살에게 말했다.

"불자시여! 온 세계의 모든 보살이 여래의 가르침을 의지해서 물든 옷을 입고 출가하였으니, 어떻게 해야 만이 범행(淸淨行)이 청정함을 얻은 것이며, 보살의 지위를 좇아 위 없는 보리의 도에 이를 수 있습니까?"

爾時 正念天子白法慧菩薩言 佛子 一切世界諸菩薩衆 依如來敎 染衣出家 云何而得梵行淸淨 從菩薩位逮於無上菩提之道

법혜 보살이 말했다.

"불자여! 보살마하살이 범행을 닦을 때는 응당 열 가지의 법을 인연으로 삼아 뜻을 내어 자세하게 살펴보아야 한다. 이른바 몸과 몸의 업, 말과 말의 업, 뜻과 뜻의 업과 부처님과 법과 승과 계율을 이른다. 응당 이와 같음을 자세하게 살펴보는 것이 몸의 범행인가? 아니면 계율의 범행이 되는가?"

"그와 같이 몸의 범행(淸淨行)이라 하면 응당 범행이 곧 선근이 아니며, 곧 법이 아니며, 곧 혼탁한 것이며, 곧 더럽고 악한 것이며, 곧 청정하지 않으며, 곧 싫은 것이며, 곧 어기고 거스르는 것이며, 곧 잡되고 물이 드는 것이며, 곧 시체이며, 곧 벌레가 모인 것이 된다."

"그와 같은 몸의 업이 범행(淸淨行)이라 하면 범행은 곧 행주좌와이며, 좌우로 돌아보는 것이며, 구부리고 펴고 숙이고 우러르는 것이다."

"그와 같은 말이 범행(淸淨行)이라 하면 범행은 곧 음성, 숨 쉬는 것이며, 입술, 혀 목구멍이며, 뱉고 삼키고 들고 놓음이며, 높이고 낮추고 깨끗하고 흐린 것이다."

"그와 같은 말의 업이 범행(淸淨行)이라 하면 범행은 곧 일어나고 사는 것을 묻는 것이며, 간략하게 설하고 넓게 설하며, 비유로 말하고 직접적으로 말하는 것이며, 칭찬하고 헐뜯고 안립으로 말하는 것이며, 세속을 따르는 말이며, 분명하게 나타내서 하는 말이다."

"그와 같은 뜻이 범행(清淨行)이라 하면 범행은 곧 응당 깨달음이며, 자세히 보는 것이며, 분별이며, 가지가지의 분별이며, 단단히 기억해서 잊지 않는 것이며, 가지가지를 단단히 기억해서 잊지 않는 것이며, 사유이며, 가지가지의 사유이며, 환술이며, 잠잘 때의 꿈이다."

"그와 같은 뜻의 업이 범행(清淨行)이라 하면 응당 알아야 할 것이니, 범행은 곧 생각이며, 춥고 더움이며, 주리고 목마름이며, 괴롭고 즐거움이며, 근심이고 기쁨이다."

"만일 부처님이 범행이라 하면 색온이 부처인가? 수온이 부처인가? 상온이 부처인가? 행온이 부처인가? 식온이 부처인가? 모양이나 상태가 부처인가? 보기 좋은 것이 부처인가? 신통이 부처인가? 업행이 부처인가? 과보가 부처인가?"

"그와 같은 법이 범행(清淨行)이라 하면 적멸이 법인가? 열반이 법인가? 생하지 않음이 법인가? 일으키지 않음이 법인가? 설할 수 없는 것이 법인가? 분별없음이 법인가? 행할 것이 없음이 법인가? 얻을 것이 없음이 법인가?"

"그와 같은 승이 범행(清淨行)이라 하면 예류향(預流向)이 승인가? 예류과(預流果)가 승인가? 일래향(一來向)이 승인가? 일래과(一來果)가 승인가? 불환향(不還向)이 승인가? 불환과(不還果)가 승인가? 아라한향(阿羅漢向)이 승인가? 아라한과(阿羅漢果)가 승인가? 삼명(三明)이 승인가? 육통(六通)이 승인가?"

"그와 같은 계율이 범행(清淨行)이라 하면 단장(壇場)이 계율인가? 청정함을 묻은 것이 계율인가? 위의를 가르침이 계율인가? 갈마(羯磨)를 세 번 설함이 계율인가? 화상이 계율인가? 아사리가 계율인가? 삭발이 계인가? 가사를 입는 것이 계율인가? 걸식이 계율인가? 정명(正命)이 계율인가?"

"이와 같음을 자세하게 살펴보면 몸은 취할 것이 없으며, 닦는 일에 집착할 것도 없고 법에 머물 것도 없으며, 과거는 이미 멸했고 미래는 아직 오지 않았으며, 현재는 공적하며, 업을 짓는 이도 없고 과보를 받는 이도 없으며, 이 세상은 움직이거나 옮기지도 않으며, 저 세계는 고쳐 바꾸는 것이 없다."

"이 가운데 어느 법을 두고 범행(清淨行)이라 이름 붙인 것이고 범행은 어느 곳을 좇아 나왔으며, 누구에게 있던 것이며, 체는 누구이며, 누구로 말미암아 짓게 되며, 이것은 있는 것인가? 없는 것인가? 이것은 색인가? 색이 아닌가? 이것은 수인가? 수가 아닌가? 이것은 상인가? 상이 아닌가? 이것은 행인가? 행이 아닌가? 이것은 식인가? 식이 아닌가?"

"이와 같음을 자세하게 살펴보면 범행(清淨行)이라 이른 법을 얻을 수가 없는 까닭이 되고 삼세의 법이 모두 공적한 까닭이 되고 뜻을 취하고 집착하지 않은 까닭이 되고 마음에 막힘이나 걸림이 없는 까닭이 되고 행할 것이 둘이 없는 까닭이 되고 방편이 자재하게 된 까닭이 되고 모양이나 상태가 없는 법을 받아들이는 까닭이 되고 모양이나 상태가 없는 법을 자세하게 살펴보는 까닭이 되고 불법의 평등함을 아는 까닭이 되고 모든 불법을 갖추는 까닭으로 이와 같음을 청정한 범행이라 이름 붙인다."

法慧菩薩言 佛子 菩薩摩訶薩修梵行時 應以十法而爲所緣 作意觀察 所謂 身 身業 語 語業 意 意業 佛 法 僧 戒 應如是觀 爲身是梵行耶 乃至戒是梵行耶 若身是梵行者 當知梵行 則爲非善 則爲非法 則爲渾濁 則爲臭惡 則爲不淨 則爲可厭 則爲違逆 則爲雜染 則爲死屍 則爲蟲聚 若身業是梵行者 梵行則是行住坐臥 左右顧視 屈申俯仰 若語是梵行者 梵行則是音聲風息 胸舌喉吻 吐納抑縱 高低淸濁 若語業是梵行者 梵行則是起居問訊 略說 廣說 諭說 直說 讚說 毀說 安立說 隨俗說 顯了說 若意是梵行者 梵行則應是覺 是觀 是分別 是種種分別 是憶念 是種種憶念 是思惟 是種種思惟 是幻術 是眠夢 若意業是梵行者 當知梵行則是思想 寒熱 飢渴 苦樂 憂喜 若佛是梵行者 爲色是佛耶 受是佛耶 想是佛耶 行是佛耶 識是佛耶 爲相是佛耶 好是佛耶 神通是佛耶 業行是佛耶 果報是佛耶 若法是梵行者 爲寂滅是法耶 涅槃是法耶 不生是法耶 不起是法耶 不可說是法耶 無分別是法耶 無所行是法耶 不合集是法耶 若僧是梵行者 爲預流向是僧耶 預流果是僧耶 一來向是僧耶 一來果是僧耶 不還向 是僧耶 不還果是僧耶 阿羅漢向是僧耶 阿羅漢果是僧耶 三明是僧耶 六通是僧耶 若戒是梵行者 爲壇場是戒耶 問淸淨是戒耶 敎威儀是戒耶 三說羯磨是戒耶 和尚是戒耶 阿闍梨是戒耶 剃髮是戒耶 著袈裟衣是戒耶 乞食是戒耶 正命是戒耶 如是觀已 於身無所取 於修無所著 於法無所住 過去已滅 未來未至 現在空寂 無作業者 無受報者 此世不移動 彼世佛改變 此中何法名爲梵行 梵行從何處來 誰之所有 體爲是誰 由誰而作 爲是有 爲是無 爲是色 爲非色 爲是受 爲非受 爲是想 爲非想 爲是行 爲非行 爲是識 爲非識 如是觀察 梵行法不可得故 三世法皆空寂故 意無取著故 心無障礙故 所行無二故 方便自在故 受無相法故 觀無相法故 知佛法平等故 具一切佛法故 如是名爲淸淨梵行

"응당 차례를 좇아(復) 열 가지 법을 닦아야 하니, 무엇이 열인가 하면, 이른바 분별할 것과 분별하지 말아야 할 것을 아는 지혜, 과거, 현재. 미래의 업과 과보를 아는 지혜, 모든 선정, 해탈, 삼매를 아는 지혜, 모든 근기의 뛰어남과 용렬함을 아는 지혜, 가지가지로 이해하는 지혜, 가지가지의 경계를 아는 지혜, 모든 곳에 이르는 길을 아는 지혜, 천안의 막힘이나 걸림이 없는 지혜, 숙명통의 막힘이나 걸림이 없는 지혜, 배워 익힌 기운을 영원히 끊어내는 지혜, 여래의 십력을 하나하나 자세하게 살펴보고 하나하나의 힘 가운데 헤아릴 수 없는 뜻이 있으니 응당 물어야 한다."

"들은 뒤에는 응당 크게 자비로운 마음을 일으켜야 하니, 중생을 자세하게 살펴보고 버리지 않으며, 모든 법을 사유하면서 쉬는 일이 없으며, 위 없는 업을 행하더라도 과보를 구하지 말아야 하며, 경계는 허깨비와 같으며, 꿈과 같고 그림자와 같으며, 메아리와 같고 또한 변화와 같음을 분명하게 깨달아 알아야 한다."

"그와 같은 모든 보살이 이와 같음을 자세하게 살펴보고 행함으로 더불어 서로 응하며, 모든 법 가운데 두 가지로 이해함을 생하지 않으면 모든 부처님의 법이 눈앞에 나타나 빠르게 얻을 것이며, 처음 마음을 일으킬 때 곧바로 아뇩다라삼먁삼보리를 얻어서 모든 법이 곧 마음의 자성임을 알 것이며, 지혜의 몸을 성취하는 일에 있어서 다른 사람으로 말미암아 깨닫지 않을 것이다."

復應修習十種法 何者爲十 所謂 處非處智 過現未來業報智 諸禪解脫三昧智 諸根勝劣智 種種解智 種種界智 一切至處道智 天眼無礙智 宿命無礙智 永斷濕氣智 於如來十力 一一觀察 一一力中 有無量義 悉應諮問 聞已 應起大慈悲心 觀察衆生 而不捨離 思惟諸法 無有休息 行無上業 不求果報 了知境界如幻如夢 如影如響 亦如變化 若諸菩薩能與如是觀行相應 於諸法中不生二解 一切佛法疾得現前 初發心時卽得阿耨多羅三藐三菩提 知一切法卽心自性 成就慧身 不由他悟

17. 초발심공덕품
大方廣佛華嚴經初發心功德品第十七

그때 제석천이 법혜 보살에게 여쭈었다.

"불자시여! 보살이 처음으로 보리의 마음을 일으키면 그 공덕의 양은 얼마나 됩니까?"

爾時 天帝釋白法慧菩薩言 佛子 菩薩初發菩提之心 所得功德 其量幾何

법혜 보살이 말했다.

"이 이치는 깊고도 깊어서 말하기 어렵고 알기 어렵고 분별하기 어렵고 믿고 이해하기 어렵고 증득하기 어렵고 행하기 어렵고 통달하기 어렵고 사유로 따라잡기 어렵고 헤아리기 어렵고 들어가 이르기 어렵다. 비록 그렇다고는 하나 내가 마땅히 부처님의 위신력을 받들어 너를 위해 설하겠다."

法慧菩薩言 此義甚深 難說 難知 難分別 難信解 難證 難行 難通達 難思惟 難度量 難趣入 雖然 我當承佛威神之力而爲汝說

"불자여! 가령 어떤 사람이 모든 즐길 거리를 가지고 동방 아승기 세계에 있는 중생들에게 일 겁 동안 공양하고 그런 후 오계를 청정하게 지니도록 가르쳐서 남, 서, 북방과 사유, 상방, 하방까지도 차례를 따라(復) 또한 이와 같은 오계를 청정하게 지니게 했다면, 불자여! 자네는 어떻게 생각하는가? 이 사람의 공덕이 많다고 할 수 있겠는가?"

佛子 假使有人以一切樂具 供養東方阿僧祇世界所有衆生 經於一劫 然後敎令淨持五戒 南 西 北方 四維 上 下 亦復如是 佛子 於汝意云何 此人功德寧爲多不

천제가 말했다.

"불자시여! 이 사람의 공덕은 오직 부처님만이 아실 것이고 그 나머지 모든 이는 헤아릴 수 없습니다."

天帝言 佛子 此人功德 唯佛能知 其餘一切無能量者

　법혜 보살이 말했다.

　"불자여! 이 사람의 공덕을 보살이 처음으로 마음을 일으킨 공덕(五蘊不立不離證得)과 견주어보면 백 분의 일에도 미치지 못하며, 천분의 일에도 미치지 못하며, 백 천분의 일에도 미치지 못하며, 이와 같음을 억분의 일, 백 억분의 일, 천 억분의 일, 백천 억 분, 나유타 억 분, 백 나유타 억 분, 천 나유타 억 분, 백천 나유타 억 분, 수분, 가라분, 산분, 유분, 우파니사타분의 일에도 역시 미치지 못한다."

　法慧菩薩言 佛子 此人功德比菩薩初發心功德 百分不及一 千分不及一 百千分不及一 如是 億分 百億分 千億分 百千億分 那由他億分 百那由他億分 千那由他億分 百千那由他億分 數分 歌羅分 筭分 諭分 優波尼沙陀分 亦不及一

　"불자여! 비유는 잠시 내려 두고 가령 어떤 사람이 모든 즐길 도구로 시방의 열 아승기 세계에 있는 중생들을 백 겁 동안 공양하며, 그런 후 십선도(十善道)를 가르쳐서 닦게 하고 이와 같음을 천 겁 동안 공양한 후에 사선(四禪)에 머물게 하며, 백천 겁을 가르쳐서 사무량심(四無量心)에 머물게 하고 억겁을 가르쳐서 사무색정(四無色定)에 머물게 하고 백 억겁 동안 가르쳐서 수다함과(十信)에 머물게 하고 천 억겁을 동안 가르쳐서 사다함과(十住)에 머물게 하고 백천 억겁 동안 가르쳐서 아나함과(十行)에 머물게 하고 나유타 억 겁 동안 가르쳐서 아라한과(十迴向)에 머물게 하고 백천 나유타 억겁 동안 가르쳐서 벽지불(四加行)의 도에 머물게 하였다면, 불자여! 너의 생각은 어떠한가? 이 사람의 공덕이 많다고 할 수 있겠는가?"

　佛子 且置此諭 假使有人以一切樂具 供養十方十阿僧祗世界所有衆生 經於百劫 然後敎令修十善道 如是供養 經於千劫 敎住四禪 經於百千劫 敎住四無量心 經於億劫 敎住四無色定 經於百億劫 敎住須陀洹果 經於千億劫 敎住斯多含果 經於百千億劫 敎住阿那含果 經於那由他億劫 敎住阿羅漢果 經於百千那由他億劫 敎住辟支佛道 佛子 於意云何 是人公德 寧爲多不

제석천 왕이 말했다.

"불자시여! 이 사람의 공덕은 오직 부처님만이 아실 수 있습니다."

天帝言 佛子 此人功德 唯佛能知

법혜 보살이 말했다.

"불자여! 이 사람의 공덕을 보살이 처음으로 마음을 일으킨 공덕과 견주어보면 백 분의 일에도 미치지 못하며, 천분의 일에도 미치지 못하며, 백 천분의 일에도 미치지 못하며, 우파니사타분의 일에도 또한 미치지 못한다."

"무슨 까닭인가 하면, 불자여! 일체 모든 부처님이 처음 발심할 때 단지 모든 즐길 도구로 시방의 열 아승기 세계에 있는 중생들을 공양하면서 백 겁 동안뿐만 아니라 백천 나유타 억겁 동안 지내기 위한 까닭으로 보리심을 일으킨 것이 아니다. 단지 그렇듯 많은 중생을 가르쳐서 오계와 십선업도(十善業道)를 닦게 하고 가르쳐서 사선, 사무량심, 사무색정에 머물게 하고 가르쳐서 수다원과, 사다함과, 아나함과, 아라한과, 벽지불의 도를 얻게 하기 위한 까닭으로만 보리심을 일으킨 것이 아니며, 여래의 씨앗이 되는 성품이 끊어지지 않게 하려는 까닭이며, 모든 세계에 두루 충만하게 하려는 까닭이며, 모든 세계의 중생들을 제도하여 해탈하게 하려는 까닭이며, 모든 세계가 이루어지고 무너짐을 남김없이 알게 하려는 까닭이며, 모든 세계 가운데 중생의 더러움과 깨끗함을 남김없이 알게 하려는 까닭이며, 모든 세계의 자성이 청정하다는 것을 남김없이 알게 하려는 까닭이며, 모든 중생이 마음으로 즐거워함과 번뇌와 습기를 남김없이 알게 하려는 까닭이며, 모든 중생이 여기서 죽고 저기서 나는 것을 남김없이 알게 하려는 까닭이며, 모든 중생의 근기와 방편을 남김없이 알게 하려는 까닭이며, 모든 중생의 마음과 행을 남김없이 알게 하려는 까닭이며, 모든 중생이 삼세의 지혜를 남김없이 알게 하려는 까닭이며, 모든 부처님의 경계가 평등하다는 것을 남김없이 알게 하려는 까닭으로 위 없는 보리심을 일으키는 것이다."

法慧菩薩言 佛子 此人功德比菩薩初發心功德 百分不及一 千分不及一 百千分不及一 乃至優波尼沙陀分 亦不及一 何以故 佛子 一切諸佛初發心時 不但爲以一切樂具 供養十方十阿僧祇世界所有衆生 經於百劫 乃至百千那由他億劫故 發菩提心 不但爲教爾所衆生 令修五戒 十善業道 教住四禪 四無量心 四無色定 教得須陀洹果 斯多含果 阿那含果 阿羅漢果 辟支佛道故 發菩提心 爲令如來種性不斷故 爲充徧一切世界故 爲度脫一切世界衆生故 爲悉知一切世界成壞故 爲悉知一切世界中衆生垢淨故 爲悉知一切世界自性淸淨故 爲悉知一切衆生心樂煩惱習氣故 爲悉知一切衆生

生死此生彼故 爲悉知一切衆生諸根方便故 爲悉知一切衆生心行故 爲悉知一切衆生三世智故 爲悉知一切佛境界平等故 發於無上菩提之心

　"불자여! 차례를 좇아(復) 이러한 비유는 그만두더라도, 가령 어떤 사람이 한 생각, 한 순간에 동쪽 아승기 세계를 지나면서 생각할 때마다 이와 같음으로 하여 아승기 겁을 다하면, 이 모든 세계는 그 끝의 경계를 알 수도 얻을 수도 없다."

　"또 두 번째 사람이 한 생각 사이에 앞사람이 아승기 겁 동안 지나간 세계를 능히 지나 이와 같게 또 아승기 겁을 다하고 차례를 더하여 거듭 더하면서 열째 사람에게 이르고 남, 서, 북방, 사유, 상방, 하방도 차례를 따라(復) 역시 이와 같게 하였으며, 불자여! 이 시방 가운데 백 명의 사람이 있고 한명 한명이 이와 같음으로 모든 세계를 지나갔다 하더라도 이 모든 세계는 그 끝의 경계를 알 수 있지만, 보살이 처음으로 일으킨 아뇩다라삼먁삼보리심의 선근은 그 경계를 알 수도 얻을 수도 없다".

　"무슨 까닭인가 하면, 불자여! 보살이 단지 선근으로 저 세계가 이루어지고 무너지는 겁의 세월만을 알기 위한 까닭으로 보리심을 일으킨 것이 아니라, 시방세계를 분명하게 깨달아 알기 위해 보리심을 일으킨 것이니, 이른바 빼어난 세계가 곧 추한 세계이며, 추한 세계가 곧 빼어난 세계이며, 믿고 따르는 세계가 곧 뒤집어 무너진 세계이며, 뒤집어 무너진 세계가 곧 믿고 따르는 세계이며, 작은 세계가 곧 큰 세계이며, 큰 세계가 곧 작은 세계이며, 넓은 세계가 곧 좁은 세계이며, 좁은 세계가 곧 넓은 세계이며, 하나의 세계가 곧 말로 할 수 없는 세계이며, 말로 할 수 없는 세계가 곧 하나의 세계이며, 말로 할 수 없는 세계가 하나의 세계에 들어가고 하나의 세계가 말로 할 수 없는 세계에 들어가며, 더러운 세계가 곧 깨끗한 세계이며, 깨끗한 세계가 곧 더러운 세계임을 알고자 하는 것이며, 한 가닥 털끝 가운데가 모든 세계를 차별하는 성품이며, 모든 세계 가운데가 한 가닥 털끝의 모든 성품임을 알고자 하는 것이며, 하나의 세계 가운데서 모든 세계를 알고자 하는 것이며, 모든 세계가 성품이 없음을 알고자 하는 것이며, 잠시 잠깐 마음으로 광대한 모든 세계를 다 알아서 막힘이나 걸림이 없고자 하는 까닭으로 아뇩다라삼먁삼보리심을 낸 것이다."

　佛子 復置此論 假使有人 於一念頃 能過東方阿僧祇世界 念念如是 盡阿僧祇劫 此諸世界無有能得知其邊際 又第二人 於一念頃 能過前人阿僧祇劫所過世界 如是 亦盡阿僧祇劫 此第展轉 乃至第十 南 西 北方 四維 上 下 亦復如是 佛子 此十方中 凡有百人 一一如是過諸世界 是諸世界可知邊際 菩薩初發阿耨多羅三藐三菩提心 所

有善根 無有能得知其際者 何以故 佛子 菩薩不齊限 但爲往爾所有世界得了知故 發
菩提心 爲了知十方世界故 發菩提心 所謂 欲了知妙世界卽是麤世界 麤世界卽是妙
世界 仰世界卽是覆世界 覆世界卽是仰世界 小世界卽是大世界 大世界卽是小世界
廣世界卽是狹世界 狹世界卽是廣世界 一世界卽是不可說世界 不可說世界卽是一世
界 不可說世界入一世界 一世界入不可說世界 穢世界卽是淨世界 淨世界卽是穢世
界欲知 一毛端中 一切世界差別性 一切世界中 一毛端一切性欲知 一世界中出生一
切世界欲知 一切世界無體性 欲以一念心盡知一切廣大世界而無障礙故 發阿耨多羅
三藐三菩提心

"불자여! 차례를 따른(復) 이러한 비유는 그만두더라도, 가령 어떤 사람이 한 생각 사이
에 동방에 있는 아승기 세계가 이루어지고 무너지는 겁의 수를 능히 알고 생각할 때마다
이와 같이 해서 아승기 겁을 다하면 이 모든 겁의 수는 그 끝의 경계를 알 수도 얻을 수
도 없다."

"또 둘째 사람이 한 생각 사이에 앞사람이 아승기 겁 동안에 알게 된 겁의 수를 알고
이와 같이 넓게 설하여 열째 사람에게 이르고 남, 서, 북방, 사유, 상방, 하방도 차례를 따
라(復) 또한 이와 같이 하면, 불자여! 이러한 시방의 아승기 세계가 이루어지고 무너지는
겁의 수는 끝닿는 경계를 알 수 있지만, 보살이 처음 일으킨 아뇩다라삼먁삼보리심의 선
근 공덕은 그 경계를 알 수도 얻을 수도 없다."

"무슨 까닭인가 하면, 보살이 선근으로 단지 이러한 세계가 이루어지고 무너지는 겁의
수만을 알기 위하여 아뇩다라삼먁삼보리심을 일으킨 것이 아니라 모든 세계가 이루어지
고 무너지는 겁을 모두 알아서 남음이 없게 하고자 하는 까닭으로 아뇩다라삼먁삼보리
심을 내기 때문이다."

"이른바 긴 겁이 짧은 겁과 더불어 평등하고 짧은 겁이 긴 겁과 더불어 평등하며, 한 겁
이 무수한 겁과 더불어 평등하고 무수한 겁이 한 겁과 더불어 평등하고, 부처님 계시는
겁이 부처님 없는 겁과 더불어 평등하고 부처님 없는 겁이 부처님 계시는 겁과 더불어 평
등하며, 한 부처님 겁 가운데 말할 수 없는 부처님이 계시고 말할 수 없는 부처님 겁 가
운데 한 부처님이 계시며, 헤아릴 수 있는 겁이 헤아릴 수 없는 겁과 더불어 평등하고 헤
아릴 수 없는 겁이 헤아릴 수 있는 겁과 더불어 평등하며, 다함이 있는 겁이 다함이 없는
겁과 더불어 평등하고 다함이 없는 겁이 다함이 있는 겁과 더불어 평등하며, 말할 수 없
는 겁이 한 생각과 더불어 평등하고 한 생각이 말할 수 없는 겁과 더불어 평등하며, 일체

겁이 겁 아닌데 들어가고 겁 아닌 것이 일체 겁에 들어가는 것을 알기 위함이며, 한 생각 가운데 전제와 후제, 그리고 현재 세상의 모든 세계가 이루어지고 무너지는 겁을 다 알고자 하는 까닭으로 아뇩다라삼먁삼보리심을 일으키는 것이니, 이것을 두고 이르길 처음 마음을 일으키고 큰 서원으로 장엄해서 모든 겁을 분명하게 깨달아 아는 신통한 지혜라고 이름한다."

佛子 復置此諭 假使有人 於一念頃 能知東方阿僧祇世界成壞劫數 念念如是 盡阿僧祇劫 此諸劫數無有能得知其邊際 有第二人 於一念頃 能知前人阿僧祇劫所知劫數 如是廣說 乃至第十 南 西 北方 四維 上 下 亦復如是 佛子 此十方阿僧祇世界成壞劫數 可知邊際 菩薩初發阿耨多羅三藐三菩提心功德善根 無有能得知其際者 何以故 菩薩不齊限 但爲知爾所世界成壞劫數故 發阿耨多羅三藐三菩提心 爲悉知一切世界成壞劫盡無餘故 發阿耨多羅三藐三菩提心 所謂 知長劫與短劫平等 短劫與長劫平等 一劫與無數劫平等 無數劫與一劫平等 有佛劫與無佛劫平等 無佛劫與有佛劫平等 一佛劫中有不可說佛 不可說佛劫中有一佛 有量劫與無量劫平等 無量劫與有量劫平等 有盡劫與無盡劫平等 無盡劫與有盡劫平等 不可說劫與一念平等 一念與不可說劫平等 一切劫入非劫 非劫入一切劫 欲於一念中盡知前際 後際 及現在一切世界成壞劫故 發阿耨多羅三藐三菩提心 是名 初發心大誓莊嚴了知一切劫神通智

"불자여! 차례를 따른(復) 비유는 그만두더라도 가령 어떤 사람이 한 생각 동안에 아승기 세계에 있는 중생들이 가지가지로 차별하는 것을 이해하고 능히 알아서 생각할 때마다 이와 같음으로 하여 아승기 겁이 다하도록 하였고 두 번째 사람은 한 생각 동안에 앞 사람이 아승기 겁 동안 중생들이 가지가지로 차별하는 것을 이해하고 능히 알아서 이와 같음으로 아승기 겁이 다하도록 하였다, 이같이 차례를 반복(復有)하면서 열째 사람에게 이르렀고 남방, 서방, 북방, 사유, 상방, 하방도 차례를 따라 역시 이와 같게 하면, 불자여! 이 시방의 중생들이 가지가지로 차별한 이해는 그 끝의 경계를 알 수 있지만, 보살이 처음으로 일으킨 아뇩다라삼먁삼보리심의 선근 공덕은 그 경계를 알 수도 얻을 수도 없다."

"왜 그런가 하면, 불자여! 보살이 단지 선근 공덕으로 중생들을 이해하고 또 알기 위해서만 아뇩다라삼먁삼보리심을 일으킨 것이 아니라 모든 세계에 있는 중생들이 가지가지로 차별하는 것을 이해하고 다 알기 위해서 아뇩다라삼먁삼보리심을 일으키기 때문이다."

"이른바 차별하고 이해한 모든 것은 끝이 없음을 알고자 하는 까닭이며, 한 명의 중생을 이해한 것이 무수한 중생을 이해한 것과 평등한 것임을 알고자 하려는 까닭이며, 말로는 설명할 수 없는 차별함을 이해하고 이를 아는 방편의 지혜로운 광명을 얻으려는 까닭이며, 중생들이 제각기 차별하고 이해함을 모두 알아서 남은 것이 없게 하려는 까닭이며, 과거, 현재, 미래의 선하고 선하지 않은 가지가지의 헤아릴 수 없는 이해를 모두 알고자 하는 까닭이며, 서로 비슷한 이해와 비슷하지 않은 이해를 남김없이 알고자 하려는 까닭이며, 모두 이해하는 것이 하나를 이해하는 것이며, 하나를 이해하는 것이 다 이해하는 것임을 남김없이 알고자 하려는 까닭이며, 여래의 이해하는 힘을 얻고자 하는 까닭이다."

"위가 있는 이해와 위가 없는 이해와 넉넉한 이해와 넉넉함이 없는 이해와 가지런한 이해와 가지런하지 않은 이해의 차별을 모두 알고자 하는 까닭이며, 의지가 되는 이해와 의지가 되지 않은 이해와 함께 하는 이해와, 함께 하지 않은 이해와 끝이 있는 이해와 끝이 없는 이해와 차별하는 이해와 차별 없는 이해와 선근의 이해와 선근이 아닌 이해와 세간의 이해와 출세간의 이해가 차별되는 것을 모두 알고자 하는 까닭이며, 빼어난 모든 이해와 큰 이해와, 헤아릴 수 없이 많은 이해와 바른 자리에서 이해하고 그 가운데서 여래 해탈의 막힘이나 걸림이 없는 지혜를 얻고자 하는 까닭이며, 헤아릴 수 없는 방편으로 시방의 중생계에 있는 낱낱의 중생들, 이 중생들의 깨끗한 이해와 물든 이해와 넓은 이해와 간략한 이해와 세밀한 이해와 거친 이해를 남음이 없이 다 알고자 하는 까닭이며, 깊고 비밀 같은 이해와 방편의 이해와 분별의 이해와 자연의 이해와 인을 따라 일어나는 이해와 연을 따라 일어나는 이해를 남김없이 알아서 일체 이해의 그물을 끝까지 다해서 남은 것이 없게 하려는 까닭으로 아뇩다라삼먁삼보리심을 일으키기 때문이다."

佛子 復置此諭 假使有人 於一念頃 能知東方阿僧祇世界所有衆生種種差別解 念念如是 盡阿僧祇劫 有第二人 於一念頃 能知前人阿僧祇劫所知衆生諸解差別 如是亦盡阿僧祇劫 此第展轉 乃至第十 南 西 北方 四維 上 下 亦復如是 佛子 此十方衆生種種差別解 可知邊際 菩薩初發阿耨多羅三藐三菩提心功德善根 無有能得知其際者 何以故 佛子 菩薩不齊限 但爲知爾所衆生解故 發阿耨多羅三藐三菩提心 爲盡知一切世界所有衆生種種差別解故 發阿耨多羅三藐三菩提心 所謂 欲知一切差別解無邊故 一衆生解 無數衆生解平等故 欲得不可說差別解方便智光明故 欲悉知衆生海各各差別解 盡無餘故 欲悉知過 現 未來 善 不善種種無量解故 欲悉知相似解 不相似解故 欲悉知一切解卽是一解 一解卽是一切解故 欲得如來解力故 欲悉知有上解無上解 有餘解 無餘解 等解 不等解差別故 欲悉知有依解 無依解 共解 不共解 有邊解 無邊解 差別解 無差別解 善解 不善解 世間解 出世間解差別故 欲於一切妙解 大解 無量解 正位解中 得如來解脫無障礙智故 欲以無量方便 悉知十方一切衆生界一一衆生淨解 染解 廣解 略解 細解 麤解 塵無餘故 欲悉知深密解 方便解 分別解

自然解 隨因所起解 隨緣所起解 一切解網悉無餘故 發阿耨多羅三藐三菩提心

"불자여! 차례를 따른(復) 비유는 그만두더라도 가령 어떤 사람이 한 생각 동안에 동방의 무수한 세계에 있는 일체중생의 모든 근기가 차별되는 것을 알고 생각 생각마다 이와 같은 아승기 겁을 지내고 둘째 사람이 한 생각 동안에 앞사람의 아승기 겁 동안 생각할 때마다 모든 근기가 차별되는 것을 알며, 이와 같음을 광대하게 설하면서 열째 사람까지 이르렀고 남방, 서방, 북방, 사유, 상방, 하방도 역시 이와 같았다."

"불자여! 시방세계에 있는 중생들의 모든 근기가 차별되는 것은 끝까지 알 수 있지만, 보살이 처음으로 일으킨 아뇩다라삼먁삼보리심의 선근 공덕은 그 경계를 알 수도 얻을 수도 없다."

"무슨 까닭인가 하면, 보살이 단지 선근으로 세계 중생들의 근기만을 알고자 아뇩다라삼먁삼보리심을 일으킨 것이 아니고 모든 세계 가운데 있는 일체중생의 근기가 가지가지로 차별되는 것을 남김없이 알고자 한 것이며, 넓게 말하자면 모든 근기의 그물을 모두 알고자 하는 까닭으로 아뇩다라삼먁삼보리심을 일으키기 때문이다."

佛子 復置此諭 假使有人 於一念頃 能知東方無數世界一切衆生諸根差別 念念如是 經阿僧祇劫 有第二人 於一念頃 能知前人阿僧祇劫念念所知諸根差別 如是廣說乃至第十 南 西 北方 四維 上 下 亦復如是 佛子 此十方世界所有衆生諸根差別 可知邊際 菩薩初發阿耨多羅三藐三菩提心功德善根 無有能得知其際者 何以故 佛子 菩薩不齊限 但為知爾所世界衆生根故 發阿耨多羅三藐三菩提心 為盡知一切世界中一切衆生根種種差別 廣說乃至 欲盡知一切諸根網故 發阿耨多羅三藐三菩提心

"불자여! 차례에 따른(復) 비유는 그만두더라도, 가령 어떤 사람이 한 생각 동안에 동방의 무수한 세계에 있는 중생들의 가지가지 욕망을 알고 생각할 때마다 이와 같음으로 하여 아승기 겁을 다하며, 차례로 넓히면서 열째 사람에게 이르렀고 남방, 서방, 북방, 사유, 상방, 하방도 차례를 따라(復) 역시 이와 같게 하였다."

"이 시방의 중생들이 가진 욕락(欲樂)은 끝을 알 수 있지만, 보살이 처음으로 일으킨 아뇩다라삼먁삼보리심의 선근 공덕은 그 경계를 알 수도 얻을 수도 없다."

"무슨 까닭인가 하면, 불자여! 보살이 단지 선근으로 중생들의 욕락만을 알기 위해 아뇩다라삼먁삼보리심을 일으킨 것이 아니며, 모든 세계에 있는 중생들의 가지가지 욕락을 남김없이 알고자 하는 까닭이며, 넓게 말하자면 모든 욕락이라는 그물을 모두 알고자 하는 까닭으로 아뇩다라삼먁삼보리심을 일으키기 때문이다."

佛子 復置此諭 假使有人 於一念頃 能知東方無數世界所有衆生種種欲樂 念念如是 盡阿僧欺劫 次第廣說 乃至第十 南 西 北方 四維 上 下 亦復如是 此十方衆生所有欲樂 可知邊際 菩薩初發阿耨多羅三藐三菩提心功德善根 無有能得知其際者 何以故 佛子 菩薩不齊限 但爲知爾所世界衆生欲樂故 發阿耨多羅三藐三菩提心 爲盡知一切世界所有衆生種種欲樂 廣說乃至 欲盡知一切欲樂網故 發阿耨多羅三藐三菩提心

"불자여! 차례를 따른(復) 비유는 그만두더라도 가령 어떤 사람이 한 생각 사이에 동방의 무수한 세계에 있는 중생들의 가지가지 방편을 알고 이와 같음을 넓게 말해서 열 번째 사람에게 이르렀으며, 남방, 서방, 북방, 사유, 상방, 하방까지도 이와 같았다."

"이 시방 중생들의 가지가지 방편은 그 끝의 경계를 알 수 있지만, 보살이 처음으로 일으킨 아뇩다라삼먁삼보리심의 선근 공덕은 그 경계를 알 수도 얻을 수도 없다."

"무슨 까닭인가 하면, 불자여! 보살이 단지 선근으로 그러한 세계에 있는 중생들의 가지가지 방편만을 알기 위해 아뇩다라삼먁삼보리심을 일으킨 것이 아니고 모든 세계에 있는 중생들의 가지가지 방편을 알고자 한 것이며, 넓게 말하자면 모든 방편의 그물을 알고자 한 까닭으로 아뇩다라삼먁삼보리심을 일으키기 때문이다."

佛子 復置此諭 假使有人 於一念頃 能知東方無數世界所有衆生種種方便 如是廣說 乃至第十 南 西 北方 四維 上 下 亦復如是 此十方世界所有衆生種種方便 可知邊際 菩薩初發阿耨多羅三藐三菩提心功德善根 無有能得知其際者 何以故 佛子 菩薩不齊限 但爲知爾所世界衆生種種方便故 發阿耨多羅三藐三菩提心 爲盡知一切世界所有衆生種種方便 廣說乃至 欲盡知一切方便網故 發阿耨多羅三藐三菩提心

"불자여! 차례를 따른(復) 비유를 그만두더라도, 가령 어떤 사람이 동방의 무수한 세계에 있는 중생들이 가지가지로 차별하는 마음을 알고 광대하게 말해서 시방세계에 있는 중생들이 가지가지로 차별하는 마음의 그 끝닿은 경계를 안다 하더라도 보살이 처음으로 아뇩다라삼먁삼보리심을 일으킨 선근의 그 끝의 경계는 알지 못할뿐더러 얻지도 못한다."

"무슨 까닭인가 하면, 불자여! 보살이 단지 선근으로 중생들의 마음만을 알고자 아뇩다라삼먁삼보리심을 일으킨 것이 아니다. 모든 법계와 허공계의 끝없는 중생들의 가지가지 마음을 다 알고자 하는 것이며, 그리고 모든 마음의 그물을 빠짐없이 알고자 아뇩다라삼먁삼보리심을 일으키기 때문이다."

佛子 復置此諭 假使有人 於一念頃 能知東方無數世界所有衆生種種差別心 廣說乃至 此十方世界所有衆生種種差別心 可知邊際 菩薩初發阿耨多羅三藐三菩提心功德善根 無有能得知其際者 何以故 佛子 菩薩不齊限 但爲知爾所衆生心故 發阿耨多羅三藐三菩提心 爲悉知盡法界 虛空界無邊衆生種種心 乃至欲盡知一切心網故 發阿耨多羅三藐三菩提心

"불자여! 차례를 따른(復) 비유는 그만두고, 가령 어떤 사람이 한 생각 사이에 동방의 무수한 세계에 있는 중생들이 가지가지로 차별하는 업을 능히 알고 넓게 말하자면 중생들이 가지가지로 차별하는 업을 끝까지 안다 하더라도 보살이 처음으로 일으킨 아뇩다라삼먁삼보리심의 선근은 그 끝의 경계를 알 수 없을뿐더러 얻을 수도 없다."

"무슨 까닭인가 하면, 보살이 단지 선근으로 중생들의 업만을 알기 위한 까닭에 아뇩다라삼먁삼보리심을 일으키는 것이 아니고 삼세 일체중생들의 업을 남김없이 알기 위한 것이며, 일체 업의 그물을 모두 알고자 하는 까닭으로 아뇩다라삼먁삼보리심을 내기 때문이다."

佛子 復置此諭 假使有人 於一念頃 能知東方無數世界所有衆生種種差別業 廣說乃至 此十方衆生種種差別業 可知邊際 菩薩初發阿耨多羅三藐三菩提心善根邊際 不可得知 何以故 佛子 菩薩不齊限 但爲知爾所衆生業故 發阿耨多羅三藐三菩提心 欲悉知三世一切衆生業 乃至欲悉知一切業網故 發阿耨多羅三藐三菩提心

"불자여! 차례를 따른(復) 이 같은 비유는 그만두고 가령 어떤 사람이 한 생각 동안에 무수한 세계에 있는 중생들의 갖가지 번뇌를 알고 생각할 때마다 이와 같음으로 하여 아승기 겁이 다하도록 하면, 가지가지로 차별하는 이 모든 번뇌는 그 끝을 알 수도 있고 얻을 수도 있다. 두 번째 사람이 한 생각 동안에 앞사람이 아승기 겁 동안에 아는 그대로 중생들의 번뇌가 차별된 것을 알고 이와 같게 하여 다시 아승기 겁이 다하도록 하면서 차례로 광대하게 설하여 열째 사람에게 이르러 남방, 서방, 북방, 사유, 상방, 하방도 차례를 따라(復) 역시 이와 같게 하였다."

"불자여! 이 시방의 중생들이 차별한 번뇌는 그 끝닿은 경계를 알 수 있지만, 보살이 처음으로 일으킨 아뇩다라삼먁삼보리심의 선근은 그 끝의 경계를 알 수 없을뿐더러 얻을 수도 없다.”

“무슨 까닭인가 하면, 보살이 단지 선근으로 세계 중생의 번뇌를 만을 알고자 아뇩다라삼먁삼보리심을 일으킨 것이 아니라, 모든 세계에 있는 중생들의 번뇌와 차별을 남김없이 알고자 하는 까닭으로 아뇩다라삼먁삼보리심을 일으키는 것이다.”

“이른바 가벼운 번뇌와 무거운 번뇌, 잠자는 번뇌와 일어나는 번뇌, 각각 중생의 헤아릴 수 없는 번뇌와 가지가지의 차별을 모두 알고 가지가지의 각관으로 일체 모든 물이 든 것들을 청정하게 다스리는 까닭이며, 무명을 의지한 번뇌와 사랑과 서로 응하는 번뇌를 모두 알아서 이르고자 하는 일체 모든 번뇌의 얽힘을 끊어내려는 까닭이며, 탐내는 성품의 번뇌와 성내는 성품의 번뇌와 어리석은 성품의 번뇌와 평등한 성품의 번뇌를 모두 알아서 모든 번뇌의 근본을 끊어내려고 하는 까닭이며, 나라는 번뇌와 내 것이라는 번뇌와 아만의 번뇌를 모두 알아서 일체 모든 번뇌의 이치를 깨닫고 남음이 없이 다하려는 까닭이며, 거꾸로 뒤바뀐 것의 분별을 좇아 생하는 근본 번뇌와 이를 따르는 번뇌와 몸이라는 소견으로 인한 62견이 생하는 것을 모두 알아서 일체 번뇌를 조복시키고자 하는 까닭이며, 덮는 번뇌와 막힘이나 걸림이 되는 번뇌를 알아서 큰 자비로 구원하고 보호하려는 마음을 일으키고 모든 번뇌의 그물을 끊어버리고 모든 지혜의 성품을 청정하게 하고자 하는 까닭으로 아뇩다라삼먁삼보리심을 일으키기 때문이다.”

佛子 復置此諭 假使有人 於一念頃 能知東方無數世界所有衆生種種煩惱 念念如是 盡阿僧祇劫 此諸煩惱種種差別 有能得知其際 有第二人 於一念頃 能知前人阿僧祇劫所知衆生煩惱差別 如是 復盡阿僧祇劫 此第廣說 乃至第十 南 西 北方 四維 上下 亦復如是 佛子 此十方衆生煩惱差別 可知邊際 菩薩初發阿耨多羅三藐三菩提心善根邊際 不可得知 何以故 佛子 菩薩不齊限 但爲知爾所世界衆生煩惱故 發阿耨多羅三藐三菩提心 爲盡知一切世界所有衆生煩惱差別故 發阿耨多羅三藐三菩提心 所謂 欲盡知輕煩惱 重煩惱 眠煩惱 起煩惱 一一衆生無量煩惱 種種差別 種種覺觀 淨治一切諸雜染故 欲盡知依 無明煩惱 愛相應煩惱 斷一切諸有趣煩惱結故 欲盡知貪分煩惱 瞋分煩惱 癡分煩惱 等分煩惱 斷一切煩惱根本故 欲悉知我煩惱 我所煩惱 我慢煩惱 覺悟一切煩惱盡無餘故 欲悉知從顚倒分別生根本煩惱 隨煩惱 因身見生六十二見 調伏一切煩惱故 欲悉知蓋煩惱 障煩惱 發大悲救護心 斷一切煩惱網 令一切智性清淨故 發阿耨多羅三藐三菩提心

“불자여! 차례를 따른(復) 이러한 비유는 그만두고, 가령 어떤 사람이 한 생각 사이에 가지가지의 맛 좋은 음식과 향과 꽃, 의복, 당기와 깃발, 일산(햇빛 가리개)과 승과 가람, 빼어난 궁전, 보배와 휘장, 그물과 휘장, 가지가지로 장엄한 사자좌와 많은 빼어난 보배로 동방의 무수한 모든 부처님과 또 무수한 중생을 공양하며, 공경하고 존중하며, 예배하고 찬탄하며, 몸을 숙여 우러러보고 이어가기를 끊어지지 않게 하고 무수한 겁을 보내며, 또 이를 중생들에게 권하여 모두 이와 같이 부처님을 공양하게 하고 부처님이 멸한 후에는 각각 탑을 일으켜 세우고 그 탑이 높고 광대하며, 무수한 세계의 갖가지 보배로 이루어져 가지가지로 장엄하였고 하나하나의 탑 가운데 각각 무수한 여래의 형상을 모시고 광명으로 무수한 세계를 비추며, 이렇게 무수한 겁을 지내면서 남방, 서방, 북방, 사유, 상방, 하방도 또한 역시 이와 같게 했다면, 불자여! 그대의 생각은 어떠한가? 이 사람의 공덕은 많다 할 수 있겠는가? 아니면 적다 할 수 있겠는가?"

佛子 復置此諭 假使有人 於一念頃 以諸種種上味飮食 香華 衣服 幢幡 傘蓋 及僧伽藍 上妙宮殿 寶帳 網帳 種種莊嚴師子之座及衆妙寶 供養東方無數諸佛 及無數世界所有衆生 恭敬尊重 禮拜讚歎 曲躬瞻仰 相續不絶 經無數劫 又勸彼衆生 悉令如是供養於佛 至佛滅後 各爲起塔 其塔高廣 無數世界衆寶所成種種莊嚴 一一塔中 各有無數如來形像 光明徧照無數世界 經無數劫 南 西 北方 四維 上 下 亦復如是 佛子 於汝意云何 此人功德寧爲多不

제석천 왕이 답했다.
"이 사람의 공덕은 오로지 부처님만이 아실 것이며, 나머지는 헤아릴 수 없습니다."

天帝言 是人功德 唯佛乃知 餘無能測

"불자여! 이 사람의 공덕은 보살이 처음으로 마음을 일으킨 공덕과 비교하면, 백 분의 일에도 미치지 못하고 천분의 일에도 미치지 못하고 백 천분의 일에도 미치지 못하고 또한 우파니사타분의 일에도 미치지 못할 것이다."

天帝言 是人功德 唯佛乃知 餘無能測 佛子 此人功德比菩薩初發心功德 百分不及一 千分不及一 百千分不及一 乃至優波尼沙陀分 亦不及一

"불자여! 차례를 따른(復) 이러한 비유는 그만두고 가령 둘째 사람이 한 생각 동안, 앞에 사람과 무수한 세계에 있는 중생들이 무수한 겁 동안 공양하던 일들을 능히 짓고 생각할 때마다 이와 같게 헤아릴 수 없이 많은 공양 기물로 헤아릴 수 없는 부처님과 여래와 헤아릴 수 없이 많은 세계에 있는 중생들에게 공양하면서 헤아릴 수 없는 겁을 보내고 셋째 사람도 또 열째 사람까지도 모두 이와 같음으로 하여 한 생각 사이에 앞선 사람들이 공양하던 일을 능히 지으며, 생각할 때마다 이와 같게 하여 무변, 무등, 불가수, 불가칭, 불가사, 불가량, 불가설, 불가설불가설한 공양 기물로 끝없고 불가설불가설한 부처님과 이러한 세계에 있는 중생들을 공양하는 일에 있어서 끝이 없고 불가설불가설한 겁을 두고 하였으며, 부처님이 열반한 뒤에는 각각 탑을 일으켜 세우니, 그 탑이 넓고 광대하며, 머무는 겁 또한 역시 이와 같게 하였다."

"불자여! 이 사람들의 공덕을 보살이 처음으로 마음을 일으킨 공덕과 비교하면 백 분의 일에도 미치지 못하고 천분의 일에도 미치지 못하고 백 천분의 일에도 미치지 못하고 또한 우파니사타분의 일에도 미치지 못할 것이다."

"무슨 까닭이냐 하면, 불자여! 보살마하살이 단지 선근으로 저러한 부처님들을 공양하기 위해서 아뇩다라삼먁삼보리심을 일으킨 것이 아니며, 진법계, 허공계의 불가설불가설한 세계에 계시는 헤아릴 수 없는 과거, 미래, 현재의 모든 부처님을 공양하고자 하는 까닭으로 아뇩다라삼먁삼보리심을 일으키기 때문이다."

佛子 復置此諭 假使復有第二人 於一念中 能作前人及無數世界所有衆生無數劫中供養之事 念念如是 以無量種供養之具 供養無量諸佛如來 及無量世界所有衆生 經無量劫 其諸三人 乃至第十人 皆亦如是 於一念中能作前人所有供養 念念如是 以無邊 無等 不可數 不可稱 不可思 不可量 不可說 不可說不可說 供養之具 供養無邊乃至不可說不可說諸佛 及爾許世界所有衆生 經無邊乃至不可說不可說劫 至佛滅後各爲起塔 其塔高廣 乃至住劫 亦復如是 佛子 此前功德比菩薩初發心功德 百分不及一 千分不及一 百千分不及一 乃至優波尼沙陀分 亦不及一 何以故 佛子 菩薩摩訶薩不齊限 但爲供養爾所佛故 發阿耨多羅三藐三菩提心 爲供養盡法界 虛空界 不可說不可說十方無量去 來 現在所有諸佛故 發阿耨多羅三藐三菩提心

"이러한 마음을 일으키기에 이미 앞서 경계를 지난 세상의 모든 부처님이 비로소 정각을 이루시는 것과 열반에 드시는 것을 능히 알고 뒤에 올 세상의 모든 부처님이 가지실 선근을 능히 믿으며, 현재 모든 부처님이 가지신 지혜를 능히 아는 것이다."

"저 부처님들이 소유하신 공덕을 보살들이 능히 믿고 능히 받고 능히 닦고 능히 얻고 능히 알고 능히 증득하고 능히 성취하며, 모든 부처님과 더불어 평등한 하나의 성품이다."

發是心已 能知前際一切諸佛始成正覺及般涅槃 能信後際一切諸菩薩所有善根 能

知現在一切諸佛所有智慧 彼諸佛所有功德 此菩薩能信 能受 能修 能得 能知 能證
能成就 能與諸佛平等一性

"무슨 까닭인가 하면, 이 보살이 여래의 종성(阿耨多羅三藐三菩提心)을 끊어지지 않게
하려는 까닭으로 마음을 일으키며, 모든 세계에 두루 충만하도록 하려는 까닭으로 마음
을 일으키며, 모든 세계의 중생을 제도하여 해탈하게 하려는 까닭으로 마음을 일으키며,
모든 세계의 이루어짐과 무너짐을 다 알고자 하는 까닭으로 마음을 일으키며, 모든 중생
의 허물과 깨끗함을 알고자 하는 까닭으로 마음을 일으키며, 모든 세계의 삼유가 청정한
것임을 알고자 하는 까닭으로 마음을 일으키며, 모든 중생의 욕락과 번뇌와 습기를 모두
알고자 하는 까닭으로 마음을 일으키며, 모든 중생이 이곳에서 나고 저곳에서 죽은 것을
모두 알고자 하는 까닭으로 마음을 일으키며, 일체중생의 모든 근기와 방편을 모두 알고
자 하는 까닭으로 마음을 일으키며, 모든 중생의 마음, 그 마음의 움직임을 모두 알고자
하는 까닭으로 마음을 일으키며, 모든 중생의 삼세 지혜를 알고자 하는 까닭으로 마음
을 일으킨다."

何以故 此菩薩 爲不斷一切如來種性故 發心 爲充徧一切世界故 發心 爲度脫一切
世界眾生故 發心 爲悉知一切世界成壞故 發心 爲悉知一切眾生垢淨故 發心 爲悉知
一切世界三有清淨故 發心 爲悉知一切眾生心樂煩惱習氣故 發心 爲悉知一切眾生
死此生彼故 發心 爲悉知一切眾生諸根方便故 發心 爲悉知一切眾生心行故 發心 爲
悉知一切眾生三世智故 發心

"마음을 일으킨 까닭으로 삼세의 일체 모든 부처님을 단단히 기억해서 늘 잊지 않고 마
땅히 삼세 모든 부처님의 위 없는 보리를 얻으며, 다시 말하자면 삼세의 모든 부처님이 빼
어난 법을 줄 것이며, 삼세의 일체 모든 부처님과 체성이 평등하며, 삼세의 일체 모든 조
도법을 이미 닦으며, 삼세의 일체 모든 부처님의 힘과 두려울 것 없음을 성취하며, 삼세의
일체 모든 부처님의 불공불법으로 장엄하며, 삼세 일체 모든 부처님의 설법 지혜를 남김
없이 얻을 것이니, 무슨 까닭인가 하면, 이렇게 마음을 일으킴으로써 마땅히 부처를 얻기
때문이다."

以發心故 常爲三世一切諸佛之所憶念 當得三世一切諸佛無上菩提 卽爲三世一切
諸佛與其妙法 卽與三世一切諸佛體性平等 已修三世一切諸佛助道之法 成就三世一

切諸佛力　無所畏　莊嚴三世一切諸佛不共佛法　悉得法界一切諸佛說法智慧　何以故
以是發心　當得佛故

　　"응당 알아야 할 것이니, 이 사람이 곧 삼세의 모든 부처님과 동등하며, 삼세 모든 부처님과 여래의 경계와 평등하며, 삼세 모든 부처님과 여래의 공덕과 평등하며, 여래의 한 몸과 헤아릴 수 없이 많은 몸이 끝에 가서는 평등하고 진실한 지혜를 얻을 것이다."

　　"비로소 마음을 일으킬 때 곧바로 시방의 일체 모든 부처님으로부터 칭찬을 받으며, 곧바로 능히 법을 설하여 모든 세계에 있는 중생들을 교화하고 조복시킬 것이며, 곧바로 능히 모든 세계를 진동시킬 것이며, 곧바로 능히 모든 세계를 빛으로 비출 것이며, 곧바로 능히 일체 세계의 모든 악도와 고통을 없애고 쉬게 할 것이며, 곧바로 능히 모든 국토를 장엄해서 깨끗하게 할 것이며, 곧바로 능히 모든 세계 가운데서 부처를 이룸을 나타내 보일 것이며, 곧바로 능히 모든 중생이 다 환희를 얻게 할 것이며, 곧바로 능히 모든 법계의 성품에 들어갈 것이며, 곧바로 능히 모든 부처님의 종성을 지닐 것이며, 곧바로 능히 모든 부처님의 지혜 광명을 얻을 것이다."

　　"처음으로 마음을 일으킨 보살은 삼세에 있는 것을 얻으려는 것이 아니다. 이른바 모든 부처님과 모든 부처님 법과 보살과 보살의 법과 독각과 독각의 법과 성문과 성문의 법과 세간과 세간의 법과 출세간과 출세간의 법과 중생과 중생의 법 등을 이르니, 오직 일체 지혜를 얻으려 할 뿐, 모든 법계에 마음으로 집착하는 것이 없다."

　　應知此人卽與三世諸佛同等　卽與三世諸佛如來境界平等　卽與三世諸佛如來功德平等　得如來一身　無量身究竟平等眞實智慧　纔發心時　卽爲十方一切諸佛所共稱歎卽能說法敎化調伏一切世界所有衆生　卽能震動一切世界　卽能光照一切世界　卽能息滅一切世界諸惡道苦　卽能嚴淨一切國土　卽能於一切世界中示現成佛　卽能令一切衆生皆得歡喜　卽能入一切法界性　卽能持一切佛種性　卽能得一切佛智慧光明　此初發心菩薩　不於三世所有所得　所謂　若諸佛　若諸佛法　若菩薩　若菩薩法　若獨覺　若獨覺法　若聲聞　若聲聞法　若世間　若世間法　若出世間　若出世間法　若衆生　若衆生法　唯求一切智　於諸法界　心無所著

　　이때 부처님의 신통한 힘으로 시방의 각각 일만 부처 세계의 티끌 수와 같은 세계가 여섯 가지로 진동하니, 이른바 움직임, 두루 움직임, 전부 움직임, 일으킴, 두루 일으킴, 전부 일으킴, 샘솟음, 두루 샘솟음, 전부 샘솟음, 흔들림, 두루 흔들림, 전부 흔들림, 아우성 침, 두루 아우성 침, 전부 아우성 침, 부딪침, 두루 부딪침, 전부 부딪침을 이른다. 하늘의 꽃과 하늘의 향과 하늘의 가루 향과 하늘의 화관과 하늘의 옷과 하늘의 보배와 하늘의 장엄 기물을 내리며, 하늘의 풍류를 이루고 하늘의 광명과 하늘의 음성을 놓았다.

爾時 佛神力故 十方各一萬佛刹微塵數世界六種震動 所謂 動 徧動 等徧動 起 徧起 等徧起 涌 徧涌 等徧涌 震 徧震 等徧震 吼 徧吼 等徧吼 擊 徧擊 等徧擊 雨中天華 天香 天末香 天華鬘 天衣 天寶 天莊嚴具 作天妓樂 放天光明及天音聲

이때 시방세계 각각 열 부처 세계의 티끌 수와 같은 세계 밖에 일만 부처 세계의 티끌 수와 같은 부처님이 계시니, 명호가 한 가지로 모두 '법혜'라 부르는 부처님이다. 각각 법혜 보살 앞에 그 몸을 나타내 보이고 이와 같음을 말했다.

"선근이로다. 선근이로다. 법혜여! 그대가 이제 이 법을 능히 설하니, 나와 가지런한 시방의 각각 일만 부처 세계의 티끌 수와 같은 부처님들도 역시 이 법을 설하시며, 일체 모든 부처님도 모두 이와 같음을 설하신다."

是時 十方各過十佛刹微塵數世界外 有萬佛刹微塵數佛 同名 法慧 各現其身 在法慧菩薩前作如是言 善哉 善哉 法慧 汝於今者 能說此法 我等十方各萬佛刹微塵數佛 亦說是法 一切諸佛 悉如是說

"그대가 이 법을 설할 때 일만 부처 세계의 티끌 수와 같은 보살들이 보리심을 일으키니, 나와 가지런한 이들과 지금 모두에게 수기를 줄 것이다. 마땅히 오는 세상에 일천 불가설의 끝없는 겁을 지나서 같은 겁 가운데 부처를 이루어 세상에 나서면 모두 '청정심여래'라 이름할 것이며, 머무는 세계는 각각 차별할 것이다."

汝說此法時 有萬佛刹微塵數菩薩發菩提心 我等今者 悉授其記 於當來世過千不可說無邊劫 同一劫中而得作佛 出興於世 皆號 淸淨心如來 所住世界各各差別

"우리는 이 법을 마땅히 남김없이 보호하고 지녀서 미래 세상의 모든 보살이 아직도 듣지 못한 이들에게 빠짐없이 듣게 할 것이다."

"이 사바세계 사천하의 수미산 정상에서 이와 같은 법을 설하는 것과 같이 모든 중생이 듣게 하고 가르침을 따라 이와 같은 시방의 백 천억 나유타의 헤아릴 수 없이 많고 끝이 없으며, 같은 것이 없으며, 불가수, 불가칭, 불가사, 불가량, 불가설한 진법계, 허공계의 모든 세계 가운데서도 역시 이 법을 설하여 중생을 가르치고 이끌 것이다."

我等悉當護持此法 令未來世一切菩薩 未曾聞者皆悉得聞 如此娑婆世界四天下須彌頂上說如是法 令諸衆生 聞已受化 如是十方百千億那由他無數 無量 無邊 無等 不可數 不可稱 不可思 不可量 不可說 盡法界 虛空界 諸世界中 亦說此法敎化衆生

"그 법을 설하는 이는 이름이 하나로 '법혜'이니, 모두 부처님의 신통력을 쓰는 까닭이며, 세존의 본래 원력인 까닭이며, 부처님의 법을 드러내 보이고자 하는 까닭이며, 지혜의 빛을 두루 비추려는 까닭이며, 실상의 이치를 활짝 열고자 하는 까닭이며, 법의 성품을 증득하게 하려는 까닭이며, 일체 대중을 모두 환희하게 하려는 까닭이며, 불법의 인연을 열어 보이고자 하는 까닭이며, 모든 부처님의 평등함을 얻으려고 하는 까닭이며, 법계가 둘이 없음을 분명하게 깨우쳐 알고자 하는 까닭으로 이와 같은 법을 설하는 것이다."

其說法者 同名 法慧 悉以佛神力故 世尊本願力故 爲欲顯示佛法故 爲以智光普照故 爲欲開闡實義故 爲令證得法性故 爲令衆會悉歡喜故 爲欲開示佛法因故 爲得一切佛平等故 爲了法界無有二故 說如是法

이때 법혜 보살이 온 허공계의 시방 국토에 있는 모든 대중을 두루두루 자세하게 살펴보고 모든 중생을 남김없이 성취하게 하려는 까닭으로, 모든 업과 과보를 깨끗하게 다스리고자 하려는 까닭으로, 청정한 법계를 남김없이 활짝 열어서 드러내고자 하려는 까닭으로, 번거롭게 물드는 근본을 남김없이 뽑아 없애고자 하려는 까닭으로, 광대한 믿음과 이해를 더욱 늘리고 키우고자 하려는 까닭으로, 헤아릴 수 없이 많은 중생의 근기를 남김없이 알고자 하려는 까닭으로, 삼세의 법이 평등한 것임을 남김없이 알게 하고자 하려는 까닭으로, 모든 열반계를 남김없이 자세하게 살펴보도록 하고자 하려는 까닭으로, 스스로 청정한 선근을 더욱 늘리고 키우고자 하려는 까닭으로 부처님의 위신력을 받들어 게송으로 말했다.

爾時 法慧菩薩 普觀盡虛空界十方國土一切衆會 欲悉成就諸衆生故 欲悉淨治諸業果報故 欲悉開顯淸淨法界故 欲悉拔除雜染根本故 欲悉增長廣大信解故 欲悉令知無量衆生根故 欲悉令知三世法平等故 欲悉令觀察涅槃界故 欲增長自淸淨善根故 承佛威力 卽說頌言

爲利世間發大心 세간에 이익이 되고자 큰마음을 일으키고
其心普徧於十方 그 마음이 시방 국토에 두루 미치니
衆生國土三世法 중생과 국토와 삼세의 법과
佛及菩薩最勝海 부처님과 보살의 가장 뛰어난 바다입니다.

究竟虛空等法界 끝에 가서는 허공과 법계는 가지런하고
所有一切諸世間 일체 모든 세간에 있는 것과
如諸佛法皆往詣 모든 부처님의 법과 같이 다 함께 나아가
如是發心無退轉 이와 같은 마음을 일으키고 물러서지 않습니다.

慈念衆生無暫捨 중생을 사랑하는 생각에 잠시라도 버리지 않으며
離諸惱害普饒益 모든 괴로움과 해침을 벗어나 두루 넉넉히 이익이 되게 하고
光明照世爲所歸 광명으로 세상을 비추어 의지할 바가 되니
十力護念難思議 십력으로 보호하고자 함은 생각으로 헤아려 알기는 어렵습니다.

十方國土悉趣入 시방 국토에 남김없이 들어가서
一切色形皆示現 모든 색과 형상을 다 나타내어 보이니
如佛福智廣無邊 부처님의 복과 지혜와 같이 광대하고 끝이 없기에
隨順修因無所著 도리를 좇아 따르면서 인을 닦고 집착하지 않습니다.

有刹仰住或傍覆 어떤 세계는 믿고 머물며 혹은 옆에 있거나 뒤집어서 있고
麤妙廣大無量種 거칠고 빼어나며 광대하고 헤아릴 수 없이 많은 종이지만
菩薩一發最上心 보살이 최상의 마음을 한번 일으키니
悉能往詣皆無礙 가는 곳곳마다 막힘이나 걸림이 전혀 없습니다.

菩薩勝行不可說 보살의 뛰어난 행은 말로는 설명할 수 없기에
皆勤修習無所住 빠짐없이 부지런히 닦고 익혀서 머물 것이 없으며
見一切佛常欣樂 모든 부처님을 보는 일에 늘 기뻐하고 즐거워하며
普入於其深法海 그 깊은 법의 바다에 두루 들어갑니다.

哀愍五趣諸群生 오취(天上,人間,畜生,餓鬼,地獄)의 모든 중생을 가엾게 여겨

令除垢穢普淸淨 더러운 허물과 때를 깨끗이 없애서 두루 청정하게 하고
紹隆佛種不斷絶 부처님의 종자를 이어서 끊어지지 않게 하며
摧滅魔宮無有餘 마궁을 눌러서 없애버리고 남음이 없게 합니다.

已住如來平等性 이미 여래의 평등한 성품에 머물며
善修微妙方便道 선근의 섬세하고 빼어난 방편의 도를 닦아서
於佛境界起信心 부처님의 경계에 신심을 일으키고
得佛灌頂心無著 부처님으로부터 관정의 법을 얻지만 집착하는 마음이 없습니다.

兩足尊所念報恩 양족존(부처님)에게 은혜를 갚으려는 마음은
心如金剛不可沮 마음이 금강과 같아서 가로막을 수가 없으며
於佛所行能照了 부처님이 행하는 것을 능히 비추어 깨닫고
自然修習菩提行 보리의 행을 자연히 닦고 익히게 합니다.

諸趣差別想無量 제취(여러 부류의 중생)들이 생각하는 헤아릴 수 없이 많은 차별과
業果及心亦非一 업과 과와 마음은 하나가 아니며
乃至根性種種殊 근기와 성품도 가지가지로 다르지만
一發大心悉明見 큰마음 한 번 일으키면(初發心) 모든 것을 밝게 봅니다.

其心廣大等法界 그 마음(初發心)이 광대하기에 법계와 가지런하고
無依無變如虛空 의지할 것도 변할 것도 없기에 허공과 같으며
趣向佛智無所取 부처님의 지혜로 나아가 취할 바가 없으며
諦了實際離分別 실상의 본바탕이 되는 경계를 깨달아 얻고 분별을 벗어납니다.

知衆生心無生想 중생을 알아도 중생을 생각하는 마음이 없으며
了達諸法無法想 모든 법을 통하여 깨우쳐도 법을 생각하지 않기에
雖普分別無分別 비록 두루 널리 분별하더라도 분별이 없어서
億那由刹皆往詣 억 나유타 세계로 빠짐없이 나아갑니다.

無量諸佛妙法藏 헤아릴 수 없이 많은 모든 부처님의 빼어난 법장에
隨順觀察悉能入 거스르지 않고 자세히 살펴보고서 모두 따라 들어가

衆生根行靡不知 중생의 근기와 행을 모두 알기에
到如是處如世尊 이와 같은 곳에 이르면 세존과 같습니다.

清淨大願恒相應 청정한 대원으로 항상 서로 응하고
樂供如來不退轉 여래께 즐거이 공양하며 물러섬이 없고
人天見者無厭足 인천이 봐도 싫어함이 없으며
常爲諸佛所護念 늘 보호받음을 모든 부처님으로부터 받습니다.

其心淸淨無所依 그 마음이 청정하기에 의지할 것이 없으며
雖觀深法而不取 비록 깊은 법을 자세히 살펴보더라도 취하지 않고
如是思惟無量劫 이와 같이 사유하기를 헤아릴 수 없이 많은 겁을 하더라도
於三世中無所著 삼세 가운데 집착하는 바가 없습니다.

其心堅固難制沮 그 마음이 견고하기에 짓누를 수 있거나 가로막지 못하며
趣佛菩提無障礙 부처님의 보리로 나아가는 일에 막힘이나 걸림이 없고
志求妙道除蒙惑 뜻을 가지고 빼어난 도를 구하더라도 꿈같은 의혹을 없애기에
周行法界不告勞 법계에 두루 행하여도 수고하고 애씀을 말하지 않습니다.

知語言法皆寂滅 언어의 법이란 모두 적멸임을 알고
但入眞如絶異解 단지 진여에 들어가 다른 견해를 끊어버리며
諸佛境界悉順觀 모든 부처님의 경계를 순하게 따르면서 자세하게 살펴보고
達於三世心無礙 삼세의 마음을 통하기에 막힘이나 걸림이 없습니다.

菩薩始發廣大心 보살이 비로소 광대한 마음을 일으키기에
卽能徧往十方刹 곧 시방세계로 두루 나아가
法門無量不可說 헤아릴 수 없이 많은 법의 문을 말로는 설명할 수 없지만
智光普照皆明了 지혜의 빛을 두루 비추어 모두 분명하게 깨우쳐 압니다.

大悲廣度最無比 큰 자비로 크게 제도하는 일이 제일이어서 비교할 수 없으며
慈心普徧等虛空 자비로운 마음이 두루 한 것이 허공과 가지런하지만
而於衆生不分別 중생들을 분별하지 않고

如是淸淨遊於世 이와 같음으로 청정하게 세간에서 노닙니다.

十方衆生悉慰安 시방의 중생들을 남김없이 위로하고 편안하게 하려고
一切所作皆眞實 만들어 가는 모든 일을 빠짐없이 거짓이 없고 참되게 하며
恒以淨心不異語 항상 청정한 마음으로 다른 말을 하지 않기에
常爲諸佛共加護 늘 부처님으로부터 한결같이 돌보아줌을 받습니다.

過去所有皆憶念 과거에 있던 모든 일을 단단히 기억해서 잊지 않고
未來一切悉分別 미래의 일체 모든 것을 분별하며
十方世界普入中 시방세계 속으로 두루 들어가니
爲度衆生令出離 중생을 제도하여 나아가(不立五蘊, 出離) 벗어나게 하려는 것입니다.

菩薩具足妙智光 보살이 빼어난 지혜의 빛을 온전하게 갖추고
善了因緣無有疑 선근의 인연을 깨달아 마치고 의심이 없으며
一切迷惑皆除斷 모든 미혹을 빠짐없이 끊어내어 없애버렸기에
如是而遊於法界 이와 같음으로 법계에 노닙니다.

魔王宮殿悉摧破 마왕의 궁전을 남김없이 꺾어서 부수어버리고
衆生翳膜咸除滅 중생을 덮고 있는 막을 다 없애버리며
離諸分別心不動 모든 분별을 떠나 마음이 움직이지 않기에
善了如來之境界 여래의 경계를 선근으로 분명하게 깨우칩니다.

三世疑網悉已除 삼세의 의심 그물을 이미 모두 없애버리고
於如來所起淨信 여래에 대한 청정한 믿음을 일으켜서
以信得成不動智 이 믿음으로 움직이지 않은 지혜를 얻고 이루었으며
智淸淨故解眞實 지혜가 청정한 까닭으로 깨우침도 진실합니다.

爲令衆生得出離 중생이 불립오온 불리증득(出離)해서
盡於後際普饒益 오는 세상이 다하도록 두루 넉넉히 이익이 되도록 하고
長時勤苦心無厭 오랜 시간 부지런하게 힘을 써도 마음에 싫어함이 없기에
乃至地獄亦安受 지옥에 이른다 하더라도 편안하게 받아들입니다.

福智無量皆具足 헤아릴 수 없이 많은 복과 지혜를 모두 온전하게 갖추고
衆生根欲悉了知 중생들의 근기와 욕망을 남김없이 깨우쳐 알며
及諸業行無不見 모든 업과 행을 보고
如其所樂爲說法 그들이 즐거워하는 바를 따라 법을 설합니다.

了知一切空無我 모든 것이 공하고 내가 없음을 깨우쳐 알며
慈念衆生恒不捨 자비로운 생각으로 중생들을 늘 버리지 않고
以一大悲微妙音 하나뿐인 큰 자비의 섬세하고 빼어난 음성으로
普入世間而演說 세간에 두루두루 들어가 널리 펴서 설합니다.

放大光明種種色 큰 광명으로 가지가지의 색을 놓아
普照衆生除黑闇 중생을 두루 비추어 어둠을 없애고
光中菩薩坐蓮華 빛 가운데 보살이 연꽃에 앉아
爲衆闡揚淸淨法 대중을 위해 청정한 법을 열어 위로 오르게 합니다.

於一毛端現衆刹 하나의 털끝에 많은 세계를 나타내니
諸大菩薩皆充滿 모든 대보살이 빠짐없이 충만해지고
衆會智慧各不同 모인 대중의 지혜가 각각 같지 않지만
悉能明了衆生心 능히 중생의 마음을 남김없이 분명하게 깨우쳐 압니다.

十方世界不可說 시방세계는 말로서는 설명할 수 없지만
一念周行無不盡 한 생각에 두루 움직여서 다니지 않은 곳이 없고
利益衆生供養佛 중생들에게는 이익을 부처님께는 공양을 올리며
於諸佛所問深義 모든 부처님의 처소에 이를 때마다 깊은 뜻을 묻습니다.

於諸如來作父想 모든 여래를 아버지라 생각하고
爲利衆生修覺行 중생들의 이익을 위해 깨우침의 행을 닦으며
智慧善巧通法藏 선근의 세밀한 지혜로 법장(如來智方便海)을 통달해서
入深智處無所著 깊은 지혜의 자리에 들어가 집착하는 일이 없습니다.

隨順思惟說法界 거스르지 않은 사유를 따라 법계를 설하니

經無量劫不可盡 헤아릴 수 없이 많은 겁을 지나더라도 다할 수 없으며
智雖善入無處所 비록 선근의 지혜로 처할 것이 없는 곳에 들어가지만
無有疲厭無所著 고단하거나 싫어함도 없고 집착하는 바도 없습니다.

三世諸佛家中生 삼세의 모든 부처님 가문에 태어나
證得如來妙法身 여래의 빼어난 법신을 증득하고
普爲群生現衆色 중생을 위하여 많은 몸을 나타내는 것이니
譬如幻師無不作 비유하면 환사가 만들어내는 것과 같습니다.

或現始修殊勝行 어떤 경우에는 늘 처음 행을 닦은 뛰어남을 나타내기도 하며
或現初生及出家 어떤 경우에는 늘 처음으로 생함과 출가함을 나타내기도 하며
或現樹下成菩提 어떤 경우에는 늘 보리수 아래서 보리 이루는 것을 나타내기도 하며
或爲衆生示涅槃 어떤 경우에는 늘 중생을 위하여 열반을 보이기도 합니다.

菩薩所住希有法 보살들이 머무는 희유한 법은
唯佛境界非二乘 부처님의 경계이며 이승이 아니니
身語意想皆已除 몸과 말과 뜻과 생각을 이미 빠짐없이 없애고
種種隨宜悉能現 가지가지 마땅함을 따라 남김없이 능히 나타냅니다.

菩薩所得諸佛法 보살이 얻은 모든 부처님의 법은
衆生思惟發狂亂 중생이 사유하면 사리 분별을 하지 못하고 어지럽지만
智入實際心無礙 실상의 본바탕에 들어간 지혜의 마음은 막힘이나 걸림이 없기에
普現如來自在力 여래의 자재한 힘을 두루 나타냅니다.

此於世間無與等 이러한 일들은 세간과는 같지 않거늘
何況復增殊勝行 하물며 차례를 따라 거듭 더한 빼어난 행을 따를 수 있겠습니까.
雖未具足一切智 비록 일체 지혜를 온전하게 갖추지는 못했지만
已獲如來自在力 이미 여래의 자재한 힘을 얻었습니다.

已住究竟一乘道 이미 구경의 일승이라는 도에 머물면서
深入微妙最上法 섬세하고 빼어난 최상의 법에 깊이 들어가

善知衆生時非時 중생의 시절 인연과 시절 인연이 아닌 선근을 알고
爲利益故現神通 이익이 되고자 하는 까닭으로 신통을 나타냅니다.

分身徧滿一切刹 분신(如來智方便)이 모든 세계에 두루 가득하기에
放淨光明除世闇 청정한 광명을 놓아 세간의 어둠을 없애니
譬如龍王起大雲 비유하면 용왕이 큰 구름을 일으켜
普雨妙雨悉充給 빼어난 비를 두루 내려 넉넉하게 채우는 것과 같습니다.

觀察衆生如幻夢 중생을 자세하게 살펴보니 허깨비 같고 꿈과 같으며
以業力故常流轉 이러한 업의 힘 때문에 늘 헤매고 있기에
大悲哀愍咸救拔 큰 자비로 가엾게 여겨 다 구하고 머물게
爲說無爲淨法性 하기 위하여 인위적이며 꾸밈이 없는 청정한 법의 성품을 설합니다.

佛力無量此亦然 헤아릴 수 없이 많은 부처님의 힘 역시 그러하기에
譬如虛空無有邊 비유하면 허공과 같이 끝이 없으며
爲令衆生得解脫 중생들이 해탈을 얻게 하려고 하기에
億劫勤修而不倦 억겁 동안 부지런히 닦으며 게을리하지 않습니다.

種種思惟妙功德 가지가지의 사유와 빼어난 공덕과
善修無上第一業 선근의 위 없는 제일의 업을 닦아서
於諸勝行恒不捨 모든 뛰어난 행을 늘 버리지 않고
專念生成一切智 오직 한 가지, 일체 지혜를 이루려고 합니다.

一身示現無量身 하나의 몸으로 헤아릴 수 없이 많은 몸을 나타내 보이고
一切世界悉周徧 모든 세계에 남김없이 다 두루두루 하지만
其心清淨無分別 그 마음이 청정하고 분별이 없으며
一念難思力如是 한 생각을 사유하는 힘의 어려움은 이와 같습니다.

於諸世間不分別 모든 세간을 분별하지 않고
於一切法無妄想 모든 법에 대해서도 망상이 없으며
雖觀諸法而不取 비록 모든 법을 보기는 하지만 취하지 않고

恒救衆生無所度 늘 중생을 구원하고 있다지만 제도할 바가 없습니다.

一切世間唯是想 모든 세간은 오직 생각뿐이며
於中種種各差別 그 가운데 가지가지로 제각기 차별하는 것이니
知想境界險且深 생각의 경계가 험하고 또 깊은 것을 알아서
爲現神通而救脫 신통을 나타내어 구하고 해탈하게 합니다.

譬如幻師自在力 비유하면 마술사와 같은 자재한 힘과 같아서
菩薩神變亦如是 보살의 신통한 변화도 역시 그와 같으며
身徧法界及虛空 법계와 허공에 두루두루 한 몸을
隨衆生心靡不見 중생이 스스로 마음을 따라 봅니다.

能所分別二俱離 능소의 분별, 이 두 가지를 벗어나고
雜染淸淨無所取 물이 들어 순수하지 않은 것과 청정함을 취함이 없으며
若縛若解智悉忘 속박과 깨우침이라는 지혜도 모두 다 하고
但願普與衆生樂 단지 중생들에게 즐거움만 주기를 소원합니다.

一切世間唯想力 모든 세간은 오직 속으로만 가만히 생각하는 힘이기에
以智而入心無畏 지혜로 들어가 마음에 두려움이 없고
思惟諸法亦復然 모든 법을 사유함도 차례를 따라 역시 그러한 것이라
三世推求不可得 삼세를 두고 구하려 해도 얻을 수가 없습니다.

能入過去畢前際 능히 과거로 들어가 이미 앞선 경계를 마치고
能入未來畢後際 능히 미래로 들어가 이미 뒤따랐던 경계를 마치며
能入現在一切處 능히 현재 모든 곳에 들어가서
常勤觀察無所有 항상 부지런히 자세히 살펴보지만 있는 것이 없습니다.

隨順涅槃寂滅法 거스르지 않고 열반과 적멸의 법을 따라
住於無諍無所依 다툼이 없고 의지할 것 없는 곳에 머무니
心如實際無與等 실상의 본바탕과 같은 마음은 가지런하게 함께 할 것이 없기에
專向菩提永不退 오로지 보리만을 향할 뿐 영원히 물러나지 않습니다.

修諸勝行無退怯 뛰어난 모든 행을 닦아 무서워하거나 두려워하는 마음에 물러나지 않고
安住菩提不動搖 보리에 편안히 머무르기에 동요하지 않으며
佛及菩薩與世間 부처님과 보살님과 더불어 세간에 이르기까지
盡於法界皆明了 법계를 다하여 빠짐없이 다 분명하게 깨달아 마칩니다.

欲得最勝第一道 가장 뛰어난 제일의 도를 얻고
爲一切智解脫王 모든 지혜의 해탈 왕이 되고자 한다면
應當速發菩提心 당연히 빨리 보리심을 일으켜서
永盡諸漏利群生 영원히 모든 번뇌를 다 하고 중생을 이롭게 해야 합니다.

趣向菩提心淸淨 보리를 향해 나아가는 청정한 마음의
功德廣大不可說 공덕은 광대해서 말로는 설명할 수 없지만
爲利衆生故稱述 중생에게 이익을 주고자 하는 까닭으로 칭찬해서 말하는 것이니
汝等諸賢應善聽 그대와 모든 어진 이들은 응당 선근으로 들어야 합니다.

無量世界盡爲塵 헤아릴 수 없이 많은 세계를 티끌로 만들어 다하고
一一塵中無量刹 하나하나의 티끌 속에 헤아릴 수 없이 많은 세계와
其中諸佛皆無量 그 가운데 헤아릴 수 없이 많은 모든 부처님을
悉能明見無所取 남김없이 분명하게 보더라도 취함이 없습니다.

善知衆生無生想 중생의 선근을 알더라도 생각을 생함이 없고
善知言語無語想 언어의 선근을 알더라도 말이라는 생각이 없으며
於諸世界心無礙 모든 세계에 막힘이나 걸림이 없는 마음이기에
悉善了知無所著 모든 선근을 깨우쳐 알아도 집착하는 바가 없습니다.

其心廣大如虛空 그 마음이 광대하기가 허공과 같아서
於三世事悉明達 삼세의 일을 모두 밝게 통하고
一切疑惑皆除滅 모든 의혹을 다 없애버리고
正觀佛法無所取 불법을 바르게 드러내지만 취할 바가 없습니다.

十方無量諸國土 시방의 헤아릴 수 없이 많은 모든 국토에

一念往詣心無著 한결같은 마음으로 나아가도 집착이 없고
了達世間衆苦法 세간의 많은 괴로운 법을 깨우쳐 통달해서
悉住無生眞實際 생함이 없는 진실한 경계에 모두 머뭅니다.

無量難思諸佛所 사유로 헤아릴 수 없는 모든 부처님의 처소에
悉往彼會而覲謁 또 그 모임에 모두 나아가 아뢰어 뵙고
常爲上首問如來 항상 우두머리가 되어 여래께
菩薩所修諸願行 보살이 닦아야 할 모든 원과 행을 묻습니다.

心常憶念十方佛 마음으로 항상 시방의 부처님을 단단히 기억하고 생각하지만
而無所依無所取 의지함도 없고 취하지도 않으며
恒勸衆生種善根 늘 중생들에게 선근의 씨앗을 권하고
莊嚴國土令淸淨 국토를 장엄해서 청정하게 합니다.

一切趣生三有處 모든 부류의 중생과 삼유의 세계를
而無礙眼咸觀察 막힘이나 걸림 없는 눈으로 모두 자세하게 살펴보고
所有習性諸根解 배워 익힌 성품과 모든 근기와 깨우쳐 아는 것이
無量無邊悉明見 헤아릴 수 없고 끝이 없음을 남김없이 밝게 봅니다.

衆生心樂悉了知 중생이 마음으로 좋아하는 모든 것을 깨달아 알고
如是隨宜爲說法 이와 같은 중생의 마음을 따라 법을 설하며
於諸染淨皆通達 물들고 깨끗한 모든 것을 빠짐없이 통달해서
令彼修治入於道 그들이 닦고 다스려서 도에 들도록 합니다.

無量無數諸三昧 헤아릴 수 없이 많고 수 없는 모든 삼매에
菩薩一念皆能入 보살이 한 생각에 능히 다 들어가고
於中想智及所緣 그 가운데 생각과 지혜와 인연에 따른 일에 이르기까지
悉善了知得自在 모든 선근을 깨달아 알고 자재함을 얻습니다.

菩薩獲此廣大智 보살이 이와 같은 광대한 지혜를 얻고
疾向菩提無所礙 막힘이나 걸림 없이 보리로 빠르게 향하며

爲欲利益諸群生 모든 중생에게 이익이 되고자
處處宣揚大人法 곳곳에 대인의 법을 두루 펼칩니다.

善知世間長短劫 선근으로 세간의 긴 겁이든 짧은 겁이든
一月半月及晝夜 한 달과 반달, 낮과 밤에 이르기까지
國土各別性平等 국토는 제각기 다르지만, 성품이 평등함을 알고
常勤觀察不放逸 늘 부지런히 자세하게 살펴보면서 방일하지 않습니다.

普詣十方諸世界 시방의 모든 세계로 두루 나아가지만
而於方處無所取 이렇다 할 정해진 곳을 취함이 없으며
嚴淨國土悉無餘 국토를 장엄해서 청정히 하고 끝까지 남음이 없지만
亦不曾生淨分別 또한 일찍이 청정하다는 분별을 내지도 않습니다.

衆生是處若非處 중생의 옳고 그름과
及以諸業感報別 모든 업의 느낌이나 생각에 따라 갚음이 다른 것을
隨順思惟入佛力 거스르지 않고 두루 생각함을 따라서 부처님의 힘으로 들어가
於此一切悉了知 이 모든 것을 남김없이 깨달아 압니다.

一切世間種種性 모든 세간의 가지가지 성품과
種種所行住三有 가지가지의 행으로 삼유에 머무름과
⊠根及與中下根 막힘없는 근기와 중 근기와 하 근기 등
如是一切咸觀察 이와 같은 일체 모든 것을 자세하게 살펴봅니다.

淨與不淨種種解 깨끗하고 깨끗하지 않은 가지가지의 이해로 아는 것과
勝劣及中悉明見 뛰어나고 못난 것을 남김없이 밝게 보고
一切衆生至處行 모든 중생이 행으로 이르는 곳과
三有相續皆能說 삼유(欲界, 色界, 無色界)가 이어주고 이어받음을 능히 설합니다.

禪定解脫諸三昧 선정과 해탈과 모든 삼매가
染淨因起各不同 물드는 것과 깨끗함을 일으키는 까닭이 제각기 다르고
及以先世苦樂殊 앞선 세상의 괴로움과 즐거움 또한 다른 것을

淨修佛力咸能見 청정한 부처님의 힘을 닦아 빠짐없이 능히 다 봅니다.

衆生業惑續諸趣 중생의 미혹한 업으로 이어진 모든 육취와
斷此諸趣得寂滅 이 모든 육취를 끊어내고 얻은 적멸과
種種漏法永不生 가지가지 번뇌의 법이 영원히 생하지 않으며
幷其習種悉了知 그와 함께 습기와 종자를 빠짐없이 깨달아 압니다.

如來煩惱皆除盡 여래는 번뇌를 빠짐없이 없애서 다하고
大智光明照於世 큰 지혜의 광명으로 세상을 밝게 비추시니
菩薩於佛十力中 보살이 부처님의 십력을
雖未證得亦無疑 비록 아직은 증득하지 못했으나 의심 역시 없습니다.

菩薩於一毛孔中 보살이 하나의 털구멍 가운데
普現十方無量刹 시방의 헤아릴 수 없이 많은 세계를 나타내며
或有雜染或淸淨 어떤 경우에는 번잡함에 물들고 혹은 청정하지만
種種業作皆能了 가지가지의 업으로 짓는 것임을 빠짐없이 깨달아 압니다.

一微塵中無量刹 하나의 티끌 가운데 헤아릴 수 없이 많은 세계와
無量諸佛及佛子 헤아릴 수 없이 많은 모든 부처님과 불자들의
諸刹各別無雜亂 모든 세계는 각각 다르지만 섞이거나 어지럽지 않기에
如一一切悉明見 하나와 같이 일체를 남김없이 밝게 봅니다.

於一毛孔見十方 하나의 털구멍에서 시방의
盡虛空界諸世間 온 허공계와 모든 세간을 보니
無有一處空無佛 한 곳도 공 함이 없이 부처님이 계시고
如是佛刹悉淸淨 이와 같은 부처님의 세계는 모두 청정합니다.

於毛孔中見佛刹 털구멍에서 부처님의 세계를 보고
復見一切諸衆生 차례를 좇아 일체 모든 중생을 보니
三世六趣各不同 삼세의 육취가 제각기 다르며
晝夜月時有縛解 낮과 밤, 월과 시에 따라 얽히고 풀림이 있습니다.

如是大智諸菩薩 이와 같은 큰 지혜의 모든 보살은
專心趣向法王位 오로지 한 마음으로 법왕의 지위를 향해 나아가
於佛所住順思惟 부처님이 머무시는 바를 거스르지 않고 사유해서
而獲無邊大歡喜 끝없는 큰 환희를 얻습니다.

菩薩分身無量億 보살이 중생을 제도하기 위한 여러 가지의 몸은 한량이 없는 억으로서
供養一切諸如來 일체 모든 여래를 공양하고
神通變現勝無比 신통한 변화를 나타내는 일이 비할 바 없이 뛰어나며
佛所行處皆能住 부처님이 행하는 모든 곳에 능히 머무릅니다.

無量佛所皆鑽仰 헤아릴 수 없이 많은 부처님을 모두 공부하고 우러르며
所有法藏悉耽味 가지고 있는 법장의 깊은 맛을 남김없이 충분히 즐기고
見佛聞法勤修行 부처님을 뵙고 법을 듣고 부지런히 닦아서 행하니
如飮甘露心歡喜 감로를 마신 것과 같이 마음이 즐겁고 기쁩니다.

已獲如來勝三昧 이미 여래의 뛰어난 삼매를 얻었으며
善入諸法智增長 선근으로 모든 법에 들어가 지혜를 거듭 더하고 기르며
信心不動如須彌 움직이지 않은 믿음의 마음이 수미산과 같기에
善作群生功德藏 선근으로 중생의 공덕 장을 지어갑니다.

慈心廣大徧衆生 사랑하는 마음이 광대하고 중생에게 두루 하며
悉願疾成一切智 일체 모든 지혜를 빨리 이루기를 원하면서도
而恒無著無依處 늘 집착함이 없으며 의지할 처도 두지 않기에
離諸煩惱得自在 모든 번뇌를 벗어나 자재함을 얻었습니다.

哀愍衆生廣大智 중생을 가엾이 여기는 지혜로
普攝一切同於己 모든 것을 두루 거두어들여 내 몸과 같이 하고
知空無相無眞實 마주할 모양이나 상태가 없으며 진실은 없고 공한 줄 알지만
而行其心不懈退 그 마음을 행함에 있어서 게을리하거나 물러서지 않습니다.

菩薩發心功德量 보살이 일으킨 마음의 공덕 양은

億劫稱揚不可盡 억겁을 칭찬하고 드러내도 다 할 수 없기에
以出一切諸如來 일체 모든 여래와
獨覺聲聞安樂故 독각과 성문이 안락하게 나오는 까닭이 됩니다.

十方國土諸衆生 시방 국토의 모든 중생에게
皆悉施安無量劫 헤아릴 수 없는 겁 동안 빠짐없이 다 보시해서 편안하게 하고
勸持五戒及十善 오계 및 십선을 권하며
四禪四等諸定處 사선과 사무량심 등의 모든 선정 처를 지니게 합니다.

復於多劫施安樂 차례를 따라 많은 겁 동안 보시해서 안락하게 하고
令斷諸惑成羅漢 모든 의심을 끊고 아라한을 이루게 하면
彼諸福聚雖無量 저러한 모든 복덕을 모은 것이 비록 헤아릴 수 없이 많지만
不與發心功德比 마음을 일으킨 공덕과는 비교할 수가 없습니다.

又敎億衆成緣覺 또 억의 중생을 가르쳐서 연각을 이루게 하고
獲無諍行微妙道 다툼이 없는 행과 섬세하고 빼어난 도를 얻게 하더라도
以彼而校菩提心 가르침과 보리심을 비교하면
籌數譬諭無能及 산수나 어떠한 비유로도 미칠 수 없습니다.

一念能過塵數刹 한순간에 티끌 수의 세계를 능히 지나고
如是經於無量劫 이와 같은 헤아릴 수 없는 겁을 지나더라도
此諸刹數尙可量 이 모든 세계는 오히려 헤아려 알 수 있지만
發心功德不可知 초발심의 공덕은 알 수가 없습니다.

過去未來及現在 과거와 미래 및 현재에
所有劫數無邊量 있는 겁의 수가 끝이 없고 헤아릴 수 없다지만
此諸劫數猶可知 이 모든 겁의 수는 오히려 알 수 있고
發心功德無能測 마음을 일으킨 공덕은 헤아려 잴 수가 없습니다.

以菩提心徧十方 보리심이 시방에 두루두루 하기에
所有分別靡不知 있는 분별을 모두 알고

一念三世悉明達 한 생각에 삼세를 밝게 통달해서
利益無量衆生故 헤아릴 수 없이 많은 중생에게 이익이 되는 까닭이 됩니다.

十方世界諸衆生 시방세계 모든 중생의
欲解方便意所行 욕망과 깨우쳐 아는 것과 방편과 뜻과 행하는 바와
及以虛空諸可測 허공에 이르기까지 모든 것을 헤아려 알 수 있지만
發心功德難知量 마음을 일으킨 공덕은 헤아려 알기가 어렵습니다.

菩薩志願等十方 보살의 원과 뜻은 시방과 같기에
慈心普洽諸群生 사랑하는 마음이 모든 중생을 흡족하게 하고
悉使修成佛功德 부처님 공덕을 닦아서 모두 이루게 하니
是故其力無邊際 이러한 까닭으로 그 힘은 끝닿은 경계가 없습니다.

衆生欲解心所樂 중생의 욕망과 깨우쳐 아는 일과 마음으로 즐거워함과
諸根方便行各別 모든 근기의 방편과 행들은 각각 다른 것을
於一念中悉了知 한 생각에 남김없이 깨달아 알고
一切智智心同等 모든 지혜(如來智)와 지혜의 마음(菩提心)은 한가지로 같습니다.

一切衆生諸惑業 모든 중생의 의심과 업으로
三有相續無暫斷 삼유가 뒤를 이어서 잠시라도 끊어지지 않고
此諸邊際尙可知 이 모든 끝닿은 경계를 오히려 알 수 있지만
發心功德難思議 마음을 일으킨 공덕은 사유로도 이르기 어렵습니다.

發心能離業煩惱 마음을 일으킴으로 업과 번뇌를 능히 벗어나고
供養一切諸如來 일체 모든 여래께 공양하니
業惑旣離相續斷 업과 미혹을 이윽고 벗어나 상속되는 일도 끊어지고
普於三世得解脫 삼세 해탈을 두루 얻습니다.

一念供養無邊佛 한 생각에 끝이 없는 부처님을 공양하고
亦供無數諸衆生 또한 무수한 모든 중생에게도 이바지하니
悉以香華及妙鬘 향과 꽃과 빼어난 화관과

普幢幡蓋上衣服 보배 당과 번과 일산과 좋은 의복 등과

美食珍座經行處 좋은 음식과 진주 자리와 경행하는 곳과

種種宮殿悉嚴好 가지가지의 궁전을 남김없이 장엄해서 보기 좋게 하고

毘盧遮那妙寶珠 비로자나의 빼어난 보배 구슬과

如意摩尼發光耀 여의 마니구슬이 빛을 발하며

念念如是持供養 생각할 때마다 이와 같이 지니고 공양하기를

經無量劫不可說 헤아릴 수 없는 겁을 두고도 말로는 설명할 수 없이

其人福聚雖復多 그 사람의 복덩어리가 비록 많기는 하지만

不及發心功德大 마음을 일으킨 공덕의 크기에는 미치지 못합니다.

所說種種衆譬諭 말한 것이 가지가지의 많은 비유로도

無有能及菩提心 보리심에는 미칠 수 없으니

以諸三世人中尊 삼세의 모든 사람 가운데 높은 이들은

皆從發生而得生 모두 발심을 좇아 생함을 얻었습니다.

發心無礙無齊限 발심은 막힘이나 걸림이 없고 모든 경계가 없기에

欲求其量不可得 그 헤아리는 양을 구하고자 해도 얻을 수 있는 것이 아니지만

一切智智誓必成 모든 지혜와 지혜의 경계를 반드시 이루어

所有衆生皆永度 있는 중생을 다 영원히 깨달음으로 이끕니다.

發心廣大等虛空 발심의 광대함은 허공과 같으며

生諸功德同法界 모든 공덕을 생함은 법계와 같고

所行普徧如無異 행하는 것이 두루두루 하여 다른 것이 없기에

永離衆著佛平等 많은 집착에서 영원히 벗어나 부처와 평등합니다.

一切法門無不入 모든 법의 문에 들어가

一切國土悉能往 모든 국토에 남김없이 능히 갔으며

一切智境咸通達 모든 지혜의 경계를 다 통달하고

一切功德皆成就 모든 공덕을 빠짐없이 성취합니다.

一切能捨恒相續 모든 것을 능히 버리지만 늘 이어받으며

淨諸戒品無所著 모든 계의 품격을 청정히 하지만 집착함이 없으며
具足無上大功德 위 없는 큰 공덕을 온전하게 갖추었어도
常勤精進不退轉 늘 부지런히 정진하는 그 마음에는 변함이 없습니다.

入深禪定恒思惟 깊은 선정에 들더라도 언제나 사유해서
廣大智慧共相應 광대한 지혜와 함께 서로 응하니
此是菩薩最勝地 이는 보살의 가장 뛰어난 지위이며
出生一切普賢道 일체 보현의 도를 내는 것입니다.

三世一切諸如來 삼세의 일체 모든 여래께서
靡不護念初發心 처음으로 마음을 일으킨 이들을 보호하고
悉以三昧陀羅尼 모든 삼매와 다라니와
神通變化共莊嚴 신통 변화로 함께 장엄합니다.

十方衆生無有量 시방의 중생들이 헤아릴 수 없이 많고
世界虛空亦如是 세계와 허공도 이와 같기는 하지만
發心無量過於彼 발심의 헤아릴 수 없음은 그것을 초월하기에
是故能生一切佛 이러한 까닭으로 모든 부처님을 능히 태어나게 합니다.

菩提心是十力本 보리심은 십력의 근본이 되며
亦爲四辯無畏本 또한 변재와 두려움이 없는 근본도 되고
十八不共亦復然 열여덟 가지의 함께하지 않은 법들 역시 차례를 따라 그러하니
莫不皆從發心得 모든 것들이 다 발심을 좇아 얻게 됩니다.

諸佛色相莊嚴身 모든 부처님의 모양이나 상태로 장엄한 몸과
及以平等妙法身 평등하고 빼어난 법신과
智慧無著所應供 지혜에도 집착 없이 응당 이바지해야 함은
悉以發心而得有 모두 발심으로부터 있게 됩니다.

一切獨覺聲聞乘 모든 독각승과 성문승과
色界諸禪三昧樂 색계의 모든 선정이나 삼매나 즐거움과

及無色界諸三昧 무색계의 모든 삼매까지

悉以發心作其本 모든 다 마음 일으킴을 근본으로 삼는 것입니다.

一切人天自在樂 모든 인천의 자재한 즐거움과

及以諸趣種種樂 모든 부류에 이르는 가지가지의 즐거움과

進定根力等衆樂 정진, 선정, 근, 력 등 많은 즐거움은

靡不皆由初發心 모두 처음 마음을 일으킴으로 인합니다.

以因發起廣大心 광대한 마음을 일으킴으로 인하여

則能修行六種度 곧 여섯 가지의 바라밀을 닦아 행하게 되고

勸諸衆生行正行 모든 중생에게 바른 행을 권해서

於三界中受安樂 삼계 가운데서 편안함과 즐거움을 받게 합니다.

住佛無礙實義智 막힘이나 걸림이 없는 부처님의 진실(般若智와 如來智)한 뜻과 지혜에 머
　　　　　　　물며

所有妙業咸開闡 있는 바 빼어난 업(如來智方便善根)을 함께 활짝 열어 보이고

能令無量諸衆生 헤아릴 수 없이 많은 모든 중생이

悉斷惑業向涅槃 미혹한 업을 남김없이 끊어버리고 열반으로 향하게 합니다.

智慧光明如淨日 지혜의 밝은 광명은 깨끗한 해와 같으며

衆行具足猶滿月 많은 행을 온전하게 갖춤은 보름달과 같고

功德常盈譬巨海 공덕이 늘 가득 차 있음은 큰 바다에 비유하며

無垢無礙同虛空 허물이 없고 막힘이나 걸림이 없음은 허공과 같습니다.

普發無邊功德願 끝이 없는 공덕의 원(如來智方便願)을 두루 일으키는 것은

悉與一切衆生樂 모든 것이 일체중생들에게 즐거움을 주고

盡未來際依願行 미래의 경계가 다 하도록 원(如來智方便願)과 행(修菩薩行)을 의지하면서

常勤修習度衆生 항상 부지런히 닦고 익혀서 중생을 이끌고자 하는 것입니다.

無量大願難思議 헤아릴 수 없이 많은 큰 원은 사유로는 헤아리기 어렵기에

願令衆生悉清淨 원하길 중생들을 모두 청정하게 하면서

空無相願無依處 공과 모양이나 상태가 없음(不立五蘊)과 소원은 의지할 곳이 없음을
以願力故皆明顯 원(如來智方便)의 힘으로 모든 것을 밝게 드러내고자 하는 까닭입니다.

了法自性如虛空 법의 자성을 깨달아 허공과 같기에
一切寂滅悉平等 모든 것이 적멸해서 다 평등하고
法門無數不可說 법의 문이 무수하기에 말로는 설명할 수 없지만
爲衆生說無所著 중생들에게 설하면서 집착이 없습니다.

十方世界諸如來 시방세계의 모든 여래가
悉共讚歎初發心 다 함께 초발심을 칭찬하니
此心無量德所嚴 이 마음은 헤아릴 수 없이 많은 덕으로 장엄한 것이기에
能到彼岸同於佛 능히 피안에 이르러 부처님과 다 같이 합니다.

如衆生數爾許劫 중생의 수와 같은 그러한 겁 동안
說其功德不可盡 그 공덕을 말해도 다 할 수가 없으며
以住如來廣大家 여래의 광대한 집에 머물기에
三界諸法無能諭 삼계의 모든 법으로는 비유할 수도 없습니다.

欲知一切諸佛法 일체 모든 부처님의 법을 알고자 한다면
宜應速發菩提心 마땅히 응당 보리심을 빨리 일으켜야 하니
此心功德中最勝 이 마음은 공덕 가운데 가장 뛰어나기에
必得如來無礙智 반드시 여래의 막힘이나 걸림이 없는 지혜를 얻습니다.

衆生心行可數知 중생이 마음으로 행하는 그 수를 알며
國土微塵亦復然 국토의 티끌도 역시 차례를 따라 그러하고
虛空邊際乍可量 허공의 끝닿은 경계를 헤아릴 수 있다지만
發心功德無能測 발심의 공덕은 헤아릴 수가 없습니다.

出生三世一切佛 삼세의 모든 부처님이 출생하며
成就世間一切樂 세간의 모든 즐거움을 성취하고
增長一切勝功德 모든 뛰어난 공덕을 거듭 더하고 기르면서

永斷一切諸疑惑 일체 모든 의혹을 영원히 끊어냅니다.

開示一切妙境界 모든 빼어난 경계를 열어 보이며
盡除一切諸障礙 일체 모든 막힘이나 걸림을 다 없애고
成就一切淸淨刹 모든 청정한 세계를 성취하며
出生一切如來智 모든 여래의 지혜를 출생하게 합니다.

欲見十方一切佛 시방의 모든 부처님을 보고자 한다면
欲施無盡功德藏 헤아릴 수 없이 많은 공덕 장을 베풀고자 한다면
欲滅衆生諸苦惱 중생들의 모든 괴로움과 번뇌를 없애주고자 한다면
宜應速發菩提心 마땅히 응당 빨리 보리심을 일으켜야만 합니다.

대방광불화엄경 제18권

18. 명법품
明法品第十八

그때 정진혜 보살이 법혜 보살에게 물었다.

爾時 精進慧菩薩白法慧菩薩言

"불자여! 보살마하살이 모든 지혜를 구하려는 마음을 처음 일으켜서 이와 같은 헤아릴 수 없이 많은 공덕을 성취하고 큰 장엄을 갖추며, 모든 지혜의 법에 올라서서 보살의 바른 지위에 들어가며, 모든 세간의 법을 버리고 부처님의 출세간 법을 얻으며, 과거, 미래, 현재의 모든 부처님이 거두어 주기에 반드시 보리의 마지막 끝닿은 위 없는 곳까지 이를 것입니다."

"모든 보살이 부처님의 가르침 가운데서 어떻게 닦고 익혀야 모든 여래가 환희를 생하며, 모든 보살이 머무는 곳에 들어가며, 모든 큰 행이 다 청정함을 얻으며, 큰 원을 빠짐없이 만족하게 하며, 모든 보살의 광대한 장를 얻으며, 응하는 바를 따라 항상 법을 설하면서도 늘 바라밀의 행을 버리지 않으며, 중생들을 생각하면서 모두 해탈로 이끌어 얻게 하며, 삼보의 씨앗을 끊어지지 않게 하고 잇게 하며, 근의 방편을 모두 다 헛되지 않게 할 수 있습니까?"

"불자여! 모든 보살이 어떠한 방편으로 이 법의 두루 원만함을 얻을 수 있겠습니까? 원하건대 가엾이 여기는 마음으로 우리를 위해 널리 펴서 말해주시길 바랍니다. 이곳에 모인 모든 이들이 즐거이 듣고자 합니다."

佛子 菩薩摩訶薩初發求一切智心 成就如是無量功德 具大莊嚴 昇一切智乘 入菩薩正位 捨諸世間法 得佛出世法 去 來 現在諸佛攝受 決定至於無上菩提究竟之處 彼諸菩薩於佛教中云何修習 令諸如來皆生歡喜 入諸菩薩所住之處 一切大行皆得清淨 所有大願悉使滿足 獲諸菩薩廣大之藏 隨所應化常爲說法 而恒不捨波羅蜜行 所念衆生咸令得度 紹三寶種使不斷絶 根方便皆悉不虛 佛子 彼諸菩薩以何方便 能令此法當得圓滿 願垂哀愍 爲我宣說 此諸大會 靡不樂聞

"차례를 따라(復次) 모든 보살마하살이 늘 부지런히 닦고 익혀서 모든 무명의 어둠을 어떻게 없애 버릴 것이며, 마와 원한을 어떻게 항복을 받고 모든 외도를 어떻게 제도할 것이며, 모든 번뇌심의 허물을 어떻게 영원히 씻어낼 것이며, 모든 선근을 어떻게 성취할 것이며, 모든 악의 부류와 모든 어려움에서 어떻게 벗어날 것이며, 모든 큰 지혜의 경계를 어떻게 깨끗이 다스릴 것이며, 일체 보살의 모든 지위와 모든 바라밀과 총지(陀羅尼)와 삼매와 육신통과 사무소외의 청정한 공덕을 어떻게 성취할 것이며, 일체 모든 부처님의 국토를 어떻게 장엄할 것이며, 좋은 모습을 갖춘 모든 몸과 말과 마음의 행을 어떻게 만족할 정도로 성취할 것이며, 일체 모든 부처님과 여래의 힘과 무소외와 불공불법과 모든 지혜와 지혜로 행할 경계를 어떻게 알 것이며, 모든 중생을 성숙시키고자 그들이 좋아하는 마음을 따라 어떻게 국토를 취할 것이며, 근기와 때를 따라 응함과 같이 어떻게 법을 말할 것이며, 가지가지의 헤아릴 수 없이 많은 광대한 불사를 어떻게 지을 수 있을 것인지, 그 이상 헤아릴 수 없이 많은 모든 공덕의 법과 모든 행과 모든 도와 모든 경계를 모두 다 원만히 해서 여래의 공덕과 평등하게 할 수 있겠습니까?"

"모든 여래와 응신과 정등각께서 백천 아승기 겁 동안 보살의 행을 닦을 때 모아온 법장을 모두 수호하고 말씀으로 널리 펴서 어떻게 활짝 열어 보이는 것이며, 모든 마와 외도가 어떻게 방해하거나 무너뜨릴 수 없는 것이며, 바른 법을 거두어들여 지니지만 어떻게 다함이 없는 것이며, 모든 세계에 널리 펴서 법을 설할 때 천왕과 용왕과 야차왕과 건달바왕과 아수라왕과 가루라왕과 긴나라왕과 마후라가왕과 인왕과 범왕과 여래 법왕이 어떻게 모두 수호하는 것이며, 모든 세간이 공경 공양하며, 항상 부처님이 보호해주려는 생각으로 정수리에 물을 붓은 의식을 어떻게 받은 것이며, 모든 보살로부터 또한 어떻게 사랑과 공경을 받은 것이며, 어떻게 선근의 힘을 얻어서 법을 거듭 더하는 것이며, 여래의 깊고 깊은 법장을 활짝 열고 널리 펴서 설하고 바른 법을 거두어들여 지님으로 스스로 장엄하는 것과 모든 보살이 행하는 차례를 모두 설해주시길 바랍니다."

復次 如諸菩薩摩訶薩常勤修習 滅除一切無明黑暗 降伏魔怨 制諸外道 永滌一切煩惱心垢 悉能成就一切善根 永出一切惡趣諸難 淨治一切大智境界 成就一切菩薩諸地 諸波羅蜜 摠持三昧 六通 三明 四無所畏清淨功德 莊嚴一切諸佛國土 及諸相好身 語心行成就滿足 善知一切諸佛如來力 無所畏 不共佛法 一切智智所行境界 爲欲成熟一切衆生 隨其心樂以取佛土 隨根 隨時如應說法 種種無量廣大佛事 及餘無量諸功德法 諸行 諸道及諸境界 皆悉圓滿 疾與如來功德平等 於諸如來 應 正等覺百千阿僧祇劫修菩薩行時所集法藏 悉能守護 開示演說 諸魔外道無能沮壞 攝持正法無有窮盡 於一切世界演說法時 天王 龍王 夜叉王 乾闥婆王 阿修羅王 迦樓羅王 緊那羅王 摩

睺羅伽王 人王 梵王 如來法王 皆悉守護 一切世間 恭敬供養 同灌其頂 常爲諸佛之
所護念 一切菩薩亦皆愛敬 得善根力 增長白法 開演如來甚深法藏 攝持正法以自莊
嚴 一切菩薩所行次第 願皆演說

그때 정진혜 보살이 거듭해서 그 뜻을 펼치고자 게송으로 말했다.
爾時 精進慧菩薩欲重宣其義而說頌言

大名稱者善能演 대명칭 자가 선근으로
菩薩所成功德法 보살들이 성취한 공덕의 법을 널리 펴니
深入無邊廣大行 끝이 없는 광대한 행에 깊이 들어가
具足淸淨無師智 스승이 없는 청정한 지혜를 온전하게 갖추고자 합니다.

若有菩薩初發心 그와 같은 보살이 처음으로 마음을 일으키면
成就福德智慧乘 복덕과 지혜의 법을 성취하고
入離生位超世間 생을 벗어난 자리에 들어가 세간을 초월해서
普獲正等菩提法 정등(부처님)의 보리법을 두루 얻고자 합니다.

彼復云何佛敎中 차례를 따른 부처님의 가르침 가운데서 어떻게 해야만
堅固勤修轉增勝 견고하게 부지런히 닦는 일을 거듭 더하고 뛰어나게 하며
令諸如來悉歡喜 모든 여래께서 다들 환희하게 하며
佛所住地速當入 부처님이 머무시는 지위에 빨리 들어갈 수 있도록 하겠습니다.

所行淸淨願皆滿 행하는 일이 청정해서 모든 소원을 넉넉하게 채우고
及得廣大智慧藏 광대한 지혜의 장을 얻으며
常能說法度衆生 항상 법을 설하여 중생을 제도하지만
而心無依無所著 마음으로 의지함도 집착함도 없게 하겠습니다.

菩薩一切波羅蜜 보살의 모든 바라밀과
悉善修行無缺減 모두 선근을 수행해서 모자라거나 상함이 없게 하며
所念衆生咸救度 생각한 그대로 중생들을 모두 구하고 제도해서

常持佛種使不絕 늘 부처님의 씨앗을 지니고 끊어지지 않게 하겠습니다.

所作堅固不唐損 만들어 가는 일들이 견고해서 잃지 않고
一切功成得出離 모든 공을 이루어서 벗어남을 얻으며
如諸勝者所修行 모든 뛰어난 이들이 수행하는 것과 같이
彼淸淨道願宣說 청정한 도를 소원하니 통할 수 있도록 하겠습니다.

永破一切無明暗 모든 무명의 어둠을 영원히 깨뜨리고
降伏衆魔及外道 많은 마와 외도를 항복 받으며
所有垢穢悉滌除 가지고 있는 허물과 더러움을 남김없이 씻어서 없애버리고
得近如來大智慧 여래를 가까이해서 큰 지혜를 얻겠습니다.

永離惡趣諸險難 모든 험난함과 악의 부류를 영원히 벗어나
淨治大智殊勝境 큰 지혜의 뛰어난 경계를 깨끗하게 다스리며
獲妙道力鄰上尊 빼어난 도력을 얻어서 상존(부처님)을 이웃하며
一切功德皆成就 모든 공덕을 다 성취하겠습니다.

證得如來最勝智 여래의 가장 뛰어난 지혜를 증득하고
住於無量諸國土 헤아릴 수 없이 많은 모든 국토에 머물며
隨衆生心而說法 중생의 마음을 따라 법을 설하면서
及作廣大諸佛事 광대한 모든 불사를 짓겠습니다.

云何而得諸妙道 어떻게 해야 모든 빼어난 법을 얻을 수 있는 것인지
開演如來正法藏 여래의 바른 법장을 열어서 널리 펴고
常能受持諸佛法 항상 모든 부처님의 법을 받아 지니면서
無能超勝無與等 월등히 뛰어남도 없고 평등함도 없게 하겠습니다.

云何無畏如師子 무엇이 두려움 없는 사자와 같음을 이르는 것인지
所行淸淨如滿月 행하는 일을 청정한 보름달처럼 하고
云何修習佛功德 얼마나 닦고 익혀야 부처님의 공덕이라 이르는 것인지
猶如蓮華不著水 마치 연꽃이 물에 집착하지 않은 것처럼 하겠습니다.

그때 법혜 보살이 정진혜 보살에게 가르침을 주고자 말했다.

爾時 法慧菩薩告精進慧菩薩言

"선근이로다. 불자여! 그대가 지금 많은 이들에게 이익이 되게 하며, 많은 이들을 안락하게 하며, 많은 이들을 은혜롭게 하고 세간의 모든 하늘과 사람들을 가엾게 여겨 이와 같이 보살이 닦은 청정한 행을 물었다."

"불자여! 그대가 만물의 있는 그대로의 모습에 머물며, 큰 정진의 마음을 일으키고 이 마음을 거듭 더하여 물러섬이 없으며, 이미 해탈을 얻었고 이렇게 물은 것이 여래와 같다. 들음을 듣는 선근의 생각이라면, 내가 지금 부처님의 위신력을 받들어 그대에게 그 가운데 적으나마 말하겠다."

善哉 佛子 汝今爲欲多所饒益 多所安樂 多所惠利 哀愍世間諸天及人 問於如是菩薩所修淸淨之行 佛子 汝住實法 發大精進 增長不退 已得解脫 能作是問 同於如來 諦聽 諦聽 善思念之 我今承佛威神之力 爲汝於中說其少分

"불자여! 보살마하살이 이미 모든 지혜에 대한 마음을 일으켰으면 응당 사리에 어두운 어리석음을 벗어나고 부지런히 실질적 본바탕의 법에 머무름을 지키고 보호하면서 방일하지 말아야 한다."

"불자여! 보살마하살이 열 가지 법에 머무름을 두고 이름 붙여 '방일하지 않는다.'라고 한다. 무엇이 열인가 하며, 첫째는 많은 행동 규범을 보호해 지니는 것이고 두 번째는 어리석고 못난 것에서 멀리 벗어나 보리심을 청정하게 하는 것이며, 세 번째는 마음으로 진실하고 곧으며 정직함을 좋아해서 모든 아첨이나 속임수에서 벗어나는 것이며, 네 번째는 부지런히 선근을 닦아서 물러나지 않은 것이고 다섯 번째는 늘 선근을 사유하면서 스스로 마음을 일으키는 것이고 여섯 번째는 집에 있거나 출가한 모든 범부에게 친근하기를 좋아하지 않은 것이고 일곱 번째는 모든 선근의 업을 닦으면서 세간으로부터 과보를 구하지 않은 것이고 여덟 번째는 영원히 이승(二乘)을 벗어나 보살 도를 행하는 것이고 아홉 번째는 많은 선근을 즐겁게 닦으면서 끊어지지 않게 하는 것이고 열 번째는 항상 선근이 자신에게 상속이 되는 힘을 자세하게 살펴보는 것이다."

"불자여! 모든 보살이 그와 같이 이 열 가지 법을 행하면 곧바로 방일하지 않은 곳에 머문다고 이름 붙인다."

佛子 菩薩摩訶薩已發一切智心 應離癡暗 精勤守護 無令放逸 佛子 菩薩摩訶薩住 十種法 名 不放逸 何者爲十 一者 護持衆戒 二者 遠離愚癡 淨菩提心 三者 心樂質直 離諸諂誑 四者 勤修善根 無有退轉 五者 恒善思惟 自所發心 六者 不樂親近在家 出 家一切凡夫 七者 修諸善業而不願求世間果報 八者 永離二乘 行菩薩道 九者 樂修衆 善 令不斷絶 十者 恒善觀察自相續力 佛子 若諸菩薩行此十法 是則名爲住不放逸

"불자여! 보살마하살이 방일하지 않음에 머물면 열 가지 청정함을 얻는다. 무엇이 열인 가 하면 첫 번째는 말함과 같이 행해지고 두 번째는 생각(如來智方便世界)과 지혜를 성취 하는 것이고 세 번째는 깊은 선정에 머무르면서 치우치거나 다른 생각을 하지 않은 것이 고 네 번째는 부처님의 법을 구하는 일에 게으르거나 잠시라도 쉼이 없는 것이고 다섯 번째는 들은 법문을 따라 이치에 맞게 자세히 살펴보고 빼어난 지혜를 온전하게 갖추어 내는 것이고 여섯 번째는 깊은 선정에 들어가 부처님의 신통을 얻은 것이고 일곱 번째는 그 마음이 평등해서 높고 낮음이 없는 것이고 여덟 번째는 모든 중생의 상, 중, 하 무리를 두고 마음에 막힘이나 걸림이 없고 마치 대지와 같이 평등해서 이익이 되는 것이고 아홉 번째는 그와 같은 중생이 한 번 보리심을 일으키는 것을 보면 존중하고 받들어 섬기기를 마치 화상처럼 하는 것이고 열 번째는 계를 준 화상과 아사리와 모든 보살과 모든 선지 식과 법사를 항상 존중하면서 섬기고 공양하는 일이다."

"불자여! 보살마하살이 방일하지 않음에 머물면서 큰 정진을 일으키며, 바른 생각을 일 으키고 뛰어난 욕락을 내며, 행하는 일(修菩薩道.二乘地)을 쉬지 않으며, 모든 법에 대하 여 마음이 의지할 처가 없으며, 깊고 깊은 법을 능히 닦고 익히며, 다툼이 없는 문에 들 어가 광대한 마음을 거듭 더하고 키우며, 끝이 없는 불법을 능히 거스르지 않고 깨달아 알며, 모든 여래가 환희하게 하는 일을 이른다."

佛子 菩薩摩訶薩住不放逸 得十種清淨 何者爲十 一者 如說而行 二者 念智成就 三者 住於深定 不沈不舉 四者 樂求佛法 無有懈息 五者 隨所聞法 如理觀察 具足出 生 巧妙智慧 六者 入深禪定 得佛神通 七者 其心平等 無有高下 八者 於諸衆生上 中 下類 心無障礙 猶如大地等作利益 九者 若見衆生乃至一發菩提之心 尊衆承事猶 如和尙 十者 於授戒和尙及阿闍梨 一切菩薩 諸善知識 法師之所 常生尊重 承事供 養 佛子 是名菩薩住不放逸十種清淨 佛子 菩薩摩訶薩住不放逸 發大精進 起於正念 生勝欲樂 所行不息 於一切法 心無依處 於甚深法 能根修習 入無諍門 增廣大心 佛 法無邊 能順了知 令諸如來皆悉歡喜

"불자여! 보살마하살이 차례를 따른 열 가지 법으로 부처님을 환희하게 한다. 무엇이 열인가 하면, 첫 번째는 정진하면서 물러서지 않은 것이며, 두 번째는 신명을 아끼지 않은 것이며, 세 번째는 모든 공양의 이로움을 바라거나 구하지 않은 것이며, 네 번째는 모든 법이 다 허공과 같음을 아는 것이며, 다섯 번째는 선근으로 자세하게 살펴보아서 능히 법계에 두루 들어가는 것이며, 여섯 번째는 모든 법인을 알아서 마음에 집착하지 않은 것이며, 일곱 번째는 늘 큰 원을 일으키는 것이며, 여덟 번째는 청정한 인과 지혜의 광명을 성취하는 것이며, 아홉 번째는 스스로 선근의 법을 보고 증하고 감하는 마음이 없는 것이며, 열 번째는 인위적으로 만드는 문이 없음을 의지해서 모든 청정한 행을 닦은 것을 이른다."

"불자여! 이러한 것을 보살이 열 가지 법에 머물면서 능히 모든 여래가 환희하게 하는 것이라 이른다."

佛子 菩薩摩訶薩復有十法 能令一切諸佛歡喜 何等爲十 一者 精進不退 二者 不惜身命 三者 於諸利養無有希求 四者 知一切法皆如虛空 五者 善能觀察 普入法界 六者 知諸法印 心無倚著 七者 常發大願 八者 成就淸淨忍智光明 九者 觀自善法 心無增減 十者 依無作門 修諸淨行 佛子 是爲菩薩住十種法 能令一切如來歡喜

"불자여! 차례를 따른(復) 열 가지의 법이 있으니, 능히 일체 모든 부처님을 환희하게 한다. 무엇이 열인가 하면, 이른바 방일하지 않음에 편안히 머물며, 무생인에 편안히 머물며, 대자에 편안히 머물며, 대비에 편안히 머물며, 모든 바라밀이 만족한 곳에 편안히 머물며, 모든 행에 편안히 머물며, 대원에 편안히 머물며, 매우 좋은 다양한 방편에 편안히 머물며, 용맹한 힘에 편안히 머물며, 지혜에 편안히 머물면서 일체 법이 다 머무는 바 없음을 마치 허공과 같음을 보는 것이다."

"불자여! 그와 같은 보살이 이 열 가지 법에 머물면 일체 모든 부처님을 능히 환희하게 한다."

佛子 復有十法 能令一切諸佛歡喜 何者爲十 所謂 安住不放逸 安住無生忍 安住大慈 安住大悲 安住滿足諸波羅蜜 安住諸行 安住大願 安住巧方便 安住勇猛力 安住智慧 觀一切法皆無所住 猶如虛空 佛子 若諸菩薩住此十法 能令一切諸佛歡喜

"불자여! 열 가지의 법이 있으니, 모든 보살이 모든 지위에 빨리 들어가도록 한다. 무엇이 열인가 하며, 첫 번째는 선근의 빼어남으로 복덕과 지혜의 법을 원만하게 하는 것이고 두 번째는 바라밀의 도를 능히 크게 장엄하는 것이고 세 번째는 지혜를 밝게 통하여 다른 이들의 말을 따르지 않은 것이고 네 번째는 선지식을 받들어 섬기면서 늘 집착하지 않으면서 벗어나지 않은 것이고 다섯 번째는 항상 정진하면서 게으르지 않은 것이고 여섯 번째는 선근으로 여래의 신통력에 능히 머무는 것이고 일곱 번째는 모든 선근을 닦은 일에 게으르거나 피로하지 않은 것이고 여덟 번째는 깊은 마음으로 통하는 지혜를 대승법으로 스스로 장엄하는 것이고 아홉 번째는 지위(般若智.53位)와 지위의 법문(如來智方便門)에 마음으로 머무는 일이 없는 것이고 열 번째는 삼세 부처님의 선근과 방편은 한가지로 같은 체와 성품이다."

"불자여! 이 열 가지의 법이 모든 보살을 모든 지위에 빨리 들어가게 한다."

佛子 有十種法 令諸菩薩速入諸地 何等爲十 一者 善巧圓滿福 智二行 二者 能大莊嚴波羅蜜道 三者 智慧明達 不隨他語 四者 承事善友 恒不捨離 五者 常行精進 無有懈怠 六者 善能安住如來神力 七者 修諸善根 不生疲倦 八者 深心利智 以大乘法而自莊嚴 九者 於地地法門 心無所住 十者 如三世佛善根方便同一體性 佛子 此十種法 令諸菩薩速入諸地

"차례를 따라(復) 불자여! 모든 보살이 처음의 지위에 머무를 때 응당 선근을 자세히 살펴보아야 하니, 그 있는 것을 일체 법문을 따라 자세히 살펴보아야 하고 그 있는 바 깊고 깊은 지혜를 따라 자세히 살펴보아야 하고 닦은 그 까닭을 자세히 살펴보아야 하고 얻은 바 과를 따라 자세히 살펴보아야 하고 경계를 따라 자세히 살펴보아야 하고 힘의 씀씀이를 따라 자세히 살펴보아야 하고 나타내어 보임을 따라 자세히 살펴보아야 하고 분별을 따라 자세히 살펴보아야 하고 얻은 것을 따라 자세히 살펴보아야 하고 남김없이 선근을 자세히 살펴보아서 일체의 법이 모두 다 스스로 마음임을 알고 집착할 바가 없게 해야 한다. 이와 같음을 알아서 마쳐야 보살의 지위에 들어가 능히 선근으로서 편안히 머물 수 있다."

"불자여! 모든 보살이 생각하기를 '우리는 마땅히 응하여 모든 지위에 속히 들어갈 것이다.'라고 한다. 무슨 까닭인가 하면, 우리가 그와 같은 지위와 지위 가운데 머물면 이와 같은 광대한 공덕을 성취할 것이며, 공덕을 이미 온전하게 갖추었다면 점차로 부처님의 지위에 들어갈 것이며, 부처님의 지위에 이미 머문다면 능히 끝이 없는 광대한 불사를 짓게 될 것이다. 이러한 까닭으로 마땅히 항상 부지런히 닦고 익히면서 쉬지 않고 게으르거나 싫어하지 않으며, 큰 공덕으로 스스로 장엄하고 보살의 지위에 들어갈 것이다."

　復次 佛子 諸菩薩初住地時 應善觀察 隨其所有一切法門 隨其所有甚深智慧 隨所修因 隨所得果 隨其境界 隨其力用 隨其示現 隨其分別 隨其所得 悉善觀察 知一切法 皆是自心 而無所著 如是知已 入菩薩地 能善安住 佛子 彼諸菩薩作是思惟 我等宜應速入諸地 何以故 我等若於地地中住成就如是廣大功德 具功德已 漸入佛地 住佛地已 能作無邊廣大佛事 是故宜應常勤修習 無有休息 無有疲厭 以大功德 而自莊嚴入菩薩地

"불자여! 열 가지의 법이 있으니, 모든 보살이 행하는 일들을 청정하게 한다. 무엇이 열인가 하며, 첫 번째는 모든 재물을 기꺼이 내놓아 중생의 마음을 만족하게 하는 것이고 두 번째는 계를 청정하게 지니고 훼손하거나 범하지 않은 것이고 세 번째는 부드럽고 화하는 인욕을 다함이 없게 하는 것이고 네 번째는 모든 행을 부지런히 닦아서 영원히 물러서지 않은 것이고 다섯 번째는 바른 생각을 따른 힘으로 마음이 미혹하거나 혼란스러움이 없게 하는 것이고 여섯 번째는 헤아릴 수 없이 많은 모든 법을 분별해서 깨달아 아는 것이고 일곱 번째는 모든 행을 닦지만 집착하지 않은 것이고 여덟 번째는 마음이 동요하지 않음이 마치 산왕과 같이 하는 것이고 아홉 번째는 중생들을 넓게 제도하는 일을 다리처럼 하는 것이고 열 번째는 일체중생과 더불어 모든 여래가 동일한 체성(體性)임을 아는 것이다."

"불자여! 이 열 가지의 법이 모든 보살의 행을 청정하게 한다."

　佛子 有十種法 令諸菩薩所行清淨 何等爲十 一者 悉捨資財 滿衆生意 二者 持戒清淨 無所毀犯 三者 柔和忍辱 無有窮盡 四者 勤修諸行 永不退轉 五者 以正念力 心無迷亂 六者 分別了知無量諸法 七者 修一切行而無所著 八者 其心不動 猶如山王 九者 廣度衆生 猶如橋梁 十者 知一切衆生與諸如來同一體性 佛子 是爲十法 令諸菩薩所行清淨

"보살이 이미 청정한 행을 얻은 후에는 차례를 따라(復) 뛰어난 법을 거듭 더하는 열 가지의 법을 얻는다. 무엇이 열 가지인가 하며, 첫 번째는 타방의 모든 부처님이 빠짐없이 다 늘 잊지 않고 보호해준다는 것이며, 두 번째는 선근을 거듭 더해서 뛰어나기에 모든 가지런함을 초월하는 것이며, 세 번째는 선근으로 부처님 가지의 힘을 능히 받아들이는 것이며, 네 번째는 항상 선근을 지닌 사람을 얻어서 믿고 의지하는 바가 되는 것이며, 다섯 번째는 정진에 편안히 머물면서 늘 방일하지 않은 것이며, 여섯 번째는 모든 법이 평등해서 다름이 없음을 아는 것이고 일곱 번째는 마음이 항상 위 없는 큰 자비에 머무는 것이며, 여덟 번째는 실상의 본바탕과 법이 같음을 보고 빼어난 지혜를 출생하는 것이며, 아홉 번째는 능히 제대로 된 빼어난 방편의 선근을 닦고 행하는 것이며, 열 번째는 능히 여래의 방편, 그 힘을 아는 것이다."

"불자여! 이것이 보살의 뛰어난 법을 거듭 더하는 열 가지의 법이라 이른다."

菩薩旣得行淸淨已 復獲十種增勝法 何等爲十 一者 他方諸佛 皆悉護念 二者 善根增勝 超諸等列 三者 善能領受佛加持力 四者 常得善人 爲所依怙 五者 安住精進 恒不放逸 六者 知一切法平等無異 七者 心恒安住無上大悲 八者 如實觀法 出生妙慧 九者 能善修行巧妙方便 十者 能知如來方便之力 佛子 是爲菩薩十種增勝法

"불자여! 보살들에게 열 가지의 청정한 소원이 있다. 무엇이 열인가 하며, 첫 번째 소원은 중생을 성숙시키는 일에 피로하거나 싫어함이 없기를 바라며, 두 번째 소원은 많은 선근을 갖추고 행하면서 모든 세계를 청정하게 하길 바라며, 세 번째 소원은 여래를 받들어 섬기면서 항상 존중하기를 바라며, 네 번째 소원은 바른 법을 보호해 지니면서 신명을 아끼지 않길 바라며, 다섯 번째 소원은 지혜로 자세히 살펴보고 모든 부처님의 국토에 들어가기를 바라며, 여섯 번째 소원은 모든 보살과 동일한 체성이기를 바라며, 일곱 번째 소원은 여래의 문에 들어가 일체의 법을 깨닫길 바라며, 여덟 번째 소원은 보는 이마다 신심을 내고 이익이 되기를 바라며, 아홉 번째 소원은 신통한 힘으로 세상에 머물면서 오는 세월이 다하기를 바라며, 열 번째 소원은 보현의 행을 갖추고 일체 종지의 문을 깨끗하게 다스림을 원하는 것이다."

"불자여! 이것이 보살이 바라는 열 가지의 청정한 소원이다."

佛子 菩薩有十種淸淨願 何等爲十 一願 成熟衆生 無有疲倦 二願 具行衆善 淨諸世界 三願 承事如來 常生尊重 四願 護持正法 不惜軀命 五願 以智觀察 入諸佛土 六願 與諸菩薩同一體性 七願 入如來門 了一切法 八願 見者生信 無不獲益 九願 神力住世 盡未來劫 十願 具普賢行 淨治一切種智之門 佛子 是爲菩薩十種淸淨願

"불자여! 보살이 열 가지의 법에 머무르면 모든 큰 원을 다 원만하게 얻는다. 무엇이 열인가 하면, 첫째는 마음이 피로하거나 싫어함이 없는 것이며, 둘째는 큰 장엄을 갖추는 것이며, 셋째는 모든 보살의 뛰어난 원력을 생각하는 것이며, 넷째는 모든 부처님의 국토를 듣고 남김없이 왕생하기를 원하는 것이며, 다섯째는 깊은 마음이 길이길이 변하지 않고 미래의 겁을 다하는 것이며, 여섯째는 모든 중생이 원하는 것을 남김없이 성취하는 것이며, 일곱째는 일체 겁에 머무르면서 피로하지 않은 것이며, 여덟째는 모든 괴로움을 받더라도 싫어하거나 떠나지 않은 것이며, 아홉째는 모든 즐거운 일을 탐내고 집착하지 않은 것이며, 열째는 위 없는 법문을 항상 지키고 보호하는 것이다."

佛子 菩薩住十種法 令諸大願皆得圓滿 何等爲十 一者 心無疲厭 二者 具大莊嚴 三者 念諸菩薩殊勝願力 四者 聞諸佛土 悉願往生 五者 深心長久 盡未來劫 六者 願悉成就一切衆生 七者 住一切劫 不以爲勞 八者 受一切苦 不生厭離 九者 於一切樂 心無貪著 十者 常勤守護無上法門

"불자여! 보살이 이와 같은 소원을 만족하게 얻으면 곧바로 열 가지 무진장을 얻는다. 무엇이 열인가 하면, 이른바 모든 부처님을 두루 뵙는 무진장과 총지를 지니고 잊지 않은 무진장과 모든 법을 막힘이 없이 깨닫는 무진장과 대비로 구하고 보호하는 무진장과 가지가지 삼매의 무진장과 중생의 마음을 만족하게 하는 광대한 복덕의 무진장과 모든 법을 널리 펴는 깊고 깊은 지혜의 무진장과 신통한 과보를 얻은 무진장과 헤아릴 수 없이 많은 겁에 머무는 무진장과 끝없는 세계에 들어가는 무진장을 이른다."

"불자여! 이것이 보살이 얻는 열 가지의 무진장이다."

佛子 菩薩滿足如是願時 卽得十種無盡藏 何等爲十 所謂 普見諸佛無盡藏 摠持不忘無盡藏 決了諸法無盡藏 大悲救護無盡藏 種種三昧無盡藏 滿衆生心廣大福德無盡藏 演一切法甚深智慧無盡藏 報得神通無盡藏 住無量劫無盡藏 入無邊世界無盡藏 佛子 是爲菩薩十無盡藏

"보살이 열 가지의 무진장을 얻은 후에 복덕을 온전하게 갖추고 지혜가 청정해지기에 모든 중생에게 그 응하는 바를 따라 법을 설한다."

"불자여! 보살이 어떻게 모든 중생에게 그 응하는 바를 따라 법을 설하겠는가. 이른바 그 지은 바를 알기 때문이며, 그 인연을 알기 때문이며, 그 마음의 행을 알기 때문이며, 그 욕락을 알아서 탐욕이 많은 자를 위해서는 깨끗하지 않음을 설하고 성냄이 많은 자에게는 큰 자비를 설하고 어리석음이 많은 자에게는 가르쳐서 부지런히 자세하게 살펴보게 하고 삼독 등등(모든 악)이 많은 자에게는 뛰어난 지혜를 성취할 수 있는 법문을 설하고 생사를 즐기는 자에게는 세 가지 괴로움(因緣에서 받는 苦, 즐거운 일이 무너지는 壞苦, 無常 流轉에서 받는 行苦)을 설하고 처할 바에 집착하는 자에게는 처할 곳이 텅 비고 고요함을 설하고 마음이 게으른 자에게는 대 정진을 설하고 스스로 교만함을 품은 자에게는 법이 평등함을 설하고 아첨과 거짓이 많은 자에게는 보살의 그 마음이 진실하고 곧음을 설하고 적정(五蘊淸淨)을 즐기는 자에게는 널리 법을 설하여 그들을 성취하게 하니, 보살이 이와 같이 그 응하는 바를 따라 법을 설한다."

"법을 설할 때 문자가 서로 이어져 속하게 하고 뜻은 어긋남이 없게 하면서 법의 앞뒤를 살펴보고 지혜로 분별하며, 옳고 그름을 자세하게 살펴서 바르고 법인에 어긋나지 않게 하며, 차례차례 끝이 없는 행의 문을 건립해서 모든 중생이 일체 의심을 끊게 하며, 선근으로 모든 근기를 알아서 여래의 가르침에 들어가게 하며, 진실의 경계를 증득하여 법의 평등함을 알게 하며, 모든 법에 대한 사랑을 끊어내고 일체 집착을 없애버리며, 항상 모든 부처님을 생각해서 마음에 잠깐이라도 버림이 없게 하며, 음성의 체성이 평등함을 깨달아 알게 하며, 모든 말과 말에 마음으로 집착하는 것이 없게 하면서 비유로써 설하고 서로가 어긋나거나 뒤집음이 없게 하며, 모든 이가 일체 모든 부처님이 응하는 바를 따라 두루 나타내는 평등한 지혜의 몸을 깨달아 얻게 한다."

菩薩得是十種藏已 福德具足 智慧淸淨 於諸衆生 隨其所應而爲說法 佛子 菩薩云何於諸衆生 隨其所應而爲說法 所謂 知其所作 知其因緣 知其心行 知其欲樂 貪欲多者 爲說不淨 瞋恚多者 爲說大慈 愚癡多者 敎勤觀察 三毒等者 爲說成就勝智法門 樂生死者 爲說三苦 若著處所 說處空寂 心懈怠者 說大精進 懷我慢者 說法平等 多諂誑者 爲說菩薩 其心質直 樂寂靜者 廣爲說法 令其成就 菩薩如是隨其所應而爲說法 爲說法時 文相連屬 義無舛謬 觀法先後 以智分別 是非審定 不違法印 次第建立無邊行門 令諸衆生 斷一切疑 善知諸根 入如來敎 證眞實際 知法平等 斷諸法愛 除一切執 常念諸佛 心無暫捨 了知音聲 體性平等 於諸言說 心無所著 巧說譬諭 無相違反 悉令得悟一切諸佛隨應普現平等智身

"보살이 이와 같은 모든 중생을 위하여 법을 널리 펴서 설하고 스스로 닦고 익히며 실지로 얻은 이익을 거듭 더하고 키우지만 모든 법도를 버리지 않으며, 바라밀의 도를 온전하게 갖추어 장엄한다."

"이때 보살이 중생들의 마음을 만족하게 하기 위한 까닭으로 안팎의 모든 것을 버리면서도 집착이 없으면, 이것이 곧 단바라밀(布施)을 능히 청정하게 하는 것이다."

"많은 계를 지니어 갖추면서도 집착하는 바가 없으며, 자신을 높이고 남을 업신여기는 마음에서 영원히 벗어나면 이것이 곧 시바라밀(持戒)을 청정하게 하는 것이다."

"일체 모든 악한 것을 능히 다 참아내면서 모든 중생에게 그 마음을 평등하게 가지는 것이 비유하면 대지가 일체를 능히 지니는 것처럼 흔들림이 없으면 이것이 곧 인바라밀(忍辱)을 청정하게 하는 것이다."

"많은 업을 두루 일으켜 늘 닦아서 게으르지 않으며, 모든 지어가는 일에서 항상 물러서거나 헤매지 않고 용맹하게 남을 복종시키는 기세와 힘으로 눌러서 굴복시킬 수 없으며, 모든 공덕을 취하지도 버리지도 않으면서 능히 모든 지혜의 문을 만족하게 하면 이것이 곧 정진바라밀(精進)을 청정하게 하는 것이다."

"오욕의 경계를 탐하거나 집착하지 않으며, 차례로 닦아가는 선정을 모두 성취하고 늘 바르게 사유하며, 머무르지도 않으며 나아가지도 않고 모든 번뇌를 능히 다하여 없애며, 헤아릴 수 없이 많은 모든 삼매의 문을 내고 끝이 없는 큰 신통력을 성취하고 반대로 차례를 따라(復) 모든 삼매에 들어가며, 하나의 삼매 문에서 끝이 없는 삼매의 문으로 들어가고 모든 삼매의 경계를 남김없이 알며, 모든 삼매와 더불어 삼마발저 지혜로 말미암아 서로 어기거나 등을 돌리지 않게 하고 능히 모든 지혜의 지위에 빨리 들어가면 이것이 곧 선바라밀(禪定)을 청정하게 하는 것이다."

"모든 부처님의 처소에서 법문을 듣고 받아 지니며, 선지식을 가까이하고 섬기면서 게으르지 않고 늘 즐겁게 법을 들으며, 마음에 싫어하거나 만족함이 없고 듣고 받아들인 이치를 따라 사유하며, 참된 삼매에 들어가서 치우치게 보는 모든 편견을 벗어나고 선근으로 모든 법을 살펴보고 있는 실상의 본바탕, 실체(印)을 얻으며, 공을 들인 보람이나 효과가 없는 여래의 도를 깨달아 알고 보문의 지혜를 타고 모든 지혜와 모든 지혜의 문에 들어가서 영원한 휴식을 얻으면 이것이 곧 능히 반야바라밀(智慧)을 청정하게 하는 것이다."

"모든 세간의 업이 지어짐을 나타내 보이며, 중생을 가르쳐서 이끌지만 싫어하거나 게으르지 않고 그들의 마음이 즐거워하는 것을 따라 몸을 나타내며, 모든 행하는 일에 물들거나 집착이 없고 때로는 범부를 나타내기도 하며, 때로는 성인의 행할 바 행을 나타내기도 하고 그와 같은 생사를 나타내며, 그와 같은 열반을 나타내기도 하고 선근으로 짓은 모든 것을 자세하게 살펴보기도 하며, 일체 모든 장엄한 일을 나타내 보이기도 하고 모든 중생에게 두루두루 들어가서 중생을 제도하면 이것이 곧 방편 바라밀을 청정하게 하는 것이다."

"모든 중생을 다 성취하게 하며, 모든 세계를 다 장엄하며, 일체 모든 부처님을 다 공양하며, 막힘이나 걸림이 없는 법을 다 통달하며, 법계를 두루 행하여 수행을 다 하며, 몸이 항상 미래의 겁이 다하도록 지혜에 머물며, 모든 마음의 생각을 다 알며, 흐르고 헤매는 번뇌를 끊고 깨달음의 세계로 돌아가는 도리를 다 깨우치며, 모든 국토를 다 나타내 보이며, 여래의 지혜를 다 증득하면 이것이 곧 원 바라밀을 청정하게 하는 것이다."

"깊은 마음의 힘을 갖추었으니 섞여서 물드는 일이 없는 까닭이 되고 깊은 믿음의 힘을 갖추었으니 꺾어서 조복시킬 수 없는 까닭이 되고 대비의 힘을 갖추었으니 피로하거나 싫어하는 마음이 일어나지 않은 까닭이 되고 대자의 힘을 갖추었으니 행하는 일이 평등한 까닭이 되고 총지의 힘을 갖추었으니 능히 방편으로 모든 뜻을 가지는 까닭이 되고, 변재의 힘을 갖추었으니 모든 중생을 환희하고 만족하게 하는 까닭이 되고 바라밀의 힘을 갖추었으니 대승을 장엄하는 까닭이 되고 큰 서원의 힘을 갖추었으니 영원히 끊어지지 않은 까닭이 되고 신통의 힘을 갖추었으니 헤아릴 수 없이 많은 것을 내는 까닭이 되고 가지(加持)의 힘을 갖추었으니 믿고 이해하며 요긴하게 받아들이는 까닭이 된다. 이것이 곧 역 바라밀을 청정하게 하는 것이다."

"탐욕을 행하는 자를 알며, 성냄을 행하는 자를 알며, 어리석음을 행하는 자를 알며, 등분을 행하는 자를 알며, 배우는 지위를 닦고 행하는 자를 알며, 한 생각 가운데 끝이 없는 중생의 행을 알며, 끝이 없는 중생의 마음을 알며, 모든 법의 진실함을 알며, 모든 여래의 힘을 알며, 법계의 문을 두루두루 깨달아 얻는다. 이것이 곧 지혜 바라밀을 청정하게 하는 것이다."

菩薩如是爲諸衆生而演說法 則自修習 增長義利 不捨諸度 具足莊嚴波羅蜜道 是時 菩薩爲令衆生心滿足故 內外悉捨而無所著 是則能淨檀波羅蜜 具持衆戒而無所著 永離我慢 是則能淨尸波羅蜜 悉能忍受一切諸惡 於諸衆生 其心平等 無有動搖 譬如大地能持一切 是則能淨忍波羅蜜 普發衆業 常修靡懈 諸有所作恒不退轉 勇猛勢力無能制伏 於諸功德不取不捨 而能滿足一切智門 是則能淨精進波羅蜜 於五欲境無所貪著 諸次第定悉能成就 常正思惟 不往不出 而能銷滅一切煩惱 出生無量諸三昧門 成就無邊大神通力 逆順次第 入諸三昧 於一三昧門入無邊三昧門 悉知一切三昧境界 與一切三昧三摩鉢底智印不相違背 能速入於一切智地 是則能淨禪波羅蜜 於諸佛所聞法受持 近善知識承事不倦 常樂聞法 心無厭足 隨所聽受 如理思惟 入眞三昧 離諸僻見 善觀諸法 得實相印 了知如來無功用道 乘普門慧 入於一切智智之門 永得休息 是則能淨般若波羅蜜 示現一切世間作業 敎化衆生 而不厭倦 隨其心樂而爲現身 一切所行皆無染著 或現凡夫 或現聖人所行之行 或現生死 或現涅槃 善能觀

察一切所作 示現一切諸莊嚴事而不貪著 徧入諸趣度脫衆生 是則能淨方便婆羅蜜
盡成就一切衆生 盡莊嚴一切世界 盡供養一切諸佛 盡通達無障礙法 盡修行徧法界
行 身恒住盡未來劫智 盡知一切心念 盡覺悟流轉還滅 盡示現一切國土 盡證得如來
智慧 是則能淨願波羅蜜 具深心力 無有雜染故 具深信力 無能摧伏故 具大悲力 不
生疲厭故 具大慈力 所行平等故 具摠持力 能以方便持一切義故 具辯才力 令一切衆
生歡喜滿足故 具波羅蜜力 莊嚴大乘故 具大願力 永不斷絶故 具神通力 出生無量故
具加持力 令信解領受故 是則能淨力波羅蜜 知貪欲行者 知瞋恚行者 知愚癡行者 知
等分行者 知修學地行者 一念中知無邊衆生行 知無邊衆生心 知一切法眞實 知一切
如來力 普覺悟法界門 是則能淨智波羅蜜

"불자여! 보살이 이와 같은 모든 바라밀을 청정하게 할 때와 모든 바라밀을 원만하게
하는 때와 모든 바라밀을 버리지 않을 때와 크게 장엄한 보살 승의 가운데 머무르면서
그 생각하는 바가 모든 중생을 위해 법을 설하여 빠짐없이 청정한 업을 거듭 더하고 해
탈을 얻게 한다."

"나쁜 길로 떨어진 이에게는 가르쳐서 마음을 일으키게 하고 어려움 가운데 있는 이에
게는 부지런히 정진하게 하고 탐욕이 많은 중생에게는 탐욕이 없는 법을 보이고 성냄이
많은 중생에게는 평등한 것을 행하게 하고 보는 것에 집착하는 중생에게는 인연이 없으
면 결과도 없음을 설하고 욕계의 중생에게는 욕심과 성냄과 나쁘고 선하지 않은 법을 벗
어나도록 가르치고 색계의 중생들에게는 비바사나를 베풀어 설하고 무색계의 중생들에
게는 섬세하고 빼어난 지혜를 베풀어 설하고 이승(二乘)에 머무는 이에게는 적정의 행을
가르치고 대승을 좋아하는 이들에게는 십력의 광대한 장엄을 설한다."

"지난 옛적 처음 발심할 때 헤아릴 수 없이 많은 중생이 악한 길로 떨어지는 것을 보고
사자 후로 이와 같은 말을 하였으니, '내 마땅히 가지가지의 법문으로 그 응하는 바를 따
라 해탈시키겠다.'라고 한 것과 같이, 보살은 이와 같은 지혜를 온전하게 갖추고 모든 중
생을 광대하게 제도한다."

佛子 菩薩如是清淨諸波羅蜜時 圓滿諸波羅蜜時 不捨諸波羅蜜時 住大莊嚴菩薩乘
中 隨其所念 一切衆生皆爲說法 令增淨業而得度脫 墮惡道者 教使發心 在難中者
令勤精進 多貪衆生 示無貪法 多瞋衆生 令行平等 著見衆生 爲說緣起 欲界衆生 教
離欲恚惡不善法 色界衆生 爲其宣說毘鉢舍那 無色界衆生 爲其宣說微妙智慧 二乘
之人 教寂靜行 樂大乘者 爲說十力廣大莊嚴 如其往昔初發心時 見無量衆生墮諸惡

道 大師子吼作如是言 我當以種種法門 隨其所應而度脫之 菩薩具足如是智慧 廣能
度脫一切衆生

"불자여! 보살이 이와 같은 지혜를 온전하게 갖추면 삼보의 씨앗을 영원히 끊어지지 않
게 한다. 어찌 된 까닭인가 하면, 보살마하살이 모든 중생을 가르쳐서 보리심을 내게 하
는 까닭으로 부처님의 씨앗이 끊어지지 않으며, 중생을 위하여 늘 법장을 열어 보이는 까
닭으로 법의 씨앗이 끊어지지 않으며, 선근의 가르침을 법으로 지니고 어그러지거나 피하
지 않은 까닭으로 승의 씨앗이 끊어지지 않는다."

"차례를 따라(復次) 모든 큰 원을 남김없이 칭찬하는 까닭으로 부처님의 종자가 끊어지
지 않으며, 인연의 문을 분별하고 널리 펴서 설하는 까닭으로 법의 종자가 끊어지지 않으
며, 늘 여섯 가지 화합과 공경하는 법을 항상 부지런히 닦고 익히는 까닭으로 승의 종자
가 끊어지지 않는다.

차례를 따라(復次) 중생의 밭 가운데 부처님의 종자를 심은 까닭으로 부처님의 종자가
끊어지지 않으며, 바른 법을 가지고 보호하며, 목숨을 아끼지 않은 까닭으로 법의 종자가
끊어지지 않으며, 대중을 통솔하면서 피로함이 없는 까닭으로 승의 종자가 끊어지지 않
는다."

"차례를 따라(復次) 과거, 미래, 현재의 부처님이 설하신 법과 만든 계율을 빠짐없이 모
두 받들어 지니고 벗어나거나 버리지 않은 까닭으로 능히 불, 법, 승의 종자를 영원히 끊
어지지 않게 한다."

"보살이 이와 같은 삼보의 뒤를 이어 번성하게 하면 모든 행하는 일이 잘못이나 허물이
없을 것이며, 지어가는 바를 따라 모두 일체 지혜의 문으로 회향하는 까닭으로 삼업이
모두 허물이나 잘못이 없다. 허물이나 잘못이 없는 까닭으로 많은 선근으로 지은 바 행
하는 모든 일과 중생을 가르치고 이끌어 응함을 따라 법을 설하면서 한순간이라도 착오
가 없으며, 모든 방편과 지혜가 서로 응할 것이며, 이것으로 모든 지혜의 지혜로 회향해
서 헛되게 지내는 일이 없을 것이다."

佛子 菩薩具足如是智慧 令三寶種永不斷絶 所以者何 菩薩摩訶薩教諸衆生發菩提
心 是故能令佛種不斷 常爲衆生開闡法藏 是故能令法種不斷 善持教法 無所乖違 是
故能令僧種不斷 復次 悉能稱讚一切大願 是故能令佛種不斷 分別演說因緣之門 是
故能令法種不斷 常勤修習六和敬法 是故能令僧種不斷 復次 於衆生田中下佛種子
是故能令佛種不斷 護持正法 不惜身命 是故能令法種不斷 統理大衆 無有疲倦 是故

能令僧種不斷 復次 於去 來 今佛 所說之法 所制之戒 皆悉奉持 心不捨離 是故能令佛 法 僧種永不斷絶 菩薩如是紹隆三寶 一切所行無有過失 隨有所作 皆以迴向一切智門 是故三業皆無瑕玷 無瑕玷故 所作眾善 所行諸行 敎化眾生 隨應說法 乃至一念 無有錯謬 皆與方便智慧相應 悉以向於一切智智 無空過者

"보살이 이와 같은 선근의 법을 닦고 익히면서 생각과 생각마다 열 가지 장엄을 온전하게 갖추는 것이니, 무엇이 열인가 하면, 이른바 몸을 장엄하는 것이니, 이는 모든 중생을 따라 응하는 것이 조복을 나타내어 보이는 까닭이며, 말의 장엄이니, 이는 모든 의심을 끊어버리고 모두 환희하게 하는 까닭이며, 마음의 장엄이니, 이는 한 생각 가운데서 모든 삼매로 들게 하는 까닭이며, 부처님 세계의 장엄이니, 이는 일체가 청정해서 모든 번뇌를 벗어나게 하는 까닭이며, 광명의 장엄이니, 이는 끝이 없는 빛을 중생에게 두루 비추는 까닭이며, 회중의 장엄이니, 이는 모인 이들을 두루 거두어 환희하게 하는 까닭이며, 신통의 장엄이니, 이는 중생의 마음을 따라 자재(自在)하게 나타내 보이는 까닭이며, 바른 가르침의 장엄이니, 이는 일체 모든 지혜로운 사람을 능히 거두어들이는 까닭이며, 열반 지위의 장엄이니, 이는 한 곳에서 도를 이루어도 시방에 두루두루 해서 남음이 없게 하는 까닭이며, 능숙하고 빼어나게 설하는 장엄이니, 이는 처할 바를 따르고 때를 따르며, 근기를 따라 법을 설하는 까닭이다."

"보살이 이와 같은 장엄을 성취하면 생각과 생각마다 몸과 말과 뜻으로 지어가는 업이 헛되지 않고 남김없이 일체 지혜의 문으로 회향한다. 그와 같은 어떤 중생이 이러한 보살을 본다면 역시 차례를 따라(復) 헛되지 않음을 곧 알 것이며, 반드시 아뇩다라삼먁삼보리를 이루는 까닭이 되고 그와 같은 이름을 듣거나 공양하거나 함께 머물거나 잊지 않고 기억하거나 따라서 출가하거나 법을 설함을 듣거나 선근을 따라 기뻐하거나 멀리서 공양하거나 이름을 듣고 칭찬만 해도 모두 마땅히 아뇩다라삼먁삼보리를 얻을 것이다."

"불자여! 비유하자면 이름이 '선근을 본다는 약'이 있는데 중생들이 본 이들은 많은 독을 없애버리는 것과 같기에 보살이 이와 같은 이 법을 성취하면 중생들이 보기만 해도 모든 번뇌의 독이 다 소멸(消滅)되고 선근의 법을 거듭 더하고 키운다."

菩薩如是修習善法 念念具足十種莊嚴 何者爲十 所謂 身莊嚴 隨諸眾生所應調伏而爲示現故 語莊嚴 斷一切疑 皆令歡喜故 心莊嚴 於一念中入諸三昧故 佛刹莊嚴 一切清淨 離諸煩惱故 光明莊嚴 於無邊光普照眾生故 眾會莊嚴 普攝眾會 皆令歡喜故 神通莊嚴 隨眾生心 自在示現故 正敎莊嚴 能攝一切聰慧人故 涅槃地莊嚴 於一

處成道 周徧十方悉無餘故 巧說莊嚴 隨處 隨時 隨其根器爲說法故 菩薩成就如是莊
嚴 於念念中 身 語 意業皆無空過 悉以迴向一切智門 若有衆生見此菩薩 當知亦復
無空過者 以必當成阿耨多羅三藐三菩提故 若聞名 若供養 若同住 若憶念 若隨出家
若聞說法 若隨喜善根 若遙生欽敬 乃至稱揚 讚歎名字 皆當得阿耨多羅三藐三菩提
佛子 譬如有樂 名爲 善見 衆生見者 衆毒悉除 菩薩如是成就此法 衆生若見 諸煩惱
毒皆得除滅 善法增長

　"불자여! 보살마하살이 이 법 가운데 머물면서 부지런히 닦고 익힘을 더하고 지혜가 밝
아짐으로 모든 어리석은 어둠을 없애며, 자비의 힘으로 마군을 꺾어서 항복 받으며, 큰
지혜와 복덕의 힘으로 모든 외도를 제도하며, 금강의 선정으로 모든 마음의 허물과 번뇌
를 없애버리며, 정진의 힘으로 모든 선근을 모으며, 부처 세계를 청정하게 하는 모든 선
근의 힘으로 일체 악도와 모든 어려움으로부터 멀리 벗어나며, 집착함이 없는 힘으로 지
혜의 경계를 청정하게 하며, 방편과 지혜의 힘으로 모든 보살의 지위와 모든 바라밀과 모
든 삼매와 육통과 삼명과 사무소외를 내어 모두 청정하게 하며, 모든 선근의 법, 이 힘으
로 일체 모든 부처님의 정토와 끝이 없는 잘 생긴 모양을 만족스럽게 성취해서 몸과 말과
마음을 온전하게 갖추고 장엄하며, 지혜로 자재하게 관찰하는 힘, 이 힘으로 모든 여래의
힘과 무소외와 불공불법이 모두 다 평등한 것임을 알며, 광대한 지혜의 힘으로 모든 지혜
의 지혜 경계를 깨달아 알며, 지난 옛적 서원의 힘으로 응하고 가르칠 바를 따라 부처님
의 국토를 나타내며, 큰 법의 바퀴를 굴려서 헤아릴 수 없이 많고 끝이 없는 중생을 제도
해서 해탈하게 한다."

　佛子 菩薩摩訶薩住此法中 勤加修習 以智慧明 滅諸癡闇 以慈悲力 摧伏魔軍 以大
智慧及福德力 制諸外道 以金剛定 滅除一切心垢煩惱 以精進力 集諸善根 以淨佛土
諸善根力 遠離一切惡道諸難 以無所著力 淨智境界 以方便智慧力 出生一切菩薩諸
地 諸波羅蜜 及諸三昧 六通 三明 三無所畏 悉令淸淨 以一切善法力 成滿一切諸佛
淨土 無邊相好身 語及心具足莊嚴 以智自在觀察力 知一切如來力 無所畏 不共佛法
悉皆平等 以廣大智慧力 了知一切智智境界 以往昔誓願力 隨所應化 現佛國土 轉大
法輪 度脫無量無邊衆生

　"불자여! 보살마하살이 이 법을 부지런히 닦으면 보살의 모든 행을 차례차례 성취하며,

모든 부처님과 더불어 평등해져서 끝이 없는 세계 가운데 큰 법의 스승이 되어 바른 법을 보호하여 지니며, 일체 모든 부처님으로부터 보호를 받으며, 광대한 법장을 지키고 보호해서 지니며, 막힘이나 걸림이 없는 변재를 얻어 법의 문에 깊이 들어가며, 끝이 없는 세계의 대중 가운데 동류를 따르지 않은 그 몸을 두루 나타내지만, 색상을 온전하게 갖추고 가장 뛰어나서 비교할 것이 없으며, 막힘이나 걸림이 없는 변재(辯才)로 깊은 법을 능숙하게 설하며, 그 음성이 원만하고 선근의 능함으로 널리 펴서 듣는 이들을 다함이 없는 지혜의 문에 들어가게 한다.”

“모든 중생의 마음과 행과 번뇌를 알고 이들을 위해 법을 설하면 말하는 음성이 청정함을 온전하게 갖추는 까닭으로 한 마디만 말해도 능히 일체 모든 이를 환희하게 할 것이며, 그 몸이 단정하고 큰 위엄이 있는 까닭으로 많이 모인 가운데 능히 넘어 설 자가 없다.”

“중생의 마음을 선근(善根)으로 아는 까닭에 능히 몸을 두루 나타내며, 법을 설함에 섬세하고 능숙한 선근으로 하는 까닭에 음성이 막힘이나 걸림이 없으며, 마음이 자재함을 얻은 까닭으로 큰 법을 설하는 일에 있어 가로막거나 무너뜨릴 자가 없으며, 두려움 없음을 얻은 까닭으로 겁을 내거나 약한 마음이 없으며, 법이 자재한 까닭으로 능히 넘어설 자가 없으며, 지혜가 자재한 까닭으로 능히 이길 자가 없으며, 반야바라밀이 자재한 까닭으로 말한 것이 마주한 법의 모양이나 상태가 서로 어긋나거나 등을 보이지 않으며, 변재가 자재한 까닭으로 좋아함을 따라 법을 설하여 서로 이어져 끊어지지 않으며, 다라니가 자재한 까닭으로 모든 법의 실상을 결정해서 열어 보이며, 변재가 자재한 까닭으로 널리 펴서 설하는 바를 따라 가지가지 비유의 문을 능히 열며, 대비가 자재한 까닭으로 부지런히 중생을 가르치는 일에 게으르고 쉼이 없는 마음이며, 대자가 자재한 까닭으로 광명의 그물을 놓아 대중의 마음을 기쁘게 한다.”

“보살이 이와 같은 높고 넓은 사자좌에서 큰 법을 널리 펴서 설하는 것은 여래와 뛰어난 원과 지혜의 모든 대보살을 제외하고는 그 나머지 중생으로서는 능히 이길 자가 없으며, 정수리를 볼 수 있는 자가 없으며, 그림자마저도 빼앗을 자가 없으며, 어려운 질문으로 그를 물러나게 하거나 굽히게 할 수 있는 것도 없다.”

佛子 菩薩摩訶薩勤修此法 次第成就諸菩薩行 乃至得與諸佛平等 於無邊世界中爲大法師 護持正法 一切諸佛之所護念 守護受持廣大法藏 獲無礙辯 深入法門 於無邊世界大衆之中 隨類不同 普現其身 色相具足 最勝無比 以無礙辯巧說深法 其音圓滿 善巧分布故 能令聞者入於無盡智慧之門 知諸衆生心行煩惱而爲說法 所出言音具足 淸淨故 一音演暢 能令一切皆生歡喜 其身端正有大威力故 處於衆會 無能過者 善知

衆心故 能普現身 善巧說法故 音聲無礙 得心自在故 巧說大法 無能沮壞 得無所畏
故 心無怯弱 於法自在故 無能過者 於智自在故 無能勝者 般若波羅蜜自在故 所說
法相 不相違背 辯才自在故 隨樂說法 相續不斷 陀羅尼自在故 決定開示諸法實相
辯才自在故 隨所演說 能開種種譬諭之門 大悲自在故 勤誨衆生 心無懈息 大慈自在
故 放光明網悅可衆心 菩薩如是處於高廣師子之座 演說大法 唯除如來及勝願智諸
大菩薩 其餘衆生無能勝者 無見頂者 無映奪者 欲以難問令其退屈 無有是處

"불자여! 보살마하살이 이와 같은 자재한 힘을 얻은 후에는 가령 말로 설명할 수 없는
세계만큼 넓고 큰 도량에 중생들이 가득하고 각각 중생의 위덕과 색상이 모든 삼천대천
세계의 주인과 같더라도 보살이 잠시 잠깐 나타내 보이면 이와 같은 대중의 빛을 모두 가
려버리고 큰 자비로 그들의 겁내고 약함을 편안하게 해주며, 깊은 지혜로 그들의 욕망을
살피며, 두려움 없는 변재로 그들에게 법을 설하여 모두를 환희하게 한다. 무슨 까닭인가
하면, 보살마하살이 헤아릴 수 없는 지혜의 바퀴를 성취한 까닭이며, 헤아릴 수 없이 많
은 정교한 분별을 성취한 까닭이며, 광대하고 바르게 생각하는 힘을 성취한 까닭이며, 다
할 수 없는 선근의 능숙한 지혜를 성취한 까닭이며, 모든 법의 실상을 결정하는 다라니
를 성취한 까닭이며, 보리심의 끝없는 경계를 성취한 까닭이며, 착각이나 잘못이 없는 빼
어난 변재를 성취한 까닭이며, 모든 부처님의 가지를 얻어 깊이 믿고 이해함을 성취한 까
닭이며, 삼세에 두루 들어가는 모든 부처님이 모인 도량의 지혜, 이 지혜의 힘을 성취한
까닭이며, 삼세 모든 부처님과 동일한 체성인 것을 아는 청정한 마음을 성취한 까닭이며,
삼세 일체 여래의 지혜와 모든 보살의 큰 원의 지혜로 능히 대법사가 되어 모든 부처님의
바른 법장을 열어 보이고 보호해서 지님을 성취한 까닭이다."

　佛子 菩薩摩訶薩得如是自在力已 假使有不可說世界量廣大道場 滿中衆生 一一衆
生威德色相皆如三千大千世界主 菩薩於此 纔現其身 悉能映蔽如是大衆 以大慈悲
安其怯弱 以深智慧 察其欲樂 以無畏辯 爲其說法 能令一切 皆生歡喜 何以故 佛子
菩薩摩訶薩成就無量智慧輪故 成就無量巧分別故 成就廣大正念力故 成就無盡善巧
慧故 成就決了諸法實相陀羅尼故 成就無邊際菩提心故 成就無錯謬妙辯才故 成就
得一切佛加持深信解故 成就普入三世諸佛衆會道場智慧力故 成就知三世諸佛同一
體性清淨心故 成就三世一切如來智 一切菩薩大願智能作大法師開闡諸佛正法藏及
護持故

그때 법혜 보살이 거듭 그 뜻을 펼치고자 부처님의 신력을 받들어 게송으로 말했다.
爾時 法慧菩薩欲重宣其義 承佛神力而說頌言

心住菩提集衆福 보리의 마음에 머물면서 많은 복을 모으고
常不放逸稙堅慧 늘 방일하지 않으며 견고한 지혜를 심고
正念其意恒不忘 바른 생각으로 그 뜻을 항상 잊지 않으면
十方諸佛皆歡喜 시방의 모든 부처님이 다 환희한다네.

念欲堅固自勤勵 하고자 하는 생각이 견고해서 부지런히 힘을 써 애쓰고
於世無依無退怯 세상에 의지함이 없고 무서워하거나 두려운 마음에 물러섬이 없으며
以無諍行入深法 다툼이 없는 행으로 법에 깊이 들어가면
十方諸佛皆歡喜 시방의 모든 부처님이 다 환희한다네.

佛歡喜已堅精進 부처님이 환희해주시기에 단단하고 튼튼하게 정진해서
修行福智助道法 복과 지혜와 도를 돕는 법을 닦고 행하여
入於諸地淨衆行 모든 지위에 청정한 많은 행으로 들어가고
滿足如來所說願 여래가 말한 원을 만족하게 한다네.

如是而修獲妙法 이와 같음을 닦아서 빼어난 법을 얻으며
旣得法已施群生 이미 법을 얻은 후에 중생들에게 베풀되
隨其心樂及根性 그 마음이 좋아하는 것과 근성을 따라
悉順其宜爲開演 그 마땅함을 따라 거스르지 않고 활짝 열어 널리 편다네.

菩薩爲他演說法 보살이 다른 이를 위해 법을 널리 펴서 설하지만
不捨自己諸度行 자기를 제도하는 모든 행을 버리지 않으며
波羅蜜道旣已成 바라밀의 도를 이룬 뒤에는
常於有海濟群生 늘 세계바다의 모든 중생을 제도한다네.

晝夜勤修無懈倦 밤과 낮으로 부지런히 닦아서 게으름이 없으며
令三寶種不斷絶 삼보의 씨앗을 끊어지지 않게 하고
所行一切白淨法 모든 행한 것이 꾸미지 않은 청정한 법이기에

悉以迴向如來地 다 여래의 지위로 회향한다네.

菩薩所修衆善行 보살이 닦은 많은 선근이란 행은
普爲成就諸群生 모든 중생이 두루 성취하도록 하기 위한 것이니
令其破闇滅煩惱 그들이 어두운 번뇌를 깨트려 없애버리고
降伏魔軍成正覺 마군을 항복 받아서 바른 깨우침을 이루게 한다네.

如是修行得佛智 이와 같음을 수행해서 부처님의 지혜를 얻으며
深入如來正法藏 여래의 바른 법장에 깊이 들어가
爲大法師演妙法 큰 법의 스승이 되어 빼어난 법을 널리 펴니
譬如甘露悉霑灑 비유하면 감로수를 뿌려 적셔주는 것과 같다네.

慈悲哀愍徧一切 자비와 가엾고 불쌍하게 여기는 마음이 일체에 두루 하며
衆生心行靡不知 중생의 마음과 행을 알고
如其所樂爲開闡 그들이 즐거워하는 바와 같이
無量無邊諸佛法 헤아릴 수 없고 끝없는 불법을 활짝 연다네.

進止安徐如象王 나아가고 멈추는 편안함이 천천히 움직임이 코끼리 같고
勇猛無畏猶師子 용맹하고 두려움 없음은 사자와 같으며
不動如山智如海 움직이지 않음은 산과 같고 지혜는 바다와 같으며
亦如大雨除衆熱 또한 큰비가 많은 열을 식혀주는 것과 같다네.

때를 맞춰 법혜 보살이 게송을 설하고 마치니, 여래는 환희하시고 대중은 받들어 행하
였다.
　時 法慧菩薩說此頌已 如來歡喜 大衆奉行

대방광불화엄경 제19권

19. 승야마천궁품
昇夜摩天宮品第十九

　　그때 여래의 위신력으로 시방의 모든 세계와 하나하나 사천하의 남 염부제를 수미산 정상에서 모두 보니, 여래께서 대중 모임에 계시며, 모든 보살이 다 부처님의 신력으로 법을 널리 설하면서 스스로 생각하여 이르기를 '항상 부처님을 마주하고 있다.'라고 하지 않는 보살이 없었다.

　　그때 세존께서 보리수 아래 수미산 정상을 떠나지 않으시고 야마천 궁의 보장엄전으로 향하셨다.

　　爾時 如來威神力故 十方一切世界 一一四天下南閻浮提及須彌頂上 皆見如來處於衆會 彼諸菩薩悉以佛神力故而演說法 莫不自謂恒對於佛 爾時 世尊不離一切菩提樹下及須彌山頂 而向於彼夜摩天宮寶莊嚴殿

　　때맞춰 야마천 왕이 부처님이 오시는 것을 멀리서 보고 그 즉시 신력으로 그 궁전 안에 보련화장 사자좌를 마술과 같이 만들었으니, 백만의 계단 층으로 장엄하고 백만의 황금 그물을 서로 얽어서 끈으로 삼고 백만의 꽃 휘장과 백만의 만장과 백만의 향 장과 백만의 보배 휘장으로 그 위를 가득하게 덮었으며, 꽃으로 된 덮개와 화관으로 된 덮개와 향으로 된 덮개와 보배로 된 덮개가 각각 백만으로 두루두루 돌아 돌며 펴서 벌려 놓았고 백만의 광명이 찬란하게 비치고 백만의 야마천 왕은 공경히 예를 올리고 백만의 범 왕은 환희하며 좋아서 뛰고 백만의 보살들은 소리를 높여 칭찬하고 백만의 하늘 음악이 각각 백만 종류의 법음을 연주해서 계속 이어지고 끊이지 않았으며, 백만 가지의 꽃구름과 백만 가지의 화관 구름과 백만 가지 장엄 기물의 구름과 백만 가지의 옷구름을 가지고 주변을 두루 덮었으며, 백만 가지의 마니구름에서 광명이 밝게 비쳐서 빛나고 백만 가지의 선근이 이것을 좋아서 생하며, 백만의 모든 부처님으로부터 보호받고 지켜지며, 백만 가지의 복덕이 거듭 더하고 자라며, 백만 가지의 깊은 마음과 백만 가지의 서원으로 청정하게 장엄하며, 백만 가지의 행으로 생하여 일어나며, 백만 가지의 법으로 만들어 세워지며, 백만 가지의 신통으로 변화해서 나타난 것이며, 항상 백만 가지 음성을 내어 모든 법을 보이셨다.

時 夜摩天王遙見佛來 卽以神力 於其殿內化作寶蓮華藏師子之座 百萬層級以爲莊嚴 百萬金網而爲交絡 百萬華帳 百萬鬘帳 百萬香帳 百萬寶帳彌覆其上 華蓋 鬘蓋 香蓋 寶蓋 各亦百萬周迴布列 百萬光明而爲照耀 百萬夜摩天王恭敬頂禮 百萬梵王踊躍歡喜 百萬菩薩稱揚讚歎 百萬天樂各奏百萬種法音 相續不斷 百萬種華雲 百萬種鬘雲 百萬種莊嚴具雲 百萬種衣雲 周帀彌覆 百萬種摩尼雲 光明照耀 從百萬種善根所生 百萬諸佛之所護持 百萬種福德之所增長 百萬種深心 百萬種誓願之所嚴淨 百萬種行之所生起 百萬種法之所建立 百萬種神通之所變現 恒出百萬種言音顯示諸法

때맞춰 야마천 왕이 자리를 펴고 부처님 세존을 향해 몸을 굽혀 합장하고 공경히 존중하면서 부처님께 여쭈었다.

時 彼天王敷置座已 向佛世尊曲躬合掌 恭敬尊重而白佛言

"선근으로 오시는 세존이시여! 선근으로 오셨다 선근으로 가시는 이여! 선근으로 오신 여래, 응공 정등각이시여! 가엾이 여기는 마음으로 이 궁전에 계시길 원합니다."

善來世尊 善來善逝 善來如來 應 正等覺 唯願哀愍 處此宮殿

부처님께서 청을 받아들이고 곧바로 보배 궁전에 오르시니, 모든 시방도 모두 역시 이와 같았다.

時 佛受請 卽昇寶殿 一切十方 悉亦如是

그때 천왕이 과거에 부처님 계신 곳에서 있던 자신의 선근 씨앗을 잊지 않고 기억해서 부처님의 위신력을 받들어 게송으로 말했다.

爾時 天王卽自憶念過去佛所所種善根 承佛神力而說頌言

名稱如來聞十方 여래의 명칭을 시방세계로부터 들으니
諸吉祥中最無上 모든 길상 가운데 제일로서 위가 없으며
彼曾入此摩尼殿 여래가 일찍 이 마니전에 드시기에
是故此處最吉祥 이러한 까닭으로 이곳이 가장 길상입니다.

寶王如來世間燈 보왕 여래는 세간의 등불이시니
諸吉祥中最無上 모든 길상 가운데 최고로서 위가 없으며
彼曾入此淸淨殿 보왕 여래가 일찍 청정한 전에 드시기에
是故此處最吉祥 이러한 까닭으로 이곳이 제일의 길상입니다.

喜目如來見無礙 희목 여래는 보는 일에 있어서 막힘이나 걸림이 없으시니
諸吉祥中最無上 모든 길상 가운데 제일로서 위가 없으며
彼曾入此莊嚴殿 희목 여래가 일찍 이 장엄전에 드시기에
是故此處最吉祥 이러한 까닭으로 이곳이 제일의 길상입니다.

然燈如來照世間 연등 여래가 세상을 비추시니
諸吉祥中最無上 모든 길상 가운데 제일로서 위가 없으며
彼曾入此殊勝殿 연등 여래가 일찍 이 특히나 빼어난 궁전에 드시기에
是故此處最吉祥 이러한 까닭으로 이곳이 제일의 길상입니다.

饒益如來利世間 요익 여래가 세간에 이익이 되게 하시니
諸吉祥中最無上 모든 길상 가운데 최고여서 위가 없으며
彼曾入此無垢殿 요익 여래가 일찍 이 무구전에 드시기에
是故此處最吉祥 이러한 까닭으로 이곳이 최고의 길상입니다.

善覺如來無有師 선각 여래는 스승이 없으시니
諸吉祥中最無上 모든 길상 가운데 최고여서 위가 없으며
彼曾入此寶香殿 선각 여래가 일찍 보향전에 드시기에
是故此處最吉祥 이러한 까닭으로 이곳이 최고의 길상입니다.

勝天如來世中燈 승천 여래는 세상 가운데 등불이시니

諸吉祥中最無上 모든 길상 가운데 최고여서 위가 없으며
彼曾入此妙香殿 승천 여래가 일찍 묘향전에 드시기에
是故此處最吉祥 이러한 까닭으로 이곳이 최고의 길상입니다.

無去如來論中雄 무거 여래는 사리를 밝히는 일에 뛰어나시니
諸吉祥中最無上 모든 길상 가운데 최고여서 위가 없으며
彼曾入此普眼殿 무거 여래가 일찍 보안전에 드시기에
是故此處最吉祥 이러한 까닭으로 이곳이 최고의 길상입니다.

無勝如來具衆德 무승 여래가 많은 덕을 갖추시니
諸吉祥中最無上 모든 길상 가운데 최고여서 위가 없으며
彼曾入此善嚴殿 무승 여래가 일찍 선엄전에 드시기에
是故此處最吉祥 이러한 까닭으로 이곳이 최고의 길상입니다.

苦行如來利世間 고행 여래가 세간을 이롭게 하시니
諸吉祥中最無上 모든 길상 가운데 최고여서 위가 없으며
彼曾入此普嚴殿 고행 여래가 일찍 보엄전이 드시기에
是故此處最吉祥 이러한 까닭으로 이곳이 최고의 길상입니다.

이 세계 가운데 야마천 왕이 부처님의 신력을 받들어 지난 옛적에 모든 부처님의 공덕을 단단하게 기억해서 생각하고 널리 일컬으며 칭찬하는 것과 같이 시방세계의 야마천 왕들도 모두 역시 이와 같이 부처님의 공덕을 칭찬하였다.

그때 세존께서 마니의 장엄전에 드시어 보련화장 사자좌에 결가부좌 하시니, 궁전이 홀연히 평탄하게 넓어지면서 하늘의 대중들과 머무는 모든 처소를 막힘이나 걸림 없이 받아들이고 시방세계도 역시 모두 이와 같았다.

如此世界中夜摩天王 承佛神力 憶念往昔諸佛功德 稱揚讚歎 十方世界夜摩天王 悉亦如是 歎佛功德 爾時 世尊入摩尼莊嚴殿 於寶蓮華藏師子之座結跏趺坐 此殿忽然廣博寬容 如其天衆諸所住處 十方世界 悉亦如是

20. 야마궁중게찬품
大方廣佛華嚴經夜摩宮中偈讚品第二十

　그때 부처님의 신력으로 시방에 각각 한 분의 큰 보살이 있으며, 한 분 한 분의 보살이 부처 세계의 티끌 수와 같은 많은 보살과 함께 십만 부처 세계의 티끌 수와 같은 국토, 이 국토 밖에 있는 세계에서 와서 모였다. 그 이름을 이르자면, 공덕림 보살, 혜림 보살, 승림 보살, 무외림 보살, 참괴림 보살, 정진림 보살, 역림 보살, 행림 보살, 각림 보살, 지림 보살 이다. 이 모든 보살이 떠나온 국토는 이른바 친혜 세계, 당혜 세계, 보혜 세계, 승혜 세계, 등혜 세계, 금강혜 세계, 안락혜 세계, 일혜 세계, 정혜 세계, 범혜 세계이다.

　이 모든 보살이 각각 부처님 계신 곳에서 청정한 범행을 닦았으니, 이른바 상주안불, 무승안불, 무주안불, 부동안불, 천안불, 해탈안불, 심체안불, 명상안불, 최상안불, 감청안 불이다. 이 모든 보살이 부처님 계신 곳에 이르러 부처님 발에 머리를 숙여 예를 올리고 떠나온 방위를 따라 각각 마니장 사자좌를 만들고 그 사자좌 위에 결가부좌 하였다.

　이 세계 가운데 야마천상의 보살들이 모이는 것처럼 모든 세계가 다 역시 이와 같았으며, 그 모든 보살의 세계와 여래의 명호가 모두 같았다.

　爾時 佛神力故 十方各有一大菩薩 一一各與佛刹微塵數菩薩俱 從十萬佛刹微塵數 國土外諸世界中而來集會 其名曰 功德林菩薩 慧林菩薩 勝林菩薩 無畏林菩薩 慚愧 林菩薩 精進林菩薩 力林菩薩 行林菩薩 覺林菩薩 智林菩薩 此諸菩薩所從來國 所謂 親慧世界 幢慧世界 寶慧世界 勝慧世界 燈慧世界 金剛慧世界 安樂慧世界 日慧世界 淨慧世界 梵慧世界 此諸菩薩各於佛所淨修梵行 所謂 常住眼佛 無勝眼佛 無住眼佛 不動眼佛 天眼佛 解脫眼佛 審諦眼佛 明相眼佛 最上眼佛 紺靑眼佛 是諸菩薩至佛所 已 頂禮佛足 隨所來方 各化作摩尼藏師子之座 於其座上結跏趺坐 如此世界中 夜摩 天上菩薩來集 一切世界 悉亦如是 其諸菩薩 世界 如來 所有名號悉等無別

　그때 세존께서 두 발등으로 백 천억 빼어난 빛의 광명을 놓아 시방의 모든 세계를 두루 비치니, 야마천 궁의 부처님뿐만 아니라 모든 대중이 다 나타났다.

爾時 世尊從兩足上放百千億妙色光明 普照十方一切世界 夜摩宮中 佛及大衆靡不皆現

그때 공덕림 보살이 부처님의 위신력을 받들어 시방세계를 두루 살펴보고 게송으로 말했다.
爾時 功德林菩薩承佛威力 普觀十方而說頌言

佛放大光明 부처님이 큰 광명을 놓아
普照於十方 시방세계를 두루 비추어주시니
悉見天人尊 천인존을 보는 일에 있어서
通達無障礙 환하게 통하여 막힘이나 걸림 없이 모두 뵙습니다.

佛坐夜摩宮 부처님이 야마궁에 앉아서
普徧十方界 시방세계에 두루두루 하시니
此事甚奇特 이러한 일들은 매우 뛰어나게 특이해서
世間所希有 세간에서는 드문 일입니다.

須夜摩天王 수야마천 왕이
偈讚十如來 게송으로 열 분의 여래를 기리니
如此會所見 이 모임에서 보이는 일과 같이
一切處咸爾 모든 곳에서도 다 그러합니다.

彼諸菩薩衆 저 모든 보살 대중이
皆同我等名 빠짐없이 우리와 이름이 같지만
十方一切處 시방의 모든 곳에서
演說無上法 위 없는 법을 널리 펴서 설합니다.

所從諸世界 떠나온 모든 세계의
各號亦無別 명호 또한 같지만
各於其佛所 제각기 그 부처님이 계신 곳에서

淨修於梵行 청정한 범행을 닦습니다.

彼諸如來等 저 모든 여래도
各號悉亦同 명호 역시 모두 같지만
國土皆豐樂 국토가 다 풍요롭고 즐거우며
神力悉自在 신력이 모두 자재합니다.

十方一切處 시방세계의 모든 곳에서
皆謂佛在此 부처님이 이곳에 계신다고 다들 이르지만
或見在人間 늘 인간에게 있음을 보며
或見住天宮 늘 천궁에 머무심을 봅니다.

如來普安住 여래는 일체 모든 국토에
一切諸國土 두루 편안하게 머물지만
我等今見佛 우리는 지금 부처님이
處此天宮殿 이곳 천궁전에 계심을 봅니다.

昔發菩提願 옛적에 보리의 원을 일으켜서
普及十方界 시방세계에 두루 미치었기에
是故佛威力 이러한 까닭으로 부처님의 위신력이
充徧難思議 두루 가득하여 생각으로는 헤아릴 수 없습니다.

遠離世所貪 세간의 탐욕을 멀리 벗어나고
具足無邊德 끝이 없는 덕을 온전하게 갖추셨기
故獲神通力 때문에 신통한 힘을 얻으신 것을
衆生靡不見 못 보는 중생들이 없습니다.

遊行十方界 시방세계를 즐겁게 다니시기에
如空無所礙 허공과 같이 막힘이나 걸림이 없으니
一身無量身 한 몸이 헤아릴 수 없이 많은 몸이라
其相不可得 마주 볼 수 있는 모양이나 상태는 얻을 수 있는 것이 아닙니다.

佛功德無邊 끝이 없는 부처님의 공덕을
云何可測知 어떻게 헤아려 알겠습니까.
無住亦無去 머무름도 없고 역시 가지도 않지만
普入於法界 법계에 두루 들어가십니다.

그때 혜림 보살이 부처님의 위신력을 받들어 시방을 두루 살펴보고 게송으로 말했다.
爾時 慧林菩薩承佛威力 普觀十方而說頌言

世間大導師 세간의 대 도사이시며
離垢無上尊 허물을 벗어난 위 없이 존귀한 세존은
不可思議劫 사람의 생각으로는 미루어 알 수 없는 겁을 보내도
難可得值遇 만나 뵙기가 어렵습니다.

佛放大光明 부처님이 큰 광명을 놓으시기에
世間靡不見 세간에서 못 보는 이들이 없으며
爲衆廣開演 많은 이들을 위해 크게 열어서 널리 펴시고
饒益諸群生 모든 중생에게 이익이 되도록 하십니다.

如來出世間 여래가 세상에 나오심은
爲世除癡冥 세상을 위해서 어리석은 어둠을 없애시니
如是世間燈 이와 같은 세간의 등불이 되심은
希有難可見 희유하여 보기가 어렵습니다.

已修施戒忍 보시와 지계, 인욕과
精進及禪定 정진 및 선정과
般若波羅蜜 반야바라밀에 이르기까지 이미 닦으셨기에
以此照世間 이로써 세간을 비춥니다.

如來無與等 여래와 더불어 같이 할 자가 없으며
求比不可得 견줄만한 짝을 구해도 얻을 수 없으니

不了法眞實 진실한 법을 깨달아 알지 않고서는
無有能得見 누구라도 볼 수 없습니다.

佛身及神通 부처님의 몸과 신통은
自在難思議 자재하기에 생각으로 헤아리기 어려우며
無去亦無來 가는 일도 또한 오는 일도 없지만
說法度衆生 법을 설하여 중생을 제도합니다.

若有得見聞 그와 같은 청정한 천인의 스승을
淸淨天人師 보거나 듣거나 얻은 일이 있으면
永出諸惡趣 모든 악의 부류로부터 영원히 나와
捨離一切苦 모든 괴로움을 버리고 벗어납니다.

無量無數劫 헤아릴 수 없으며 끝없는 겁 동안에
修習菩提行 보리의 행을 닦고 익힐지라도
不能知此義 이 뜻을 능히 알지 못하고서는
不可得成佛 부처를 이루거나 얻지를 못합니다.

不可思議劫 생각으로 미루어 헤아릴 수 없는 겁 동안
供養無量佛 헤아릴 수 없이 많은 부처님을 공양할지라도
若能知此義 그와 같이 이러한 뜻을 능히 안다면
功德超於彼 공덕이 그러한 공양을 훨씬 뛰어넘습니다.

無量刹珍寶 무량한 세계의 진주와 보배 등을
滿中施於佛 부처님에게 가득하게 보시할지라도
不能知此義 능히 이러한 뜻을 알지 못하면
終不成菩提 끝끝내 보리를 이룰 수 없습니다.

그때 승림 보살이 부처님의 위신력을 받들어 시방을 두루 살펴보고 게송으로 말했다.
爾時 勝林菩薩承佛威力 普觀十方而說頌言

譬如孟夏月 비유하면 맹렬하게 더운 여름에
空淨無雲曀 구름이 끼지 않은 청정한 허공에서
赫日揚光暉 붉은 해가 환하게 빛을 뿌려
十方靡不充 시방에 가득히 찬 것과 같습니다.

其光無限量 그 빛은 한이 없고 헤아릴 수도 없기에
無有能測知 능히 헤아려 알 수 있는 것이 아니며
有目斯尙然 눈이 있더라도 더하면 더했지 오히려 그러하니
何況盲冥者 하물며 눈이 먼 어두운 자는 어떻겠습니까.

諸佛亦如是 모든 부처님도 역시 이와 같으시니
功德無邊際 공덕은 끝닿은 경계가 없으며
不可思議劫 생각으로 미루어 알 수 없는 겁을 보내더라도
莫能分別知 분별해서 알 수가 없습니다.

諸法無來處 모든 법은 온 곳도 없으며
亦無能作者 또한 지은 이도 없고
無有所從生 무엇인가를 좇아 생하지도 않은 것이기에
不可得分別 분별로서는 얻을 수가 없습니다.

一切法無來 모든 법은 온 곳이 없고
是故無有生 때문에 생함도 없는 것이며
以生無有故 생하는 것으로 생이 없음을 있게 하는 까닭에
滅亦不可得 없앰도 역시 얻을 수가 없습니다.

一切法無生 모든 법은 생함이 없고
亦復無有滅 역시 차례를 따라 없앨 것도 없으며
若能如是解 그와 같음을 이와 같음으로 이해한다면
斯人見如來 이 사람은 여래를 볼 것입니다.

諸法無生故 모든 법은 생함이 없는 까닭에

自性無所有 스스로 성품도 없으며
如是分別知 이와 같음을 분별해서 안다면
此人達深義 이 사람은 깊은 뜻을 꿰뚫을 것입니다.

以法無性故 법을 성품이 없는 것으로 삼은 까닭에
無有能了知 깨달아 알아야 할 것도 없으며
如是解於法 이와 같은 법을 깨우치면
究竟無所解 결국에는 깨우칠 것도 없습니다.

所說有生者 생하는 것이 있다고 말하는 자는
以現諸國土 모든 국토를 나타내는 것이니
能知國土性 국토의 성품을 능히 안다면
其心不迷惑 그 마음이 미혹하지 않습니다.

世間國土性 세간과 국토의 성품을
觀察悉如實 자세히 살펴보면 모두 실상의 본바탕과 같으니
若能於此知 그와 같음을 이같이 능히 알면
善說一切義 모든 이치를 선근으로 설할 것입니다.

그때 무외림 보살이 부처님의 위신력을 받들어 시방을 두루 살펴보고 게송으로 말했다.
爾時 無畏林菩薩承佛威力 普觀十方而說頌言

如來廣大身 여래의 광대한 몸은
究竟於法界 법계를 다한 마지막까지 이르며
不離於此座 이 자리를 벗어나지 않고
而徧一切處 모든 곳에 두루 하십니다.

若聞如是法 만일 이와 같은 법을 듣고
恭敬信樂者 공경하며 믿고 좋아하는 이는
永離三惡道 삼악도와

一切諸苦難 일체 모든 괴로움과 어려움에서 영원히 벗어납니다.

無量不可數 헤아릴 수 없이 많고 셀 수도 없는
設往諸世界 모든 세계를 두루 다니더라도
專心欲聽聞 오로지 한 마음으로
如來自在力 여래의 자재한 힘을 듣고자 합니다.

如是諸佛法 이와 같은 모든 부처님의 법은
是無上菩提 위 없는 보리이기에
假使欲暫聞 가령 잠깐 듣고자 해도
無有能得者 얻을 수 있는 자가 없습니다.

若有於過去 그와 같이 과거로부터
信如是佛法 이와 같은 불법에 대한 믿음이 있으면
已成兩足尊 이미 양족존을 이루고
而作世間燈 세간의 등불이 되었을 겁니다.

若有當得聞 그와 같이 지금
如來自在力 여래의 자재한 힘을 듣고 얻음이 있으며
聞已能生信 듣고 난 후 믿음을 생하면
彼亦當成佛 역시 마땅히 부처를 이룰 것입니다.

若有於現在 그와 같이 현재
能信此佛法 능히 이 불법을 믿으면
亦當成正覺 역시 지금 바른 깨우침을 이루고
說法無所畏 법을 설함에 두려움이 없을 것입니다.

無量無數劫 헤아릴 수 없이 많고 수도 없는 겁 동안에
此法甚難值 이 법을 만나기란 매우 어려운 일이니
若有得聞者 그와 같이 들음을 얻은 이는
當知本願力 마땅히 본원력임을 알아야 할 것입니다.

若有能受持 만일 이와 같은 모든 부처님의 법을
如是諸佛法 능히 받아 지니고
持已廣宣說 넓게 펼쳐서 지닌 것을 설하면
此人當成佛 이 사람은 마땅히 부처를 이룰 것입니다.

況復勤精進 하물며 차례를 따라 부지런히 정진하고
堅固心不捨 견고한 마음을 버리지 않으면
當知如是人 마땅히 이와 같은 사람은
決定成菩提 단연코 보리를 이룰 것입니다.

그때 참괴림 보살이 부처님의 위신력을 받들어 시방을 두루 살펴보고 게송으로 말했다.
爾時 慚愧林菩薩承佛威力 普觀十方而說頌言

若人得聞是 그와 같은 사람이
希有自在法 희유하며 자재한 법을 듣고
能生歡喜心 능히 환희심을 생하면
疾除疑惑網 모든 의심의 그물을 빠르게 없앨 것입니다.

一切知見人 모든 것을 알고 보는 사람이
自說如是言 스스로 이와 같이 말하며 설하기를
如來無不知 여래는 모르는 것이 없다 하니
是故難思議 이러한 까닭으로 생각으로는 헤아릴 수가 없습니다.

無有從無智 지혜가 없음을 좇아서는
而生於智慧 지혜를 생할 수 없음이니
世間常暗冥 세간은 항상 어둡고 어둡기에
是故無能生 이러한 까닭으로 지혜를 낼 수 없습니다.

如色及非色 빛과 빛 아닌 것
此二不爲一 이 둘은 하나가 될 수 없는 것과 같이

智無智亦然 지혜와 지혜 없음도 역시 그러하기에
其體各殊異 그 체는 각각 다릅니다.

如相與無相 마주할 모양이나 상태와 마주할 모양이나 상태가 없는 것과
生死及涅槃 생사와 열반을
分別各不同 분별해서 각각 같지 않은 것과 같이
智無智如是 지혜와 지혜 없음도 이와 같습니다.

世界始成立 세계가 비로소 이루어지고 세워질 때
無有敗壞相 깨지고 무너지는 모양이나 상태가 없으니
智無智亦然 지혜와 지혜 없음도 역시 그러하기에
二相非一時 두 가지의 모양이나 상태는 한때가 아닙니다.

如菩薩初心 보살의 처음 마음은
不與後心俱 뒤의 마음과 더불어 할 수 없음과 같이
智無智亦然 지혜와 지혜 없음도 역시 그러하기에
二心不同時 두 마음은 동시가 아닙니다.

譬如諸識身 비유하면 모든 식견의 몸은
各各無和合 각각 화합할 수 없기에
智無智如是 지혜와 지혜 없음은 이와 같아서
究竟無和合 끝까지 화합할 수 없습니다.

如阿伽陀藥 아가타 약이
能滅一切毒 능히 모든 독을 없애는 것과 같이
有智亦如是 지혜도 역시 이와 같으므로
能滅於無智 능히 무지를 없애줍니다.

如來無有上 여래보다 위는 없으며
亦無與等者 역시 어깨를 가지런히 할 자도 없고

一切無能比 모든 것으로도 비교할 수 없기에
是故難値遇 이러한 까닭으로 만나기가 어렵습니다.

그때 정진림 보살이 부처님의 위신력을 받들어 시방을 두루 살펴보고 게송으로 말했다.
爾時 精進林菩薩承佛威力 普觀十方而說頌言

諸法無差別 모든 법은 차별이 없으며
無有能知者 이를 능히 아는 자도 없고
唯佛與佛知 오직 부처님들만이 아시는 것이니
智慧究竟故 지혜가 끝까지 이른 까닭입니다.

如金與金色 금과 금빛이
其性無差別 그 성품은 차별이 없는 것과 같이
法非法亦然 법과 법 아닌 것도 또한 그러하기에
體性無有異 체성은 다름이 없습니다.

衆生非衆生 중생과 중생이 아님은
二俱無眞實 둘 다 진실이 없는 것이니
如是諸法性 이와 같은 모든 법의 성품은
實義俱非有 실다운 뜻을 갖추지 못했습니다.

譬如未來世 비유하면 오는 세상에
無有過去相 지나간 세상의 모양이나 상태가 없듯이
諸法亦如是 모든 법 또한 이와 같기에
無有一切相 모든 마주할 모양이나 상태는 없습니다.

譬如生滅相 비유하자면 나고 멸하는 마주한 모양이나 상태는
種種皆非實 가지가지가 모두 진실하지 않듯이
諸法亦復然 모든 법 또한 이와 같기에
自性無所有 스스로 성품은 없습니다.

涅槃不可取 열반은 취할 수 있는 것이 아니지만
說時有二種 말할 때는 두 가지가 있으니
諸法亦復然 모든 법도 차례를 따라 또한 그러하므로
分別有殊異 분별하기에 다름이 있습니다.

如依所數物 셀 수 있음은 물건을 의지해서
而有於能數 능히 숫자로 셀 수 있지만
彼性無所有 그 성품은 없는 것이니
如是了知法 이와 같은 법을 깨우쳐 알아야 합니다.

譬如算數法 비유하자면 셈하는 법은
增一至無量 하나를 거듭 더하고 더해서 헤아릴 수 없이 많아지지만
數法無體性 셈하는 법은 체와 성이 없으며
智慧故差別 지혜이기 때문에 차이가 있게 구별합니다.

譬如諸世間 비유하자면 모든 세간은
劫燒有終盡 겁이 타오를 때 끝나고 다함이 있지만
虛空無損敗 허공은 깨지거나 잃은 것이 없으니
佛智亦如是 부처님의 지혜 또한 이와 같습니다.

如十方衆生 시방의 중생들이
各取虛空相 제각기 마주한 허공의 모양이나 상태를 취하는 것과 같이
諸佛亦如是 모든 부처님 또한 이와 같지만
世間妄分別 세간에서 망령되게 분별합니다.

그때 역림 보살이 부처님의 위신력을 받들어 시방을 두루 살펴보고 게송으로 말했다.
爾時 力林菩薩承佛威力 普觀十方而說頌言

一切衆生界 모든 중생계는
皆在三世中 다 삼세 가운데 있으며

三世諸衆生 삼세의 모든 중생은
悉住五蘊中 모두 오온 가운데 머뭅니다.

諸蘊業爲本 모든 온은 업의 근본이며
諸業心爲本 모든 업은 마음이 근본이니
心法猶如幻 마음의 법은 마치 마술쟁이와 같으며
世間亦如是 세간 역시 이와 같습니다.

世間非自作 세간은 스스로 지은 것도 아니며
亦復非他作 역시 차례를 따라 다른 이가 지은 것도 아니고
而其得有成 이루어지고 얻은 것이 있기에
亦復得有壞 차례를 따라 역시 무너지는 것이 있습니다.

世間雖有成 세간이 비록 이루어지기도 하며
世間雖有壞 세간이 비록 무너짐도 있지만
了達世間者 세간을 분명하게 깨우쳐 통한 자는
此二不應說 이 둘을 말하지 않습니다.

云何爲世間 어떠한 것을 세간이라 하며
云何非世間 어떠한 것을 세간이 아니라 하겠습니까.
世間非世間 세간과 세간이 아님은
但是名差別 단지 이름만이 다를 뿐입니다.

三世五蘊法 삼세와 오온의 법이
說名爲世間 말하자면 이름이 세간이며
彼滅非世間 이를 없앤 것을 두고 세간이 아니니
如是但假名 이와 같음을 단지 이름만 빌렸을 뿐입니다.

云何說諸蘊 어떻게 모든 온을 설할 수 있는 것이며
諸蘊有何性 모든 온은 무슨 성품이 있는가?
蘊性不可滅 온의 성품은 없앨 수 없기에

是故說無生 이러한 까닭으로 생함이 없다고 말할 수 있을 것인가?

分別此諸蘊 이 모든 온을 분별해보면
其性本空寂 그 성품이 본래 공적하고
空故不可滅 공적한 까닭으로 없앨 수 있는 것이 아니며
此是無生義 이것이 생함이 없다는 뜻입니다.

衆生旣如是 중생이 이미 이와 같다면
諸佛亦復然 부처님 역시 차례를 따라 그러한 것이니
佛及諸佛法 부처님과 모든 불법은
自性無所有 스스로 성품이라 할 만한 것이 없습니다.

能知此諸法 이러한 모든 법이
如實不顚倒 뒤바뀌어 거꾸로 되지 않고 진실한 것임을 알면
一切知見人 모든 것을 알고 보는 사람이
常見在其前 항상 그 앞에 계실 것입니다.

그때 행림 보살이 부처님의 위신력을 받들어 시방을 두루 살펴보고 게송으로 말했다.
爾時 行林菩薩承佛威力 普觀十方而說頌言

譬如十方界 비유하자면 시방세계가
一切諸地種 일체 모든 지대(地大)의 씨앗이기에
自性無所有 스스로 성품은 없지만
無處不周徧 두루두루 하지 않은 곳이 없습니다.

佛身亦如是 부처님의 몸 역시 이와 같기에
普徧諸世界 모든 세계에 두루두루 하시지만
種種諸色相 가지가지의 모든 빛과 마주할 모양이나 상태는
無主無來處 머문 곳도 없으며 온 곳도 없으십니다.

但以諸業故 단지 모든 업의 까닭이 되기에

說名爲衆生 이름 붙여 말하길 중생이라 하고

亦不離衆生 역시 중생을 벗어나면

而有業可得 얻을 만한 업이 있지 않습니다.

業性本空寂 업의 성품은 본래 공적하지만

衆生所依止 중생이 의지한 바이며

普作衆色相 두루두루 마주할 많은 빛과 모양이나 상태를 짓지만

亦復無來處 역시 차례를 따라서 온 곳도 없습니다.

如是諸色相 이와 같음을 마주한 모든 빛과 모양이나 상태와

業力難思議 업의 힘은 생각으로 헤아리기 어렵지만

了達其根本 그 근본을 분명하게 깨달아 통하면

於中無所見 그 가운데는 볼 것도 없습니다.

佛身亦如是 부처님의 몸 또한 이와 같아서

不可得思議 생각으로 헤아려 얻을 수 없지만

種種諸色相 가지가지로 마주한 모든 빛과 모양이나 상태를

普現十方刹 시방세계에 두루 나타냅니다.

身亦非是佛 몸 역시 부처님이 아니며

佛亦非是身 부처님 역시 몸이 아니지만

但以法爲身 단지 법을 몸으로 삼아서

通達一切法 모든 법을 통달하십니다.

若能見佛身 그와 같은 부처님의 몸이

淸淨如法性 청정한 법의 성품과 같음을 보면

此人於佛法 이 사람은 불법에 대한

一切無礙惑 모든 의혹이 없을 것입니다.

若見一切法 그와 같은 모든 법의

本性如涅槃 본래 성품이 열반과 같음을 보면
是則見如來 이는 곧 여래가
究竟無所住 끝까지 머무는 데가 없음을 보는 것입니다.

若修習正念 그와 같은 바른 생각을 닦고 익혀서
明了見正覺 분명하게 깨우쳐 정각을 보면
無相無分別 마주할 모양이나 상태도 없고 분별도 없기에
是名法王子 이름을 법 왕자라 할 것입니다.

그때 각림 보살이 부처님의 위신력을 받들어 시방을 두루 살펴보고 게송으로 말했다.
爾時 覺林菩薩承佛威力 普觀十方而說頌言

譬如工畫師 비유하자면 그림을 그리는 이가
分布諸彩色 모든 색상을 넓게 칠해가면서
虛妄取異相 여러 가지 다른 모양이나 상태를 허망하게 취하기는 하지만
大種無差別 바탕이 되는 큰 씨앗은 차별이 없습니다.

大種中無色 바탕이 되는 큰 씨앗 가운데 빛깔이 없고
色中無大種 빛깔 가운데는 바탕이 되는 큰 씨앗이 없으니
亦不離大種 역시 바탕이 되는 큰 씨앗을 떠나서는
而有色可得 빛깔을 얻을 수 있는 것이 아닙니다.

心中無彩畫 마음 가운데 그림이 없고
彩畫中無心 그림 가운데 마음이 없지만
然不離於心 마음을 벗어나서
有彩畫可得 그림을 얻을 수 있는 것은 아닙니다.

彼心恒不住 마음은 항상 머물지 않으며
無量難思議 한량이 없고 생각으로 헤아릴 수 없기에
示現一切色 모든 빛깔로 나타내 보이지만

各各不相知 각각 서로 알지 못합니다.

譬如工畫師 비유하자면 그림을 그리는 이가
不能知自心 스스로 마음은 알지 못하지만
而由心故畫 마음으로 인한 까닭으로 그림을 그리는 것과 같이
諸法性如是 모든 법의 성품은 이와 같습니다.

心如工畫師 마음이 그림을 그리는 이와 같아서
能畫諸世間 능히 모든 세간을 그려내며
五蘊悉從生 오온이 모두 이것을 좇아 생하니
無法而不造 어떠한 법이든 짓지 못하는 것이 없습니다.

如心佛亦爾 마음과 같이 부처도 역시 그러하며
如佛衆生然 부처와 같이 중생도 그러하고
應知佛與心 부처님과 함께 마음을 응당 알아야 하니
體性皆無盡 체성은 모두 다 함이 없습니다.

若人知心行 그와 같은 사람이 마음으로 행하여
普造諸世間 모든 세간을 두루 지어가는 것을 알면
是人則見佛 이 사람은 곧 부처님을 보고
了佛眞實性 부처님의 진실한 성품을 깨우칠 것입니다.

心不住於身 마음이 몸에 머물지 않으며
身亦不住心 몸 역시 마음이 머무는 곳은 아니지만
而能作佛事 모든 불사를 능히 지으니
自在未曾有 자재함이 지금까지 한 번도 있어 본 적이 없던 일입니다.

若人欲了知 그와 같은 사람이
三世一切佛 삼세의 모든 부처님을 깨달아 알고자 한다면
應觀法界性 마땅히 모든 법계의 성품이
一切唯心造 오직 마음으로 지어진 것임을 보아야 합니다.

그때 지림 보살이 부처님의 위신력을 받들어 시방을 두루 살펴보고 게송으로 말했다.
爾時 智林菩薩承佛威力 普觀十方而說頌言

所取不可取 취할 바를 취하는 것은 옳지 않으며
所見不可見 보는 바를 보는 것은 옳지 않으며
所聞不可聞 듣는 바를 듣는 것은 옳은 것이 아니니
一心不思議 한마음이라도 사유로 미루어 헤아릴 수 있는 것이 아닙니다.

有量及無量 유량과 무량함
二俱不可取 둘 다 취할 수 있는 것이 아니며
若有人欲取 그와 같이 사람이 취하고자 한다면
畢竟無所得 끝내는 얻지 못할 것입니다.

不應說而說 마땅히 말하지 말아야 할 것을 말하면
是爲自欺誑 이는 스스로 속이고 속이는 일이며
己事不成就 자기 일을 성취하지 못하니
不令衆歡喜 많은 이들을 환희하게 할 수 없습니다.

有欲讚如來 여래의 끝없는 빼어난 색신을
無邊妙色身 칭찬하고자 하지만
盡於無數劫 셀 수 없는 겁을 다 한다 해도
無能盡稱述 모두 다 드러내어 말할 수 없습니다.

譬如隨意珠 비유하자면 생각을 좇은 구슬(여의주)이
能現一切色 모든 빛깔을 능히 나타내기는 하지만
無色而現色 빛깔이 없는데 빛깔을 나타내는 것과 같이
諸佛亦如是 모든 부처님 또한 이와 같습니다.

又如淨虛空 또 깨끗한 허공은
非色不可見 빛깔이 아니면 볼 수 없는 것과 같이
雖現一切色 비록 모든 빛깔을 나타내기는 하지만

無能見空者 허공은 볼 수 없는 것과 같습니다.

諸佛亦如是 모든 부처님도 역시 이와 같아서
普現無量色 헤아릴 수 없이 많은 빛깔을 두루 나타내지만
非心所行處 마음으로 행할 바 처가 아니기에
一切莫能睹 모든 것을 볼 수가 없습니다.

雖聞如來聲 비록 여래의 음성을 듣는다고는 하지만
音聲非如來 음성이 여래가 아니며
亦不離於聲 또한 음성이 아니면
能知正等覺 능히 정등각을 알 수 없습니다.

菩提無來去 보리는 오고 감이 없으며
離一切分別 모든 분별에서 벗어나는 것이니
云何於是中 어떻게 이 가운데서
自言能得見 스스로 능히 보는 일을 얻는다고 말할 수 있겠습니까.

諸佛無有法 모든 부처님의 법이란 없는 것이니
佛於何有說 부처님이 무엇을 설하시겠습니까.
但隨其自心 단지 그 스스로 마음을 따라
謂說如是法 이르길 이와 같은 법을 설한다 하십니다.

21. 십행품(1)
大方廣佛華嚴經十行品第二十一之一

그때 공덕림 보살이 부처님의 위신력을 받들어 보살의 선근사유삼매(般若智)에 들었다. 이 삼매에 드니, 시방으로 각각 일만 부처 세계의 티끌 수와 같은 세계 밖을 지나서 일만 부처 세계의 티끌 수와 같은 모든 부처님이 계시니, 명호가 다 '공덕림'이다. 그 앞에 나타나서 가르침을 주기 위해 공덕림 보살에게 말했다.

　爾時 功德林菩薩承佛神力 入菩薩善思惟三昧 入是三昧已 十方各過萬佛刹微塵數世界外 有萬佛刹微塵數諸佛 皆號 功德林 而現其前 告功德林菩薩言

"선근이로다. 불자여! 능히 선근사유삼매에 들었구나."

"선남자여! 이는 시방으로 각각 일만 부처 세계의 티끌 수와 같이 많고 또 이름이 같은 모든 부처님이 함께 그대에게 가피하려는 것이며, 또한 비로자나 여래가 지난 세상에서 서원하신 힘과 위신의 힘과 모든 보살이 지닌 선근의 힘으로 그대가 이 삼매에 들어가 법을 널리 펴서 설하게 하려는 것이다."

"부처님의 지혜를 거듭 더하고 키우게 하려는 까닭이며, 법계에 깊이 들게 하려는 까닭이며, 중생계를 깨우쳐 알게 하려는 까닭이며, 들어가는 일에 있어서 막힘이나 걸림이 없게 하려는 까닭이며, 행하는 일에 장애가 없게 하려는 까닭이며, 헤아릴 수 없이 많은 방편을 얻게 하려는 까닭이며, 일체 모든 법의 깨우침을 깨달아 얻게 하려는 까닭이며, 일체 모든 근기를 알게 하려는 까닭이며, 모든 법을 가지고 능히 설하게 하려는 까닭이니, 이른바 모든 보살의 열 가지 행을 일으키려 하는 것이다."

"선남자여! 그대는 마땅히 부처님의 위신력을 받들어 널리 펴야 할 것이다."

　善哉 佛子 乃能入此善思惟三昧 善男子 此是十方各萬佛刹微塵數同名諸佛共加於汝 亦是毘盧遮那如來往昔願力 威神之力 及諸菩薩衆善根力 令汝入是三昧而演說法 爲增長佛智故 深入法界故 了知衆生界故 所入無礙故 所行無障故 得無量方便故 攝取一切智性故 覺悟一切諸法故 知一切諸根故 能持說一切法故 所謂 發起諸菩薩

十種行 善男子 汝當承佛威神之力而演此法

이때 모든 부처님이 공덕림 보살에게 막힘이나 걸림이 없는 지혜, 집착함이 없는 지혜, 끊어짐이 없는 지혜, 스승이 없는 지혜, 어리석음이 없는 지혜, 다르지 않은 지혜, 허물이 없는 지혜, 헤아릴 수 없는 지혜, 이길 수 없는 지혜와 게으름이 없는 지혜, 빼앗을 수 없는 지혜를 주었다. 어찌 된 까닭인가 하면, 이 삼매의 힘은 법이 이와 같은 까닭이기 때문이다.

是時 諸佛卽與功德林菩薩無礙智 無著智 無斷智 無師智 無癡智 無異智 無失智 無量智 無勝智 無懈智 無奪智 何以故 此三昧力 法如是故

그때 모든 부처님이 각각 오른손을 펴서 공덕림 보살의 정수리를 만지니, 때를 맞춰 공덕림 보살이 곧 자리에서 일어나 모든 보살에게 가르침을 주고자 말했다.

"불자들이여! 보살의 행은 생각으로는 미루어 헤아릴 수 없기에 법계와 허공계(虛空界)와 더불어 같습니다. 무슨 까닭인가 하면, 보살마하살은 삼세 모든 부처님을 배워서 행을 닦았기 때문입니다."

"불자들이여! 무엇이 보살마하살의 행인가 하면, 불자들이여! 보살마하살은 열 가지 행이 있으니, 삼세 모든 부처님이 널리 베풀어 설하신 것입니다. 무엇이 열인가 하면, 1은 즐겁고 기쁘게 하는 행이며, 2는 넉넉하고 이익이 되게 하는 행이며, 3은 어기거나 거스름 없는 행이며, 4는 굽힘 없는 행이며, 5는 어리석음과 어지러움이 없는 행이며, 6은 바라는 바 없이 나타내는 행이며, 7은 집착이 없는 행이며, 8은 얻기 어려운 행이며, 9는 선근의 법을 행하는 것이며, 10은 진실한 행을 이르니 이것이 열입니다."

爾時 諸佛各申右手 摩功德林菩薩頂 時 功德林菩薩卽從定起 告諸菩薩言 佛子 菩薩行不可思議 與法界 虛空界等 何以故 菩薩摩訶薩學三世諸佛而修行故 佛子 何等是菩薩摩訶薩行 佛子 菩薩摩訶薩有十種行 三世諸佛之所宣說 何等爲十 一者 歡喜行 二者 饒益行 三者 無違逆行 四者 無屈撓行 五者 無癡亂行 六者 善現行 七者 無著行 八者 難得行 九者 善法行 十者 眞實行 是爲十

1) 환희행(歡喜行)

"불자들이여! 어떠한 것이 보살마하살의 환희행(歡喜行)인가."

"불자들이여! 이 보살이 큰 시주가 되어 가지고 있는 물건을 남김없이 보시하는 일에 있어서 그 마음이 평등하고 후회하거나 아까워하는 것이 없으며, 과보를 바라지 않고 이름을 구하지도 않으며, 스스로 이롭게 함을 탐하지도 않고 다만 모든 중생을 구하고 보호하며, 모든 중생을 거두어 주며, 모든 중생에게 넉넉한 이익을 주기 위함입니다."

"모든 부처님이 본래 닦으시던 행을 배우고 익히며, 모든 부처님이 본래 닦으시던 행을 단단히 기억해서 잊지 않으며, 모든 부처님이 본래 닦으시던 행을 사랑하고 좋아하며, 모든 부처님이 본래 닦으시던 행을 청정하게 하며, 모든 부처님이 본래 닦으시던 행을 거듭 더하고 키우며, 모든 부처님이 본래 닦으시던 행에 머무르고 또 지니며, 모든 부처님이 본래 닦으시던 행을 남김없이 나타내며, 모든 부처님이 본래 닦으시던 행을 널리 펴서 설하고 모든 부처님이 본래 닦으시던 행으로 중생들이 괴로움을 벗어나 즐거움을 얻게 하려는 것입니다."

"불자들이여! 보살마하살이 이 행을 닦을 때 모든 중생을 즐겁고 기쁘고 사랑하고 좋아하게 하며, 모든 방토(十方)에 가난과 고달픔이 있는 곳을 따라 원력을 쓰는 까닭에 호사스럽고 귀하며, 크게 부귀하고 재물이 다함이 없는 곳에 태어나지만, 가령 순간순간 그 가운데 헤아릴 수 없고 수 없는 중생들이 보살에게 와서 말하기를 '어진이여! 우리는 가난해서 재물이 넉넉하지 않습니다. 그러므로 굶주리고 곤고(困苦)하여 목숨을 부지할 수 없으니, 부디 바라건대 가엾이 여기고 나에게 육신을 보시해서 내가 먹고 목숨을 잇게 해주십시오.'라고 한다면, 이때 보살이 곧바로 보시해서 그가 환희하고 만족하게 합니다. 이와 같이 헤아릴 수 없이 많은 백천 중생들이 와서 구걸하더라도 보살은 겁내거나 물러남이 없고 단지 자비심을 거듭 더하고 키웁니다. 이러하므로 중생들이 함께 와서 원하고 구하는 것을 보고 보살이 더욱 환희하고 이와 같은 생각을 합니다."

"나는 선근의 이익을 얻었으며, 이 중생들은 나의 복 밭이고 선근으로서 나의 벗이다. 내가 구하지도 않고 청하지도 않았지만 때 없이 와서 나를 불법 가운데 들게 하도록 가르치는 것이다. 나는 이제 응당 이와 같음을 배우고 닦아서 모든 중생의 마음을 어기지 않을 것이다."

"또 생각하기를 '내가 이미 지었거나 현재 짓거나 앞으로 지을 모든 선근으로 내게 오는 세상에는 모든 세계의 모든 중생 가운데 광대한 몸을 받아서 이 육신으로 굶주리고 고통받는 중생들을 충족시키되, 만일 단 하나의 조그만 중생이라도 배부르지 않거나 만족하지 않으면 목숨은 버리지 않겠지만 베어낸 몸의 살이 다함이 없게 할 것이다. 이러한 선근으로 원하건대 아뇩다라삼먁삼보리를 얻고 대 열반을 증득(證得)할 것이며, 원하건대 내 살을 먹은 모든 중생도 또한 아뇩다라삼먁삼보리를 얻고 평등한 지혜를 획득하며, 모든 불법을 갖추고 널리 불사를 지어서 무여열반(無餘涅槃)에 들기를 원하며, 만일 한 명의 중생이라도 만족하지 않는다면 나는 끝까지 아뇩다라삼먁삼보리를 증득하지 않을 것이다.'라고 합니다."

"보살이 이와 같음으로 중생들에게 이익이 되도록 하지만 나라는 생각, 중생이라는 생각, 있다는 생각, 목숨이라는 생각, 가지가지의 생각, 보특가라라는 생각, 사람이라는 생각, 마납바라는 생각, 짓은 자라는 생각, 받는 자란 생각이 없고 단지 법계와 중생계와 경계가 끝이 없는 법과 공한 법과 있는 것이 없는 법과 마주할 모양이나 상태가 없는 법과 체가 없는 법과 처가 없는 법과 의지할 것이 없는 법과 지음이 없는 법을 살펴봅니다."

"이렇게 살펴볼 때는 자신의 몸을 보지 않으며, 보시하는 물건을 보지 않으며, 받는 자도 보지 않으며, 복 밭도 보지 않으며, 업도 보지 않고 과보도 보지 않고 결과도 보지 않고 작은 결과든 큰 결과든 보지 않습니다."

"이때 보살은 과거, 미래, 현재 모든 중생이 받은 몸이 곧 무너져 없어짐을 살펴보고는 문득 생각하기를 '이상하구나. 중생은 어리석고 지혜가 없기에 생사 속에서 수 없는 몸을 받아 위태롭고 연약하며 머물러 있지 못하고 빠르게 없어지니, 이미 무너져 없어졌거나 지금 무너져 없어지거나 앞으로 무너져 없어지거나를 떠나 견고하지 못한 몸으로 견고한 몸을 구하지 못하는구나. 내가 마땅히 다함이 없는 모든 부처님이 배우신 것을 모두 배워서 모든 지혜를 증득하고 모든 법을 알고 모든 중생을 위하여 삼세가 평등하면서 고요하고 무너지지 않는 법의 성품을 설하여 그들이 편안한 즐거움을 얻게 할 것이다.'라고 합니다."

"불자들이여! 이 이름을 보살마하살의 제1 환희행이라 합니다."

佛子 何等爲菩薩摩訶薩歡喜行 佛子 此菩薩爲大施主 凡所有物悉能惠施 其心平等 無有悔吝 不望果報 不求名稱 不貪利養 但爲救護一切衆生 攝受一切衆生 饒益一切衆生 爲學習諸佛本所修行 憶念諸佛本所修行 愛樂諸佛本所修行 淸淨諸佛本所修行 增長諸佛本所修行 住持諸佛本所修行 顯現諸佛本所修行 演說諸佛本所修行 令諸衆生離苦得樂 佛子 菩薩摩訶薩修此行時 令一切衆生歡喜愛樂 隨諸方土有貧乏處 以願力故 往生於彼 豪貴大富 財寶無盡 假使於念念中 有無量無數衆生詣菩薩所 白言 仁者 我等貧乏 靡所資贍 飢羸困苦 命將不全 唯願慈哀 施我身肉 令我得食 以活其命 爾時 菩薩即便施之 令其歡喜 心得滿足 如是無量百千衆生而來乞求

菩薩於彼 曾無退怯 但更增長慈悲之心 以是衆生咸來乞求 菩薩見之 倍復歡喜 作如
是念 我得善利 此等衆生是我福田 是我善友 不求不請而來敎我入佛法中 我今應當
如是修學 不違一切衆生之心 又作是念 願我已作 現作 當作所有善根 令我未來於一
切世界 一切衆生中受廣大身 以是身肉 充足一切飢苦衆生 乃至若有一小衆生未得
飽足 願不捨命 所割身肉 亦無有盡 以此善根 願得阿耨多羅三藐三菩提 證大涅槃
願諸衆生食我肉者 亦得阿耨多羅三藐三菩提 獲平等智 具諸佛法 廣作佛事 乃至入
於無餘涅槃 若一衆生心不滿足 我終不證阿耨多羅三藐三菩提 菩薩如是利益衆生而
無我想 衆生想 有想 命想 種種想 補伽羅想 人想 摩納婆想 作者想 受者想 但觀法
界 衆生界 無邊際法 空法 無所有法 無相法 無體法 無處法 無依法 無作法 作是觀
時 不見自身 不見施物 不見受者 不見福田 不見業 不見報 不見果 不見大果 不見小
果 爾時 菩薩觀去 來 今一切衆生受之身辱卽壞滅 便作是念 奇哉 衆生愚癡無智 於
生死內受無數身 危脆不停 速歸壞滅 若已壞滅 若今壞滅 若當壞滅 而不能以不堅固
身求堅固身 我當盡學諸佛所學 證一切智 知一切法 爲諸衆生說三世平等 隨順寂靜
不壞法性 令其永得安隱快樂 佛子 是名菩薩摩訶薩第一歡喜行

2) 요익행(饒盆行)

"불자들이여! 어떠한 것이 보살마하살의 요익행(饒益行)인가."

"보살이 청정한 계를 보호해 지니면서 색, 성, 향, 미, 촉에 마음으로 집착이 없으며, 역시 중생을 위해서도 이와 같음을 널리 펴서 말하지만, 위세를 구하지 않으며, 혈통이나 족벌을 구하지 않으며, 부귀의 넉넉함을 구하지 않으며, 마주 대하는 모양이나 상태의 빛깔을 구하지 않으며, 왕의 자리를 구하지 않으면서 이와 같은 모든 것에 대한 조금의 집착도 없고 단지 청정한 계율을 견고하게 가지고 있으면서 이와 같은 생각을 하길 '내가 청정한 계율을 지니고 반드시 모든 얽힘과 속박과 탐내고 가지고자 하는 뜨거운 번뇌와 모든 재난의 핍박과 훼방과 어지럽게 물들임을 벗어나 버리고 부처님이 칭찬하시는 평등한 바른 법을 얻을 것이다.'라고 합니다."

"불자들이여! 보살이 이와 같은 청정한 계율을 가질 때, 하루 가운데 가령 셀 수 없는 백 천억 나유타의 모든 큰 악마가 보살의 처소에 이르니, 하나하나가 각각 헤아릴 수 없고 수 없는 백 천억 나유타 천녀를 거느리고 이 천녀들이 오욕의 선근 행 방편이라 하면서 단정하고 아름다움으로 사람의 마음을 혹하게 뒤집어놓으며, 가지가지의 보배로 만든 장신구를 가지고 와서 보살의 도에 대한 마음을 혹하게 하고 어지럽게 합니다."

"이때 이와 같은 생각을 하길 '이 오욕은 도법을 막은 것이며, 위 없는 보리에도 막힘이나 걸림이 되는 것이다.'라고 합니다. 이러한 까닭으로 한순간이라도 탐욕을 내지 않으며, 마음의 청정함을 부처님처럼 하고 오직 방편으로 중생을 교화하면서 일체 지혜에 대한 마음은 버리지 않습니다."

"불자들이여! 보살이 하고자 하는 욕심으로 인해 한 명의 중생이라도 괴롭지 않게 하며, 차라리 목숨을 버릴지언정 중생을 괴롭게 만드는 일은 짓지 않습니다. 보살이 부처님을 뵌 후로는 일찍이 욕심을 내는 생각을 잠깐이라도 내지 않았거늘, 하물며 욕심내는 일을 행하겠습니까. 혹시라도 욕심을 내어 행한다는 것은 있을 수가 없는 일입니다."

"이때 보살은 단지 이같이 생각하기를 '모든 중생이 긴 어둠 속에서 오욕만을 생각하고 오욕으로 향하여 나아가고 오욕을 탐내고 집착하면서 그 마음의 결정을 하고 물이 드는 일에 빠지면서 깊게 잠기고 이를 따라 헤매면서 자재함을 얻지 못하는 것이니, 내 이제 마땅히 이 모든 마와 모든 천녀와 일체중생을 위 없는 계율에 머물게 할 것이며, 청정한 계율에 머문 다음에는 모든 지혜의 마음에서 물러섬이 없게 해서 아뇩다라삼먁삼보리를 얻게 하고 무여열반에 들게 할 것이다. 무슨 까닭인가 하면, 이 일은 응당 우리가 만들어 가야 할 일이므로 마땅히 모든 부처님을 따라 이와 같음을 배워 닦은 것이다.'라고 합니다."

"이와 같음을 배운 후에는 모든 악행과 나라고 하는 계략과 무지함을 벗어나고 지혜로 모든 부처님의 법에 들어가 중생을 위하여 설하고 그들이 거꾸로 뒤바뀐 것을 없애버리도록 합니다. 그러나 중생을 벗어나 전도가 있지 않으며, 전도를 벗어나 중생이 있지 않으며, 전도 안에 중생이 있지 않으며, 중생 안에 전도가 있지 않으며, 역시 전도가 중생이 아니며, 역시 중생이 전도가 아니며, 전도가 내법(內法)은 아니며, 전도가 외법(外法)은 아니며, 중생이 내법이 아니며, 중생이 외법이 아니며, 일체 모든 법은 허망하고 진실하지 않기에 빠르게 일어났다가 빠르게 없어지며, 견고함이 없기에 꿈과 같고 그림자와 같으며, 허깨비와 같고 만물의 변화와 같아서 어리석은 이들을 속여서 의심하게 하는 것입니다."

"이와 같음을 이해하는 자는 곧 일체 모든 행에 대한 깨우침을 깨달아 알기에 나고 죽은 일과 열반을 통달해서 부처님의 보리를 증득하며, 스스로 제도해서 얻고 타인을 제도해서 얻게 하며, 스스로 해탈하고 타인도 해탈하게 하며, 스스로 조복시키고 타인을 조복시키며, 스스로 적정하고 타인을 적정하게 하며, 스스로 안은하고 타인을 안은하게 하며, 스스로 허물을 벗어나고 타인도 허물을 벗어나게 하며, 스스로 청정하고 타인도 청정하게 하며, 스스로 열반하고 타인도 열반하게 하며, 스스로 기뻐하고 즐거워하며, 타인도 기뻐하고 즐겁게 합니다."

"불자들이여! 이 보살이 차례를 따라(復) 생각하기를 '나는 마땅히 모든 여래를 좇아 따르며, 모든 세간의 행을 벗어나며, 모든 부처님의 법을 갖추며, 위 없는 평등한 곳에 머물며, 중생을 평등하게 보며, 경계를 밝게 통달하며, 모든 잘못이나 허물을 벗어나고 모든 분별을 끊고 모든 집착을 버리고 섬세한 선근으로 벗어나 나아가고 마음은 항상 위 없고 말할 수 없고 의지할 곳 없고 움직임이 없고 헤아릴 수 없고 끝이 없고 다함이 없고 색이 없는 깊고 깊은 지혜에 편안히 머물 것이다.'라고 합니다."

"불자들이여! 이 이름을 보살마하살의 제2 요익행이라 합니다."

佛子 何等爲菩薩摩訶薩饒益行 此菩薩護持淨戒 於色 聲 香 味 觸 心無所著 亦爲衆生如是宣說 不求威勢 不求種族 不求富饒 不求色相 不求王位 如是一切皆無所著 但堅持淨戒 作如是念 我持淨戒 必當捨離一切纏縛 貪求 熱惱 諸難 逼迫 毀謗 亂濁 得佛所讚平等正法 佛子 菩薩如是持淨戒時 於一日中 假使無數百千億那由他諸大惡魔 詣菩薩所 一一各將無量無數百千億那由他天女皆於五欲善行方便 端正妹麗傾惑人心執持種種珍玩之具 欲來惑亂菩薩道意 爾時 菩薩作如是念 此五欲者 是障道法 乃至障礙無上菩提 是故不生一念欲想 心淨如佛 唯除方便敎化衆生 而不捨於一切智心 佛子 菩薩不以欲因緣故 惱一衆生 寧捨身命 而終不作惱衆生事 菩薩自得見佛已來 未曾心生一念欲想 何況從事 若或從事 無有是處 爾時 菩薩但作是念 一切衆生 於長夜中 想念五欲 趣向五欲 貪著五欲 其心決定耽染沈溺 隨其流轉 不得自在 我今應當令此諸魔及諸天女 一切衆生住無上戒 住淨戒已 於一切智 心無退轉 得阿耨多羅三藐三菩提 乃至入於無餘涅槃 何以故 此是我等所應作業 應隨諸佛如是修學 作是學已 離諸惡行 計我 無知 以智入於一切佛法 爲衆生說 令除顚倒 然知不離衆生有顚倒 不離顚倒有衆生 不於顚倒內有衆生 不於衆生內有顚倒 亦非顚倒是衆生 亦非衆生是顚倒 顚倒非內法 顚倒非外法 衆生非內法 衆生非外法 一切諸法虛妄不實 速起速滅無有堅固 如夢如影 如幻如化 誑惑愚夫 如是解者 卽能覺了一切諸行 通達生死及與涅槃 證佛菩提 自得度 令他得度 自解脫 令他解脫 自調伏 令他調伏 自寂靜 令他寂靜 自安隱 令他安隱 自離垢 令他離垢 自清淨 令他清淨 自涅槃 令他涅槃 自快樂 令他快樂 佛子 此菩薩復作是念 我當隨順一切如來 離一切世間行 具一切諸佛法 住無上平等處 等觀衆生 明達境界 離諸過失 斷諸分別 捨諸執著 善巧出離 心恒安住無上 無說 無依 無動 無量 無邊 無盡 無色甚深智慧 佛子 是名菩薩摩訶薩第二饒益行

3) 무위역행, 무진한행(無違恨行)

"불자들이여! 어떠한 것이 보살마하살의 무위역행(無違逆行)인가."

"보살이 늘 인욕(忍辱)을 하는 법을 닦아서 자기를 겸손하게 낮추고 공손히 섬기면서 스스로 해하지 않으며, 남을 해하지 않으며, 둘 다 해하지 않고 스스로 취하지 않으며, 남을 취하지 않으며, 둘 다 취하지 않고 스스로 집착하지 않으며, 남을 집착하지 않으며, 둘 다 집착하지 않고 이름값으로 몸을 기르지 않고 또한 탐내거나 구하지 않고 단지 생각하기를 '내가 마땅히 중생들을 위해 법을 설하여 그들이 모든 악에서 벗어나게 하고 탐욕과 성냄과 어리석음과 교만함과 감추는 일과 아끼고 쩨쩨하게 구는 일과 질투와 아첨과 속이는 일 등을 끊게 하고 항상 욕됨을 참고 부드럽게 서로 응하는 곳에 머물게 할 것이다.'라고 합니다."

"불자들이여! 보살이 이와 같은 인욕의 법을 성취하였고 가령 백 천억 나유타 아승기와 같은 수의 중생이 그곳에서 와서 이곳에 이르러서는 각각의 중생마다 백 천억 나유타 아승기의 수와 같은 입을 만들어서 하나하나의 입으로 백 천억 나유타 아승기 수만큼 말을 하되, 이른바 기쁘지 않은 말과 선근의 법이 아닌 말과 반갑지 않은 말과 사랑할 수 없는 말과 어질지 못한 말과 성인의 지혜가 아닌 말과 성현과 서로 응하지 않은 말과 성현과 친근히 할 수 없는 말과 매우 싫어하는 악한 말과 견디면서 들을 수 없는 말, 이러한 말로 보살을 헐뜯고 욕하거나 또 이 중생들이 하나하나 각각 백 천억 나유타 아승지의 수와 같은 손이 있어서 하나하나의 손에 백 천억 나유타 아승지의 수와 같은 병기와 의장을 잡고 보살을 핍박하고 해치면서 이와 같은 아승기 겁이 다 가도록 쉬는 일이 없다고 한다면, 보살이 이 극심한 고초를 당해서 머리카락이 곤두서고 목숨이 끊어지려 하더라도 생각하기를 '내가 이러한 고통으로 인하여 마음이 흔들리면 스스로 조복시키지 못하고 자기 자신을 지키거나 보호하지 못하고 스스로 분명하게 깨우치지 못하고 스스로 닦고 익히지 못하고 스스로 바른 선정에 들지 못하고 스스로 적정에 들지 못하고 스스로 사랑하고 아깝게 여기지 않으면서 스스로에 대한 집착을 내니, 어떻게 다른 이의 마음을 청정하게 할 수 있겠는가.'라고 합니다."

"보살이 이때 차례를 따라 생각하기를 '내가 시작점 없는 겁을 좇아 생사에 머물면서 모든 고뇌를 받겠다.'라고 하며, 이와 같은 사유를 하면서 스스로 거듭 권하고 격려해서 스스로 마음을 청정하게 하고 환희를 얻으며, 선근으로서 스스로 조복(調伏)하고 거두어 들여 스스로 불법 가운데 안주하고 역시 중생이 함께 이 법을 얻게 합니다."

"차례를 따라(復) 사유하기를 '이 몸은 공적한 것이어서 나도 없고 내 것도 없으며, 진실하지 않고 성품이 공(空)한 까닭에 둘이 없으며, 괴로움과 즐거움은 모두 없으며, 모든 법이 공한 까닭으로 내가 마땅히 내가 없음을 이해하고 이를 떠나지 않은 깨우침을 밝게 알고 널리 사람들을 위해 설하여 모든 중생이 이같이 보는 일을 없애게 할 것이다. 그러므로 내가 비록 이러한 고통을 받지만, 마땅히 욕됨을 참고 받겠다.'라고 합니다. 이는 자비로 중생을 염려하는 까닭이며, 중생들에게 넉넉한 이익을 주려는 까닭이며, 중생을 안락하게 하려는 까닭이며, 중생을 가엾이 여기는 까닭이며, 중생을 버리지 않으려는 까닭이며, 스스로 깨우침을 깨달아 아는 까닭이며, 다른 이를 깨우치게 하려는 까닭이며, 마음에서 물러섬이 없게 하려는 까닭이며, 부처님의 도를 향해 나아가기 위한 까닭입니다."

"이 이름을 보살하마하살의 제3 무위역행이라 합니다."

佛子 何等爲菩薩摩訶薩無違逆行 此菩薩常修忍法 謙下恭敬 不自害 不他害 不兩害 不自取 不他取 不兩取 不自著 不他著 不兩著 亦不貪求名聞利養 但作是念 我當常爲衆生說法 令離一切惡 斷貪 瞋 癡 憍慢 覆藏 慳嫉 諂誑 令恒安住忍辱柔和 佛子 菩薩成就如是忍法 假使有百千億那由他阿僧祇衆生來至其所 一一衆生化作百千億那由他阿僧祇口 一一口出百千億那由他阿僧祇語 所謂 不可喜語 非善法語 不悅意語 不可愛語 非仁賢語 非聖智語 非聖相應語 非聖親近語 深可厭惡語 不堪聽聞語 以是言辭毀辱菩薩 又此衆生一一各有百千億那由他阿僧祇手 一一手各執百千億那由他阿僧祇器仗逼害菩薩 如是經於阿僧祇劫 曾無休息 菩薩遭此極大楚毒 身毛皆豎 命將欲斷 作是念言 我因是苦 心若動亂 則自不調伏 自不守護 自不明了 自不修習 自不正定 自不寂靜 自不愛惜 自生執著 何能令他心得淸淨 菩薩 爾時 復作是念 我從無始劫 住於生死 受諸苦惱 如是思惟 重自勸勵 令心淸淨 而得歡喜 善自調攝 自能安住於佛法中 亦令衆生同得此法 復更思惟 此身空寂 無我 我所 無有眞實 性空無二 若若若樂 皆無所有 諸法空故 我當解了 廣爲人說 令諸衆生滅除此見 是故 我今雖遭苦毒 應當忍受 爲慈念衆生故 饒益衆生故 安樂衆生故 憐愍衆生故 攝受衆生故 不捨衆生故 自得覺悟故 令他覺悟故 心不退轉故 趣向佛道故 是名菩薩摩訶薩第三無違逆行

4) 무굴요행, 무진행(無盡行)

"불자들이여! 어떠한 것이 보살마하살의 무굴요행(無屈橈行)인가."
"이 보살은 모든 정진을 닦으니, 이른바 제일의 정진과 큰 정진과 뛰어난 정진과 특히 뛰어난 정진과 가장 뛰어난 정진과 최고로 빼어난 정진과 위의 정진과 위 없는 정진과 같음이 없는 정진과 널리 두루 한 정진을 이룹니다."

"성품은 삼독(三毒)이 없고 성품은 교만이 없고 성품은 덮고 감춤이 없고 성품은 아끼고 시기함이 없으며, 성품은 아첨과 속임이 없으며, 성품은 스스로 부끄러워하면서 마침내 한 명의 중생이라도 괴로워하지 않게 하기 위한 까닭으로 두루 정진합니다."

"단지 모든 번뇌를 끊기 위한 까닭으로 정진하고 단지 모든 의혹의 뿌리를 뽑아내기 위한 까닭으로 정진하고 단지 모든 습기를 없애기 위한 까닭으로 정진하고 단지 모든 중생의 세계를 알기 위한 까닭으로 정진하고 단지 모든 중생이 이곳에서 죽어 저곳에서 태어남을 알기 위한 까닭으로 정진하고 단지 모든 중생의 번뇌를 알기 위한 까닭으로 정진하고 단지 모든 중생이 마음으로 즐거워함을 알기 위한 까닭으로 정진하고 다만 모든 중생의 경계를 알기 위한 까닭으로 정진하고 다만 일체중생의 모든 근기가 뛰어나거나 졸렬함을 알기 위한 까닭으로 정진하고 다만 모든 중생이 마음으로 행하는 것을 알기 위한 까닭으로 정진합니다."

"단지 모든 법계를 알기 위한 까닭으로 불도에 힘쓰는 일(精進)을 행하고 단지 모든 불법의 근본이 되는 성품을 알기 위한 까닭으로 불도에 힘쓰는 일을 행하고 단지 모든 불법의 평등한 성품을 알기 위한 까닭으로 불도에 힘쓰는 일을 행하고 단지 삼세의 평등한 성품을 알기 위한 까닭으로 불도에 힘쓰는 일을 행하고 다만 모든 불법의 지혜로운 광명을 얻기 위한 까닭으로 불도에 힘쓰는 일을 행하고 다만 모든 불법의 지혜를 증득하기 위한 까닭으로 불도에 힘쓰는 일을 행하고 다만 모든 불법이 하나의 실상임을 알기 위한 까닭으로 불도에 힘쓰는 일을 행하고 다만 모든 불법이 끝이 없음을 알기 위한 까닭으로 불도에 힘쓰는 일을 행하고 다만 모든 불법의 광대한 결정에 섬세한 선근의 지혜를 얻기 위한 까닭으로 불도에 힘쓰는 일을 행하고 다만 모든 불법의 글귀와 뜻을 널리 펴서 설하는 지혜를 얻기 위한 까닭으로 불도에 힘쓰는 일을 행합니다."

"불자들이여! 보살마하살이 불도에 힘쓰는 이러한 일을 행하고는 가령 어떤 사람이 말하기를 '그대가 능히 무수한 세계에 있는 중생들을 위하면서 하나하나의 중생을 위하는 까닭에 아비지옥에서 수 없는 겁 동안 많은 고통을 받으며, 저 중생들을 빠짐없이 수 없는 부처님께서 세상에 출현하심을 만나게 하고 부처님을 뵌 까닭으로 많은 즐거움을 갖추어 받고 무여열반에 들어갈 것이기에 그대가 마땅히 아뇩다라삼먁삼보리를 얻을 것이다. 그렇게 할 수 있겠는가.'라고 하면 답하기를 '내가 능히 할 것입니다.'라고 합니다."

"어떤 사람이 차례를 따라 이와 같은 말을 하길 '헤아릴 수 없는 아승기의 큰 바닷물을 그대가 지금 한 털끝으로 찍어내어 다하게 하고 헤아릴 수 없는 아승기 세계를 다 부수어 티끌로 만들고 그 물방울과 그 티끌을 낱낱이 세어서 그 수를 알고 중생을 위한 까닭으로 그토록 많은 겁을 지나면서 순간순간마다 고통을 받는 일이 끊이지 않는다.'라고 합니다. 보살이 이러한 말을 들었지만, 잠깐이라도 후회하는 마음을 내지 않고 다만 다시 환희하고 좋아서 날뜀을 거듭 더하고 스스로 경사스럽고 다행한 일이라 여기며, 오히려 큰 이익을 얻은 것이라며 생각하면서 '나의 힘으로 저 중생들이 모든 고통에서 영원히 벗어나게 할 것이다.'라고 합니다."

"보살이 이렇게 행하는 방편으로 일체 세계에 있는 모든 중생을 무여열반의 끝까지 이르게 합니다."

"이 이름을 보살마하살의 제4 무굴요행이라 합니다."

佛子 何等爲菩薩摩訶薩無屈橈行 此菩薩修諸精進 所謂 第一精進 大精進 勝精進 殊勝精進 最勝精進 最妙精進 上精進 無上精進 無等精進 普徧精進 性無三毒 性無憍慢 性不覆藏 性不慳嫉 性無諂誑 性自慚愧 終不爲惱一衆生故而行精進 但爲斷一切煩惱故而行精進 但爲拔一切惑本故而行精進 但爲除一切習氣故而行精進 但爲知一切衆生界故而行精進 但爲知一切衆生死此生彼故而行精進 但爲知一切衆生煩惱故而行精進 但爲知一切衆生心樂故而行精進 但爲知一切衆生境界故而行精進 但爲知一切衆生諸根勝劣故而行精進 但爲知一切衆生心行故而行精進 但爲知一切法界故而行精進 但爲知一切佛法根本性故而行精進 但爲知一切佛法平等性故而行精進 但爲知三世平等性故而行精進 但爲得一切佛法智光明故而行精進 但爲證一切佛法智故而行精進 但爲知一切佛法一實相故而行精進 但爲知一切佛法無邊際故而行精進 但爲得一切佛法廣大決定善巧智故而行精進 但爲得分別演說一切佛法句義智故而行精進 佛子 菩薩摩訶薩成就如是精進行已 設有人言 汝頗能爲無數世界所有衆生 以一一衆生故 於阿鼻地獄 經無數劫 備受衆苦 令彼衆生一一得値無數諸佛出興於世 以見佛故 具受衆樂 乃至入於無餘涅槃 汝乃當成阿耨多羅三藐三菩提 能爾 不耶 答言 我能 設復有人作如是言 有無量阿僧祇大海 汝當以一毛端滴之令盡 有無量阿僧祇世界 盡抹爲塵 彼滴及塵 一一數之 悉知其數 爲衆生故 經爾許劫 於念念中 受苦不斷 菩薩不以聞此語故而生一念悔恨之心 但更增上歡喜踊躍 深自慶幸得大善利 以我力故 令彼衆生永脫諸苦 菩薩以此所行方便 於一切世界中 令一切衆生乃至究竟無餘涅槃 是名菩薩摩訶薩第四無屈橈行

5) 이치난행(離癡亂行)

"불자들이여! 어떠한 것이 보살마하살의 이치난행(離癡亂行)인가."

"이 보살은 바른 생각을 성취해서 마음이 산란하지 않고 견고해서 동하지 않으며, 최상으로 청정하고 광대하고 헤아릴 수 없으며, 미혹이 없습니다."

"바른 생각을 하는 까닭으로 세간의 모든 언어를 선근으로 이해하고 능히 출세간의 법을 가지는 것이니, 이른바 색법과 색이 아닌 법의 말을 능히 지니며, 색 스스로 성품을 만들어 세우는 말을 능히 지니며, 수, 상, 행, 식의 자성을 만들어 세우는 말을 능히 지니기 때문에 마음이 어리석어지거나 혼란스러움이 없으며, 세간 가운데 있으면서 이곳에서 죽고 저곳에서 나더라도 마음이 어리석어지거나 혼란스러움이 없으며, 태에 들고 태에서 나오는 일로 마음이 어리석어지거나 혼란스러움이 없고 보리심을 일으키는데 마음이 어리석어지거나 혼란스러움이 없으며, 선지식을 섬김에 마음이 어리석어지거나 혼란스러움이 없으며, 부지런히 불법을 닦음에 마음이 어리석어지거나 혼란스러움이 없으며, 마군의 일을 깨달아 알아도 마음이 어리석어지거나 혼란스러움이 없으며, 모든 마군의 업을 벗어나도 어리석어지거나 혼란스러움이 없으며, 말할 수 없는 겁 동안 보살행을 닦아도 마음이 어리석어지거나 혼란스럽지 않습니다."

"이 보살은 이와 같이 헤아릴 수 없는 바른 생각을 성취한 후에 헤아릴 수 없는 아승기겁 동안 모든 부처님과 보살과 선지식에게 바른 법을 청해 듣습니다. 이른바 깊고 깊은 법과 광대한 법과 장엄한 법과 가지가지로 장엄한 법과 가지가지의 이름. 구절, 문장, 몸의 법과 보살이 장엄하는 법과 부처님 신력의 광명인 위 없는 법과 바른 소원으로 결정하고 밝게 이해한 청정한 법과 모든 세간에 집착하지 않은 법과 모든 세간을 분별하는 법과 매우 깊고 광대한 법과 치기 어린 어리석음을 벗어나 모든 중생을 비추어 아는 법과 모든 세간과 함께 하는 법과 함께 하지 않은 법과 보살 지혜의 위 없는 법과 일체 지혜의 자재한 법을 널리 펴서 설합니다." "보살이 이러한 법을 듣고는 아승기 겁을 지내도 잊지 않고 마음으로 항상 단단하게 기억해서 잠깐이라도 끊어짐이 없습니다."

"무슨 까닭인가 하면, 보살마하살이 헤아릴 수 없는 겁 동안 모든 행을 닦을 때 한 중생이라도 괴로움에 혼란스러워하면서 바른 생각을 잃어버리지 않게 하고 바른 법을 무너뜨리지 않으며, 선근을 끊어버리지 않게 하고 마음으로 항상 광대한 지혜를 거듭 더하고 늘리게 하는 까닭입니다."

"차례를 따라서(復) 이 보살마하살은 가지가지의 음성으로 의심하거나 혼란스러워하지 않으니, 이른바 높고 큰 소리와 거칠고 탁한 소리와 사람에게 극한 두려움을 느끼게 하는 소리와 뜻을 따른 기쁜 소리와 뜻을 거스르는 기쁘지 않은 소리와 귀를 시끄럽고 어지럽게 하는 소리와 육근을 막고 무너뜨리는 소리입니다."

"이 보살이 이와 같은 헤아릴 수 없고 수 없는 좋고 싫은 소리가 아승기 세계에 가득 찼음을 듣지만 잠시라도 마음이 흐트러지거나 혼란스러워하지 않습니다. 이른바 바른 생각으로 혼란스러워하지 않으며, 경계가 혼란스럽지 않으며, 삼매가 혼란스럽지 않으며, 깊은 법에 들어가도 혼란스러워하지 않으며, 보리 행을 닦은 일에 있어서 혼란스러워하지 않으며, 보리심을 일으켜도 혼란스러워하지 않으며, 모든 부처님을 단단히 기억하고 생각함에 혼란스러워하지 않으며, 진실한 법을 자세하게 살펴보는 일에도 혼란스러워하지 않으며, 중생을 교화는 지혜가 혼란스럽지 않으며, 중생을 청정하게 하는 지혜가 혼란스럽지 않으며, 깊고 깊은 뜻을 분명하게 열어서 아는 것이 혼란스럽지 않습니다."

"악업을 짓지 않은 까닭으로 악업으로 인한 막힘이나 걸림이 없고 번뇌를 일으키지 않은 까닭으로 번뇌로 인한 막힘이나 걸림이 없고 법을 가볍게 여기지 않은 까닭으로 법으로 인한 막힘이나 걸림이 없고 바른 법을 비방하지 않은 까닭으로 과보로 인한 막힘이나 걸림이 없습니다."

"불자들이여! 위에서 설한 바와 같이 이와 같은 소리가 아승기 세계에 가득 차 있고 헤아릴 수 없으며, 수 없는 겁 동안에 잠깐도 끊이지 않으면서 중생의 몸과 마음의 일체 모든 근을 무너뜨리더라도 이 보살의 마음은 무너뜨리지 못합니다. 보살이 삼매 가운데 들어가 성인의 법에 머물며, 모든 소리를 사유하고 자세하게 살펴보면서 소리가 생하고 머물고 없어짐을 선근으로 알기에 소리가 생하고 머물고 없어지는 성품을 압니다."

"이와 같음을 들은 후에는 탐욕을 내지 않으며, 성냄을 일으키지 않으며, 생각을 잃지 않으며, 마주한 그 모양이나 상태를 선근으로 취해서 물들거나 집착하지 않으며, 모든 소리는 다 없는 것이어서 실로 얻을 수 없는 것임을 알며, 지을 자도 없으며, 근본이 되는 경계가 없기에 법계와 더불어 차별이 없습니다."

"보살이 이와 같은 적정의 몸과 말과 생각으로 하는 행을 성취한 후에는 모든 지혜에 이르도록 영원히 물러서지 않으며, 일체 모든 선정의 문에 선근으로 들어가 모든 삼매가 동일한 체와 성품임을 알며, 모든 법이란 끝닿는 경계가 없음을 깨달아 알며, 모든 법의 진실한 지혜를 얻으며, 음성을 벗어난 깊고 깊은 삼매를 얻으며, 아승기 삼매의 문을 얻어서 헤아릴 수 없고 광대한 큰 자비심을 거듭 더하고 늘립니다."

"이때 보살이 한 생각 가운데 수 없는 백천 삼매를 얻음으로 이와 같은 소리를 들어도 마음이 혼란스럽지 않기에 그 삼매를 점점 거듭해서 더하고 더욱 넓게 합니다. 그러면서 이와 같은 생각을 하길 '내가 마땅히 모든 중생을 위 없는 청정한 생각 가운데 편안히 머물게 해서 모든 지혜로부터 물러섬이 없음을 얻게 하고 끝에 가서는 무여열반을 얻게 할 것이다.'라고 합니다."

"이 이름을 보살하마하살의 제5 이치난행이라 합니다."

佛子 何等爲菩薩摩訶薩離癡亂行 此菩薩成就正念 心無散亂 堅固不動 最上清淨 廣大無量 無有迷惑 以是正念故 善解世間一切語言 能持出世諸法言說 所謂 能持色 法 非色法言說 能持建立色自性言說 乃至能持建立受 想 行 識自性言說 心無癡亂 於世間中 死此生彼 心無癡亂 入胎出胎 心無癡亂 發菩提意 心無癡亂 事善知識 心 無癡亂 勤修佛法 心無癡亂 覺知魔事 心無癡亂 離諸魔業 心無癡亂 於不可說劫 修 菩薩行 心無癡亂 此菩薩成就如是無量正念 於無量阿僧祇劫中 從諸佛 菩薩 善知識 所 聽聞正法 所謂 甚深法 廣大法 莊嚴法 種種莊嚴法 演說種種名句文身法 菩薩莊 嚴法 佛神力光明無上法 正希望決定解清淨法 不著一切世間法 分別一切世間法 甚 廣大法 離癡翳照了一切衆生法 一切世間共法不共法 菩薩智無上法 一切智自在法 菩薩聽聞如是法已 經阿僧祇劫 不忘不失 心常憶念 無有閒斷 何以故 菩薩摩訶薩於 無量劫修諸行時 終不惱亂一衆生 令失正念 不壞正法 不斷善根 心常增長廣大智故 復次 此菩薩摩訶薩 種種音聲不能惑亂 所謂 高大聲 麤濁聲 極令人恐怖聲 悅意聲 不悅意聲 諠亂耳識聲 沮壞六根聲 此菩薩聞如是等無量無數好惡音聲 假使充滿阿 僧祇世界 未曾一念心有散亂 所謂 正念不亂 境界不亂 三昧不亂 入甚深法不亂 行 菩提行不亂 發菩提心不亂 憶念諸佛不亂 觀眞實法不亂 化衆生智不亂 淨衆生智不 亂 決了甚深義不亂 不作惡業故 無惡業障 不起煩惱故 無煩惱障 不輕慢法故 無有 法障 不誹謗正法故 無有報障 佛子 如上所說如是等聲 一一充滿阿僧祇世界 於無量 無數劫未曾斷絶 悉能壞亂衆生身心一切諸根 而不能壞此菩薩心 菩薩入三昧中 住 於聖法 思惟觀察一切音聲 善知音聲生 住 滅相 善知音聲生 住 滅性 如是聞已 不生 於貪 不起於瞋 不失於念 善取其相而不染著 知一切聲皆無所有 實不可得 無有作者 亦無本際 與法界等 無有差別 菩薩如是成就寂靜身 語 意行 至一切智 永不退轉 善 入一切諸禪定門 知諸三昧同一體性 了一切法無有邊際 得一切法眞實智慧 得離音 聲甚深三昧 得阿僧祇諸三昧門 增長無量廣大悲心 是時 菩薩於一念中 得無數 百千三昧 聞如是聲 心不惑亂 令其三昧 漸更增廣 作如是念 我當令一切衆生安住無 上清淨念中 於一切智得不退轉 究竟成就無餘涅槃 是名菩薩摩訶薩第五離癡亂行

6) 선현행(善現行)

"불자들이여! 어떠한 것이 보살마하살의 선현행(善現行)인가."

"이 보살은 몸으로 짓은 업이 청정하고 말로 짓은 업이 청정하고 뜻으로 짓은 업이 청정하고 얻을 것이 없는 곳에 머물면서 얻을 것 없는 몸과 말과 뜻의 업을 보이니, 삼업(三業)은 모두 없는 것임을 능히 알며, 허망함이 없는 까닭으로 얽히고 얽힘이 없으며, 무릇 나타내 보임에 성품도 없고 의지할 것도 없습니다."

"실상의 본바탕과 같은 마음에 머무르면서 헤아릴 수 없는 스스로 성품을 알며, 모든 법의 자성이란 얻을 것도 없고 마주할 모양이나 상태도 없음을 알며, 깊고 깊어서 들어가기 어려우며, 바른 자리인 진여의 법성에 머물면서 방편을 내서 보이지만 업보가 없기에 생함도 없고 멸함도 없습니다. 열반계에 머물며, 적정의 성품에 머물며, 진실하기에 성품이 없는 성품에 머물며, 언어의 길이 끊어짐이니, 모든 세간을 초월해서 의지할 것이 없습니다. 분별을 벗어나 얽히거나 집착함이 없는 법에 들어가며, 가장 뛰어난 지혜의 진실한 법에 들어가며, 모든 세간으로서는 알 수 없는 출세간의 법에 들어가는 것이기에 이것이 보살의 섬세한 선근 방편으로 나타내 보이는 것이며, 생(生)하는 마주할 모양이나 상태입니다."

"불자들이여! 이 보살이 이와 같이 생각하기를 '모든 중생이 성품이 없음을 성품으로 삼으며, 일체 모든 법이 무위를 성품으로 삼으며, 모든 국토가 마주할 모양이나 상태가 없음을 마주할 모양이나 상태로 삼으며, 일체 삼세가 오직 말뿐이며, 모든 말이 모든 법 가운데 의지한 곳이 없으며, 일체 모든 법이 말 가운데 역시 의지할 곳이 없다.'라고 합니다."

"보살은 이와 같이 모든 법이란 다 깊고 깊음을 밝게 알며, 모든 세간이 남김없이 다 적정함을 알며, 모든 불법이 더함이 없고 느는 것이 없음을 알며, 불법이 세간의 법과 다르지 않음을 알며, 불법과 세간의 법이 섞이지 않음을 알며, 또 차별이 없으며, 법계의 체성이 평등하기에 널리 삼세에 두루 들어감을 깨달아 알며, 큰 보리심에서 영원히 벗어나거나 버리지 않으며, 중생을 교화하는 마음에서 늘 물러서지 않으며, 큰 자비심을 거듭 더하고 늘려서 모든 중생이 의지할 곳을 짓습니다."

"보살이 이때 차례를 따라(復) 생각하기를 '내가 중생을 성숙시키지 않으면 누가 성숙시키며, 내가 중생을 조복시키지 않으면 누가 조복시키며, 내가 중생을 교화하지 않으면 누가 교화하며, 내가 중생을 깨우쳐주지 않으면 누가 깨우쳐주며, 내가 중생을 청정하게 하지 못하면 누가 청정하겠는가. 이는 내가 마땅히 할 일이니, 내가 응당 해야 할 일이다.'라고 합니다."

"차례를 따라(復) 생각하기를 '만일 나만이 이 깊고도 깊은 법을 알면 나 한 사람만이 아뇩다라삼먁삼보리에 홀로 해탈을 얻을 것이니, 모든 중생은 어둡고 눈이 없기에 매우 험난한 길에 들어갈 것이며, 모든 번뇌로 얽히고 묶여서 중병에 걸린 사람과 같이 늘 고통을 받을 것이며, 탐애의 지옥에 처하여 스스로 나오지 못할 것이며, 지옥, 아귀, 축생, 염라왕 세계를 벗어나지 못하고 고통을 없애지 못할 것이며, 악업을 버리지 못하고 항상 어리석은 어둠에 처해서 진실을 보지 못하며, 생사의 윤회에서 뛰쳐나오지 못하고 팔난에 머물면서 많은 허물에 물이 들고 집착하며, 가지가지의 번뇌가 그 마음을 덮어서 막힘이나 걸림이 되고 삿된 소견에 빠져 바른 도를 행하지 못할 것이다.'라고 합니다."

"보살이 이와 같은 중생을 살펴보고 생각하기를 '중생들이 성숙하지 못하고 조복시키지 못한 것을 버려두고 아뇩다라삼먁삼보리를 취하여 증득한다는 것은 차마 못 할 일이니, 내가 먼저 중생들을 교화하고 말로 이를 수 없이 말할 수 없는 겁 동안 보살행을 행해서 성숙하지 못한 이들을 먼저 성숙시키고 조복시키지 못한 이들을 먼저 조복시킬 것이다.' 라고 합니다."

"이렇듯 보살이 이 행에 머물러 있을 때는 모든 하늘과 마군과 범천과 사문과 바라문과 모든 세간의 건달바와 아수라 등이 만일 만나 보거나 잠시라도 함께 머물러 있거나 공경하고 존중하고 받들어 공양하거나 잠깐이라도 귀로 들어서 마음을 한번 거치기만 해도, 이와 같음을 지어가는 것이 헛되지 않아서 반드시 아뇩다라삼먁삼보리를 이룰 것입니다."

"이 이름을 보살마하살의 제6 선현행이라 합니다."

佛子 何等爲菩薩摩訶薩善現行 此菩薩身業淸淨 語業淸淨 意業淸淨 住無所得 示無所得 身語意業 能知三業皆無所有 無虛妄故 無有繫縛 凡所示現 無性無依 住如實心 知無量心自性 知一切法自性 無得無相 甚深難入 住於正位眞如法性 方便出生而無業報 不生不滅 住涅槃界 住寂靜性 住於眞實無性之性 言語道斷 超諸世間 無有所依 入離分別無縛著法 入最勝眞實之法 入非諸世間所能了知出世間法 此是菩薩善巧方便 示現生相 佛子 此菩薩作如是念 一切衆生 無性爲性 一切諸法 無爲爲性 一切國土 無相爲相 一切三世 唯有言說 一切言說 於諸法中 無有依處 一切諸法 於言說中 亦無依處 菩薩如是解一切法皆悉甚深 一切世間皆悉寂靜 一切佛法無所增益 佛法不異世間法 世間法不異佛法 佛法 世間法 無有雜亂 亦無差別 了知法界體性平等 普入三世 永不捨離大菩提心 恒不退轉化衆生心 轉更增長大慈悲心 與一切衆生作所依處 菩薩爾時復作是念 我不成熟衆生 誰當成熟 我不調伏衆生 誰當調

伏 我不敎化衆生 誰當敎化 我不覺悟衆生 誰當覺悟 我不淸淨衆生 誰當淸淨 此我
所宜 我所應作 復作是念 若我自解此甚深法 唯我一人於阿耨多羅三藐三菩提獨得
解脫 而諸衆生盲冥無目 入大險道 爲諸煩惱之所纏縛 如重病人恒受苦痛 處貪愛獄
不能自出 不離地獄 餓鬼 畜生 閻邏王界 不能滅苦 不捨惡業 常處癡闇 不見眞實 輪
迴生死 無得出離 住於八難 衆垢所著 種種煩惱覆障其心 邪見所迷 不行正道 菩薩
如是觀諸衆生 作是念言 若此衆生未成熟 未調伏 捨而取證阿耨多羅三藐三菩提 是
所不應 我當先化衆生 於不可說不可說劫行菩薩行 未成熟者 先令成熟 未調伏者 先
令調伏 是菩薩住此行時 諸天 魔 梵 沙門 婆羅門 一切世間乾闥婆 阿脩羅等 若有得
見 暫同住止 恭敬尊重 承事供養 及暫耳聞 一經心者 如是所作 悉不唐損 必定當成
阿耨多羅三藐三菩提 是名菩薩摩訶薩第六善現行

대방광불화엄경 제20권

21. 십행품(2)
　　十行品第二十之二

7) 무착행(無著行)

"불자들이여! 어떠한 것이 보살마하살의 무착행(無著行)인가."

"이 보살은 집착이 없는 마음으로 생각과 생각마다 아승기 세계에 들어가서 아승기 세계를 장엄하여 청정하게 하지만 이 모든 세계에 집착하는 마음이 없습니다."

"아승기 여래가 계신 모든 처소로 나아가 공경히 예를 올리고 받들어 섬기고 공양합니다. 아승기 꽃과 아승기 향과 아승기 꽃 화관과 아승기 바르는 향과 가루 향과 의복과 진주 보배와 당기와 깃발과 빼어난 덮을 거리로 모든 장엄 기물을 사용해서 각각 아승기로 공양하니, 이와 같이 공양하는 것은 지음이 없는 법을 끝까지 하기 위한 까닭이며, 생각으로 헤아릴 수 없는 법에 머물기 위한 까닭입니다."

"생각과 생각마다 무수한 부처님을 뵌다고는 하지만 부처님에게 집착하는 마음이 없으며, 모든 부처님 세계에 역시 집착이 없으며, 부처님의 좋은 모습에 역시 집착이 없으며, 부처님의 광명을 보고 부처님이 법을 설함을 들어도 역시 집착이 없으며, 시방세계와 부처님과 보살과 대중의 모임에도 역시 집착이 없으며, 불법을 들어 마음으로 환희심을 내고 하고자 하는 힘이 광대해서 능히 거두어들이고 능히 모든 보살의 행을 행하지만, 불법에 역시 집착함이 없습니다."

"이 보살이 말할 수 없는 겁에 말로 할 수 없는 부처님이 세상에 크게 일어나 나오심을 보고 한 분 한 분 부처님 처소에서 받들어 섬기고 공양하기를 말할 수 없는 겁이 다하도록 하더라도 마음에 만족함이 없으며, 부처님을 뵙고 법을 듣고 또 보살 대중이 모인 장엄함을 보더라도 모든 것에 집착함이 없으며, 청정하지 못한 세계를 보고도 역시 미워하는 생각이 없습니다."

"어찌 된 까닭인가 하면, 보살이 모든 부처님의 법과 같이 자세하게 살펴보는 까닭이니, 이는 모든 불법 가운데는 허물도 없고 깨끗함도 없고 어둠도 없고 밝음도 없고 다름도 없고 하나도 없고 진실함도 없고 허망함도 없고 편안함도 없고 험난함도 없고 바른길도 없고 삿된 길도 없기 때문입니다."

"보살이 이와 같은 법계에 깊이 들어가서 중생들을 교화하지만, 중생에게 집착을 내지 않고 모든 법을 받아 지니지만, 모든 법에 집착을 내지 않고 보리심을 일으켜 부처님이 머무시는 곳에 머물지만, 부처님이 머무는 곳에 집착을 내지 않고 비록 말을 하지만, 말씀에 집착하는 마음이 없으며, 중생의 세계로 향해 들어가지만, 중생의 세계로 향하는 마음에 집착이 없고 삼매를 깨달아 알고 능히 들어가 능히 머물지만, 삼매에 집착하는 마음이 없고 헤아릴 수 없이 많은 부처님의 국토에 나아가 들어가기도 하고 그 가운데 머물기도 하지만, 부처님의 국토에 집착하는 마음이 없고 버리고 갈 때도 역시 마음에 두고 그리워하는 것이 없습니다."

"보살마하살이 이와 같음에 집착함이 없는 까닭으로 불법 가운데 마음이 막힘이나 걸림이 되지 않으며, 부처님의 보리를 밝게 깨달아 알고 법과 비니(毘盧蔗那法身)를 증득하고 부처님의 바른 가르침에 머물며, 보살의 행을 닦고 보살의 마음에 머물고 보살의 해탈법을 사유하며, 보살이 머무는 곳에 마음이 물들지 않고 보살이 행하는 일에 역시 집착이 없고 보살의 도를 청정하게 하고 보살의 수기를 받습니다."

"보살이 수기를 받고는 생각하기를 '범부가 어리석기에 알지 못하고 보지 못하며, 믿음도 없고 이해하지도 못하고 아는 것도 없기에 민첩한 행이 없으며, 완고하고 어리석기에 생사를 헤매면서 부처님 뵙기를 구하지 않으며, 조어사를 믿지 않기에 잘못된 길을 헤매면서 험난한 길로 들어가며, 십력(十力)을 지니신 분을 공경하지 않으며, 보살의 은혜를 알지 못하고 머무는 곳을 그리워하고 집착하기에 모든 법이 공하다는 것을 듣고는 마음으로 크게 두려워하며, 바른 법을 멀리 벗어나 삿된 법에 머물며, 평탄한 길을 버리고 험난한 길로 들어가 부처님의 뜻을 버리고 등지며, 마군의 뜻을 따르고 좇아서 중생(諸有) 가운데 견고하게 집착하고는 버리지 않는다.'라고 합니다. 보살이 이와 같은 모든 중생을 살펴보고는 대비심을 거듭 더하고 늘려서 모든 선근을 내지만 집착함이 없습니다."

"보살이 이때 차례를 따라(復) 생각하기를 '나는 마땅히 한 중생을 위해서 시방세계 하나하나의 국토에서 말할 수 없이 말로 이를 수 없는 겁이 지나도록 중생을 교화해서 성숙하게 하고 이렇듯 한 중생을 위하는 것과 같이 모든 중생을 위해서도 역시 이와 같이 빠짐없이 할 것이며, 그렇다고 이러한 일을 싫어하거나 고달픔을 내어 남기거나 버리지 않을 것이며, 또 털끝으로 법계를 두루 헤아려서 한 털끝만 한 곳에서 말할 수 없이 말로 이를 수 없는 겁이 다하도록 모든 중생을 교화하고 조복시키며, 하나의 털끝만 한 곳에서와 같게 역시 이와 같음을 빠짐없이 할 것이다. 그리고 손가락 한 번 튕기는 순간이라도 나라는 것에 집착하여 나라는 생각과 내 것이라는 생각을 일으키지 않으며, 하나하나의 털끝만 한 곳곳마다 또 곳곳에서 오는 세월이 다하도록 보살의 행을 닦겠지만 몸에 집착하지 않고 법에 집착하지 않고 생각에 집착하지 않고 소원에 집착하지 않고 삼매에 집착하지 않고 자세히 살펴보는 일에 집착하지 않고 적정에 집착하지 않고 경계에 집착하지 않고 중생을 교화하고 조복시키는 일에 집착하지 않고 다시 법계에 들어가는 일에도 집착하지 않을 것이다.'라고 합니다."

"어찌 된 까닭인가 하면, 보살이 생각하기를 '내가 살펴보니 모든 법계가 허깨비와 같고 모든 부처님이 그림자와 같고 보살의 행이 꿈과 같고 부처님의 설법이 메아리와 같고 모든 세간이 변화해 나타나는 것과 같아서 업보를 가지게 된 까닭이며, 차별한 몸이 허깨비와 같은 것은 행의 힘으로 일으킨 까닭이며, 모든 중생의 마음이 같은 것은 가지가지로 물든 까닭이며, 모든 법이 실질적인 경계와 같은 것은 변할 수 없는 까닭임을 살펴볼 것이다.'라고 합니다."

"또 생각하기를 '내가 마땅히 허공을 다하고 법계에 두루 해서 시방 국토 가운데 보살행을 행하지만, 생각과 생각마다 모든 불법을 밝게 통달해서 바른 생각이 바로 앞에 나타나도 취하고 집착하는 것이 없을 것이다.'라고 합니다."

"보살이 이와 같은 몸은 나라고 할 것이 없음을 보고 부처님을 뵙는 일에 막힘이나 걸림이 없으며, 중생을 교화하기 위해 모든 법을 널리 펴서 설하며, 모든 이들이 부처님 법으로 헤아릴 수 없는 즐거움과 청정한 믿음의 마음을 일으키게 하며, 모든 이들을 구하고 보호하지만, 마음에 고달프거나 싫어함이 없습니다."

"고달프거나 싫어함이 없는 까닭으로 모든 세계에서 그와 같은 중생이 성숙하지 못하였거나 조복시키지 못한 곳이 있으면 그곳에 이르러 방편으로 교화하고 제도합니다. 그 가운데 중생의 가지가지의 음성과 가지가지의 업과 가지가지의 취함과 집착과 가지가지의 베푸는 설비와 가지가지의 화합과 가지가지로 헤매는 것과 가지가지로 지어가는 것과 가지가지의 경계와 가지가지로 태어나고 가지가지로 죽어가는 것들을 큰 서원으로 그 가운데 편안히 머물게 하고 교화하면서 그 마음이 움직이거나 물러남이 없게 하며, 또한 잠깐이라도 물들거나 집착하는 생각을 내지 않게 합니다."

"어찌 된 까닭인가 하면, 집착할 것이 없고 의지할 것이 없음을 얻은 까닭에 자신도 이롭고 남도 이롭게 하는 일이 청정해지고 만족스럽기 때문입니다."

"이 이름을 보살마하살의 제7 무착행이라 합니다."

佛子 何等爲菩薩摩訶薩無著行 此菩薩以無著心 於念念中 能入阿僧祇世界 嚴淨阿僧祇世界 於諸世界 心無所著 往詣阿僧祇諸如來所 恭敬禮拜 承事供養 以阿僧祇華 阿僧祇香 阿僧祇鬘 阿僧祇塗香 末香 衣服 珍寶 幢幡 妙蓋 諸莊嚴具各阿僧祇以

用供養 如是供養 爲究竟無作法故 爲住不思議法故 於念念中 見無數佛 於諸佛所
心無所著 於諸佛刹 亦無所著 於佛相好 亦無所著 見佛光明 聽佛說法 亦無所著 於
十方世界 及佛菩薩所有衆會 亦無所著 聽佛法已 心生歡喜 志力廣大 能攝 能行諸
菩薩行 然於佛法 亦無所著 此菩薩於不可說劫 見不可說佛出興於世 一一佛所 承事
供養 皆悉盡於不可說劫 心無厭足 見佛聞法 及見菩薩衆會莊嚴 皆無所著 見不淨世
界 亦無憎惡 何以故 此菩薩如諸佛法而觀察故 諸佛法中 無垢 無淨 無闇 無明 無異
無一 無實 無妄 無安隱 無險難 無正道 無邪道 菩薩如是深入法界 敎化衆生 而於衆
生不生執著 受持諸法 而於衆生不生執著 發菩提心 住於佛住 而於佛住不生執著 雖
有言說 而於言說心無所著 入衆生趣 於衆生趣心無所著 了知三昧 能入能住 而於三
昧心無所著 往詣無量諸佛國土 若入 若見 若於中住 而於佛土心無所著 捨去之時亦
無顧戀 菩薩摩訶薩以能如是無所著故 於佛法中 心無障礙 了佛菩提 證法毘尼 住佛
正敎 修菩薩行 住菩薩心 思惟菩薩解脫之法 於菩薩住處心無所染 於菩薩所行無所
著 淨菩薩道 受菩薩記 得受記已 作如是念 凡夫愚癡 無知無見 無信無解 無聰敏行
頑嚚貪著 流轉生死 不求見佛 不隨明導 不信調御 迷誤失錯 入於險道 不敬十力王
不知菩薩恩 戀著住處 聞諸法空 心大驚怖 遠離正法 住於邪法 捨夷坦道 入險難道
棄背佛意 隨逐魔意 於諸有中 堅執不捨 菩薩如是觀諸衆生 增長大悲 生諸善根以無
所著 菩薩爾時復作是念 我當爲一衆生 於十方世界一一國土 經不可說不可說劫 敎
化成熟 與爲一衆生 爲一切衆生皆亦如是 終不以此而生疲厭 捨而餘去 又以毛端徧
量法界 於一毛端處 盡不可說不可說劫 敎化調伏一切衆生 如一毛端處 一一毛端處
皆亦如是 乃至不於一彈指頃 執著於我 起我 我所想 於一一毛端處 盡未來劫修菩薩
行 不著身 不著法 不著念 不著願 不著三昧 不著觀察 不著寂靜 不著境界 不著敎化
調伏衆生 亦復不著入於法界 何以故 菩薩作是念 我應觀一切法界如幻 諸佛如影 菩
薩行如夢 佛說法如響 一切世間如化 業報所持故 差別身如幻 行力所起故 一切衆生
如心 種種雜染故 一切法如實際 不可變異故 又作是念 我當盡虛空徧法界 於十方國
土中行菩薩行 念念明達 一切佛法正念現前 無所取著 菩薩如是觀身無我 見佛無礙
爲化衆生 演說諸法 令於佛法發生無量歡喜淨信 救護一切 心無疲厭 無疲厭故 於一
切世界 有衆生未成熟 未調伏處 悉詣於彼 方便化度 其中衆生種種音聲 種種諸業
種種取著 種種施設 種種和合 種種流轉 種種所作 種種境界 種種生 種種歿 以大誓
願 安住其中而敎化之 不令其心有動有退 亦不一念生染著想 何以故 得無所著 無所
依故 自利 利他 清淨滿足 是名菩薩摩訶薩第七無著行

8) 난득행(難得行)

"불자들이여! 어떠한 것이 보살마하살의 난득행(難得行)인가."

"이 보살은 얻기 어려운 선근과 조복시키기 어려운 선근과 가장 뛰어난 선근과 무너뜨릴 수 없는 선근과 허물이나 잘못이 없는 선근과 헤아릴 수 없는 선근과 다함이 없는 선근과 자재한 힘의 선근과 큰 위덕의 선근과 모든 부처님과 더불어 동일한 성품의 선근을 성취하였기에 이 보살은 모든 행을 닦을 때 불법 가운데 가장 뛰어난 이해력을 얻고 부처님의 보리에서 광대한 이해력을 얻고 보살의 원에서 조금도 쉬지 않고 일체 겁이 다하도록 게으르고 피곤한 마음이 없으며, 모든 고통을 마주해도 싫어하거나 벗어나고자 하는 마음을 내지 않으며, 모든 마군이 움직이지 못하고 모든 부처님으로부터 보호를 받으며, 모든 보살의 고통을 갖추고 행하며, 보살행을 닦는 일에 꾸준하고 게으르지 않으며, 대승에 대한 소원에서 늘 물러서지 않습니다."

"이 보살이 난득행에 편안히 머물면서 생각과 생각마다 나고 죽음을 아승기 겁 동안 하면서도 보살의 큰 원을 버리지 않기에 그와 같은 어떤 중생이 받들어 섬기고 공양하거나 또 보거나 듣기만 하여도 모두 아뇩다라삼먁삼보리에서 물러서지 않음을 얻습니다."

"이 보살이 비록 중생이란 없는 것을 깨우쳐 알지만 모든 중생을 버리지 않으니, 비유하면 뱃사공이 이 언덕에 머물지도 않고 그렇다고 저 언덕에 머물지도 않고 그 가운데 머물지도 않으면서 이 언덕의 중생을 태워서 저 언덕에 이르게 하고 왕래하는 일을 쉬지 않은 까닭입니다."

"보살마하살도 역시 차례를 따라(復) 이와 같기에 생사에 머물지 않고 열반에 머물지 않고 생사 가운데의 흐름에도 머물지 않으면서 이 언덕의 중생을 건너게 해서 저 언덕의 편안하고 두려움이 없으며 근심이 없고 괴로움이 없는 곳에 둡니다. 그리고 중생의 숫자에 집착하지 않으며, 한 중생을 버리고 많은 중생에게 집착하지 않으며, 많은 중생을 버리고 한 중생에게 집착하지 않으며, 중생계를 더하지 않고 중생계를 감하지도 않으며, 중생계를 내지 않고 중생계를 멸하지 않으며, 중생계를 다하지 않으며, 중생계를 거듭 더하거나 늘리지도 않으며, 중생계를 분별하지 않으니, 중생계는 둘이 아니기 때문입니다."

"무슨 까닭인가 하면, 보살이 중생계에 깊이 들어가는 일이 법계와 같고 중생계와 법계는 둘이 없으니, 둘이 없는 법 가운데는 더함도 없고 감함도 없고 생함도 없고 멸함도 없고 있음도 없고 없음도 없고 취함도 없고 의지함도 없고 집착할 것도 없고 둘도 없는 것이니, 왜냐하면 보살이 모든 법과 법계가 둘이 없음을 깨달아 알기 때문입니다."

"보살이 이와 같은 선근 방편으로 법계에 깊이 들어가서는 마주할 모양이나 상태가 없는 곳에 머물고 마주한 청정한 모양이나 상태로 그 몸을 장엄하고 법의 성품이 없음을 깨우쳐 알지만 모든 법의 모양이나 상태를 분별하며, 중생에게 집착하지 않으면서 중생의 수를 알며, 세계에 집착하지 않으면서 부처님 세계의 몸을 나타내며, 법을 분별하지 않으면서 부처님 법에 선근으로 들어가며, 이치를 깊이 통하고도 말을 널리 펴서 가르침을 설하고 모든 법이 탐욕을 벗어난 진실한 경계임을 깨우쳐 알면서 보살의 도를 끊지 않고 보살의 행에서 물러서지 않으며, 부지런히 다함이 없는 행을 닦고 익혀서 자재하게 청정한 법계에 들어갑니다."

"비유하자면 나무를 비벼서 불을 나게 하고 헤아릴 수 없이 타는 불은 꺼지지 않으니, 보살도 이와 같음으로 중생을 교화하는 일에 다 함이 없고 세간에 있기에 항상 머물면서 멸하지도 않습니다."

"구경도 아니고 구경이 아닌 것도 아니며, 취함도 아니고 취하지 않은 것도 아니며, 의지함도 아니고 의지함이 아닌 것도 아니며, 세상의 법도 아니고 부처님의 법도 아니며, 범부도 아니고 과를 얻은 것도 아닙니다."

"보살이 이와 같은 얻기 어려운 마음을 성취하고 보살의 행을 닦을 때 이승(二乘)의 법을 설하지도 않고 부처님의 법을 설하지도 않고 세간을 설하지도 않고 세간 법을 설하지도 않고 중생을 설하지도 않고 중생이 없음을 설하지도 않고 허물이나 잘못을 설하지도 않고 청정함을 설하지도 않습니다. 왜냐하면, 보살은 모든 법에 물들지도 않고 취함도 없고 움직여 변하지도 않고 물러서지도 않음을 아는 까닭이며, 보살이 이와 같은 적멸하고 미묘하면서 매우 깊고 가장 빼어난 법 가운데서 수행할 때, 내가 지금 이 행을 닦으며, 이미 이 행을 닦았으며, 장차 이 행을 닦을 것이라는 생각을 내지 않고 온, 계, 처에 집착하지 않으며, 내 세간, 외 세간, 내외 세간에 집착하지 않고 일으킨 큰 소원과 모든 바라밀과 또 모든 법에 다 집착함이 없습니다. 왜 그런가 하면, 법계 가운데는 법이 없기에 이름이 '성문승'으로 향한다거나 '독각승'으로 향한다고 이르며, 법이 없기에 이름이 '보살승'으로 향한다거나 '아뇩다라삼먁삼보리'로 향한다고 이르며, 법이 없기에 이름이 '범부계'로 향한다고 이르며, 법이 없기에 이름이 물들거나 깨끗한 곳으로 향하고 생사로 향하고 열반으로 향한다고 이릅니다. 무슨 까닭인가 하면, 모든 법이란 둘이 없되 둘이 아님도 없는 까닭입니다."

"비유하면 허공을 시방 가운데 과거, 미래, 현재에서 구하려 해도 얻을 수 없지만, 그러나 허공이 없는 것은 아니니, 보살도 이와 같이 모든 법이란 얻을 것이 없음을 자세히 보지만, 그러나 모든 법이 없는 것은 아니며, 실상의 본바탕과 같고 다르지가 않으며, 지어가는 일을 잃지 않고 보살의 행을 닦고 행함을 두루 보이며, 큰 소원을 버리지 않고 중생을 조복시키며, 바른 법의 수레를 굴려서 인과를 무너뜨리지 않으며, 또한 평등하고 빼어난 법을 위반하지 않으며, 삼세 모든 여래와 더불어 평등하기에 부처의 종자를 끊지 않으며, 실상을 무너뜨리지 않으며, 법에 깊이 들어가서 변재가 다함이 없으며, 법을 듣지만 집착하지 않고 법의 가장 깊은 곳에 이르며, 선근을 능히 열어 펼쳐서 마음에 두려움이 없으며, 부처님이 머무는 곳을 버리지 않고 세사의 법을 위반하지 않으면서 널리 세간에 나타나지만, 세간에 집착하지 않습니다."

"보살이 이와 같은 얻기 어려운 지혜의 마음을 성취한 후에는 모든 행을 닦고 익히며, 삼악취에서 중생들을 빼내어 교화하고 조복시키며, 삼세 부처님의 도 가운데 편안히 두고 동요하지 않게 합니다."

"차례를 따라(復) 생각하기를 '세간의 중생들이 은혜 갚을 줄을 알지 못하고 서로가 원수를 대하듯이 하며, 삿된 견해에 집착하면서 의심에 혹하고 거꾸로 뒤바뀌며, 어리석고 지혜가 없기에 신심이 없으며, 악한 벗을 좇아 따르기에 모든 악하고 교활한 마음을 일으키며, 탐욕과 애착과 무명 등 가지가지의 번뇌가 빠짐없이 다 가득하니, 이는 내가 보살행을 닦을 곳이다. 설사 은혜를 알고 총명하며, 지혜가 밝으며, 또한 선지식이 세간에 충만하다면 나는 이 가운데서 보살행을 닦지 않을 것이다. 왜냐하면, 나는 중생과 친하거나 서로 섬길 것도 없고 바라는 것도 없으며, 또 한 올의 실과 하나의 가는 털과 칭찬하는 말 한마디까지 구하지 않고 미래의 겁이 다하도록 보살행을 닦으면서도 일찍이 단 한 번도 자신의 몸을 위하지 않았으며, 단지 모든 중생을 제도해서 청정하게 하고 영원히 벗어남을 얻게 하려는 것이다.'라고 합니다."

"무슨 까닭인가 하면, 중생들 가운데서 밝게 인도하는 자의 법은 당연히 이와 같기에 취하지도 않으며, 구하지도 않으며, 다만 중생들을 위해 보살 도를 닦으며, 그들을 편안한 저 언덕에 이르게 해서 아뇩다라삼먁삼보리를 이루게 하려는 것입니다."

"이 이름을 보살하마하살의 제8 난득행, 존중행이라고 합니다."

佛子 何等爲菩薩摩訶薩難得行 此菩薩成就難得善根 難伏善根 最勝善根 不可壞善根 無能過善根 不思議善根 無盡善根 自在力善根 大威德善根 與一切佛同一性善根 此菩薩修諸行時 於佛法中得最勝解 於佛菩提得廣大解 於菩薩願未曾休息 盡一切劫心無疲倦 於一切苦不生厭離 一切中魔所不能動 一切諸佛之所護念 具行一切菩薩苦行 修菩薩行 精勤匪懈 於大乘願 恒不退轉 是菩薩安住此難得行已 於念念中能轉阿僧祇劫生死 而不捨菩薩大願 若有衆生 承事供養 乃至見聞 皆於阿耨多羅三藐三菩提得不退轉 此菩薩雖了衆生非有 而不捨一切衆生界 譬如船師 不住此岸 不住彼岸 不住中流 而能運度此岸衆生至於彼岸 以往返無休息故 菩薩摩訶薩亦復如

是 不住生死 不住涅槃 亦復不住生死中流 而能運度此岸眾生 置於彼岸安隱無畏 無憂惱處 亦不於眾生數而有所著 不捨一眾生著多眾生 不捨多眾生著一眾生 不增眾生界 不減眾生界 不生眾生界 不滅眾生界 不盡眾生界 不長眾生界 不分別眾生界 不二眾生界 何以故 菩薩深入眾生界如法界 眾生界 法界無有二 無二法中 無增 無減 無生 無滅 無有 無無 無取 無依 無著 無二 何以故 菩薩了一切法 法界無二故 菩薩如是以善方便入深法界 住於無相 以清淨相莊嚴其身 了法無性而能分別一切法相 不取眾生而能了知眾生之數 不著世界而現身佛刹 不分別法而善入佛法 深達義理而廣演言教 了一切法離欲真際而不斷菩薩道 不退菩薩行 常勤修習無盡之行 自在入於清淨法界 譬如鑽木以出於火 火事無量而火不滅 菩薩如是化眾生事 無有窮盡 而在世間常住不滅 非究竟 非不究竟 非取 非不取 非依 非無依 非世法 非佛法 非凡夫非得果 菩薩成就如是難得心 修菩薩行時 不說二乘法 不說佛法 不說世間 不說世間法 不說眾生 不說無眾生 不說垢 不說淨 何以故 菩薩知一切法無染 無取 不轉 不退故 菩薩於如是寂滅微妙甚深最勝法中修行時 亦不生念 我現修此行 已修此行 當修此行 不著蘊 界 處 內世間 外世間 內外世間 所起大願 諸波羅蜜及一切法皆無所著何以故 法界中無有法名 向聲聞乘 向獨覺乘 無有法名 向菩薩乘 向阿耨多羅三藐三菩提 無有法名 向凡夫界 無有法名 向染 向淨 向生死 向涅槃 何以故 諸法無二 無不二故 譬如虛空 於十方中 若去 來 今 來不可得 然非無虛空 菩薩如是觀一切法皆不可得 然非無一切法 如實無異 不失所作 普示修行菩薩諸行 不捨大願 調伏眾生轉正法輪 不壞因果 亦不違於平等妙法 普與三世諸如來等 不斷佛種 不壞實相 深入於法 辯才無盡 聞法不著 至法淵底 善能開演 心無所畏 不捨不住 不違世法 普現世間以不著世間 菩薩如是成就難得智慧心 修習諸行 於三惡趣拔出眾生 教化調伏 安置三世諸佛道中 令不動搖 復作是念 世間眾生不知恩報 更相讎對 邪見執著 迷惑顛倒 愚癡無智 無有信心 隨逐惡友 起諸惡慧 貪愛 無明 種種煩惱皆悉充滿 是我所修菩薩行處 設有知恩 聰明 慧解 及善知識充滿世間 我不於中修菩薩行 何以故 我於眾生 無所適莫 無所冀望 乃至不求一縷一毫 及以一字讚美之言 盡未來劫 修菩薩行未曾一念自為於己 但欲度脫一切眾生 令其清淨 永得出離 何以故 於眾生中為明導者 法應如是 不取不求 但為眾生修菩薩道 令其得至安隱彼岸 成阿耨多羅三藐三菩提 是名菩薩摩訶薩第八難得行

9) 선법행(善法行)

"불자들이여! 어떠한 것이 보살마하살의 선법행(善法行)인가."

"이 보살이 모든 세간의 하늘, 사람, 마군, 범천, 사문, 바라문, 건달바 등등을 위해서 청량한 법의 연못을 만들어 바른 법을 거두어 지니고 부처님의 종자를 끊어지지 않게 합니다."

"청정한 광명 다라니를 얻은 까닭으로 법을 말하고 수기하는 변재가 다함이 없으며, 바른 도리를 온전하게 갖춘 다라니를 얻은 까닭으로 바른 도리를 말하는 변재가 다함이 없으며, 실상의 본바탕이 되는 법, 이 법을 깨닫는 다라니를 얻은 까닭으로 법을 말하는 변재가 다함이 없으며, 가르치고 풀어내는 구어체의 다라니를 얻은 까닭으로 말의 앞뒤가 들어맞고 체계가 서는 갈피가 다함이 없으며, 끝없는 글귀와 다함이 없는 뜻과 막힘이나 걸림이 없는 문(門) 다라니를 얻은 까닭으로 막힘이나 걸림 없이 참되고 거짓됨을 말로서 드러내는 일이 다 함이 없으며, 부처님의 관정 다라니를 얻어서 정수리에 물을 붓는 까닭으로 환희하게 하는 변재가 다함이 없으며, 다른 이로 말미암아 깨닫지 않은 다라니 문(門)을 얻은 까닭으로 광명의 변재가 다함이 없으며, 함께 바르게 잡아가는 다라니를 얻은 까닭으로 같은 말로서 갈피를 세우는 일이 다 함이 없으며, 갖가지 뜻의 중심과 구절의 중심과 글의 중심이 되는 것을 가르치고 풀어내는 다라니를 얻은 까닭으로 가르치고 풀어내는 변재가 다함이 없으며, 끝없이 돌아가는 다라니를 얻은 까닭으로 끝없는 변재가 다함이 없습니다."

"이 보살이 가엾이 여기는 큰마음은 견고해서 중생들을 널리 거두고 삼천대천세계에서 몸을 금색으로 바꾸어 불사를 베풀어 지어갑니다. 모두 중생의 근기와 성품과 욕락을 따라 광장 설로 한 음성 가운데 헤아릴 수 없는 소리를 나타내어 때에 따라 응하면서 법을 설해주고 그들을 환희하게 합니다."

"가령 말할 수 없는 가지가지의 업보를 가진 무수한 중생들이 다 함께 한곳에 모이고 그러한 모임이 광대하게 말로 이를 수 없는 세계에 가득하게 차 있고 보살이 그 모임 가운데 앉아있으며, 그 모임에 있는 중생들이 하나하나 빠짐없이 말로 이를 수 없는 아승기의 입이 있고 그 하나하나의 입에서 백 천억 나유타 음성을 동시에 일으켜 각각 다른 말과 각각 다르게 묻더라도 이 보살이 한 생각 동안에 남김없이 알아듣고 받아들이며, 빠짐없이 대답해주어서 의심으로 인한 혹함을 없애주며, 한 모임에서 같이 말로 이를 수 없는 많은 모임에서도 모두 역시 이와 같이 합니다."

"가령 차례를 따라(復) 하나의 털끝만 한 곳에서 생각과 생각으로는 말할 수 없이 말로서 이를 수 없는 도량에 모인 대중을 내듯이, 일체 모든 털끝만 한 곳에서도 이와 같이 내기를 오는 겁이 다하도록 하면 저 겁은 다함이 있지만, 대중의 모임은 다함이 없습니다. 이 모든 모임의 대중들이 생각 가운데 제각기 다른 말로 제각기 다르게 묻더라도 보살은 한 생각, 한순간에 가장 요긴한 점을 모두 받아들이기에 두려움도 없고 겁도 없고 의심도 없고 그르침도 없기에 이러한 생각을 합니다. '가령 모든 중생이 이와 같은 말의 업으로 다 함께 와서 나에게 묻더라도 내가 이들을 위해서 법을 설함에 끊어짐이 없고 다함이 없어 이들을 환희하게 하고 선근의 도에 머물게 하며, 그들이 차례를 따라 모든 말을 선근으로 이해하게 하면서 능히 중생을 위해 가지가지의 법을 설하지만, 언어를 가지고 분별하지 않을 것이며, 가령 말할 수 없이 말로 이를 수 없는 가지가지의 말을 가지고 와서 어려운 질문을 하더라도 한 생각에 다 알고 한 음성으로 남김없이 답해서 모두 깨닫게 하고 남은 것이 없게 할 것이다.'라고 합니다. 이는 모든 지혜를 가지고 관정의 자리를 얻은 까닭이며, 막힘이나 걸림이 없는 장을 얻은 까닭이며, 모든 법의 원만한 광명을 얻은 까닭이며, 모든 지혜의 지혜를 온전하게 갖춘 까닭입니다."

"불자들이여! 이 보살마하살이 선법 행에 편안하게 머물면서 능히 스스로 청정하고 역시 집착이 없는 방편으로 모든 중생에게 두루 이익이 되도록 하면서도 중생에게서 벗어나는 일을 보이지 않으며, 이 삼천대천세계와 같기에 이와 같이 말할 수 없는 삼천대천세계에서 몸이 금색으로 변하고 빼어난 음성을 온전하게 갖추고 모든 법에 막힘이나 걸림이 없이 불사를 지어갑니다."

"불자들이여! 이 보살마하살은 열 가지 몸을 성취하니, 이른바 끝없는 법계에 들어가는 육취의 몸이 아니니, 이는 모든 세간을 없앤 까닭이며, 끝없는 법계에 들어가는 육취의 몸이니, 이는 모든 세간에 태어나는 까닭이며, 태어나지 않은 몸이니, 이는 태어남이 없는 평등한 법에 머무는 까닭이며, 멸하지 않은 몸이니, 이는 모든 것을 멸했다 함을 말로 할 수 없는 까닭이며, 진실하지 않은 몸이니, 이는 실상과 같음을 얻은 까닭이며, 허망하지 않은 몸이니, 이는 응함을 따라 나타내는 까닭이며, 옮기지 않은 몸이니, 이는 이곳에서 죽어 저곳에서 생하는 일을 벗어난 까닭이며, 무너지지 않은 몸이니, 이는 법계의 성품이란 무너지지 않은 까닭이며, 하나의 모양이나 상태의 몸이니, 이는 삼세 언어의 길이 끊어진 까닭이며, 모양이나 상태가 없는 몸이니, 이는 법의 모양이나 상태를 선근으로 자세하게 살펴보는 까닭입니다."

"보살이 이와 같은 열 가지의 몸을 성취한 후에는 모든 중생의 집이 되니, 이는 모든 선근을 늘리고 기르는 까닭이며, 모든 중생을 구원하고 보호하니, 이는 그들이 크게 편안함을 얻게 하는 까닭이며, 모든 중생을 돌아오게 하니, 이는 그들과 더불어 크게 의지할 곳을 짓은 까닭이며, 모든 중생의 지도자가 되니, 이는 위 없음을 벗어나는 까닭이며, 모든 중생의 스승이 되니, 이는 그들을 진실한 법 가운데 들게 하는 까닭이며, 모든 중생의 등불이 되니, 이는 그들이 업보를 환히 보게 하는 까닭이며, 모든 중생의 빛이 되니, 이는 깊고 깊은 빼어난 법을 비추는 까닭이며, 일체 삼세의 횃불이 되니, 이는 그들을 실상의 본바탕이 되는 법을 깨닫게 하는 까닭이며, 모든 세간의 비침이 되니, 이는 광명의 지위 가운데 들어가게 하는 까닭이며, 일체 모든 갈래나 부류의 밝음이 되니, 이는 여래의 자재함을 나타내어 보이는 까닭입니다.”

“불자들이여! 이 이름이 보살하마하살의 제9 선법행이라고 하니, 보살이 이 행에 머무르면서 모든 중생을 위하여 청량한 연못이 되어 모든 불법의 근원을 다하는 까닭입니다.”

佛子 何等爲菩薩摩訶薩善法行 此菩薩爲一切世間天 人 魔 梵 沙門 婆羅門 乾達婆等 作清涼法池 攝持正法 不斷佛種 得清淨光明陀羅尼故 說法授記 辯才無盡 得具足義陀羅尼故 義辯無盡 得覺悟實法陀羅尼故 法辯無盡 得訓釋言辭陀羅尼故 辭辯無盡 得無邊文句無盡義無礙門陀羅尼故 無礙辯無盡 得佛灌頂陀羅尼灌其頂故 歡喜辯無盡 得不由他悟陀羅尼門故 光明辯無盡 得同辯陀羅尼門故 同辯無盡 得種種義身 句身 文身中訓釋陀羅尼門故 訓釋辯無盡 得無邊旋陀羅尼故 無邊辯無盡 此菩薩大悲堅固 普攝衆生 於三千大千世界變身金色 旋作佛事 隨諸衆生根性欲樂 以廣長舌 於一音中現無量音 應時說法 皆令歡喜 假使有不可說種種業報無數衆生 共會一處 其會廣大充滿不可說世界 菩薩於彼衆會中坐 是中衆生 一一皆有不可說阿僧祇口 一一口能出 百千億那由他音 同時發聲 各別言辭 各別所問 菩薩於一念中悉能領受 皆爲酬對 令除疑惑 如一衆會中 於不可說衆會中 悉亦如是 復次 假使一毛端處 念念出不可說不可說道場衆會 一切毛端處 皆亦如是 盡未來劫 彼劫可盡 衆會無盡 是諸衆會 於念念中 以各別言辭 各別所問 菩薩於一念中 悉能領受 無怖無怯 無疑無謬 而作是念 設一切衆生以如是語業俱來問我 我爲說法無斷無盡 皆令歡喜 住於善道 復令善解一切言辭 能爲衆生說種種法 而於言語無所分別 假使不可說不可說種種言辭而來問難 一念悉領 一音咸答 普使開悟 無有遺餘 以得一切智灌頂故 以得無礙藏故 以得一切法圓滿光明故 具足一切智智故 佛子 此菩薩摩訶薩安住善法行已 能自清淨 亦能以無所著方便而普饒盆一切衆生 不見有衆生得出離者 如於此三千大千世界 如是乃至於不可說三千大千世界 變身金色 妙音具足 於一切法無所障礙而作佛事 佛子 此菩薩摩訶薩成就十種身 所謂 入無邊法界非趣身 滅一切世間故 入無邊法界諸趣身 生一切世間故 不生身 住無生平等法故 不滅身 一切滅言說不可得故 不實身 得如實故 不妄身 隨應現故 不遷身 離死此生彼故 不壞身 法

界性無壞故 一相身 三世語言道斷故 無相身 善能觀察法相故 菩薩成就如是十種身
爲一切衆生舍 長養一切善根故 爲一切衆生救 令其得大安隱故 爲一切衆生歸 與其
作大依處故 爲一切衆生導 令其無上出離故 爲一切衆生師 令入眞實法中故 爲一切
衆生燈 令其明見業報故 爲一切衆生光 令照甚深妙法故 爲一切三世炬 令其曉悟實
法故 爲一切世間照 令入光明地中故 爲一切諸趣明 示現如來自在故 佛子 是名菩薩
摩訶薩第九善法行 菩薩安住此行 爲一切衆生作淸凉法池 能盡一切佛法源故

10) 진실행(眞實行)

"불자들이여! 어떠한 것이 보살마하살의 진실행(眞實行)인가."

"이 보살이 제일 성제의 말을 성취해서 설함과 같이 능히 행하고 행과 같이 능히 설합니다."

"이 보살이 삼세 모든 부처님의 진실한 말을 배우며, 삼세 모든 부처님의 종성에 들어가며, 삼세 모든 부처님과 더불어 선근이 동등하며, 삼세 모든 부처님의 둘이 없는 말을 얻으며, 여래를 따라 배워서 지혜를 성취합니다."

"이 보살은 중생의 옳은 곳과 그른 곳을 아는 지혜를 성취하며, 과거, 미래, 현재 업보의 지혜와 모든 근기의 이로움과 둔함을 아는 지혜와 가지가지의 경계를 아는 지혜와 가지가지의 이해를 아는 지혜와 모든 곳에 이르는 길을 아는 지혜와 모든 선정, 해탈, 삼매의 허물과 깨끗함이 일어나는 때와 때가 아님을 아는 지혜와 모든 세계의 과거에서 지난 세상에 머물렀던 일을 기억함을 따라 아는 지혜와 천안통의 지혜와 누진통의 지혜를 성취해도 모든 보살행을 버리지 않습니다. 무슨 까닭인가 하면, 모든 중생을 교화해서 남김없이 청정하게 하고자 하는 까닭입니다."

"이 보살이 차례를 따라(復) 이와 같은 위의 마음을 생하여 거듭 더하면서 '내가 만일 일체중생을 위 없는 해탈의 도에 머물게 하지 못하고 내가 먼저 아뇩다라삼먁삼보리를 이룬다면 이는 곧 내 본래의 원을 어기는 것이니, 마땅치 못한 일이다. 이러한 까닭으로 중요한 것은 반드시 먼저 모든 중생을 위 없는 보리와 무여열반을 얻게 한 뒤에 성불할 것이다. 왜냐하면, 중생이 나에게 청해서 마음을 일으킨 것이 아니고 내가 스스로 중생을 위해 청하지 않은 법을 만들어 먼저 모든 중생이 선근을 만족하게 하고 일체 지혜를 이루게 하고자 함이다. 이러한 까닭으로 내가 가장 뛰어난 것이니, 이는 모든 세간에 집착하지 않은 까닭이며, 내가 가장 높으니, 이는 위 없는 조어의 지위에 머무는 까닭이며,

내가 막힘이나 걸림에서 벗어나니, 이는 중생이 끝없음을 아는 까닭이며, 내가 이미 분별했으니, 이는 본래의 소원을 성취한 까닭이며, 내가 선근으로 변화함이니, 이는 보살의 공덕으로 장엄한 까닭이며, 내가 선근으로 믿을만한 의지가 되니, 이는 삼세의 부처님들이 거두어 주시는 까닭입니다.'라고 합니다."

"이 보살이 본래의 소원을 버리지 않은 까닭으로 위 없는 지혜의 장엄에 들어가서 중생에게 이익이 되도록 하고 본래의 서원을 따라 모두 마지막까지 얻게 하고 모든 법 가운데서 지혜가 자재하며, 모든 중생을 청정하게 하고 생각과 생각마다 시방세계에 두루 노닐며, 생각과 생각마다 말할 수 없고 말로 이를 수 없는 모든 부처님 국토에 두루 나아가며, 생각과 생각마다 말할 수 없고 말로 이를 수 없는 부처님과 그리고 부처님이 장엄한 청정한 국토를 남김없이 보며, 여래의 자재하신 신통의 힘을 나타내어 법계와 허공계에 두루두루 합니다."

"이 보살이 헤아릴 수 없는 몸을 나타내어 세간에 두루 들어가지만 의지하지 않으며, 그 몸 가운데 모든 세계와 모든 중생과 모든 법과 모든 부처님을 나타내며, 이 보살이 중생의 가지가지 생각과 가지가지의 욕망과 가지가지의 이해와 가지가지의 업보와 가지가지의 선근을 알고 그 응하는 바를 따라 그 몸을 나타내어 조복시키며, 모든 보살이 허깨비와 같고 모든 법이 만물을 생육하는 것과 같고 부처님이 세상을 벗어나 나아감이 그림자와 같고 모든 세간이 꿈과 같음을 보면서 오온의 뜻과 오온의 글귀들로 다함이 없는 장을 얻고 바른 생각이 자재하며, 확실하고 분명하게 모든 법을 알며, 지혜가 가장 뛰어나 모든 삼매의 진실한 모양이나 상태에 들어가니, 이는 하나의 성품으로 둘이 없는 지위에 머무릅니다."

"보살마하살은 모든 중생이 다 둘에 집착하기에 가엾이 여기는 큰마음에 머물면서 이와 같은 적멸의 법을 닦고 행하며, 부처님의 십력을 얻어서 인타라 그물의 법계에 들어가고 여래의 걸림이나 막힘없는 해탈을 성취하며, 사람 가운데 용맹한 대 사자후로 두려울 것이 없음을 얻어서 막힘이나 걸림 없는 청정한 법의 바퀴를 굴리며, 지혜와 해탈을 얻어서 모든 세간의 경계를 깨우쳐 알며, 생사의 소용돌이를 끊고 지혜의 바다에 들어가며, 모든 중생을 위하여 삼세 모든 부처님의 바른 법을 보호해 지니며, 모든 부처님 법 바다의 실질적인 모양이나 상태의 근원에 이릅니다."

"보살이 이 진실한 행에 머물고는 모든 세간의 하늘, 사람, 마군, 범천, 사문, 바라문, 건달바, 아수라 등과 친근히 하면서 모두 마음을 활짝 열고 깨달아서 환희하고 청정하게 합니다."

"이 이름이 보살하마하살의 제10 진실 행이라고 합니다."

佛子 何等爲菩薩摩訶薩眞實行 此菩薩成就第一誠諦之語 如說能行 如行能說 此菩薩學三世諸佛眞實語 入三世諸佛種性 與三世諸佛善根同等 得三世諸佛無二語 隨如來學智慧成就 此菩薩成就知衆生是處非處智 去來現在業報智 諸根利鈍智 種種界智 種種解智 一切至處道智 諸禪解脫三昧垢淨起時非時智 一切世界宿住隨念智 天眼智 漏盡智 而不捨一切菩薩行 何以故 欲敎化一切衆生 悉令淸淨故 此菩薩復生如是增上心 若我不令一切衆生住無上解脫道 而我先成阿耨多羅三藐三菩提者 則違我本願 是所不應 是故 要當先令一切衆生得無上菩提 無餘涅槃 然後成佛 何以故 非衆生請我發心 我自爲衆生作不請之友 欲先令一切衆生滿足善根 成一切智 是故 我爲最勝 不著一切世間故 我爲最上 住無上調御地故 我爲離翳 解衆生無際故 我爲已辨 本願成就故 我爲善變化 菩薩功德莊嚴故 我爲善依怙 三世諸佛攝受故 此菩薩摩訶薩不捨本願故 得入無上智慧莊嚴 利益衆生 悉令滿足 隨本誓願 皆得究竟 於一切法中智慧自在 令一切衆生普得淸淨 念念徧遊十方世界 念念普詣不可說不可說說諸佛國土 念念悉見不可說不可說諸佛及佛莊嚴淸淨國土 示現如來自在神力 普徧法界 虛空界 此菩薩現無量身 普入世間而無所依 於其身中 現一切刹 一切衆生 一切諸法 一切諸佛 此菩薩知衆生種種想 種種欲 種種解 種種業報 種種善根 隨其所應 爲現其身而調伏之 觀諸菩薩如幻 一切法如化 佛出世如影 一切世間如夢 得義身 文身無盡藏 正念自在 決定了知一切諸法 智慧最勝 入一切三昧眞實相 住一性無二地 菩薩摩訶薩以諸衆生皆著於二 安住大悲 修行如是寂滅之法 得佛十力 入因陀羅網法界 成就如來無礙解脫人中雄猛大師子吼 得無所畏 能轉無礙淸淨法輪 得智慧解脫 了知一切世間境界 絕生死迴流 入智慧大海 爲一切衆生護持三世諸佛正法 到一切佛法海實相源底 菩薩住此眞實行已 一切世間天 人 魔 梵 沙門 婆羅門 乾闥婆 阿脩羅等 有親近者 皆令開悟 歡喜淸淨 是名菩薩摩訶薩第十眞實行

이때 부처님의 신력으로 인하여 시방에 각각 부처 세계의 티끌 수와 같은 세계들이 여섯 가지로 진동하니, 이른바 흔들흔들, 두루 흔들흔들, 모두 두루 흔들흔들, 일어남, 두루 일어남, 모두 두루 일어남, 불쑥불쑥, 두루 불쑥불쑥, 모두 두루 불쑥불쑥, 우르릉, 두루 우르릉, 모두 두루 우르릉, 아우성, 두루 아우성, 모두 두루 아우성, 우지끈, 두루 우지끈, 모두 두루 우지끈 이며, 하늘의 빼어난 꽃과 하늘의 향과 하늘의 가루 향과 하늘의 화관과 하늘의 옷과 하늘의 보배와 하늘의 장엄 기물을 내리고 하늘의 악기를 연주하면서 하늘의 광명을 놓고 하늘의 섬세하고 빼어난 음성을 널리 퍼서 통하게 합니다.

이 세계의 야마천 궁에서 십행(十行)의 법을 말하면서 나타내는 신통 변화와 같이 시방 세계에서도 또한 모두 이와 같았다.

爾時 佛神力故 十方各有佛刹微塵數世界六種震動 所謂 動 徧動 等徧動 起 徧起 等徧起 涌 徧涌 等徧涌 震 徧震 等徧震 吼 徧吼 等徧吼 擊 徧擊 等徧擊 雨天妙華 天香 天末香 天鬘 天衣 天寶 天莊嚴具 奏天樂音 放天光明 演暢諸天微妙音聲 如此 世界夜摩天宮 說十行法所現神變 十方世界 悉亦如是

차례를 좇아(復) 부처님의 신력으로 시방으로 각각 십만 부처 세계의 티끌 수와 같은 세계 밖의 십만 부처 세계의 티끌 수와 같은 보살들이 함께 와서 국토에 나아가 시방에 가득 찼으며, 공덕림 보살에게 말했다.

"불자여! 선근이로다. 선근이로다. 모든 보살의 행을 선근으로 널리 펴서 설하니, 우리 들의 이름은 모두 '공덕림'으로 같으며, 우리가 머무는 세계의 이름이 다 '공덕당'이니 저 국토의 여래도 한 가지로 이름이 '보공덕'이시며, 우리들의 부처님이 계신 곳에서도 또한 이 법을 설하고 모인 대중과 권속의 말과 올바른 도리가 또한 모두 이와 같아서 더하거나 덜함이 없다. 불자여! 우리는 모두 부처님의 신력을 받들고 이 모임에 와서 그대를 위해 서 증명해 보이는 것이며, 시방세계에서도 또한 모두 이와 같다."

復以佛神力故 十方各過十萬佛刹微塵數世界外 有十萬佛刹微塵數菩薩俱 來詣此 土 充滿十方 語功德林菩薩言 佛子 善哉 善哉 善能演說諸菩薩行 我等一切同名 功 德林 所住世界皆名 功德幢 彼土如來同名 普功德 我等佛所 亦說此法 衆會眷屬 言 辭義理 悉亦如是 無有增減 佛子 我等皆承佛神力 來入此會 爲汝作證 十方世界 悉 亦如是

이때 공덕림 보살이 부처님의 위신력을 받들어 널리 시방의 모든 모임의 대중과 법계를 두루 자세하게 살펴보고는 부처님의 종성이 끊어지지 않게 하고자 하는 까닭으로, 보살 의 종성을 청정하게 하고자 하는 까닭으로, 서원의 종성이 퇴색되어 사라지지 않게 하려 는 까닭으로 행의 종성이 항상 이어지게 하고자 하는 까닭으로, 삼세의 종성을 다 평등 하게 하고자 하는 까닭으로 삼세 모든 부처님의 종성을 거두고자 하는 까닭으로, 모든 선근을 열어 널리 펴고자 하는 까닭으로, 일체 모든 근기를 자세하게 살펴보고자 하는 까닭으로 번뇌와 배워 익힌 마음으로 행한 지은 바를 알고자 하는 까닭으로 모든 부처님의 보리를 비추어 깨우쳐 알고자 하는 까닭으로 게송을 말했다.

爾時 功德林菩薩承佛神力 普觀十方一切衆會曁于法界 欲令佛種性不斷故 欲令菩薩種性淸淨故 欲令願種性不退轉故 欲令行種性常相續故 欲令三世種性悉平等故 欲攝三世一切佛種性故 欲開演所種諸善根故 欲觀察一切諸根欲解煩惱濕氣心行所作故 欲照了一切佛菩提故 而說頌言

一心敬禮十力尊 한마음으로 공경하게 예를 올리는 십력의 존은
離垢淸淨無礙見 허물을 벗어나 청정하고 막힘이나 걸림 없이 보시며
境界深遠無倫匹 경계가 깊고 멀어서 비할 짝이 없으며
住如虛空道中者 허공과 같이 도 가운데 머무십니다.

過去人中諸最勝 지난 모든 세상 사람 가운데서 가장 뛰어나며
功德無量無所著 공덕은 헤아릴 수 없고 집착이 없으며
勇猛第一無等倫 용맹함은 제일이라 같이 할 무리가 없으시니
彼離塵者行斯道 저 언덕의 티끌을 벗어난 이가 이 도를 행합니다.

現在十方諸國土 현재 시방의 모든 국토에서
善能開演第一義 선근의 제일 의를 능히 열어 널리 펴시며
離諸過惡最淸淨 모든 허물과 바르지 않음을 벗어나 가장 청정하시고
彼無依者行斯道 저 언덕에 의지하지 않은 이가 이 도를 행합니다.

未來所有人師子 미래에 있는 사람 사자가
周徧遊行於法界 두루두루 법계에 돌아다니시면서
已發諸佛大悲心 모든 부처님이 가엾이 여기는 큰마음을 이미 일으켰으니
彼饒益者行斯道 저 언덕에 넉넉하게 이익이 되어주는 이가 이 도를 행합니다.

三世所有無比尊 삼세에 있지만 비교할 수 없는 높은 이는
自然除滅愚癡暗 자연히 어리석고 못난 어둠을 없애버리고
於一切法皆平等 모든 법에 다 평등하시니
彼大力人行此道 저 언덕의 큰 힘을 얻은 이가 이 길을 갑니다.

普見無量無邊界 헤아릴 수 없고 끝이 없는 세계의
一切諸有及諸趣 일체 모든 제유(衆生)와 제취(六趣)를 두루 다 보며
見已其心不分別 보고 난 후에는 그 마음에 분별이 없으니
彼無動者行斯道 저 언덕에 동요하지 않은 이가 이 도를 행합니다.

法界所有皆明了 법계에 있는 것을 모두 분명하게 깨우쳐 알아서 마치고
於第一義最淸淨 제일의 이치가 청정하기에
永破瞋慢及愚癡 성냄과 오만함과 어리석음을 영원히 깨트리니
彼功德者行斯道 저 언덕의 공덕을 갖춘 이가 이 도를 행합니다.

於諸衆生善分別 모든 중생의 선근을 분별해서
悉入法界眞實性 법계의 진실한 성품에 모두 들어가
自然覺悟不由他 자연히 타인으로 인하지 않은 깨우침을 깨달으니
彼等空者行斯道 저 언덕의 허공과 가지런한 이가 이 도를 행합니다.

盡空所有諸國土 허공에 있는 모든 국토에
悉往說法廣開諭 남김없이 가서 법을 설하여 비유로 광대하게 열어 다하고
所說淸淨無能壞 설하는 바가 청정해서 무너뜨릴 수 없으니
彼勝牟尼行此道 저 언덕의 뛰어난 모니가 이 길을 행합니다.

具足堅固不退轉 온전하게 갖추고 견고하여 물러서지 않기에
成就尊重最勝法 높이어 귀중하게 여기는 가장 뛰어난 법을 성취하고
願力無盡到彼岸 다함이 없는 원력으로 저 언덕에 이르니
彼善修者所行道 저 언덕의 선근을 수행한 이가 행하는 길입니다.

無量無邊一切地 헤아릴 수 없고 끝이 없는 모든 지위와
廣大甚深妙境界 광대하고 깊고 깊은 빼어난 경계를
悉能知見靡有遺 남김없이 알고 보아서 남음이 없으니
彼論師子所行道 저 언덕의 논리 사자가 행하는 길입니다.

一切句義皆明了 모든 구절과 뜻을 분명하게 깨달아 알고

所有異論悉摧伏 가지고 있는 다른 논리를 남김없이 꺾어서 조복시키고
於法決定無所疑 법을 바르게 세워 결정하고 의심이 없으니
彼大牟尼行此道 저 언덕의 대 모니가 이 도를 행합니다.

遠離世間諸過患 세간의 모든 잘못이나 근심으로부터 멀리 벗어나
普與衆生安隱樂 중생들에게 편안한 즐거움을 두루 주어서
能爲無等大導師 능히 그 이상 더할 수 없는 대 도사가 되니
彼勝德者行斯道 저 언덕의 뛰어난 공덕을 가진 이가 이 도를 행합니다.

恒以無畏施衆生 늘 두려워함이 없음을 중생에게 베풀어
普令一切皆欣慶 일체 모든 이로 하여금 두루 기쁘게 하고
其心淸淨離染濁 그 마음이 청정하기에 물이 들어 혼탁함을 벗어나니
彼無等者行斯道 저 언덕의 그 이상 더할 수 없는 이가 이 도를 행합니다.

意業淸淨極調善 마음의 업이 청정해서 선근과 지극히 어울리고
離諸戱論無口過 모든 희론(말장난)을 벗어나 입으로 인한 허물이 없으며
威光圓滿衆所欽 위엄의 빛이 원만해서 대중이 공경하니
彼最勝者行斯道 저 언덕의 가장 뛰어난 이가 이 도를 행합니다.

入眞實義到彼岸 진실한 뜻에 들어가 저 언덕에 이르고
住功德處心永寂 공덕의 처에 머물러 마음이 영원히 고요하며
諸佛護念恒不忘 모든 부처님이 보호하려는 생각에 늘 잊지 않으시니
彼滅有者行斯道 저 언덕에 있음을 없앤 이가 이 도를 행합니다.

遠離於我無惱害 나를 멀리 벗어나 괴로움과 해침이 없고
恒以大音宣正法 늘 큰 음성으로 바른 법을 베풀어
十方國土靡不周 시방의 국토에 두루두루 하였으니
彼絶譬者行斯道 저 언덕의 비유가 끊어진 이가 이 도를 행합니다.

檀波羅蜜已成滿 단(布施)바라밀을 이미 원만하게 이루고
百福相好所莊嚴 백 가지 복되며 좋은 모양이나 상태로 장엄하였으며

衆生見者皆欣悅 보는 중생들이 모두 매우 기뻐하니
彼最勝慧行斯道 저 언덕에서 가장 뛰어난 지혜를 지닌 이가 이 도를 행합니다.

智地甚深難可人 깊고 깊은 지혜의 자리는 들어가기가 어렵지만
能以妙慧善安住 빼어난 선근의 지혜로 능히 편안히 머무르며
其心究竟不動搖 그 마음이 마지막까지 동요하지 않으니
彼堅固行行斯道 저 언덕을 견고하게 행하는 이가 이 도를 행합니다.

法界所有悉能入 법계에 있는 모든 곳에 능히 들어가며
隨所入處咸究竟 들어가는 곳을 따라 마지막까지 두루 미치고
神通自在靡不該 신통을 자재하게 다 갖추니
彼法光明行此道 저 언덕 법의 광명을 지닌 이가 이 도를 행합니다.

諸無等等大牟尼 모든 무등등(더 이상 위 없는)한 대 모니가
勤修三昧無二相 부지런히 삼매를 닦아서 두 모양이나 상태가 없고
心常在定樂寂靜 마음이 항상 삼매에 있어 적정을 즐기니
彼普見者行斯道 저 언덕을 두루 보는 이가 이 도를 행합니다.

微細廣大諸國土 분간하기 어려울 정도로 매우 작고 광대한 모든 국토가
更相涉入各差別 서로가 서로에게 들어가 새로워지고 각각 차별하지만
如其境界悉了知 그 경계와 같이 모두 깨달아 아니
彼智山王行此道 저 언덕 지혜의 산 왕이 이 도를 행합니다.

意常明潔離諸垢 마음은 항상 밝고 깨끗해서 모든 허물에서 벗어나고
於三界中無所著 삼계 가운데 집착이 없으며
護持衆戒到彼岸 많은 계율을 보호해 지니고 피안에 이르니
此淨心者行斯道 이는 마음을 청정하게 지닌 이가 이 도를 행합니다.

智慧無邊不可說 지혜는 끝이 없고 말로 할 수 없을 만큼
普徧法界虛空界 법계와 허공계에 두루두루 하고
善能修學住其中 선근을 능히 배우고 닦아서 그 가운데 머무니

彼金剛慧行斯道 저 언덕의 금강 같은 지혜가 있는 이가 이 도를 행합니다.

三世一切佛境界 삼세 일체 부처님의 경계에
智慧善入悉周徧 선근의 지혜로 남김없이 두루 들어가도
未嘗暫起疲厭心 잠깐이라도 피로하거나 싫어하는 마음을 일으키지 않으니
彼最勝者行斯道 저 언덕에서 가장 뛰어난 이가 이 도를 행합니다.

善能分別十力法 선근으로 십력의 법을 능히 분별하고
了知一切至處道 일체 처에 이르는 도를 깨달아 알며
身業無礙得自在 몸의 업이 막힘이나 걸림이 없는 자재함을 얻으니
彼功德身行此道 저 언덕에서 공덕의 몸을 이룬 이가 이 도를 행합니다.

十方無量無邊界 시방의 헤아릴 수 없고 끝없는 세계에
所有一切諸衆生 있는 일체 모든 중생을
我皆救護以不捨 내가 다 구원하고 보호해서 버리지 않으니
彼無畏者行斯道 저 언덕의 두려움 없는 이가 이 도를 행합니다.

於諸佛法勤修習 모든 부처님의 법을 부지런히 닦고 익히며
心常精進不懈倦 마음은 항상 정진해서 게으르지 않고
淨治一切諸世間 일체 모든 세간을 청정하게 다스리니
彼大龍王行此道 저 언덕의 대 용왕이 이 길을 행합니다.

了知衆生根不同 중생들의 근기가 같지 않음과
欲解無量各差別 헤아릴 수 없이 많은 욕망과 이해를 각각 차별함을 깨달아 알고
種種諸界皆明達 가지가지의 모든 세계를 빠짐없이 밝게 통달하니
此普入者行斯道 이는 두루 들어간 이가 이 도를 행합니다.

十方世界無量刹 시방세계의 헤아릴 수 없는 세계에
悉往受生無有數 남김없이 가서 생함을 받음이 수가 없지만
未曾一念生疲厭 일찍이 한 생각도 피로하거나 싫어하지 않으니
彼歡喜者行斯道 저 언덕에서 환희하는 이가 이 도를 행합니다.

普放無量光明網 헤아릴 수 없는 광명 그물을 두루 놓아서
照耀一切諸世間 일체 모든 세간을 환하게 비추고
其光所照入法性 그 비치는 빛을 따라 법의 성품에 들어가니
此善慧者行斯道 이는 선근의 지혜를 얻은 이가 이 도를 행합니다.

震動十方諸國土 시방의 모든 국토를 진동시키기에
無量億數那由他 헤아릴 수 없는 억 수의 나유타를 흔들어 버리지만
不令衆生有驚怖 중생들을 놀라게 하거나 두려워하지 않게 하니
此利世者所行道 이는 세간에 이익을 준 이가 행하는 도입니다.

善解一切語言法 선근으로 모든 언어의 법을 이해하고
問難酬對悉究竟 물음과 대답을 남김없이 마지막까지 하며
聰哲辯慧靡不知 좋은 머리와 변재의 지혜로 다 아니
此無畏者所行道 이는 두려움이 없는 이가 행하는 도입니다.

善解覆仰諸國土 선근으로 거꾸로 뒤바뀐 모든 국토를 깨우치고 우러르며
分別思惟得究竟 분별하고 사유해서 끝까지 얻고
悉使住於無盡地 남김없이 다함이 없는 지위에 머무르니
此勝慧者所行道 이는 뛰어난 지혜를 지닌 이가 행하는 도입니다.

功德無量那由他 헤아릴 수 없는 나유타의 공덕을
爲求佛道皆修習 부처님의 도를 구하기 위해 모두 닦고 익혀서
於其一切到彼岸 그 모든 저 언덕에 이르니
此無盡行所行道 이는 다함이 없는 행을 닦은 이가 행하는 도입니다.

超出世間大論師 세간을 뛰어넘은 대 논사가
辯才第一師子吼 제일가는 변재의 사자후로
普使群生到彼岸 많은 중생을 피안에 이르게 하니
此淨心者所行道 이는 마음이 청정한 이가 행하는 도입니다.

諸佛灌頂第一法 모든 부처님이 관정하는 제일의 법을

已得此法灌其頂 이미 얻어 이 법으로 그 정수리에 물을 붓고
心恒安住正法門 마음이 항상 바른 법의 문에 편안히 머무니
彼廣大心行此道 저 언덕의 광대한 마음을 지닌 이가 이 도를 행합니다.

一切衆生無量別 일체중생은 헤아릴 수 없이 다르고
了達其心悉周徧 그 마음을 남김없이 두루두루 깨달아 통달하며
決定護持佛法藏 확실하고 올바르게 불법의 장을 보호해 가지니
彼如須彌行此道 저 언덕의 수미산 같은 이가 이 도를 행합니다.

能於一一語言中 하나하나의 말과 말 가운데
普爲示現無量音 헤아릴 수 없이 많은 소리를 나타내 보이고
令彼衆生隨類解 저 중생들이 무리를 따라 이해하게 하니
此無礙見行斯道 이는 막힘이나 걸림 없이 보는 이가 이 도를 행합니다.

一切文字語言法 모든 문자나 언어의 법을
智皆善入不分別 다 선근의 지혜로 들어가 분별하지 않고
住於眞實境界中 진실한 경계 가운데 머무니
此見性者所行道 이는 성품을 보는 이가 행하는 도입니다.

安住甚深大法海 깊고도 깊은 큰 법 바다에 편안히 머물며
善能印定一切法 능히 선근으로 모든 법을 인정하고
了法無相眞實門 모양이나 상태가 없는 법의 진실한 문을 깨달아 아니
此見實者所行道 이는 실상의 본바탕을 본 이가 행하는 도입니다.

一一佛土皆往詣 하나하나의 불국토에 다 나아가 이르고
盡於無量無邊劫 헤아릴 수 없고 끝없는 겁이 다하도록
觀察思惟靡暫停 자세하게 살펴보고 사유하기를 잠깐도 쉬지 않으니
此匪懈者所行道 이는 게으르지 않은 이가 행하는 도입니다.

無量無數諸如來 헤아릴 수 없고 수 없는 모든 여래의
種種名號各不同 가지가지 명호는 각각 같지 않음을

於一毛端悉明見 하나의 털끝에서 남김없이 밝게 보니
此淨福者所行道 이는 복이 청정한 이가 행하는 도입니다.

一毛端處見諸佛 하나의 털끝에 머무시는 모든 부처님을 보니
其數無量不可說 그 수가 헤아릴 수 없이 많고 말로서는 이를 수 없으며
一切法界悉亦然 모든 법계도 남김없이 역시 그러하니
彼諸佛子行斯道 저 언덕의 모든 불자가 이 길을 행합니다.

無量無邊無數劫 헤아릴 수 없고 끝없으며 수 없는 겁을
於一念中悉明見 한 찰나 가운데 남김없이 밝게 보고
知其脩促無定相 길고 짧은 것으로 정해진 모양이나 상태가 없음을 아니
此解脫行所行道 이는 해탈의 행을 얻은 이가 행하는 길입니다.

能令見者無空過 보는 이들이 헛되지 않게 하고
皆於佛法種因緣 모두 불법의 근본과 인연을 맺게 하지만
而於所作心無著 지은 바가 마음에 집착함이 없으니
彼諸最勝所行道 저 언덕에서 가장 뛰어난 모든 이들이 행하는 도입니다.

那由他劫常遇佛 나유타의 겁 동안 늘 부처님을 만나도
終不一念生疲厭 끝까지 한순간도 피로하거나 싫어하는 마음을 내지 않고
其心歡喜轉更增 그 마음에 환희가 거듭해서 점점 더하니
此不空見所行道 이는 공하지 않음을 본 이가 행하는 도입니다.

盡於無量無邊劫 헤아릴 수 없고 끝없는 겁이 다하도록
觀察一切衆生界 모든 중생계를 자세하게 살펴보지만
未曾見有一衆生 일찍이 한 명의 중생도 못 보았으니
此堅固士所行道 이는 견고한 선비가 행하는 도입니다.

修習無邊福智藏 끝이 없는 복과 지혜의 장을 닦고 익혀서
普作淸涼功德池 청량한 공덕의 연못을 두루 만들어
利益一切諸群生 일체 모든 중생을 이익이 되도록 하니

彼第一人行此道 저 언덕에서 제일인 사람이 이 도를 행합니다.

法界所有諸品類 법계에 있는 모든 중생의 갖가지 무리는
普徧虛空無數量 허공에 두루 하기가 수 없어 헤아릴 수 없고
了彼皆依言說住 저 언덕의 모든 것이 설한 말을 의지해 머무는 것을 분명하게 깨달아 아니
此師子吼所行道 이는 사자 후를 지닌 이가 행하는 도입니다.

能於一一三昧中 능히 하나하나의 삼매 가운데
普入無數諸三昧 수 없는 모든 삼매에 두루 들어가
悉至法門幽奧處 모두 깊고 깊은 법의 문에 이르니
此論月者行斯道 이는 논월자(中中妙圓)가 이 도를 행합니다. (論月者.不立五蘊不離證得한 者)

忍力勤修到彼岸 인욕의 힘을 부지런히 닦아 저 언덕에 이르러
能忍最勝寂滅法 가장 뛰어난 적멸의 법을 능히 조복시키고
其心平等不動搖 그 마음이 평등하여 동요하지 않으니
此無邊智所行道 이는 끝없는 지혜를 지닌 이가 행하는 도입니다.

於一世界一坐處 하나의 세계에 앉아있는 한 곳에서
其身不動恒寂然 그 몸이 고요하고 늘 그러하듯 움직이지 않지만
而於一切普現身 모든 곳에 몸을 두루 나타내니
彼無邊身行此道 저(彼岸) 끝이 없는 몸을 지닌 이가 이 도를 행합니다.

無量無邊諸國土 헤아릴 수 없고 끝없는 모든 국토를
悉令共入一塵中 모두 다 하나의 티끌 가운데로 함께 끌고 들어가
普得包容無障礙 두루 포용해서 막힘이나 걸림이 없음을 얻게 하니
彼無邊思行此道 저 언덕을 끝없이 사유하는 이가 이 도를 행합니다.

了達是處及非處 옳은 곳과 그른 곳을 깨달아 통달하고
於諸力處普能入 모든 힘이 머무는 곳에 두루 능히 들어가
成就如來最上力 여래가 지닌 최상의 힘을 성취하니
彼第一力所行道 저 언덕에서 제일의 힘을 지닌 이가 행하는 도입니다.

過去未來現在世 과거, 미래, 현재 세상의

無量無邊諸業報 헤아릴 수 없고 끝없는 모든 업보를

恒以智慧悉了知 늘 변함없이 지혜로 남김없이 깨달아 아니

此達解者所行道 이는 통달해서 깨우침을 이해한 이가 행하는 도입니다. 차

了達世間時非時 세간의 때와 때가 아님을 깨달아 알고 통달해서

如應調伏諸衆生 모든 중생을 조복시키고 응함과 같이

悉順其宜而不失 모든 것을 거스르지 않고 마땅히 따라 잃지 않으니

此善了者所行道 이는 선근을 깨달아 아는 이가 행하는 도입니다.

善守身語及意業 선근으로 몸과 말과 의의 업을 지키고

恒令依法而修行 늘 법에 의지해서 닦고 행하며

離諸取著降衆魔 모든 취하고 집착함을 벗어나 마군을 항복 받으니

此智心者所行道 이는 지혜로운 마음을 지닌 이가 행하는 도입니다.

於諸法中得善巧 모든 법 가운데 선근의 섬세하고 능숙함을 얻어

能入眞如平等處 능히 진여의 평등한 곳에 들어가

辯才宣說無有窮 변재로 널리 펴서 설함에 다함이 없으니

此佛行者所行道 이는 부처님의 행을 닦는 이가 행하는 도입니다.

陀羅尼門已圓滿 다라니의 문을 이미 원만하게 하였으며

善能安住無礙藏 선근으로 막힘이나 걸림이 없는 장에 편안히 머물면서

於諸法界悉通達 모든 법계를 남김없이 통달(調伏)하니

此深入者所行道 이는 깊이 들어간 이가 행하는 도입니다.

三世所有一切佛 삼세에 계신 모든 부처님은

悉如等心同智慧 모든 분이 마음이 같고 지혜도 같으며

一性一相無有殊 하나의 성품과 하나의 모양이나 상태로 다름이 없으니

此無礙種所行道 이는 막힘이나 걸림 없는 종자가 행하는 도입니다.

已快一切愚癡膜 이미 시원하게 모든 어리석음의 얇은 꺼풀을 도려내고

深入廣大智慧海 광대한 지혜의 바다에 깊이 들어가
普施衆生淸淨眼 중생에게 청정한 눈을 두루 보시하니
此有目者所行道 이는(此:如來智方便世界) 눈이 있는 자가 행하는 도입니다.

已具一切諸導師 이미 일체 모든 도사가 갖추었으며
平等神通無二行 평등한 신통으로 둘이 없는 행과
獲於如來自在力 여래의 자재한 힘을 얻으니
此善修者所行道 이는 선근을 수행한 자가 행하는 도입니다.

徧遊一切諸世間 일체 모든 세간에 두루 노닐며
普雨無邊妙法雨 끝이 없는 빼어난 법의 비를 두루 내리고
悉令於義得決了 모두 이 뜻에서 깨우침을 열어 얻게 하니
此法雲者所行道 이는 법의 구름을 지닌 이가 행하는 도입니다.

能於佛智及解脫 능히 부처님의 지혜와 해탈에 대한
深生淨信永不退 깊고 청정한 믿음을 생하고 영원히 물러서지 않으며
以信而生智慧根 믿음으로 지혜의 뿌리를 생하니
此善學者所行道 이는 선근을 깨우친 이가 행하는 도입니다.

能於一念悉了知 능히 한 생각에 모든 것을 깨달아 알며
一切衆生無有餘 모든 중생을 남음이 없게 하고
了彼衆生心自性 중생의 마음과 자신의 성품을 분명하게 깨달아 아니
達無性者所行道 성품이 없음(五蘊不立)을 통달한 자(不離證得)가 행하는 도입니다.

法界一切諸國土 법계의 일체 모든 국토에
悉能化往無有數 모두 화신으로 가는 일에 있어서 수 없고
其身最妙絶等倫 그 몸이 가장 빼어나기에 함께 할 무리가 없으니
此無比行所行道 이는 비교할 수 없는 자가 행하는 도입니다.

佛刹無邊無有數 부처의 세계는 끝없고 수가 없으며

無量諸佛在其中 헤아릴 수 없이 많은 모든 부처님이 그 가운데 계시고
菩薩於彼悉現前 보살이 저 언덕 모든 곳 앞에 나타나시니
親近供養生尊重 친근히 하고 공양하며 높이고 귀중히 여깁니다.

菩薩能以獨一身 보살이 능히 홀로 하나의 몸으로
入於三昧而寂定 삼매에 들어가 고요함에 머물며
令見其身無有數 그 몸을 보지만 수가 없고
一一皆從三昧起 하나하나가 다 삼매를 좇아 일어납니다.

菩薩所住最深妙 보살이 머무는 곳은 가장 깊고 빼어나며
所行所作超戱論 행하는 것 지어가는 것 말장난을 초월했기에
其心清淨常悅樂 그 마음이 청정하고 늘 기쁘고 즐거우니
能令衆生悉歡喜 능히 중생들을 모두 환희하게 합니다.

諸根方便各差別 모든 근기와 방편이 각각 차별됨을
能以智慧悉明見 지혜로 능히 다 밝게 보고
而了諸根無所依 모든 선근의 뿌리가 의지할 것이 없음을 분명히 깨우쳐 아니
調難調者所行道 조복시키기 어려운 자를 조복시키는 자가 행하는 도입니다.

能以方便巧分別 능히 방편으로 능숙하게 분별해서
於一切法得自在 모든 법의 자재함을 얻었으며
十方世界各不同 시방세계가 각각 서로 함께하지 않지만
悉在其中作佛事 모두 그 가운데 있으면서 부처님 일을 짓습니다.

諸根微妙行亦然 모든 선근의 뿌리가 섬세하고 빼어나고 행도 역시 그러하기에
能爲衆生廣說法 능히 중생들을 위해 광대하게 법을 설하며
誰其聞者不欣慶 듣는 누구라고 다 기뻐하니
此等虛空所行道 이는 허공과 평등한 이가 행하는 도입니다.

智眼清淨無與等 지혜의 눈이 청정하기에 함께 가지런히 할 자가 없으며
於一切法悉明見 모든 법을 남김없이 밝게 보고

如是智慧巧分別 이와 같은 지혜로 섬세하고 능숙하게 분별하니
此無等者所行道 이는 그 이상 더 할 수 없는 자가(無等者) 행하는 도입니다.

所有無盡廣大福 다함이 없으며 광대한 복을 가지고
一切修行使究竟 모두 닦고 행해서 끝까지 좋고
令諸衆生悉淸淨 모든 중생을 남김없이 청정하게 하니
此無比者所行道 이는 매우 뛰어나 비할 데 없는 이가 행하는 도입니다.

普勸修成助道法 두루 권하여 조도법을 닦아서 이루게 하며
悉令得住方便地 남김없이 방편의 지위에 머물게 하고
度脫衆生無有數 수 없는 중생들을 이끌어서 해탈하게 하지만
未曾暫起衆生想 일찍이 잠시라도 중생이라는 생각을 일으킨 적이 없습니다.

一切機緣悉觀察 모든 부처님과의 인연을 남김없이 자세하게 살펴보고
先護彼意令無諍 먼저 저 언덕의 마음을 보호해서 다툼이 없게 하며
普示衆生安隱處 중생들에게 편안하게 머물 곳을 두루 보이니
此方便者所行道 이는 방편을 얻은 이가 행하는 도입니다.

成就最上第一智 최상의 제일 지혜를 성취하고
具足無量無邊智 헤아릴 수 없고 끝없는 지혜를 온전하게 갖추며
於諸四衆無所畏 모든 사부대중에 대한 두려움이 없으니
此方便智所行道 이는 방편 지혜를 갖춘 이가 행하는 도입니다.

一切世界及諸法 모든 세계와 모든 법에
悉能徧入得自在 남김없이 두루 들어가서 자재함을 얻고
亦入一切衆會中 역시 모든 대중이 모인 가운데 들어가니
度脫群生無有數 해탈로 이끈 중생이 셀 수가 없습니다.

十方一切國土中 시방의 모든 국토 가운데
擊大法鼓悟群生 큰 법고를 두드려 중생을 깨닫게 하고
爲法施主最無上 법을 보시하는 주인이 되어 가장 위 없음이니

此不滅者所行道 이는 멸하지 않은 이가 행하는 도입니다.

一身結跏而正坐 한 몸으로 결가부좌하고 바르게 앉아
充滿十方無量刹 시방의 헤아릴 수 없는 세계에 가득하게 차 있지만
而令其身不迫隘 그 몸이 비좁게 하지 않으니
此法身者所行道 이는 법신을 얻은 이가 행하는 도입니다.

能於一義一文中 하나의 바른 이치와 하나의 문장으로
演說無量無邊法 헤아릴 수 없고 끝없는 법을 널리 펴서 설하지만
而其邊際不可得 그 끝닿은 경계를 얻지 못하니
此無邊智所行道 이는 끝없는 지혜를 지닌 이가 행하는 도입니다.

於佛解脫善修學 부처님의 해탈 선근을 닦아 배우고
得佛智慧無障礙 막힘이나 걸림 없는 부처님의 지혜를 얻으며
成就無畏爲世雄 두려움 없음을 성취한 세상의 영웅이니
此方便者所行道 이는 방편을 얻은 이가 행하는 도입니다.

了知十方世界海 시방의 세계 바다를 깨달아 알고
亦知一切佛刹海 또한 모든 부처 세계의 바다도 알았으며
智海法海悉了知 지혜의 바다와 법의 바다를 남김없이 깨달아 아니
衆生見者咸欣慶 중생들 가운데 보는 이는 다 기뻐하고 좋아합니다.

或現入胎及初生 때로는 태에 들어가고 처음 생함을 나타내며
或現道場成正覺 어떤 경우에는 도량에서 정각을 이루는 것을 나타내고
如是皆令世間見 이와 같음을 세간에서 다 보게 하니
此無邊者所行道 이는 끝이 없음을 얻은 이가 행하는 도입니다.

無量億數國土中 헤아릴 수 없이 많은 억 천만의 국토 가운데
示現其身入涅槃 그 몸이 열반에 들어감을 나타내 보이지만
實不捨願歸寂滅 사실은 원을 버리지 않고 적멸(般若智調伏)로 돌아가니
此雄論者所行道 이는 뛰어난 논사가 행하는 도입니다.

堅固微密一妙身 견고하고 섬세하며 빽빽한 하나의 빼어난 몸이
與佛平等無差別 부처님과 더불어 평등해서 차별이 없지만
隨諸衆生各異見 모든 중생을 따라 각각 다르게 보니
一實身者所行道 하나같이 진실한 몸을 지닌 이가 행하는 도입니다.

法界平等無差別 법계와 평등해서 차별이 없으며
具足無量無邊義 헤아릴 수 없고 끝없는 바른 뜻을 온전하게 갖추었기에
樂觀一相心不移 즐거이 하나의 모양이나 상태를 살펴보지만, 마음이 옮기지 않으니
三世智者所行道 삼세의 지혜를 지닌 이가 행하는 도입니다.

於諸衆生及佛法 모든 중생이나 불법을
建立加持悉究竟 건립하고 원으로 함께 함을 남김없이 마지막까지 다하고
所有持力同於佛 가지고 있는 힘이 부처님과 같으니
最上持者行斯道 최상을 가진 이가 이(如來智方便世界) 도를 행합니다.

神足無礙猶如佛 신족통이 걸림이나 막힘이 없음이 마치 부처님과 같고
天眼無礙最淸淨 천안통이 막힘이나 걸림이 없어 가장 청정하며
耳根無礙善聽聞 천이통이 막힘이나 걸림 없는 선근으로 들으니
此無礙意所行道 이는 막힘이나 걸림이 없는 마음으로 행하는 도입니다.

所有神通皆具足 모든 신통을 있는 대로 다 온전하게 갖추고
隨其智慧悉成就 그 지혜를 따라 남김없이 성취하며
善知一切靡所儔 선근은 일체 어떤 것으로도 짝할 수 없음을 아니
此賢智者所行道 이는 어진 지혜(信住行)를 지닌 이가 행하는 도입니다.

其心正定不搖動 그 마음이 정정해서 동요하지 않으며
其智廣大無邊際 그 지혜가 광대해서 끝닿은 경계가 없고
所有境界皆明達 있는 모든 경계를 밝게 통달(調伏)하니
一切見者所行道 일체를 보는 이가 행하는 도입니다.

已到一切功德岸 이미 일체 공덕의 언덕에 이르러

能隨次第度衆生 능히 차례를 따라 중생을 건지지만
其心畢竟無厭足 그 마음은 마지막까지 만족함이 없으니
此常勤者所行道 이는 늘 부지런한 이가 행하는 도입니다.

三世所有諸佛法 삼세에 있는 모든 부처님의 법을
於此一切咸知見 모두 알고 보아서
從於如來種性生 여래의 종성을 좇아 생하니
彼諸佛子行斯道 저 언덕의 모든 불자가 이 도를 행합니다.

隨順言詞已成就 말과 말씀을 거스르지 않고 따라서 이미 성취하고
乖違談論善摧伏 어그러지고 어긋나는 말장난과 같은 논의를 선근으로 꺾어서 항복 받으며
常能趣向佛菩提 언제나 부처님의 보리로 향해 나아가니
無邊慧者所行道 끝없는 지혜를 지닌 이가 행하는 도입니다.

一光照觸無涯限 하나의 광명이 비치는 일은 끝이 없고
十方國土悉充徧 시방 국토 모든 곳에 두루 가득하며
普使世間得大明 세간이 큰 광명을 두루 얻도록 하니
此破闇者所行道 이는 어둠을 깨트린 이가 행하는 도입니다.

隨其應見應供養 그 응하는 바를 따라 보고 응당 공양하며
爲現如來清淨身 여래의 청정한 몸을 나타내면서
敎化衆生百千億 백 천억의 중생들을 가르치고 이끄시니
莊嚴佛刹亦如是 부처 세계를 장엄함도 역시 이와 같습니다.

爲令衆生出世間 중생들이 세간을 벗어나
一切妙行皆修習 모든 빼어난 행으로 빠짐없이 닦고 익히게 하며
此行廣大無邊際 이러한 광대한 행은 끝닿은 경계가 없으니
云何而有能知者 능히 이를 아는 자가 어찌 있겠습니까.

假使分身不可說 가령 중생을 제도하기 위해 나타낸 몸을 말로 이를 수 없지만
而與法界虛空等 법계와 허공계가 더불어 평등하기에
悉共稱揚彼功德 모든 이들이 다 함께 저 공덕을 칭찬하더라도
百千萬劫無能盡 백천 만겁이라도 다 할 수 없습니다.

菩薩功德無有邊 보살의 공덕은 끝이 없으며
一切修行皆具足 일체 닦고 행할 모든 것을 온전하게 갖추었으니
假使無量無邊佛 가령 헤아릴 수 없고 끝없는 부처님들이
於無量劫說不盡 헤아릴 수 없이 많은 겁을 설한다 해도 다 할 수 없습니다.

何況世間天及人 하물며 세간의 하늘과 사람과
一切聲聞及緣覺 모든 성문과 연각이
能於無量無邊劫 헤아릴 수 없고 끝없는 겁을 두고
讚歎稱揚得究竟 칭찬하고 찬양한다 해도 끝내는 다 할 수 없습니다.